21世纪远程教育精品教材·经济与管理系列

计算机会计理论与实务

（第二版）

蔡立新　主编

中国人民大学出版社

·北京·

总　序

我们正处在教育史，尤其是高等教育史上的一个重大的转型期。在全球范围内，包括在我们中华大地，以校园课堂面授为特征的工业化社会的近代学校教育体制，正在向基于校园课堂面授的学校教育与基于信息通信技术的远程教育相互补充、相互整合的现代终身教育体制发展。一次性学校教育的理念已经被持续性终身学习的理念所替代。在高等教育领域，从 1088 年欧洲创立博洛尼亚（Bologna）大学以来，21 世纪以前的各国高等教育基本是沿着精英教育的路线发展的，这也包括自 19 世纪末创办京师大学堂以来我国高等教育短短一百多年的发展史。然而，自 20 世纪下半叶起，尤其在迈进 21 世纪时，以多媒体计算机和互联网为主要标志的电子信息通信技术正在引发教育界的一场深刻的革命。高等教育正在从精英教育走向大众化、普及化教育，学校教育体系正在向终身教育体系和学习型社会转变。在我国，党的十六大明确了全面建设小康社会的目标之一就是构建学习型社会，即要构建由国民教育体系和终身教育体系共同组成的有中国特色的现代教育体系。

教育史上的这次革命性转型绝不仅仅是科学技术进步推动的。诚然，以电子信息通信技术为主要代表的现代科学技术的进步，为实现从校园课堂面授向开放远程学习、从近代学校教育体制向现代终身教育体制和学习型社会的转型提供了物质技术基础。但是，教育形态演变的深层次原因在于人类社会经济发展和社会生活变革的需求。在 21 世纪，人类社会开始进入基于知识经济的信息社会。知识创新与传播及应用、人力资源开发与人才培养已经成为各国提高经济实力、综合国力和国际竞争力的关键和基础。而这些仅仅依靠传统学校校园面授教育体制是无法满足的。此外，国际社会面临的能源、环境与生态危机，气候异常，数字鸿沟与文明冲突，对物种多样性与文化多样性的威胁等多重全球挑战，也只有依靠世界各国进一步深化教育改革与创新，促进人与自然的和谐发展才能得到解决。正因为如此，我国党和政府提出了“科教兴国”、“可持续发展”、“西部大开发”、“缩小数字鸿沟”以及“人与自然和谐发展”的科学发展观等基本国策。其中，对教育作为经济建设的重要战略地位和基础性、全局性、前瞻性产业的确认，对高等教育对于知识创新与传播及应用、人力资源开发与人才培养的重大意义的关注，以及对发展现代教育技术、现代远程教育和教育信息化并进而推动国民教育体系现代化，构建终身教育体系和学习型社会的决策更得到了教育界和全社会的共识。

在上述教育转型与变革时期，中国人民大学一直走在我国大学的前列。中国人民大学是一所以人文、社会科学和经济管理为主，兼有信息科学、环境科学等的综合性、研究型大学。长期以来，中国人民大学充分利用自身的教育资源优势，在办好全日制高等教育的同时，一直积极开展远程教育和继续教育。中国人民大学在我国首创函授高等教育。1952 年，校长吴玉章和成仿吾创办函授教育的报告得到了刘少奇的批复，并于 1953 年率先招生授课，为新建的共和国培养了一大批急需的专门人才。在 20 世纪 90 年代末，中国人民大学成立了网络教育学院，成为我国首批现代远程教育试点高校之一。经过短短几年的探索和发展，中国人民大学网络教育学院创建的“网上人大”品牌，被远程教育界、媒体和社会誉为网络远程教育的“人大模式”，即“面向在职成人，利用网络学习资源和虚拟学习社区，支持分布式学习和协作学习的现代远程教育模式”。成立于 1955 年的中国人民大学出版社是新中国成立后最早成立的大学出版社之一，是教育部指定的全国高等学校文科教材出版中心。在过去的几年中，中国人民大学出版社与中国人民大学网络教育学院合作创作、设计、出版了国内第一套极富特色的“现代远程教育系列教材”。这些凝聚了中国人民大学、北京大学、北京师范大学等北京知名高校学者教授、教育技术专家、软件工程师、教学设计师和编辑广博才智的精品课程系列教材，以印刷版、光盘版和网络版立体化教材的范式探索构建全新的远程学习优质教育资源，实现先进的教育教学理念与现代信息通信技术的有效结合。这些教材已经被国内其他高校和众多网络教育学院所选用。中国人民大学出版社基于“出教材学术精品，育人文社科英才”理念的努力探索及其初步成果已经得到了我国远程教育界的广泛认同，是值得肯定的。

2005 年 4 月，我被邀请出席《中国远程教育》杂志与中国人民大学出版社联合主办的“远程教育教材的共建共享与一体化设计开发”研讨会并做主旨发言，会后受中国人民大学出版社的委托为“21 世纪远程教育精品教材”撰写“总序”，这是我的荣幸。近几年来，我一直关注包括中国人民大学网络教育学院在内的我国高校现代远程教育试点工程。这次更有机会全面了解和近距离接触中国人民大学出版社推出的“21 世纪远程教育精品教材”及其编创人员。我想将我在上述研讨会上发言的主旨做进一步的发挥，并概括为若干原则作为我对包括中国人民大学出版社、中国人民大学网络教育学院在内的我国网络远程教育优质教育资源建设的期待和展望：

● 21 世纪远程教育精品教材的教学内容要更加适应大众化高等教育面对在职成人、定位在应用型人才培养上的需要。

● 21 世纪远程教育精品教材的教学设计要更加适应地域分散、特征多样的远程学生自主学习的需要，培养适应学习型社会的终身学习者。

● 在我国网络教学环境渐趋完善之前，印刷教材及其配套教学光盘依然是远程教材的主体，是多种媒体教材的基础和纽带，其教学设计应该给予充分的重视。要在印刷教材的显要部位对课程教学目标和要求做明确、具体、可操作的陈述，要清晰地指导远程学生如何利用多种媒体教材进行自主学习和协作学习。

● 应组织相关人员对多种媒体的远程教材进行一体化设计和开发，要注重发挥多种媒体教材各自独特的教学功能，实现优势互补。要特别注重对学生学习活动、教学交互、学习评价及其反馈的设计和实现。

● 要将对多种媒体远程教材的创作纳入对整个远程教育课程教学系统的一体化设计和开发中，以便使优质的教材资源在优化的教学系统、平台和环境中，在有效的教学模式、学习策略和学习自助服务的支撑下获得最佳的学习成效。

● 要充分发挥现代远程教育工程试点高校各自的学科资源优势，积极探索网络远程教育优质教材资源共建共享的机制和途径。

中华人民共和国教育部远程教育专家顾问

丁兴富

修订版说明

本教材第一版成稿于2003年9月，至今已逾6个春秋，在此期间，计算机会计理论与实务领域又获得了许多新的研究成果，在企事业单位的会计信息化实践中涌现出了许多成功的典范，为我们学习计算机会计知识贡献了新的重要知识素材。为了使本教材在内容上与时俱进，以便让广大读者能够接触到一些最新但又相对比较成熟的理论知识和实用技术，从2008年年底开始，作者用了整整2个月时间修改本教材。下面对本次修订内容加以简要说明：

本次修订重点做了两件事，一是对第一章“计算机会计学导论”进行了彻底的修改，二是增加了第九章“信息系统安全、风险与控制”。

第一章的修改指导思想之一是将引导初学者进入计算机会计专业领域的逻辑起点放到了信息社会环境而非原来的现代信息技术，因为会计受制于客观社会环境，同时反作用于这个环境，现行会计理论与实务是在一定的社会经济环境基础上建立并发展起来的，并且随着社会经济环境的变化而不断发展变化，研究会计理论与实务，必须研究其所处的客观社会环境。正因为信息社会的到来，引发了管理革命，加快了会计的变革进程，才从客观上对广大会计从业人员提出了迫切要求，要求他们必须尽快掌握计算机会计相关理论与实用技术，因此编者将信息社会环境作为学习本课程的逻辑起点，既便于读者理解相关问题，又为计算机会计的研究找到了现实的落脚点。该章的另一个修改指导思想是重视历史的回顾与总结，具体表现在新增的第五节，即会计数据处理技术的发展历史与中西方会计信息化发展演变历程，该节的核心内容就是总结和回顾中西方会计信息化事业的发展历史。除此之外，第一章还增加了以下概念或知识点：信息系统体系结构的演变、知识管理、商业智能、信息系统审计、IT治理、XBRL等，这些内容都是当前的热点问题和前沿问题。对于第一版中原来就有的一些重要概念或知识点，比如专家系统、决策支持系统、会计信息化、网络会计、网络财务、计算机会计学特有知识体系、IT 环境下会计从业人员未来价值取向、现代信息技术对会计发展的影响等，编者都作了精心的修改，力求在内容表述上更加准确、科学，简明易懂。

增加第九章的主要目的是为了使本教材在内容体系上能够保持相对完整，从计算机会计学特有的知识体系构成可以看出，信息系统的风险与控制是整个计算机会计学知识体系中非常重要的一部分内容，因此少了这部分内容的教材显然是有缺憾的。实际上，理解并掌握信息系统安全知识、信息系统风险识别技术以及信息系统控制模型与控制技术，对会计人员从事会计信息系统的分析、构建、使用与维护等工作都是至关重要的。

本次修订工作由蔡立新独立完成。由于修订时间紧迫，加之作者水平有限，书中的错误和不当之处，恳请广大读者批评指正。

编者

2010 年 6 月

第一版前言

已故著名会计学家杨纪琬先生曾预言："在信息技术环境下，会计学作为一门独立的学科将逐步向边缘学科转化。"会计学是社会经济发展的产物，具有社会性和技术性双重特性，而这两种特性在现代信息技术环境下又有了新的表现空间和方式，因此，现代信息技术对会计学的影响必将是重大而深远的。作为21世纪的会计师，我们如果不深入学习"计算机会计理论与实务"方面的知识，将来就很难适应社会以及职业发展的需要。计算机会计理论与实务这门课程的内容包括计算机会计学的基本原理和会计软件实际应用技术两部分，是一门理论与实践结合得比较紧密的课程。本课程的基本宗旨在于向学生传授现代会计信息系统的建立、使用、评价和控制等方面的知识。

本教材是"计算机会计理论与实务"课程的配套教材，完全按照教学大纲编撰而成。全书共分八章，第一章到第三章，主要内容为计算机会计学的基本概念、会计信息系统的建立（包括计算机会计信息系统的内部机理、开发设计流程、系统实施方法等）以及操作商品化会计软件的一般步骤和方法；第四章到第八章，着重讲解安易2000财务管理系统中的账务处理系统、电子报表系统、工资处理系统以及固定资产处理系统等子系统的详细应用技术，以此为例加深对前述基本原理的理解，从而帮助学生掌握使用其他商品化会计软件的基本技能，以便能够积极应对企事业单位会计信息化实践的各种问题。

本书各章之间既有联系又相互独立。在学习或复习时，大家要积极思考，认真观看与本教材配套的课件，掌握课程讲解、例题分析、思考题等栏目的内容，在理解的基础上掌握本教材的结构体系和主要内容。

我们认为，网络教育的关键是要营造一个"无师自通"的学习环境，然而另一方面，对于任何初学某种知识的人来说，离开“师者”的指点教导，往往都会感到学得困难、吃力。因此，对于网络教育的受众来说，所谓“无师”乃指“师者”实体有可能并不相随，但“传导授业解惑”的渠道却是畅通的。基于上述思考，我们在组织本教材内容时，遵循以下两点：第一，遵循“道理为先，解惑断后”，即首先讲解基本道理，然后针对典型疑难问题剖析讲解，这些典型疑难问题是我们对以往学生学习时遇见的诸多问题的总结，很具有针对性；第二，遵循“理论与实践相结合”，这条原则对本教材的内容组织是非常重要的，不论是讲解计算机会计的理论还是会计软件的应用，都要结合企事业单位会计信息化实践这个主题。

本教材是在为中国人民大学网络学院设计课件的基础上形成的，既可供网络学习使用，也可供课堂学习使用；既可作为高等院校会计专业（包括财务会计、理财学、注册会计师专门化、国际会计、计算机会计等专业方向）、工商管理专业、金融财政专业等经济和管理学科“计算机会计”或“会计电算化”课程教材，也可作为计算机会计教学、科研以及实务操作者的参考读物。

本教材由蔡立新副教授主编，崔也光教授、王海洪讲师参与部分章节的编写工作，各章编写安排如下：第一章由崔也光编写，第二、四、五、六、七、八章由蔡立新编写，第三章由王海洪编写。

本教材在编写过程中，得到了中国人民大学网络学院秦俭老师、郑怡婷老师等的大力指导和支持，在此深表谢意。

因编写时间紧迫，作者水平有限，书中错误和不当之处难免，恳请广大读者批评指正。

编者

2003 年 9 月

目　录

第一章 计算机会计学导论

引　言

计算机会计学是现代信息技术与会计学相结合的产物。本章的学习目的就是从总体上理解和把握计算机会计学的知识框架，具体包括：考察现代会计所处的信息社会环境，理解现代信息技术的主要构成要素及其能力，重新认识信息社会环境下的会计目标，进而学会分析现代信息技术到底对会计工作已经并即将产生哪些重大影响，在此基础上明确作为未来的职业会计师，身处信息社会环境之下应该通过哪些方式持续不断地提高自己为组织增加价值的能力；除此之外，还应了解计算机会计学的研究对象、研究方法、知识体系构成，并掌握计算机会计学的一些重要概念，从实质上而不是形式上领会手工会计与计算机会计各自的技术特点及其异同之处；最后，了解会计数据处理技术的发展历史，并结合中西方会计信息化的发展演变历史来认识计算机会计理论与实务的演变历史。学习本章时，要求学生立足于现代信息社会对信息的多元化需求来理解为什么当今企事业单位实现会计目标更需要现代信息技术的支持，并进而理解为什么现代信息技术给予会计工作的机遇多于挑战，真正理解并掌握计算机会计与手工会计的实质性区别，努力学习本课程所讲述的技术与方法，积极投身到企事业单位的会计信息化建设中去，实现会计专业人员新的价值目标。本章主要介绍计算机会计学的基本知识，共分为五节。

第一节是“现代信息技术及其对传统会计的影响”，介绍信息社会环境及其特征、现代信息技术的含义、信息社会环境下会计目标的重新表述、现代信息技术对会计发展的重大影响，以及信息社会环境下会计专业人员的未来价值取向。在学习这一节时，应在了解现代信息技术含义的基础上，重点理解会计目标的重新表述——既注重决策有用性，又不轻视受托经管责任，进而把握现代信息技术对会计工作的重大影响并实质领会信息社会环境下会计专业人员的未来价值取向。

第二节是“计算机会计学知识体系”。介绍计算机会计学的研究对象、计算机会计学的学科方向性质与知识体系、计算机会计学的主要研究方法。在学习这一节时，应理解计算机会计学是以企事业单位会计信息化实践为研究对象的一门学科，它是会计学与现代信息科学交叉融合的一门学科，重点研究企事业单位会计信息系统的构造与设计、使用与维护、控制与管理、鉴证与评价等一般性方法与原理，并以此为主线来系统理解计算机会计学的学科方向性质与知识体系。计算机会计学的主要研究方法是本节的难点，对此，应理解计算机会计学中的“目标与过程的辩证统一”、“时间与空间的辩证统一”，以及“结构化分析方法与模块化设计思路”的精髓。

第三节是“计算机会计学的基本概念”。本节从会计数据开始到会计信息系统再到知识管理与商业智能，直至信息系统审计、IT 治理，基本遵循由简单到复杂、由低级到高级、由具体到抽象、由过去到现在直至将来等逻辑顺序来介绍这些概念。理解计算机学的基本概念是学习计算机会计理论与实务的基础，是进一步学习计算机会计技术与方法的前提，也是系统掌握会计信息系统的构建与应用内在原理的重要前提。学习时应注意这些内容的梯次性，循序渐进，多理解概念。一时理解不清楚的可以先进行下面的学习，通过后面的学习来加深对这部分概念的理解。

第四节是“计算机会计与手工会计的比较分析”。包括手工会计的技术特性、计算机会计的技术特性、计算机会计与手工会计的共性分析、计算机会计与手工会计的区别分析等内容。在学习本节时，注意比较分析计算机会计与手工会计的技术特性，进而掌握二者的共性与区别，即从特殊中归纳总结出一般的规律。本节中计算机会计与手工会计的技术特性是理解问题的出发点，而计算机会计与手工会计的区别分析是重点和难点。我们在以后的章节中还会不断涉及这些知识点。

第五节是“会计数据处理技术的发展历史与中西方会计信息化发展演变历程”。本节首先介绍了会计数据处理技术的简单发展历史；其次回顾了西方（主要指美国）会计信息化的发展历史，总结其各个发展阶段所取得的成果与特点；最后简要回顾了我国会计信息化的发展历史，并总结了其各个发展阶段所取得的成果与特点。总体来说，从会计信息化发展历程来看，西方（以美国为代表）会计信息化无论从起步还是发展的程度来看都要领先于我国，但我国会计信息化事业的推广和发展绝不应简单地照搬西方的技术和做法，它一定要与我国的客观环境和管理水平与需求相适应、相结合，只有这样会计信息化事业才能得到良性发展。

第一节　现代信息技术及其对传统会计的影响

一、信息社会的环境及特征

（一）认识信息社会

会计受制于客观社会环境，同时反作用于这个环境。现行会计理论与实务是在一定的社会经济环境基础上建立并发展起来的，并随着社会经济环境的发展而不断发展。按照这种逻辑，我们不难得出如下结论：研究会计理论与实务，首先必须研究其赖以生存的客观社会环境。因此，探讨现代信息技术对传统会计的影响，首先必须认识信息社会这个大的社会背景。那么，作为一种全新的社会模式，信息社会到底是什么样的？评判一个社会是否已经进入信息社会的主要依据又是什么呢？

"信息社会"的概念最早是美国著名社会学家丹尼尔·贝尔提出，是在其"后工业社会"的概念上演变过来的。早在1959年，贝尔在奥地利召开的一次学术会议上首次提出了"后工业社会"的概念。之后，贝尔连续出版了《后工业社会：推测1985年及以后的美国》、《关于后工业社会的札记》和《后工业社会的来临——对社会预测的一项探索》三部专著，系统地论述了他对未来社会的看法。在贝尔看来，后工业社会的经济形态已经由过去的产品生产经济转变为服务型经济；在职业结构中，专业与技术人员处于主导的地位；在社会结构方面，理论知识处于中心地位，成为社会改革和发展的源泉。1979年，贝尔又进一步探讨了微电子技术对社会的影响，认为他以前所谓的"后工业社会"实际上就是"信息社会"。

在贝尔的基础上，美国未来学家阿尔温·托夫勒比较系统地论述了"信息社会"。托夫勒在他的代表作《第三次浪潮》一书中分析了科学技术革命对人类社会发展的巨大作用。他把社会历史概括为三次浪潮，分别是：第一次浪潮——农业革命，同它对应的是农业社会；第二次浪潮——工业革命，与之相应的是工业社会；第三次浪潮将产生一种新的文明，即"超工业社会"，其实质就是"信息社会"。托夫勒认为，在信息社会里，人们必将消除征服自然的对抗状态，实现人和自然的协调发展，而这一切完全得益于微电子工业、宇宙工业、海洋工程和生物工程等这些低能耗工业的发展。

在研究"信息社会"方面还有一个重要人物必须提及，这个人就是美国预测学家约翰·奈斯比特。在其1982年出版的名著《大趋势》一书中，奈斯比特阐述了人类从工业社会向信息社会的过渡，并描述了信息社会来临的标志和基本特征。他把工业社会结束、信息社会开始的标志，归结为两个具有世界历史意义的事件：

一是 1956 年美国"白领人员"（担任技术、管理和事务工作的人员）的人数第一次超过了"蓝领工人"；二是 1957 年苏联发射第一颗人造地球卫星，开辟了全球卫星通信的时代。奈斯比特认为，工业社会到信息社会的变化主要体现在以下三个方面：第一，技术知识成为新的财富，工业经济时代诞生的"劳动价值论"将被新的"知识价值论"所替代；第二，时间观念发生了重要的变化，人们既不像农业社会那样习惯于面向过去的经验，也不像工业社会那样注重眼前和现在，而是更强调面向未来和如何预测未来；第三，生活目标的变化，即更加激烈的是人与人之间的竞争，而不仅仅是人与自然的竞争。

通过上述资料的介绍，读者在头脑中应该形成了信息社会的基本概貌，现在我们要来分析：究竟怎样才算进入了信息社会？也就是说，信息社会的标准是什么？近年来，国外和国内学者提出了不少标准，概括起来，可以分为定性标准和定量标准两大类。

所谓定性标准主要是将以下三种主要指标作为信息社会的评判标准：（1）以高度发达的信息通信系统为基础设施；（2）提供通信服务，利用高度发达的信息产业向多方面发展；（3）信息通信系统的使用范围多样化并广泛扩大。

所谓定量标准主要是指从数量指标方面对信息社会作出界定，西方学者普遍认同的信息社会的主要数量指标是信息产业和信息从业人员在整个国民经济中所占的比重，可以称之为"双 50%"标准，即信息社会必须达到下列标准：信息产业的产值超过国民生产总值的 50%；信息部门的从业人员超过全部就业人口的 50%。其中，信息产业包括主要信息部门（即生产、处理和分配信息产品和服务的部门，如电子计算机制造、电信、印刷、新闻媒介、广告、会计和教育等）和次要信息部门（即生产供产品生产和其他公司内部消费的信息产品和服务的部门，如信息咨询服务机构等）。实际上，不管是按定性标准还是按定量标准来判断一个社会是否已经进入信息社会，有一个核心标准是不可或缺的，那就是：在一个真正的信息社会里，人类迄今为止发现的唯一取之不尽、用之不竭的战略资源——信息——能被全社会所有的人方便、及时、充分地共享。唯有如此，信息才能得到充分开发和利用，进而实现物质资源和能量资源最大限度的可持续开发和利用，从而极大地促进社会生产力的发展。

（二）信息社会的特征

综合中西方学者的研究成果，我们可以归纳出信息社会的若干特征。

（1）知识和信息出现爆炸式增长，并逐渐成为信息社会生产的支柱和主要产品。

著名科学哲学家詹姆斯·马丁认为，19 世纪的世界知识总量每 50 年增长 1 倍，20 世纪中期是每 10 年增长 1 倍，20 世纪 70 年代是每 5 年增长 1 倍，而现在是差不多每 3 年增长 1 倍，甚至是每隔 1.5 年就增长 1 倍。人们形象地把这种现象称为“知识爆炸”或“信息爆炸”。信息的爆炸式增长是信息社会的突出特征，也是信息社会到来的重要前提。

在信息社会，知识和信息本身也成了产品，它们不断被生产出来，通过加工、处理、传输和经营，为越来越多的“地球村民”所消费。许多知识和信息被物化，出现了各类软件、网络以及激光唱片、影视录像等新型产品；出现了一系列的知识（信息）产业，如软件产业、教育科研开发产业及设计、创意、咨询等产业，其中有些产业已成为国民经济的主导产业或重要支柱。对此，彼得·德鲁克作了高度总结：“知识生产成为生产力、竞争力和经济成就的关键因素。知识已成为最主要的产业，这个产业向经济提供了生产需要的重要中心资源。”奈斯比特也有精彩的评述：“信息社会里知识是最主要的因素”，“我们使知识的生产系统化，并加强我们的脑力。以工业来比喻，我们现在大量生产知识，而这种知识是我们经济社会的驱动力”。由此可见，在信息社会，知识（信息）将成为最主要的经济资源，通过与传统生产资源如土地、资本与劳力等的有效结合可以创造更多的财富。

(2) 信息技术、信息产业、信息经济成为科技、经济、社会发展的主导因素。

在信息社会，信息产业发展水平将成为衡量一个国家发展水平和综合国力的重要尺度，并日益成为整个社会发展的支柱和基石。

首先，“信息高速公路”的建设将带来产业结构的变革，促使信息产业成为未来世界经济的主导型产业，成为推动全球经济发展的新力量。

其次，信息活动在企业生产活动中起着主导作用。据估计，企业各类信息活动如会计、管理、计划、咨询、决策、研究开发、职工培训等，已占企业投入成本的50%～70%，成为企业活动的中心。鉴于信息活动的重要性，原先主要从事制造产品的企业也纷纷提供各类信息服务（如技术、管理、软件、咨询和售后维修等），而且这种趋势已日益加强。

(3) 信息社会建立在高度发达的信息技术基础之上，为我们提供了网络化和数字化的活动环境。

信息技术是一组综合性很强的技术群，它对社会经济的各个产业和社会生活的各个方面都具有相当强的渗透力，因而信息技术的快速发展就成为加速经济发展和社会变革的强大推动力，它是信息社会赖以存在和发展的基本力量。现代信息技术对信息社会的最大推动莫过于为我们构筑起网络化和数字化的活动环境。站在组织的立场上看，网络化提供了组织内部之间以及组织与其外部利益相关者之间进行信息交流的平台，从而可以确保组织信息流转渠道的畅通；而数字化则为这种信息交流提供了与其平台高度融合的媒介手段，只有将组织的各种活动（经济交易活动、管理活动等）信息进行数字化处理才能通过网络化平台将其发送、传递、接收、处理和使用，从而有利于组织内、外部各种信息需求者方便、及时、充分地共享组织信息。站在社会个体的立场上看，网络化为个体与个体之间、个体与组织之间提供了一个虚拟的交流场所，有了它，任何个体就有了与外部世界交流的捷径；数字化则是将交流信息定制成适于这个场所传递的特定载体形式。

(4) 组织结构有从金字塔式的科层制走向扁平化、网络化和虚拟化的趋势。

垂直整合上下游、多部门、多功能、层级分明的大科层组织已走完它的辉煌岁月，正逐步让宝座于那些能够整合大、中、小企业于一炉的网络式组织。网络式组织之所以兴起，就在于它拥有弹性和精通专业的优势，可以及时响应快速、不稳定、多变且多样化的市场需求。而市场需求的多变和多样化则起因于信息社会的个性化消费。当消费者追求个性化消费时，市场会因此变得破碎且不稳定，大工厂的规模经济也就不再具有竞争优势，而网络式组织则由于可以随时改动结构，纳入多个精通不同专业的企业，重新组合，通过网络化和数字化的运营平台及时收集消费者的需求并作出实时反映，按其个性化要求定制生产，因此，比较容易适应这种多变又不稳定的市场。另外，由于网络化和数字化的运营环境可以消除空间和时间的界限，大大减少交易环节，显著降低交易成本，因此，网络式组织具有成本领先优势。

(5) 信息产业的增长改变了人们劳动就业的结构，也改变了人们的生产和生活方式，并导致社会体系和社会文化发生深刻的变化。

根据有关资料显示，美国在 20 世纪 90 年代初已经有 370 万的 SOHO 族（在家上班者），在 870 万的兼职者中又有三分之一在家工作。这些 SOHO 族靠互联网串联他们的工作。

有专家指出，知识型劳动者将成为信息社会的产业主体，他们从后台走向前台，成为决定社会生产和管理运作的主体，人力资本或知识积累已成为改变经济系统产出的显著变量。例如，对于农牧渔业来讲，由于生物工程技术、遗传工程技术、海洋工程技术、电子计算机技术等的发展和应用，农牧渔业日益向着工厂化、离土化、人工智能化的方向发展，这就大大减少了对农业劳动力的需求，相应地对农业科技与管理人员的需求将显著上升；而在工业部门中，由于生产自动化水平的不断提高，导致从产品研究开发、设计、加工制造到质量检验的整个生产过程日趋软化，结果是出现了大量由电脑操纵的无人车间、无人工厂，体力劳动者渐趋于零。同时企业的许多生产和经营环节从生产中分离出来，成为生产性的服务部门，如从事产品开发、技术开发、统计、税务和会计等的机构，其成员主要是专业人员。从事体力劳动的蓝领阶层将由占社会劳动者的 80%以上，逐渐下降到 20%以下，而从事脑力劳动的白领阶层的比重将上升至 80%左右。

当一个社会接近或者进入信息社会，上述这些特征便会显而易见，而它们无一不在影响社会组织的经济交易、经营管理、预测决策、监督控制、信息披露与报告等活动，这些典型的人类社会的活动都会因为信息社会的客观环境以及内在要求而发生翻天覆地的变化，不仅是形式上，还包括内容上。因此，从这点来看，信息社会的上述特征内在地要求会计必须有所变革，而且会计完全有条件实现相应的变革。

二、现代信息技术的含义

我们已经多次提到了信息技术，那么到底什么是信息技术？它究竟包括哪些技术要素呢？

信息技术即通常所说的 IT（Information Technology），它是扩展人类信息器官功能的技术统称，主要包括感测技术（扩展人的感觉器官的功能）、通信技术（扩展人的神经系统的功能）、计算机技术（扩展人的思维器官的功能）。

感测技术主要指信息的识别、检测、提取、变换和某些信息处理技术，其目的是高精度、高效率地实时采集各种形式的信息。

通信技术主要指信息的发送、传输以及接收的技术，其目的是高效、全真传递和交换各种形式的信息。通信技术中最重要的是数据通信技术，它是指如何利用计算机作为发送端和接收端与通信线路相结合来完成编码信息的转换、传送、存储和处理的技术，实际上，这种技术是通信技术与计算机技术的融合应用。

数据通信过程一般涉及信源（发送端）、信道（通信线路）、信宿（接收端）三个重要环节，其中信道的概念最为关键，完整的信道概念包括信道的种类（常用的种类主要有电话线、光缆、移动通信、微波传输以及通信卫星等）、信道的连接方式（连接方式通常可从以下三种方式中选择：点对点连接、分支式连接以及集线式连接）以及信道的通信方式（通信方式一般包括单工通信、半双工通信以及全双工通信三种方式）。

计算机技术主要用于解决信息的数字化输入、存储、处理、分析、检索和输出，它包括计算机硬件技术、计算机软件技术、计算机网络技术、多媒体技术、计算机系统集成技术以及人工智能技术等，其目的是高速度、高智能、多方位、高度自动化地处理错综复杂的信息，以便使最终向人们提供的信息有序化。

现代信息技术是以上三种技术的高度融合的技术群，其中心问题是围绕信息的产生、检测、变换、存储、传输、处理、显示、识别、提取、控制、输出和利用。在现代信息技术当中，计算机技术和通信技术是它的核心技术。

现代信息技术已经并将以更快的速度渗透到人类社会经济生活的方方面面，其发展的一个直接后果，就是加快了资本、知识、人才从落后的技术领域向亟待开发的高科技领域转移的进程。这种资源再配置进程的加快，一方面促进了金融创新并通过金融创新进一步有效地降低了资本市场的风险；另一方面又为发展中的企业如何规避经营风险和财务风险提供了多种有效途径，为降低企业经营成本和提升公司价值开辟了新的空间。

三、信息社会环境下的会计目标

“经济越发展，会计越重要”，这句话从一个侧面说明会计是为经济服务的，然而会计应该怎样为经济服务？以何种方式为经济服务才能既符合“成本效益”原则，同时又充分界定会计在经济活动中不可或缺的角色？尤其是伴随信息社会（即以信息产业、知识经济为主导的社会形态）的到来，知识与信息首次超过土地、资本与劳力成为全社会最主要的经济资源，信息资源直接决定着人类所获财富的多少，信息技术渗透到社会经济生活的各个领域。如此一来，整个社会的经济环境发生了变化。会计的外部环境因素的变化必然会导致调整和重新选定会计目标，进而要求构建并产生满足新的会计目标的会计系统，只有这样会计才能重新适应变化了的外部环境。那么，在信息社会环境下，我们到底应该如何调整和重选会计目标呢？

关于“会计目标到底应该是什么”，在会计学术界存在两种主流观点，我们称之为两大学派，即经管责任学派和决策有用学派。这两个学派都将自己的理论建立在所有权和经营权两权分离的基础上，用演绎法推导出本学派的理论体系。

经管责任学派认为会计目标在于提供真实可信的会计信息，以此可以确认、解除受托经营管理人员的“受托经济责任”。传统意义上的受托经济责任是基于财产的委托保管关系而存在的，随着社会经济的发展，特别是商品经济的发展，这一概念的外延发生了很大的变化。特别是现代公司制组织形式出现以后，受托经济责任的内容已由早先的财产委托保管履约责任扩展到资源合理使用的经济责任，并进而提升到现代的社会责任高度上，而所谓社会责任则是指作为资源受托方的企业管理当局，还应该承担重要的社会责任，即最大限度地保持并改善企业所处社区的良好环境、有效地利用并培养人力资源等责任，应该说这已经不是简单的经济责任的概念了。受托经济责任的信息使用者关心的是受托责任的履行情况，以便对是否改聘公司经理或撤回权益、收回债权作出决策。

经管责任学派所认定的“两权分离”，所有者和经营者都很明确，没有模糊、缺位的现象。委托者（所有者）和受托者（经营者）可以直接沟通，委托者可以就受托资源的管理绩效，向受托者提出具体的要求，会计则按照这个目的对经营者进行业绩考核。如果经适当的会计考核后，经营者被认定未完成双方原先协定的目标，所有者可以向经营者追究责任并重新寻找更合适的经营者。因此，经管责任学派强调会计信息的客观性以及可靠性，认为需要采用历史成本作基础，采用权责发生制来计量企业利润，这体现了传统财务会计的思维。

决策有用学派认为，会计目标是向信息使用者提供对他们进行决策有用的信息，以提供其“决策差别能力”，而对决策有用的信息主要包括两大内容，即关于企业现金流动的信息和关于经营业绩及资源变动的信息。决策有用学派所认定的两权分离是通过资本市场来完成的。委托方（股东）与受托方（上市公司管理当局）不直接进行沟通与交流，而是通过资本市场的介入，完成授托过程。由于资本市场的介入，使得委托方变得模糊起来，不仅包括现有的股东，还包括潜在的股东以及其他信息使用者。投资者（主要指股票投资者）关注的不再是某一具休企业资本的保值和增值，而是资本市场的平均风险与报酬水平以及所投资企业可能有的风险与报酬，并以此比较和评价所投资企业的经营绩效。如果管理当局的经营绩效不能让这些投资者满意，后者一般不是追究经营者的责任或更换管理者，而是通过在资本市场卖出属于自己的那部分“产权”，也就是“用脚投票”卖出所持有的被投资企业的股票，并且购入其他值得购买的“产权”，即其他上市公司的股票，因此客观上要求会计提供一些能够预测企业未来状况的信息。决策有用学派立足于未来，未来现金流量的现值是其关注的主要信息，该学派强调信息对决策的相关性，迫切要求采用公允价值会计，强烈要求对商誉、人力资源、信息产品、知识产权等进行计量，用未来现金流量来反映企业价值，是对传统财务会计框架结构的突破。

在信息社会中，决定一个公司生存发展的不再是传统工业经济条件下赖以生存和发展的厂房、设备等有形资产，而是人力资本、知识产权、专有技术、商誉、信息资产等无形资产。一方面，无形资产在企业总资产中所占的比重越来越大，作用也越来越重要，从某种角度来看，它影响并决定了企业的未来价值规模和走向。因此，对无形资产的账面反映不能只提供历史信息还要求提供其未来价值运动的信息，这样才更方便投资者做决策，因为决策主要是面向未来的，而未来价值运动的信息和决策是相关的。另一方面，伴随新经济时代的到来，越来越多的企业会从资本市场上筹集资金，借助于互联网的强大功能，资本市场也将迅速扩大到全球每一个角落，企业的融资空间无限扩大，这就从客观上要求企业必须及时提供所有有助于投资者进行经济决策的有用信息。基于此，决策有用学派的观点更加符合现实要求，因为只有这样，企业才能在一个广阔的信息空间范围内为每一个现实的、潜在的股东以及其他信息使用者提供所有有助于决策的相关信息。

与此同时，企业所提供的信息还必须能被政府职能部门以及银行等采用，尤其当企业的会计利润还会影响到纳税时。事实上，社会化大生产的特点表明，企业职能与政府职能实际上是整个社会化分工的一个方面，企业专心生产，政府为企业提供宏观政策服务，为企业的经营创造良好的宏观社会经济环境，因此，企业向国家纳税始终是不可避免的。这就更加要求在企业和国家之间分配财富应该尽可能合理、公平、科学，基于此，经管责任学派的观点更有利于对企业经管业绩的科学考核。

会计数字的传统用途是财富分配，而资本市场的高度发展为其提供了新的应用空间，即决策用途。综合上述因素，我们认为，信息社会环境下的会计目标观念既需要兼容传统，又需要实质性变化，应当是既注重决策有用性，又不轻视受托经管责任，走向任何一个极端都会脱离会计为经济服务的大目标。会计的基本目标是反映受托责任的履行情况，高级目标则是提供决策有用的信息。现代信息技术为这种融合的会计目标观提供了基本的技术处理保障，在一个信息系统中同时提供两种甚至多种不同属性的信息多元报告模式也许可以使上述矛盾迎刃而解。当然，每种报告模式应该非常清楚地告诉会计信息使用者其所采用的会计计量模式、所遵循的会计确认原则与会计核算方法，以及报告所适用的范围及场合，以便信息使用者各取所需。

四、现代信息技术对会计发展的重大影响

会计目标体现了会计工作的方向和目的，正如前面所讲的，信息社会环境下理想的会计目标观念应当注重决策有用性，因此如何提高会计信息的相关性和有用性已经成为会计工作的重点。

（一）会计行业正在面临的重要挑战

会计行业面临的挑战主要可以归纳为以下几个方面：

（1）会计行业面临被取代的危险。会计人员所做的大部分工作是由“前计算机思维”发展而来的。几百年来，人们一直在使用复式记账，而会计所赖以生存的社会经济环境却发生了翻天覆地的变化。人们担心，如果会计行业不按照 IT 技术重新塑造自己的话，它将有可能被推到一边，甚至被另一行业——一个对提供信息、分析、鉴证服务有着更加创新的视角的行业所取代。

（2）会计在管理中的地位受到严重冲击。许多管理人员对目前会计系统提供的信息质量颇为不满。随着管理者对信息的需求与传统管理报告之间的差距越来越大，许多管理者纷纷建立起独立的管理信息系统。于是，许多公司出现了同时维持两套互不兼容的信息系统的尴尬局面：一套是包括传统分类账和控制在内的正式的会计系统；另一套则是由管理者自行建立的、完全独立的网络信息系统。因为管理者无法从正式的会计系统中找到自己所需的信息，在决定企业的财务状况、履行业务交易及进行经营决策时，管理者往往使用后者所提供的信息作为基础信息来参考。于是就造成了这样的局面：在业务经理们在其自行建造的管理信息系统中收集和占用越来越多的财务数据的同时，会计专业人员却还坚持冒着被排除在管理层之外的危险，仅仅在传统会计系统中负责记录企业组织的历史。

（3）会计信息披露受到质疑。客观地看，三张会计报表作为国际通用的商业语言，在经济发展中所起的作用是不容抹杀的，但就三张会计报表本身而言，其格式的固定、以数字反映为主的特点，决定了它所表达的会计信息的局限性。伴随现代股份制企业与证券市场的兴起，信息使用者已经不满足于这些传统会计报

表所披露的内容，要求企业更多地披露非财务信息、定性信息以及不确定信息等。有专家预言，未来会计信息披露将呈现以下几种趋势：第一，表外信息披露将在报表披露中占据主导地位；第二，非财务信息将得到广泛披露；第三，自愿性信息披露将呈增长趋势；第四，前瞻性信息的披露将受到重视并日趋完善；第五，社会责任信息的披露将越来越普遍。更有权威人士预言，一旦资产提供者可以实时访问到企业的数据库，他们将对年度财务报表失去兴趣；相应地，对审计人员关于这些报表的审计意见也将不感兴趣。他们感兴趣的或许将是审计人员所提供的另类保证：既保证企业数据库中的数据的真实性和可靠性，又能确保经过信息系统加工可以产生具有高可靠性且与决策直接相关的信息。

(4) 会计信息造假现象严重，会计公信力被极度削弱。从美国的安然到环球电讯，从世界通信到施乐，虽然各自爆出的财务丑闻的细节各不相同，但却透视出相同的实质：公司高层向社会公众说谎，却由投资人来买单。这些财务丑闻的频频爆出对财务报告制度的可信性提出了严峻的挑战，极大地损害了会计应有的公信力。

(5) 无形经济中的价值评估成为摆在会计师面前的一道难题。人们至少有理由对传统的财务与会计提出这样的问题：企业的价值何在？企业的价值动因有哪些？

在信息社会中，无形经济的发展正在对全球经济产生着前所未有的影响。由于高新科技的迅猛发展，导致了一些公司的市场价值与会计的账面价值差距悬殊。新经济导致了无形资产的增加和社会财富的虚拟化。但当人们发现传统会计通过确认、计量和报告等过程所产生的账面价值，不能代表或反映企业所“拥有或者控制”的全部经济资源，特别是那些科技含量高的知识产权，被随意费用化了的与高新科技有关的巨额研发支出，以及掌握了先进知识的人力资源等，或者是无法代表或反映企业所“拥有或者控制”资源的真正价值或全部价值时，人们对会计的极度失望是可想而知的。而当人们引入公允价值计量方法试图解决上述难题时，2008 年爆发的世界范围的金融危机又让人们清醒地认识到：公允价值计量方法好似一把“双刃剑”，在经济平稳发展时它可以很好地计量企业的真实价值，而当全球经济动荡时，人们发现公允价值计量方法似乎具有助跌的作用，以至于有些人将其视为金融危机的帮凶，甚至呼吁暂时停止使用该计量方法。

如此看来，在企业的账面上如实地反映其真正价值或内在价值，确实是一道难题。

(6) 今天的会计面临的真正挑战也许在于：日益增长的信息需求的多样性已经完全超出了传统会计界定的范围，也远远超出了传统会计信息系统的信息容量，如何将不同时期扩张的、分散的会计服务系统整合、集成为统一的会计系统是信息社会会计必须解决的一个难题。

传统上，会计专业人员通过向负责管理组织的信息用户提供信息来实现自己的价值。随着信息用户需求的多样性，会计服务领域也在不断扩大，形成了多个不同的会计专业领域，比如财务会计、成本和管理会计、审计、资产保全服务以及税务调整和计划服务等，通常这些会计专业领域被看成各自独立的、性质截然不同的会计服务，各自有着自己特有的采集和处理数据的系统，也有着自己专有的知识结构，相互之间虽有联系，但多数情况下彼此保持独立。这就引发了一个问题：一方面，开发和维护这些单独的系统成本非常高；另一方面，这样的做法有违会计信息化的初衷。因为，如此一来将出现许多会计信息孤岛（所谓信息孤岛，是指与其他信息系统缺乏信息相互交换渠道的单个信息系统），从而使得企业任何两个独立的会计服务系统都无法提供某一决策所需要的完整信息资料。某一决策所需要的信息可能部分来自于企业财务会计系统，部分则可能来自于成本与管理会计系统。这样不仅可能降低最终所需数据的可靠性，导致决策的失误和工作效率的低下，而且，仅仅整理、收集这些信息而花费的成本也将是非常昂贵的。解决这一问题的思路之一就是建立中心数据库或称信息中心。各信息子系统负责根据交易的执行情况补充、修改、更新中心数据库的数据，同时，也可提取中心数据库数据到相应的子系统进行特殊加工，以满足特定用途的信息需要。

（二）现代信息技术对会计可能产生的影响

上文提到，今天会计行业所面临的真正挑战在于：日益增长的信息需求的多样性已经完全超出了传统会计界定的范围，也远远超出了传统会计系统的容量。为此，我们必须寻求创新的方法，利用现代信息技术来改造传统会计系统，以使我们用比以往更加经济、更具效率的方式完成会计目标所赋予的任务。我们认为，利用信息技术不会显著地影响会计实务、教育和研究的本质，除非重新考虑改造传统会计过程本身并有效利用信息技术来重组该过程，从而大大提高该过程的价值，否则信息技术不会从根本上改变会计的本质。因此，我们对这一问题的基本认识是：现代信息技术对会计工作的重大影响存在两种可能性，一种可能是当我们充分结合信息技术的特征来改造或重组会计过程时，信息技术将改变会计的一切，即发生所谓的“会计革命”，为此，必须创新会计管理模式，比如会计假设的创新、会计理念的创新、会计程序的创新、会计确认的创新、会计计量模式的创新、会计反映客体的创新、会计报告的创新以及会计规范的创新等；而另一种可能性则表现在当我们受制于传统的会计过程时，信息技术对会计工作所能实施的影响只是一种“改良”——借助信息技术改变传统会计过程中的低效率、易出错的环节，以较低的成本提供更多的信息确认、计量、记录和报告的方法和方式的选择。这样看来，现代信息技术对会计可能造成的影响完全取决于人们的态度，而人们的态度又取决于现实环境对会计工作的变革驱动力，当这种变革驱动力强大时，人们的态度就会倾向于运用 IT 实施“会计革命”，反之，则倾向于“会计改良”。随着信息技术逐渐渗透到社会经济生活的方方面面，我们相信现实环境对会计工作的变革驱动力也将逐渐加大，必将迎来一场规模浩大的“会计革命”。

（三）传统会计在信息技术的影响下，正在或即将发生的重大变革

1. 会计学向边缘学科发展，其独立性越来越弱，与其他学科的相关度在不断提高

已故著名的会计学家杨纪琬先生曾预言：“在信息技术环境下，会计学作为一门独立的学科将逐步向边缘学科转化。会计学作为管理科学的分支，其内容将不断地被扩大、延伸，其独立性相对地缩小，从而更体现出它与其他经济管理学科相互依赖、相互渗透、相互支持、相互影响、相互制约的关系。”会计作为社会经济发展的产物，天生就带有社会性和技术性，而信息技术尤其是互联网技术大大缩短了信息收集、处理、传送和发布的时间，使信息得以在一个较短的时间内、在无限广大的空间范围内被收集、整理、加工和发布，从而大大提高了信息的相关度和实用性，也大大提高了信息的及时性和准确性。网络技术使得会计的触角延伸到了经济业务发生的现场，可以实现对经济活动的实时反映和监控，更为重要的是，当企业借助网络技术实施网络化管理时，其最大的一个目标就是要消灭信息孤岛，以实现信息集成，因此就需要模糊各信息系统之间的传统分工与界限，这就意味着在一个信息高度集成的企业管理环境中，会计信息系统与其他管理系统之间的分工与界限是模糊的，但这种模糊不是没有统一规划的模糊，而是有目的的模糊，通过模糊它们之间的界限，最终实现企业信息集成的目标。从这一点也不难看出：在信息技术的影响下，会计学的研究内容被扩大、延伸了，比如需要研究如何实现实时反映、如何进行实时控制等问题，而对这些问题的研究需要充分结合其他学科的研究成果。正是基于信息技术的这一特性，我们才有理由相信，信息技术对会计学的影响将是深远的。

2. 会计学理论体系的变革势在必行

在新经济时代，伴随着 IT 业的飞速发展，传统的企业组织概念、会计理论体系等都遭受到了前所未有的冲击和挑战。首先，信息技术特别是网络技术催生了互联网公司这一新的企业组织形式，正像前面已经提到的那样，对互联网企业的价值定位难倒了许多证券分析师和估价师，成为财务学和会计学的一道难题，只有变革相应的企业估价理论才有可能解决这一难题。其次，传统经济学的供求均衡经济理论一直是财务管理和管理会计建立自身理论与方法的基础，如财务管理中的“投资边际效益曲线”，管理会计中的市场基础定价模型和薄利多销定价策略等，但在新经济时代，那种供求两曲线相交而形成的市场均衡原理，对一些信息技术产业或企业来说，几乎难以适用。因此，研究新经济环境中新兴产业的供求关系、定价策略、边际效益变化动态，将成为管理会计领域的新课题。再次，信息经济学理论的两个基本假设条件是：交易双方的信息是不对称的，这种不对称

可划分为获取信息时间不对称和信息内容不对称两种；人们所得到的信息都是不完全的。这种假设在传统经济环境下是成立的。然而，在新经济中，这种假设的现实性受到了严重的挑战，强大的信息网络和信息技术产业，弱化了信息经济学的原有假定。最后，虚拟组织的兴起对传统的会计主体假设带来了挑战，并进而影响到持续经营假设和会计分期假设，对权责发生制和历史成本计价等会计原则提出了质疑。面对此情此景，人们不得不思考下列问题：IT 环境到底对会计学会产生怎样的影响？会计行业应该怎样适应时代发展的需要，按照 IT 技术的要求重新塑造自己，才不至于被搁置甚至被新的行业所取代？要想解决上述问题，变革现存的会计学理论体系已经是势在必行。

3. 成本管理的一场变革在所难免

对企业而言，信息技术的发展改善了其预测和决策的方式，改变了供产销体系和模式，缩短了研发（R&D）周期，这些变化势必对企业的成本管理产生深刻的影响，也预示着成本管理的一场变革在所难免。例如，信息技术的渗透和使用为“以销定产”的经营方式注入了新的内容，戴尔（Dell）模式已经印证了以下一些事实：（1）存货减少了，降低了库存成本；（2）与客户直接、有效的沟通，可以避免不必要的多余的产品功能，从而缩短生产周期，降低制造成本；（3）研发周期越来越短，产品的研发与制造几乎同步进行，效率大增，在降低研发成本和制造成本的同时，也减少了研发本身的机会成本；（4）借助于信息技术比如 B2B、B2C 等电子商务技术，企业的营销方式发生了根本性的变化，不仅极大地减少了营销成本，而且具有深远意义的是将导致边际成本呈指数级下降，为企业带来递增的边际收益。

4. 对财务会计实务实施变革也迫在眉睫

首先，在 IT 环境下传统的会计实务和企业会计文化也将发生质的变化。比如，原来会计实务中的一些核心概念，像记账凭证、账簿、报表等的作用将逐渐淡化。这一方面是由于随着企业管理全面信息化的实现，会计信息源和信息表示结构由一元化转为多元化，即会计实务当中的记账凭证的数据将直接取自各种业务发生过程，记账凭证作为手工会计环境下重要实体的作用将逐步淡化甚至消亡；另一方面，由于互联网技术和数据库技术的发展和应用，各级经营管理者和投资者无须等待会计工作者们历尽艰辛所提供的滞后的、不全面的账表信息，他们可以随时随地实时访问企业网或相应的会计 ASP 网站（受托代理企业记账业务或出租会计服务程序给企业使用的网站）获得相应的共享性信息。因此，会计实务的重点将由原来的编制凭证、记账、结账、编制报表等转向收集、存储、加工、传递、查询信息（包括输出信息）等。而上述这一切都将在 Internet 或 Intranet 上来完成。那种把纸移来移去，对数据进行机械例行处理的单调乏味的工作模式将一去不复返。企业财务主管的工作要么是增加企业的价值，要么不复存在。

其次，因互联网的强大技术支持，以财务报告为核心内容的会计信息披露，其及时性或时效性大大提高了，但是信息传递、转换过程中的安全性和可靠性则因网络作业的缘故遭受到了如下三项新的挑战：第一，会计信息载体不再是一成不变，而是变得形式多样；第二，信息技术产业的兴起，使传统信息中介机构的业务内容和作业方式发生了根本性的变化，如CPA的审计，财务分析师的财务分析，证券分析师的证券基本面分析等，网上鉴证和网上分析的业务量将大增；第三，导致了大量的信息再加工产业的涌现。一些企业，将第一手的信息作为资源投入，经再加工或再处理，转换成为信息消费者更加能够接受或更受欢迎的信息。这样的会计信息的本来面目将变得更加模糊，指导、劝导、诱导、误导将在网络世界同时出现，会计信息披露监管部门应该转变监管机制。比如，我国从2000年开始在互联网上为上市公司开辟了定期报告披露的通道，使信息披露环境大为改观，但此举同时带来了网络化披露的安全性和可靠性问题。

5. 网络技术的发展与完善有望引发会计领域中的第二次会计市场化变革——财务会计信息的市场化

第一次会计市场化变革发生在1853年，其标志事件是爱丁堡会计师协会的成立，变革的宗旨在于实现审计信息的市场化。计算机技术特别是网络技术的发展使会计信息的生产职能可能转由市场来完成，即股东可将会计信息的生产委托给企业经营者以外的受托人，这就是财务会计信息的市场化。财务会计之所以早早产生却一直未能完成市场化，主要受限于过高的市场交易费用以及未产生能够使会计信息生产享受规模经济效益的新技术。然而，在信息社会，伴随计算机技术特别是网络技术的飞速发展，会计信息的产权界定与规模生产已成为可能，产权的明晰使得会计信息生产和会计信息的传播可以经由市场来进行。

（四）信息社会环境下会计专业人员的未来价值取向

根据美国管理会计学会对会计师和财务会计人员所做的一项有关其现在业务与未来业务的调查可知，被会计师等公认为最重要的五项业务分别为：顾客及产品获利分析、企业流程改善、绩效衡量与评估、长期战略规划、信息系统的开发与维护。那么，在信息社会环境下，会计专业人员的价值取向何在？面临严峻的挑战，会计专业人员若要有所作为，可以通过以下方式持续不断地提高其为组织增加价值的能力：

第一，积极、主动、实时预防商业风险是会计师的首要职责。

第二，鉴证服务的目的就是对决策信息的品质提出专业意见。其范围主要包括：财务性及非财务性（比如顾客满意度、产品品质等）的绩效衡量；风险评估；信息系统品质，比如信息系统可靠度及其控制；电子商务安全与隐私保护的鉴证；电信服务的可靠性、安全性和私密性的鉴证；医疗服务品质的鉴证。

第三，IT投资分析。会计师可以帮助组织评估IT投资（指组织运用IT所实施的变革）的成本和收益，并向组织报告如下问题：IT 投资对收入会产生哪些影响？IT 投资的成本主要是什么？IT 变革带来的相关风险有哪些？将 IT 引入业务流程必须融入哪些控制？

第四，为负责计划、执行或评价组织活动的决策者提供有用信息。

第五，促使信息过程融合到业务过程中。

第六，帮助管理当局制定企业规章或政策，塑造并控制业务过程。

以上六种方式概括了会计专业人员未来可能的发展方向，也是会计专业人员未来的价值取向。会计专业人员应该把 IT 看做是为企业提供业务解决方案而设立的一套工具的组成部分，充分重视如何利用 IT 手段完成对业务问题的解决，而不要把 IT 本身视为关注和研究的重点，否则将会本末倒置。

第二节　计算机会计学知识体系

一、计算机会计学的研究对象

计算机会计学是以企事业单位会计信息化实践为研究对象的一个学科，它属于交叉学科，重点研究企事业单位会计信息系统的构造与设计、使用与维护、控制与管理的一般性方法与原理。

之所以提出计算机会计学的概念，在某种程度上是由于我国会计工作长期以来停留在传统的手工会计的作业模式上，手工作业的观念根深蒂固，会计的许多方面比如会计准则与会计制度等，都带有鲜明的手工作业的烙印。因此，为了区别手工作业状态下的会计信息系统的概念，我们有必要将计算机环境下形成的会计信息系统用一个特定属性概念予以反映。对这个特定环境下的会计信息系统的运行原理、构造方法、组织机制、实施程序以及内部监控等的研究便是计算机会计学的核心内容。

长期以来，无论是会计理论界还是会计实务界，对计算机会计学的研究对象以及学科方向、内容构成等的理解千差万别，有的干脆用“计算机基础知识”来替代它，也有的用某个财务软件的操作学习来代替本门课程的学习，从而导致该学科被定位在一个低层次上，严重影响了计算机会计学的发展，也严重制约了我国会计信息化发展的进程。因此，提出“计算机会计学”的概念并对其研究对象、学科方向、知识体系、研究方法等做出界定具有非常重要的现实意义和长远意义。

二、计算机会计学的学科性质与知识体系

（一）计算机会计学属于应用学科

人类经过数千年的探索，如今已形成了一个庞大而壮观的科学体系，它由成百上千门学科、成千上万个学科发展方向组成。各门学科的研究对象和作用，大致可划分为三类或三个层次，即思维工具学科、基础学科及应用学科。其中思维工具学科包括哲学、系统科学、数学等，这些学科把整个世界，包括自然界、人类社会及人类思维作为自己的研究对象，以最抽象的方式探索物质和思维的关系及运动规律，为人们提供最一般的思维工具。思维工具学科是科学体系中的最高层次，又是科学体系中影响最大的学科。基础学科主要包括天文学、经济学等，这些学科以宇宙中某一种基本现象、基本运动作为自己的研究对象，运用思维工具学科提供的知识，探索该类现象的内在联系及该种运动的客观规律，为我们提供认识世界与改造世界的基础知识，它们是科学体系中的中间层次，是掌握应用学科的前提。应用学科以人类某一领域的社会实践作为研究对象，运用思维工具学科及某些基础学科提供的知识，研究该类实践产生良好效果的客观规律。它为人类改造客观世界提供有用的知识，属于科学体系中的较低层次，但也是使人类直接受益的学科层次。

显然，计算机会计学应属于应用学科，因为它是以企事业单位会计信息化实践作为研究对象的。

（二）计算机会计学的相关知识要求

计算机会计学是综合性很强的学术与实践领域，其综合性体现在需要使用以下多门学科的相关知识，这些知识既是计算机会计学的知识渊源，同时又是学习计算机会计学这门课程需要掌握的先导知识，主要包括以下几个方面：

第一，与信息系统相关的知识，如系统论、信息论、控制论等；

第二，与会计、财务、审计相关的知识，如财务会计学、管理会计学、审计学以及财务管理学等；

第三，与会计软件开发设计相关的知识，如管理信息系统、软件工程学、程序设计语言、美学、人体工程学等；

第四，与会计软件使用、会计信息系统建设相关的知识，如管理学、组织学、行为学、心理学、协同论、突变论以及耗散结构理论等；

第五，其他 IT 技术，比如计算机网络技术、信息系统集成技术、多媒体技术、数据库技术、人工智能技术等。

（三）计算机会计学特有的知识体系

以上介绍了计算机会计学的相关知识，我们需要在学习本课程之前了解和掌握其中一些知识，除此之外，我们还要注意对计算机会计学自身特有知识的学习

(实际上，许多所谓特有的知识也是上述相关知识与会计信息化实践相结合的产物)，主要包括以下内容。

1. 会计信息系统的分析设计

此处的会计信息系统（以下简称 AIS）既包括财务系统，又包括管理会计系统，后者主要由预算管理、成本管理与控制、获利能力分析、绩效衡量与管理等几个模块构成。这部分细化知识主要包括：AIS 的需求分析、体系结构构建、数据流程设计、会计数据采集与存储、EDP 会计算法、会计信息合成等。

2. 会计信息系统的风险与控制

实际上，在 AIS 的分析设计部分就已经涉及控制模型与控制程序的设计问题，只不过因为控制问题非常重要，特别在会计信息化环境下，更需要控制的是信息系统本身。而且，控制内容本身具有相对独立性，因此将其作为单独的一个知识板块来对待。这个板块的内容主要包括：IT 风险、COSO 内部控制模型及 IT 环境下内部控制要素的变化分析、信息化环境下的新型内部控制理念、AIS 内部控制重点与控制措施等。在企业信息化环境下，有必要建立这样一种观念，即在信息系统开发阶段就同步考虑、研究和设计内部控制程序并将其中部分控制程序嵌入信息系统之中，以实现企业业务流程、会计工作流程、信息流程和内部控制流程的集成。

3. 会计信息系统的集成技术与策略

AIS 的集成主要包括三个层次，分别是部门内信息集成、企业内部过程集成和跨企业之间集成，伴随集成的层次提高，会计信息化的水平也在不断提高，集成既是会计信息化的实质之一，又是实现 AIS 与企业其他管理信息系统和外部系统有效联合、协同互动的关键，集成技术的应用既可以在 AIS 分析设计之时，也可以在 AIS 投入应用之后，但前者应该是 AIS 实现集成的最佳时机。因此，学习 AIS 的集成技术与策略对于理解并实施会计信息化至关重要。这个板块的内容主要包括：部门内信息集成、企业内部过程集成、跨企业之间集成、业务流程再造、财务业务协同、AIS 与 MIS 数据对接等。

4. 会计信息系统的实施与使用

这是会计信息化在微观层面的组织与管理，主要体现如何应用会计软件或 ERP 软件构建 AIS。这个板块的内容主要包括：会计软件系统的实施、商品化会计软件的选择、会计软件的一般应用模式与具体使用流程、岗位设置与财务分工等。

5. 信息系统的评价与审计

会计信息化应该确保各种利益相关者可以随时共享高质量的会计信息，而高质量的会计信息与业务控制的有效性直接相关，但在会计信息化环境下，由于企业传统的业务控制程序逐渐被嵌入信息系统之中，业务控制的有效性依赖于信息系统的安全性、可靠性和有效性，后者又取决于信息系统的控制及其执行是否健全、有效，这就有必要借助信息系统的评价与审计活动来验证，通过评价与审计可以发现信息系统本身及其控制环节的不足之处，以便及时改进与完善。因此，掌握信息系统的评价与审计知识也是学习计算机会计学的内在要求。这个板块的内容主要包括：信息系统审计的概念框架、信息系统审计证据的获取与评价、信息系统审计的常用技术方法、信息系统审计报告、会计信息系统的综合评价。

6. 会计信息系统的信息披露与信息复用技术

这个板块主要针对电子报告、网络财务报告、商业智能、决策支持服务等内容，目的在于通过网络报告和信息复用技术等形式向信息需求者实时提供个性化的会计信息以支持其决策，当然提供信息时应该体现信息披露级别的要求。信息复用技术主要指计算机核算描述语言技术、商业智能，可用于智能重构会计信息。

7. 会计信息系统的网络化与安全防范技术

会计信息化要求 AIS 必须具有实时会计控制和实时财务呈报的功能，因此网络会计成为必然的选择。这个板块的内容主要包括："三网"（网络会计、网络财务、网络审计）合一的构想与实施、网络会计系统的安全保障技术。

8. 会计信息化的宏观组织与管理

主要指政府管理部门应该如何行使对会计信息化事业的宏观组织与管理职能以及借助信息化手段加强对会计信息披露的宏观监管工作。这个板块的内容大致包括：会计信息化协调（包括企业间协调、地区间协调、会计准则与会计制度的协调等）、通过网络对企业 AIS 实施信息监管、区域会计信息化网络系统的构建、会计信息化认证、ASP 会计服务规则制定与业务运行监管、会计信息化基础工作规范的制定等。

上述八个知识板块相互之间的内在逻辑关系是：分析设计板块是基础，是构建 AIS 的关键部分；风险与控制、评价与审计这两大板块是为了确保 AIS 能够提供高质量的会计信息，同时也是保证 AIS 的安全、可靠和有效，这部分知识既可以在分析设计中加以运用，也可以在实施应用阶段相机使用；AIS 的实施与使用板块是会计信息化知识体系的重要组成部分，是计算机会计教学的初级内容，掌握之前几个板块的知识将有助于 AIS 的实施与使用；AIS 的集成与网络化两大板块是拓展 AIS 应用空间的需要，它们突出体现了会计信息化的互动、集成、实时与共享等实质要求，是计算机会计学知识体系的前沿内容，离开了集成和网络化也就根本谈不上会计信息化；AIS 的信息披露与信息复用技术板块属于 AIS 的输出部分，而提供决策有用的会计信息既是 AIS 的基本功能，又是 AIS 的终极目标，因此这部分内容属于计算机会计学知识体系的核心部分；会计信息化的宏观组织与管理板块的知识属于会计规范与会计标准层面的知识，在计算机会计学知识体系中起着导向性作用。

三、计算机会计学的主要研究方法

计算机会计学除了可以采用基本的研究方法如演绎法、归纳法等科学研究方法之外，还可以采用以下一些特殊的研究方法（或称思维方法）。

（一）目标（会计目标）与过程（会计过程）的辩证统一

这里所指的目标即会计目标，所指的过程即会计过程，目标是过程的必然结果，过程体现实现目标所需要实施的控制，目标是前提，过程是保证。这种方法对于会计信息系统的设计、使用与评价都是至关重要的。尤其当我们想用现代信息技术来改造传统会计系统时，这一点尤为重要，否则我们所改造出的会计系统只能是IT环境下的手工模拟系统，而非真正理想的会计信息系统。许多初学者，往往不能领会其中的真谛，在会计信息系统的设计、使用与评价时，不是先从目标端（系统的输出端）来考虑问题，而往往是先入为主，从系统过程的开始端（系统的输入端）入手分析，从而陷入传统会计系统的思维当中。前已述及，新经济时代理想的会计目标观念应当是既注重决策有用性，又不轻视受托经管责任，因此从会计目标端来考虑问题实际就是站在会计信息需求者的立场来思考问题，不管是设计、使用还是评价会计信息系统，都应该基于会计信息需求者的立场来组织实施。只有明确了具体的信息需求，我们才能根据需求来组织数据采集，所采集、输入的会计数据才会有针对性并做到完整、一致；只有明确了具体的信息需求，我们才知道应该遵循哪种会计流程、通过哪些会计处理方法对所采集、输入的会计数据进行合理加工，使之输出真正满足信息需求者需要的会计信息。但重视从目标端来考虑分析问题，并不是不需要过程。我们所说的过程，是实现会计目标必要的控制过程，这一过程同体现会计目标的会计结果一样重要。这一控制过程既体现会计对企业经营活动全过程的控制，又包括对会计数据处理加工环节的控制。实际上，缺乏严密的控制过程的目标能否实现本身就值得怀疑。这一点也是十分重要的，目前有些企业所构建的会计信息系统往往只求结果而忽略了过程控制，使得系统陷入不可控状态，最终导致信息系统所报告的信息的可信程度大打折扣，也发挥不出会计对企业经营活动全过程应有的监控职能。这种现象在我国商品化会计软件中也是普遍存在的。究其原因主要还是没能处理好目标与过程的辩证统一关系。

（二）时间与空间的辩证统一

这里所指的时间即系统的处理报告速度（例如编制一张资产负债表需要花费多少时间，查询一笔分录需要花费多少时间，对销售记录按客户进行统计分析需要花费多少时间等），所指的空间即数据的存储空间。一般而言，保存大量的会计信息处理中间结果会导致系统存储空间的占用加大，但却可能有利于查询、统计会计信息；会计记录数据规模越大，对这些数据进行加工所需花费的时间也会越多。考虑到会计信息系统在数据存量上是一个不断增长的信息系统，即伴随使用时间的不断演进，会计信息系统的数据容量会不断增大，因此对会计数据的存储空间与会计信息加工所需的时间两者的矛盾关系应该有一个辩证的观点。这就必须分析数据存取要求，而立即存取分析是数据存取要求的一个重要特性。同一系统中，不同的用户有不同的数据立即存取要求。系统分析人员必须详细了解用户有哪些立即存取要求，并仔细分析这些要求的合理性以及可实现性。系统中的立即存取要求越多，系统就越复杂，消耗也相应越大。一般认为，在实时系统或某些需要实时反映的业务中，时间因素是第一位的，是前提，系统分析设计人员应当充分运用一些方法包括以大量牺牲存储空间为代价来换取系统对某个作业过程的处理时间大大缩短；反过来，对于非实时系统以及某些不需要实时处理的业务，应当坚持在节约存储空间与保持适中的处理速度之间取得相对平衡。一句话，就是要确保“既不浪费存储空间，又能保证处理时间让使用者能够接受”。

（三）结构化分析方法

结构化分析方法，是面向数据流进行系统分析的方法，它采用“自顶向下，逐层分解”的思想来描述系统，这一思想源自 20 世纪 60 年代末提出的结构化程序设计方法的基本精神，后者主要内容可概括为：自顶向下、逐步求精；采用模块化技术、分而治之的方法，将系统按功能分解成若干模块；模块内部由顺序、分支、循环三种基本结构组成，并且遵循单入口单出口的规定。既然一个程序可以用一组标准和方法加以构造，那么系统分析是否也可以引进一组标准的准则和工具来描述系统呢？通过努力，人们发现完全可以用一组标准的规则和工具从事系统分析工作，并用它们来表达系统分析的工作成果。具体来说，结构化分析方法的基本思想及特点是：首先，它采用一组图示工具作为通信媒介，沟通用户与设计人员的理解，并通过这组图反映整个信息系统的信息流向、信息存储和具体功能的描述等。其次，它采用自顶向下的方法，把功能按层次分解、描述并兼顾系统的测试。这样对用户来说，不但能对系统有一个总的概念性印象，而且可以了解系统具体的组成部分，能够尽可能早地看到结果，并及时提出意见。对系统设计人员来说，既可以更清楚地了解系统，也可相应地用自顶向下的方法来设计系统。最后，通过一组图示工具阐述新系统能够“做什么”，而非关心“怎么做”，即强调分析系统的逻辑模型而非物理模型。通常，结构化分析的主要工具包括以下五种：数据流图、数据字典、数据存储规范化、数据立即存取图、功能分析的表达方法（又可细分为决策树、决策表和结构式语言），其中前四种工具主要针对数据分析，第五种为功能分析工具。

（四）模块化设计思路

模块化设计是指把一个系统分解成若干个具有一定独立性，又具有一定的内在联系，能够完成某种特定任务的模块，模块化设计是结构化系统设计的基础，它可以确保所建成的系统具有良好的可维护性和安全可靠性，可以使整个系统设计简易、结构清晰，同时有利于信息系统开发工作的组织和管理。

结构化分析方法与模块化设计思路是学习计算机会计必须掌握的一种基本研究方法。这种研究方法是根据人类解决问题的一般规律得出的。

以函数 $c(x)$ 定义问题 x 的复杂程度，函数 $e(x)$ 确定解决问题 x 需要的工作量（时间）。对于两个问题 p_1 和 p_2，如果 $c(p_1)>c(p_2)$，则显然有 $e(p_1)>e(p_2)$。而根据人类解决一般问题的经验，另一个有趣的规律是：$c(p_1+p_2)>c(p_1)+c(p_2)$。也就是说，如果一个问题由 p_1 和 p_2 两个问题组合而成，那么它的复杂程度大于分别考虑每个问题时的复杂程度之和。综上所述，得到下面的不等式：$e(p_1+p_2)>e(p_1)+e(p_2)$。

这个不等式导致了“各个击破”的结论：把复杂的问题分解成许多容易解决的小问题，如果分解出来的小问题仍然较复杂的话，还可以继续分解，直到分解出很简单的最基本问题，然后对这些最基本问题找到问题的解，则原来的问题也就解决了。这就是结构化分析与模块化设计的基本论证依据。然而，运用模块化设计这种研究方法划分系统模块时，我们必须明白这样一个道理，即每个系统都存在一个最适当的模块数目，使得系统开发成本最低，这是因为伴随着模块数目的增加，每个模块的规模将下降，开发单个模块所需的成本（工作量）确实减少了，但设计模块间接口的工作量也增加了。因此，我们不能这样认为：如果无限地分割系统，最终将导致最基本模块的设计非常容易，因而也将使设计系统的工作量非常少。

第三节　计算机会计学的基本概念

一、会计数据与会计信息

（一）会计数据

数据（Data）是人们用符号化的方法对现实世界的记录，是用可鉴别的符号记录下来的现实世界中客观实体的属性值，包括数字型与非数字型两种类型。如600元、红色等都是数据。按照信息系统理论，数据必须经过加工成为信息才能有用，而且数据只有经过分类、筛选、计算和思维加工，才能形成有序化和可用的信息。数据若不经过加工整理，就会处于单层次、单体裁和单形式的原始状态，就必然缺乏知识性和科学性。数据质量的评价指标主要包括四个方面，即准确性、时限性、完整性和一致性。

会计数据（Accounting Data）是用于描述经济业务属性的数据，是对企业经济业务发生情况的客观记录。在会计工作中，从不同渠道、不同来源取得的各种原始资料、原始凭证以及记账凭证等所记载的数据一般都属于会计数据。但这些会计数据本身并不能作为人们判断和得出结论的可靠依据，还必须按照一定的加工程序加工成为对会计工作有用的、有价值的会计信息。

（二）会计信息

由于研究目的和角度不同，人们对信息的理解和解释也不尽相同。在信息技术应用领域，一般认为，信息是经过加工、具有一定含义的、对决策有价值的数据。由此可看出，信息的表达是以数据为基础的。信息必然是数据，数据则未必都是信息。只有经过加工整理且满足了有关人员的需要的数据才被视为信息。这就说明在某种意义上信息具有相对性，加工后的数据如果没有使用价值仍然属于无用的数据，而不能认为它是信息。

信息的基本属性有事实性、等级性、可压缩性、可扩散性、传输性、分享性(共享性)、增值性、转换性。

会计信息（Accounting Information）是指按照一定的要求或需要，通过一系列专门的会计核算方法，对会计数据进行加工或处理后提供给管理层以满足其需要的各项会计数据。包括资产、负债、所有者权益信息，收入、费用、利润信息。比如对原始凭证以及记账凭证进行加工处理形成的总账、明细账、日记账等账簿信息，以及能以货币表现的现在与未来的信息，例如，上市公司的盈利预测信息、失败预警信息，由于它们对有关人员（如股东与潜在股东等）是有用的，因此亦可被认为是会计信息。

（三）会计数据和会计信息的关系

会计信息和会计数据既有密切的联系，又有本质的区别。会计信息是通过对会计数据的处理而产生的，会计数据也只有按照一定的要求或需要进行加工或处理，才能成为满足管理需要的会计信息。会计信息具有相对性，有的会计数据对某些管理者来说是会计信息，而对另一些管理者来说则需要在此基础上进一步加工处理，才能变成会计信息。会计数据和会计信息的这种相对关系可用图1—1来表示。

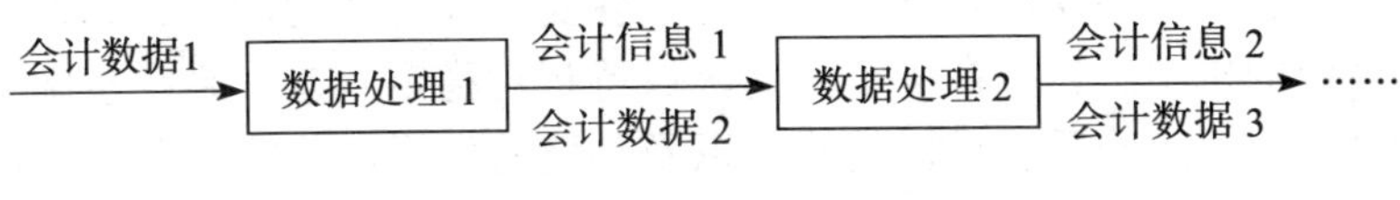

图1—1　会计数据处理（会计信息处理）

尽管会计数据和会计信息存在一定差别，但在实际工作中，两者经常被不加区别地使用。因为在会计处理过程中，经过初级加工处理后形成的会计信息，往往又成为后续深度加工的数据来源，因此有时把会计数据处理也称为会计信息处理。

二、会计数据（信息）处理

会计数据（信息）处理（Accounting Data Processing）是对会计数据进行加工处理以获得管理所需会计信息的过程，一般要经过收集、输入、加工、传送、存储、检索、输出等处理过程。这一过程使数据获得新的结构和形态，转变成有一定用途的信息。因为在会计处理过程中，经过初级加工处理后形成的会计信息，往往又成为后续深度加工的数据来源，会计数据处理过程是逐层递进的。目前最常见的会计数据处理方式有成批处理方式和实时处理方式。

三、系统及其特征

系统（System）是为了实现某种目的，由相互作用和相互依赖的若干组成部分按照一定的规则或结构结合成的、具有特定功能的有机整体，而且这个有机整体又是它所从属的更大有机整体的组成部分，系统总是存在于一定的环境下。例如，企业是由一系列供应、生产、销售、管理等部门组成的，以实现产品生产和销售的系统。一般来说，系统具有以下一些特征：

第一，整体性。整体性是指一个系统由两个或两个以上要素组成，所有要素的集合构成了一个有机的整体。在这个整体中，各个要素不但有自己的目标，而且为实现整体的目标充当着必要的角色，缺一不可。

第二，目标性。目标性是指系统内部各要素的功能和作用不尽相同，但各要素活动的目标是一致的。

第三，独立性。独立性是指每个系统都是一个相对独立的个体，它与周围的环境具有明确的界限。

第四，层次性。层次性是指一个系统由若干子系统构成，每个子系统也具有系统的一切特征，并可以进一步划分为更小的子系统；同时一个系统必然被包含在一个更大的系统之中，这个更大的系统通常被称为“环境”。

第五，动态性。动态性是指系统总是不断地接受外界的输入，经过加工处理，不断向外界输出。

第六，关联性。关联性是指一个系统中各要素存在密切的联系，这种联系决定了整个系统的机制。它们在一定时期内保持相对稳定状态，系统也随之呈现相对稳定的功能，但随着系统目标的改变以及环境的发展，系统内各要素的联系会发生新的变化，系统也会发生相应的变更。

四、信息系统及其分类

（一）信息系统的含义

信息系统（Information System）是指以计算机、通信网络等现代化工具为管理手段，以加工处理数据向有关人员提供有用信息为目的而形成的将信息的采集、处理、存储、管理、检索、传输、输出等各过程有机融合的一个整体。研究信息系统的主要任务是研究信息处理过程内在的规律，以及基于计算机等现代化手段的形式化表达和处理规律。信息系统具有非常明确的输入和输出类型规定，即输入的是数据，输出的则是有用的信息，此信息服务于信息系统的目标，反映信息系统的功能或目标。信息系统的发展经历了电子数据处理阶段到决策支持系统阶段的发展过程。

（二）信息系统的分类

信息系统随着现代信息技术的发展而不断发展，出现许多用于不同目的的信息系统分支，下面介绍两种信息系统的分类方法。

1. 按体系结构划分

这里主要采用麦卡锡（McCarthy）、戴维（David）和萨默（Sommer）基于信息系统体系结构演变对信息系统进行分类的理论。他们认为多数信息系统是基于三种结构之一建立起来的：第一种结构是基于经典的会计等式“资产＝负债＋所有者权益”的结构，它主要基于经济事件的财务影响，强调信息的准确性，要求按照特定的规则，在特定的时机采用特定的方法记录业务活动；第二种结构是一种混合的结构，它利用先进的技术，对传统的会计等式结构有所超越，但仍保留了许多簿记惯例，比如物料需求计划（MRP）系统和作业成本（ABC）系统就属于这种结构；第三种结构基于迈克尔·波特（M. Porter）的价值链分析理论，采用这种结构的信息系统通常不局限于经济事务，而注重采集与所有关键业务事件相关的信息。

他们还根据信息系统的历史演变列示了十种基本的信息系统分支：

（1）独立交易系统。这种系统采集少数现金交易的信息以满足少量的信息需求，比如电子支票簿就属于这样的系统。

（2）交易和负债系统。这种系统采集现金和债务交易（比如贷款和经常性付款）的少量细节信息，比如 Microsoft Money 就属于这样的系统。

（3）簿记系统。这种系统是基于“资产＝负债＋所有者权益”结构建立起来的，它跟踪交易、汇总数据，然后生成描述资产和负债的报告。

（4）多维会计系统。这种系统与簿记系统非常类似，都是基于会计科目表所做的信息处理，但它区别于后者的地方在于它能容纳和处理数以百计的总账科目代码，能比后者存储更多的业务细节数据。

（5）模块集成系统。这种系统由管理职能模块（比如生产、后勤和培训等模块）与总账模块通过系统集成技术形成一个信息系统，可以实现总账模块和管理职能模块之间进行的双向数据传输。

（6）ABC/MRPII 系统。这种系统收集大量业务活动的数据，克服了前几种类型系统中存在的一些表示和集成的问题。

（7）ERP系统。ERP就是企业资源规划系统，是整合了企业所有业务流程的业务管理系统，包括生产、市场营销、人力资源管理、会计、财务等各种子系统，它突破了“资产=负债+所有者权益”的模式。该类型的系统并不以编制财务报表作为其主要目标，而强调面向供应链过程，强调业务数据只需输入一次，便可用于生成各种视图。

（8）业务对象系统。这种系统采用了面向对象技术，可以帮助系统设计人员更加真实地对现实世界有针对性地建模，以反映其属性和行为特征。

（9）基于公司语义模型理论的系统。这种系统使系统设计人员能够明确地表述企业为创造客户价值所制订的整个经济计划，可以完全披露所有感兴趣的事件的资源、参与者和地点等信息。这种系统如果能够被完全实施，组织就能够100%地跟踪从生产开始到产品最终销售给顾客的整个经济过程。

（10）网络企业系统。这种系统可以使组织间的协调达到最优，可以做到实时采集事件信息，而相关数据只需采集一次，便可在所有合作企业间共享，因此可以支持网络企业间的协同运作。

从发展的眼光看，前三种系统已经基本完成其历史使命，而第四种到第七种这四种系统则是目前已被广泛采用的模型，最后三种则是目前和今后要探索和研制的系统。

2. 按用途及构造方法划分

按照不同的用途以及构造方法，信息系统又可以分为数据处理系统、无纸办公系统、国际电子商贸系统、管理信息系统、专家系统、决策支持系统等几种主要类型。

（1）数据处理系统（Data Processing System，DPS）。一般系指数据的收集、加工、传输等一系列处理都是严格按照事先给出的程序进行的信息系统，主要用于操作层的每日重复、变化不大的各种过程处理和事务处理。比如，工资计算、账务处理中的原始凭证输入等。这种系统多为一项一项地处理各种信息，各项处理之间的联系很小，系统目标与决策无直接联系，其目的在于为某一部门处理并提供有关数据。DPS是开发信息系统初级阶段的产物，是其他信息系统的基础。

（2）无纸办公系统（Electronic Office Processing System）。是20世纪80年代随着计算机技术、网络技术等的发展而产生的多功能综合性信息系统，其目的在于提高办公效率，达到事务性信息共享。

（3）国际电子商贸系统（International Electronic Business Processing System）。这是20世纪90年代随着Internet和EDI（Electronic Data Interchange，电子数据交互技术）的发展而产生和发展起来的信息系统，其目的在于借助现代通信和互联网技术，将原来各个国家、跨地域的企业实体的商贸管理信息系统连成一体，为国际贸易支付提供可靠、及时的服务。

(4) 管理信息系统（Management Information System，MIS)。是在 DPS 基础上逐步发展起来的信息系统，它利用 DPS 的数据和大量定量化的科学管理方法，以实现对生产、经营和管理过程的计划、组织、指挥、协调、决策和控制，其主要目的是提供对例行的高度结构化的管理决策问题的解决方法。应该注意的是，学术界对 MIS 的定义存在比较大的分歧，而且随着企业管理需求的不断增加和信息技术的不断发展，MIS 的外延及其功能也将不断扩展，因此，也可以把 MRPII 和 ERP 等系统归属为 MIS 概念范畴。管理信息系统包含许多子系统，比较典型的有营销信息系统、制造信息系统、人力资源信息系统、财务信息系统、会计信息系统等，这些子系统在管理信息系统的系统整体框架内并非完全独立的，它们共享组织中的通用信息资源。

(5) 专家系统（Expert System)。专家系统属于人工智能研究中的一个分支，它是将特定专业问题领域内的专家知识或经验，转换成计算机能据以推论事实真相的知识库，以帮助该专业领域内的其他人员提高决策质量的信息系统。通常它包括三个部分：使用者接口、知识库和推理引擎。使用者接口主要提供通过询问使用者以获得有关问题的真实情况的功能，知识库中储存用于解决问题的准则、数据和关系，而推理引擎则从使用者那里得到数据，依据知识库进行推理运算，为决策者提供解决方案。如果知识库中有足够正确的知识及适当的推论程序，则该专家系统所提供的结论应正确无误。目前专家系统的研究包括知识获取(Knowledge Acquisition)、知识表示（Knowledge Representation)、效度验证(Validation) 和推行（Implementation）四大领域，其中如何改善知识获取是当前的研究重点。国际上，专家系统在会计、审计以及税务上的应用已取得突破，比如 AUDIT PLANNER 是用于重大性水平判断的专家系统，ANSWERS 则是用于分析性复核的专家系统，而 EXPERTAX 则可根据知识库和使用者所输入的数据给审计及税务人员提供有关税务会计及财务会计的咨询建议，并列示相关税法条款，以作为推论结果的依据。

(6) 决策支持系统（Decision Support System，DSS)。与 MIS 一样，DSS 也是一个部门的管理工具，但它主要用于解决半结构化或非结构化管理决策问题，DSS 需要在 MIS 的基础上建立，一个完善的 DSS 应当以计算机为基础，由大型数据库、完善的模型库及使用者界面等组成，对应的软件系统也应包括三种功能：数据库管理软件（Data Base Management Software，DBMS)、模型库管理软件(Model Base Management Software，MBMS) 和对话管理软件（Dialog Generation and Management Software，DGMS)。决策支持系统与专家系统的不同之处在于：前者帮助用户做出决策，而后者则直接做出决策。

五、会计信息系统

（一）会计信息系统的含义

泛泛而言，会计信息系统（Accounting Information System，AIS）是人和设备等资源有机集合形成的系统，是将财务数据和其他数据转换成信息以提供给各类决策者进行决策判断的一个信息系统，是一个面向价值信息提供和价值信息管理的信息系统，是从对企业价值运动过程进行反映、监督和控制的角度提出信息需求的信息系统。这一定义既适合手工方式，也适合计算机化方式，是会计信息系统的广义含义。

而计算机会计理论界和实务界一般所论及的会计信息系统则主要指的是狭义的会计信息系统概念，通常又被称作计算机会计信息系统，它是基于计算机软硬件和网络环境并采用现代信息技术和会计特有的方法和程序进行会计数据采集、存储、处理、传输、检索和输出以完成会计核算任务，并能提供进行会计管理、分析、决策所需的辅助信息的信息系统，其组成要素为：计算机软硬件、数据文件、会计人员和系统运行规程，其核心部分则是功能完备的会计软件。本教材后面所采用的会计信息系统概念未作特别说明时，一般指的都是狭义的会计信息系统。

（二）会计信息系统的目标

在现代社会中，企业是一个经济实体，企业的生产、经营、服务均是有目标的。会计信息系统的目标应服从于企业、信息系统、会计三者的目标，而企业的目标通常为通过提供客户满意的服务获取更多的利润，信息系统的目标则是向信息系统的使用者（用户）提供决策有用的信息，会计的目标则是反映受托经管责任的履行情况并进一步为企业各利益相关者提供决策有用的信息。因此，综合上述三者的目标，会计信息系统的目标可以确定为向企业内外部的决策者提供决策所需的会计信息以及其他有重要影响作用的非会计信息，对企业经济活动过程进行监督和控制，并通过这些提升企业价值的活动来提高企业的经济效益以获取更多的利润。

会计信息系统的这一目标可以细分以下几点：第一，提供有关企业营运决策的信息；第二，提供满足成本效益原则的及时会计服务；第三，确保在追求企业营运效果与效率的同时，协调考虑企业对相关法令政策的遵循与内部控制有效执行的问题；第四，提供可以作评比标准的信息；第五，确保会计等各项功能与企业整体经营策略协调一致。围绕上述细化目标，会计信息系统的基本功能应是：利用各种会计规则和方法，加工来自企业各项业务活动中的数据，产生和反映会计信息，以辅助人们利用会计信息进行决策。

(三) 会计信息系统的特点

会计信息系统是企业管理信息系统中的一个重要的子系统。在企业以及会计信息系统目标的规范下，它具有以下特点：

(1) 综合性。会计信息是全面反映企业供、产、销、人、财、物等价值运动的各个环节并全面参与企业管理的综合信息。会计信息系统能够综合地反映、监督和控制整个企业的生产经营活动。

(2) 复杂性。会计信息系统的综合性、全面性导致了会计信息系统的内部结构较为复杂，而且与其他管理子系统和企业外部系统的联系也十分复杂。

(3) 信息量大。会计信息系统以反映定量的货币性信息为主，其综合性、全面性也必然导致了会计信息系统所生产的信息巨大。据统计，在企业中会计信息一般占整体信息总量的80%以上。

(4) 内部控制严格。如前所述，会计是一个以货币为主要计量单位的定量学科和实务工作。它需要采用特定的方法（复式记账法）进行运转，例如，总账、明细账和日记账的设置、平行登记、错账更正（划线更正法、红字更正法）、结账、对账以及试算平衡等记账规则。此外，从会计制度设计上也要求严加监控，例如，不兼容职务的内部牵制制度等。由此，会计信息系统形成了严密的内部控制。

(5) 准确性、可靠性要求高。会计信息系统的严密性，使其生产的会计信息具有准确性和可靠性。会计信息是一种商业语言，是对社会经济活动的反映。随着改革开放的深入，特别是市场经济的发展，实行多种所有制、多种经营方式共同发展的所有制结构政策，充分发挥市场在社会资源配置中的基础作用，会计信息服务对象变得多样化了。也就是说，会计信息不但要继续服务于国家作为国有资产所有者以及社会事务管理者的需要，同时也要服务于投资者、债权人以及社会公众的需要。这就要求企业的会计信息系统改变片面服从国家宏观经济政策的会计模式，生产出能够体现准确、可靠、公允地反映企业财务状况、经营成果以及现金流量要求的会计信息。

六、会计软件及其分类

(一) 会计软件的含义

会计软件是指专门用于完成财务会计工作的电子计算机应用软件，包括采用各种计算机语言编制的一系列指挥计算机完成财务会计工作的程序代码和有关的文档技术资料。会计软件是现代信息技术（包括感测技术、电子计算机技术和通信技术）与财务管理、会计核算工作相结合的产物。它用于配合电子计算机完成会计核算和财务管理工作，如日常核算、会计报表编制、本量利分析、筹资决策、投资决策，以及股利分配决策等工作。目前，会计软件的称谓并不完全统一，在有些教材和实际经济生活中，将其称为“财务软件”。通过对这两种称谓所指对象的具体内容的分析，我们发现，其实这两种称谓并没有实质性区别（尽管从学术分析角度来看，“财务软件”应该侧重于资金与投融资管理，而“会计软件”应该侧重于财务会计核算与管理会计，两者是有一定区别的）。对此，按照我国财政部《会计电算化管理办法》的规定和广大财会人员的工作习惯，我们将其称为“会计软件”。

（二）会计软件的分类

目前，会计软件主要分为以下不同的类型。

1. 按适用范围划分，可分为通用会计软件和定点开发会计软件

通用会计软件是指在一定范围内都适用的会计软件，它又分为全通用会计软件和行业通用会计软件。这种软件的特点是它可以满足不止一个企业的需要，可由个别用户进行适合各自情况的初始化设置，使会计软件突破了空间和时间上的局限，具有真正的通用性，这也正是它的优点；但同时也导致了初始化工作量很大、个别用户的会计核算工作的细节很难被兼顾等缺点。所以，为了合理地确定通用程度，人们开发了一些行业通用软件，它是按行业来区分的通用会计软件。

定点开发会计软件也叫专用会计软件，是指仅适用于个别单位会计业务的会计软件。由于这种软件是把适合某单位特点的会计核算规则与管理方法编入其中，所以适合使用单位的具体情况且使用方便。但它会受到空间和时间上的限制，只能在个别单位一定的时期内使用。

2. 按软件提供方式划分，可分为商品化会计软件和非商品化会计软件

商品化会计软件是指用于大量销售的会计软件，它是以商品形式提供给用户的。我国的商品化会计软件起步于 20 世纪 80 年代末。以先锋、用友等为代表的我国第一代商品化会计软件通过了财政部的专家评审，率先走向了商品化的发展道路。

非商品化会计软件往往是业务主管部门投资开发成功后，免费或象征性地收费后分发给下属单位应用的。商品化会计软件一定是通用会计软件，而通用会计软件不一定是商品化会计软件。非商品化会计软件也有可能是通用的会计软件。

3. 按提供信息的层次划分，可分为核算型会计软件和管理型会计软件

核算型会计软件是指专门用于完成会计核算工作的应用软件，主要内容包括账务处理、工资、固定资产、成本、采购、存货、销售、往来账款核算和报表处理等。

管理型会计软件是对核算型会计软件的概念的一种延伸，它是在全面核算基础上更加强化会计在管理中的监督控制作用的会计软件。具体来说，它是指用于完成会计过程中的事前、事中、事后三个阶段的管理工作，融会计核算与监督、分析与控制（特别是对资金进行管理，如资金需要量预测、筹集与管理、投资管

理、成本控制、成本分析等)、预测与决策为一体的多功能会计软件，其主要功能包括全面会计核算、融核算于一体的购销存管理、财务分析与财务监控等。

4. 按软件所采用的应用框架结构划分，可分为单机结构会计软件、文件/服务器结构（F/S结构）会计软件、两层客户机/服务器结构（两层C/S结构）会计软件、三层客户机/服务器结构（三层C/S结构）会计软件、浏览器/服务器结构（B/S结构）会计软件以及其他应用结构的会计软件（比如N层结构的会计软件）

单机结构会计软件又可称为单用户会计软件，它是指将会计软件安装在一台或几台计算机上，每台计算机中的会计软件单独运行，不能支持对会计数据的并发处理，生成的数据也只存储在本台计算机中。F/S、两层C/S以及三层C/S结构的会计软件实际上属于数据库的不同处理模式的应用，而B/S则是Web技术的具体应用。不管它们之间的区别多大，后几种与单机结构会计软件的最大区别在于前者支持会计数据的并发处理，可通过网络来访问执行会计软件的程序。

5. 按软件适用的企业规模或层次划分，可分为部门级会计软件、企业级会计软件和集团级会计软件

(1) 部门级会计软件。它是指站在财会部门单方面需求的角度开发形成的会计软件，它属于传统会计软件的范畴，其主要目标是在满足企业会计核算要求的基础上，借助于计算机技术，扩大会计核算的范围、细化会计核算的深度、提高会计核算的效率和会计核算的质量。部门级会计软件通过其核心模块——账务处理模块和报表处理模块，完成企业的一般会计核算工作，通过各类专项核算模块（工资、固定资产、存货、成本、应收、应付等模块）来完成企业的各类专项核算工作。

(2) 企业级会计软件。企业管理的进步，对会计软件提出了进一步的要求，特别是西方ERP软件的引入，进一步扩大了会计软件的视野和功能范围，使会计软件的开发设计从单方面满足企业财务部门的需求出发转向面对企业全方位整合财务会计信息的需要。ERP以企业计划为核心，在各层次计划的指导和控制下，通过整合企业内部的物流、信息流和资金流，以合理组织、控制、协调、配置企业产供销资源、资金资源和人力资源。财务会计系统作为ERP系统中的一个主要子系统，其业务模式和功能范围都远远超出了部门级会计软件的范畴，它在完成企业全面的会计核算工作的基础上，进一步加强了企业内部资金管理、成本管理、应收款项管理、应付款项管理和存货控制等财务管理功能，以支持企业的经营管理和决策。企业级会计软件的核心目标是从合理组织企业内部资金流和控制企业成本费用的角度出发，支持企业全面的经营管理工作。它不仅引入了新的业务模式和业务流程，以实现健康的资金流对企业生产经营活动的有效支持，而且进一步将财务的监控职能向前延伸到生产、销售和采购的各个环节，在财务、业务一体化运作的基础上，实现对企业内部成本费用和资金的有效控制。

(3) 集团级会计软件。国内集团化企业的发展，对财务管理信息系统提出了越来越高的要求，传统的分散财务管理模式已不能适应集团化企业管理的需求，而 Internet 技术的发展和普及，为集团级会计软件产品的成功奠定了技术基础。从 20 世纪末开始，国内以用友软件为代表的几家知名软件企业，开始研制并相继推出了更适合中国集团化企业财务管理需求的集团级会计软件，从而打破了国内高端会计软件市场被国际知名软件厂商（如 SAP、ORACLE）垄断的格局。集团化企业经营管理的复杂性，对集团财务管理提出了更高的要求，要求对集团内部的各种资源进行高度集中的管理、控制和配置，并迅速对各种财务、管理方案作出科学的、符合企业价值最大化要求的决策。因此，集团级会计软件系统在达到企业级会计软件系统目标的基础上，还重点要求：第一，帮助集团化企业建立完善的全面计划预算管理体系；第二，实现集团资金的统一调配、管理和资金运作的集中监控；第三，建立集团全面的成本费用管理体系；第四，实现全面、完整、及时、灵活的财务分析、财务评价及财务预测。

七、会计电算化与会计信息化

（一）会计电算化和会计信息化的概念

1. 会计电算化的概念

会计电算化是指计算机技术在会计工作中的推广使用，是相对于手工会计的概念而言的，伴随手工会计的存在而存在。它们是一对矛盾，失去一方，另一方也不复存在。该名词使用的主要目的在于突出信息技术对会计的作用。

2. 会计信息化的概念

“会计信息化”是传统会计为适应信息化社会和现代管理的要求，运用现代信息技术持续改造和完善的过程，改造的思路就是把会计信息系统的构建置身于社会信息化和企业发展的大背景，建立会计与企业和社会的有机联系。通过改造和完善，会计信息系统与企业其他管理信息系统和外部系统实现有效联合、协同互动，并成为高度智能化、数字化，能动态感知经济活动信息的变化、支持实时处理与交互式活动的开放信息系统，从而确保会计信息在企业内外部的流转渠道畅通，企业各种利益相关者可以随时共享高质量的会计信息，以便进行科学的决策和判断。通俗一点讲，就是全企业的一切交易行为，如购销、收支、贷款、欠账、生产、库存等都互相联网，只要哪里发生一个动作，比如哪个库进了一批货，哪个工序投了多少料，哪条生产线出了一批产品，哪个人借了一笔钱，都会留下记录并进行会计处理，及时在网络系统中汇总反映出来。

（二）会计信息化的特点

会计信息化的特点可归纳为以下几点：

(1) 互动性。即信息沟通方式由传统的单向沟通转变为双向甚至多向交流，思维方式由传统的线形转化为网状模型，从而在会计与企业和社会之间形成一种互动状态。互动意味着双重影响，互相借鉴、互利合作、及时反应，实现1+1>2的协同效应。互动的魅力在于它可以产生作用力和反作用力，这种力量可能意味着突破性的进展和个体思维空间的扩大。

(2) 集成性。即会计信息化不仅要实现企业内部的过程集成，还要能够实现企业间的过程集成；不仅要能支持企业现存的业务流程模型，还要支持企业持续改进、动态建模；不仅要做到财务与业务的集成，还要做到货币信息与非货币信息的集成以及会计信息各种表现形式的集成。

(3) 实时性。即会计信息化应该逐步实现实时会计控制与实时财务呈报，实时性也反映了会计信息系统的高度灵敏性。

(4) 重构性。包括对传统会计模型进行重构和根据信息需求者的需求差异进行会计信息重构，这是一个持续渐进的过程。

(5) 共享性。包括会计信息的共享（软共享）和信息网络资源的共享（硬共享），软共享可以确保信息透明度，便于“通透”管理。会计信息化可以促进软共享和硬共享的水平不断提高，资源共享水平的高低反过来也能够说明会计信息化的基本状况。

（三）会计电算化与会计信息化的关系

会计信息化并非会计电算化的对立面，会计电算化的矛盾对立面应该是手工会计，而会计信息化的矛盾对立面应该是会计封闭化。这就告诉我们，投入太多精力比较会计电算化与会计信息化的区别，显然没有多少实际价值，也不可能取得让人信服且有利于实践工作的成果。

在某种意义上说，会计电算化强调的是以现代信息技术作为工具和手段对会计数据进行加工处理，也就是会计要用计算机来提高处理的速度和正确程度；而会计信息化则更多的是指要充分构建发达的网络系统，并在该系统中对会计信息的产生、采集、存储、传递、交换、分类、汇总、检索、输出、利用等活动按照信息处理规律进行处理，以使会计处理后的结果能被更多的使用者所使用，并保证会计信息流转渠道畅通。

八、网络财务与网络会计

就严格意义而言，网络财务与网络会计是两个不同的概念。根据我们的认识，在现代会计之中，财务、会计、审计是三个不同的概念，而网络财务、网络会计、网络审计又都比其各自原有的内涵和外延有不同程度的扩展，因为网络可以实现高度集成和融合，因此相互之间的边界会变得模糊起来，但区别还应该存在。

（一）网络财务

对网络财务的理解，理论界和实务界存在不同的看法。本书认为网络财务是指以网络技术为手段、以资金管理和投融资管理为核心，在互联网环境下实施财务预测、财务决策、财务计划、财务控制、财务监督、财务分析等财务管理活动，支持通过网络银行系统实行电子付款/转账，并能提供在线金融服务的一种全新的财务管理模式。它将现代网络技术与财务管理技术有机结合，标志着一个高科技含量财务管理时代的到来。

（二）网络会计

当前，对网络会计这个概念的理解，人们的认识也是不太一致的，但基本上还是围绕“网络”和“会计”来做文章，区别只是在网络到底指的是局域网、内联网还是互联网，会计到底指的是财务会计、管理会计还是两者兼而有之。鉴于这种情况，本书主张将网络会计分为狭义概念和广义概念来理解。

狭义上的网络会计指的就是网络财务会计，它是指基于内联网/互联网的协同运行环境，对企业所发生的各种交易和事项进行确认、计量、记录和报告的会计活动。网络财务会计将凭借其先进性和对环境的适应能力，成为未来企业财务会计发展的必然趋势。

广义上的网络会计泛指一切建立在网络环境之中的会计，即指基于内联网/互联网的协同运行环境，囊括财务会计、管理会计和内部审计三大分支所形成的网络会计系统。在高度集成的企业网络信息系统环境下，会计的信息处理活动被融合进业务处理过程之中，因此各子系统的边界变得模糊起来，每个子系统显然会组合进一些其他功能，而自身的一些功能又会被融合到其他子系统中去，因此，网络会计扩展、延伸了会计原有的工作内容，实现了会计工作内容的创新。比如：可以上网快速得到财务会计专家的咨询服务；可以接受其他中小型企业的会计工作外包任务；协助解决电子商务公司与在网络上的业务相关的财务问题等。

在网络环境下，由于会计信息的电子化，使得管理会计与财务会计的同源分流的关系更加明确。表现在以下三个方面：第一方面，电子商务等活动产生的大量经济业务数据，包括财务与非财务数据、货币与非货币数据、定量与非定量数据，统统以电子的形式保存在网络当中；第二方面，财务会计报告所需要的数据可以随时到网络上去获取，管理会计所需要的各种数据，也可以通过网络到财务会计子系统以及网上其他子系统中直接获取；第三方面，管理会计网上取数的最佳途径应该是直接读取企业网上业务数据库。

九、知识管理与商业智能

（一）知识管理

知识管理（Knowledge Management）是为了达成组织目标而管理知识的产生、传递与运用的程序与机制，目的在于使组织成员能够分享所创造的知识并能够充分运用知识以提升组织竞争力并创造利润。一项研究调查报告发现：有 89%

的人认为知识是取得企业权力的关键，因此许多人不愿与别人分享知识，害怕丧失影响力，从而导致知识管理最困难的是如何找出相关知识并让组织成员共享。知识经济社会中，知识已成为主要的经济资源，企业将主要通过知识资本而不是金融资本或自然资源来获取竞争优势，这就要求企业必须进行知识管理。一些跨国公司已经在知识管理上形成了自己独有的结构，比如，微软公司的知识管理分为协同作业、内容管理及商业智能三个部分，其架构以 Exchange Server、SQL Server、Site Server 及 Office 2000 为主；而 Lotus 的知识管理则是建立在 Notes 群组软件平台上，由文件管理、网络远距教学、实时资源共享及顾问服务等内容构成。

今天的会计师需要与其他非会计专业顾问竞争，会计师提供的服务也越来越多样化，包括电子商务顾问服务、信息风险分析与控制以及财务咨询顾问服务等。为适应这种挑战，会计师们不得不掌握、了解更多种类的知识，包括企业和组织、信息技术、信息系统、管理科学等方面的知识，以通过提供决策有用的信息来帮助决策者解决现实问题。与此同时，以互联网为代表的信息新技术的发展，使如何以最有效的方式获取最适当的信息，并对信息作有效的管理、保存和分析成为学习型组织非常关注的一大课题，同时也是知识管理要研究的课题。

（二）商业智能

商业智能（Business Intelligence，BI）是一种涉及企业顾客、竞争对手、合作伙伴、竞争环境以及企业内部业务的知识，它源自信息，能帮助企业判断信息的准确内涵，以便构建并完善业务流程、提升各方面的商务绩效，确保企业的竞争力优势。商务智能的构建应遵循如下规律：首先，必须从多个数据源头（交易系统或其他内容储存系统，比如企业资源规划系统、电子商务系统、客户关系管理系统等）收集数据和信息，并合理地组织信息；其次，用合理的工具定义、分析信息内部的各种关系，将信息处理成为辅助决策的知识；最后，寻找合适的查询、报告工具将知识呈现于用户面前，转变为决策。

商业智能系统与一般交易系统之间的差异主要体现在系统设计和数据类型上。

两者在系统设计上的差异主要在于：交易系统把结构强加于商务之上，不管谁来进行一项交易活动，都会遵循同样的程序和规则，而且一旦一个交易系统设计出来以后，轻易不会改变；而商业智能系统则能适应商务，因为它是一个学习型系统，能自动适应商务不断变化的需求。在商业智能系统中，变化越多越好。如果商业智能系统不能变化以解决新的问题，就不能满足商务的需要。从技术的角度讲，商业智能系统中变化的是数据、数据模型、源数据、报告和应用软件。因此，构建商业智能的真正挑战就在于设计和管理一个总在变化的系统，这好比是一个没有终点的旅行。

两者在所管理的数据类型上的差异体现在：交易系统跟踪的是最近的交易情

况，保留极其有限的历史情况（通常只有60天到90天）；而商业智能系统则维持来自多个交易系统的、好多年的交易情况，因而许多企业都保有几十甚至上百个Terabytes的数据。比如，美国的希尔斯商店有70个Terabytes的数据，第二大连锁店凯玛特有90个Terabytes的数据，第一大连锁店沃尔玛到2002年年底就有284个Terabytes的数据，联合利华仅北美公司就有106个Terabytes的数据。商业智能系统通过总结和计算，建立需要跟踪的商务指标。商业智能之所以要从交易系统中独立出来，是因为两者放在一起会互相影响、两败俱伤，后者不能保证查询、分析和报告所需要的速度，前者影响后者的正常运行。

十、信息系统审计与IT治理

（一）信息系统审计

信息系统审计是一个通过收集和评价审计证据，对信息系统是否能够保护资产的安全、维护数据的完整、使被审计单位的目标得以有效地实现、使组织的资源得到高效地使用等方面作出判断的过程。这一定义既包括信息系统的外部审计的鉴证目标，即对被审计单位的信息系统保护资产安全及数据完整的鉴证，又包括内部审计的管理目标，即不仅包括被审计信息系统保护资产安全及数据完整的目标，而且包括信息系统的有效性目标。具体来说，信息系统审计目标可细分为一般审计目标和特定审计目标，其中前者是进行所有信息系统审计都必须达到的目标，通常包括下列四个方面：第一，提高信息系统资产的安全性；第二，保证数据的完整性；第三，提高信息系统的效率，充分利用各种系统资源，保证信息系统输出的信息及时、准确、经济实用且与决策高度相关；第四，提高信息系统的合法性、合规性，确保系统的输入、输出和处理过程符合国家的相关法律和部门规章制度。而特定审计目标则是指对特定信息系统的具体审计目标。目前，信息系统审计业务主要包括：硬件及环境审计、系统管理审计、应用软件审计、网络安全审计、商业连续性审计以及数据完整性审计。

（二）IT治理

IT治理是信息系统审计和控制领域中的一个新概念，用于描述企业或政府是否采用有效的机制，使得信息技术的应用能够完成组织赋予它的使命，同时平衡信息技术与过程的风险、确保组织战略目标的实现。IT治理涉及所有股东、董事会、高级管理层、管理执行层、过程所有者、IT供应商、信息系统用户以及审计师等利益相关者，其治理的目的就是要保证信息技术与组织目标的一致性。1999年下半年，国际信息系统审计与控制协会（ISACA）专门成立了IT治理研究院，该研究院在后来发布了著名的IT治理模型——COBIT模型，这是一套十分有效的控制模型，已经通过世界上100多个国家的政府组织和企事业单位的实践验证，俨然成为国际上信息及相关技术控制的事实标准。

第四节　计算机会计与手工会计的比较分析

一、手工会计的技术特性

手工会计系统主要由纸张、笔墨、算盘等物质工具作为技术支持，其技术特性可简要概括为以下几点：复杂性、有序性、规范性、分散性和单一性。

二、计算机会计的技术特性

人类跨入21世纪之后，电子计算机技术在会计领域已得到很大发展。电子技术与会计相互交融、渗透，使会计系统功能空前强大。电子计算机这种新型的信息处理工具，置换了传统的纸张、算盘，它的介入引发了会计发展史上的又一次革命。与手工系统相比，计算机会计信息系统在保持原有共性（规范性）的基础上，又具有如下技术特性。

（一）集中性

具体表现为：（1）信息处理的集中。会计电算化后，原在手工条件下需要由不同岗位分别完成的记账、算账、报账工作往往只需一两台计算机即可实现。在网络或多用户的环境下，同一组信息可以被不同的用户共享，信息处理集中化的特性更加明显。（2）信息存储的集中。在电算化条件下，系统信息是集中连续存储的，只要计算机有存储空间，可跨年度储存和利用会计信息。这对财务分析与管理尤为重要。

（二）自动性

由于电子计算机具有强大的运算功能，系统由计算机来执行从会计凭证到财务报告全过程的信息处理，人工干预大大减少，客观上消除了手工方式下信息处理过程的诸多技术环节，如过账、结账、对账、试算平衡、编制报表等。此外，计算机还承担计提折旧、存货计价和成本计算等繁杂的核算工作。因此，相对于手工系统而言，电算化会计系统的技术性及其复杂程度也大幅度降低。

（三）多样性

具体表现为：（1）收集信息的多样。在企业管理信息系统电算化的基础上，会计系统通过对各个部门的信息接口转换，接收货币形态的信息，同时亦可接收非货币形态的相关信息。（2）提供信息时间的多样。在电算化会计系统中，会计期间已不再是提供会计信息的约束条件，不仅可以按照既定的月、季、年来披露会计信息，而且可以随机快速地生成所需信息，如某种产品的“日成本”、“周成本”，并可对系统实施实时控制。（3）处理信息方法的多样。电算化会计系统在主体认定的计算方法（如固定资产折旧的直线法）之外，如果需要亦可选用其他备选方法（如双倍余额递减法、年数总和法）进行试算，比较差异。此外，由于系统接收（或调用）了大量非货币形态的相关信息，便于系统运用有关数学模型和方法，进行财务分析、预测和决策。（4）提供信息空间的多样。借助于信息处理方法多样化的结果，电算化会计系统提供信息的空间非常广阔，根据需要，有货币形态的信息，亦有非货币形态的相关信息（如职工的招聘与下岗、社会公益事项），既有历史信息（历史成本），也有现在信息（重置成本、市场公允价值）和未来信息（预定成本、目标利润）。（5）提供信息形式的多样。随着计算机多媒体技术的采用，电算化会计系统除了提供数字化信息，也可提供图形化信息（如财务分析的直方图、折线图）以及语音化信息（如有声分析报告）。

（四）定制性

定制性是指计算机会计一旦确认处理技术和算法，不会因人因时发生改变，比手工会计在控制上更显严格。

定制性的表现主要有两种情况：第一种情况是在会计软件中已经事先预置了某种处理技术和算法，只要选用该会计软件，除非修改相应的程序，否则只能永远遵循程序规定的处理过程和算法；第二种情况是会计软件并未事先预置处理技术和算法，但是通过提供个性化设置的二次开发平台，用户可以定制企业所采用的处理技术和具体的算法，而个性化定义完成之后，除非再次修改个性化设置，否则计算机一定会严格地按照个性化定义的要求来执行相应的处理过程和采用相应的算法。

（五）融合性

融合性是指计算机会计借助电磁存储会计数据与信息，使得会计信息的介质与载体可以与其他信息技术如通信、多媒体等很好地融合在一起，使得表现形式和传输方式多样化。

计算机会计这种融合性使得会计数据和会计信息在理论上具有突破空间和时间限制的可能性，是会计信息化的最基本保障。

三、手工会计与计算机会计的共性分析

基于上述分析，手工会计与计算机会计的共性有如下几项。

（一）目标一致

无论是手工会计还是计算机会计，其最终目标仍然是为了加强经营管理，提供会计信息，参与经营决策，提高经济效益。

（二）两者都要遵循基本的会计理论和会计方法

会计理论是会计学科的结晶，会计方法是会计工作的总结。计算机会计会引起会计理论上和会计方法上的变化，但这种变化是渐进型的，而不是突变型的。

目前的计算机会计必须遵循基本的会计理论和会计方法。

（三）两者共同遵守会计法规和会计准则

会计法规是进行会计工作的法律依据。会计准则是指导会计工作的规范。计算机会计不能置会计法规和会计准则于不顾，相反应当更严格地执行，从措施上、技术上杜绝可能的失误。

（四）基本工作要求相同

两者都有以下基本工作：（1）采集数据，予以输入。（2）对数据进行加工处理，如排序、分类、计算和传递。（3）存储记录和资料。（4）制定各种程序，规定需要何种数据，于何时何地取得该项数据，以及如何使用和传递。（5）编制、输出财务会计报告。实行会计电算化后，由于使用了现代化的装备和科学的管理体制，报表输出被赋予了新的含义。（6）进行财务分析、预测，为企业管理当局提供决策支持。

（五）两者复式借贷记账的原理相同

不管是手工会计还是计算机会计，对发生的经济业务都要运用借贷平衡原理，编制会计分录、记入账户，再进行排序、分类、计算、记录、判断等加工处理，然后编制会计报表。电子计算机可以对输入的原始资料按照事先编好的程序自动产生会计分录，并在棋盘式账户（矩阵簿记）中记账，它所遵循的依然是复式借贷记账原理。

（六）两者都必须保存会计档案

会计档案是会计的重要历史资料，必须按照规定妥善保管，实行电算化会计后，大部分会计档案的物理性质发生了变化，由纸质的会计档案变为磁性介质的会计档案，备份、删除、复制很容易，这就要求用更科学的方法，加强对会计档案的保管。

四、计算机会计与手工会计的区别

（一）会计数据存储介质不同

手工会计是以纸介质作为会计数据的存储介质，这种介质的特点是具有可见性、正本与副本容易区分、比较难以全真复制，是会计记录的比较理想的介质，但是这种介质的融合性差、不易长久保存、共享性差，这是这种介质与现代信息技术格格不入的致命弱点。

计算机会计主要是以电磁介质作为会计数据的存储介质，这种介质的特点是无形性、易改动性、易复制性且复制几乎没有成本，融合性较强，存储在此介质上的会计数据如不采取特别的保护措施，就很难保证安全、可靠、有证据力。

（二）会计数据收集方式以及内容不同

会计是企业经济活动的综合反映，会计系统的信息源自企业的各个生产经营部门和职能部门。计算机会计和手工会计收集会计信息均以“审核和编制会计凭证”为起点，但在计算机会计中，系统收集会计信息与手工方式相比至少有两种变化：(1) 收集信息的方式不同。一般有三种方式：其一，手工编制的零星业务的人工凭证；其二，其他业务子系统（如生产部门、人事部门）对业务（入库单、工资表）进行处理后，自动编制的机制凭证；其三，账务处理子系统定期（月、年）对固定业务（如计提折旧、结转损益）产生的机制凭证。(2) 收集的信息内容不同。由于计算机会计系统可以通过与各个部门的信息接口转换和接收信息，以及现代化工具（如扫描仪、电子笔、传感器、脉冲信号式数据采集装置）的应用，使系统收集信息的深度和广度成为可能，其内容包括货币形态与非货币形态的信息、历史的、或有的与未来的信息。计算机会计系统这种收集会计信息的方式与内容的变化为发挥电子技术的潜能、增强系统功能奠定了基础。

（三）会计核算形式不同

在手工条件下，对会计信息的分类整理是通过将记账凭证的数据按会计科目转抄到日记账、明细分类账以及总分类账的形式来实现的。因此，围绕着如何减少登账，尤其是登记总账的工作量而产生了各种不同的会计核算形式。常见的有记账凭证核算形式、记账凭证汇总表核算形式、科目汇总表核算形式、多栏式日记账核算形式与日记总账核算形式。这些核算形式在一定程度上简化了登账的工作量，但不能完全避免转抄工作。

在计算机会计条件下，会计系统可以根据需要从数据库文件中随机轻易地提取各种形式和内容的账簿，因而，传统会计为减少登账工作量而煞费苦心建立的各种会计核算形式已失去意义。

（四）账簿体系不同

根据会计原理，账簿按其性质和用途可以分为序时账簿、分类账簿和备查账簿。其中，序时账簿包括现金日记账和银行存款日记账，分类账簿包括总分类账和明细分类账。按其外观形式，账簿可以分为订本式、活页式和卡片式，特别规定银行存款日记账和现金日记账必须采用订本式。按其性质账簿可以分为日记账式、三栏式、数量金额式、多栏式。在手工条件下，每产生新的会计凭证（包括原始凭证、记账凭证以及记账凭证汇总表），就要将其数据按会计科目的方向进行记录、转抄，从而形成相应的分类账或日记账、三栏账或多栏账。

在计算机会计方式下，会计账簿体系也发生了显著变化：(1) 账簿组织过程不同。电算化后，账簿只不过是根据记账凭证数据库按会计科目进行归类、统计的中间结果。采用用户“点菜”的方式，只要给出一个会计科目，计算机随时就可将涉及该科目的所有业务全部筛选出来，形成所需的各种账簿，如日记账、总分类账或明细分类账。(2) 账簿外观形式不同。电算系统中的账簿突破了传统会计的分类界限，只要需要，任何一个会计科目（如应收账款）均可以生成日记账、三栏账或多栏账。另外，由于打印机的限制，不能打印订本式账簿，因而财政部在有关电算会计制度中规定，所有账页均可采用活页式。

（五）会计核算方法的可选性不同

如前所述，在手工条件下，会计信息的处理过程自始至终离不开各种计算方法，如固定资产折旧方法（直线法、双倍余额递减法、年数总和法等），存货计价方法（移动加权平均法、先进先出法、个别认定法等），成本计算方法（品种法、分批法、分步法）等，由于受人力所限，系统只能选择主体认定的计算方法进行核算。

计算机会计系统可以充分利用计算机强大的运算能力和存储能力，在执行主体认定的计算方法（如存货计价的加权平均法）的同时，如果需要亦可选用其他备选方法（如移动加权平均法）进行运算，显示或打印计算结果，比较和分析不同核算方法的差异。为加强管理与考核，甚至可以启用手工方式下所不得不放弃的核算方法，例如，零售商业企业的“售价数量金额核算法”、工业企业的“作业成本法”、“标准成本法”等全新的核算方法。

（六）财务分工及授权方式发生变化

手工方式下，主要通过职权分割和岗位责任制的落实来进行财务分工和授权，并且通过采用复核、平行登记、对账、结账、试算平衡等技术方法来防范人为作弊以及账务错误。

在会计电算化后，计算机信息处理的集中性、自动性使传统职权分割的控制作用近乎消失，机器的自动控制处理可以代替人的角色，同时还可以消除一个人执行两项不相容的任务的风险。

计算机给企业的内部控制赋予了全新的内涵，其主要方法为：(1）制度控制，包括组织控制、计划控制、硬件控制、软件维护控制、文档控制等；(2）操作人员使用权限控制，对进入电算化系统的操作人员按其不同职能，通过设置相应的密码，进行分级控制管理；(3）程序控制，包括会计信息处理过程中的输入控制、处理控制、输出控制、预留审计线索等。

（七）会计信息交换方式发生变化

众所周知，会计信息系统的接口很多，其源点主要来自企业的供、产、销、人、财、物等业务和职能部门，其终点既有企业的业务部门和管理部门，又有企业的投资人、债权人和政府有关行政管理部门（工商、税务、物价、审计等）。在手工条件下，会计信息的交换是以会计凭证、账簿、会计报表等纸介质为载体，以人工传递的方式实现的。

计算机会计系统极大地改变了会计信息传统的交换方式，它主要以电磁波、软盘、光盘等磁介质为载体，并以电缆、电波的方式传递信息，当前已呈现出一体化（与企业管理信息系统）、网络化、远程通信化的趋势。这种交换方式使会计信息的传递更加迅速、安全、准确、直观，传递通道也更加宽广，为系统实施实时控制，实现由“核算型”向“管理型”的战略转移提供了先决条件。

（八）报表编制方法和财务报告披露模式发生巨大变化

随着企业的发展和形式上的多样化，报表使用者对会计信息的关注点会不尽相同，差异也会愈来愈大。如投资人关注企业目前的财务状况和经营成果，潜在投资人更关心企业未来的投资收益，经营者侧重的是政府的有关政策和同行业其他企业的相关收入、成本信息等。这便对传统财务会计报告模式提出了挑战。对目的加以限制而为特殊目的提供几种特殊报表，要比提供一种通用报表更好，只是技术问题限制了特殊报表的编制。即使编制出来，出于成本与收益的权衡也会显得不经济，或者在时效上不尽如人意。在很多制造企业中，企业管理者经常不注重收集准确的产品成本信息，往往是出于收集信息的成本和利益对比上的考虑，而不是搞清什么信息和管理决策相关。但随着现代信息技术和计算机会计的发展，信息的收集、加工、处理、呈报的技术障碍减少，成本降低时，信息使用者们就有理由提出如下更高的要求。

1. 提供多元计价报告

在20世纪70年代，由于通货膨胀的压力，英、美等国曾尝试过要求企业同时提供现行成本和历史成本信息，但由于计算烦琐而遭到实务界的抵制，未能坚持下去。随着会计电算化的发展和应用，烦琐的工作可由电脑完成，财务报告的编制成本人为降低，故而编制多元计价报告便成为可能。有人将其称为“会计频道”式或“会计自助餐”式的财务会计报告。

2. 提供定期与实时相结合的报告

传统的会计报告根据持续经营和会计分期假设，一般是按月、按年编制的。这种报告在经济较为稳定的情况下对决策是有用的，信息使用者可以大致准确地预测企业下一年甚至今后几年的业绩。但是当前我们正处于一个产品生命周期不断缩短、竞争日趋激烈、创新不断加速、经营活动不确定性日益显著的时代，会计信息的决策有效期间大大缩短。此时，若我们还因循原有的年报、月报模式，则不仅与决策无关甚至对决策有害。在这一点上，巴林银行的例子时常为人们所引用。巴林银行在1994年末报告的资产净值为4.5亿～5亿美元，但在1995年2月末就倒闭了，而这个时候巴林银行1994年的年度报告还没有完成。因此，我们必须建立一套能提供适时信息的财务报告制度。一方面，定期的报告仍将存在，作为财务成果分配的依据；另一方面，实时报告也将涌现，作为决策的依据。这已不是想象，而是现实，因为由账户数据转化为财务报告数据的复杂运算过程已被编入计算机作为算法程序，会计人员账务处理一完成，计算机就可以自动生成各种报表。

3. 提供分部报告

对于一个大型企业或跨国公司而言，由于不同地区、不同行业的子公司所面临的机会和风险不同，总括的财务信息很可能会掩盖某些项目的实质。此时，分部信息就显得十分重要，它是对总括信息在量上的分储和质上的深化，有助于确认和分析企业所面临的机会和风险，为不同的决策者提供更为相关的决策依据。

4. 提供 XBRL 网络财务报告

从某种意义上说，Internet 为财务报告的传送突破了时空的限制，公司通过因特网上传财务报告之后，在地球的任意一个角落，财务报告的使用者只需通过因特网上的一个接入点，便可随时随地获得这份财务报告，这在今天已经不成问题。然而，如何让计算机自动“阅读”这份财务报告，以帮助使用者自动抽取其中重要的财务数据，进行深入的财务分析或审计？换句话说，就是如何才能对网上财务报告所披露的财务信息实现自动识别、自动利用呢？这一问题是困扰全世界的一大难题。美国人在这方面已经取得了突破。AICPA 正致力于开发一种新的技术架构，该架构可以自动获取及交换各个企业财务与非财务信息，即使企业间的报表格式不同，或者产生报表的应用软件不同，也丝毫不影响报表数据的自动识别和利用。这个架构建立在 eXtensible Business Reporting Language（XBRL）数字化语言规范基础上，而 XBRL 又是基于 XML 语言规范之上的一种具体应用模式。XML 区别于 HTML 的关键之处在于：后者只能定义网页的格式，却无法定义内容，它只解决如何将文件资料显示在浏览器中，而前者可对文档的内容和结构分别标记，也就是说 XML 除了保留了 HTML 的基本功能之外，还可用于标记文义，便于计算机区分“字段”名和“字段”值。如此一来，计算机便拥有了自动“阅读”文档内容的功能了。XBRL 标记报表文档（其他文档也如此）一方面需遵循 XML 语言规范，另一方面还必须遵循由权威部门制定的 XBRL 分类标准（Taxonomy），XBRL 的分类标准实际上就是该语言所使用的字典，其作用在于统一定义用于表达公司财务信息的卷标（类似“字段”）。这样只要发布和接受财务信息（或非财务信息）均遵循同一分类标准，接受端的应用程序就有可能自动识别、自动提取通过网络传送过来的财务报告的数据和信息。需要注意的是，通过 XBRL 标记的财务报告网页不需通过专用数据处理软件来读取，只需一般的浏览器即可解读该网络财务报告，但其他应用软件（比如财务分析软件、审计软件）要想直接使用该报告的数据，还需要在相应的软件中嵌入能够按 XBRL 接口标准来读取数据的应用程序。XBRL 技术可使编制网络财务报告、财务报告的发布或上传等工作，皆由事先设计好的应用程序一次执行完毕。

（九）会计的监控职能得到强化

会计的基本职能一般认为有两个方面，即反映和监控。在手工条件下，由于技术的限制和人力方面的影响，会计的职能主要体现在反映上面，而作为监控的职能却很难得到落实。会计信息是企业极为重要的经济信息，其既涉及企业的财产安全，又影响会计工作的质量，因而会计系统必须实行内部控制来防范人为作弊以及账务错误。对此，手工系统主要采用会计人员不同职能的岗位分工以及复核、平行登记、对账、结账、试算平衡等技术方法。

在计算机会计条件下，计算机信息处理的集中性、自动性，使传统职权分割的控制作用近于消失，信息载体的改变及其共享程度的提高，又使手工系统以记账规则为核心的控制体系失效。计算机给会计的监控职能赋予了新的内涵，由于网络化管理的实施，会计人员可以及时获得来自生产、销售等经营活动的第一手资料，因此会计人员就有可能对这些经营活动进行及时的分析，检查和纠正错误以及发现是否存在舞弊行为。更进一步，会计人员通过持有积极的、实时的控制观点，可以帮助企业预防商业风险，检查、纠正错误并发现有没有舞弊行为的存在。

（十）对会计从业人员的素质要求发生变化

在手工会计条件下的从业人员均是会计专业人员。而在计算机会计条件下，其从业人员应包括会计专业人员，电子计算机软件、硬件管理人员和系统操作人员等。从业人员除了需掌握会计专业知识之外，还必须掌握现代信息技术的相关知识。从业人员应能够识别现代信息技术在改造传统会计过程中可能带来的新的潜在风险，同时要更好地学会使用现代信息技术把它同时又作为一种防范风险的有效工具。因此，我们说，在计算机会计方式下，对会计从业人员的素质要求大大提高了。

第五节　会计数据处理技术的发展历史与中西方会计信息化发展演变历程

一、几种主要的会计数据处理技术回顾

在现代社会，会计是以货币为主要计量单位，从价值方面对经济活动进行完整的、连续的、系统的反映和监督，借以提高经济效益的一项管理活动。从数据处理的角度来看，会计组织又是一个信息系统，它通过对大量原始数据的收集和处理，将反映企业财务状况和经营成果的信息传递给有关单位和个人，以便相关者做出正确的决策。经济发展的历史证明，经济越发展，会计越重要，发展经济离不开会计。会计实践的原始形态可以追溯到人类社会的早期，现代会计就是从当时一些最简单的计量行为逐渐发展起来的。纵观会计的发展历史我们可以看到，随着社会的发展，会计的理论体系逐渐完善、会计的方法逐渐丰富、会计的领域逐渐扩大，同时会计数据处理技术也经历了一个从低级向高级发展的过程。会计数据处理技术是指对会计数据进行采集、存储、加工和传输等过程中所采用的技

术方法。一般而言，人们将会计数据处理的形式，按照自动化程度的高低分为三种类型。

（一）手工会计数据处理技术

手工会计数据处理技术即手工处理，它是指主要靠人工进行会计数据的收集、分类、汇总、计算的一种形式。在会计漫长的历史发展过程中，手工处理一直占据主导地位，直到现在仍有一些企业的会计工作采用这种形式。手工处理形式的最大优点在于它具有良好的适应性和可靠性。比如：由于某种需要，会计业务的处理方式、程序需要调整变化时，在手工方式下比较易于进行调整；在日常的业务处理过程中出现例外事件时，可以及时地、比较灵活地进行相应的处理；会计业务的正常处理不会因为某个人的原因或电力、温度的原因而完全中止。但手工处理形式的缺陷也是非常明显的，具体表现为“二低一高”指的是低速度、低效率及高差错率。以及与现代信息技术格格不入等。

（二）机械式会计数据处理技术

19 世纪末至 20 世纪初，正是西方主要资本主义国家工业经济大发展的时期。在这一时期，企业的规模日渐扩大，会计在管理中的作用进一步受到重视，会计数据处理的工作量也随之增大。这种状况，从客观上导致了改革会计手工处理形式的需要。当时，随着工业技术的发展，在数据处理技术方面也有很多创新，最突出的成果就是穿孔卡片系统。整个系统由穿孔机、验孔机、分类机、卡片整理机、机械式计算机及制表机等几个部分组成，在当时它属于比较先进的机械化数据处理技术。这种技术问世以后，很快被人们尝试用于会计数据处理，原始的会计数据被穿成卡片，顺序经过几个部分的机械化处理，最后就可打印出简单的账簿和报表。例如：收银机是用于记录销售货款的；记账机是计算机和打字机的混合体，用于登记账页。这个阶段的特点是机械化操作和手工操作并举，一部分数据处理用机械，一部分用手工。后来发展为以穿孔卡编表机为核心的全盘机械操作。穿孔卡编表机是一组机器的总称，它主要包括穿孔机、验孔机、分类机和编表机等。整组机器以使用穿孔卡片为其特点。穿孔机在标准型卡片的一定栏次用穿孔的办法记录会计资料。验孔机重复一遍穿孔工序，用来检验卡片上的穿孔是否正确无误。分类机则把穿好孔的卡片按照需要予以分类。编表机的内部装有若干计算机器，它将分类后的穿孔卡片，按照需要进行运算，并自动编成、印出会计报表。

使用穿孔卡片的各种机器，用的是同一张卡片上的原始资料，即卡片上的数据一次穿孔多次使用，这就省去了原始数据在手工操作中需要辗转抄录、加工的工作，因而其操作速度比手工操作快。这是会计数据处理技术发展史上的一次重大改革。它第一次打破了手工处理长期垄断的局面。但是，这些机器的加工处理过程是不连续的，工作程序仍然要由人工操作和控制，后来并没有得到广泛推广，主要原因在于其体系笨重、庞大，成本过高，操作困难，而且稳定性较差。然而，机械化操作中的穿孔卡片引申出的规范会计数据格式及“一数多用”（指自动共享）的数据处理原则，在电算化操作中得到沿用和发展。

（三）计算机会计数据处理技术

计算机会计数据处理技术又称电算化处理技术，就是以电子计算机作为手段进行会计数据处理。电子计算机是一种运用电子技术，组合成一定的指令程序，按照人们的意图去分析、处理数据，并得到预期结果的计算工具。电子计算机一般由输入、存储、算术及逻辑运算、控制、输出五个部分组成。这五部分是相互连贯的，工作时相互配合、自动运行。

进入20世纪50年代之后，发达国家的会计工作进一步发生了变化，主要表现在：

第一，内向服务进一步发展，会计工作日益向基层单位、管理部门、生产技术领域渗透，和企业的日常经营活动结合得更加紧密。

第二，普遍重视发挥会计信息的反馈作用，在此基础上开拓了“服务经营、参与决策”的新领域。

这些变化是20世纪40年代兴起的科学革命浪潮在会计工作中的反映，标志着会计工作从内容和结构上发生了质的飞跃。同时，这些变化也对会计信息处理的速度和质量提出了更高的要求，落后的会计处理技术越来越满足不了管理的需要。电子计算机的出现，为会计数据处理自动化开辟了广阔前景。采用计算机进行会计数据处理后，会计数据的主要处理过程全部由计算机系统自动完成，如数据采集、检验、输入、存储、分类、记账、算账、编制报表等，并能准确、高效地完成任务。从20世纪50年代初到21世纪的今天，计算机应用于会计的深度、广度及应用成果已经不可同日而语。几十年的发展历程告诉我们这样一个真理：计算机技术并非一成不变，它随时代的变迁而飞速发展，只要计算机技术有新的进展，这种新技术及其相应的新观念、新思想就会被应用于会计信息系统，促使会计信息系统的不断革新。基于上述原因，我们不难理解为什么人们会把计算机会计的产生称为会计发展史上的第四次革命（前三次会计革命分别是原始社会的结绳记事、封建社会早期出现的簿记以及欧洲文艺复兴时期发明的复式记账法）。

一般来说，任何复杂的工作，只要可以简化为一系列的算术或逻辑运算，都可以迅速而准确地用电子计算机来处理，这就是电子计算机的最大优点。但计算机会计数据处理技术也存在一定的不足之处，比如：用计算机存储的会计数据如果不加安全保护措施，比较容易被非法修改和删除，且不太容易找到痕迹；电子会计档案的保管对环境存在较高的要求（比如温度、湿度以及电磁强度等都有具体的要求），若不注意容易导致数据错误或丢失；电子计算机的运行靠电力，万一突然停电，会打乱数据处理工作；电子计算机软件会受到电脑病毒侵害等。这些问题及其相应的防范措施可参见本书第九章的有关内容。

二、西方会计信息化的历史回顾

纵观西方（主要以美国为代表）历史，其会计信息化发展大致可划分为四个阶段。

（一）EDP会计起步阶段（20世纪50年代初期到60年代中期）

1946年，第一台计算机在美国问世，其后不久，西方国家就开始了将计算机用于会计数据处理的尝试。1954年，美国通用电气公司在计算机上实现了工资核算和简单的成本计算，这一事件可谓开创了西方会计电算化的先河。在这一阶段，由于计算机的价格还比较昂贵，同时也缺少必要的经验，人们主要将计算机用于一些计算过程虽然简单，但数据量大而又重复较多的业务，如工资计算、库存材料的收发核算等单项处理业务，局部代替了一些手工劳动，提高了这些工作的效率。这个阶段还没有形成会计信息系统，只有多种相互独立的会计核算程序，其主要以模拟手工核算流程为主。

（二）EDP会计扩展阶段（20世纪60年代中期到70年代初期）

在这一阶段，随着计算机在会计业务中应用面的扩大，开始出现了比较完整的计算机会计核算系统。这个阶段的特点是：系统中的账务处理功能已经比较完善；各项业务的处理已经不是孤立地进行，相互之间的联系得到加强；系统已经具备一定的面向管理的反馈功能。

（三）面向会计管理的发展阶段（20世纪70年代初期到90年代初期）

有学者又称这一阶段为会计管理信息系统发展阶段。在这一阶段，计算机技术自身的发展也是异常迅猛，数据库技术、局域网技术被广泛应用到了会计信息系统的开发工作当中。会计信息系统的主要目标是综合处理企业内部各业务现场所发生的交易事项数据，并为各管理职能部门提供管理、决策所需的辅助信息。这个阶段的特点是：AIS各子系统终于形成了有机整体，功能十分完备，囊括了总账、应收应付、成本核算、财务管理、库存管理、销售管理等诸多子系统，各子系统相互之间可快速传递和共享数据和信息；在AIS中重视会计数据的综合加工、分析以及会计信息在管理和决策中的深度利用问题，不断完善AIS的管理功能；会计数据和信息的采集融入业务过程中，并全部实现了实时化，会计与业务之间的协同作业能力增强；在很多企业中，整个管理工作全面应用计算机，实现了数据管理向信息管理的转变。

（四）E-accounting发展阶段（20世纪90年代以后至今）

这一阶段也可称为网络会计发展阶段。进入20世纪90年代后，以互联网技术为代表的信息技术的广泛应用推动了全球经济一体化和世界经济市场形成的进程。到了 20 世纪 90 年代中期，随着 Internet 在各行业的普及和推广使用，企业所处的竞争环境发生了很大的变化，“客户至上”、“顾客就是上帝”等营销理念成为西方社会的主流思想，一切都要求企业能够对客户的需求作出快速反应。为了增强企业的核心竞争力和市场应变能力，许多企业将先进的管理思想和信息技术有机融合，纷纷建立起基于企业局域网（LAN）、内联网（Intranet）、外联网（Extranet）或者国际互联网等环境的企业资源计划、客户关系管理、供应链管理等信息系统，实现了客户、供应商、制造商之间信息的集成与管理，财务与会计的工作内容与程序也被化整为零嵌入这些信息系统的业务处理程序当中，并通过网络协同、系统集成等构成完整的网络会计信息系统。在这一阶段，还涌现了一批可以在网络上提供 E-accounting 服务的美国公司，比如 Freeworks 公司（www. freeworks. com）的 E-accounting 服务内容包括：可以为成员企业提供工资系统计时单与费用报销功能、应收账款和采购订单系统功能，还可提供可供整理员工人事数据的软件功能；又比如 Biztone（www. biztone. com）公司的E-accounting 服务内容包括：可以为成员企业提供在线财务软件有效处理的整套功能，包括处理总账、编制合并报表、银行存款余额调节、采购、销售订单处理等，并能编制出符合 GAAP 的财务报表。概括起来，在美国的 E-accounting 服务内容主要包括以下几方面：第一，协助电子商务公司解决在网络上的业务或与社群经营相关的会计财务问题；第二，可上网快速得到财务会计专家的咨询响应；第三，将会计工作外包给 E-accounting 公司；第四，提供网络架构的会计服务。

这个阶段的特点是：正在兴起的集团式企业对集中式管理情有独钟，而 E-accounting 模式为集中式管理的实施提供了强有力的保证；会计核算从静态走向了动态，基于动态会计信息，企业管理当局将能够对经济环境的变化及时作出反应，通过各种经营和财务指令实现在线管理，部署经营活动，作出财务安排；不仅可实现企业内部的财务与业务协同，还可进一步实现企业与供应链的协同以及企业与社会各部门的协同；远程报账、远程报表、远程查账、远程审计、远程在线财务咨询等的远程处理要求日益提高，E-accounting 恰好能够满足这种要求；网上理财服务的功能成为会计信息系统的新功能。

这一阶段的发展还远没有结束。我们相信，随着网络技术和电子商务技术的进一步发展及其在会计、管理与经营中的渗透应用，网络会计将为企业提供更多更新的功能，并将引发企业管理思想、经营理念和会计管理工作的根本性变化。

三、我国会计信息化的历史回顾

我国会计信息化（早期称为会计电算化）始于 1979 年，如果以会计软件的结构与功能为标准，其发展历史可划分为以下几个阶段。

（一）非商品化定点开发阶段（1979—1988 年）

20 世纪 70 年代末至 80 年代中期，我国理论界开始研究计算机在会计核算工作中的应用，并逐步建立起会计软件理论结构模型。随后，部分企业开始与一些高等院校、科研院所合作研究探索计算机如何应用于企业管理工作中。最早的应用主要集中在会计核算业务处理工作以及工资管理工作中。

在这一阶段，计算机信息处理技术还很落后，我国的软件开发水平也很低，探索计算机在会计业务处理工作中的应用主要是在少数企业进行定点开发，最有影响的是 1979—1981 年在长春一汽进行的定点开发工作，1981 年在该项开发工作结束的成果鉴定会上首次提出了“会计电算化”这个概念。

由于缺乏长期稳定的技术开发队伍，应用软件后续维护工作跟不上，企业计算机应用水平还很低等原因，绝大多数定点开发与应用工作都没有取得成功。尽管如此，这期间的探索性定点开发工作，为我国最早一批商品化会计软件的出现奠定了基础。

（二）商品化会计核算软件发展阶段（1988—1998 年）

1988 年我国会计软件迈入商品化发展阶段，先锋、用友等公司率先推出商品化会计软件，这一阶段又可细分为两个阶段。

1. 简单商品化会计核算软件的发展阶段（1988—1992 年）

从 1988 年开始的此后 5 年时间里，我国的会计软件产品功能主要是完成账务处理、会计报表制作、工资核算处理和固定资产卡片管理。账务处理主要实现以计算机替代手工会计核算业务，由计算机制作凭证、记账、算账和生成账簿，报表软件则实现从账务系统中通过函数提取数据自动制作会计报表，工资软件的主要功能是定义工资项目、录入人员工资、生成工资汇总表和工资费用分配表。在工资软件中打印输出工资汇总表、工资费用分配表等信息后，再到账务处理软件中手工制作工资核算凭证。

此阶段的会计软件在功能上只能满足企业一般的记账要求，其主要目标就是减轻会计人员的记账工作量。

2. 商品化会计核算软件的成长阶段（1993—1998 年）

随着账务处理软件、报表软件以及工资处理软件等各单项处理软件在功能上的日渐完善，各商品化会计软件开发商开始扩展软件功能。在简单商品化会计核算软件的模块构成基础上增加了固定资产核算、材料核算（包括采购核算和存发核算）、销售核算和成本核算等新的核算模块，基本上可以满足以计算机进行各种会计核算的需要。但此时的会计核算软件，其各功能模块基本上还是独立运行，相互之间在结构关联上是松散的，还不能形成一个系统的整体，典型的表现就是会计软件未能解决数据重复录入和数据一致性控制等问题。比如：在工资系统中录入的工资数据不能自动编制工资费用分配凭证以及其他工资核算凭证，只能从工资系统中打印输出工资汇总表、工资费用分配表等报表，再根据这些报表上的数据手工编制相关凭证，然后由凭证录入员在账务处理系统中手工输入这些凭证；固定资产变动信息，不能在进行固定资产卡片信息维护的同时，自动生成固定资产核算凭证，而必须由会计人员再到账务处理系统中依据有关原始票据手工填制有关凭证；固定资产折旧核算只能依据固定资产模块计算出的折旧额，再到账务处理模块中制作固定资产折旧核算凭证；材料采购必须在材料核算模块录入采购单和入库单以便进行材料数量、单价和金额的管理，而材料核算则只能由会计人员在账务处理系统中依据相同的原始单据制作核算凭证；对产品销售的管理和核算也是如此。由于数据存在重复录入现象，即使不考虑数据录入时的出错可能，账务系统中的总账信息与各专项核算系统中的明细汇总信息是否一致，在会计软件中得不到相应的检查控制，同样，账务处理系统中的金额信息与固定资产、材料或产品库存等系统记载的实物信息是否相符也缺乏合理的检查控制机制。

（三）商品化会计管理软件的发展阶段（1998 年以后）

随着市场竞争环境的急剧变化，企业之间的竞争焦点日益集中在时间、质量、成本和服务上。一方面，企业对通过会计软件所构建的会计信息系统也提出了新的要求：会计信息系统应该逐渐从独立的系统转化为强调与业务系统的集成，成为企业整个管理信息系统的有机组成部分，会计处理程序及方法逐渐被嵌入业务处理过程中，在业务发生当中采集会计所需的原始数据，并由嵌入的会计程序和方法对这些数据进行自动或半自动的确认、计量工作。另一方面，财政部 1998 年组织的会计软件评审工作，要求通过评审的软件必须提供应收账款与应付账款管理功能，且通过评审的软件还要提供制作现金流量表的功能，这就给出了一个明显的信号，即会计软件应该从单纯注重会计核算转向会计核算与财务管理并重、财务与业务协同的会计管理的新模式。这一新型的会计软件开发不再在摸索中前进，而是从一开始就进行规范化总体设计，力求克服在以前各阶段会计软件产品中存在的问题（尽管目前多数财务软件公司的会计软件产品尚停留在第二阶段）。截至目前，通过对已经推向市场的部分会计管理软件的分析，可以总结出它与会计核算软件的几大区别如下：

第一，会计管理软件解决了系统整体性与集成运行问题。

在会计管理软件中增加了系统管理与系统设置模块，这是在总体设计指导下，实现会计软件系统整体性的表现。软件的整体性、系统性以及各模块之间的数据关联性大大增强，系统可以集成一体化运行。

第二，会计管理软件解决了业务数据一致性控制问题。

在会计核算软件中，所有凭证都是从账务处理模块录入的，特别是为了实现各模块的独立运行，各专项核算系统在录入原始资料后不能自动生成转账凭证进入账务处理模块，从而没有实现数据的一次录入与共享使用机制，也没有对系统内的数据一致性提供检查控制机制。

会计管理软件系统各模块之间的数据关联结构是：在工资模块进行工资计算，并自动生成工资费用分配表以及其他工资核算凭证进入总账模块；在固定资产模块录入固定资产变动原始资料，以便对固定资产进行管理，与此同时自动生成固定资产变动核算凭证进入总账模块，此外在自动计提每月固定资产折旧额之后，也能自动生成折旧核算凭证进入总账模块；在应收账款模块录入销售发票、处理销售收款、进行应收账款核销与分析的同时，自动生成应收账款核算凭证进入总账模块；在应付账款模块录入采购发票、处理付款、进行应付账款核销与分析的同时，自动生成应付账款核算凭证进入总账模块；采购、销售和库存管理一方面实现了对企业物流的管理，另一方面，采购入库信息自动改变原材料库存信息，在实现对库存数量、警戒线等的管理的同时，自动按照预先设置的库存成本计价方法进行库存核算并进入总账模块。销售出库同时结转销售成本，进入总账模块进行核算处理。会计管理软件的上述结构与数据关联关系，解决了数据一致性控制问题。

第三，会计管理软件提供了财务管理功能。

在会计核算软件中，往来管理功能一般是在账务处理模块中，主要是进行往来业务核销和账龄分析。而在会计管理软件中，系统将往来管理明确地划分为应收账款管理和应付账款管理，并成为独立的功能模块，加强了对客户与供应商信息、信誉以及应收账款与应付账款余额的管理。会计管理软件体现了企业强化对流动资金管理的意识，增强了财务管理的功能。

第四，会计管理软件开始注重与企业管理软件特别是 ERP 软件全面融合，这样既可以加强对资金流和信息流的反映和监控，又可以对物流进行全面监督和控制，更为重要的是，所有这些反映、控制工作都是在整个系统的统筹计划下由财会人员与经营管理人员协同作业完成的，这才是单纯注重会计核算的会计软件真正落后之所在。

目前，会计管理软件与 ERP 软件的全面融合还在进一步完善之中。

本章小结

本章主要介绍了现代信息技术及其对传统会计的影响、计算机会计学知识体系、计算机会计学的基本概念、计算机会计与手工会计的比较分析、会计数据处理技术的发展历史与中西方会计信息化发展演变历程。

学习本章时，应重点理解和掌握以下内容：会计目标的深入认识；现代信息技术对会计工作的重大影响；计算机会计学的主要思维方法；会计数据与会计信息的关系；会计电算化与会计信息化；网络会计与网络财务；会计软件的分类方法；计算机会计技术特性；计算机会计与手工会计的不同之处；中西方会计信息化发展简史。

本章的教学难点为：会计行业正在面临的重要挑战；计算机会计学中的“目标与过程的辩证统一”和“时间与空间的辩证统一”；网络财务与网络会计；会计信息化；在信息技术影响下，会计学理论体系所面临的变革；计算机会计与手工会计的区别分析；信息系统按体系结构划分的分类方法；专家系统与决策支持系统；商业智能；IT 治理。

思考题

1. 现代信息技术的主要内容包括哪些？请对其各部分内容进行简要解释。

2. 会计目标的重新表述对计算机会计学有什么意义？

3. 随着新经济时代的来临，会计行业面临的机遇与挑战表现在哪些方面？

4. 你认为有没有必要对计算机会计学的研究对象、研究方法以及知识体系进行研究？

5. 如何理解计算机会计学中的“目标与过程的辩证统一”、“时间与空间的辩证统一”的研究方法？

6. 会计数据与会计信息有哪些联系与区别？

7. 系统有哪些特征？试以现实经济生活中的实例来说明。

8. 试述我国会计软件的概念及分类。

9. 请对会计电算化与会计信息化的概念进行比较。

10. 试分析手工会计与计算机会计的技术特性。

11. 我们应从哪些方面认识和理解现代信息技术对传统会计理论与实务的影响？

12. 分析虚拟企业组织方式对现代会计理论与实务的影响，并提出你的对策。

13. 西方（以美国为代表）会计信息化发展经历了哪些阶段？各有何特点？

14. 我国会计信息化发展可划分成哪些阶段？各个阶段的成就和特点是什么？

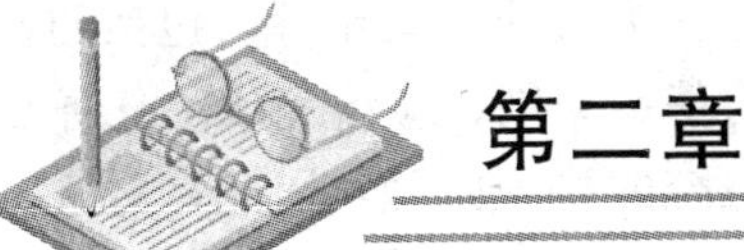

第二章

会计信息系统开发研制与建设理论

引 言

本章主要讲述会计信息系统开发研制的主流方法、会计信息系统开发过程中的核心阶段（分析与设计阶段）需要完成的主要任务和工作成果以及会计信息系统建设问题。这一章在本课程的学习中占有非常重要的地位，其内容属于计算机会计学知识学习中的提高部分，是指导企事业单位从事会计信息化实践的方法论。通过本章的学习，要求同学们了解会计信息系统的主要开发模型，理解系统分析与设计在整个会计信息系统开发研制过程中的地位及作用，掌握用生命周期模型开发会计信息系统的主要步骤、各步骤的目标任务以及需要使用的开发工具，熟悉企事业单位会计信息系统建设诸环节的主要内容，并能够为企事业单位会计信息系统建设工作出谋划策。

本章共分为四节。

第一节是“信息系统的开发模型”，介绍了两种主流的信息系统开发模型，并在此基础上介绍会计信息系统的具体开发模型，这一节的内容比较抽象，它灌输的是策略性的知识，类似于军事作战时的“战略”，在学习时，应该重点理解为什么要选用合适的开发模型来开发信息系统，所介绍的两种主流的开发模型的具体适用性及局限性分别是什么，会计信息系统开发时可以采用什么样的开发模型。

第二节是“会计信息系统的系统分析”，主要讲解可行性研究的意义、可行性研究的主要内容、可行性研究步骤、可行性研究报告的编写、对现行会计信息系统的详细调查所应包括的内容以及可以采用的分析与调查方法、如何根据调查分析的结果绘制出现行系统的数据流程图、如何根据管理目标的要求以及计算机管理的特点对现行会计系统的逻辑模型进行优化以得出新系统的逻辑模型。这一节学习的关键是首先要充分理解系统分析的意义（为什么需要系统分析，没有这一环节的工作会有什么影响，有了这一环节的工作又会怎样）。其次是要把握系统分析工作开展的过程以及在每个过程中可以采取的工作方法，尤其要重视数据流程图的编制方法，要学会通过阅读数据流程图来理解系统的逻辑模型。

第三节是“会计信息系统的系统设计”，这一节主要介绍系统设计所包括的各个分阶段的工作内容和每一工作开展时所应遵循的基本原则、应该完成的任务目标以及具体的方法。由于系统设计是为了确立新系统的物理模型，因此，对这一节的内容需要有比较好的计算机基础，尤其是对一些术语，比如模块、数据存储、输入输出等，要理解其概念。

第四节是“会计信息系统的建设”，这一节主要围绕会计信息系统的运行平台如何建立，企事业单位建立会计信息系统有何具体策略，企事业单位应用商品化会计软件建立会计信息系统总体实施思路是什么，以及具体的实施步骤有哪些，工作内容有哪些等问题来展开。由于这一节的知识内容主要是针对企事业单位如何建设高效、适用的会计信息系统的，这一节的知识内容也是用于指导企事业单位进行会计信息系统具体实施的纲领性的知识。另外，学习本节内容时，还要搞清楚它与本章前面三节内容的关系，前面三节主要讲的是如何开发研制一个高效、适用的会计信息系统，而本节主要讲的则是企事业单位应该如何建设一个高效、适用的会计信息系统，重在应用和实施上面，也就是说，社会上也许已经有许多开发研制成功的会计信息系统软件，关于这些软件是如何开发形成的问题，属于前面三节要探讨的内容，但具体到某个企事业单位来说，到底应该如何选用会计软件，究竟选用哪种品牌的会计软件更好一些，以及选用后应该如何进行系统实施以使其能够真正满足本单位的会计信息处理工作的需要等问题，则属于本节要重点探讨的内容。当然，企事业单位也有可能通过自主开发的方式来建立会计信息系统，那么，这里既涉及如何自主开发的问题，又涉及会计信息系统软件开发成功之后如何移植到本单位的会计工作环境中去的问题。显然，前一方面问题的解决有赖于前面三节内容的学习，而后一方面问题的解决则依然属于本节所探讨的内容范围。

第一节　信息系统的开发模型

一、概述

从 20 世纪 60 年代起，人们已开始注意信息系统开发的方法和工具，之后，涌现出了许多关于信息系统的开发模型的理论。这些信息系统的开发模型，实际上就是指人们开发信息系统时所坚持的一种开发风格，它详细规定了开发过程各个阶段的划分方法、每个阶段的任务、需提交的阶段文档以及各阶段之间的衔接与继承关系。在理解信息系统的开发模型这个概念时，一定要将其与开发方法和开发工具结合起来进行理解。人们对信息系统开发各个阶段的经验加以总结，就产生了信息系统的开发方法，它规定了系统开发各阶段问题求解的程序，指出了非常明确的工作步骤，规范了各阶段所需完成的文档格式，并提出了对各阶段任务完成的评价标准。目前常用的系统开发方法有结构化系统分析与设计方法、原型方法、目标导向（或称为面向对象）方法、CASE（也就是计算机辅助软件工程方法）方法等。在开发方法的基础上，人们又研制出了快速解决问题的软件工具，用于辅助开发方法的实施，从而提高开发过程中的具体工作的完成效率，这里体现了开发工具与开发方法之间的关系，即开发方法是主导，开发工具是辅助，开发工具的具体应用可以促进开发方法的发展。

按照软件工程的理论，开发信息系统可以使用的模型主要有生命周期模型、快速原型模型、螺旋模型、组件对象模型等，其中最常使用的模型主要有两种，一种是生命周期模型，另外一种是快速原型模型。

二、生命周期模型

（一）生命周期模型的概念

生命周期模型是软件工程中传统的一种开发模型，正如人的生命要经历出生、幼年、青少年、中年、老年一直到死亡这样一系列的过程一样，信息系统软件产品的开发也存在类似的从提出到投入使用直到最终终止的生命周期。在这个周期内，软件的产生和发展可以划分成若干个独立的阶段，每个阶段有其相对独立的任务和工作成果要求，前一阶段是后一阶段的基础和指导，后一阶段是前一阶段任务和成果的继承和发展，并且各个阶段有着严格的先后顺序，只有完成了前一个阶段的目标任务，才能进入下一个阶段的工作。我们把用这种划分软件开发阶段的模式来开发和研制信息系统的模型称为生命周期模型。生命周期模型把软件开发划分为五个阶段，即系统分析、系统设计、程序设计和测试、系统维护以及系统评价。生命周期模型也就是软件开发中著名的“瀑布模型”，如图2—1所示。

（二）生命周期模型所划分的软件开发各阶段的基本任务和成果

1. 系统分析阶段

又可分为可行性研究和需求分析两个阶段。其中，可行性研究阶段的首要任务是了解用户的需求以及目标信息系统所根植的现实环境，用最小的代价在尽可能短的时间内确定问题是否能够解决，建立新的信息系统是否可能、必要，为此，可以从三个方面即技术、经济和环境方面对信息系统的开发进行可行性论证。可行性研究阶段的成果是编制形成可行性研究报告，可行性研究报告的编写有一定的规范要求，具体格式可参照国家有关部门所颁布的规范格式。需求分析阶段所要解决的主要问题是明确系统必须做哪些工作，也就是要确定目标系统所应具备的具体功能、具体的数据流程等，一般也把这些内容称为系统的逻辑模型，以区

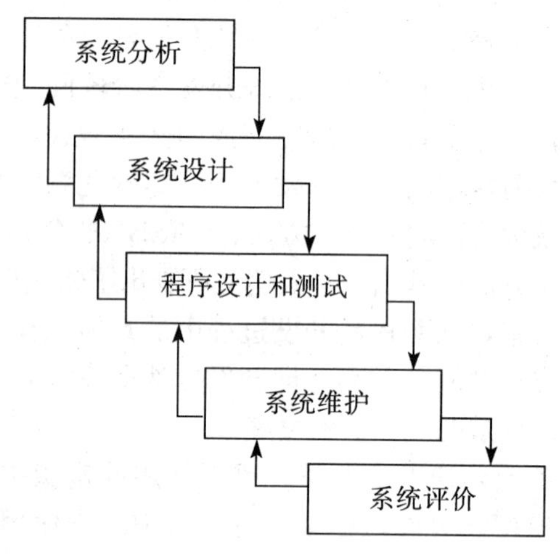

图 2—1　瀑布模型

别于后面的阶段将要提到的物理模型的概念。需求分析阶段需要形成的阶段成果是用户需求说明书（或称需求分析报告）。经过系统分析的两个阶段，形成了经过用户确认的系统逻辑方案，就可以转入下一阶段的工作。

2. 系统设计阶段

这一阶段的目标任务是解决在系统分析阶段已经明确的问题，也就是要求解决系统“如何做”的问题，即找出前期所明确的问题的具体求解方法，以建立目标系统的物理模型。这一阶段同样也可以分成两个分阶段，即概要设计和详细设计。其中，概要设计也叫总体设计，它的主要目的是决定系统的模块结构、数据结构以及数据存储方案，其结果是形成概要设计说明书。详细设计是针对系统模块结构图中的每一个模块，定义其详细功能、输入数据、文件、输出数据、模块实现的详细算法等，其结果是编制形成每一模块的详细设计说明书。详细设计是系统功能、结构和实现方法的最详细说明，是程序设计的依据。由于系统设计人员可能不直接参与程序设计，因此，详细设计工作一定要做到深入、细致，各文档资料一定要准确、齐全。

3. 程序设计和测试阶段

程序设计就是俗称的“编程”，其任务是按照详细设计说明书的要求，运用既定的程序设计语言把每个模块代码化，其成果主要是程序清单，即我们通常所说的源程序，当然还应该包括程序设计说明书。程序在设计完成之后，应该对其进行测试，测试的目的在于及时发现错误，并排除错误，使软件能够顺利、正常地完成既定的目标任务的要求。通常，按照测试目的的不同可将其分成三种：第一种是单元测试，其测试对象是各个模块，测试的任务是发现和纠正存在于模块内部的错误，一般这个过程在程序员编写程序之后由其自身完成；第二种是组合测试，又叫做联调，一般是将通过单元测试的模块装配起来，以测试模块之间数据接口的正确性，通过这种测试应该能够发现存在于模块之间的不一致的错误；第三种是功能测试，又称为验收测试或确认测试，它一般由用户进行，主要测试依据是系统分析阶段所形成的用户需求说明书，即测试目标系统是否完全按照用户需求说明书的要求能够投入到实际中运行使用。测试阶段的成果要形成测试报告，主要包括测试方案、测试所使用的数据、测试结果以及分析报告。

4. 系统维护阶段

系统维护的主要目的是通过维护手段能够适当延长系统的使用寿命，保证系统能够继续投入使用。系统维护的主要内容包括四个方面：硬件维护、软件维护、数据文件的维护以及代码的维护。其中，硬件维护主要是针对计算机及其相关设备（如打印机、网络通信设备、扫描仪等）进行经常性的检修、保养以保证这些设备始终处于良好的运行状态。软件维护包括对系统软件的维护和对会计软件的维护，后者通常又可分成三种情况：一是正确性维护，它是针对会计软件交付使用后还有可能出现的错误所进行的一种维护。二是适应性维护，主要是指当软件的外界条件发生变化时，对软件进行维护修改以使其能够适应变化了的条件。比如，原先适合于单机使用的会计软件，当其硬件环境转为网络环境时，就需要对该软件进行必要的修改以使其适合于网络环境。三是完善性维护，它主要是当用户提出了新的业务需求而软件目前又不具备满足这种需求的功能时，对软件追加新功能所做的一种维护工作。例如，当财政部颁布现金流量表会计准则之后，需要在原会计软件基础上增加编制现金流量表的功能，此举就属于完善性维护。

需要注意的是，由于软件产品特别是大型软件产品的复杂性，进行软件维护工作是一项极为困难的工作，大部分需要具备专业技术的人员来完成，因此，要求将其当做一项长期严肃的工作来对待，要有计划有组织地按严格的工作程序来开展，切忌草率从事，以至于旧的问题没有解决，新的问题反而频频出现。

数据文件的维护是指由于会计业务发生变化，需对数据文件的结构和记录内容进行适当的增加、合并、修改和删除等工作。数据文件的维护有许多是不定期的，必须在现场要求的时间内维护好，维护时一般使用软件开发商提供的文件维护程序，也可以自行编制专用的文件维护程序。

代码的维护指由于业务数据和会计科目等的代码不能满足需要或不完善而对其进行必要的修改或扩充。由于代码是会计信息系统进行数据加工处理的唯一依据，因此，对代码的维护应当由专门的代码管理小组来组织实施，变更代码要经过详细讨论，确定之后应书面写清贯彻步骤。

系统维护阶段的成果要形成维护报告。

5. 系统评价阶段

进行系统评价的目的在于检查系统是否达到预期的目标，技术性能是否达到设计的要求，系统的各种资源是否得到充分、有效的利用，经济效益是否理想，并指出系统的长处与不足。通常，对系统的评价主要从技术与经济两方面来进行，其中，从技术方面评价系统主要针对的是系统性能，主要包括如下内容：

（1）系统的总体水平，例如系统的总体结构、地域与网络的规模、所采用技术的先进性等；

（2）系统功能的范围与层次，例如功能的多少与难易程度或对应管理层次的高低等；

（3）会计信息资源开发与利用的范围与深度，例如企业内部与外部信息的比例、外部信息的利用率等；

（4）系统的质量，例如系统的可使用性、正确性、可扩展性、可维护性、通用性等；

（5）系统的安全性、保密性以及可靠性；

（6）系统文档的完备性。

从经济方面评价系统主要是针对系统应用效果和取得的效益，可以分成直接评价与间接评价两个方面，其中直接评价主要包括系统的投资额、系统运行费用、系统运行所能带来的增量收益、投资回收期等评价内容，间接评价则主要包括以下三个方面：

（1）对企业形象的改观、员工素质的提高所能起到的作用；

（2）对企业的体制与组织机构的改革、管理流程的优化所起到的作用；

（3）对企业各部门之间、人员之间协作精神的加强所起的作用。

一句话，间接评价主要是针对社会效益而言的，当然，也包括了由此所带来的间接经济效益的增加。

系统评价阶段的成果是以书面形式形成的评价报告或者评价意见书，这也属于系统开发的重要文档，应予以收存归档，集中保管。通过系统评价，可以为今后对系统的改进与扩展工作提供参考意见。

（三）生命周期模型的优、缺点分析

正如上述所介绍的那样，生命周期模型按时间逻辑顺序把软件开发和维护划分成若干个相对独立的阶段，每一阶段又有其自身相对独立的任务与成果要求，这种严格的分阶段开展工作的特点，一方面使得系统整体开发的复杂程度大大降低，非常有利于安排系统开发工作，也有利于不同阶段工作人员之间的分工协作、划清责任界限，同时也提高了软件工程的可操作性水平，便于整个软件开发工作的实施；从另一方面来看，由于生命周期模型对每个阶段的成果都有严格的审批、确认程序，并要求提交规范性很强的文档资料来描述各阶段的成果，因此可以确保软件开发的质量，特别是提高目标系统软件的可维护性，便于快速、准确地找

到系统中可能存在的错误。大量的系统开发实践已经证明，通过使用生命周期模型可以大大提高软件开发的成功率，也可以提高软件开发的生产率。

然而任何事物都是既有利又有弊的，生命周期模型在拥有上述诸多优点的同时，也难以掩盖其中的缺点，而这些缺点与生命周期模型自身的特点又是密切相关的。我们已经知道，生命周期模型是一种瀑布模型，系统开发的各个阶段保持一种严格的先后逻辑顺序，这种线性关系导致了系统开发的各个阶段不可能同时展开，采用这种模型开发系统，一方面势必拉长整个系统的开发周期，难以取得短、平、快的效果；从另外一方面来看，由于前后阶段的继承性，前一阶段所隐藏的错误势必带到后续的各个阶段，而且阶段越是靠前，所犯的错误对后续工作的影响也越大，范围也更广，更正这种错误所需花费的工作量也会更多，所以理论上决定了前面的阶段尤其是系统分析阶段的工作显得特别重要。由于用户某些需求往往既具有历史继承性又具有多样性和动态变化的特点，因此，要求预先明确用户需求才能继续开展后续工作的生命周期模型，在这种场合就显得有点力不从心了，如果继续采用这种系统开发模型的话，则系统开发的成功率就得不到保障。

正是由于这种原因，我们说，生命周期模型也是带有明显的局限性的。有些问题，其结构化程度比较好，运用生命周期模型是比较合适的，而另外一些问题，属于半结构化甚至非结构化的问题，运用生命周期模型显然会遇到很大的障碍。对这一类问题的解决就有赖于快速原型模型。

三、快速原型模型

（一）快速原型模型的概念

快速原型模型是软件工程中另外一种经常被使用的系统开发模型。运用生命周期模型来开发软件，通常需要比较长的周期，开发工作的可视性也比较差，对那些需求难以预先确定的系统来说往往就不便于使用这种开发模型；20世纪80年代初，一些开发环境逐渐成熟，比较有代表的是第四代语言（4GL）的诞生，这使得系统开发者完全有可能使用不同于传统的生命周期模型的开发模型来开发信息系统。上述两方面的原因促成了快速原型模型的诞生。那么，到底什么是快速原型模型呢？要阐述这一概念，我们首先需要解释“原型”这个概念。所谓“原型”，本义是指试制品或样品，它是工程设计中的一个概念，借用到软件工程中，“原型”则是指系统或软件最终产品的某个早期版本，这个早期版本一般只需在相对较短的时间内、花费较少的费用开发形成，它能反映软件最终产品的主要特征，这些特征包括系统的功能特征、输入与输出特征以及目标约束条件等。

搞清楚“原型”这个概念，我们就可以来定义快速原型模型的概念了。所谓快速原型模型，是指相对生命周期模型而言的另外一种系统开发模型，它强调系统设计者要与最终用户之间自始至终保持通力合作，用较短的时间完成问题定义之后，借助于一些快速建立原型的工具（比如 4GL）立即建立一个可运行的原型系统。然后，将其交付用户试用，提出修改意见，再采用迭代法或增量法反复修改、完善软件的功能，直到最终形成目标系统产品。快速原型模型是增量开发模型，其工作顺序呈循环状态。

（二）快速原型模型的开发步骤

快速原型模型和生命周期模型是思路完全不同思路的两种模型。生命周期模型希望在动手开发前，完全定义好用户需求，然后经过分析、设计、编程、实施，从而一次全面地完成系统目标；而快速原型模型则相反，在未定义好需求全局前，先抓住局部实现设计，然后不断修改，以达到全面满足要求的目的。两种模型实现的系统轨迹是完全不相同的。生命周期模型是单次的，而快速原型模型则是多重循环的。快速原型模型的开发步骤基本上可分为以下六个步骤。

1. 确认基本需求（初始需求）

这里只强调对最基本、最重要的用户需求进行分析和说明，并非对全部需求进行详细分析。要求此项工作由系统开发人员与用户共同合作、共同探讨来完成，这也体现了快速原型模型的一个特点，就是始终坚持让用户参与到系统开发工作中，即使在最前期的确认系统需求阶段。

2. 开发初始原型

在第一步骤工作结果的基础上，运用 4GL 或其他快速构造原型系统的工具研制出一个初始的系统原型，该原型能够完成系统的目标任务，具有系统的基本I/O特征（比如，具有明确的输入输出格式、可以反映系统功能的菜单结构等），同时能反映出系统的目标和约束条件（比如，系统的接口特征、时空效益特征）。

3. 用户试用原型

将初始原型交由用户亲自试用，以便发现原型系统中存在的问题和不足之处，用户将试用意见反馈给系统开发人员，并与系统开发人员共同讨论商定需要修改变动的部分。如此，第一步骤所确定的初始需求就得到了进一步的明晰化和精确化。

4. 对原型进行评价

在评价基础上进一步完善原型系统。

5. 重复上述第三、第四步骤的工作

将经过修改完善之后的原型系统再次交给用户进行试用，并取得用户试用后的反馈意见，再与用户共同探讨修改方案，如此反复，直至用户试用满意为止。

6. 完善原型或重建系统

针对前一步骤产生的原型，有两种不同的处理方式：一种是进一步完善原型使其成为最终产品，另一种则是将此原型废弃，重新建立目标系统。相比之下，前一种处理方式虽具有开发速度快的优点，但却会使目标系统的系统结构不理想，可维护性差；而后一种处理方式是把获得原型的过程当做生命周期模型的系统分析阶段，所做的工作是为系统设计提供经过验证的用户需求，接下来再按照生命周期模型继续进行系统设计、编程测试等工作，这样构建出来的目标系统具有比较理想的系统结构，而且也便于今后的维护、修改，但显然所花费的系统开发时间要相对长一些，对于较大信息系统的开发，使用重建系统的处理方式会更加合适一些。

（三）对快速原型模型的评价

1. 快速原型模型的特点

从快速原型模型的上述开发步骤来看，该模型无论从原理到流程都是比较简单的，并无任何高深的理论和技术，但为什么在信息系统开发实践中备受推崇并屡屡获得巨大成功呢？这与其自身所具有的特点是分不开的。快速原型模型具有以下几方面的特点：

（1）从认识论的角度来看，快速原型模型更多地遵循了人们认识事物的规律，因而更容易为人们所普遍接受；

（2）快速原型模型由于重视用户的参与，从而使得用户的需求可以及时地、较好地得到满足，如此建立起来的目标系统的实用性也会相应地大大增强；

（3）快速原型模型将模拟的手段引入系统分析的初期，沟通了人们的思想，缩短了用户和系统分析人员之间的距离，让用户及早地接触和试用未来系统的原型，客观上也有利于目标系统的使用与维护；

（4）快速原型模型充分利用了当今最新的软件工具，摆脱了老一套的工作方法，使得系统开发的时间、费用大大地减少，效率、技术水平大大地提高。

2. 快速原型模型的局限性

快速原型模型虽然具有很多长处，具有较强的推广价值，但我们必须指出，它的推广应用必须要有一个强有力的软件支持环境（比如：4GL 或用于快速构造原型系统的工具软件，一个方便、灵活的关系数据库系统等）作为背景，没有这个背景，它将变得毫无价值。同时，还应该看到，作为一种具体的开发模型，快速原型模型也并非是万能的，它同样也具有一定的适用范围和局限性。这主要表现在：

（1）对于一个大型的信息系统，如果我们不经过系统分析来进行整体性划分，想要直接用屏幕一个一个来模拟是很困难的；

（2）对于存在大量运算的、逻辑性较强的程序模块，快速原型模型很难构造出适当的模型来供用户评价，因为这类问题没有那么多的交互方式，也不是三言两语就能把问题说清楚的；

（3）对于用户单位基础管理不善、信息处理过程比较混乱的问题，使用这种模型有一定的困难。首先是由于工作过程不清，构造原型有一定的困难；其次，由于基础管理不好，没有科学、合理的方法可依，系统开发极易走上机械模拟原来手工系统的道路。

四、会计信息系统理想的开发模型

通过前面内容的学习，我们已经知道，不管是生命周期模型还是快速原型模型，都有一些优点和缺点，它们并非是万能的，有自身的局限性和适用范围，因此，要求我们在信息系统开发模型的选用上要具体问题具体分析。

从信息处理角度来看，会计信息系统所要解决的问题一般可分成三类问题。

（一）结构化问题

一个问题属于结构化问题，主要是指可以预见该问题的解决过程，并且可以制定出一套处理此类问题的解决方案，一旦问题重复出现时，可以启用例行的处理程序来解决。一般来说，财务会计所要解决的问题基本上都是结构化问题，因此，可以预先定义它的需求，一般可选用生命周期模型来构造问题解决模型。

（二）非结构化问题

这是指那些比较复杂，制定解决问题方案前难以描述问题的各个方面，没有固定解决规则和模型可依，解决时多半凭借解决人的主观判断的问题。通常来说，管理会计以及财务管理所要解决的大部分问题属于非结构化问题，比如成本的预测决策、销售的预测决策、利润的预测决策以及投融资决策等。对此类非结构化问题的解决一般要借助于会计决策支持系统，也就是要利用具体的决策模型来解决此类非结构化的问题，但系统本身不能自动得出最优解的算法，而必须由决策者自己探索解决问题的方案，并从几个解中判断最优解。

（三）半结构化问题

这是一种介于结构化问题与非结构化问题中间的问题，其解决过程以及可使用的方法有一定规律可循，但又不能完全确定，即有所了解但不全面，有所分析但不确切，有所估计但不确定。解决这类问题，一般通过建立适当的问题解决模型，但通常无法直接确定其最优方案。在会计信息系统中，成本管理的问题就属于一种半结构化的问题。

显然，对于会计信息系统中的非结构化和半结构化问题的解决，由于其需求不能预先定义，或者其求解没有固定的规则和模型可依，因此，在建立相应的信息系统时，单纯地使用生命周期模型来开发，恐怕难以取得比较好的成效，为此，可以考虑采用将生命周期模型和快速原型模型相结合的混合模型，也就是说，系统开发模型主体上依然选择生命周期模型，但在具体某一阶段（比如需求定义阶段）内要求使用快速原型模型，这样可以兼顾两种系统开发模型的优点而弥补其不足。

第二节　会计信息系统的系统分析

一、可行性研究

（一）可行性研究的意义、目标与基本任务

1. 可行性研究的意义

可行性研究，也称为可行性分析，它是生命周期模型开发会计信息系统的第一步。正如我们在前面已经分析的那样，由于会计信息系统中存在半结构化和非结构化的问题，因此并非所有问题都有简单、明显的解决办法，事实上，有许多问题不可能在预定的系统规模之内解决。如果问题没有可行的解决方案，那么花费在此项开发工程上的任何时间、资源、人力和经费都是无谓的浪费。会计信息系统的开发需要花费巨大的人力、物力和财力，因而在系统开发之前，对其先做可行性分析就显得尤为重要了。开发新信息系统的要求往往来自对原系统的不满。原系统可能是手工系统，也可能是正在运行的电算化会计系统，当前存在的问题可能充斥各个方面，这就要求系统分析人员必须针对用户提出的各种问题和初步要求，对问题进行识别，对新系统开发的有益性、可能性和必要性进行初步分析，以避免盲目投资和盲干。

2. 可行性研究的目标

可用一句话来概括，那就是，用最小的代价在尽可能短的时间内确定问题是否能够解决，是否值得解决。应该注意，可行性研究的目的并非解决问题本身，而是确定问题是否值得去解决。这是我们在做这项工作之前首先要搞清楚的。

3. 可行性研究的基本任务

要达到可行性的目的，不能凭主观猜想，必须依靠客观分析。首先需要对原系统进行初步调查，在调查的基础上了解原系统的概貌，明确原系统的问题，估算新系统的开发费用及技术力量等因素，充分论证系统开发的必要性与可能性，这就是可行性研究的基本任务。可行性研究是要对今后的行动方针提出建议，以便于有关决策者作出是否投资建设新系统的决策。如果通过可行性研究发现目标问题没有可行性，分析员应该建议有关领导作出停止此项开发工作的决定，以避免时间、资源、人力和金钱的浪费；但如果发现目标问题值得解决，分析员应该推荐一个较好的解决方案，并且为工程制订出一个初步的计划。通常来说，进行可行性研究所需要的时间长短取决于工程的规模，从实践检验的角度来看，可行性研究的成本一般只是工程预期总成本的5％～10％。

（二）初步调查

初步调查是可行性研究工作开展的第一步。在可行性研究的初期，首先由调查人员针对现行会计信息系统（可能是手工会计系统，也可能是计算机会计系统）采用“召开调查会”、“个别访问”、“发放调查表”、“参加具体业务实践”等方法收集整理有关数据，弄清业务现状，查明执行结果，发现薄弱环节，这就是初步调查的基本过程。初步调查的主要内容包括以下几个方面。

1. 目标与任务调查

会计信息系统的开发要以满足用户的需要为主要目标，系统开发人员应在调查中反复同用户进行沟通，准确掌握用户的真正需求，并结合实际情况，确定一个较为明确可行的新系统目标和新会计信息系统的基本功能。

2. 企业的组织机构与管理体制调查

调查企业的组织机构设置及各组织的职能、规模、人员数量与工作职责、经济效益、企业资源、主要产品及生产工艺流程等。

3. 系统开发条件调查

系统开发条件包括企业领导对系统开发的认识程度、对建立电算化会计信息系统的决心与迫切程度、用户当前的知识水平以及普遍心态、企事业单位会计基础工作状况、系统开发人员和技术力量情况以及投资费用等。

4. 与外界的联系调查

会计信息系统与外界到底存在哪些信息联系，比如：与物资供应部门、设备管理部门、劳动人事部门、生产管理部门、技术管理部门的信息联系，企事业单位与上级主管部门和银行、财政、税务、工商、物价、审计、统计系统以及长期往来的客户、同行业的竞争单位的信息联系，这些部门目前计算机应用总体状况如何等，都属于与外界的联系调查内容。

5. 现行会计信息系统的状况调查

这里并不要求对现行系统的具体业务情况进行详细了解，只要求了解系统的一些本质特征，主要包括以下一些内容：

（1）现行会计信息系统在企事业单位中的地位与作用。

（2）现行会计信息系统的人员结构组成与分工。

（3）现行会计信息系统中会计人员的业务水平与工作效率。

（4）现行会计信息系统的基本工作内容。

（5）现行会计信息系统会计信息处理所采用的方式、方法以及信息处理的结果是什么。

（6）现行会计信息系统的会计核算与管理水平。

（7）现行会计信息系统会计信息处理的业务流程：会计信息是对企业经济活动的反映，它来源于企业业务部门，经过特定的程序加工之后再反馈到业务部门。

图 2—2 是会计信息处理的基本业务流程示意图。

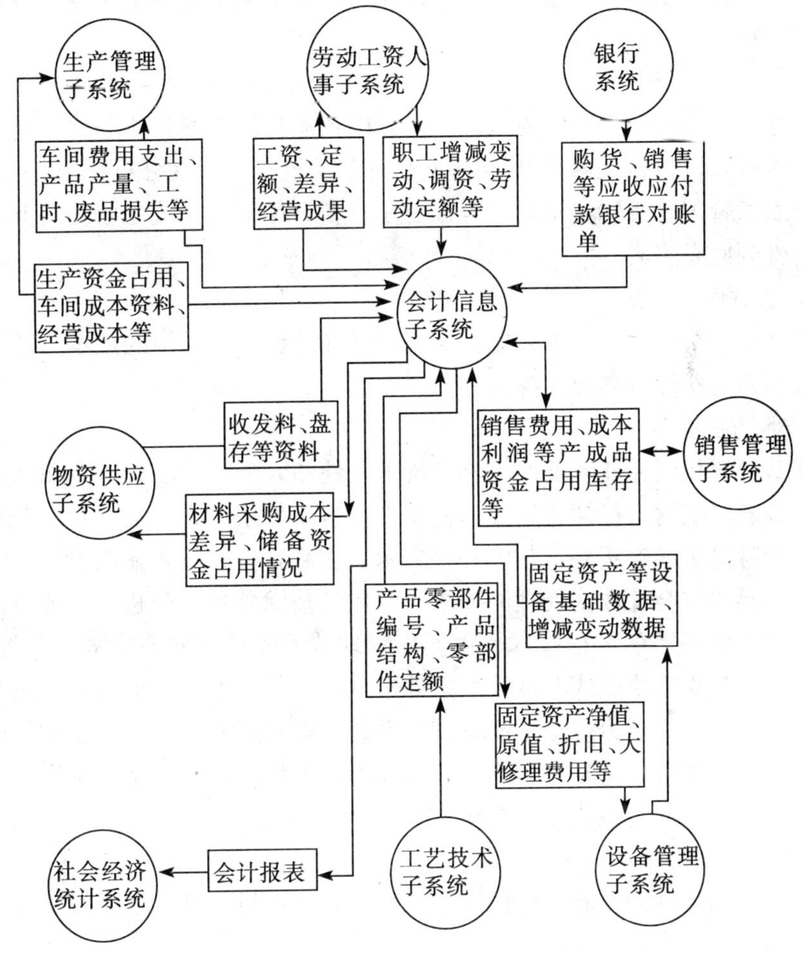

图 2—2　会计信息处理的基本业务流程

(8) 会计信息处理的流量情况：一个会计信息系统的处理能力体现在其加工数据量的大小和输出信息的多少上面，该系统信息处理的流量情况将直接影响计算机会计信息系统的可行性分析、数据存储设计、输入输出设计以及数据处理过程的设计。

(9) 现行会计信息系统运行的各项费用开支情况。

(10) 当前工作中存在的主要问题和薄弱环节。

上述十个方面构成了现行会计信息系统的基本状况。

6. 资源调查

初步调查的最后一项内容是关于计算机应用水平及可供利用的资源调查，主要是调查现阶段社会同类企事业单位计算机应用总体水平如何，本单位的计算机应用具体情况到底怎样，这里包括应用规模、应用水平、应用效率以及可供利用的计算机资源。

（三）可行性分析

可行性分析是在初步调查的基础上，分析企业在现有的具体条件下新系统开发工作是否可行，以供领导者决定是否开发新系统。可行性分析主要是从经济、技术以及组织管理（或称实施）三方面着手分析，论证新系统是否值得开发，开发的可行性到底有多大。

1. 经济方面

主要考虑系统开发所需资金能否保证，详细分析开发系统的成本与费用以及成功开发新系统所能带来的效益。

2. 技术方面

主要从计算机硬件技术条件、软件技术条件和人员技术条件三方面来具体分析论证开发新系统的可行性。从计算机硬件技术条件来分析，主要考虑开发新系统所需的硬件是否能够买到，其内外存容量、主频速度、输入输出设备、性能等是否能够满足未来会计数据处理的要求；从软件技术条件来分析，主要考虑实现会计系统目标所需要的编程技术、数据库管理技术和通信网络技术等是否可用，能否满足实际工作需要；从人员技术条件来分析，主要考虑从事系统开发与维护的工作人员的具体技术力量是否能够满足系统开发和运营的需要，如果暂时不能满足，是否可以通过一定时间的培训达到要求，如果人员技术条件确实达不到要求，则基本上可以认定系统开发在技术上是不可行的。

3. 组织管理方面

也可以称为从环境方面来分析论证开发新系统的可行性，主要可从以下五个方面来分析：

（1）企业领导、会计主管对开发新系统的态度如何，是否坚决支持；

（2）会计人员对开发新系统的积极性如何，配合情况到底怎样；

（3）现行会计处理的规范化程度如何，企事业单位的会计基础工作如何；

（4）新系统投入使用后对企事业单位的组织机构、管理职能有何影响，需要做哪些调整与改变，这些改变落实起来是否存在困难；

（5）新系统的建立将导致数据传递流程、处理方式和工作习惯的改变，这些变动到底程度如何，会计人员以及其他管理人员能够在多大程度上接受这样一些变动。

通过以上分析，我们可以得出可行性分析的结论，就可以着手编写可行性研究报告了。

（四）可行性研究报告的编写

可行性研究工作结束以后，应将该阶段的结果以文档形式表示出来，完成可行性研究报告，说明会计信息系统开发在技术、经济和组织管理方面的可行性，并论述为了合理达到开发目标而可能选择的各种方案，说明并论证所选定的方案。可行性研究报告的内容如下。

1. 引言部分

主要包括：

（1）摘要：主要说明新系统的名称、目标和基本功能；

（2）背景：主要包括用户单位、新系统的承担单位或组织、本系统与其他系统或机构的关系和联系；

（3）定义：本报告中使用的专门术语及其定义；

（4）参考资料：本报告所引用的文件及技术资料。

2. 可行性研究的前提

主要包括：

（1）要求；

（2）目标；

（3）条件、假定和限制；

（4）进行可行性研究的方法；

（5）评价尺度。

3. 对现有系统的分析

这部分内容主要包括：

（1）初步调查：调查内容包括企业的目标与任务、组织机构及管理体制、现行系统的状况、各级领导的态度及会计人员的态度、可供利用的资源及约束条件；

（2）数据流程；

（3）费用开支；

（4）人员情况；

（5）设备情况；

（6）局限性：指现行系统主要的不足体现在哪里。

4. 可行性研究

这部分主要包括：

（1）开发新系统的必要性；

（2）开发新系统的经济可行性；

（3）开发新系统的技术可行性；

（4）开发新系统在组织管理上的可行性。

5. 所建议的系统

主要可从下面几方面来说明：

(1) 对所建议系统的说明；

(2) 数据流程和处理流程；

(3) 改进之处；

(4) 影响：主要包括对设备的影响、对软件的影响、对组织机构的影响、对系统运行的影响。

6. 可供选择的其他方案

(1) 可供选择的其他方案 1；

(2) 可供选择的其他方案 2。

7. 系统计划

这是可行性研究报告的最后一部分，主要应该包括：

(1) 拟建系统的目标范围；

(2) 资源需求及所选择的意向；

(3) 开发进度表。

二、详细调查

(一) 详细调查的内容

如果可行性研究报告得出结论，认为新系统有必要开发并且开发新系统也是可行的，就可以着手进入详细调查的阶段。在初步调查阶段，已经对组织机构、系统功能等有了大致的了解，但对具体的业务处理过程及方法仍不十分清楚，需要做进一步的详细调查。通过详细调查系统分析人员可以全面、细致地了解整个系统的业务流程以及各种计划、单据和报表的输入、存储、处理、输出等各个环节，为建立新系统的逻辑模型打下坚实的基础。详细调查的主要内容包括如下几项。

1. 组织结构调查

通过对一个组织（部门、企业、车间、科室等）及其组成部分之间的隶属关系或管理与被管理的关系进行调查之后，画出该组织的组织机构图，主要分析财务部门在组织机构中的具体作用及与其他组织之间的关系。图 2—3 就是某个企业的组织结构图。

在组织结构调查中还应详细了解各级组织的职能和有关人员的工作职责、决策内容、存在的问题以及对新系统的要求等。

2. 管理功能调查

为了实现系统的目标，系统必须具有完成某项工作的能力。调查中可以用功能层次图来描述从系统目标到各项功能的层次关系。图 2—4 列示了某外贸公司的

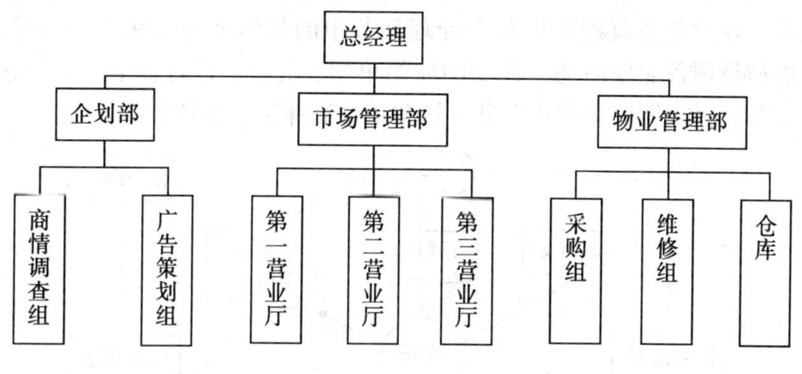

图 2—3 组织结构图

出口业务管理的具体管理功能。

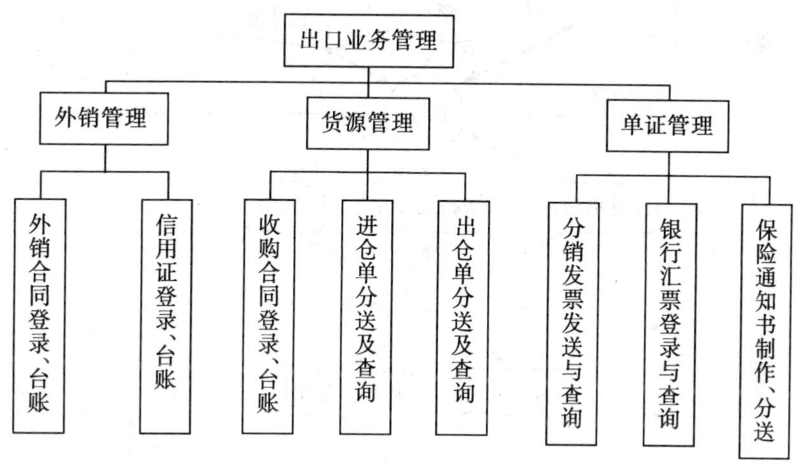

图 2—4 出口业务管理的管理功能图

3. 管理业务流程调查

主要调查系统内各单位、人员之间的业务关系，作业顺序及管理信息的流向，可以将调查结果绘制成管理业务流程图，如图 2—5 所示。通过阅读该图，我们可以知道该企业物资处理过程是这样的：首先由车间填写领料单到仓库领料，仓库库长根据用料计划审批领料单，未批准领料单退回给车间；仓库库工收到已批准的领料单后，首先查阅库存账，若库存有货，则通知车间前来领取所需物料，并登记用料流水账，否则将缺货情况通知采购人员。采购人员根据缺货通知单，查阅订货合同单，如果已经订货，则向供货单位发出催货请求，否则就临时申请补充订货。供货单位发出货物后，立即向订货单位发出提货通知。采购员收到提货通知单后，就可办理入库手续。接着是库工将货物验收入库，并通知车间领料。此外，仓库库工还要依据库存账和用料流水账定期生成库存报表，呈送给有关部门。随后，要对业务流程图中各个处理环节中的具体处理方法进一步予以调查，以便收集和整理各业务活动所涉及的原始单据、凭证、统计图表、计划表以及流水账、台账、报表等信息载体，并对这些信息载体进行逐项登记。

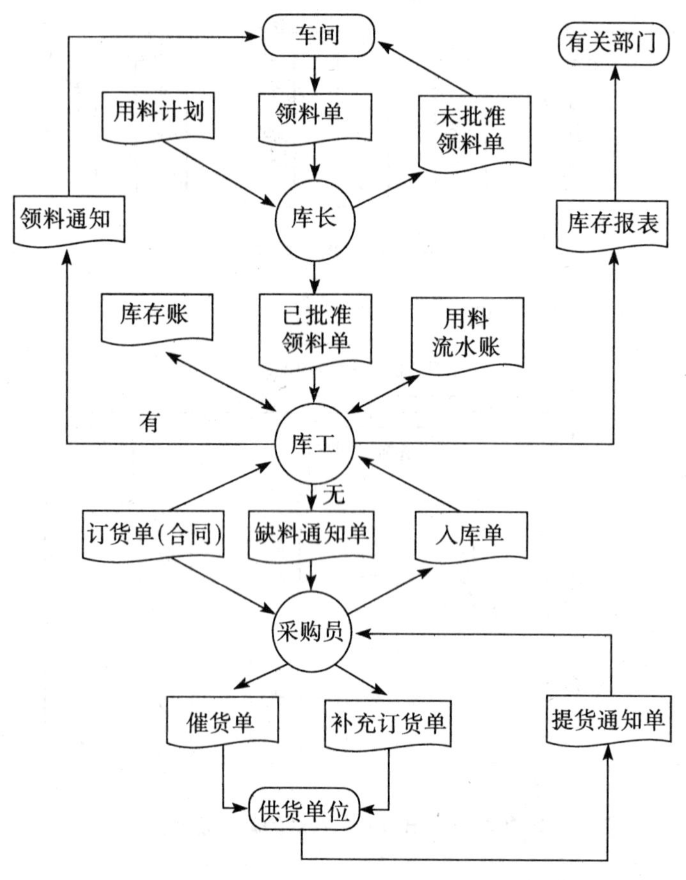

图 2—5 某企业物资管理业务流程图

4. 薄弱环节调查

在对现行系统进行详细调查的过程中要特别注意其中的薄弱环节。薄弱环节是新系统设计时必须解决的主要问题，对薄弱环节的解决可极大地提高新系统的效益。在总体规划中，消除原系统中存在的薄弱环节也是新系统目标的重要组成部分。通常，可运用重点访谈、正式书面调查、分析资料以及直接参加业务实践等方法来发现旧系统可能存在的薄弱环节。

5. 对会计系统“三要素”及其相互关系的调查

会计系统的“三要素”是指凭证、账簿和报表，会计系统是由此“三要素”所组成的，因此，从会计信息系统的“三要素”及其相互关系着手去了解会计系统是一个非常有效的办法。

(1) 会计凭证。会计凭证是在法律上具有证明效力的书面文件，记录了经济业务发生的五个基本点：时间、地点、内容、条件、责任，它分为原始凭证和记账凭证。在调查时，主要调查原始凭证的取得途径和填制方式、记账凭证的种类及其填制程序、记账凭证的管理和使用有何具体规定。

(2) 会计账簿。会计账簿按照用途可分为以下几种：

第一种，日记账，它是按经济业务完成的时间先后顺序，依照原始凭证或记账凭证进行登记的账簿；

第二种，明细账，它是对全部经济业务按照明细分类账户进行登记的账簿；

第三种，总分类账，它是根据一级科目设置账户，能分类、连续、系统地反映经济业务的全貌，是编制会计报表的重要依据之一；

第四种，备查账簿，它是指对某些在日记账和分类账等主要账簿中未能记载的事项进行补充登记的一种账簿，比如委托加工材料登记簿等。

对上述四种账簿进行调查时，应着重调查账簿的格式、账簿在各处理过程中的作用、账簿的用途等。

(3) 会计报表。它是总括反映企事业单位在一定时期内的经济活动情况和经营成果的书面报告。在会计报表调查时，要着重调查组织内报表的种类构成，比如编制的外部报表有哪些，内部报表又有哪些，各自的格式、具体项目构成、报表编制程序以及报表传递的方式等。

(4) 调查“三要素”之间的相互关系。

(二) 详细调查的方法

对现行系统的调查是一项烦琐而又艰巨的工作，在进行详细调查时，要以系统思想为指导，运用以下系统分析方法，才能取得预期的效果。

(1) 要素分析法：它是通过对系统的组成要素及相互关系的分析来认识系统的一种分析方法。系统是由各要素组成的，要认识系统就必须首先搞清楚系统由哪些要素所组成、各要素间的关系如何。举个例子：我们要认识会计信息系统，怎么认识？不妨运用要素分析法，首先弄清楚它的组成“三要素”即凭证、账簿以及报表，认识了这“三要素”，我们对会计信息系统就有了概括的了解。

(2) 输入输出分析法：俗称“黑箱”法，它是通过对系统的输入环节和输出环节进行分析，从而认识系统的一种分析方法。在分析系统组成要素的基础上，接下来再从系统输入、输出角度来分析系统的输入成分（搞清楚系统有哪些输入数据，这些数据来自何处）以及输出成分（搞清楚系统有哪些输出信息，这些信息去往何方）。通过输入及输出成分的具体分析，有助于搞清楚系统、系统环境及其相互关系，这对于了解系统是非常重要的。

（3）功能分析法：它是通过对系统功能进行具体的分析来认识系统的一种分析方法。

在运用前述两种方法认识系统的基础上，再进一步详细地分析目标系统的功能，搞清楚目标究竟是如何将输入的数据转换为输出的信息，这样就可以更加深入地认识系统。

通过系统地运用上述三种系统分析方法，我们对系统的组成情况、所处的环境以及具有的功能等就会有比较清晰的了解。

除了以上讲的系统分析方法，在详细调查过程中，还可以使用一些具体的调查方法，比如：

（1）收集信息载体：通过收集各业务部门、科室、车间日常业务活动中所使用的各种计划、原始凭证、单据以及报表格式等信息载体，来掌握现行系统第一手的输入数据、输出信息的格式。

（2）开调查会：可以通过开调查会的方法请各业务主管部门介绍各自的工作流程、管理模式、工作中亟待改进的问题等。

（3）个别访问：一般在对业务处理过程中的某些重要环节还不清楚时采用，个别访问一般是在收集资料、开调查会的基础上进行的。

（4）书面调查：通常先设计好有关调查表，然后根据调查表进行详细调查。调查表的设计既要能够反映所调查的系统，又要便于业务管理人员理解、填写，它是使用书面调查方法的关键。

（5）参加业务实践：对某些关键的业务环境，如果目前缺乏必要的规范性材料，开发人员不妨亲自参与一定的业务实践，以便了解其实质，提出改进方案。

三、建立现行系统的逻辑模型

开发人员对现行会计信息系统进行全面、细致的调查分析之后，需要用专门的方法来描述现行系统的逻辑模型，结构化分析方法便是一种十分有效的实用方法，是进行会计信息系统分析的有力工具。所谓结构化分析方法，是一种面向数据流进行系统分析的方法，它采用“自顶向下，逐层分解”的思想来描述系统。结构化分析方法通常使用数据流图、数据字典、处理逻辑说明等工具来清晰、简明、准确地描述系统的逻辑模型。这里，仅对数据流图的概念做一些介绍。

数据流图（又叫数据处理流程图，英文简称 DFD，即 Data Flow Diagram）是从实际系统抽象出来、用特定的符号来反映系统的数据传递和变换过程的图形，该图形能够描述系统的逻辑模型，它与现实系统中具体的处理人员、处理工具和处理方式等无关，只反映数据处理和传递的过程和方向。通常，数据流图由四种基本要素组成，每一要素用相应的符号来表达，如表 2—1 所示。

表 2—1 **数据流程图基本要素**

图形	名称	代表意义	举例
外界实体	数据源点/终点	代表与系统有关的外界机构	销售部门
数据流名 →	数据流	表示数据的流动方向，它是传递数据的通道，可以反映系统各部分之间的数据传递关系，其流向除流入文件或从文件流出的数据流已经明确其内容外，其他数据流都必须在流线旁加上数据流名称以反映数据流的内容	销售单 →
加工名	数据处理（数据加工）	表示数据处理过程，它是对数据流的一种处理，描述处理一般用动词，一个数据流图中至少有一个处理，任何处理至少有一个输入数据流和输出数据流	审核
文件名	数据文件	表示数据的存储或输出，它是相关数据的集合体，在数据流图中起着暂时或长久保存数据的作用。指向文件的数据流可以理解为文件的写操作，从文件引出的数据流可以理解为文件的读操作	记账凭证

在用数据流图来描述现行会计信息系统的逻辑模型时，为了充分地表达数据处理过程及数据加工情况，有时光用一个数据流图还不够，还需要用多幅图来表示。对于比较复杂的问题，通常要求按照系统的层次结构来对数据流图进行逐层分解，并用分层的数据流图反映系统的结构关系，这就是层次流图法的基本思想。下面以手工会计账务处理系统为例来介绍层次流图法的具体应用步骤。

（1）识别系统的边界，画顶层数据流图。

识别系统的边界实际上是识别系统纯粹的输入数据流和输出数据流，这是一张最初的数据流图，常在系统分析初期编制完成。图 2—6 是手工账务处理系统的顶层数据流图。

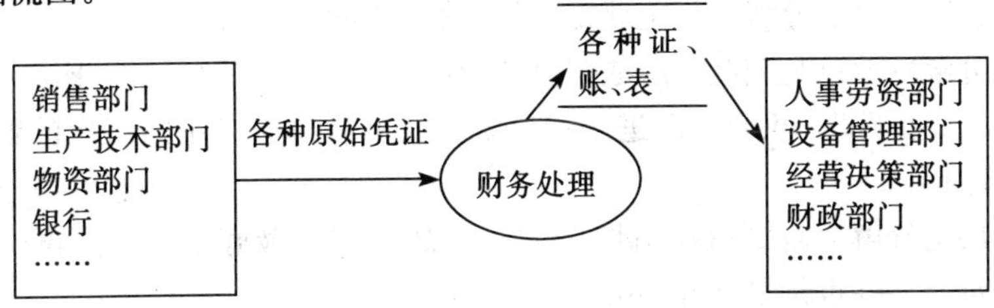

图 2—6 手工账务处理系统顶层数据流图

这张顶层数据流图概括地反映了账务处理系统的主要功能和内容，描述了该系统所处的边界，即与系统有关联的外部实体。这些外部实体包括企业外部与会计系统有关联的实体以及企业内部与会计系统有关联的实体。

（2）对顶层数据流图进行分解，得出第一中间层次的数据流图。

对顶层数据流图的分解主要围绕"加工"来进行。顶层数据流图中的"加工"只有一个，具体到本例就是"账务处理"，它是该系统所有功能的抽象。在本步骤，可以将其分解为若干个主要"加工"，如图 2—7 所示。

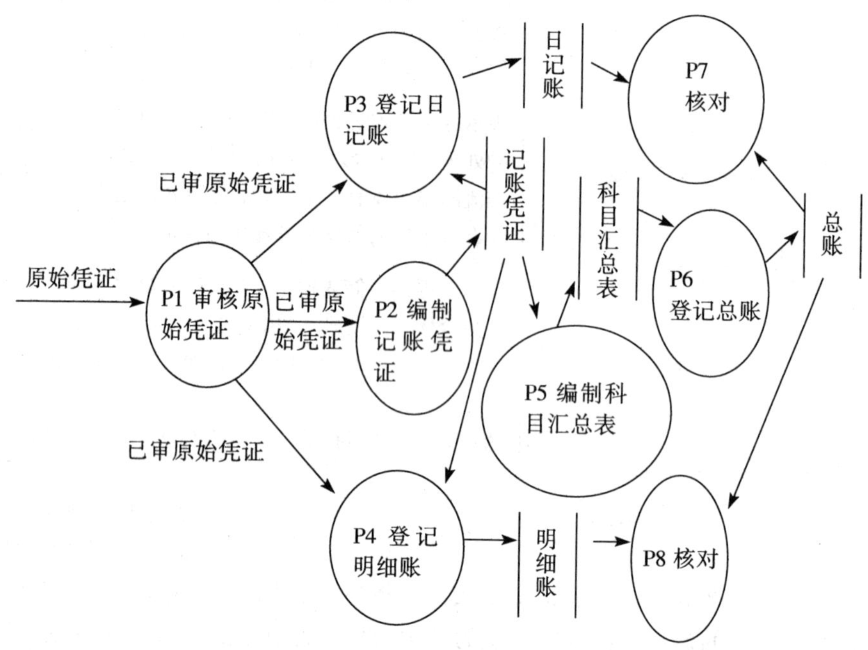

图 2—7　手工账务处理系统第一层数据流图

在图 2—7 中，原先的顶层图中的一个"加工"被分解成八个明细分工，相应的文件也由原先的一个分解为五个，从而形成了第一中间层次的数据流图，显然，该图比起顶层数据流图显得更加具体，也更易于被大家理解。

（3）进一步逐层分解，直至获得最基本加工的底层数据流图。

这种分解一般还是围绕上层数据流图中的"加工"来做文章，比如对图 2—7 中的"登记日记账"，我们可以进一步分解，就可获得第二中间层次的数据流图，如图 2—8 所示。

经过层层分解，直到数据流图中的每一加工均为最底层（无法再继续分解）的加工，每一文件也是最基本的文件。

需要说明一点的是，我们在系统详细调查阶段绘制了管理业务流程图，与此

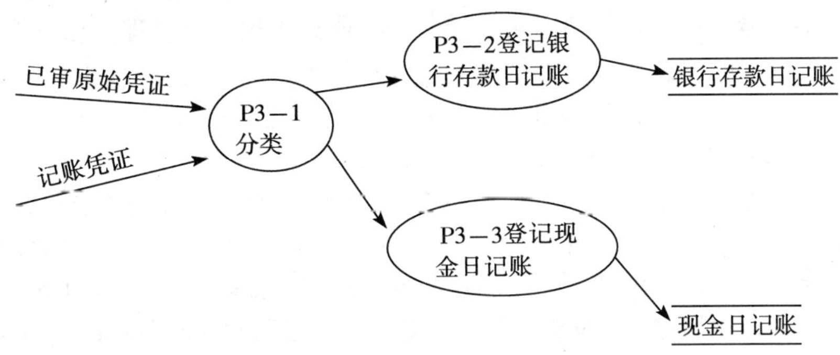

图 2—8　“登记日记账”数据流图分图

处所介绍的数据流图是有很大区别的，前者虽然形象地表达了管理中信息的流动和存储过程，但它没有完全脱离一些物质要素（比如货物、产品等），而数据流图则不同，它去除了其中的物质要素，无须关心任何特定的物理实施问题，这对于理解问题尤其是进一步完善现行系统是非常有帮助的。

描述现行系统的数据流图时需收集的资料包括：

1）收集现行系统全部输入单据（比如出入库单、收据等）、输出报表和数据存储介质（比如账本、清单等）的典型格式；

2）弄清楚每个环节上的处理方法和计算方法；

3）在上述各种单据、账本、报表的典型样品上用附页方式注明制作单位、报送单位、存放地点、发生频度、发生的高峰时间以及流量等；

4）在上述各种单据、账本、报表的典型样品上注明各种数据的类型、长度、取值范围等。

四、形成新系统的逻辑模型

在对现行系统详细调查的基础上进行系统化分析是提出新系统逻辑模型的重要步骤。这一步骤是通过对现行系统的调查和分析，找出现行系统业务流程和数据流程存在的不足，并提出优化和改进的办法，给出新系统所要采用的信息处理方案。详细来说，可从以下几个方面着手分析。

（一）二次分析系统目标

根据详细调查的资料对可行性研究报告中提出的系统目标做二次考察分析，主要是对项目的可行性和必要性进行重新考虑，并根据对系统建设的环境和条件的调查修正系统目标，使系统目标适应组织的管理需求和战略目标。由于系统目标对系统建设起着举足轻重的作用，因此，必须经过仔细论证才能进行修改。

（二）分析业务流程，实施 BPR（业务流程重组）

分析现行系统中存在的问题是为了在新系统建设中予以克服或改进。系统中存在的问题可能是管理思想和方法比较落后、业务流程不尽合理，也可能是因为计算机信息系统的建设为优化现行业务流程提供了新的可能性，这时，就需要在对现行业务流程进行分析的基础上进行业务流程重组（Business Process Reengineering，BPR），产生新的更为合理的流程。

BPR 一词最早由麻省理工学院教授哈默提出，后来哈默和钱培合作，于 1993 年出版了《公司重组：企业革命的宣言》一书。在书中，哈默和钱培将“再造”定义为“对业务流程的再思考和彻底从根本上的再设计，并用以达到当今最为苛刻的衡量标准，比如费用、质量、服务和速度等项目”，并强调业务流程再造应该着眼于业务流程的再创造——并非是进步、增强或是变更。根据哈默和钱培的说法，流程是“再造”定义中最重要的关注点，它是行为的收集，实现将输入转化成为由用户评价的输出。同时，他们又指出大多数商人并不是以流程为导向的——商人们往往更注重职责、职位和结构，而导致商人们如此关注职位或结构的主要原因在于企业本身是建立在劳动分工和流水线作业这样的思想基础上的。应该说，BPR 理论为我们根据现代技术所提供的功能来充分改造传统会计提供了理论依据。

对业务流程的分析可从以下几方面展开：

（1）现行系统业务流程的分析：主要分析现行会计系统业务流程的各处理过程是否具有存在的价值，其中哪些过程可以删除或合并，哪些过程不尽合理，可以进行改进或者优化。

（2）业务流程的优化：对于现行系统中存在的冗余信息处理环节进行优化，按照 BPR 理论重组业务流程，并分析新的业务流程（重组改造后的业务流程）可以带来哪些好处。

（3）确定新的业务流程：编制完成新系统的业务流程图。

（4）确定新系统的人机界面：主要是明确新系统的业务流程当中人与机器的具体分工，即哪些工作可由计算机自动完成，哪些工作必须在人的参与下共同完成，哪些工作是由人独立完成的。

（三）分析数据流程

我们知道，数据流程是系统中信息处理方法和过程的统一，对数据流程的分析可以从以下几方面进行。

1. 对现行系统的数据流程的分析

主要分析现行系统数据流程的各处理过程是否具有存在价值，其中哪些过程可以删除或者合并，哪些过程不尽合理或者存在冗余信息处理，如何对其进行改进或优化等。下面还是以手工账务处理系统的数据流程图为例，具体说明如何对现行系统的数据流程进行分析优化。

（1）找出原数据流程图中的冗余或不合理的处理环节，将其予以删除。由于系统分析过程以计算机处理环境为背景，因此对于原先仅仅为了手工核算需要设置或者计算机完全能够取代的“加工”都可以删除。针对本例来说，可以删除的“加工”主要有：P1“审核原始凭证”、P7和P8“核对”。删除P1的理由是：在电算化账务处理系统中，原始凭证的审核、记账凭证的编制目前还得由手工处理，也即必须由人来独立完成，因此我们仅将输入记账凭证作为新系统的人机边界；删除P7和P8的理由在于：在计算机处理条件下，记账完全由计算机自动完成，而且总账、明细账与日记账等账簿数据都来源于“凭证文件”一处，计算机对同一数据进行计算统计不会因为时间和统计方法的不同而产生像手工处理中的类似“抄写笔误”这样的错误，理论上不需要用“核对”的功能来检查计算错误。

(2) 合并有关处理环节：由于采用电算化系统，数据处理程序发生了一定的变化，如总账数据可以直接取自“凭证文件”，因此，可将“加工”P5“编制科目汇总表”与“加工”P6“登记总账”加以合并。对于手工系统中人员岗位分工不同但处理方法和内容完全相同的“加工”，在数据流程分析优化时也可以考虑将其合并。

(3) 增加处理环节：这主要出于充分考虑计算机处理的特点。有些处理或加工在手工环境下并不存在，比如“打印输出”、“账簿查询”等处理，而到了计算机工作环境中就显得非常必要，对这一类处理或“加工”必须在新系统数据流程图中予以体现。

通过以上三个步骤基本上就可以导出新系统（电算化账务处理系统）的基本数据流程图了，如图2—9所示。

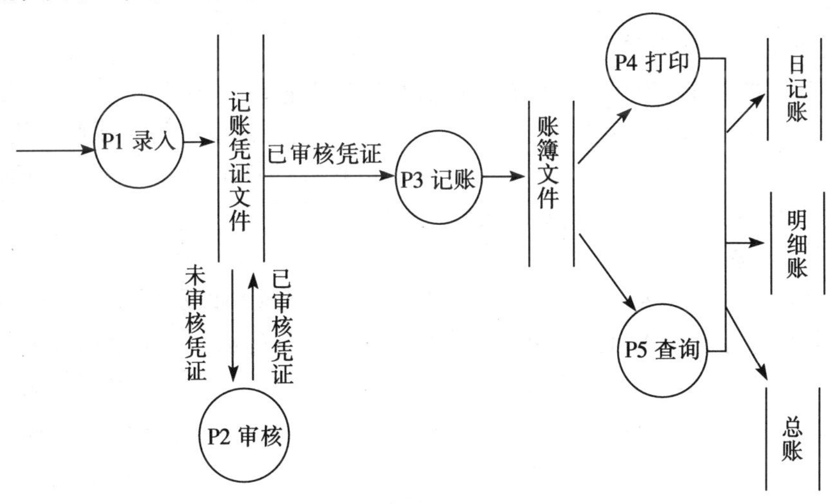

图2—9 电算化账务处理系统数据流图简图

2. 确定新的数据流程，编制新系统的数据流程图

像前面所描述的第一步工作内容那样，对现行系统的数据流图进行多次反复、细致的修改，直至最后得到的数据流图既能充分体现业务流程再造的要求，又能

充分体现计算机数据处理的特点。

（四）数据属性分析

数据属性分析包括数据的静态分析和数据的动态分析两部分。

1. 数据的静态分析

这是指分析数据的类型（比如数据是属于字符型、数值型还是日期型等）、数据的长度（宽度、小数位数）、取值范围（最大值、最小值）和数据发生的流量（比如每天发生多少笔、每月流量有多大）。

2. 数据的动态分析

就是分析数据取值的变动性，主要包括以下三方面的内容：

（1）固定值数据。此类数据的取值基本固定不变，比如，成本系统中的定额材料消耗量的基本工资等，都属于固定值数据。

（2）固定个体变动数据。这类数据，对总体来说具有相对固定的个体集，但其值是变动的。例如，工资系统中的水电费扣款，扣款人员变动不大，但每人所扣水电费则每月都在变化；又比如，在账务处理系统的科目汇总功能中，每次汇总的科目基本不变，但汇总的借、贷方发生数却在不断变化之中。

（3）随机变动数据。这类数据，其个体是随机出现的，取值也是不断变化的。这类数据在会计信息系统中比比皆是。

进行数据的属性分析，主要是为下一阶段确定数据以哪种数据文件形式保存做准备。

（五）数据存储分析

数据存储分析是数据库设计在系统分析阶段要做的一项工作，其内容是首先分析用户要求，也就是调查清楚用户希望从会计信息系统中得到哪些有用信息，然后通过综合抽象，运用适当的方法（比如数据存储规范化方法、建立 ER 图即实体联系图、OO 方法即面向对象法等）进行分析。

（六）数据的输入输出分析

分析各种数据输入的目的和适用范围、数据量的大小以及存在的问题。例如，输入系统的数据是否都得到了有效的利用，哪些数据的输入是多余的或者是不符合实际需要的，现在的数据输入方式是否能满足要求，输入速度是否能满足数据量的要求，是否需要改变输入方式和增加输入设备，还要分析数据的精确程度和数据之间的相互联系等。

除明确数据查询要求外，还应对各种输出报表（包括手工填写的）的目的和使用范围进行分析，弄清哪些报表是多余的，或者是不符合实际要求的，系统的处理速度和打印速度是否能满足输出的要求等。

（七）确定新系统的逻辑模型

数据流程图虽然能对系统作出全貌性的描述，但并未对图中的数据流、处理和存储等元素作进一步的说明，为此，需完善数据字典，并用工具描述比较复杂的处理逻辑，最终确定新系统的逻辑模型。

（八）确定新系统的数据处理方式

数据处理的方式可分为两类：成批处理方式和联机实时处理方式。

1. 成批处理方式

是指按一定时间间隔（小时、日、月）把数据积累成批后一次输入计算机进行处理。例如：订货系统将一天内收到的订货单集中起来，并作一定的汇总工作，然后加以处理。成批处理的特点是费用较低，又可以有效地使用计算机，该数据处理方式通常适用于以下四种情形：

（1）固定周期的数据处理；

（2）需要大量的来自不同方面的数据的综合处理；

（3）需要在一段时间内累积数据后才能进行的数据处理；

（4）因缺乏联网设施或远程通信设备而无法采用联机实时处理的情况。

2. 联机实时处理方式

它是指数据直接从数据源输入后，由计算机即时作出回答，将处理结果直接传给用户。这种处理方式的特点是及时，但费用较高。一般来说，下列数据需要采用这种数据处理方式：

（1）需要反应迅速的数据处理；

（2）负荷易产生波动的数据处理；

（3）数据收集费用较高的数据处理。

五、研究确定新系统可用的管理模型*①

管理模型是系统在每个具体管理环节上所采用的管理方法，确定管理模型就是要确定新系统在每一个管理环节上的具体处理方法。这个问题一般应根据系统分析的结果和管理科学的知识内容来解决。会计信息系统是管理信息系统的一个子系统，其下又可分为若干子系统，各自又都具有相应的问题处理方法，为此，我们将这些处理方法进行归类形成以下一些管理模型，供大家学习参考。

（一）财会管理模型

确定一个财会管理模型主要可从以下几个方面来考虑：

（1）会计记账科目的设定：通常一级科目以及部分二级科目由国家和各行业或部颁制度规定，其他科目由单位自行确定。

（2）会计记账方法的确定：目前基本上采用统一的记账方法即借贷记账法，其他的记账方法包括增减记账法以及收付记账法等。

---

① 带*号为选读内容，下同。

（3）财会管理方法：比如计划、决策、调整以及具体的管理措施等。

（4）内部核算制度的建立以及具体的核算方法。

（5）安全、保密措施以及与之相对应的运行制度和管理方法。

（6）文档、数据、原始凭证和单据的保存方法与保存期。

（7）审计、随机查账的形式和范围以及对账方法。

（二）成本管理模型

成本管理模型主要有成本核算模型、成本预测模型、成本分析模型等。

1. 成本核算模型

主要包括直接生产过程的消耗和间接费用的分配，常用模型有：

（1）品种法、分步法、逐步结转法、平行结转法、定额差异法等，这些方法通常用于直接生产过程消耗的计算。

（2）完全成本法和变动成本法，主要用于间接费用的分配。

2. 成本预测模型

包括数量经济模型、投入产出模型、回归分析模型、指数平滑模型等。

3. 成本分析模型

成本分析模型有许多种，主要的模型有：

（1）实际成本与定额成本比较模型；

（2）本期成本与历史同期可比产品成本比较模型；

（3）产品成本与计划指标比较模型；

（4）产品成本差额管理模型；

（5）“量—本—利”分析模型等。

（三）经营管理决策模型

经营管理决策模型可以说是整个信息系统的核心和最高层次的处理环节，也是企业高层领导最为关心的内容。由于决策问题经常属于半结构化和非结构化的问题，因此，确定一个有效的经营管理决策模型也并非一件容易的事情。通常涉及以下几方面的内容：

（1）对组织决策体系的研究。

（2）决策过程的确定。

（3）收集、处理、提炼对决策有用信息的渠道、步骤以及方法等内容的确定。

（4）决策模型的选择确定。通常对结构化问题的决策可形成具体的问题解决优化模型，而对于半结构化和非结构化问题的决策得到的往往不是某个具体的数学模型，而是今后如何动态地构成这些决策模型的模型，涉及模型库、方法库以及知识系统的建立。

（5）确定和选择优化解的方式，主要针对半结构和非结构问题的决策。此类问题本身具有不确定性，其解也有多种，必须确定选择和优化问题解的方式。

(6) 确定系统支持决策的具体方式。

(7) 模拟决策执行过程。

(8) 决策评价指标体系的研究。

(四) 统计分析与预测模型

统计分析与预测模型一般用来反映销售、市场、质量、财务状况等的变化情况及未来发展的趋势，内容包括：市场占有率分析、消费变化趋势分析、利润变化、质量状况与指标分布、综合经济效益指标分析、财务分析等。常用的预测模型有多元回归预测模型、时间序列预测模型、普通类比外推模型等。

六、建立新系统的逻辑方案*

新系统逻辑方案是指经分析和优化之后，新系统具体采用的管理模型和信息处理方法，因为它不同于计算机配置方案和软件结构模型方案等实体结构方案，故有逻辑方案之称。新系统逻辑方案的建立是系统分析阶段的最终成果，它对于下一步的设计和实施都起着指导性的作用。建立新系统的逻辑方案主要包括如下内容。

(一) 新系统的业务流程

这是业务流程分析和业务流程重组后的结果，包括以下内容：

(1) 原系统的业务流程的不足及其优化过程。

(2) 新系统的业务流程。

(3) 新系统业务流程中的人机界面划分。

(二) 新系统的数据流程

这是数据流程分析的结果，包括下列内容：

(1) 原数据流程的不合理之处及优化过程。

(2) 新系统的数据流程。

(3) 新的数据流程中的人机界面划分。

(4) 新系统在各个业务处理环节决定采用的具体管理方法、算法或模型。

(5) 与新系统相配套的管理制度和运行机制的建立。

(6) 系统开发资源与时间进度估计。

第三节　会计信息系统的系统设计

一、系统设计概述

(一) 系统设计的概念

系统设计是会计信息系统开发过程中的另一个重要阶段。系统设计又称物理设计，它是根据系统分析阶段所构造的新系统的逻辑模型、建立的逻辑方案来构造新系统的物理模型，也就是根据新系统的逻辑功能要求，结合实际条件，进行总体设计和详细设计，构造系统具体的实施方案，它主要解决的是系统到底应该“怎样做”的问题。

（二）系统设计的主要工作

从前面的概念定义我们可以看出，系统设计基本上可分两步走，也就是包括两个部分，一部分是概要设计，另一部分就是详细设计。具体来说，系统设计可包括以下一些工作内容：

（1）系统总体结构设计：是要根据系统分析的要求和组织的实际情况来对新系统的总体结构形式和可利用的资源进行大致设计，它是一种宏观的、基于总体上的设计和规划，其中最主要的一项内容便是对会计信息系统进行子系统和模块划分（也可称为模块设计）；

（2）数据存储设计；

（3）代码设计；

（4）输入设计；

（5）输出设计；

（6）安全保密性设计；

（7）系统物理配置方案设计；

（8）处理流程及模块详细功能的设计。

（三）系统设计的原则

系统设计主要应该遵循以下八个基本原则。

1. 系统性原则

系统是作为一个整体而存在的，因此，在系统设计中，要从整个系统的角度来考虑问题，做到系统的代码要统一、设计规范要标准、数据的输入尽量共享，也就是要尽量做到数据一次输入可多次被多个子系统共享利用。

2. 灵活性原则

为保持系统的长久生命力，要求系统具有很强的环境适应性，因此，系统应具有较好的开放性和结构的可变性。在系统设计中，应尽量采用模块化结构，提高各模块的独立性，尽可能减少模块间的数据耦合，使各子系统间的数据依赖减至最低程度。这样，既便于模块的修改，又便于增加新的内容，提高系统适应环境变化的能力。

3. 友好性原则

用户友好性是指系统操作方便、灵活、简单、容易被用户接受和使用的性能特点。坚持用户友好性原则，就是坚持用户至上的原则。

4. 可靠性原则

可靠性是指所设计的会计信息系统应该能够抵御外界的干扰，当受到外界干扰时，系统具有较强的排除干扰以及自动正常恢复的能力。

5. 可维护性原则

可维护性是指对系统进行改正、提高以及系统适应环境变化的方便程度。信息系统投入使用以后，会存在一些隐含的错误，需要在使用过程中予以改正；系统中某些设计不合理、功能不完善之处需作提高性能、扩充功能等完善性处理；系统的内外环境、管理体制发生变化时，系统应能适应环境变化并便于维护。可维护性主要取决于系统的可读性、可修改性和可扩充性。

(1) 可读性。可读性本意是指程序的易读、易懂的性能。当系统发生错误或需要进行改进时，对一个无任何注释说明的程序进行查错、修改是困难的。而通过详细的系统设计说明书、功能和性能说明、内部模块说明、输入输出说明、系统符号表、数据结构图等，则可以提高程序的可读性，也就是提高系统的可读性。

(2) 可修改性。它是指对程序进行修改的难易程度。采用结构化设计，各模块功能单一，目标明确，耦合程度低，大小合适，模块内按结构化编程方法编程，且有良好的编程风格，并能对故障进行检测分析，提供有关分析数据，以方便修改。

(3) 可扩充性是指为适应环境变化的需要，系统设计时需用动态发展的观点指导开发，模块设计留有接口，编码设计留有余地。

6. 经济实用性原则

它是指在满足系统需求的前提下，尽可能减小系统的开销。这有两层意思，一方面，要求在硬件投资上不能盲目追求技术上的先进，而应以满足应用需要为前提；另一方面，系统设计中应尽量避免不必要的复杂化，各模块应尽量简洁，以便缩短处理流程，减少处理费用。

7. 系统工作效率优先考虑原则

此处工作效率是指系统的处理能力、处理速度和响应的时间。系统的处理方式不同，评价的侧重点也不同。对于联机实时处理方式主要需要考虑系统的响应时间，即从发出处理请求至得到响应所需要的时间；而对于批处理方式来说，主要考虑的则是系统的处理速度。通常影响系统工作效率的因素主要有：

(1) 硬件的组织方式；

(2) 人机接口；

(3) 计算机处理过程的设计（比如中间数据库或文件的数量、文件的存取方式)。

8. 合法性原则

就会计信息系统而言，合法性原则的主要要求是在系统设计时应考虑编码规则、记账程序、核算方法、报表格式及编制方法等是否符合国家或行业的有关规定。

二、模块设计

（一）模块设计的概念

模块设计是系统总体结构设计的一项主要内容，它是系统设计工作的第一步，通过模块设计，把由数据流图表达的数据处理转化为由不同模块完成的功能，从而建立起整个会计信息系统的总体物理模型，系统设计的后续阶段只是对这一总体模型的进一步细化和补充。模块设计的结果是获得模块结构图。

（二）模块设计的具体作用

模块设计的具体作用，或者说模块设计的意义主要表现在以下五个方面。

1. 可以简化系统设计工作

会计信息系统是一个结构复杂、功能多样的系统，它由许多相互联系的部分组成，共同实现对企业经济活动的反映和监督职能。因此，很难用一个目标笼统地概括，只有将其分解为若干个功能相对单一的子系统，才能充分揭示系统的每个方面，全面反映系统的全部功能。通过模块设计，划分子系统，使设计人员进一步明确系统结构和功能，同时，又将庞大复杂的系统设计工作分解成各子系统的设计，从而大大降低了系统设计工作的复杂程度。

2. 可以优化系统结构

对各子系统及其相互关系的定义，有利于合理组织系统的内部结构和数据资源，最大限度地实现子系统之间信息资源的共享，建立既能满足各子系统需要，又简便易用、冗余度低的系统结构。

3. 可以保证系统的稳定性

将会计信息系统分为相对独立的功能模块后，可以有效地防止在系统设计和维护过程中因对某一部分或模块修改而引起牵一发而动全身的“水波效应”。

4. 有助于合理制定系统开发计划

由于各企业会计信息需求的侧重点不同，企业的经济、技术、环境条件也受到一定限制，因而，很多企业不可能一次建成规模庞大、功能齐备的电算化会计信息系统。进行模块设计，可使系统采用“总体设计、分步实施”的策略，设计一个，使用一个，充分发挥系统效率。

5. 可以提高系统的通用化程度

各企业由于自身经营管理的特点，它们的会计信息系统很难完全一致，但其中一些子系统的功能基本相近，如工资核算系统、账务处理系统等。因而，可以通过在一定范围内推广和移植有通用性的子系统，减少会计软件的重复开发费用，提高软件的整体社会效益。

（三）模块设计的原则

在模块设计过程中主要应遵循以下几个基本原则。

（1）客观性原则：即模块设计要从企事业单位的客观实际情况出发，尽量结合企事业单位的特点，切忌盲目追求大而全的模块结构。

（2）合理性原则：即模块设计要按照结构化设计原则的要求，保证各功能模块有较高的聚合性，相互之间有较低的耦合性，从而使系统保持相对的独立，确保系统结构安全、可靠、合理。

（3）通用性原则：为避免在系统设计中出现的重复劳动，在模块设计中要重视系统的通用性，将一些适合通用的模块独立出来，并设置自定义功能，使其具有较高的可移植性和兼容性，以便于在相同的行业、部门中推广和普及。

（4）可靠性原则：在模块设计过程中，考虑计算机处理的特性，要建立一套由程序控制、处理控制、组织控制相结合的内部控制结构，提高系统的容错、纠错和恢复的功能，使系统真正做到安全可靠。

（5）适应性原则：会计信息系统与企业内外部环境是密切相关的，企业内外部环境的变化有可能引起会计信息系统的改变。目前，我国正处于经济改革时期，宏观政策相对变动较快，经营方式面临变革，产业结构和企业管理也面临调整，先进的管理方法和技术设备不断引进，需要会计信息系统具有足够的适应性。因此，在模块设计中要保证系统的可移植性、扩充性和可维护性，能根据内外因素的变化灵活地进行自适应设置或修改，延长系统的使用寿命。

（四）模块设计的方法

1. 数据流图的分类

结构化设计方法以数据流图为基础，从数据流图导出初始模块结构图，然后根据模块设计原则，对初始模块结构图进行优化，得到最后的模块结构图。这里，我们有必要进一步来认识数据流图。人们通过研究发现，数据流图基本上可分成两大类，即变换型数据流图和事务型数据流图。

（1）变换型数据流图。

如果系统（或待分解的模块）是由几个顺次执行的功能组成的，在其细化的数据流图上，这些处理功能一定处在一条线性链上，在这条线性链上，很容易确定输入、处理、输出环节，符合这种特点的数据流图就是变换中心结构数据流图，简称变换型数据流图，这种数据流图比较常见。

（2）事务型数据流图。

在数据流图中，输入的数据流通过某一个主处理环节后被分割成一串平行的数据流，然后有选择地执行后面的某个处理，符合这种特点的数据流图称为事务型数据流图。

2. 模块设计的方法

由于数据流图可分为两大类，相应的，模块设计的具体方法有以下两种。

(1)“变换中心分析”法。

显然，这种方法是针对变换型数据流图而采用的一种推导模块图的方法，它通过对变换中心结构数据流图进行分析，找出数据在系统中的流动路径和对数据进行处理的中心环节，从而确定系统的模块结构图。运用这种方法导出系统模块结构图的过程如下：

1）找出主处理，确定逻辑输入和逻辑输出。

2）设计模块结构图的顶层和二层模块，其中顶层模块为“系统”本身，二层模块分别为输入模块、处理模块和输出模块。

3）对二层模块进行继续分解，分别对各模块设计下层模块，就可以得到初始模块结构图。

(2)“事务中心分析”法。

这种方法是针对事务型数据流图所使用的一种推导模块图的方法，其导出模块结构图的步骤如下：

1）分析数据流图，确定数据流图类型。一般来说，大多数数据流图是变化中心与事务中心的结合，而且从全局来看，大多数数据流图为变换中心型。如果认定该数据流图为事务中心型，便可进入第二步骤。

2）确定事务中心，绘制第一层模块结构图。从数据流图上分析，事务中心的位置通常位于数据信息路径的起点，这些路径从该点向外辐射。确定了事务中心以后，将事务中心映射为一模块，然后将事务中心所属的多条分支，映射为中心模块的下属模块。

3）将中心模块所辖的下层模块逐层分解，就形成一个完整的模块结构图。

三、数据存储设计

数据存储设计包括文件设计和数据库设计。下面分别来介绍文件设计和数据库设计的有关内容。

(一) 文件设计

1. 文件设计的概念

文件设计是指对会计信息系统中所涉及的文件进行物理定义，使之成为可用计算机进行存取的物理形式的过程。

2. 文件设计的原则

文件设计主要应该遵循以下几条原则：

(1) 考虑计算机处理的特点：文件设计的依据是系统分析阶段的数据流图和数据字典，但是不能只是简单地将数据字典的内容对应“翻译”成文件，而应考虑计算机的特点，设计好的数据结构应便于计算机处理并节约存储空间。例如，在账务处理系统中有总账文件、明细账文件、日记账文件、凭证文件，但是在文件设计时，只需设计记账凭证文件和科目余额文件即可。

（2）保证文件的完整性：在文件设计时，要保证节约存储空间和便于计算机处理，但是，还必须保证数据的完整性，即设计文件必须能详细地记录全部业务数据，并且可以满足各种用户对会计信息的输出需求。这种“完整性”是通过文件体系来反映的。

（3）保证文件的简洁性：每一个必须设计的文件都应该保证不存在数据冗余。比如，在材料子系统中，材料采购文件为系统必须设计的文件之一，如果在该文件中同时包含“单价”、“数量”、“金额”三个字段，则就意味着文件设计存在冗余，因为“金额＝数量×单价”，也就是说，“金额”字段完全可以通过前两者计算得出，因此，应该将“金额”字段从该文件中删除，以保证文件的简洁性。

（4）保证文件的可靠性：计算机数据文件有易受损害、容易被修改并难以察觉的弱点，因此，在文件设计时要设立相应的保护措施加以防范。

3. 文件设计的一般程序

文件设计可按照以下几个步骤来进行：

（1）确定文件类型。根据系统分析的数据字典和数据流图的要求和特点，会计信息系统应建立的数据文件，一般可分成三类：第一类为账务主文件，它是会计信息系统的核心文件，主要用于存放输入的原始数据以及重要处理结果数据，其目的是为了满足账、证、表等会计数据或会计信息的输入、输出要求；第二类为辅助数据文件，这类文件的作用是为了提供参照标准、便于系统处理和用户操作；第三类为临时文件，它是用于存放临时性数据或者中间处理结果数据的文件，其基本作用是便于会计数据的汇总统计、提高处理单元的速度以及保存中间过渡数据便于下一流程的程序处理。

（2）文件结构设计。包括记录设计和字段设计。下面以“记账凭证”文件为例，来详细介绍文件结构设计的具体过程。

对“记账凭证”文件进行记录，可按照下面的步骤来进行：

第一步，对应定位，即根据存储对象有多少数据项，就设计多少个字段。该记账凭证的数据字典（数据一览表）如表2—2所示。

表2—2　　记账凭证数据一览表

序号	数据项名称	表现形式	类型	取值范围	备注
1	凭证日期	2003.8.1	日期	最多10个字节	
2	凭证类型	银收	字符	最多4个字节	
3	凭证号	0001	字符	1～9999	每月从1开始，由计算机自动连续编号

续前表

序号	数据项名称	表现形式	类型	取值范围	备注
4	摘要	收回汇达公司前欠货款	字符	最多 30 个字节	
5	借方科目	银行存款—工行	字符	最多 40 个字节	
6	贷方科目	应收账款—汇达公司	字符	最多 40 个字节	
7	金额	20 000.00	数值	最多 12 个字节	红字以负号表示
8	附单据数	1	数值	1～999	
9	制单	孙红伟	字符	最多 10 个字节	
10	审核	晨曦	字符	最多 10 个字节	
11	主管会计	康大军	字符	最多 10 个字节	

对照数据字典，通过一一对应，可获得记账凭证文件的基本字段如表 2—3 所示。

表 2—3　　记账凭证文件基本字段构成

序号	字段名	序号	字段名
1	凭证类型	7	贷方金额
2	凭证号	8	附件数
3	日期	9	录入员
4	摘要	10	审核员
5	科目代码	11	记账员
6	借方金额	12	会计主管

第二步，记录分析。经过进一步分析，不难发现，采用这种记录格式，通常一行只记一个数据（即对应一个会计分录行，要么借方，要么贷方），因此，文件中每条记录中的“借方金额”或“贷方金额”必有一个字段为空内容字段，这就出现浪费存储空间的现象。为了节约存储空间，可将“借方金额”与“贷方金额”字段合并为“发生额”字段，但为了表示发生的方向，特意增加一个“借贷标志”字段。此外，还可将“凭证类型”与“凭证号”字段进行合并，统一为“凭证编号”，改造后的记账凭证文件字段组成如表 2—4 所示。

表 2—4 （改造后的）记账凭证文件基本字段构成

序号	字段名	序号	字段名
1	凭证编号	7	附件数
2	日期	8	录入员
3	摘要	9	审核员
4	科目代码	10	记账员
5	借贷标志	11	会计主管
6	发生额		

完成记录设计之后，便可着手进行字段设计。所谓字段设计，就是定义文件中每一字段的名称、类型、宽度以及小数位数。结合数据字典与表 2—4 的内容，记账凭证文件的字段设计结果如表 2—5 所示。

表 2—5 记账凭证文件字段设计结果

序号	字段名	类型	宽度（小数位）
1	凭证编号	C	8
2	日期	D	10
3	摘要	D	30
4	科目代码	C	9
5	借贷标志	C	2
6	发生额	N	12（2）
7	附件数	N	3
8	录入员	C	8
9	审核员	C	8
10	记账员	C	8
11	主管会计	C	8
合计			106

有两点需要补充：第一，关于科目的属性，表 2—5 中使用的是“科目代码”而不是“科目名称”，主要是出于方便计算机处理以及节约存储空间的考虑；第二，字段宽度的设计取决于要存储数据的长度和系统的要求，比如，“科目代码”字段宽度定义为 9 位，主要是以下面的规定为前提的，即假定每级科目均以 3 位字符表示，且核算最深只到 3 级，假如该企业要求核算深度达到 5 级，显然该字段的宽度就不够用了，当字段的数据宽度不够用的时候，对于数值型的字段，就

会出现数据溢出的现象，而对于字符型的字段，多出的部分内容就会被删掉，因此字段宽度的设计是非常重要的。解决问题的办法自然是加大字段宽度取值。

4. 文件的组织形式

文件的组织形式是指一个文件中记录的排列方式，它决定了文件的存取方式。主要的文件组织方式有两种：

（1）顺序组织方式：在该方式下，文件中的记录按照输入顺序排列，先输入的记录排在前面，后输入的记录排在后面。通常，对于需要记录时间顺序的文件，其组织方式可以考虑采用顺序组织方式，比如记账凭证临时文件最好采用这种文件组织方式。这种文件组织方式最大的缺点在于不便于快速查询，尤其当所要查的内容位于文件比较靠后的位置的时候，查找满足条件的记录往往需要花费比较长的时间。

（2）索引组织方式：是指对顺序文件中的索引关键字自动建立索引的方式。文件建立索引之后，文件的查询可先按索引关键字查询，然后再通过指针自动定位到原记录，这样可以大大加快查询速度。一般来说，需要经常查询的文件，如果其数据记录比较多，可以将文件组织方式设为索引组织方式。比如，账务处理系统中的科目文件，一般都是采用索引文件组织方式。

5. 确定文件的属性

主要包括以下几个方面：

（1）文件的读写特性：即确定哪些文件只允许读，哪些只允许写，哪些可读可写。

（2）文件的保密性：即确定每一文件是否需要限制有关操作员操作，比如，口令文件一般只允许系统管理员或会计主管操作，其他人员均被拒绝操作。

（3）文件的期限性：即指文件在硬盘上的保存期限，超过这一期限可以允许系统将有关逾期数据清除出系统。

（4）文件的共享性：它是指文件是否允许被用户共同使用，尤其是指在同一时刻的共享利用。对共享属性的设计要求，往往是网络会计信息系统设计中的重点。

6. 文件的存储区域设计

这是指数据资源的分布设计，对于单机版会计软件来说，主要是确定文件存放在硬盘的什么区域、什么路径下，以便于存取，又能保证安全；对于网络会计软件来说，则主要是考虑整个数据资源在网络各节点（包括网络服务器）上的分配问题。一般来说，在网络环境下考虑数据资源分配的基本原则是：同一子系统的数据尽量存放在本子系统所使用的计算机上，只有需要公用的数据和最后统计汇总类数据才放在服务器上。在设计文件的存储区域时，一定要注意考虑这一原则，否则因数据资源分配不当，将会造成整个网络系统数据通信紧张，从而大大降低系统的运行效率。

（二）数据库设计

数据库设计是在选定的数据库管理系统基础上建立数据库。其中需要运用数据库设计原理，将数据库设计的几个步骤与系统开发的各个阶段相对应，它们之间的对应关系如图2—10所示。

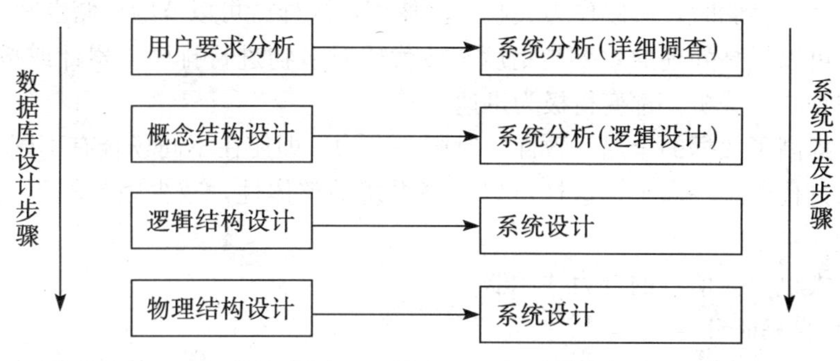

图2—10 数据库设计步骤示意图

数据库设计主要可按照以下三个步骤来进行。

1. 数据库的概念结构设计

它是指根据用户需求设计数据的概念数据模型，概念模型是从用户角度看到的数据库模型。

2. 数据库的逻辑结构设计

它是将概念结构设计阶段完成的概念模型转换成能被选定的数据库管理系统支持的数据模型。

3. 数据库的物理结构设计

它是为数据模型在设备上选定合适的存储结构和存取方法以获得数据库的最佳存取效率。物理结构设计的主要内容通常包括：

（1）库文件的组织方式。比如，选用顺序文件组织形式或者索引文件组织形式等。

（2）存储介质的分配。比如，可将易变、存取频度大的数据存放在高速存储器上，而将稳定的、存取频度较小的数据存放在低速存储器上。

（3）存取路径的选择。这方面的内容可参照“文件设计”部分。

四、代码设计

代码设计问题是一个科学管理的问题，设计出一个好的代码方案对于系统的开发工作是一件极为有利的事情。它可以使很多由机器处理的工作（比如记账、计提折旧、编制报表等）变得十分方便，还可以使一些现阶段计算机很难处理的工作简单化。

（一）代码的作用

代码主要有以下几方面的作用：

（1）便于数据的存储和检索。代码缩短了事物的名称，无论是记录、记忆还是存储，都可以节省时间和空间。例如在账务处理系统中，科目使用科目代码作标识，在文件存储时，可以作为关联字段使用，这样就可以节约存储空间。

（2）可以提高处理的效率与精度。按代码对事物进行排序、累计或按某种规定算法进行统计分析，都变得极为迅速。

（3）提高了数据的全局一致性。对同一事物，即使在不同场合有不同的叫法，也可以通过代码统一起来，这样可以提高系统的整体性，减少因数据不一致而造成的错误。

（4）人机交换信息的有力“武器”。

（二）代码的种类

代码的种类也即代码的编码方法有很多，在实际设计时可根据需要选择使用，常用的编码方法有以下几种：

（1）序列码：也叫顺序码，包括连续顺序码和间断顺序码。连续顺序码是按照数字由小到大连续编码，此类代码因其可扩展性差，较少被采用；间断顺序码是指中间留出一些空码，暂且不用的顺序码，此类代码可克服顺序码的缺点，但分类处理与汇总不够方便。总之，序列码的最大缺点在于它没有逻辑含义，不能从编码自身说明任何信息特征。

（2）区间码：又叫分区码，它是指对代码对象分区域进行编码，财政部规定的一级科目代码就属于此类代码。比如，100～199 表示资产类科目，200～299 表示负债类科目，300～399 表示权益类科目等。区间码用较少位数表示较多信息，易于插入、追加，但计算机处理不便。

（3）分组码：也叫组别分类码，它是指在代码结构中，分几段表示一个代码，代码的每一段都有一定的含义，各段代码的组合表示一个完整的代码。会计科目代码、存货代码经常使用此类编码方法。比如，科目代码可采用前 3 位表示一级科目，第 4～5 位代表二级科目，第 6～8 位表示三级科目。分组码的特点是分类基准明确，每位数据有特定的含义，易识别、校验、分类、扩充；缺点是编码位数较多，要求存储的空间比较大，也加大了代码输入的数据量，并且容易出现输入错误等。

（4）助记码：它通常用缩写字母（比如汉语拼音首字母）或有意义的数字直接用作编码，以帮助记忆代码对象。摘要代码一般就用助记码来编码，比如用“CLF”表示材料费。助记码的优点是直观、明了、便于记忆和理解，其缺点是不利于计算机分类、汇总处理。

(5) 校验码：也称为检错码，它通常是在原代码的基础上，通过事先规定的数学方法计算出校验位，将其附加在原代码之上，以构成新代码，这种编码就是检验码。设置检验码的目的是为了验证手工书写错误或代码输入错误。由于校验位的码值与原代码各位的值符合一定的运算关系，因此，在输入或传送到计算机中后可由计算机按原运算关系重新计算校验位的值，从而可以检查代码的输入或传送是否正确。通常，校验码主要用于数字代码，但对于字符或字符数字组成的代码，也可以用校验码进行校验，但此时的校验位数应增加到两位，字母 A～Z 转变为数字 10～35。

(三) 代码设计的原则

在进行代码设计时，一般应遵循以下一些基本原则：

(1) 唯一性原则：每一代码都代表唯一的实体或属性，反过来，信息系统中，每一实体或属性都由一个确定的代码来表示。

(2) 标准化与通用性原则：考虑与主管部门通信与联网的需要，尽可能利用国际的、国家的、行业颁发的标准代码。

(3) 实用性原则：尽量使用原业务处理上已使用的且行之有效的代码，以方便使用。

(4) 可扩充性原则：考虑系统的发展与变化，当增加新的实体（或属性）时，直接在原代码中追加，而不需要变更原代码体系。

(5) 易识别性原则：代码既要便于人的使用与记忆，又要便于计算机的识别和处理。

(6) 简明性原则：指在不影响代码系统的容量和可扩充性的前提下，代码尽量简短、统一。

(四) 会计代码的设计步骤

会计代码设计是从系统分析阶段开始的。代码设计工作可按以下步骤进行：

(1) 明确代码目的；

(2) 明确代码对象；

(3) 确定代码的使用范围与期限；

(4) 分析代码的使用频率、变更期、增删情况等特征；

(5) 确定代码结构；

(6) 编写代码设计说明书；

(7) 汇总代码设计说明书，编写代码本；

(8) 编制相应的使用管理制度，保证代码的使用。

(五) 会计信息系统中的代码

在会计信息系统中所涉及的代码主要有会计科目代码、人员代码、部门代码、材料代码、设备代码、工程代码及会计摘要代码。根据代码设计原则并结合会计信息系统中的代码使用情况，下面分别介绍几种典型的会计代码的设计方法。

1. 会计科目代码

会计科目代码是会计信息系统中最基本的代码。会计科目可以反映经济业务和会计核算的内容。为了在一定范围内综合汇总会计指标，会计科目代码设计时要注意通用性。财政部已颁布了“会计科目代码总则”，规定了一级科目代码，各行业、各地区在财政部规定的基础上，又制定了部分二、三级科目代码，各企业在编制会计科目代码时，应依据财政部及本行业、本地区会计科目代码的有关规定，凡是财政部或本部门已有规定的科目代码，一律按规定执行。

一个典型的会计科目代码结构如“3-2-2-2”代码结构，它表示核算深度为4级，每级代码长度为：一级3位字符长度，二级、三级、四级分别都是2位字符长度。这种科目代码编码方案采用的是固定级次定长编码方案，从通用以及节省空间上考虑，也可以采用可变级次不定长编码方案，不过采用这种科目代码编码方案会加大编程的难度和工作量。

2. 部门代码

部门代码可采用区间码或分组码，一个典型的部门编码方案如“2-2”，表示前两位是部门代码，后两位是班组编码。

3. 人员代码

人员代码涉及人事劳资部门，也与会计核算密切相关。应统一做好人员的编码工作。根据现有企业的实际做法，可分别采用序列码或部门代码＋职工序号的编码方案。

4. 材料代码

材料代码的设计，既要考虑会计核算的要求，也要考虑物资管理部门的要求，一般可采用分组码或区间码，并辅以助记码。一个典型的材料代码结构为“2-2-2-2”，其中头两位表示材料大类，第3～4位表示材料中类，第5～6位表示材料小类，最后两位表示材料序号。

5. 固定资产代码

固定资产代码涉及设备管理部门的要求和会计核算的需要。要在固定资产科目代码中反映固定资产的经济用途、使用情况、使用部门及固定资产的类别是有困难的。一个典型的固定资产代码结构为“3-4-3”，其中前3位是类别码，第4～7位是部门码，最后3位是顺序码。

6. 产品代码

按产品品种法计算产品成本的企业，还需设立产品代码。产品代码可采用分组码或助记码设计。

7. 工程代码

以产品的生产批量为成本核算对象的企业，为满足成本核算的需要会设立工程代码。工程代码的设计要考虑生产、物资及财务管理等部门的要求。工程代码要能反映工程的性质，一般采用分组码。

8. 业务往来单位代码

通常可用“邮政编码＋序号”的编码方法。

9. 摘要代码

摘要代码是对会计凭证中的摘要进行编码。摘要代码可以促进摘要的规范化、科学化。摘要代码可以采用助记码，如采用摘要内容的汉语拼音的第一个字母组码，便于记忆。

10. 密码

会计电算化中的各种密码，主要用于两个方面：一是设置文件的使用权限（可读、可写、可读可写权）；二是控制各程序模块的入口。

会计电算化工作中应制定密码的设置、使用及管理制度。

五、输入设计

输入设计包括确定数据输入源、输入方式设计、输入格式设计（也即用户界面的设计）。会计信息系统中各种原始数据的收集和录入比较费时费事，花费大量的人力不说，还非常容易出错，而系统本身对录入数据的正确要求又很高，因此，必须在输入设计中着重加强输入控制设计，以保证输入系统的数据绝对准确、无误。输入设计的目标就是要保证正确、高效、安全地向系统提供数据输入。

（一）会计信息系统的输入信息分析

会计信息系统的输入信息，可以通过对各个会计核算子系统以及会计管理子系统的综合分析获得，这里为了说明问题起见，仅对会计核算子系统的输入信息、输出信息进行综合分析，列示出主要的输入数据、数据源点以及输出信息，如表2—6所示（表中有些项目未必详尽，仅对重要项目进行了列示）。

表2—6　　会计核算系统的部分输入数据、输出信息分析

子系统名称	输入数据	数据源点	输出信息
账务处理	银行收付款凭证 现金收付款凭证 转账凭证 银行对账单	财务科 银行	总账 科目汇总表 明细账 现金日记账 银行存款日记账 银行存款余额调节表 资产负债表等

续前表

子系统名称	输入数据	数据源点	输出信息
工资核算	工资固定数据 人员、工资变动数据 考勤记录 奖金数据 水电、房租数据 代扣款项	劳动人事部门 车间科室 总务 工会	工资计算单 工资签收单 工资汇总表 工资分配表 工资转账凭证
固定资产核算	固定资产验收单 固定资产报废单 固定资产调拨单 固定资产保养单 固定资产大修单 固定资产卡片	设备管理部门 财务部门	折旧计提表 折旧分配表 固定资产增减明细表 固定资产表 转账凭证
材料核算	材料验收入库单 材料领用单 材料销售单 材料结算凭证	物资供应部门 车间科室 销售部门 材料供应部门	材料入库汇总表 材料发出汇总表 材料分配表 材料库存资金动态表 材料差异分配表 转账凭证
成本核算	产品工时统计数 产品产量统计数 辅助生产交互使用数	车间成本核算员 成本核算员	辅助生产分配表 制造费用、管理费用分配表 产品成本计算单 生产费用表 制造费用、管理费用明细表 产品成本计算表
销售及利润核算	产品入、出库单 销售发票 银行汇款通知单	销售部门 银行	产品收发存明细表 销售收入汇总表 利润表 产品销售利润表
管理分析	制造费用、管理费用计划数 目标成本计划数 利润计划数 产值计划数 产量计划数 年度经营计划数 各项经济指标计划数	财务部门 企管部门	管理费用分析表 制造费用分析表 目标成本分析表 利润分析表 产值完成情况分析表

（二）输入设计原则

输入设计一般要遵循如下几条原则。

1. 源点输入原则

在会计信息系统中，比较理想的数据输入方式是从数据发源地（数据发生的现场）由经办人员负责数据的记录与输入，尽量减少数据的转抄、传递等中间环节。因为数据每多一次转抄、多一处中间环节，就多了一份出错的可能。比如，对于材料的验收入库业务来说，领料单数据的输入比较理想的输入点是在仓库，即由仓库保管员进行输入。仓库保管员对自己保管的各种材料数据，心中比较清楚，输入过程中又能随时进行账物核对、比较，以保证输入数据的准确性。

数据从源点录入，一旦发现数据输入差错，也容易发现错误、改正错误。修改时只需从源点处进行修改，修改结果一次到位，不会造成数据的不一致性。

2. 共享性原则

在会计信息系统中，经常需要对同一份数据进行不同的数据加工，以满足不同的信息输出要求，当然，有时所要求输入的原始数据会稍稍有些不同。基于这一特点，我们在输入设计时，应尽可能提高输入数据的共享程度，也就是要尽量做到数据一次输入、多次共享利用，一个子系统的数据输入，尽量可被多个需要同样数据进行特定加工的子系统自动共享。对于有些数据项目，可能有的管理部门用不着，但只要有其他管理部门需要，此项数据就应该从该数据发生源点进行输入，这样做可避免因输入数据的内容不完备而不能满足其他管理部门的要求又需重新输入。同时，在输入设计中充分重视共享性原则，还可以减少因重复输入而造成的系统数据不一致。

3. 用户友好性原则

“用户至上”是会计信息系统开发人员应该坚持的最高原则，因为开发会计信息系统就是为了满足用户的会计信息处理需求的。输入设计应尽量方便用户输入数据，做到高效、直观、准确、简便和舒适，也就是保证输入界面的用户友好性。

（三）输入控制设计

输入格式设计也是输入设计的一项重要内容，也叫输入界面设计，这部分内容在本书不做详细介绍。下面着重谈谈输入控制设计。

在电算化会计信息系统中，大部分手工会计的人工处理都交给了计算机来自动处理，由于计算机运算速度快、精确度高、准确性强，只要会计软件程序编写正确，具体的计算机处理一般不会出现错误，除非在输入数据阶段输入了错误的数据。因此，进行有效的输入控制在输入设计中就显得非常重要了。为了防止在会计数据输入阶段输入错误的数据，可以在输入程序中嵌入一些输入控制检查程序，这些程序能够自动识别出输入阶段的典型错误。通常，有下列输入控制措施可供参考借鉴。

1. 文件检索控制

在会计信息系统中，对于一些重要数据项目的输入，比如记账凭证输入过程中的科目数据输入、职工工资数据输入时的部门数据输入，系统或者采用让用户从现成的科目表中选择科目、从部门表中选择部门的输入方式来输入有关数据，或者在用户手工输入这些项目的实际数据值后，系统会自动到已建好的科目文件、部门文件中去查找是否有对应的科目记录或部门记录，如果没有，则提示用户输入错误，要求重新输入，从而达到控制错误数据流入会计信息系统的目的。文件检索控制措施是系统设计人员经常使用的一种输入控制措施。

2. 合法或非法对应关系控制

在会计信息系统输入设计中，这种控制措施也经常被开发人员使用。比如，在账务处理系统中，在设置凭证类型时系统要求定义该类凭证借、贷方必有（或者必无）的科目，这样在今后输入凭证数据时，只要所选择的凭证类型与所输入的借贷科目不满足该类凭证的限制条件，系统就会报告出错。为了杜绝非法会计分录数据进入账务处理系统，有的会计软件开发人员就使用了这一输入控制措施，具体方法是提供一个初始化设置功能，可将容易发生的一些非法会计分录，比如：“借：固定资产，贷：现金”，设置为一条非法对应关系记录，这样只要输入带有这样的科目对应关系的凭证，系统会自动报告出错，提请用户进行修改。

3. 编号控制

编号控制最典型的例子就是凭证输入设计中对凭证编号的控制。按照制度要求，凭证编号必须自动连续编号，但是在计算机环境中如何保证这一编号规则要求呢？开发人员就使用了编号控制措施，即自动记忆当前最后一张已输入凭证的编号，当用户输入新的凭证时，系统会自动提示当前可用的凭证编号，如果输入凭证编号时出现重号或漏号，系统将拒绝接受这样的数据。

4. 日期控制

会计信息系统的时序性要求非常高，因此对业务记录输入的时序，系统往往也会提供一种时序检查程序以确保不满足时序要求的业务记录可以及时被发现，这就是日期控制措施。最典型的例子就是，在凭证输入设计中设计了凭证日期随凭证号的递增而递增的逻辑控制关系，当用户所输入的凭证日期早于已经输入的凭证日期时，计算机会提示时序错误，从而保证序时登账。

5. 试算平衡控制

试算平衡控制往往是利用会计恒等式，比如：借贷记账法的“有借必有贷、借贷必相等”，“资产＝负债＋所有者权益”等。将这些恒等式的关系嵌入相应的程序中，这样，一旦需要检查恒等关系，系统就自动启动相应的检查程序以判断当前恒等关系是否满足，如果不满足便发出错误提示信息。试算平衡控制最典型的应用例子就是在凭证输入时对凭证借贷平衡关系的检查，如果用户所输入的凭证数据，其借贷关系不满足既定的平衡关系，系统会报告出错，拒绝将此类凭证数据保存。

6. 二次输入控制

二次输入控制措施是通过重复输入同一份数据，比较两次输入结构，从而找出是否存在输入错误。这种控制措施虽然检错能力强，但浪费人力和时间，一般只用于特别重要数据的输入检查上。

7. 数据审核控制

手工会计信息系统要求例行许多稽核程序，审核便是其中的一种。在计算机环境下，数据审核制度仍不失为一种好的控制制度，人们也将此制度搬到了计算机会计信息系统中，其通常做法是：要求对许多原始业务数据（比如记账凭证、出入库单据等）的输入进行审核，并且在程序内部嵌入了可以自动识别输入的数据是否已经被审核的程序，并且在程序中还规定，如果数据未通过审核，则一律不得继续处理，只有经过审核之后，输入的数据才能得以继续加工处理。

六、输出设计

在会计信息系统设计中，输出设计也是其中重要的一个环节。输出设计是指按照国家有关规定和财会人员的要求，确定输出信息的内容、输出方式、输出设备及输出格式。

（一）输出内容设计

按照输出内容的不同性质，可将会计信息系统（主要是账表处理系统）的输出内容归纳如下。

1. 记账凭证

记账凭证包括未记账未审核的凭证、未记账已审核的凭证以及已记账的凭证等。按照数据流程来说，记账凭证应该是输入数据的一种，但由于许多会计人员经常需要浏览已记账的凭证，而且按照制度要求，记账凭证必须机打装订成册，因此，各类记账凭证也就成为重要的输出内容之一了。

2. 日记账

主要包括现金日记账、银行存款日记账等。

3. 明细账

是指基本生产明细账、辅助生产明细账等，对计算机会计信息系统来说，明细账的概念、格式较之手工会计信息系统有较大的扩充。

4. 总账及余额表

与明细账相类似，在计算机环境下，总账的概念及格式较之手工会计信息系统也有较大的变化。

5. 内部会计报表

比如辅助生产分配表、车间经费分配表、成本计算表、材料收发存汇总表、固定资产增减变动明细表、管理费用考核表、制造费用分配表等。为了充分满足用户对会计信息输出的要求，许多会计软件还提供了自定义会计报表格式以及编制程序的功能。

6. 外部会计报表

比如资产负债表、损益表、现金流量表等。外部报表主要是为了满足上级主管部门以及财政、银行等业务管理部门的需要，外部报表的输出内容、输出周期、输出格式等要满足这些业务管理部门的管理要求和其他相关规定，输出方式可视管理部门与企业自身的计算机应用水平、通信条件来确定。

7. 辅助性信息报告

类似于内部会计报表，主要满足企业内部各部门管理的需要，其内容和格式一般都不固定，可根据管理的要求进行灵活设置。

8. 综合查询

用户可任意输入查询条件，对系统的会计信息进行综合查询。这种输出其内容更加随机一些。

（二）输出方式与设备的确定以及存储策略设计

1. 输出方式与设备的确定

会计信息的输出方式很多，有打印输出、屏幕显示输出、磁盘输出、网络输出等，不同的输出采用不同的设备，分别有打印机、绘图仪、显示器、软盘、刻录机、网卡等。

输出方式与设备的确定主要根据输出内容与使用者的要求，同时也要考虑成本、数据容量、灵活性、通用性以及安全性等方面的要求。

一般来说，大量的信息输出主要应该采用屏幕显示输出方式，如果任何信息都必须通过打印在纸张上输出，那就失去了电算化处理的优越性，也是一种浪费资源的表现。只有制度规定需要以纸张形式保存的，或要求以纸质方式上报的会计信息必须采用打印输出方式，其他情形可以具体问题具体对待。

2. 输出信息的存储策略设计

不同类型的电算化会计信息其存储策略也是有区别的。由于计算机存储空间比较有限，且会计信息系统又是一个不断增长的系统（指其数据规模会随着时间的推移而不断增加），因此，要求对会计信息的存储做合理安排。通常情况下，将常用的数据（如本年度内会计数据）存储在硬盘上；将不常用的数据（如 10 年前的会计数据）存储在软盘或光盘上，需要时，再将其调入计算机进行使用；对那些不需要保存的数据（比如临时生成的查询数据），查询完毕之后，直接删除，不用保存，以便节约存储空间，保证系统高速、有效地运行。

（三）输出控制设计

输出格式设计也是输出设计的一项重要内容，由于篇幅所限，本书将这部分内容从略。这里特别介绍输出控制设计。

电算化会计信息系统输出控制的根本目的在于保证输出信息的正确性和安全性。虽然数据在输入过程中已经得到了有效的输入控制，但从数据输入到输出历经诸多处理环节，并有可能发生异常变化，因此，在输出设计中有必要进行输出控制设计。通常可采用的输出控制措施有下列几种。

1. 安全性控制

会计信息是企业的商业机密，对会计信息的输出，应该有严格的控制制度，不能随意输出。通常实施的安全性控制措施主要是通过设置口令或权限限制，以保证会计信息只能被授权输出。

2. 合理性控制

在电算化会计信息系统中，对某些会计数据可在程序中设立控制取值范围的措施，比如银行存款日记账不允许出现贷方余额，如果在输出银行存款日记账时检测到有关余额超出了合理的取值范围，则表明不是企业经济活动犯规，就是系统中的数据有误，此时，系统应该提示用户出现了输出信息的合理性错误。

3. 恒等式控制

一般在账表输出之前，利用“资产＝负债＋所有者权益”和“利润＝收入－费用”的会计恒等式，在程序中先对账表数据进行检查，只有满足会计恒等式要求的账表信息才能被打印输出。对于这条控制措施，许多商品化会计软件都未能予以足够的重视。

4. 时序控制

在会计报表输出时要注意设立时序控制手段，比如，资产负债表还未编制完成，不允许编制和输出现金流量表。

七、详细设计（模块功能与处理过程设计）

（一）详细设计的内容

详细设计是针对系统模块结构图中的每一模块，定义其详细功能、输入数据、文件、输出数据、模块实现的详细算法等，并为每一模块编写详细设计说明书。

详细设计是系统功能、结构和实现方法的最详细说明，是下一步程序设计的依据。由于系统设计人员可能不具体参加今后的程序编制，因此，要求系统设计人员在详细设计时一定要深入、细致，各文档资料一定要准确、齐全，以保证今后任何一个程序设计员即使没有参加过新系统的分析与设计工作，也能够自如地编制出系统所需要的程序模块。

（二）详细设计的一般程序

详细设计应该遵循结构化设计思想，采用“自顶向下，逐步细化”的方式进行具体设计，通常可按照以下三个步骤来进行：

(1) 分解每一模块，定义其详细功能，并确定该模块与其他模块是否存在联系以及存在什么样的联系，应该如何处理这种联系等。

(2) 定义每一模块具体可采用的算法，并定义相关文件（比如程序文件名）。

(3) 定义每一模块的输入、输出等细节内容。

由于详细设计是真正的“物理设计”，对详细设计的内容，我们只做简要介绍。感兴趣的同学，可以参考有关课外读物来深入了解。

系统设计完成之后，要将所有方案集中，编写系统设计说明书。

第四节　会计信息系统的建设

会计信息系统的建设是指在计算机环境下构建企事业单位会计信息系统的过程，主要包括运行平台的建立、会计信息系统建立策略、商品化会计软件应用的总体思路以及具体步骤。本章前面几节内容着重探讨了会计信息系统的开发，而本节探讨的内容既与开发战略有关（不管是自行独立开发还是委托开发，最后也有一个将开发出来的软件在企事业单位应用的过程），又与选择商品化会计软件构建企事业单位会计信息系统的战略有关，但是主要侧重于后者。

一、会计信息系统的运行平台的建立

构建会计信息系统是一件实实在在的“物理”工程（区别于“逻辑”工程，即注重观念、概念化的工程），应该从会计信息系统的物理结构入手来找出这个工程开展的线索。会计信息系统的物理结构是指其物理组成要素在空间上的分布与联系，计算机硬件设备、软件配置、数据库、运行规则以及人员都是会计信息系统的物理组成要素。所以我们要把运行平台的建立作为会计信息系统建设的首要工作。具体可从两个角度出发：一是构造运行会计软件的硬件环境，也就是建立计算机（或者计算机网络）硬件系统；二是构建运行会计软件的软件环境，也即计算机（或计算机网络）系统的运行环境，如PC或网络操作系统、数据库管理系统等。前者俗称硬件平台，后者俗称软件平台，下面分别介绍有关内容。

（一）硬件平台的建立

翻开许多商品化会计软件的用户手册，我们都可以看到类似这样的说明：“系统运行的硬件环境，单机版：主机 P100 或以上，内存 16M 或以上，硬盘 200M 或以上，显示器 Windows 支持的显示器，可显示 256 色……”这就是对硬件平台

的描述，实际上，稍有点计算机常识的人都知道，现在的主流计算机配置都超过了上述配置要求，不过，它也说明了一个事实：那就是绝大多数商品化会计软件实际上对硬件平台并没有过分特殊的要求。的确，伴随着计算机技术的快速发展，国内外会计软件也在向商品化、标准化、模块化和集成化方向发展，会计软件适应硬件环境的能力也在不断加强，因此，在建立会计信息系统硬件平台时一般无需考虑会计软件系统对硬件平台的特殊要求。

当前单机版会计软件已经在逐渐退出应用舞台，许多企业都正在或已经完成了联网应用的尝试。会计软件的联网应用离不开计算机网络系统，因此，对于构建网络会计信息系统的单位来说，计算机网络系统运行平台的建立就是一件非常重要的工作。一般来说，计算机网络系统设计需要考虑特定企业会计信息系统技术发展策略、企业管理结构的设置、业务处理流程等众多因素。网络解决方案一般也只针对企业个案而言，不可能有一套标准的方案可供许多企业共同套用。企事业单位在制定网络技术方案或者审查由第三方所提供的网络设计方案时，应该注意以下问题。

1. 网络方案中的技术超前性问题

如果你去年买的所谓顶级计算机明年就将被淘汰，你也许会感到很沮丧，然而类似这样的事情在 IT 领域是司空见惯的。在网络方案的设计上，我们没必要追求不切实际的技术超前性（比如“保证××年不落后”），事实上，这种追求也是根本不可能达到的。但我们也不可以随便设计一个网络方案。如果今年设计或建成的网络明年就得大动，这样的网络方案显然就是一个失败的方案。因此，为了确保所设计的网络方案能够经得起一定时间的考验，应该考虑下列几方面的问题：

（1）如果网络方案实施建设需在一两年后开始，则网络规划方案最好不要定得过细。规划中一般只需对协议、软硬件体系等做出规定，而对系统则应提出目前所能达到的尽可能高的要求。

（2）在具体实施网络方案时应结合最新的技术与产品发展、企业应用的最新发展和最新的业务需求，制定相应的具体实施步骤，而对于像远期目标等只需制定出相应的规则。

（3）在每一步具体实施过程中，不应纯粹追求技术上的新、高、难，应尽量避免使用不成熟的产品。建设网络系统要面向应用，面向需求，照顾到前后步骤的衔接。既要充分利用现有资源，又要使现在的投入成为明天的有机组成部分，在满足上述要求的前提下，力求投资最少。

2. 网型的选择

ATM 刚刚推向市场即赢得一片喝彩声。当时，快速以太网还没有产生，FDDI 在性能上也根本无法与 ATM 一争高下。但随着快速以太网的发展，ATM 迅速退出局域网领域。目前，部分厂商已经能够提供千兆位以太网交换机，其价格比目前的ATM交换机还便宜。ATM适用于广域网（WAN），而Ethernet适用于局域网（LAN）。随着路由、交换技术的进一步发展，Ethernet的性能会更具有吸引力。

3. 构建分布式网络系统或集中式网络系统 *

集中式系统是资源在空间上集中配置的系统，纯粹的集中式系统实际上就是多用户系统，由分布在不同地点的多个用户通过终端共享网络资源，集中式系统由于资源集中，便于管理，资源利用率也比较高。早期会计信息系统多采用这种形式。集中式系统的主要缺陷是系统比较脆弱，一旦主机（或主服务器）出现故障，可能使整个系统瘫痪。

分布式系统是通过计算机网络把不同地点的计算机硬件、软件、数据等资源联系在一起，服务于一个共同的目标。各地的计算机系统既可以在网络系统的统一管理下工作，又可以脱离网络环境利用本地系统资源独立工作。分布式系统根据应用需求来配置资源，可以提高系统对用户需求和环境变化的应变能力，系统扩展方便，网络上某个节点出现故障一般不会导致整个系统瘫痪。分布式系统的主要缺陷在于：系统维护管理的标准不容易统一，协调较困难，且不利于安全、保密。

当今的企业组织有朝着扁平化、网络化发展的趋向，会计信息系统理应适应这种发展趋势。随着计算机网络和通信技术的迅速发展，分布式网络已经成为信息系统结构的主流模式。实际上，现在许多企业采用的都是一种分布集中式结构的网络系统，它把分布式与集中式相结合，即网络上的部分节点采用集中式，其余按照分布式配置。

4. 线缆和网速的选择

线缆可在以下几种中选择：

(1) 光缆：传输距离长、抗干扰、可用于1 000M网络等，但光缆安装比较复杂，设备也比较昂贵，一般用于长距离布线（如楼群之间的连接）。

(2) 铜缆：价格便宜，布线方便，可使用于建筑物内部布线系统中。

(3) 屏蔽双绞线：比起普通双绞线，其价格较贵，但在干扰较大的地方应使用屏蔽双绞线。

在选择连接PC机上的线缆时，由于布线系统要使用比较长的时间，应使用五类线或超五类线以上性能的线缆。

选择网速（网络速率）主要考虑价格问题。从目前来看，在网络中让若干工作站共享10M是妥当的。如果工作站独享10M或共享100M，就可以支持目前的多点视频会议了。

5. 兼容性、升级和本地化问题

这似乎是一个老生常谈的问题，但也是许多企业在选择计算机硬件或网络设备时比较容易忽视的问题，从而导致硬件投资失败。建议：第一，在选择计算机硬件设备时，在价格相差不太大的情况下，优先选择CPU便于升级、可用兼容内存条扩充内存的硬件设备。这样当需要更大的内存、更快的CPU时，一般只需花较少的钱便可完成升级改造，而不至于重新购置。第二，在考虑机器是否易于升级的同时，一定要考虑将来的升级费用，不要顾此失彼。

6. 网络的管理问题

会计信息系统需要有一个安全稳定的工作环境，客观上对网络系统的安全性和稳定性的要求比较高，为此，除了在配置网络系统时要重视设备自身的安全和稳定等性能指标，还需要加强对网络系统的管理。网络管理是一项非常繁杂的工作，对于大规模网络系统来说，更是如此。为提高网络管理的效率，可以从以下几方面着手：一是配备网管软件，二是加强对用户的培训，三是要加强对病毒的防范和治理。

综上所述，企业在建立会计信息系统硬件平台时不可好大喜功、追求时髦，而要从实际出发，面向应用，面向实际需求，要在投资效益与成本之间取得某种平衡，以获得较高的收益成本比。

（二）软件平台的建立

软件平台指的是计算机（或计算机网络）系统的运行环境，比如PC或网络操作系统、数据库管理系统等。由于软件配置属于会计信息系统的物理组成要素之一，因此，软件平台的建立也是会计信息系统建设应该落实的一项主要工作。与硬件平台的建立有所不同，建立软件平台一般需要根据会计软件系统的要求来进行，通常情况下是在选好会计软件系统之后才能确定。如果在选择会计软件之前就已经建好了网络操作系统和数据库管理系统，则在选择会计软件时就应该考虑如何保护原有投资，尽量充分利用现有资源。但也并非要一味迁就已有的软件平台，如果没有一个可供候选的会计软件能够在现有软件平台上运行，那只能改造现有的软件平台了。当然，这种改造需要特别慎重，因为或许已经有许多软件在现有软件平台上运行，平台的改造就意味着可能要放弃使用这些已投入运行的软件，而且由于我国已经逐渐加强对知识产权的保护，今后对置换操作系统和数据库管理系统这样的软件平台的改造工作恐怕不会再是“免费的午餐”。下面具体来谈谈软件平台的构成要素的选择策略。

1. 选择服务器操作系统的基本策略

网络会计软件的应用，一般应根据它所采用的体系结构（比如二层、三层或多层C/S结构、B/S结构等）来购置网络服务器和操作系统。计算机网络服务器一般可分为数据库服务器、Web服务器、应用服务器以及通信服务器等，购置了网络服务器，还必须为其配置相应的操作系统。在通常情况下，可供用户选择的网络操作系统即服务器操作系统主要有以下几种：UNIX、Windows NT或Windows 2000 Server 以及 Novell Netware。对于大型企业来说，一般可选用 UNIX 操作系统作为主要的服务器操作系统，而且 UNIX 也非常适合于基于 Intranet（内联网）的开发系统模型，但也要注意，建立和维护 UNIX 平台上的服务器相对来说比较困难一些，而且选择这种操作系统还会限制有些流行的应用软件如 VB 或 Delphi 的正常运行；Windows NT 服务器操作系统也比较适合大中型企业的使用，而且由于该操作系统内置了对多种客户端操作系统的支持，比如 MS-DOS、OS/2、Windows 95/98 以及 UNIX 等，并且对各种流行网络协议如 TCP/IP、IPS/SPX 也都支持，因此，选择 Windows NT 服务器操作系统能够更好地保护现有的资源，Windows NT 的安装、维护和管理也比 UNIX 要简单一些，特别是在 Intranet 中。Novell Netware 操作系统在服务器操作系统市场的份额不断在缩小，但如果企业原来使用的是 Netware 操作系统，则最好选用 Novell 公司的 Intranet 解决方案，以利于网络系统的平滑过渡。

2. 选择工作站操作系统的基本策略

网络工作站操作系统主要有：DOS、Windows（包括 Windows 95/98/2000 等）、OS/2、UNIX、Macintosh 等，工作站操作系统的选择主要应根据会计软件对运行平台的要求来确定。目前，像 DOS 以及 Windows 早期版本的操作系统基本上已经退出操作系统的竞争舞台，而目前基于 OS/2 或者 UNIX 以及 Macintosh 开发的会计软件寥寥无几，所以工作站操作系统主要还应该选择 Windows 95 以上的操作系统。对于采用 B/S 体系结构的网络会计软件来说，还需在工作站端考虑安装合适的 Web 浏览器软件，目前主要是在微软的 IE 和网景公司的 Navigator 之间选择。IE 的优势在于它是免费的，一般被捆绑在微软的各种商业软件中，而 Navigator 的优势在于它具有各种平台的版本，如 UNIX、Macintosh 和 Windows 系列平台。所以，如果工作站操作系统选择了 Windows 95 以上的操作系统，则浏览器最好选用 IE，而如果工作站中包括了多种操作系统平台，则建议选择 Navigator，实际工作效果会更好一些。

3. 选择数据库系统的基本策略

数据库系统主要分为服务器数据库系统和桌面数据库系统，前者主要有 Oracle、Sybase、SQL Server、DB2 以及 Informix 等，后者主要有 Access、VFP、Prodox、Betrieve 等。服务器数据库系统处理的数据量比较大，数据的控制性能也较好，但操作与维护的难度也比较大，而且对用户水平要求较高，购置费用也较大，这类数据库系统主要适合于大型企业使用；桌面数据库系统与服务器数据库系统的优缺点刚好相反，即服务器数据库的优势所在却是桌面数据库系统的局限性的表现，而服务器数据库的缺点恰恰成了桌面数据库系统的优势所在。企业究竟选择哪种数据库管理系统主要取决于会计软件对数据库系统的具体要求。

二、会计信息系统建立策略

伴随着我国加入WTO，企业的产品市场在扩大，竞争也更加激烈，企业对自身内在管理水平提升的要求也越来越强烈，许多企业管理者已深深感到确实需要一个强大的会计信息系统以实现加快信息交流与分析、降低成本、强化资金管理与财务管理等至关重要的管理目标。

企业要建立自己的会计信息系统，就应该选择适当的途径。通常有两条途径可供选择：第一条是自主开发，第二条是外购商品化软件包。不管选择哪种途径来建立会计信息系统，也都是利弊兼有，关键在于如何充分识别其中的优势和可能隐藏的风险，并结合企业的实际情况作出最有利于企业的选择。这就需要具体问题具体分析。

（一）自主开发会计软件策略

自主开发，顾名思义，就是企业自行组织队伍（也包括委托他人来组织开发队伍）来开发会计信息系统。

1. 自主开发的优点

开发一个会计信息系统是一个非常复杂的系统工程，企业选择自主开发这种方式来建立会计信息系统应该说选择了一条艰难的道路，那么自主开发到底存在哪些优点才使得众多企业“明知山有虎，偏向虎山行”呢？总结起来，不外乎以下几点：

（1）有利于业务流程优化与重组在会计软件中实现。由于参加系统项目开发的人员来自企业的方方面面，让他们及早地渗透到业务需求调研、业务流程优化与重组方案设计当中，有利于业务流程优化与重组工作。

（2）从企业最需要信息化的环节出发，可以只进行必要功能模块的开发，使目标系统更带有针对性。

（3）充分考虑了企业自身业务需求，为企业量身定做，几乎不必考虑作为通用软件而增加很复杂的设置与配置功能，这样开发出来的软件显然容易切合企业发展需要，简化操作手段。

（4）由于企业内部IT人员亲自参与了会计信息系统开发的全过程，这样在系统投入运行后，一旦系统出现问题或需要改进时，他们便能够进行快速的自我支持与维护，这一点对于会计信息系统的运行是非常重要的，因为一个持续稳定的会计信息系统是会计工作的基本要求。

（5）如果采用外购商品化会计软件的方式，按照现在的商品化市场的普遍做法，一般都要求客户按年度支付维护费用，这项费用通常要占到软件购置费用的10%～15%，这无疑是一项较大的开支。而如果采用自主开发，则可以将支付给软件公司的费用主要投入到本企业的IT部门，这也正是许多超大型企业为什么都拥有自己的IT部门的原因。

(6) 企业IT部门借此机会可以锻炼一支队伍，人员素质在计算机应用、管理水平、团队协作等方面都会有较大的提升。有的企业IT部门甚至借自主开发本企业使用的会计信息系统的成熟经验向其他企业承揽会计信息系统设计任务，以此作为一项业务增长点，可谓一箭双雕。

总之，选择自主开发有着许多优点，这里仅分析了一些主要的方面，但这种方式也存在诸多风险。

2. 自主开发的风险分析

自主开发需要企业能够组建起一支在技术上没有问题、熟悉企业管理与会计情况的队伍，而且要能够在预定时间范围内建成可以投入实际运行的会计信息系统，这本身就不是那么容易做到的，也是该种方式最大的，也是最为明显的风险。其主要表现在下列几个方面：

(1) 面临领导层态度变化的风险。企业信息化建设是一项牵一发而动全身的工作，即使建设纯粹的会计信息系统，也不光是会计部门一个部门的事，需要全企业各部门的通力配合，领导层的全力支持对于项目的进行是必不可少的。由于自主开发往往需要相当长一段时间，企业在短期内是无法看到该项目明显的收益和回报的，这就有可能导致领导层在中途对这种开发方式失去信心，从而在资金、人力各方面的持续投入上缺乏保障，这样又会影响开发的进度与质量，从而形成一个恶性循环。因此，是否能够得到领导层自始至终的全力支持是判定自主开发方案风险程度的一项重要指标。

针对此项风险可以采取的规避办法是：一定不能忽视对领导层的管理培训，要使领导层了解会计信息系统的管理理念、应用步骤与效益风险关系，促使领导层对会计信息系统整体实现方案的系统性、条理性和规范性产生持续的理解与信任；认真落实自主开发项目组的人选，且在项目进展过程中保持开发队伍的稳定性；切实做好例会制度和文档整理工作，定期或不定期向领导层及时通报项目进展程度；在考虑具体项目解决方案时要兼顾信息共享和数据的安全保密性，保证信息共享有层次性，一方面让领导层可以及时、准确地得到所需要的信息，切身体会到新系统所带来的“益处”，另一方面，企业具体业务活动又不至于因信息共享而受到干扰。

(2) 缺乏最终用户的积极参与。对于会计信息系统开发而言，最终用户的积极参与是该项目成功的一个重要前提，因为最终用户才是该项目的使用者和受益者。但是在整个项目进展过程中，最终用户将面临业务流程变革、新旧系统并轨运行、业务技能更新、工作量和工作压力增加等挑战，而且由于项目开展需要较长的时间，所以能否保证最终用户的积极参与就显得尤为重要了。如果项目组对此缺乏足够的重视，将会导致项目面临较大的风险。

针对此项风险可以采取的规避办法是：积极引导并帮助最终用户克服暂时的困难，及时与之沟通使其能够预见到新系统将给自己工作带来的种种好处，以此吸引他们积极参与到项目中来。比如，可以通过企业宣传栏、内部情况通报、阶段性成果展示等方式，大力宣传实施本项目会给企业、给最终用户带来的好处；选择适当的时机对最终用户进行必要的技能培训以增强其信心；鼓励最终用户多参与和关心项目的开展工作，在讨论各种业务解决方案时多征询他们的意见和要求；在大量整理和系统初始化工作开展的时候，适当增加临时人员帮助最终用户开展工作等。

（3）项目开发人员之间可能会缺乏有效的协调，致使开发进度延缓、开发进程受挫，甚至可能影响整个开发项目流程的顺利进行。在自主开发会计信息系统的过程中，可能会在任务分割、进度协调以及技术风格要求等多方面产生很多问题，处理不当的话，直接会影响到开发进展的速度，使开发人员和用户的积极性遭受打击，严重的话，有可能导致整个项目开发流产。

针对此项风险可以采取的规避措施主要有：应在项目开发组内部设立总协调员，负责项目组内部各环节的沟通与协调工作，总协调员应该熟悉项目开发的整个流程，有较强的组织能力、协调能力和应变能力；同时，在项目开发的各个阶段，要求建立规范的文档，明确技术标准以及各方的责权关系，并保证这些标准和规范执行的严肃性和持续一致性。

（4）项目组成员因人事变动可能会影响到项目开发进度，尤其是处于关键地位的项目组成员的变更对整个项目的进度将会产生致命的影响。

针对此项风险可以采取的规避措施主要有：务必要求所有项目组成员对自己所做的工作要做档案记录（包括纸质和电子文档），并交由有关负责人签字确认，再由专人入档保管；所有的需求、承诺和解决方案等内容均要求以书面签字为准，不得随意更改其中的内容，更改需要审核批准。如果出现成员变动，接任者可以通过阅读相关文档，尽快熟悉情况以及前任所完成的工作情况，便于很快进入项目工作状态。企业内部人员在参加会计信息系统项目开发与实施工作后，伴随着素质与技能的提高，人员流动性自然会加大，这种流动不仅会影响到项目开展，还有可能将关键技术、重要信息也带走，因此，企业应与参加项目的相关人员签订有关协议，以减少人员流动给企业造成的损失。

（5）在软件的升级方面可能存在比较大的风险。任何一种软件都有其特有的生命周期，随着 IT 技术的不断发展、系统应用平台的升级和企业业务的扩展、需求的变化，软件原有的使用寿命将提前结束，能够延续其生命力的有效办法就是对软件进行不断升级，而自主开发的会计软件则有可能遭遇无法及时升级的尴尬局面。这一方面是企业 IT 部门的惰性所致，因为在没有切身利益关系的前提下（也就是没有市场竞争的压力），许多 IT 人员不愿对原来的技术进行革新；另一方面，自主开发软件成功之后，原有的项目组可能会因此解散，也就丧失了对软件不断更新的技术支持。

针对此项风险可以采取的规避措施主要是：尽量保持必要的技术维护支持的队伍，有条件的企业可以将整个项目组保留下来，一方面可以继续对原会计软件系统进行定期或不定期的维护更新，另一方面，还可以对外承接项目开发，以项目养队伍。还有一个措施就是可以对提供技术支持的部门按照成本中心进行业绩考核。

综合以上各种分析，自主开发会计信息系统具有一定的优势但也隐藏了不少的风险，而其前提是企业必须拥有或组建一支稳定的、技术力量较强的研发队伍，因此，这种开发途径只适合于一些超大型企业以及个别有特殊业务需求必须进行个案开发设计的企业，对于绝大多数企业来说，这种开发途径并不足取。

（二）外购策略——选择国内商品化会计软件

除了自主开发方式之外，还有一种是外购商品化会计软件的方式，这种方式又可细分为选择国内商品化会计软件和选择国外商品化会计软件两种具体的方式。

1. 选择国内商品化会计软件的有利因素分析

选择国内商品化会计软件具有以下一些有利因素（实际上这些也是国内商品化会计软件自身所具有的优势）：

（1）国内会计软件厂商的技术支持、售后服务的网点相对较多，可以获得较为方便的响应，而且售后服务费用相对较低。

（2）国内会计软件比较符合中国人的思维习惯、易学易用。

（3）国内会计软件的文档资料不存在语言障碍，可以直接使用。

（4）国内会计软件在适合国情方面（比如在适应企业的管理要求方面以及符合有关会计法规和会计制度方面）有较多的考虑，因此对客户化工作方面的要求会比较少。

（5）国内会计软件的价位一般较低，企业相对容易承受一些。国内会计软件的价位之所以比较低（指相对国外同类软件而言），其直接原因是我国的知识成本水平较低，据有关资料显示，我国的知识成本大约只有美国的1/30～1/20。

（6）其他一些非理性的因素倾向于（或叫钟情于）选择国内商品化会计软件，比如爱国情结、熟悉心理（指对国内的厂商有一种放心、比较容易了解的心理，而对国外的厂商则有一种觉得不放心、无法了解其实际情况这样的心理因素存在）等。

2. 选择国内商品化会计软件可能存在的风险分析

尽管选择国内商品化会计软件有上述诸多好处，但也隐藏了不少风险，主要表现在：

（1）国内商品化会计软件在软件功能的全面性、集成性、稳定性方面的表现不是很出色，有可能存在不能满足某些企业需要的情况。这主要是由于国内商品化会计软件的发展历史到今天也不过只有十五六年的时间，有的软件厂商的历史甚至更短，还没有真正领会商品化软件的真谛。我国商品化会计软件厂商也在不断总结经验，所开发的商品化会计软件在上述几个性能方面也在不断完善，但这不是一朝一夕便可解决的，它需要时间的积累、实践的检验以及对大量客户开发应用情况的总结。当然，当企业认为软件功能不能满足自身需要时，其原因也是多方面的，除上述软件方面的原因之外，还有可能来自企业自身。有的企业在实施信息化战略时，不是按照计算机环境来对业务进行重组优化，而是过分迁就传统的、不经济的处理方式或者甚至要求计算机模拟落后的手工业务处理流程，他们认为只要厂商所提供的软件不符合企业现在的工作模式、管理方法，那这种软件就不满足企业的需求，也就不能成为企业外购策略的首选软件。在这种情况下，应该首先“改企业”而不是“改软件”。

（2）某些国内会计软件厂商的信誉程度、发展态势存在一定的隐患，不利于用户获得长期有效的售后服务。我国尚未建立完整、有效的企业信用制度，市场经济也正在逐渐完善当中，国内有些会计软件厂商只注重短期经济效益而忽视用户的利益，售前非常热情，售后服务冷若冰霜或者千方百计找理由推卸责任，动辄把软件故障推到客户使用不当上面，然后变本加厉地提出有偿售后服务的要求。应该说，这些行为对商品化会计软件市场的健康发展是极其有害的，对厂商自身的永续发展也存在极大威胁，这也正是许多企业不愿意选择国内会计软件品牌的一大动因。当然，我们这样分析，也并不意味着我国的商品化会计软件厂商都这么糟糕，毕竟也有一些国内厂商是值得信赖的，其发展态势也是良好的。这也给了企业一个启示，那就是企业在选择会计软件产品时，必须关注该软件开发商的信用以及发展态势，要选择那些信用良好、利于长期合作的软件厂商。

（3）国内会计软件在开放性、灵活性以及动态性方面表现尚差强人意，用户可能会存在比较频繁的更新换代软件产品的需求，而这必然会牵涉资金、人力的再投入问题。我国已经加入 WTO，许多企业的原有管理模式已经不适应现代企业管理制度的要求，对企业原来的管理模式进行重组改造已是必然，而当企业在做这项工作的时候，也可能会发现，当企业的管理方式、业务规模等发生很大的变化之后，原来能够正常运行的会计软件却不能用了。这对企业是一个启示，即对于那些处于转型变革中的企业来说，在选择商品化会计软件的时候，应该关注软件的开放性、灵活性以及动态性指标，特别要关注会计软件内在的管理理念是否先进、管理流程是否优化等因素，否则在短期内就有可能面临投资失败的威胁（指原来购置的会计软件不能继续使用，只能再次外购别的品牌的会计软件）。

（三）外购策略——选择国外商品化会计软件

外购策略既可以选择国内商品化会计软件，也可以选择国外商品化会计软件，尤其是在我国加入WTO之后，许多国外品牌的商品化会计软件已纷纷进入我国市场。那么选择国外会计软件又有哪些有利因素、存在哪些风险呢?

1. 选择国外商品化会计软件的有利因素分析

选择国外商品化会计软件具有以下一些有利因素（实际上这些也是国外商品化会计软件自身所具有的优势）：

(1) 国外商品化会计软件本身蕴涵了许多先进的管理思想和手段，这可以为企业流程优化与业务重组提供可资借鉴的“模板”。

(2) 国外商品化会计软件在全面性、集成性、稳定性、灵活性、开发性等方面都较强，这就为企业的不断发展与改变留有较大的空间。

(3) 国外软件在售后服务等方面比较规范，在升级维护方面的支持也比较及时，这有利于企业及时解决应用中的问题，也有利于企业信息系统的更新。

(4) 其他一些有利因素。比如，国外软件厂商的咨询合作伙伴往往比较多，而且国外有些会计软件或管理软件厂商同时也是比较知名的管理咨询公司，选择他们所开发的会计软件将有助于企业找到合适的管理咨询伙伴；同时，国外著名会计软件开发商的发展比较稳健，有利于企业与之长期合作。

2. 选择国外商品化会计软件可能存在的风险分析

尽管选择国外会计软件有这样那样的诸多有利因素，但它同时也隐藏了一些风险，主要表现在以下几个方面：

(1) 国外软件的购置费用和维护费用都比较高，如果企业在资金的持续投入上不能及时跟上的话，则软件应用的效果势必大打折扣。目前，进入中国市场的国外成熟会计软件品牌有十余种，分别有着不同的规模和价位，在功能上也各有千秋。企业在准备选择国外软件时，首先应对该软件厂商进行调查以了解其基本情况，避免因盲目崇拜仓促投巨资购置而导致惨重损失；其次，企业应该根据自己的规模选择适合目前与将来一段时期的会计软件，不可一味追求品牌、追求不切实际的软件功能，为很多根本用不上的功能付费；再次，企业会计信息系统建设项目绝不是“交钥匙”工程，它需要企业领导、管理人员、业务人员以及IT人员的认真参与、通力协作，在项目具体进展中，应随时注意对企业有关人员的培养，努力建成一支能够很好消化吸收国外会计软件内含的先进管理理念、能够胜任系统的维护与管理的队伍；最后，企业在准备决策之前，最好咨询有关专家或者熟悉会计软件市场的业内人士，有条件的话，可以向已经购置使用该品牌软件的客户咨询取经，这样可以避免决策失误。

(2) 企业可能面临自身的基础管理水平不能适应国外软件要求的风险。国外会计软件系统的管理起点较高，设计比较复杂，这就对购买软件的企业的基础管理水平也提出了较高的要求。因此，作为企业的领导，应清醒地认识到，企业信息化建设是一个长期的工程，将伴随企业未来发展的全过程，企业要先下大力气练好“内功”，改善自身的基础管理水平，为选择优秀的软件准备一个良好的应用环境，没有起码的应用环境，再好的会计软件也是无能为力的，不能把改善企业的管理水平、提高企业的会计信息质量单纯寄托在选择应用国外知名品牌会计软件上面。

(3) 使用国外会计软件，其客户化以及二次开发的工作量通常都会比较大，如果缺乏统筹考虑的话，极有可能影响整个项目的顺利进展。每种软件都有其自身的开发背景和管理背景，国外会计软件是在国外企业某种管理背景下开发的，它可能受制于该国的法律法规以及相关的会计制度和会计政策，因此有可能带有鲜明的“异国风情”和管理定式，不可能完全考虑到我国国情以及我国企业管理特色。企业要将这样的国外软件使用到位，显然就得做一些客户化定制工作，有时甚至还要对软件提出二次开发的要求。这样的工作必然会耗时耗力，如果不能按照计划进度完成，则极有可能导致项目实施的效果迟迟不能达到，从而导致软件供应商与企业之间的相互抱怨，严重的话，将直接导致双方的合作破裂。正如我们在前面已经提到的那样，软件绝对不能一味地迁就企业，特别是不能迁就企业落后的管理现实，同样的道理，企业也不应该一味地适应软件而做过多的客户化改造工作，企业应该在业务流程优化与重组的基础上，利用软件手段把经过优化的流程确定下来，成为企业各个职能部门自然遵守的工作准则与方法。

(4) 国外会计软件的文档资料普遍存在没有汉化或者汉化较差的现象，这会给用户学习、理解带来很大障碍。因此，企业在选择国外会计软件的时候，应该对其文档汉化支持情况进行深入的考察，不能光看其运行界面是否汉化，还应该考察界面汉化的质量，除此之外，对类似用户帮助、用户指南等文档资料也应该考察是否做了比较好的汉化处理。

(四) 选择商品化会计软件应考虑的主要因素

我们在前面实际上已经接触到了选择商品化会计软件应该关注的因素，但显然是零散的，缺乏系统性，下面我们对商品化会计软件的选择因素做一个系统的、完整的、深入细致的分析，以帮助同学们真正懂得如何帮助企业选择合适的商品化会计软件。

1. 基于软件功能因素方面的考虑

主要目的在于了解软件功能是否真正能够满足本企业的业务处理要求，是否会存在“小马拉大车”(指要求的功能多，实际能提供的功能少) 或者是“大马拉小车”(指要求的功能少，但软件实际提供的功能却很多) 的现象。“小马拉大车”显然是不行的，但“大马拉小车”同样也是不理想的，它会让用户为根本用不着的功能付费。为了进一步从软件功能因素方面对所选择的会计软件进行分析考察，不妨从以下几个细节入手：

(1) 明确企业业务处理的基本要求。

（2）了解软件所提供的功能是否可以满足上述基本要求。

（3）对软件的功能细节进行考察以了解该软件在功能细节上能否满足企业的特殊业务处理要求或侧重点。由于企业的功能需求主要体现在功能细节上面，因此，不能只看软件大概有哪些功能。目前市场上销售的会计软件，可以说主要功能基本上都有，只是在功能细致性方面存在差别，不做细致的考察，就看不出是否存在问题。

（4）尤其要关注企业带有自身特殊会计处理要求的业务，考察这些业务在所要购置的软件中是否具有合适的解决方法。

（5）还需要了解软件功能是否完整。会计信息系统是由多个子系统构成的大系统，企业有可能分阶段完成整个会计信息系统的建立，比如说，有可能先使用账务系统、报表系统、工资系统、固定资产系统，再增加采购系统、库存系统和销售系统，最后再使用成本系统，在这种情况下，企业在准备购买某一品牌会计软件时，就需要特别考察该软件是否都具备这些功能模块，软件从模块划分和模块接口上能够满足分阶段实施计划的要求。

2. 对软件各项性能指标因素的考察

（1）要考察软件系统设置的灵活性、开放性与可扩展性。会计信息系统的建立实际上是在现代管理理论的指导下，用现代IT加强、改造、完善或建立全新的信息系统，因此，在应用软件系统之后还必须考虑由于IT的飞速发展所引起的商业活动方式的变化对企业经营管理方式提出的要求，包括结构和业务流程的重整，以及随着经营活动范围的扩大和方式的多样化而产生许多新的市场机会，企业要抓住这些机会就必须进一步调整、增强和完善信息系统的功能，这就要求软件系统的设置要具有一定的灵活性，以便调整软件操作规程和适应新的业务处理流程的变化。同时，软件在与其他信息系统进行数据交换以及进行二次开发方面的功能，也就是开放性的具体表现，对于适应企业不断变化中的管理工作也是至关重要的。

（2）要考察会计软件的稳定性与易用性指标。软件运行的稳定性直接关系到会计信息系统运行效果以及会计数据的安全性，关系到会计电算化的效率。软件的易用性水平也会直接关系到对人员培训的工作量以及软件系统的实际应用效果。

（3）要考察会计软件的可审计性与可恢复性。可审计性指会计软件所提供的功能应预留审计线索、增强可查询项目。在会计电算化程度较高的国家，例如美国，软件是否能够保留和提供审计线索已成为管理软件（包括会计软件）的最重要评价指标之一，许多软件都提供了从总账查询到明细账，再从明细账查询到记账凭证，从记账凭证查询到原始业务凭证如销售发票等功能，而且系统对数据的变动处理均留有痕迹，对类似数据的改动或删除操作，并不是直接在原记录上变动，而是另有记录反映等。可恢复性是指会计软件必须提供可恢复保护功能以预防不利因素对会计系统数据的侵害。购置软件时，可通过演示，检查是否具有强制备份功能，即当操作者结束数据录入时，系统是否具有要求将输入数据必须进行复制的功能。还可以在现场进行一定的破坏性测试，以检查会计软件系统是否具有一定的自我恢复能力。

3. 对软件所采用的网络结构体系的考察

可从以下三个角度来具体认识：

(1) 企业应结合业务量和业务规模来选择会计软件的网络结构体系。对单一企业来说，企业规模越大，业务量和凭证量也会直线上升，此时就应该考虑选择基于大型数据库管理系统开发的会计软件，并且是采用C/S结构体系的网络会计软件。

(2) 对于跨地区经营的集团型企业，在选择会计软件时还应考虑软件系统是否支持互联网技术，主要考察该软件是否采用B/S结构。

(3) 基于F/S结构的会计软件以及使用小型数据库系统开发的会计软件，一般只适用于中小型企业。

4. 会计软件对计算机性能要求及其运行效率的考察

此项考察可以按照以下三个方面来进行：

(1) 备选的会计软件，其运行是否与网络硬件平台无关。企业应尽可能地选择与网络硬件平台无关的会计软件。

(2) 备选的会计软件，其运行需要计算机具备许多硬件性能标准。会计软件系统在运行时对计算机硬件性能都或多或少有些要求，如果所购置的软件对计算机硬件性能要求比较高，而用户目前的计算机又达不到这样的要求，则购置软件后势必达不到较好的软件应用效果。

(3) 最好在购置备选软件之前，向别的用户了解一些该软件在运行效率方面的情况。

5. 对会计软件开发商的考察

这主要从以下几方面来进行：

(1) 可从开发商的发展前景、成功案例、厂商的售后服务体系以及所提供软件产品的价格因素等多个角度进行考察；

(2) 软件开发商的技术实力和发展前景是选择会计软件时应该考虑的一个重要方面；

(3) 软件的售后服务提示是否健全、售后服务有无保障、服务水平的高低、服务态度的好坏也关系到今后的软件应用能否顺利，因此也必须得到足够的重视；

(4) 价格因素也是企业在选择软件产品时不得不考虑的一个重要因素。

6. 对会计软件的输入输出接口进行考察

会计软件的输入输出接口问题实际还是开放性的问题，我们重点将其列为一个考察因素，足以看出它的重要性。会计软件的输入输出接口一方面体现在会计软件与其他业务处理软件之间的数据交换、数据共享问题上，另外一方面也体现不同会计软件系统之间的数据交换和数据共享问题。在当今电子商务迅猛发展，IT 应用逐渐深入，企业信息化的呼声越来越高的背景下，关注会计软件的输入输出接口是很有必要的。

三、商品化会计软件应用实施的总体思路

商品化会计软件应用实施不仅仅是技术解决方案，更重要的是面向管理，在实施过程中应将技术与管理始终结合在一起，以期真正改善企事业单位的管理绩效。其总体思路可概括为下述两点：

（1）通过改造传统的管理模式和调整会计软件的功能以适应特定企业管理的特殊要求等两方面工作，最终建立企业先进的管理模式。企业在手工管理方式下的管理模式一定不是最优的管理模式，在管理转移到计算机环境中进行时，需要根据计算机化管理的要求对传统的管理模式进行改造，这也是会计软件系统应用实施过程进行业务流程重组的一方面的内容。另一方面，任何一个会计软件系统内含的先进管理模式未必完全符合特定企业的管理要求，也应该结合行业背景与行业管理模式对软件功能进行一定程度的调整，以使软件系统能够适应特定企业管理上的特殊但合理的要求，这也就是会计软件系统应用实施过程中的客户化工作的内容之一。

（2）通过对手工业务流程的重组和对软件功能按新的业务处理流程进行客户化菜单设置或调整两方面工作，达到在计算机业务处理方式下“人机合一”的和谐境界。企业手工业务处理流程必然存在很多重复或者无效的业务处理环节，很多业务处理方式也不符合计算机信息处理的要求，为此需要对手工业务处理流程进行重新设计，这是会计软件系统应用实施过程中对企业进行业务流程重组的另一方面内容。在重新设计出新的业务处理流程之后，也需要对软件功能按照新的业务处理流程进行客户化菜单设置或者调整，这就是会计软件系统应用实施过程中的客户化工作的另一方面内容。

通过上述两点分析，不难得出这样的结论：会计软件系统的具体应用实施过程，既要精通软件应用，又要精通管理理论与管理实践，熟悉行业管理特点与管理模式。能够胜任此项工作的人，既非会计软件开发商，也非传统的咨询公司（基于 MBA 知识体系的咨询公司），因为前者一般只注重技术与产品而不精通管理，后者则只通晓管理而不懂 IT。这项重要而又艰巨的工作历史性地落到了现代管理咨询公司（既通晓管理模式与业务流程再造，又精通会计软件产品的应用的咨询公司）的肩上，因为只有他们才能有效组织会计软件系统的应用，帮助企业真正实现会计软件系统应用能够达到的预期目标。西方发达国家的现代管理咨询

业在20世纪90年代得到了长足的发展，许多企业在准备实施会计软件系统（包括MRPⅡ和ERP）时，都会首先找咨询公司，由咨询公司帮助企业选择合适的软件并负责组织软件系统的具体应用实施工作。

四、商品化会计软件应用实施的具体步骤

会计信息系统建设的关键在于会计软件系统的应用实施过程，这个过程也是会计信息系统建设当中的一个非常重要的环节。因此，需要对商品化会计软件系统的具体应用实施过程进行进一步的介绍。

（一）中小型会计软件系统的应用实施过程

中小型会计软件系统属于软件功能和结构都相对比较简单的系统，因此它的“实施”环节也被简化成以下几个方面：

（1）在用户购买软件之后，首先由软件厂商或者软件经销商上门指导用户进行软件安装；

（2）软件安装成功之后，指导用户进行软件基本运行参数的设置以及有关系统编码设置工作；

（3）辅助用户准备系统初始化数据并指导用户将这些初始化数据装入计算机中；

（4）对用户进行会计软件的操作使用方面的培训，使其掌握软件应用的基本技能；

（5）帮助用户解决在运行过程中可能遇到的故障问题或其他使用疑难问题。

绝大多数中小型会计软件系统按照上述几方面进行应用实施，一般都能比较顺利地进入正常运行状态。

（二）大型会计软件系统的应用实施过程

对于大型会计软件系统来说，情况就完全不同了，我们不能简单地照搬中小型会计软件系统的应用实施步骤来进行大型会计软件系统的应用实施。这主要有以下几方面原因：

（1）大型会计软件系统的功能丰富、数据关联结构比较复杂，只对用户做些简单和非正规的一般培训，用户是很难掌握该软件系统的操作使用要领的。

（2）大型会计软件系统包含的模块非常多，各模块管理的数据信息量大，而且模块内部以及各模块之间的数据流程与关联关系也很复杂，要求用户掌握所有模块的操作使用几乎是不可能的，也是没有必要的，因此对用户的培训要求更具有针对性，并需要强调在应用整套软件时的团队协作精神。

（3）大型会计软件系统内的业务处理流程与手工业务处理流程之间需要协调。大型会计软件不仅提供技术解决方案，更重要的是，在预先设定的管理理念与管理流程框架内，软件中的功能按照一定的业务流程为业务处理提供解决方案。由

于手工业务处理流程不能适应计算机业务处理的要求，因此，需要在大型软件应用实施过程中，按照商品化会计软件应用实施的总体思路，对手工业务处理流程进行业务流程重组以及对大型会计软件系统内的业务处理流程进行客户化的设置或调整，从而达到重组后的业务流程与大型会计软件功能处理流程之间的和谐统一，只有这样才能确保软件系统的应用成功。

（4）“三分软件，七分实施”，这个道理说明不重视大型会计软件的应用实施就会导致软件系统的应用效果不好甚至不成功，就会造成软件应用的彻底失败。这是我国许多企业惨痛教训的经验总结。

综合上述原因，对于大型商品化会计软件来说，显然应该在科学的方法论指导下，按照严格的、规范化的实施步骤来进行具体的应用实施工作，惟其如此，才能取得比较好的应用效果。尽管不同的软件开发商或管理咨询公司所提供的软件实施方法各不相同，但其实施过程的主要工作内容大同小异，主要包括以下几方面内容。

1. 明确目标和制订实施计划

对大多数企业来说，大型会计软件的实施是一个全新的概念，既不能抱因循守旧的思想，也不能完全迷信软件和一味地依赖咨询专家。在实施之前，应该让与该项目有关的人都能自觉认识项目实施的重要性，了解企业的目标，搞清楚自己所起的作用。此阶段主要工作内容包括：

（1）讨论软件实施过程潜在的各种风险，并对风险水平作出评价，做好风险预案；

（2）组建软件实施阶段的项目工作组，该组由咨询专家与企业有关人员两方共同组成；

（3）明确项目工作组的工作范围；

（4）起草实施策略和实施工作计划，并对实施过程作出预算；

（5）明确软件实施过程各阶段的文档标准与格式，完成实施策略文档；

（6）明确项目组每个成员的具体作用、工作内容与职责要求；

（7）上述工作结果经咨询专家与用户代表双方签字认可后，作为后续工作的指导文件。

2. 对用户组进行培训

用户方有关人员应参加由咨询专家组织的正规培训，具体培训内容主要包括：

（1）会计软件系统的管理思想与功能结构；

（2）业务流程重组的理论、工具与方法；

（3）会计软件系统的功能操作与应用；

（4）技术培训；

（5）会计信息分析方法与绩效监控报表体系的建立。

3. 用户需求分析与业务流程描述

对用户业务需求了解得越清楚，就越有利于软件实施过程。具体工作内容包括：

（1）分析业务目标和策略；

（2）调查用户业务需求；

（3）确定用户报表方面的需求；

（4）描述当前业务处理流程；

（5）分析当前业务处理流程中存在的问题。

4. 对业务流程进行优化并制订技术解决方案

本阶段主要是在上一步骤工作结果的基础上，对原有的业务处理流程进行调整和优化，然后再对软件功能与新的业务流程进行匹配分析，制定软件系统如何满足企业业务需求的应用解决方案。对软件功能不能满足业务需求的地方应制定详细的客户化开发技术解决方案。

5. 客户化开发与调试

这方面工作主要是对上一步骤工作结果的具体实施，具体包括：

（1）对程序与功能进行修改；

（2）对用户界面进行调整；

（3）对新功能模块进行开发；

（4）对客户化功能模块进行调试；

（5）调整时间计划，完成技术性文档的编制工作；

（6）更新用户对各项业务处理的文档。

6. 实施基础工作准备

主要是整理各种参数设置、编码与初始数据，为会计软件系统在企业正式安装与辅助运行做好准备。具体包括以下主要内容：

（1）准备会计软件参数设置报告；

（2）制定企业标准化编码方案；

（3）整理系统运行初始数据；

（4）确定新的业务处理流程中的各项业务处理程序、完成的任务与处理步骤；

（5）编制完成软件功能培训材料；

（6）完成用户对软件功能操作方面的培训任务。

7. 进行试运行实验

可以在“会议室”内设计和建立对现实业务处理的模拟原型。这里的“会议室”不是一个真实的工作现场，仅仅是可以提供试验模拟的场所。“会议室”试运行阶段积累的经验与操作技巧，以及用户项目组进行“会议室”试运行的情况可以预示后续工作开展的难度，并且有助于提出后续工作到底应该怎样开展的基本思路。

8. 软件安装、培训、测试和辅助运行

主要是建立一个完整的用户实际运行系统，包括客户化菜单、用户报表、用户文档。根据新的业务流程和操作规程对最终用户进行功能实际操作培训。最后还要进行相关测试以确保所有细节都已为系统投入实际运行做好了准备。

9. 系统投入实际运行

主要是要求用户首次在真实的生产环境中接受和使用软件系统，还包括以用户要求的格式和存储介质递交文档。这是软件应用实施最高潮的阶段。

10. 周期性系统运行审查

审查内容包括年度审查、技术审查和应用审查。年度审查一般由咨询专家来执行，技术审查一般是由软件开发商的技术专家来执行，应用审查则是由软件应用专家（咨询专家中的具体一类人员）来执行。

总之，大型会计软件系统的“应用实施”在西方发达国家的咨询业界（当然也包括会计领域）已经是一个耳熟能详的概念，但是，目前在我国尚处于萌芽状态，尚不能被社会广泛接受，甚至许多计算机技术人员也不能理解其内涵。我国有许多企业，特别是大型企业都曾经投入过巨资实施企业信息化工程（包括会计信息化），但取得的效果甚微，其中一个特别重要的原因就是缺乏对大型软件系统应用实施工作的全面、科学、准确的认识，对“应用实施”问题重视得不够。还有一个原因就是，社会上的咨询公司尚不能真正胜任指导帮助用户进行大型软件系统的应用实施。因此，我们花了很大的篇幅来介绍这方面知识，让同学们从现在起重视这项工作，并在将来的工作岗位中能够在这方面作出成绩。

本章小结

本章主要讲述会计信息系统开发研制的主要方法，并对会计信息系统开发过程中的分析与设计阶段的主要内容作简要介绍，最后对会计信息系统建设问题进行了较为深入的分析。

学习本章时，应重点理解和掌握：生命周期模型、会计信息系统开发模型的具体选择方案、会计信息系统的系统分析的主要任务与主要分析工具的使用、会计信息系统的系统设计阶段的数据存储设计、输入控制设计、输出控制设计和会计信息系统建设策略等内容。另外，对较难的问题，如快速原型模型、半结构化和非结构化问题、数据流图的编制方法与过程、会计信息系统硬件平台的建立问题、商品化会计软件应用实施的总体思路等知识点，也要细心领会掌握。

通过本章的学习，要求同学们了解会计信息系统的主要开发模型，理解系统分析与设计在整个会计信息系统开发研制过程中的地位及作用，掌握用生命周期法开发会计信息系统的主要步骤、各步骤的目标任务以及需要使用到的开发工具，熟悉企事业单位会计信息系统建设诸环节的主要内容，并能够为企事业单位会计信息系统建设工作出谋划策。

思考题

1. 信息系统开发模型有哪些？什么是生命周期模型？试分析这种模型的优点和局限性。

2. 快速原型模型与生命周期模型有什么本质的不同？快速原型模型通常适合于哪些场合使用？

3. 开发会计信息系统为什么需要进行可行性研究？可行性研究主要做哪些工作？

4. 为什么开发会计信息系统需要采用生命周期模型和快速原型模型相结合的混合开发模型？

5. 系统化分析主要包括哪些工作内容？

6. 举例说明在会计和管理领域，什么是结构化问题，什么是半结构化问题和非结构化问题。

7. 试以账务处理系统为例，说明如何运用层次流图法推导编制该系统的数据流图。

8. 在会计信息系统开发中，经常提到的“逻辑模型”与“物理模型”分别指什么？两者之间有何不同？

9. 运用生命周期模型来开发会计信息系统，通常需要经历哪些阶段？各阶段的工作内容是什么？

10. 系统设计主要内容有哪些？概要设计与详细设计的具体区别体现在哪里？

11. 数据存储设计的具体内容有哪些？举例说明文件设计的具体工作步骤。

12. 在会计信息系统开发过程中，对各种会计代码应具体采用什么编码方案？

13. 输入设计要遵循哪些基本原则？为什么？

14. 输入控制设计所能采取的具体控制措施有哪些？如何运用这些控制措施？

15. 输出控制设计常用的控制措施有哪些？如何运用这些控制措施？

16. 企业要建立会计信息系统，应从哪些方面考虑？

17. 建立会计信息系统运行的硬件平台应落实哪些具体的工作？

18. 建立会计信息系统运行的软件平台应落实哪些具体的工作？

19. 选择国外会计软件有何好处？潜在的风险有哪些？如何规避这些风险使其降到最低水平？

20. 选择国内会计软件的有利因素有哪些？主要存在哪些风险？如何规避这些风险？

21. 自主开发会计信息系统存在哪些风险？如何规避这些风险？

22. 选择商品化会计软件应主要考虑哪些因素？

23. 大型会计软件系统的应用实施主要有哪些工作步骤？各自的工作内容是什么？

24. 试阐述商品化会计软件应用实施的总体思路。

25. 大型会计软件系统与中小型会计软件系统相比，为什么在具体应用上会有显著的区别？

26. 如果你是一个超大型企业的总会计师，现在该企业拟建立一个会计信息系统，你会提出哪些建议以利于会计信息系统的建设？

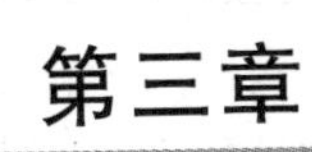

第三章

商品化会计软件的应用模式及基本方法

引　言

这一章主要介绍商品化会计软件投入企业实际使用的基本模式以及使用的一般步骤和技术要点，本章共分为六节。

第一节是“商品化会计软件的应用模式”，首先介绍了商品化会计软件的功能模块组成及各模块的功能，随后列举了商品化会计软件的财务应用模式、工业应用模式、商业应用模式、集团应用模式等。学习这一节，应理解商品化会计软件有很多种，每一种软件又包含多个功能模块，而不同的企业，由于其业务性质、规模不同，对商品化会计软件的模块组合的选择不同，即商品化软件的应用模式选择不同。通过本节学习，要求学生掌握能够结合企业类型来选择商品化会计软件的实际应用模式。

第二节是“首次使用商品化会计软件”，介绍了商品化软件的安装方法及应注意的问题；对会计软件初始化操作的必要性进行了分析；列举了账务处理子系统、工资子系统、固定资产子系统、应收应付子系统的初始化操作内容及目标。学习这一节，应理解首次使用商品化会计软件，首先要做好软件的安装，不同的软件有不同的安装步骤，其中的要点是做好会计软件环境参数的正确设置；其次要做好会计软件初始化设置，会计软件的初始化设置直接决定了软件日常处理的效率和效果，初始化设置相当重要。通过本节学习，要求学生掌握会计软件安装及初始化操作的一般规律。

第三节是“商品化会计软件的日常作业”，举例介绍了账务处理子系统、工资子系统、固定资产子系统、应收应付子系统的日常作业。学习这一节，应理解会计软件不同的子系统有不同的会计业务处理任务，其日常作业是不同的。通过本节学习，要求学生掌握会计软件日常作业的一般处理流程。

第四节是“商品化会计软件的期末处理业务”，举例介绍了账务处理子系统、工资子系统、固定资产子系统、应收应付子系统的期末处理业务。学习这一节，应理解期末处理业务具有一定的难度，有一些期末处理的功能可以选择使用，而有的期末处理的功能则是必不可少的。通过本节学习，要求学生掌握会计软件期末处理功能的重要性及一般处理的原则。

第五节是“商品化会计软件中的系统维护与管理功能”，列举了该功能所包含的内容。学习这一节，应理解该功能可以对数据的安全性、一致性等进行控制。不同的软件，对该功能的提供方式不同。通过本节学习，要求学生掌握系统维护与管理的一般内容。

第六节是“商品化会计软件应用的二次开发”，介绍了二次开发的基本含义，二次开发形成的主要原因，二次开发的方法及应注意事项。学习这一节，应理解从广义上来说，二次开发不仅指在商品化会计软件基础上的程序开发，而且还包括利用商品化会计软件所提供的自定义功能进行的自定义操作。通过本节学习，要求学生掌握二次开发的定义、方式及方法。

第一节　商品化会计软件的应用模式

一、商品化会计软件的功能模块组成

人们在了解一个会计软件时，首先要了解其总体结构，即这个会计软件可以分为哪几部分，每一部分具体完成的财务会计工作是哪些，各部分之间有何联系。上述内容用计算机术语描述就是“会计软件的功能模块组成”，又称为会计软件的总体结构，即会计软件由哪些模块组成，各模块分别完成哪些功能以及各模块相互之间具有哪些数据与控制联系。

按照软件提供方式，会计软件可分为商品化会计软件和非商品化会计软件。商品化会计软件由软件开发商开发，在软件市场销售，为了拥有更多的用户，开发商更多地考虑了软件的通用性，以满足不同体制、不同经营模式的企业使用，因而，商品化会计软件的功能模块有一定的区别，商品化软件的总体结构也不会完全相同。图3—1列出了当前对商品化会计软件的功能模块组合，即总体结构的一个一般总结。

由图3—1可见，一般的商品化会计软件由三大模块组成，即财务模块、购销存（或叫进销存）模块、管理决策分析模块。财务模块主要完成财务核算及管理业务；购销存模块主要完成购销存业务环节中的计划编制、业务核算、业务管理等；管理决策分析模块主要辅助提供财务分析信息、辅助决策信息等。各模块的功能概括如下：

（1）总账模块：完成凭证处理（如记账凭证的输入、审核等），以及记账、结

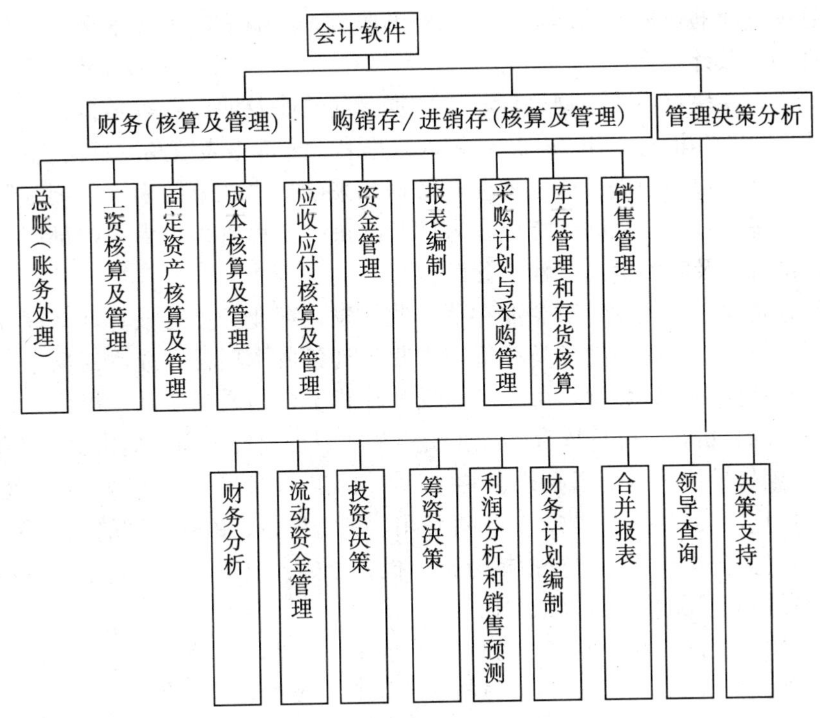

图 3—1　商品化会计软件的功能模块组成

账、银行对账、账簿查询及打印输出等功能。

(2) 工资模块：包括以职工个人的原始工资数据为基础，完成职工工资的计算，工资费用的汇总和分配，计算个人所得税，查询、统计和打印各种工资表，自动编制工资费用分配转账凭证传递给总账模块等功能。

(3) 固定资产模块：存储和管理固定资产卡片，灵活地进行增加、删除、修改、查询、打印、统计与汇总等处理；进行固定资产的变动核算，更新固定资产卡片；计提折旧和分配，自动编制费用分配转账凭证并传递给总账模块；灵活地查询、统计和打印各种固定资产账表等。

(4) 成本模块：根据成本核算的要求，通过用户对成本核算对象的定义、对成本核算方法的选择，以及对各种费用分配方法的选择，自动对从其他系统传递的数据或用户手工录入的数据进行汇总计算，输出用户需要的成本核算结果。

(5) 应收应付模块：应收账款模块主要完成对各种应收账款的登记、冲销工作，动态反映各客户信息及应收账款信息，可以进行账龄分析和坏账估计等；应付账款模块主要完成对各种应付账款的登记、冲销以及应付账款的分析预测工作，及时分析各种流动负债的数额及偿还流动负债所需的资金等。

(6) 资金管理模块：以银行提供的单据等为依据，记录资金业务以及其他涉及资金管理方面的业务，处理对内、对外的收款、付款和转账等业务，提供逐笔计息管理和积数计息管理。

（7）报表模块：主要根据会计核算数据（如总账及明细账等数据）完成各种会计报表的编制和汇总工作，生成各种内部报表、外部报表以及汇总报表等。

（8）采购模块：根据企业采购业务管理和采购成本核算的实际需要，制订采购计划，对采购订单、采购到货以及入库状况进行全程管理，为采购部门和财务部门提供准确、及时的信息，辅助管理决策。

（9）存货模块：主要针对企业存货的收、发、存业务进行核算，掌握存货的耗用情况，及时、准确地把各类存货成本归集到各成本项目和成本对象上，为企业的成本核算提供基础数据，可以动态反映存货资金的增减变动，提供存货周转和资金占用的分析，为降低库存、减少资金积压、加速资金周转提供决策依据。

（10）销售模块：以销售业务为主线，兼顾辅助业务管理，实现销售业务管理与核算一体化，实现对销售收入、销售费用、销售税金、销售利润的核算等。

（11）财务分析模块：进行指标分析、报表分析、因素分析等，生成各种分析和评价企业财务状况及经营成果的信息。

（12）领导查询模块：生成并管理供领导查询、提取的辅助管理信息，如资金快报、计划执行情况报告等，以便领导实时了解重要的、综合的企业信息。

（13）决策支持模块：建立数据库和决策模型，生成辅助决策信息，辅助决策者对未来经营方向和目标进行量化分析和论证。

二、商品化会计软件的应用模式

商品化会计软件的一个重要特点是通用性，为了适合不同的企业使用，软件商往往会开发尽可能多的功能模块，但是并不是每一个模块都对所有的企业适用，毕竟企业都有自身的经营特点，所以，企业在选择会计软件时，不必选择所有的功能模块，可以选择其中某些功能模块来应对实际的财务会计工作，这一点可以在技术上得到支持，因为一般的商品化会计软件的各功能模块可以独立运行。对不同组合的功能模块的选择应用构成了不同的会计软件的应用模式。

（一）财务应用模式

以财务核算为中心的单位，最好采用财务应用模式。这种单位的会计业务以财务核算为中心，强化与往来单位应收、应付款项的核算；单位职工工资一般实行由银行代发且由单位代扣个人所得税；固定资产实现专项管理，要求自动计提折旧并编制折旧费用转账凭证；单位领导可以实时监控本单位内部的经营管理状况、计划执行情况和经济效益；月末要向上级单位和税务机关上报有关财务报表。

为了满足上述会计业务处理需求，在商品化会计软件模块的选配上一般可以这样组合：总账模块＋应收应付模块＋工资模块＋固定资产模块＋资金管理模块＋报表模块＋财务分析模块，这就是财务应用模式。

（二）工业应用模式

工业企业最好采用工业应用模式。工业企业是从事生产经营的社会经济组织，其特点是生产经营主要由供、产、销三个有机联系的环节组成，突出特点是有加工、生产这一环节。企业通过再生产来实现利润，在企业的再生产过程中，企业从货币资金形态开始，依次通过购买、生产、销售三个阶段来实现货币资金的增加。因此，工业企业会计不仅要包含财务核算，还要包含在生产过程中对产品实行成本控制管理以及最后阶段对产品的销售管理。

为了满足工业企业的会计业务处理需求，在商品化会计软件的功能模块选配上有两个方案供选用：

（1）基本应用方案。此方案主要侧重于对工业企业资金流的核算和管理，模式为：总账模块＋应收应付模块＋报表模块。

（2）扩展应用方案。此方案不仅可以对工业企业的资金流实行核算和管理，而且对部分物流也可以进行有关核算和管理。其具体模式为：总账模块＋采购与付款模块＋销售与应收模块＋存货模块＋工资模块＋固定资产模块＋成本控制与管理模块＋资金管理模块＋报表模块＋管理决策分析模块。

（三）商业应用模式

商业企业最好采用商业应用模式。商业企业是以营利为目的从事商品流通经营的社会经济组织，其业务特点是：批发与零售兼营，商品一般需按批次管理；有受托代销业务，各部门单独核算各项费用；一般需按商品品种大类统计有关进销存数据；需按供应商来统计进货数量与应付款项，按销售客户统计销售数量与应收款项，每日需编制销售日报，每日或每几日编制一次需进货商品清单，每月编制财务报表并将有关报表报送上级主管部门。

随着计算机网络技术在商业领域的广泛渗透和应用，商业企业面临着重组和再造的重大挑战，许多跨地区的大型商贸集团、超级零售商店、连锁店等应运而生。这些都对商业企业应用商品化会计软件提出了新的要求。

与工业企业相类似，商业企业也有两种应用方案可供选择：

（1）基本应用方案。此方案主要侧重于对商业企业的资金流实现核算和管理以及对商品物流的简单管理，其模式为：总账模块＋采购与应付模块＋销售与应收模块＋库存模块＋报表模块。

（2）扩展应用方案。此方案主要侧重于对商业企业进销存业务实现一体化集成管理并在业务发生过程中加强对资金流的核算与管理。其应用模式为：总账模块＋进销存模块＋应收模块＋应付模块＋工资模块＋固定资产模块＋资金管理模块＋报表模块＋管理决策分析模块。

（四）集团应用模式

集团企业，最好采用集团应用模式。当前，集团企业在我国尚属于一种新型的企业组织形式，其内部管理尤其是集团的财务管理尚存在诸多问题，主要有以下几个方面：集团内部监控体系力度不够；采购成本上升，采购质量下降；资金周转不灵，短缺、积压、浪费资金；预算失控，各种费用、成本超标；内部考核手段落后，考核指标粗糙。集团企业在选用商品化会计软件时必须考虑这种软件是否有利于解决以上问题。集团企业的应用模式可以从两端来考虑：

（1）从集团总部来看，主要侧重为该企业集团提供全面的解决方案，其应用模式为：总账模块＋应收模块＋应付模块＋工资模块＋固定资产模块＋库存管理模块＋销售管理模块＋报表模块＋集团资金管理模块＋集团财务预算和分析模块＋集团成本管理模块＋集团合并报表模块＋集团领导查询模块。

（2）从下属单位来看，其应用模式可以为：总账模块＋应收模块＋应付模块＋工资模块＋固定资产模块＋库存管理模块＋销售管理模块＋报表模块＋财务预算和分析模块＋成本管理模块。

上面的集团应用模式主要考虑的是工业企业类型的集团企业，至于商业企业类型的集团企业究竟应选用怎样的应用模式，读者可以参照商业应用模式以及集团应用模式相结合得出。

第二节　首次使用商品化会计软件

用户购买商品化会计软件，开展日常业务处理前，有两项工作需要认真去做。其中：第一项工作是安装会计软件，完成计算机环境的设置；第二项工作是系统初始化，即进行会计软件的初始设置。这两项工作的完成是用户应用商品化会计软件的前提。

一、商品化会计软件的安装

（一）准备工作

目前的商品化会计软件大多保存在光盘上提供给用户，用户往往需要将软件安装到计算机硬盘上加以运行。为了确保软件安装后能顺利运行，安装前需要做必要的准备工作。这些准备工作包括如下几项。

1. 配置软硬件

按照商品化会计软件说明书，完整配备并设置支持会计软件运行的计算机硬件、软件环境。

2. 清理计算机硬盘

清理硬盘是指对计算机硬盘空间和硬盘上原有的文件进行彻底的清理，进行硬盘整理，清除硬盘碎片，并认真地清除一次硬盘病毒。

清理硬盘最简单的方法也是清理最彻底的方法就是对硬盘进行高级格式化，甚至是低级格式化，随后重新安装系统软件。

3. 校准计算机时钟

会计软件中有许多功能与时间有关，例如在输入记账凭证时需要记载制单日期。机内记录的日期和时间对会计软件的正常工作具有极大的作用，在安装商品化软件前必须校准计算机时钟。

4. 做好软件源盘的备份

为了保护软件的源盘，软件买回后应在确保无病毒的计算机上对源盘进行复制，通常应将源盘作为会计档案妥善保管，日常应用使用复制盘，以免源盘损坏影响工作。

（二）商品化会计软件的安装方法

各种通用商品化会计软件的安装方法不尽相同，归纳起来大致如下。

1. 单机版

对于单机版财务软件，其安装方法包括下列几种：

（1）财务软件自动安装。目前的财务软件一般都有自动运行安装程序功能，将光盘插入光盘驱动器后，就会自动运行，提供向导，引导用户一步步将软件安装到硬盘相应文件夹下。

（2）使用软件提供的安装程序进行安装。财务软件的安装程序一般为 INSTALL. BAT，INSTALL. EXE 或 SETUP. EXE，可以直接双击安装程序进行安装。

（3）使用相应的解压缩软件进行安装。有些简单的财务软件以压缩文件的形式存放于安装盘中，这样的软件安装时需使用相应的解压缩程序进行安装。需要注意的是，安装时使用的解压缩软件及版本必须与压缩文件时使用的软件一致，否则无法安装。

2. 网络版

对于网络版财务软件，要分别进行服务器端的安装和工作站端的安装。

（1）服务器端的安装内容及方法：

1）根据大型数据库系统如 SQL Server 的安装手册安装相应数据库系统，在安装过程中或安装完成后，建议用户自行设定好系统管理员的口令，以确保数据安全、保密。

2）安装财务软件服务器端程序，如后台数据管理工具，安装时可运行其安装程序。

(2) 工作站的安装方法：运行客户端程序的安装程序进行安装，方法同单机版软件。

（三）商品化会计软件安装中需要注意的问题

第一，安装软件，首先要确认计算机的硬件环境以及系统软件（如操作系统）环境是满足所安装的会计软件的要求的。如果有不适用的环境因素，会导致会计软件安装后不能运行或者根本不能安装。

第二，注意会计软件是否需要对所需的运行环境进行设置。进行正确的软件环境设置往往决定了会计软件的成功运行，软件运行环境设置是指什么呢？例如安装网络会计软件时，有的软件需要将服务器端所安装的会计软件所在的目录设置成共享目录，共享目录的设置就属于一种软件运行环境的设置。

第三，注意安装之前是否需要先装加密盒。很多商品化会计软件为了防止盗版侵权行为，都对软件进行了所谓的“硬加密”，即在软件安装中或运行中需要识别与其配套的加密盒（或加密狗、加密卡）。对提供“硬加密”的会计软件，一定要在安装前，安装并设置好配套的加密设备及其相适应的软件。加密盒一般安装在计算机的打印口（也叫并行口）上，网络版会计软件的加密盒一般只需安装在服务器端的打印口上即可。

第四，安装盘上一般都存在安装引导程序文件，应该学会识别及应用，此文件的特征是：文件名一般是 SETUP 或者 INSTALL，扩展名为 EXE 或者 BAT。自动安装引导程序的文件名是 AUTORUN，扩展名为 INF，安装盘一经插入驱动器，可以自动运行。

第五，在安装过程中要充分重视软件安装程序所提供的“修正”功能，灵活运用这些功能，可以更合理地利用用户自身的资源。例如，安装程序一般会提供一个缺省的安装路径，但同时也允许用户另选其他路径，用户可以根据自身的资源及信息存储方案合理选择。

第六，注意会计软件是否分模块安装。有的会计软件一经安装，其所有模块即一次安装成功，而有的会计软件需要分模块安装，需要用哪个模块则单独安装此模块。对分模块安装的软件，要分别安装所需要的各模块。

二、商品化会计软件初始化工作的存在必要性分析

商品化会计软件安装后，不能马上运行，要根据用户自身的特点，进行初始化设置工作。初始化设置工作包括两类：一类是完成新旧系统之间的转换工作，如会计科目期初余额录入等，以完成会计业务处理在不同系统下的连续性；另一类是在商品化会计软件的通用化功能下进行定制的操作，如凭证类型的设置等，目的是将通用化的商品会计软件设置成可以满足用户特殊要求的软件。

初始化工作是使用商品化会计软件必不可少的工作，其存在的必要性可分析如下：

第一，会计信息系统的“非零起点”状态。从会计信息系统的发展来看，首先是手工会计系统，随后才发展了计算机会计信息系统，在中国，许多用户选用新的会计软件时，其原有的会计信息系统已经存储了会计数据，即已经处于“非零起点”状态，而确保会计信息披露的连续性和完整性是会计信息系统的特点及要求，所以在应用会计软件进行日常业务处理之前，有必要将旧的会计信息系统中保证信息延续的数据，如会计科目的期末余额转为期初余额输入新系统中，其目标就是进行会计信息的转移。

第二，定制核算方法、核算账户、会计信息输出格式等工作的内在要求。商品化会计软件的一个重要特点就是通用性，在功能上体现为提供一个功能域，用户可以根据自身的特点自行选择，例如固定资产的折旧计提方法，软件往往提供多种核算方法的处理，并提供供用户任意选择的环境，这样在商品化软件的基础上进行功能定制是使用商品化会计软件处理日常业务之前有必要完成的工作，这是由软件的“通用性”特征决定的。

第三，初始化的过程也是建立会计核算体系的过程。初始化的系列步骤都是相互关联、相互影响、前后有序的步骤，这些步骤的协同配合可以保证建立一个行之有效的会计核算体系。因此，初始化的过程是一个有序的过程，初始化工作包含了一系列有序化的步骤，这正是会计软件的特点。我们讲授会计软件的用法，必须充分揭示有序化中的“序”。

第四，初始化工作是“一劳永逸”的工作。初始化工作虽然工作量大，但不是重复性的工作，许多工作基本上只需做一次，以后作适当的维护、修改就行了。而会计软件的运行效率部分地决定于初始化工作的好坏，所以初始化工作还是有必要完成的工作。

对于用户和软件开发商来说，一个重要的任务就是尽量降低初始化工作的繁杂程度，例如多增加初始化工作中的智能化设置性能，充分对初始工作进行功能共享，例如一套会计软件中相同设置功能在不同模块之间的共享，初始化设置功能在会计部门之外的众部门之间共享，比如销售部门销售系统进行了客户档案设置，其数据可以供会计部门的会计软件使用等。

明确了初始化工作的必要性以及初始化工作是由一系列有序化的操作步骤组成的道理后，下面我们要分不同子系统来分别介绍各自初始化的工作步骤。

三、账务处理子系统的初始化工作内容

会计软件由多个功能模块组成，一般的会计软件针对每一个模块都设计了初始化工作功能，主要是为了满足购买部分模块的用户使用软件的需要。一般来说，

好的商品化会计软件，其初始化工作是共享的，即同样的初始化工作在一个模块中完成，则其数据在其他模块中可以直接引用，不需要重复设置，当然，也有一些软件没有实现共享，需要按不同模块分别设置。

账务处理系统又叫总账系统，它是会计软件的核心部分。对具有初始化设置功能共享的会计软件，账务处理系统的初始化工作相当重要，要统筹安排，注重多个模块的共享性。一般来说，主要的初始化操作包括：

(1) 财务分工设置：对操作员的姓名、密码、操作权限进行设置。为了保证会计信息的安全，需要对会计软件的操作人员进行权限分工，保证只有有权操作的人员才能接触软件。有的软件将这一初始化步骤从总账系统中独立出来，此时所做的财务分工设置则是对整个会计软件各子系统（或模块）都适用的初始化设置，用友 U8 就是这样设置的。

(2) 建立核算账套：商品化会计软件一般都允许在一套软件系统下建立多套账，以便满足不同单位的多层次需要。每一套账在会计软件中叫一个账套，不同的账套由其参数所决定，包括账套号、账套名称（单位名称）、企业性质、会计科目编码方案（各级科目的编码位长）、启用年月（系统开始使用的年月）、记账本位币、汇率方式等，建立核算账套就是对上述账套参数的设置。具体设置时，一般财务软件都提供了账套设置向导，用户只要按照软件向导的提示，结合本企业的实际情况选择输入对账套的说明参数，系统即可自动按参数要求建立一套账。

(3) 定义外币及汇率：对外币的名称、汇率进行增加、修改、删除，其定义数据可以直接供日常外币业务处理调用，避免重复输入汇率的现象出现。

(4) 建立会计科目：将单位会计核算中所使用的科目逐一按系统要求进行描述设置，并将科目设置的结果予以保存，对会计科目的描述设置内容一般包括科目编码、科目名称、科目类型、账页格式、辅助核算类型等。大部分会计软件都提供了预置一级科目的功能，该功能往往交由用户选择使用，利用预置科目功能可以大大减少会计科目建立的工作量。

(5) 辅助核算设置：用户的经营管理中除了需要掌握总账、明细账、日记账等账户信息外，往往还需要掌握分部门、分项目、分客户等的财务信息，例如某单位实行了部门经费包干，管理部门需要及时掌握各部门的收支情况，这就需要提供辅助核算功能。在生成总账、明细账、日记账等账簿信息之外的核算就是辅助核算，当前的许多会计软件提供了辅助核算功能，包括部门辅助核算、个人往来辅助核算、项目往来辅助核算、客户往来辅助核算和供应商往来辅助核算等，而完成辅助核算的前提是要进行初始化设置，包括部门目录设置、个人目录设置、项目目录设置、客户目录设置、供应商目录设置等。具体设置中，主要是根据实际情况完成各种参数的设定，例如对部门的设置中，包括对部门编码、部门名称、负责人、部门属性等参数进行设定。

（6）结算方式定义：任何企业的会计业务中均有与银行的资金结算业务，且这类业务需要经常对账，一般情况下，银行的各种结算方式相对稳定，且结算方式种类有限，为便于管理和提高银行自动对账的效率，账务系统一般要求用户设置与银行的资金结算方式。结算方式设置主要包括：结算方式编号，即对结算方式的顺序编号；结算方式，即结算方式的名称；支票管理，即账务系统为辅助银行出纳对银行结算票据的管理而设置的功能，类似于手工系统中的支票登记簿的管理方式。

（7）设置凭证类别：这一工作主要还是考虑到手工工作习惯。我们知道，在手工环境下，为了便于登账或管理方便，各单位一般都对记账凭证进行分类编制，但每单位的分类方法却不尽相同。到了计算机环境中，会计软件设计者为了照顾会计人员的这一习惯，同时又为了满足不同的凭证分类方法，特意提供凭证类别（或凭证种类）设置功能，可由用户根据本单位的实际分类方法来定义设置各种凭证类型。一般系统中，提供了常见的几种类型划分方式，用户可从中选择一种，也可自己重新划分，也可将记账凭证不划分类型而看做一大类。

（8）自定义项的设置：会计软件在进行初始化设置的各项中都指定了特定的参数，这些参数有的是必填项，有的可以选填。有的会计软件提供了自定义项的设置功能，可以供用户根据自身的特点增加新的参数，对新参数的设置就是自定义项的设置。例如对会计科目的设置，某一种会计软件只提供了科目代码和科目中文名称两个参数，而另外提供了自定义项设置功能，可以由用户为会计科目的设置增加参数“会计科目英文名称”，以后建立会计科目时，不仅可以输入科目代码和科目中文名称，还可以输入科目英文名称。

（9）常用摘要设置：为了减少凭证输入过程中摘要的输入量，可将经常使用的摘要进行设置，在需要使用时调用即可。该设置功能可以起到规范摘要的目的。这一步骤不是必做工作。有的软件甚至也不将该工作纳入初始化工作之列，而将其放在凭证管理等日常工作中。

（10）自动转账分录定义：对某类转账分录的借贷方科目、借贷方金额的来源及计算方法（用公式描述）的定义。账务核算中，有些转账分录结构比较有规律，例如期末期间损益的结转，其分录结构在各个会计期基本相同，这样的分录就可以进行自动转账分录定义，每个会计期期末，相应的转账凭证自动生成，不必重复输入，提高了账务处理的效率。

（11）期初余额的装入及试算平衡：初次启用账务处理系统，需通过此功能装入期初余额，软件提供手工输入功能，有的软件还提供数据接口功能，可以进行电子数据的导入。在输入的方式上，有的软件提供多种方式，可以直接输入期初余额，也可以输入年初余额及使用前各月的借贷方发生额，许多软件提供装入余额后进行试算平衡的功能，以保证输入的期初余额借贷方相等。

（12）各种未达账项的输入：主要包括银行期初未达账项输入以及各种辅助核算明细账的期初未达账项的输入，如果已经启用银行对账功能以及辅助核算功能，则此项工作必做。

四、会计报表系统的初始化工作

利用会计报表系统可以编制资产负债表、损益表、现金流量表等财务报表，还可以编制内部管理报表，其初始化工作包括：

（1）新表登记注册：实质上就是报表的新建。一个单位需编制的报表很多，报表编制前首先要新建报表，定义报表的名称、性质等。

（2）报表格式设计：定义报表的样式，如定义表样大小、定义表列属性、绘制表格线、输入表样内容、定义关键字、格式调整修改等。有的软件提供报表模板，用户可以直接调用。

（3）报表核算公式定义：定义报表中数据的生成公式，公式中可以调用报表软件提供的取数函数。报表系统的取数函数支持加、减、乘、除四则混合运算，实现从账中取数、从凭证中取数、从表中取数和从账务处理子系统之外的系统，如工资、固定资产以及购销存等系统取数，有的软件甚至还能提供从指定的数据库中取数。

举例来说，在安易 2000 电子报表系统中，资产负债表上货币资金的期末数的公式为：

ZWKM('MJ,C','101','C')+ZWKM('MJ,C','102','C')+ZWKM('MJ,C','109','C')

公式中 101、102、109 分别是现金、银行存款以及其他货币资金的科目代码，ZWKM 是安易众多取数函数中的一个函数的关键字。有了这个表达式，不管在哪个会计期间，计算机都能准确无误地计算出货币资金的期末数。

需要注意的是，如果调用了软件提供的模板，对公式的定义就可以简化，因为许多软件的模板中已经对公式进行了预设，只要根据用户的实际情况检查其是否适用即可。

（4）报表审核公式定义：对报表中数据钩稽关系的定义，目的是用于检查报表数据是否正确。

五、其他处理系统的初始化工作

（一）工资处理子系统的初始化操作

像账务处理子系统一样，许多会计软件的工资子系统可以单独安装，其初始化工作的好坏直接决定系统的运行效率，而且许多初始化工作可以与其他子系统的初始化工作数据共享，一般包含如下内容：

（1）建立工资账套：目前国内许多商品化工资软件都能够提供按工资账套来分别管理不同核算主体的工资数据的功能，于是如同使用账务处理系统一样，首先需要建立核算账套。

与账务处理子系统类似，工资软件往往提供建立账套的向导，用户根据向导提示，输入相关工资账套的信息即可，例如需要定义账套启用时间、人员编码、核算币种、工资核算类型（一种工资核算还是多种工资核算）等。

（2）部门设置：对部门代码、部门名称、部门性质等的定义。工资核算中往往需要对各部门的工资进行汇总，进行部门设置是必不可少的操作。许多软件提供该设置操作与其他子系统共享的功能。

（3）工资类别设置：工资类别是指在一套工资账中，根据所包含工资项目的明显不同而分设的工资数据管理类别，相当于工资账中的二级账，例如某企业的月薪分为固定月薪与浮动月薪，两者的发放依据不同，可以将两者分设为两个不同的类别。商品化工资软件一般在工资账套建立之后会预置一个工资类别，用户还可根据具体业务需要随时新增其他工资类别。

（4）人员类别设置：设置人员类别是便于按不同的人员类别进行工资汇总计算。比如，可以将单位员工分为“生产人员”、“管理人员”以及“辅助人员”三个人员类别。

（5）人员附加信息设置：对描述人员的信息的数据项的增加、修改、删除等功能。工资系统中对人员的描述可以包含姓名、性别等多个数据项，会计软件往往先预设一些数据项，其他数据项可以由用户自己定义。

（6）工资项目设置：本功能用于定义工资组成项目。除系统预置的若干固定工资项外，用户还能根据自身需要定义其他的工资项目，完成对工资项目的增加、修改、删除等操作。

（7）工资项公式设置：用来定义各工资项目的计算公式以及工资项目之间的运算关系。工资子系统提供了自动计算工资的功能，例如利用职工的工资原始数据自动计算应发工资等，为了实现自动计算工资，进行工资项公式设置必不可少。

（8）银行名称设置：如果用户单位的工资发放采用由银行代发工资的形式，则在系统初始化时，就需要在系统中设置代发工资的银行信息，一般包括银行名称、账号等信息的定义。

（9）职工档案的建立：此项操作主要目的是登记本单位需要发放工资的员工的基本档案信息，一般会包括职工姓名、职工代号、所在部门以及所属人员类别等信息。

（二）固定资产处理子系统的初始化操作

固定资产处理子系统与其他子系统相比，数据量大，日常数据输入量少，输出内容多，其初始化工作一般包括：

（1）建立固定资产账套：目前国内许多商品化固定资产软件都能够提供按不同账套来分别管理不同核算主体的固定资产数据的功能，于是如同使用账务处理系统一样，首先需要建立核算账套。

与账务处理子系统类似，固定资产子系统往往提供建立账套的向导，用户根据向导提示，输入相关固定资产账套的信息即可，例如需要定义账套启用时间、固定资产编码方式、对账方式等。

（2）部门定义：与工资处理系统软件类似。

（3）类别定义：对固定资产的类别的定义，包括类别编号、类别名称、净残值率、使用单位等。固定资产的核算中往往需要根据类别进行原值等的汇总、计提折旧等，所以对类别的定义相当重要。

（4）增减方式设置：对日常固定资产的增减方式的定义，包括方式编码、名称及对应的借贷方科目等信息。增加的方式主要有：直接购买、投资者投入、捐赠、盘盈、在建工程转入、融资租入。减少的方式主要有：出售、盘亏、投资转出、捐赠转出、报废、毁损、融资租出等。对增减方式所对应的科目的定义，可以实现当有某增减方式业务发生时，系统能自动按与此方式对应的科目自动编制凭证。

（5）使用状况设置：固定资产的使用状况包括在用、季节性停用、经营性出租、大修理停用、不需用、未使用等，对这些使用状况的定义就是使用状况设置。从固定资产核算和管理的角度，需要明确资产的使用状况，一方面可以正确地计算和计提折旧，另一方面便于统计固定资产的使用情况，提高资产的利用效率。商品化固定资产管理软件一般会内置基本的使用状况，用户可以在此基础上修改或定义新的使用状况。

（6）折旧方法设置：对固定资产折旧方法的定义，包括折旧方法编码、名称、折旧计提的公式等内容。折旧方法的设置是系统自动计算折旧的基础。软件一般会预置一些常用的固定资产折旧计提方法，也允许用户根据需要定义自己合适的折旧方法。

（7）卡片项目设置及卡片格式设计：对固定资产卡片中所包含的数据项及卡片的样式的定义。卡片项目是固定资产卡片上要显示的用来记录资产资料的栏目，如原值、资产名称、使用年限、折旧方法等。商品化固定资产管理软件一般会提供一些常用卡片必需的项目，称为系统项目，但这些项目不一定能满足用户对资产特殊管理的需要，用户可以通过该功能增加、修改、删除卡片上的数据项，也可以对其的排列位置、字体大小等样式进行定义。

（8）基础卡片数据输入：基础卡片也叫原始卡片，它是固定资产系统启用前已建立的资产卡片。用户在使用固定资产系统进行核算前，需要将已有的原始卡片资料录入系统，以保持历史资料的连续性，并为每月的计提折旧及可能有的后续业务变动做准备。

(9) 转账分录模式定义：对固定资产变动业务发生以及折旧计提时所需编制的会计分录中所对应的借贷方科目以及借贷方金额的生成公式的定义。固定资产转账业务具有一定的规律性，在各个会计期相对应的会计科目基本相同，只是金额不同而已，进行转账分录模式的定义，可以便于自动生成相应的转账凭证。

(三) 应收、应付处理子系统的初始化操作

在计算机环境下，对应收、应付的债权、债务业务的电算处理模式可分为三种：第一种是直接在账务处理系统中通过设置应收、应付明细科目来反映，一般适合往来业务较少的单位运用；第二种模式是充分利用账务处理系统中的往来账辅助管理功能来比较细化地反映本单位的往来业务，这一般适合往来单位很多但与大部分往来单位的往来业务又相对较少的用户单位使用；第三种模式是通过应收、应付专门系统来实现对往来业务的科学、细致的核算与管理，这是往来业务管理的最高层次，也是相对于大中企业最佳的往来账管理模式。但这种模式需要做的系统初始化工作会很多，概括起来有三个方面：

(1) 建立客户和供应商档案：对企业的客户和供应商的详细信息的定义，包括编号、名称、联系方式等。

(2) 输入期初余额：第一次使用系统时，对启用新软件前会计信息系统中未结清的往来款项的输入。

(3) 业务处理规则设置：主要包括业务处理控制参数和核算规则的设置。其中：业务处理控制参数又包括应收账款核销方式、控制科目的依据、存货销售科目、制单方式、坏账处理方式、汇兑损益计算方式、预收款核销方式及现金折扣显示方式等项目；核算规则的设置包括凭证科目的设置、坏账准备设置、账龄区间设置、报警级别设置、单据类型设置等。

不同的子系统具有不同的核算特点及任务，具有不同的初始化操作内容，但其又都具有一定的相似性，如：1) 初始化操作都可以被分为两类，一类是为了保证会计数据的连续性，对旧系统数据的“承接”，另一类是对通用化软件中通用化功能的具体化；2) 初始化操作的设置是否全面、适当，直接决定系统日常处理的效率。

第三节　商品化会计软件的日常作业

用会计软件进行日常会计业务的处理，就是商品化会计软件的日常作业，不同的模块有不同的日常作业模式。

一、账务处理系统的日常作业

账务处理系统对原始会计数据（凭证）经过若干步处理形成最终的会计数据（账表）。其内容包括如下几项。

（一）凭证处理

(1) 及时、准确地采集和输入各种凭证。这里的凭证指原始凭证和记账凭证，不同的会计软件提供了不同的采集和输入方式，可以概括为：通过软件的输入界面进行键盘输入；从计算机会计系统内自动采集，例如自动收集固定资产子系统计提折旧核算生成的转账凭证；从计算机会计系统外采集，例如对电子商务中的原始数据的收集。在采集和输入凭证中，会计软件都提供了自动控制功能，保证进入计算机的会计数据及时、正确和全面。

(2) 进行凭证修改，可以删除凭证，可以修改凭证的内容等，修改时确保留下修改痕迹。

(3) 进行凭证审核，对采集及输入的凭证的正确性进行确认，凭证审核的方式有很多种，当前有许多软件是显示待审核的凭证，人工确认凭证的正确性。

(4) 进行凭证汇总，生成汇总凭证。

(5) 进行凭证的查询及打印输出等。

（二）会计账簿处理

(1) 高效、正确地完成记账过程。用户选择待记账的凭证范围，软件自动记账，自动生成各种账簿。一个会计期可以记账多次。

(2) 账簿查询。用户指定查询条件，计算机按要求查询输出账簿，可以随时查询。

(3) 账簿打印。用户指定打印条件，计算机按要求打印输出账簿，可以随时打印。

（三）辅助核算

完成项目核算和管理、部门核算和管理、往来核算和管理等，以及完成自动转账、总分公司会计数据处理等功能。

（四）出纳管理

为出纳人员提供一个集成办公环境，加强对现金和银行存款的管理，其内容包括：

(1) 银行对账。生成银行存款日记账、现金日记账，采集银行对账单，进行计算机自动或人工对账，生成并输出银行存款余额调节表。

(2) 支票管理、资金日报。可以进行支票领取、报销等登记，加强对支票的管理；随时输出资金日报表。

（五）系统维护与管理

进行账务数据的备份、恢复以及修改操作员口令等。

以上辅助核算、出纳管理、系统维护与管理相对于账簿处理，属于其他业务处理。

二、会计报表系统的日常作业

会计报表系统的日常作业主要由计算机自动完成，其内容一般包括：

(1) 报表数据输入。会计报表的数据是由计算机根据用户定义的报表公式自动计算得出的，但是也有一些数据需要人工直接输入，直接向报表单元格输入数据就是报表数据输入的功能。

(2) 编制报表。用户指定编制某个会计期的何种报表，随后由计算机自动生成相关报表。

(3) 输出报表。屏幕显示及打印输出报表。

(4) 审核报表。用户指定审核某个会计期的何种报表，随后由计算机根据定义好的审核公式自动审核相关报表，并输出审核结果。

(5) 报表分析及二次加工。对报表数据进行图形分析，对以前期间的报表进行二次加工分析等。

三、其他处理系统的日常作业

（一）工资处理系统的日常作业

(1) 职工变动处理：主要完成职工增加、减少、内部调动等相关信息处理。

(2) 职工工资数据编辑与计算：也叫职工工资结算单处理，主要是完成职工的工资项目实际数额的输入、修改、计算以及输出等。

(3) 个人所得税计算与申报：个人所得税的计算一般在“职工工资数据编辑与计算”中完成，本操作步骤侧重于将扣税结果按申报表格式编制显示并供用户浏览，用户在此处也可以自定义所得税税率及本次扣税的范围。

(4) 银行代发工资处理：目前社会上许多单位的工资发放采用信用卡或存折形式来替代现金发放形式，本操作步骤就是完成以上述工资发放形式生成向银行传输的代发工资文件并输出给开户银行的功能。

(5) 输出各种工资账表：在职工工资数据编辑计算之后，可以以此为基础加工生成一系列工资账表，主要包括工资发放条、职工工资票面分解表、工资卡、部门工资汇总表、工资变动明细、工资发放汇总表等。

(6) 输出工资分析表：主要有项目工资增长分析表（用于分析工资增长比例情况的分析报表，针对本年度和上年度的对比情况）、部门工资构成分析表（按照各个工资项实际数额与占合计额的百分比作为分析数据，由统计生成）等。

（二）固定资产处理系统的日常作业

（1）固定资产增加处理：增加固定资产卡片，按照新增的固定资产的信息填写新增固定资产卡片上的项目。

（2）固定资产减少处理：资产在使用过程中，总会由于各种原因，如毁损、出售、盘亏等退出企业，该部分操作称为“资产减少”。固定资产减少处理就是对固定资产减少信息的建立。

（3）固定资产其他变动处理：此处的变动业务一般包括原值变动（增加或减少）、部门转移、使用状况变动、使用年限调整、折旧方法调整、净残值调整、工作总量调整、累计折旧调整、类别调整等。软件一般会提供资产变动清单按时序记录资产的所有变动情况，并提供对这些变动做必要的会计处理的功能（可以帮助用户自动编制会计分录）。

（4）本月工作量输入：主要针对采用“工作量”法计提折旧的资产，每月计提折旧前必须录入该资产当月的工作量。

（5）固定资产账表输出（查询、统计汇总、打印）：输出内容为账簿、折旧表、统计表、分析表，其中账簿包括固定资产总账、明细账以及资产登记簿；折旧表包括部门折旧计提分配表、折旧计算明细表；统计表包括原值一览表、固定资产统计表、盘盈盘亏报告表等；分析表包括使用状况分析表和价值结构分析表。

（6）对账：对固定资产处理系统中固定资产账面价值、所计提的累计折旧与账务处理子系统中的相关数据的核对。核对结果的正确可以从一个侧面表明两个系统核算的正确性。

（三）应收、应付处理系统的日常作业

（1）单据处理：单据处理是应收系统和应付系统日常处理业务的起点，在应收系统中可以录入销售业务中的各类发票及销售业务之外的应收单，在应付系统中可以录入购货业务的发票及购货业务以外的应付单。主要操作流程如下：

单据录入⟶单据审核⟶单据制单⟶单据查询

这里的单据录入指的是未收到款项的单据录入或未支付款项的单据录入。单据制单指的则是根据审核后的业务单据由系统自动编制凭证的过程。

（2）单据结算：是指对已收到或已支付款项的单据进行的录入、核对与核销工作，其操作流程如下：

录入结算单据⟶单据的核对⟶单据的核销

这里的结算单据指的是已交来应收款项的收款单和已办理应付款的付款单。单据的核对是指将已达账项做上已结清的标记，核对分自动和手动两种方式。单据的核销指的是对债权、债务已结清的业务进行删除以表示本业务彻底结清。

（3）票据管理：对银行承兑汇票和商业承兑汇票的管理。

（4）坏账处理：包括坏账计提和坏账发生、收回处理。具体来说，在年末计提坏账准备之前要求用户首先选择坏账处理方法；在坏账发生时一般要求输入往来客户的名称、发生坏账的日期、业务员、部门等信息；而在处理坏账收回业务时，一般要求输入客户名称、收回坏账的日期、收回金额、业务员、部门、结算单据编号、款项币种等信息。

（5）转账处理：应收账款与其他类别的款项在特定情况下，需作特殊的冲抵业务，也是一种清欠业务。主要包括“预收冲应收”、“应收冲应付”、“红字单据冲抵正向单据”。“预收冲应收”操作主要适用于两种情形：一是由于合同或其他原因造成取得了对方单位的预收款，但对方单位却有应收款尚未支付给本单位；二是由于按合同规定支付给了对方单位预付款，需要将预收款与应付款对冲。“应收冲应付”操作主要适用于对方单位（客户或供应商）既有应收款又有应付款的情形，此时可用应收款对冲应付款。“红字单据冲抵正向单据”一般是指对同一个客户的销售业务，应收款与退货之间可以用红字单据冲销正向单据来处理。

（6）凭证处理（制单）：根据应收应付的原始单据由计算机自动编制记账凭证的过程。

（7）统计分析：应收、应付账龄分析，收款、付款账龄分析，欠款账龄分析等。

（8）账表查询输出：一般指对往来汇总表和往来账款明细账等所提供的查询和打印输出功能。

第四节　商品化会计软件的期末处理业务

期末会计业务是指会计人员在每个会计期末都需要完成的一些特定的会计工作。期末会计业务主要包括：期末转账业务（如各种费用的分摊与计提、各种成本费用的结转等）、试算平衡、对账、结账及期末会计报表的编制等。相对于日常业务，期末会计业务的数量不是很多，但是业务种类复杂、处理难度大而且处理时间紧迫，会计软件所提供的期末处理功能可以辅助用户更好地完成期末会计业务的处理。

一、账务处理系统的期末处理业务

（一）转账生成

每个会计期末，直接调用初始化设置中所定义的自动转账分录模式，根据分录中借贷方金额的取数公式自动计算数值，最终自动生成期末转账凭证，这就是转账生成的功能。包括结转成本费用，如将“制造费用”科目余额按项目分摊，结转期间损益，结转汇兑损益等。需要注意的是：

（1）期末转账业务大多要从会计账簿中提取数据，这就要求在处理期末转账业务前必须先将其他具体业务登记入账，不能存在未记账的凭证。

（2）有些期末转账业务必须依据另一些期末转账业务产生的数据，所以期末转账业务要严格按照先后顺序进行处理。

（二）对账、试算平衡

对账是对账簿数据进行核对，以检查记账是否正确，以及账簿是否平衡。它主要是通过核对总账与明细账、总账与辅助账数据来完成账账核对。一般说来，实行计算机记账后，只要记账凭证录入正确，计算机自动记账后各种账簿都应是正确、平衡的，但由于非法操作或计算机病毒或其他原因，有时可能会造成某些数据被破坏，引起账账不符。为了保证账证相符、账账相符，用户应经常使用本功能进行对账，至少一个月一次，一般可在月末结账前进行。在结账前，软件一般会提供试算平衡检查功能，检查后如不平，不得转入后面的“期末结账”处理，“试算平衡”包括“资产负债平衡”和“借贷平衡”两部分，只有两者都通过，试算平衡才算通过。

（三）期末结账、生成月末工作报告

手工会计处理方式下，每月月底都需要进行结账处理。结账实际上就是计算和结转各账簿的本期发生额和期末余额，并终止本期的账务处理工作。账务处理软件中，也设计了本功能。

账务处理软件中，结账由计算机自动完成，一般有下列一些规则：（1）上月未结账，则本月不能结账；（2）上月未结账，则本月不能记账，但可以填制、复核凭证；（3）本月还有未记账凭证时，本月不能结账；（4）已结账月份不能再填制凭证；（5）结账只能由有结账权的人进行；（6）若总账与明细账对账不符，则不能结账；（7）每月只能做一次期末结账操作，并且每个会计期末必须做一次。

结账成功之后，系统会生成月末工作报告。

二、会计报表系统的期末处理业务

（1）报表编制：特指会计期末的报表计算及生成，即调用报表格式，利用所定义的报表数据生成公式、自动取数并计算数值，最终生成有数据的报表。

（2）报表试算平衡（平衡控制）：特指对会计期末报表的审核，其功能是在报表数据生成以后为了验证数据的正确性，利用用户所定义的审核公式对报表数据进行检查复核。

（3）报表输出：用户选择输出方式（屏幕显示输出、打印输出、磁盘输出、网络输出）及报表输出内容的形式（仅输出报表结构、输出编制完整的报表、输出能被其他系统接收的报表数据），由计算机根据选择条件自动输出符合要求的报表。

(4) 报表汇总：同种报表不同期间的汇总和主管部门对基层单位报表的汇总。

(5) 报表合并：用于设计合并报表格式，定义抵消分录项目及抵冲分录数据，自动抵消合并项目，生成合并工作底稿，最终形成合并会计报表。报表合并功能主要适合集团公司使用。

(6) 图表分析：实际上就是一种报表分析的功能，它以图表形式对报表数据进行直观显示，通常包括图形分析和视图分析两种形式。

(7) 数据透视：在会计报表系统中，大量的数据是以表页的形式分布的，正常情况下每次只能看到一张表页。要想对各个表页的数据进行比较，可以利用数据透视功能，把多张表页的多个区域的数据显示在一个平面上。

三、其他处理系统的期末处理业务

(一) 工资处理系统的期末处理业务

1. 工资分摊

根据工资总额及所设定的计提基数可自动完成工资分摊、计提、转账工作。

2. 月末结转

将当月数据经过处理后结转到下月。由于在工资项目中，变动工资项目的每月数据都会发生变化，因此，在每月工资处理前均需将其数据清零，而后输入当月新的数据，这就是所谓的清零处理。商品化工资软件对月末结转的基本规则是：(1) 只限定在每个会计年度的1～11月份进行；(2) 只有当月工资数据全部处理完毕后才可执行月末结转；(3) 如果分多类别处理工资数据，则应对每个工资类别分别进行月末结算；(4) 若本月工资数据未汇总，系统也不允许执行月末结转功能；(5) 进行期末处理之后，本月的工资数据不允许再作任何变动；(6) 月末结转一般要求主管人员来操作。

3. 结转上年数据

将上年的工资数据经过处理后结转至本年。在结转前应先建立新年度账。

(二) 固定资产处理系统的期末处理业务

(1) 计提折旧：计算机按照用户所定义的折旧计提方法对还未结束使用的固定资产进行自动计提折旧，自动计算其当期折旧额和累计折旧值。一般的软件提供每期只能计提一次折旧的控制功能。

(2) 自动生成转账凭证：对固定资产的日常变动、折旧计提等业务自动生成转账凭证。

(3) 对账：将固定资产子系统的固定资产账面价值、累计折旧余额与账务处理子系统的相关科目进行核对。

(4) 结账：像账务处理系统一样，固定资产系统也有结账操作步骤，而且此项操作一般必须在账务处理系统结账之前进行。

（三）应收、应付处理系统

1. 计算汇兑损益

如果系统中有外币单据业务，则月末需计算汇兑损益，并对这些外币单据进行相应的处理。用户在执行自动计算汇兑损益操作之前，应选择适当的汇兑损益处理办法，软件一般会提供两种方法供用户选择：(1) 月末一次性结转汇兑损益。采用此方法，系统会根据用户指定的期间和币种一次性地将当期涉及外币业务所发生的汇兑损益一次结转，并编制记账凭证；(2) 单据结清后计算汇兑损益，即仅当某种外币余额结清时才计算汇兑损益，在计算汇兑损益时，界面中仅显示外币余额为 0 且本币余额不为 0 的外币单据，计算之后可以编制相应的记账凭证。

2. 月末结账

本月各项应收、应付业务处理结束后，即可选择执行月末结账功能。在结账前，本月的单据（发票和应收、应付单）应全部审核过，如果仍有未核销的单据，则本月不能结账。如果是本年度最后一个期间结账，在本年度进行的所有核销、坏账、转账等处理必须制单，否则不能向下一年度结转。

第五节　商品化会计软件中的系统维护与管理功能

会计软件在运行的过程中，需要对系统数据和系统操作提供有效的管理，于是“系统维护与管理”功能是商品化会计软件必不可少的功能。通过该功能，可以对数据的安全性、一致性等进行控制。不同的软件，对该功能的提供方式不同，有的软件将系统维护与管理设计为一个单独的模块，该模块对会计软件的所有子系统统一管理，有的会计软件在每个子系统中都设计有该功能，这样就可以实现分模块单独维护与管理。

系统维护与管理到底包含哪些内容，不同的教科书所给的答案不尽相同，我们认为系统维护与管理应该包含以下几方面内容：

(1) 针对软件运行所需要的硬、软件环境所做的必要配置与维护调整。

比如，用友 UFERP 网络版软件的站点配置，安易 2000 财务管理软件需要配置 ODBC 等。

(2) 对系统中会计信息数据库所做的管理。

1) 会计信息数据库的备份。首先，会计软件的会计信息数据库常常建立在硬盘中，“备份”功能即是用于将硬盘上的会计数据复制到软盘或硬盘指定目录中。该功能的完成有利于数据的安全，当系统数据库一旦遭受损坏，可以利用备份数据进行恢复。其次，当从数据库中删除往年数据以留出存储空间时，必须进行备份，因为按要求，对会计信息必须保存历史档案，以供对往年数据的访问。应该注意的是，有的软件在备份前，先要对备份软盘进行格式化，所以切勿用装有有用文件或数据的软盘作备份盘；不要在备份过程中抽出软盘，除非软件要求换盘。

2）会计信息数据库的恢复。将备份数据库信息复制到系统的数据库中。恢复功能在什么情况下使用呢？当硬盘数据被破坏时，可用"恢复"功能将软盘内最新备份数据恢复到硬盘；当需要查询往年数据时，可用"恢复"功能将往年的数据恢复到硬盘。当然，一定要在恢复之前先对硬盘上的数据进行备份。

使用恢复功能时应注意：

其一，不要在恢复过程中关机、关电源或重新启动机器；

其二，不要在恢复过程中打开驱动器开关或抽出软盘，除非系统提示换盘；

其三，恢复功能比较重要，容易错把硬盘上的最新数据变成软盘上的旧数据，所以应限定少数人进行此操作。

3）删除往年数据。从系统数据库清除以前年份的数据。有些单位的会计业务数据量大，如果机器硬盘上保留几年的数据，则占用硬盘空间太大，影响系统的运行效率。该功能的使用可以提高系统运行效率。

对系统中会计信息数据库所做的管理，除上面所列举内容之外，还包括新会计年度数据库的创建以及上年数据的结转、账簿数据的整理、远程数据传输等。

（3）其他基础运行参数的设置与调整。

（4）一些附带的系统应用工具的使用。

有些软件提供了数据导入/导出工具、计算器、记事簿、会计日历等供用户使用。

第六节　商品化会计软件应用的二次开发

商品化会计软件设计目标之一就是强调通用性，但是即使通用性设计得很好的会计软件，也会有不能解决企业特殊业务的状况出现，用户可以在商品化会计软件的基础上进行设计，进行功能的完善，这就是商品化会计软件应用的二次开发，二次开发可以由用户自己完成，也可以请软件开发商提供服务。

一、二次开发的含义与成因分析

（一）二次开发的含义

二次开发是指商品化会计软件所提供的功能不能直接符合或者全部满足用户的实际需要，而必须在原软件功能基础上进一步对其补充、改进和完善所进行的一系列研制活动。对商品化会计软件二次开发的理解，存在狭义与广义之分。狭义的二次开发是指利用软件开发的原理、技术，在原软件基础上分析、设计新的模块，编写程序并进行新模块与软件的集成，是软件开发的一个过程。广义的二次开发不仅包括新模块的分析、设计、编程这样的软件开发，还包括利用商品化会计软件所提供的自定义功能，进行自定义的操作。自定义功能往往允许用户构造数据结构，选择核算模型（方法、规则和格式），选择会计数据的输出格式等。

（二）二次开发的成因分析

1. 基于用户方实施会计信息化的成本因素考虑

购买商品化会计软件和定点开发是用户实现会计信息化的两种模式，在满足用户特殊要求方面，后者强于前者，但是从成本测算方面比较，前者低于后者，所以用户为了降低实施会计信息化的成本，往往选择购买商品化软件，但是为了满足用户的特殊要求，在商品化会计软件之上进行二次开发就成为必然。

2. 基于商品化会计软件的一般性缺陷方面

软件开发商对商品化会计软件的通用性的设计一般不能满足用户个性化要求，其主要缺陷可以概括如下：

（1）在会计软件中对企事业单位的类型、规模以及会计环境等因素采用简单化处理。因为商品化会计软件若过分考虑企业类型、规模、环境的多样化，将会使软件开发的模式过多，也会使软件开发难度和复杂程度大幅增加。但是这种简单化处理很难满足用户的个性化要求。

（2）对企事业单位会计处理的特殊性问题研究不足。因为特别研究企业具体情况的特殊性，将会使软件的开发周期变长，开发成本增大，如此不利于软件开发商迅速占领市场。

（3）偏好于提供一种灵活通用的抽象模式而牺牲了直接易用的特性。举例来说，商品化会计报表软件普遍要求用户自己定义报表的格式以及报表计算及审核公式，随后由计算机自动编制报表，这种模式可以满足一个软件编制不同的报表的通用化要求，但是却给用户的应用带来了麻烦，因为定义报表计算公式、审核公式是有一定的难度的。

3. 基于用户需求方面

用户需求具有历史继承性、多元性、动态性、个性化（指某类用户群体）等特性，商品化会计软件则更多表现的是规范化、定制化以及共性化等特性，两者之间存在诸多矛盾的方面，具体表现在以下几个方面：

（1）软件所提供的数据输入、输出格式和内容等不能直接满足企业的特殊要求；

（2）软件所提供的数据处理深度不能满足企业的管理需要；

（3）软件不能按照企业特殊的核算方法处理数据；

（4）软件提供的功能使企业部分业务仍摆脱不了手工作业。

二、二次开发的方法及注意事项

（一）二次开发的方法

1. 基本流程

二次开发的基本流程可以用图 3—2 来表示。

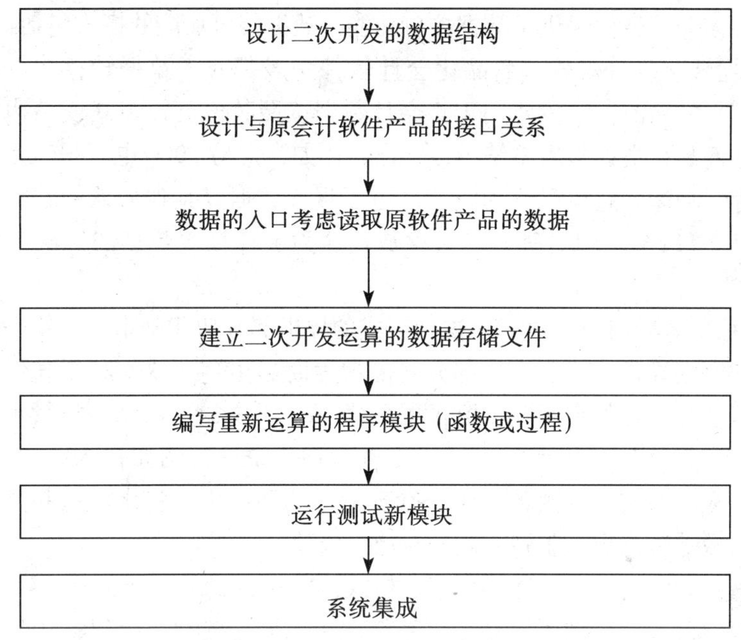

图 3—2　二次开发基本流程图

2. 利用商品化会计软件的自定义模块来进行二次开发

会计数据处理在结构上体现了 IPO 特性，也就是说任何一个会计数据处理都需要经历三个环节：数据输入、数据处理、数据输出，商品化会计软件不能满足某些企事业单位的特殊会计业务要求在上述三个环节或多或少会有所表现，正是基于这点考虑，许多商品化会计软件都会设计一些自定义模块以充分体现个性化处理的要求。因此，进行二次开发首先就要重视自定义模块的运用。

（1）充分利用自定义数据结构的功能。许多会计软件都提供了供用户自定义数据结构的功能，即对数据所包含的数据项的定义，例如，用友软件 UFERP8.11 中，允许用户对固定资产卡片所包含的项目属性、各项目在卡片中的排列格式等进行自定义，用户可以根据自身的特点，按软件所提供的自定义功能进行量身定做。

（2）充分利用数据输出格式自定义设置功能。用户对数据输出格式有不同的要求，许多软件提供了自定义功能，例如，有的软件对多栏账的输出可以由用户来定义是借方多栏还是贷方多栏，打印时的格式应该是横向打印还是纵向打印等，用户可以充分利用这样的功能，自定义数据的输出格式。

(3) 用好用足会计软件所提供的数据接口模式。不同的会计软件所设计的会计信息数据库格式不同，为了向其他软件数据库传递或从其他软件数据库接收会计数据，许多会计软件提供了数据接口功能。数据接口功能的模式包括：

1）数据转存接口模式。商品化会计软件一般都有“数据转存”（也可称为“数据另存”）的功能，它主要用于将会计数据按照其他已知格式或结构另行存储的功能，在商品化会计报表系统中很普遍，比如，安易 2000 电子报表系统中就提供了“另存”功能，它可以实现将安易电子报表数据以其他公认的数据格式（如 TXT、DBF、HTM、XLS 等）另行存放，这为会计报表数据的二次开发利用提供了保证。

2）数据导入导出接口模式。这种模式的导出部分功能基本上与第一种是一样的，但它的数据导入（或引入）部分功能却为商品化会计软件利用其他系统的数据提供了可能性。比如在用友工资管理系统 V8.11 中的“数据接口管理”工具可有效地将相关数据从外部系统中导入工资管理系统中，例如在水电、房租系统、考勤系统、人事系统以及其他与工资管理有关的系统中，将水电费扣缴、房租扣缴、考勤时数等数据导入工资系统的对应工资项目。

3）“嵌入式”自定义取数函数接口模式。“嵌入式”是指这些自定义取数函数的程序已经提前被编译到了会计软件系统之中，而这些程序可以被用户在随后的模块应用中通过函数的形式来使用以达到对会计数据的二次开发利用的目的。比如，UFO8.11 总共提供了九种业务函数即总账函数、工资函数、固定资产函数、应收应付函数、财务分析函数、采购函数、库存函数、存货核算函数、销售函数，以分别实现在会计报表系统中获取其他业务处理系统的数据，进行报表数据的二次开发。

4）“外挂式”运行的数据接口模式。这种模式与其叫一种数据接口模式，还不如叫系统集成的典型模式，商品化会计软件大都设计了在本身运行同时可以“外挂”运行其他程序的功能，其机理一般是：根据二次开发需要设计新的“外挂”程序，通过软件的相应模块来执行该“外挂”程序，产生一些“状态”数据，然后会计软件的后续程序可以根据这些“状态”数据进行相应的处理。熟练使用这种模式的关键是要充分剖析原软件的重要会计数据文件的数据结构。

（二）二次开发应注意的事项

(1) 应绝对避免重新计算的数据以重复的形式“写回”到原产品的数据库（或数据表）中，更要避免以破坏原产品数据库（或数据表）的结构的方式存储二次开发所产生的新数据。

（2）二次开发的模块数据处理结果应该与原系统兼容。

（3）二次开发的程序模块在处理会计数据方面应具有安全、保密功能。

（4）开发前应与软件开发商协调以后的系统升级维护问题。

（5）二次开发程序模块的加密问题。

本章小结

本章主要介绍了商品化会计软件的模块构成，商品化会计软件投入企业实际应用的主要模式，商品化会计软件的安装、初始化设置、日常业务处理、期末业务处理、系统维护与管理等功能及技术要点，商品化会计软件的二次开发等。

学习本章时，应重点理解和掌握商品化会计软件基本模块构成和一般应用模式；系统初始化工作存在必要性的理论分析；账务处理子系统的系统初始化工作主要内容；报表处理子系统的系统初始化工作主要内容；其他业务处理子系统的系统初始化工作主要内容；账务处理子系统的日常作业；其他业务处理子系统的日常作业。

本章主要要求：掌握商品化软件的模块构成及各模块的功能；熟悉商品化会计软件的模块选择原则；熟悉商品化会计软件的一般应用流程；了解商品化会计软件的安装方法；熟悉账务处理子系统、会计报表子系统、工资子系统、固定资产子系统、应收应付子系统的初始化设置及日常业务处理的主要内容；了解账务处理子系统、会计报表子系统、工资子系统、固定资产子系统、应收应付子系统的期末处理、系统维护与管理等功能的内容；了解商品化会计软件二次开发的重要性及商品化会计软件二次开发的方法。

思考题

1. 请列举组成商品化会计软件的模块，并说明各模块之间的关系。

2. 某集团企业中母公司的业务主要是投资控股，子公司 A、B、C、D 的业务主要为生产面粉，子公司 E、F、G 为食用油超市，请你为该集团公司选择商品化会计软件的应用模式，并解释你对选择的方案的考虑重点。

3. 网络版商品化会计软件的安装应该注意哪些问题?

4. 商品化会计软件在投入实际使用时，都需要进行系统初始化工作吗？请从理论角度分析其存在的必要性以及重要性。

5. 一个拥有数十家供应商的零售书店选择了账务处理软件代替手工会计进行账务处理，初次使用时，其所进行的初始化设置至少应该包括哪些？

6. 作为商品化报表处理软件一般应具有哪些功能？其中哪些功能是非常必要的？

7. 商品化工资处理软件期末工作包括哪些内容？哪些功能的应用是必不可少的，哪些功能的应用可以选用？请说明理由。

8. 商品化会计软件中固定资产子系统的日常业务处理包括哪些内容？

9. 企业在应用商品化会计软件时为什么还有二次开发的问题？二次开发过程中应注意哪些事项？

10. 作为商品化会计软件的系统维护与管理的一般性功能包括哪些？

第四章

账务处理系统的初始化应用技术示例

引　言

本章主要学习安易 2000 财务管理系统软件的总体结构及其核心模块——安易 2000 账务处理系统的业务处理流程、功能特点、软件安装以及系统初始化等方面的知识。从这章开始，我们将以具体的软件应用案例来强化以前所学习的有关会计软件的抽象知识，如果把以前的内容称为“纸上谈兵”的话，那么从现在开始就要“真刀真枪”动真格的了。本章共分为四节。

第一节是“安易 2000 财务管理系统概述”，主要讲解以下内容：首先，介绍安易 2000 财务管理系统软件的主要功能模块构成、各功能模块完成的基本任务以及相互之间的数据关系；其次，着重介绍安易 2000 账务处理系统所采用的业务处理流程，总括说明该系统的应用步骤；再次，对安易 2000 账务处理系统进行功能分析，详细说明各主要功能所完成的目标任务；最后，说明安易 2000 账务处理系统需要的安装环境、如何进行安装、安装之后如何启动调用，同时对该软件所采用的三层结构的基本概念进行了简要的介绍。这一节介绍的安易 2000 系统基本属于总括性的内容，是对该软件系统的大框架的认识。

第二节是安易 2000 账务处理系统的初始化步骤介绍，这节对部分初始化步骤进行了详细的介绍，包括：如何登录数据库服务器、如何利用后台数据管理工具建立新账套、如何利用账套参数设置功能进行合理的账套参数设置、如何进行操作员管理、如何设置各种权限（包括功能权限、审核权限和数据权限）、如何设置外币币种以及汇率、如何自定义辅助核算项、如何自定义辅助说明项。在这些初始化步骤中，有些属于系统性的设置工作，比如登录数据库服务器、建立新账套、设置操作员以及权限等，与业务没有直接的关系，而有些则属于核算业务的初始设置，也与将来使用该系统进行核算直接相关，比如账套参数的设置、外币币种及汇率的设置、自定义辅助核算项的设置、自定义辅助说明项的设置。在学习的时候，要注意加以区别，系统性的设置主要关系到系统今后能否安全、可靠地运行，而初始业务性的设置则关系到今后具体的核算，设置不正确或者没有设置则直接关系到相应的核算业务能否正常进行。

第三节是对安易 2000 账务处理系统的初始化步骤的继续介绍，初始化步骤包括：会计科目的设置与维护、会计科目组的设置、非法对应科目的设置、部门以及部门职员的设置、项目资料初始设置、单位往来资料的初始设置、现金流量项目的初始定义、凭证类型设置、自动会计分录设置。本节介绍的初始化步骤是安易 2000 账务处理系统的初始化工作的核心，每个初始化操作都涉及某种核算或者某种会计控制，而且这些初始化工作要求也较高、工作量非常大，应该引起极大的重视。学习这部分设置不要仅仅满足会操作，而且要真正理解进行相应初始设置的目的，理解与后续部分日常业务处理以及期末业务处理之间的关系。只有这样才能算是掌握了软件初始化设置的真谛。

第四节还是属于介绍安易 2000 账务处理系统的初始化步骤，不过本节的初始设置内容主要侧重于如何将手工会计重要的历史数据（如账户余额、未达账项等）转移到计算机系统中，并验证输入数据的合理性与正确性。学习时，要对辅助核算账户的余额输入方法以及校验方法、银行对账期初未达账项的输入与校验等内容予以重点关注。

通过本章的学习，要求学生能够认识到安易 2000 账务处理系统在安易 2000 财务管理系统中的地位以及与其他安易子系统之间的数据传递关系，掌握该软件的安装、启动和系统初始化等方面的主要操作步骤和技术要领，并能够结合实际的操作案例来理解该软件初始化的具体应用技术，能够结合第三章所学的通用商品化会计软件应用的一般知识加深对会计软件应用的步骤及基本方法的理解。

第一节　安易 2000 财务管理系统概述

一、安易 2000 财务管理系统总体结构

安易 2000 财务管理系统是安易 2000 ERP（也称为安易 2000 财务及企业管理软件）的重要组成部分。安易 2000 ERP 产品主要包括安易 2000 财务管理系统（安易 2000-F）、购销链管理系统（安易 2000-S）、人力资源管理、生产管理 MRP Ⅱ以及决策支持系统。

安易 2000 财务管理软件分集团版、标准版、行政事业版、卫生专版、社保专版、三资企业版以及核算中心版等多个版本，主要由下列 11 个子系统构成：安易账务处理系统、安易电子报表系统、安易工资管理系统、安易固定资产管理系统、安易资金管理系统、安易出纳管理系统、安易应收账款管理系统、安易应付账款

管理系统、安易成本核算系统、安易财务预算管理与分析系统、安易领导查询系统，其中安易账务处理系统是安易2000财务管理系统的核心。

安易购销链管理软件主要包括以下几个子系统，分别是：进货管理系统、销售管理系统、存货管理系统、合同管理系统、价格管理系统、收款管理系统、付款管理系统、物料管理系统以及基础资料管理系统。

安易2000财务管理系统与安易2000 ERP产品的其他子系统，特别是安易购销链管理系统之间的关系非常紧密，主要表现为两者之间具有紧密的数据接口关系，这可以通过图4—1来具体了解。

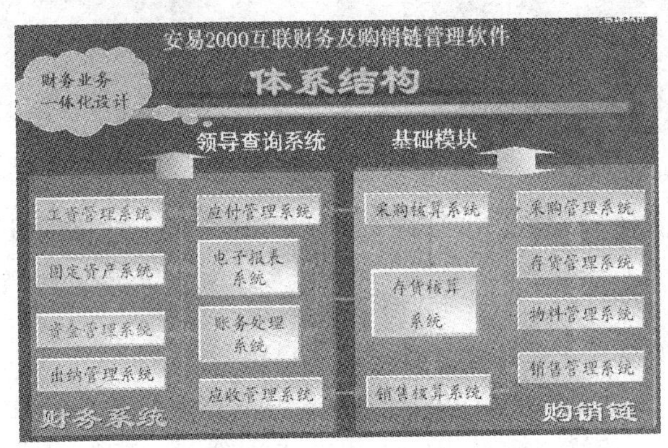

图4—1 安易2000财务管理系统与购销链系统关系图

二、安易2000账务处理系统概述

安易2000账务处理系统主要包括总账处理、现金流量核算、银行对账、往来账核算与管理、部门辅助核算、自定义辅助核算、项目辅助核算以及预算管理等功能模块，下面从该系统所采用的业务处理流程以及具体功能描述两方面来介绍安易2000账务处理系统。

（一）系统业务处理流程说明

安易2000账务处理系统业务处理流程如图4—2所示，该图实际上也反映了安易2000账务处理系统的基本操作流程，所以也被称为系统的操作流程图。系统基本业务处理流程（或操作流程）可分成三个有序阶段：首先是执行第一阶段的业务处理，该阶段也叫初始建账阶段，然后进入第二阶段的业务处理，此阶段为日常业务处理阶段，再接着进入第三阶段的业务处理，该阶段也叫期末处理阶段。其中第二阶段的业务与第三阶段的业务构成一个会计循环，当一个会计期间结束之后（以执行“结账”为标志），系统仍需要从第二阶段开始进行有关业务处理，如此循环反复。

图4—2也可以帮助我们快速熟悉如何应用安易2000账务处理系统进行相关

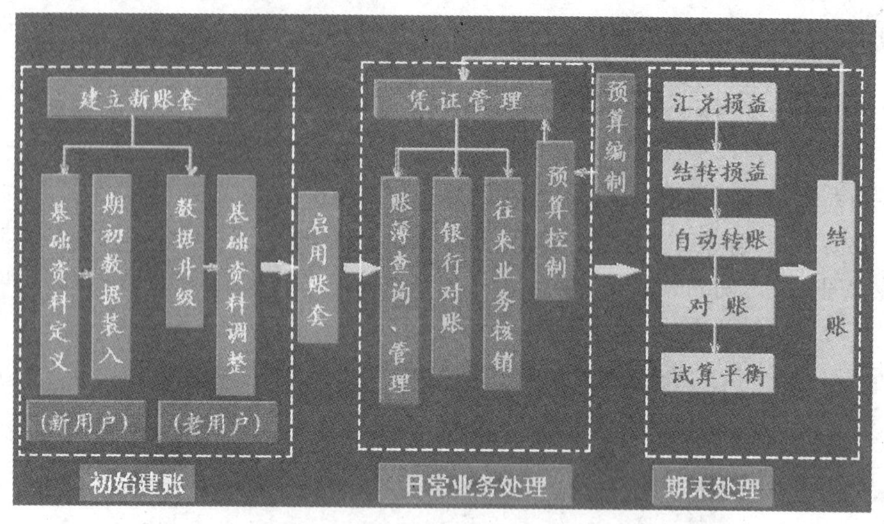

图 4—2 安易 2000 账务处理系统业务（或操作）流程图

的账务处理工作。

（二）安易 2000 账务处理系统主要功能说明

安易 2000 账务处理系统的主要一级功能包括：基础资料设置、凭证管理、账表输出、辅助核算、银行对账、期末处理、预算管理、初始建账数据、系统维护与管理等。实际上，这些一级功能也可以从该软件系统的运行主菜单上获得。为了让大家能够更详细地了解这些一级功能所包括的明细功能，我们通过表 4—1 来反映。

表 4—1 安易 2000 账务处理系统功能表

一级功能名称	二级功能
基础资料设置	是系统启用时的基础资料准备，主要包括会计科目管理、货币与汇率管理、部门与职员资料管理、项目资料管理、往来单位资料管理、自定义辅助核算项设置、自定义辅助说明项设置、现金流量项目资料设置、自动转账分录定义、账套参数设置等功能
凭证管理	主要包括编制凭证、凭证处理、凭证汇总、常用摘要设置、凭证类型设置等功能
账表输出	主要包括总账余额表、总账、明细账、多栏账、序时账、日记账、日报单等基础账表的查询和打印输出
辅助核算	主要包括科目辅助核算项的账表查询，如部门、项目、往来、现金流量等核算账表，并同时支持最多两种辅项交叉的账表数据查询

续前表

一级功能名称	二级功能
银行对账	主要包括银行对账单录入、银行对账（具体又细分为自动银行对账与手工核销银行账）、银行结算方式定义等功能
期末处理	包括期末结汇、结转期间损益、期末自动转账、试算平衡及期末结账
预算管理	包括期初预算数据输入及预算数与实际发生业务数据的对比分析
初始建账数据	包括科目初始余额装入、银行期初未达账装入、往来期初业务装入及辅助核算初始余额查询等
系统维护与管理	包括重新注册、操作员管理、更改口令、操作日志查询与维护、数据引入引出、预记账处理、年度数据处理、系统选项设置、数据库维护工具、打开指定用户级程序、系统连接、计算器等

（三）安易 2000 账务处理系统的安装

安易 2000 账务处理系统软件像其他商品化会计软件包一样，通常也提供安装引导程序，用于将软件安装到指定的计算机中。安装软件采用了三层 C/S 结构，要将该软件安装到计算机中并确保软件可以正常运行，还是有一些难度的，下面分几个方面来介绍具体的安装技术。

1. 软件安装环境的检查

安装安易 2000 账务处理系统软件，首先要检查计算机系统环境是否满足软件运行环境的要求，可分为单机版安装和网络版安装两种情况，本书主要针对网络版的安装来介绍有关内容。

（1）对服务器端的硬件要求：可通过表 4—2 来了解。

表 4—2　　安易 2000 软件对服务器端的硬件要求

项目	基本配置要求	建议配置
机型	PC 品牌机或兼容机	专用服务器或超级微机
CPU	P166	PⅡ 350 以上
内存	至少 32M	64M 以上
硬盘	可用空间至少 480M	1G 以上
其他	软驱、光驱、网卡、网线、Hub 等	网卡、Hub 均为 10M/100M 自适应

（2）对服务器端的操作系统软件要求：要求使用 Windows NT 4.0 以上版本的网络操作系统，数据库管理系统为 SQL Server 7.0 以上版本。

（3）对中间层应用服务器的硬、软件要求：对中间层应用服务器的硬件要求基本可参照服务器的硬件配置要求，在系统并发性（指同时发生的系统处理请求）要求高的环境，建议每 5～10 台工作站配备一个中间层应用服务器。中间层的软件配置主要针对操作系统的配置，要求操作系统为中文 Windows NT 4.9 或 Windows 95 以上版本。

（4）对客户端的硬件、软件要求：与单机版运行环境要求一致，采用流行的微机配置就够用。

这里需要提请注意的是，对于安易 2000 软件来说，不论是单机版还是网络版，在逻辑上采用的都是三层 C/S 结构，因此都要求各有关机器都必须安装有网卡，如果实在没有网卡的话可以通过虚拟网卡来实现。一般情况下，如果系统中有“网上邻居”，就说明本机有网卡。数据库管理系统 SQL Server 必须安装在服务器端，也就是说，如果服务器端没有安装 SQL Server 数据库管理系统，即使用户已经安装账务处理系统软件，安易 2000 软件系统也是不可能运行的。

以上所说是安装前的准备工作。这些工作完成之后，便可以进入该软件的实质性安装过程。在实质性安装之前，我们先来了解到底什么是三层 C/S 结构。三层 C/S 结构也就是三层客户机/服务器结构，三层结构是：客户层（前台应用层）、中间应用层、数据库层（或数据库服务器层），这是一种逻辑关系。其中，客户层的主要功能是提供界面，进行数据信息的输入、输出；中间应用层的主要功能是对数据进行相应的处理、多终端的程序信息流的管理、平衡负载；数据库层的主要功能是对数据库中的数据进行存、取管理。可以用图 4—3 来具体说明三层关系。

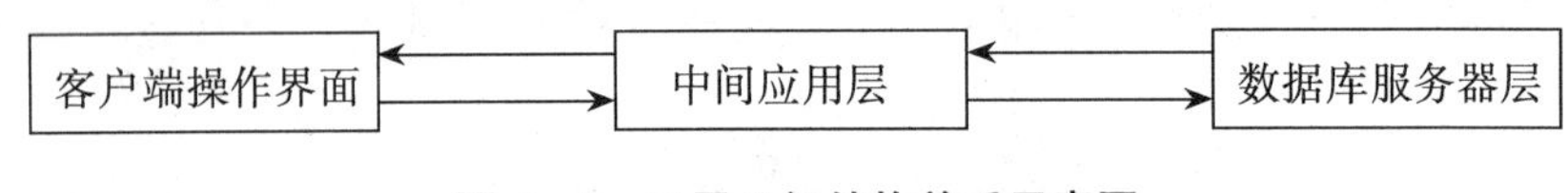

图 4—3　三层 C/S 结构关系示意图

采用三层 C/S 结构的优点在于：当有大量前台应用程序同时使用后台服务器数据库时，服务器工作量会大量增加，由此会导致服务器处理速度变得很慢，而当引入了中间应用层后，该层可以负担一些处理工作，将客户端和服务器端的一些数据处理工作解放出来，交给中间应用层来解决，从而使网络系统负载得以平衡，提高了整个系统的运行速度。

2. 安易 2000 软件的实质性安装过程

做好上述安装之前的准备工作（检查系统环境、检查是否安装网卡以及在服务器端安装 SQL Server 7.0 以上数据库软件）之后，就可以进入下列实质性的安装过程。

（1）安装中间层及后台服务程序。这个步骤可以通过执行安易 2000 安装盘上“标准服务程序”文件夹上的安装程序 SETUP 来完成。

（2）安装安易 2000 账务处理前台程序。打开安装盘上“GL2000”文件夹，选择打开相应版本的安装目录（比如“标准版”、“核算中心专版”、“三资版”、“集团版”等），执行该目录中的安装引导程序 SETUP，然后按照软件提示完成安易 2000 账务处理前台应用程序的安装。

3. 网络版安装结束后还需配置 ODBC

ODBC 就是开放数据库连接，它是由 Windows 提供的，用于建立不同计算机之间、不同数据库之间通信与连接的工具，通过它建立本机与网络其他计算机中的数据源的通信协议。举例来说，PC1 计算机中安装了安易 2000 账务处理系统的中间层，在局域网中的 Server 服务器中安装了 SQL Server，为了让 PC1 机上的操作系统 Windows 知道 PC1 机要与 Server 服务器以 TCP/IP 协议通信，就需要配置 ODBC。当配置完成后，中间层应用程序确定了要与 Server 通信，去访问 Server 上面的 SQL Server 数据源，这时 Windows 就在列表中查询有无这样一个数据源，有的话就按这个数据源的协议进行通信。需要配置 ODBC 时，可打开“控制面板”，双击“ODBC 数据源”程序进入相应配置界面，如图 4—4 所示。

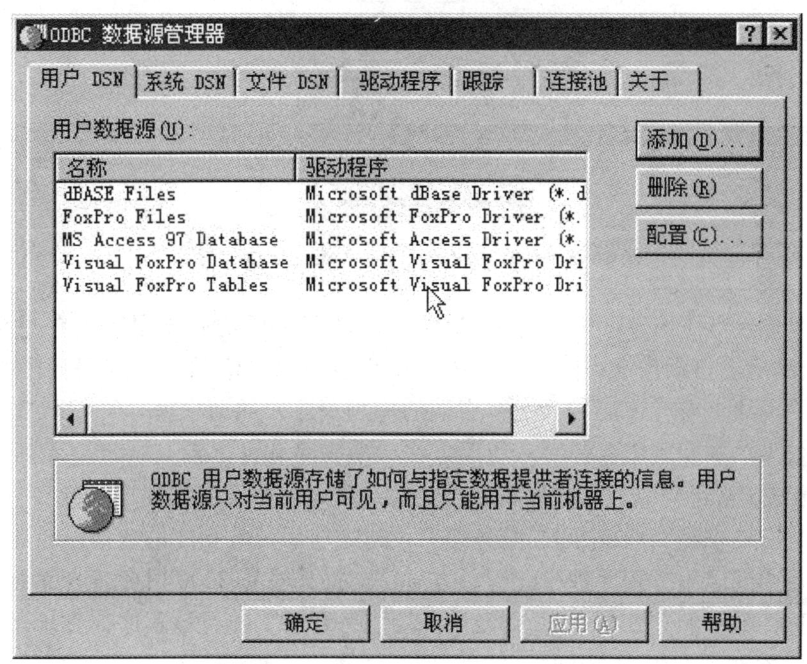

图 4—4　ODBC 数据源配置主界面

在图 4—4 的列表框中显示了当前已经存在的用户数据源，如果没有相应的数据源，可以点击“添加”按钮进入数据源的配置过程。这里因篇幅所限，后续的操作请读者按照该程序的提示进行，也可以参照 Windows 手册。

这里还需补充说明的是，对于单机版，如果在随后的三层结构的连接中出现连接不上的问题，有时也需要配置 ODBC。

（四）安易 2000 账务处理系统的启动步骤

在将有关程序安装到指定计算机系统中后，就可以启动安易 2000 账务处理系统了。具体的启动步骤如下：

（1）在安装有 SQL Server 的数据库服务器端启动 SQL Server Service Manager。安装了 SQL Server 后，在 Windows“程序”菜单中找到 SQL Server Service Manager 的程序项，打开 SQL Server Service Manager 的程序界面，如图 4—5 所示。当经常要运行该程序时，可将“Auto-start...”复选框打上“√”，这样每次开机启动 Windows 后该程序便会被自动启动执行。也可以选择图中的 Service 列表框，选择其中的 MSSQLServer 列表项，然后点击“Start/Contin”按钮，等待程序执行完毕之后，在该窗口的底部提示栏出现“...-MSSQLServer-Running”信息时，就表示 SQL Server 已能正常使用了。

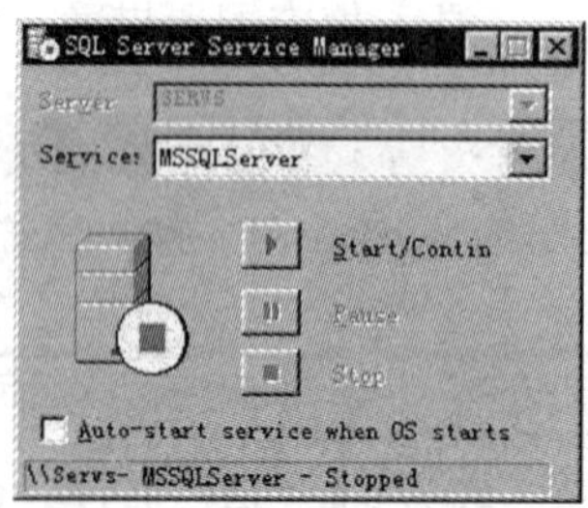

图 4—5　SQL Server Service Manager 操作界面

（2）启动 SOCKET 服务程序。通常，软件安装成功后该程序会在每次 Windows 启动后被自动启动，其作用是创建一个端口以监听网络上应用程序的调用。一旦发现网络上有程序调用（指客户端的应用程序）的请求时，SOCKET 会自动运行本机上的中间层服务程序。所以，在启动安易软件之前，一定要保证 SOCKET 程序已正常运行（通常在屏幕底部的系统状态栏中会有其程序图标）。

（3）启动安易 2000 中间层服务程序，建立与后台数据库的连接。首次运行软件需要对中间层服务程序进行配置，方法是：打开安易 2000 财务管理系统的程序菜单，选择其中的“安易 2000 财务中间层服务程序”执行该程序，在屏幕底部的 Windows 系统状态栏中会出现小恐龙图标（16:53，左起第五个即是，第一个为 SOCKET 程序图标）。

鼠标右键点击该图标并选择“设置”即可出现中间层服务器的设置界面，按实际情况填入“数据库服务器名”、“数据库用户名”和“用户密码”后，点击“连接”按钮可进行连接测试，如果此时中间层能够成功连接数据库，将会出现系统信息“可以正确连接到数据库”，表示中间层设置正确。之后，可以将中间层服务程序关闭，今后该程序会在客户端提出执行程序请求时由 SOCKET 服务程序来启动。需要注意的是，此处“数据库服务器名”指的是安装了 SQL Server 数据库的计算机名，而“数据库用户名”可使用预置的用户即“SA”或“系统管理员”，“用户密码”为空。如果你想对数据库用户进行修改，可以运行 SQL Server 的管理程序来进行修改，有关内容请参考该数据库管理系统的使用说明。

(4) 启动前台客户端程序，建立与中间层的连接。前台程序包括账务、工资、固定资产等模块，这些模块都是采用三层 C/S 结构，共同使用同一个后台数据服务器并调用中间层。此处为启动“安易 2000 账务处理系统”程序。当然，在启动该前台程序之前，应该利用后台数据库管理工具建立相应的核算账套（数据库）。有关建账套的操作可见下一节。此处假定已建好一个模拟账套“伟世创公司账套”。

(5) 进行用户注册登记。其画面如图 4—6 所示。

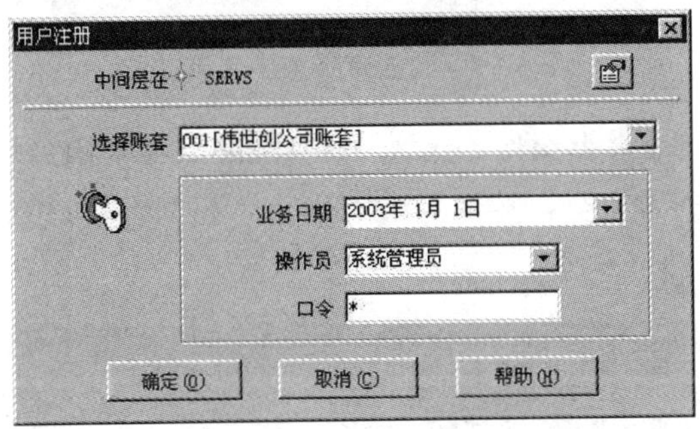

图 4—6 安易 2000 账务处理系统注册示意图

第二节 安易 2000 账务处理系统的初始化步骤（之一）

一、利用后台数据管理工具建立新账套

前面我们已经提到，要注册进入安易 2000 账务处理系统的工作界面，必须首先建立一个合法账套，这个合法账套就是核算会计主体的数据归集空间。值得注意的是，该项工作不是通过调用客户端前台程序来完成的，而是调用安易 2000 后台数据管理工具来完成的。下面结合实际操作例子来讲解如何建立新账套。

例 4.1 伟世创有限公司是新天地集团公司的控股工业子公司，该公司于 2002 年年底购置了安易 2000 财务管理软件，准备于 2003 年 1 月 1 日投入使用。目前，该软件已经安装完毕，安装的数据库服务器的名字为 SERVS，现需要为该公司建立一个新账套，账套名称为“伟世创公司账套”，账套号为“001”，该公司在集团公司的单位代码为 WICC，其财务主管是“伟达能”。核算币种为人民币，会计期间数为 1 年 12 期，科目编码方案为 3-2-2-2。

按例 4.1 的要求建立新账套一共需要经过十个步骤：

(1) 在 SQL Server 的 Service Manager 正常启动运行的前提下，登录数据库服务器。方法是选择“安易 2000 财务管理系统安易 2000 后台数据管理工具”并执行该程序，即可进入数据库服务器登录界面。如图 4—7 所示。

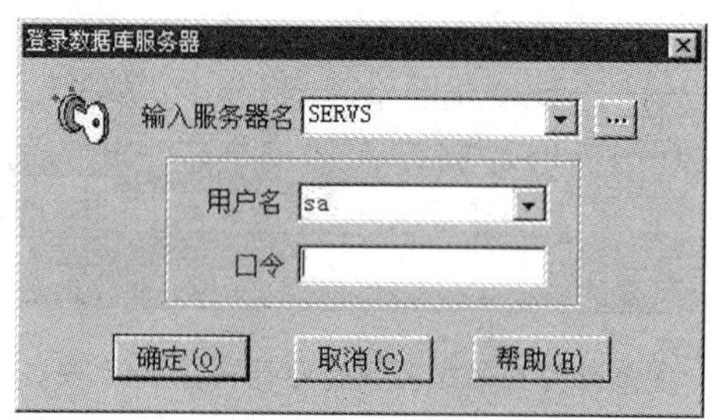

图 4—7 数据库服务器登录界面

按照要求，在“服务器名”中填入“SERVS”，在“用户名”中填入“sa”或“系统管理员”，口令均为空，然后点击“确定”按钮即可进入后台数据管理工具的操作界面。如图 4—8 所示。

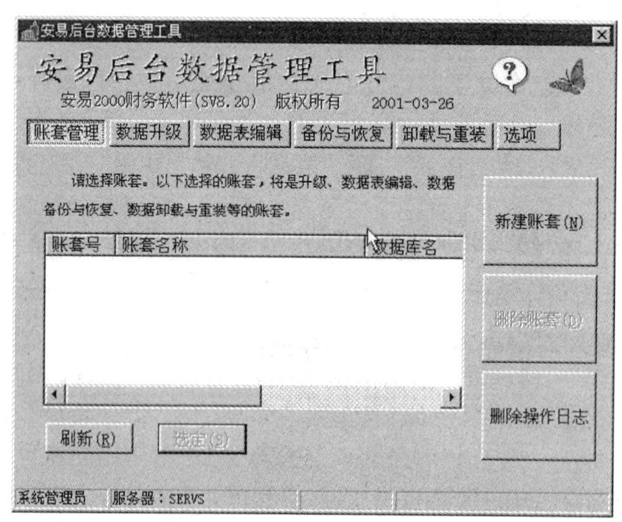

图 4—8 后台数据管理工具操作主画面

(2) 选择“新建账套”按钮，然后再选择“新建账务账套（必建）”项，即可进入建账的账套参数实质性定义步骤。这里需要说明，安易后台数据管理工具不仅是账务建账的程序，也是工资建账、固定资产建账等必不可少的后台管理程序。

(3) 选择设置新账套的账套类别，这也是建账引导的第一个步骤。图 4—9 中的左边部分表明建账共分为 8 个步骤。针对本例，由于所要设的账套是一个集团企业的子公司账套，因此，将“账套类别”选择设为“基础核算账套”，该账套不涉及集团公司数据汇总功能。如果选择“汇总账套”则意味着所建账套是一个自身无业务数据，但可以接收多个相互联系、遵循同一核算规则、具有相似账簿体系的账套数据以进行汇总的账套，这种账套类别一般只做汇总统计用，通常可供集团总公司对下属分公司账套、行业总部对下属各分部账套进行汇总。账套类别选择完毕之后，点击“下一步”进入账套信息项设置画面。

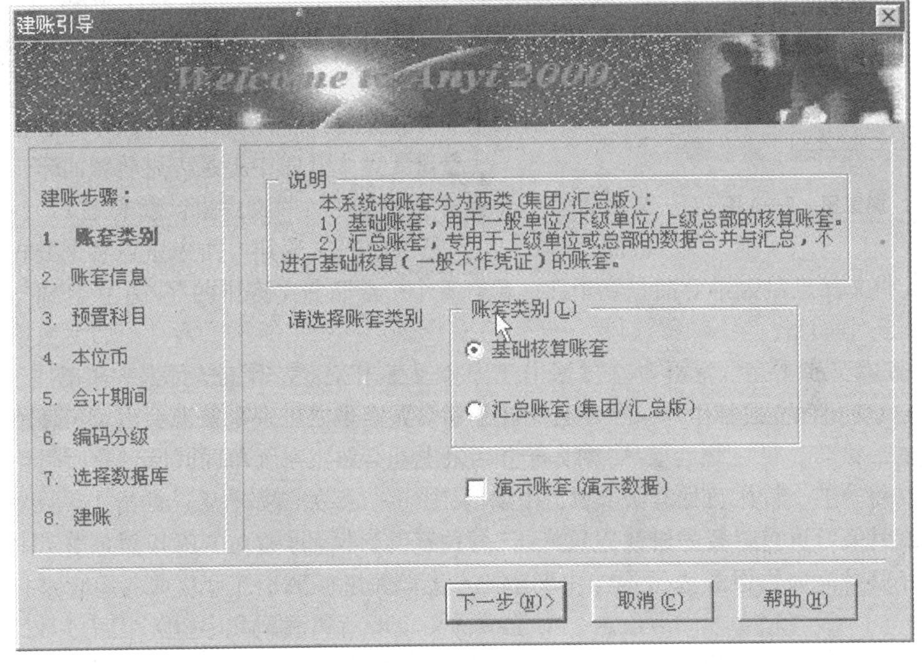

图 4—9 账套类别设置画面

(4) 账套信息项设置，这也是建账引导的第二步骤。这里有五个数据项目要求填写：“账套号”、“账套名称”、“单位代码”、“单位名称（简)”、“财务主管”，其中前四个项日为必填项且输入内容要求具有唯一性，“账套号”为 4 位数型代码，账套名称最多可输入 20 个字符的名称，单位代码最多可输入 12 个字母或数字混合的编码，单位名称最多可输入 10 个汉字。按本例要求输入有关数据如图 4—10 所示。点击“下一步”进入“预置科目”。

(5) 预置科目。在该步骤可从系统预置的 21 个“行业类型”中选择本企业所

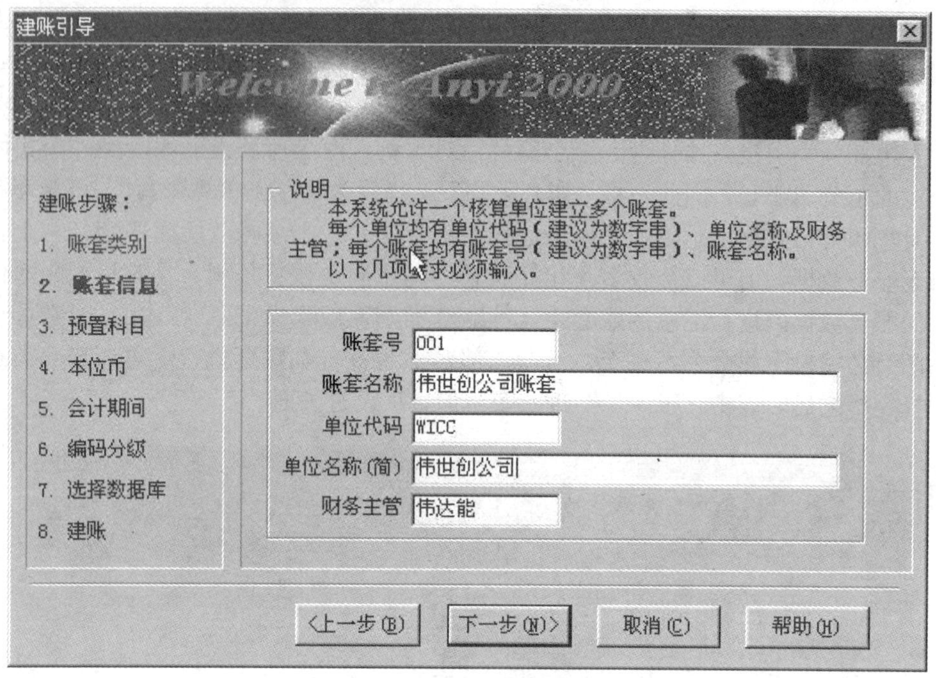

图 4—10 账套信息项设置画面

属的行业类型，决定是否预置（预先装入）该“行业”的一级会计科目到计算机系统中。针对本例，我们从“行业类型”列表框中选择“工业企业”，并把“预置科目”前的复选框置为“√”，这样该账套设置完毕之后，系统就会自动将工业企业的一级会计科目统统装入本账套中，用户不必再一一添加设置这些会计科目，只需对这些会计科目的有关属性（比如采用何种辅助核算类型、是否需要设置明细属性等）进行必要的修改设置即可，可减轻会计科目输入的工作量，节省系统初始化的时间。点击“下一步”进入本位币设置。

(6) 设置账套本位币信息。本位币信息主要有“代码”、“币名”、“币符”、“单元”以及“精度”。若无特殊要求，对这些本位币信息的设置可采用系统缺省值。本例不修改本位币信息。点击“下一步”进入会计期间设置。

(7) 账套会计期间设置。会计期间设置的画面如图 4—11 所示。主要设置项目包括：会计期数、会计年度起始日期、启用会计期间、会计期间、各期起始日期、各期结束日期设置等。会计期数可在 12、13 中选择，但不管选择哪项，会计年度的实际天数都为 365 天，若选的是 13 期，则系统自动将年度的最后一天定义成第 13 会计期间，这主要是为了便于年终结账使用。“会计年度起始日期”主要是指定第一个会计期间的起始日期，在我国一般为本年度 1 月 1 日，在西方有些国家为 4 月 1 日。“启用会计期间”项要求指定具体的年度和月份，如果为某个年度的中间月份，比如7月，则意味着在将来“建账期初余额装入”时，需要将每个科目1～6月份的发生额合计数装入计算机中，以保证本年度的科目数据的完整性。因此，启用会计期间选择为第一期（一般来说是年初）是最好的，因为那样的话，可以大大减少期初余额的装入工作量。针对本例要求，基本上可按图4—11所示内容进行设置。点击“下一步”进入科目编码分级步骤。

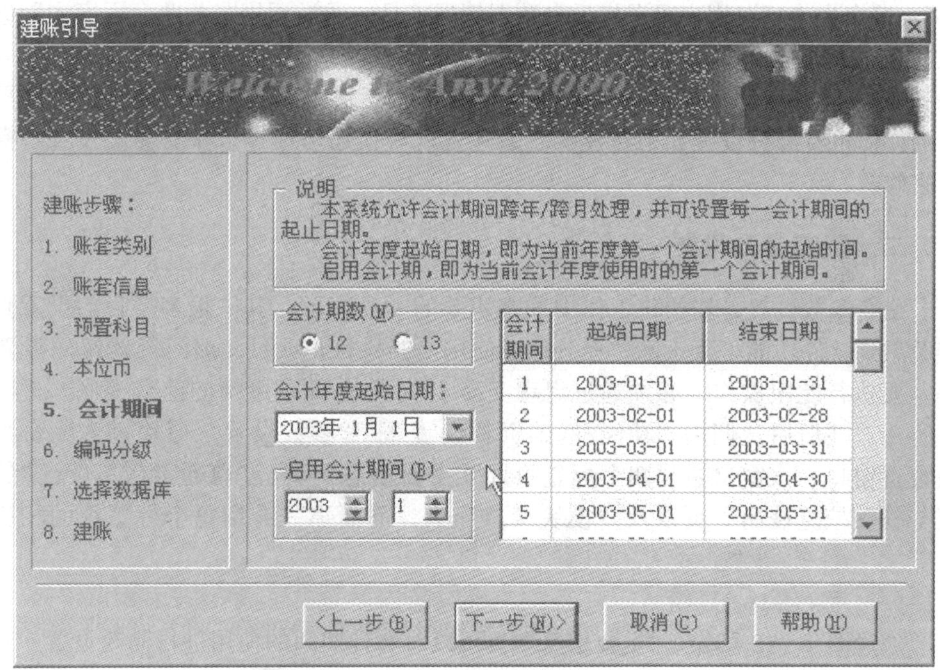

图4—11 会计期间设置画面

(8) 设置科目编码分级信息。此步骤主要定义科目编码的方案，需要用户统筹考虑会计科目核算体系的建立，由此来决定科目核算深度到多少级、每级科目编码长度是多少。本例要求科目编码为3-2-2-2，表示采用四级核算，从第一级一直到第四级科目的编码长度分别为3、2、2、2。注意：这里科目编码是按照等级制编码方案来说的，按照等级编码方案的规定，实际上某个科目编码是由其上级科目编码加上本级科目编码组成的，比如一级科目“银行存款”的编码为“102”，它的第二个二级明细科目“工商银行”的本级编码为“02”，则“工商银行”的完整科目编码应该是“10202”。我们在实际工作中，一定要结合同级明细科目可能有的数量等级来确定具体该级编码长度为多少比较合适。举例来说，如果我们通过检查现有的会计科目体系发现，在所有的一级会计科目中，其下属二级科目数最多为201个，则可以在本步骤将二级编码长度确定为3。科目编码方案在建账完毕之后，还可以通过系统初始化阶段的“账套参数设置”功能来进行修改。点击

"下一步"进入建账引导的第七步，即"选择数据库"建立账套。

(9) 建立账套、选择数据库信息。一般来说，若用户想单独建立一个新账套，则无须选定列表中的某项，可直接点击"下一步"按钮进入建账引导的最后一步。

(10) 点击"完成"按钮即可进入自动建账过程。建账完成后，系统会弹出一个提示框告诉用户新账套已成功建立，初次进入此账套的用户名为"系统管理员"，口令为"1"。用户可退出后台数据管理工具，通过调用账务前台程序注册进入这个新账套。

需要提醒读者注意的是，在新账套建立过程所做的设置大部分内容是不可更改的，但也有部分设置如果在建账之后才发现有误还可通过"账套参数设置"操作来修改。

二、账套参数设置

账套参数设置是初始化工作中非常重要的一项内容，其中很多项目的设置直接关系到软件功能可否正确、充分地被使用，如科目、项目、部门等的编码设置等。要执行此项操作，必须通过启动安易 2000 账务处理系统的前台程序，正确进行用户注册后，调用"功能/基础资料设置/账套参数设置"模块进入账套参数设置窗口，该窗口主要四个标签页即"主要信息"页、"普通参数"页、"凭证与辅项核算控制"页以及"模块接口"页。下面逐一介绍每个标签页的相应功能。

(一)"主要信息"页

通过图 4—12 可知，"主要信息"页可以对会计期间的使用进行修改设置、对核算单位的详细信息进行补充登记、对本账套的各项编码方案进行调整确认。但读者务必知道，在新建账套时所设置的账套号、账套名称、单位代码、单位名称、本位币代码及名称、会计年度、启用会计期间、会计期间数等数据项在账套参数设置中是绝对不允许修改的，在新建账套过程中必须谨慎考虑，认真输入，确保无误。

1. 核算单位信息设置

单击"核算单位"按钮即可进入核算单位信息设置界面，系统将核算单位信息分成三类：常用信息、通信信息以及银行/执照信息。

(1)"常用信息"主要包括：单位代码、名称（简）、单位全称、联系地址、邮编、所属行业、识别码、备注等项目，其中前面两项为账套建立阶段设置的，此处只提供查询，不能修改其值，后面六项属于选填项目，用户可根据实际情况来填写。

(2) 通信信息设置。主要记录说明核算单位的通信联络方式，具体可划分为"企业"、"财务"以及"信息中心"三个部分，所有项目均为选填项目。

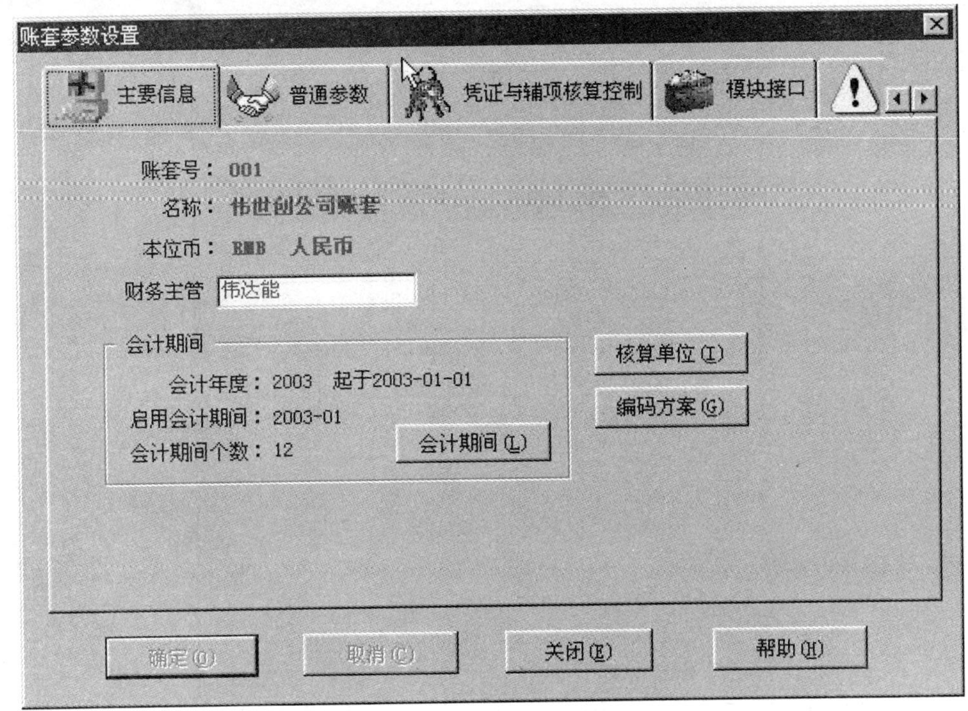

图 4—12 “主要信息”设置画面

(3) 银行/执照信息设置。该窗口主要记录核算单位的“开户银行”、“营业执照”以及“经营范围”等内容，所有项目也是选填项目。

2. 会计期间设置

单击“会计期间”可进入会计期间设置窗口，如图 4—13 所示。会计年度、启用会计期间、会计期数是在建立账套时确定的，此处不能修改，但此处可以对具体会计期间的使用进行编辑，方法是：点击“编辑”按钮，可对每个会计期间的结束日期进行修改（通过双击结束日期对应的单元格就可进入修改状态），也可以对结账标志进行修改（系统默认结账标志为“活动”，单击对应的单元格可对未结账会计期间进行“活动/冻结”状态的切换设置。对于已经结账的会计期间，对应单元格自动置为“结账”标志，且不允许改动）。

3. 编码方案设置

单击“编码方案”即可进入编码方案设置窗口，如图 4—14 所示。

用户可对科目、科目组、部门、项目、地区、往来单位、现金流量 7 个项目进行分级编码。部门、项目、地区、往来单位等项目编码主要是为了将来进行相应的辅助核算目录设置使用的，具体采用什么样的编码方案要根据相应辅助核算的具体情况来定。编码的设置方法很简单：先选择图 4—15 中左边部分的待分级

图 4—13 会计期间设置画面

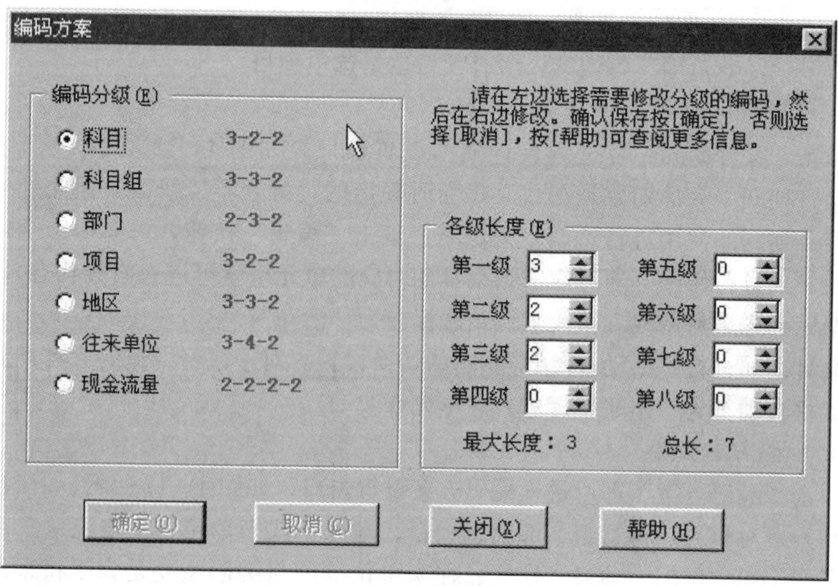

图 4—14 编码方案设置画面

编码项目，然后在图中右边部分确定其级次以及每级的长度。需要注意的是，此处的编码分级方案将会直接影响到将来的科目代码、科目组代码、部门编码、项目编码、地区码、往来单位代码以及现金流量代码等项目设置的有效性，因此，操作时一定要理解分级的真正含义后再设置具体值，不要盲目设置。比如，有的人将部门编码确认为4-3-2-2，但在部门职员实际定义时只需设立一级部门就足够了，且一级部门代码只要两位就行了，因此，这个部门分级编码的操作就显得很不妥当。

（二）“普通参数”页

“普通参数”页如图4—15所示，该页可对一些账套参数进行设置，这些参数有的是非常有实际控制意义的，比如“账簿参数”中的一些控制参数对于账簿数据的输出格式有很大的影响，而“反方向录入银行对账单”则对银行对账单的录入方式起着决定的作用（具体作用我们会在后面内容介绍）。其他参数可参见图4—15所示内容来理解其实际控制意义。

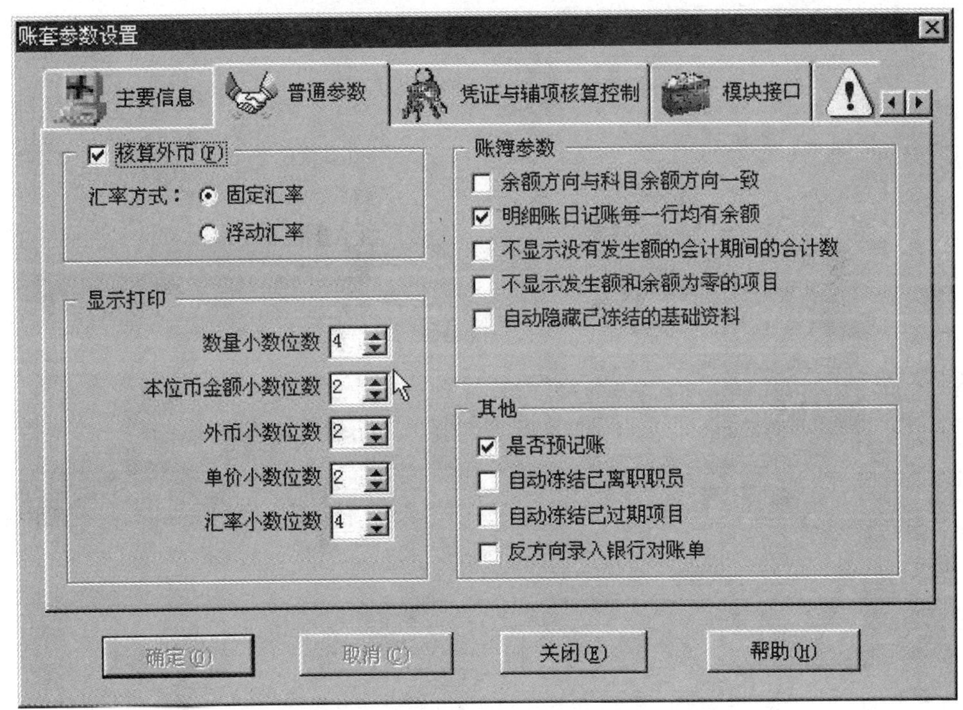

图4—15　普通参数设置画面

（三）“凭证与辅项核算控制”页

该页主要用于定义凭证参数，分相关选项和严格核算项两部分。其页面信息如图4—16所示，有关选项的实际控制意义如下：如选择了“要求凭证号与日期同时递增”选项，则表示凭证号大，其业务日期也大；凭证号小，则该凭证的业务日期也小。如选择了“下行自动显示凭证校正数”，则在凭证编制时，光标到达下一空行时自动在借方或贷方产生一个确保该张凭证借贷金额平衡的数值。如选择了“使用自定义凭证号”，则在凭证编制当中允许用户自定义非连续的凭证序号，系统不做严格要求。如果选择了“编制凭证时禁止输入自定义辅助核算项”，则需在操作员管理中将禁止该操作员所在操作组的功能权限“现金流量自定义辅助核算项补充登记”。如果选择了“凭证记账时再检查”选项，则记账时，系统将对凭证进行再次检查，否则系统在记账时将不再对凭证进行检查。如将“制单与审核可为同一操作员”选项置空，则表示由本人制作的凭证不能由本人自己来审核。对于严格核算项的参数设置，正如我们在图 4—16 右下角看到的一段文字所说的那样，被确定为严格核算的辅助项，在今后凭证输入或期初余额装入时，系统会要求采用了该辅助核算的科目必须输入辅项内容，而且辅项的金额之和必须与当前科目相等。

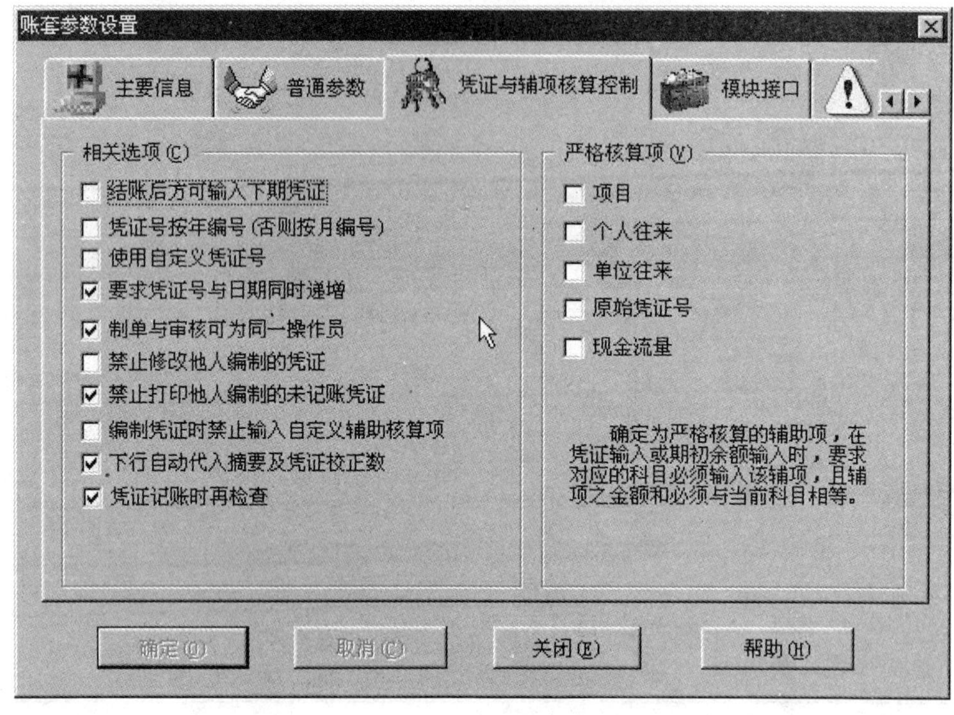

图 4—16 “凭证与辅项核算控制”页

（四）“模块接口”页

该页主要提供账务系统与下列系统/子模块的挂接参数设置：安易报表、单位往来模块、应收/应付系统、银行对账模块、出纳系统等。如用户同时使用安易报表系统，则可在定义“安易报表路径”栏中填入报表存放路径，以实现对报表数据的正确读入；如本账务系统加挂有单位往来模块，则需在此指定应收及应付系统存放路径，否则无法正确读取两系统数据；如本账务系统加挂有银行对账模块，需在此指定出纳系统存入路径，否则无法正确读取相关数据。

账套参数设置完毕之后，必须重新注册进入系统，所设置的控制参数才会发挥相应的作用。

三、操作员管理及权限设置

谁能够安全进入某个账套，进入后对该账套都能进行哪些操作、哪些业务不能由其来完成等，都是通过软件所提供的操作员管理模块来实现的。下面结合操作案例来讲解此模块的使用方法。

例 4.2　针对安易软件的权限管理特点，要求将所有操作员分成两组：第一组为“财务组”，该组具有除凭证审核、记账、期末处理以外的所有功能权限；第二组为“审核组”，该组具有除了基础资料设置权限以外的其他所有功能权限。将财务部的王新、古华分到财务组，伟达能、李明分到审核组，各自的数据权限、审核权限设置要求如下：王新不能对科目“301 实收资本”进行操作，古华不能对部门核算业务进行操作，伟达能对王新制作的凭证只能审核记账业务发生额小于 500 000 元的凭证，而李明对王新、古华制作的凭证都可以审核、记账。

本例的要求通过适当使用“系统/操作员管理”模块都能实现。用“系统管理员”的身份进入安易 2000 账务系统，调用“系统/操作员管理”模块即可进行操作分工及权限控制。该模块操作窗口的左边显示的是已设置好的工作组和组下的操作员，右边则分成四个页面即“操作员/工作组信息”页、“功能权限”页、“数据权限”页和“审核权限”页。其中“操作员/工作组信息”页主要完成工作组、组下操作员的定义及管理，案例中的两个组的设立以及四个操作员的添加都可通过该页面来实现；“功能权限”页是负责对“工作组”的权限设置，安易软件将功能权限分为 8 个部分，每部分又划分为若干明细部分，对某个工作组的功能权限授权可以在这些功能模块中定义设置，案例中对每个组的功能权限的规定可以通过此页面操作完成；“数据权限”页可以对操作员在操作涉及科目、部门、项目、个人往来、单位往来等数据时进行权限控制，案例中的王新不能对“301”科目进行操作，古华不能对部门进行操作都只能通过此页面来设置完成；“审核权限”页定义操作员在凭证操作时，可具体对哪些人员处理的凭证进行审核处理，案例中对伟达能和李明的特定审核权的设置就可以通过此页面操作来完成。

（一）工作组和操作员的添加、修改和删除等操作技术要领

1. 工作组的添加、修改和删除

要增加新的工作组，首先需要在窗口左边的树型结构中将当前工作组移到顶

层组即“系统管理”组，该组是系统预置的固定组，所有的新工作组都只能从属于该组。然后点击“操作”按钮，再选择“增加组”，系统会提示输入新工作组名称以及说明内容，确保输入准确无误后点击“确定”按钮即可完成新工作组的添加操作，如图 4—17 所示。

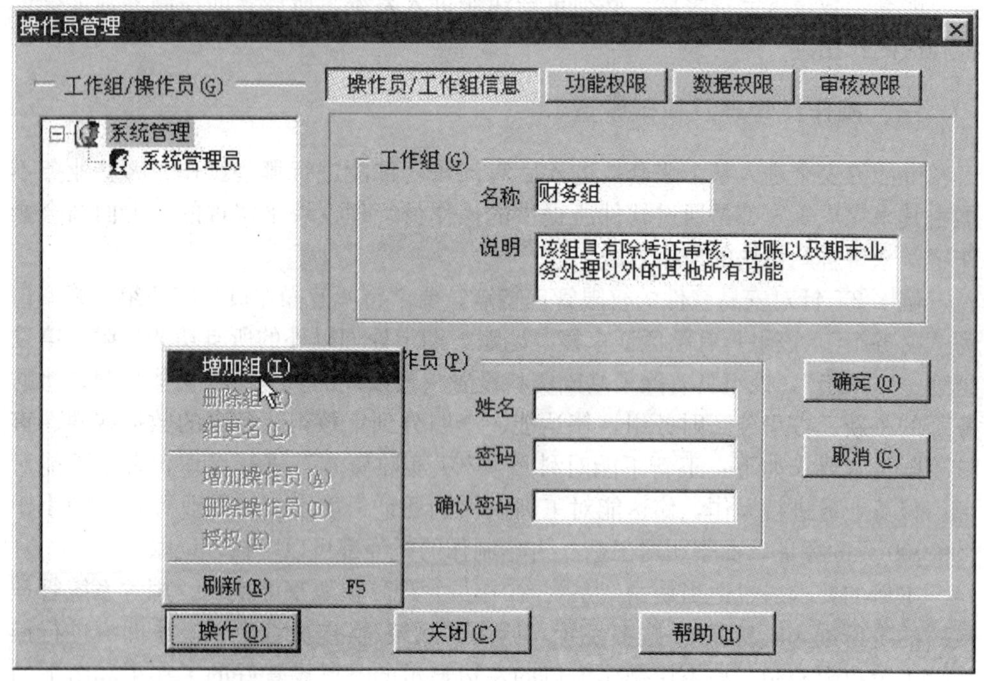

图 4—17 工作组增加操作界面图

工作组增加后在当前窗口左边的树型结构中会马上显示出来，要对新建立的工作组进行操作必须先用鼠标左键点击该工作组使之成为当前工作组，然后再点击“操作”按钮或者鼠标右键，就会出现工作组管理快捷菜单，通过选择菜单上的命令项可分别完成“删除组”、“组更名”、“增加操作员”、“授权”等任务，只是要注意要删除当前组时一定要确保该组下已没有操作员，否则系统将拒绝删除操作。

2. 操作员的添加、修改和删除

首先必须确定所要增加的操作员归属于哪个组，并且所归属的组已经增加完毕，在此前提下点击该组使之成为当前操作工作组。然后点击“操作”按钮，在弹出的快捷菜单中选择“增加操作员”或者直接点击窗口右边的“新增”命令按钮，可进入增加操作员的工作状态，系统提示输入新操作员的姓名和密码，输入完毕点击“确定”按钮即可完成操作员的增加，如图 4—18 所示。

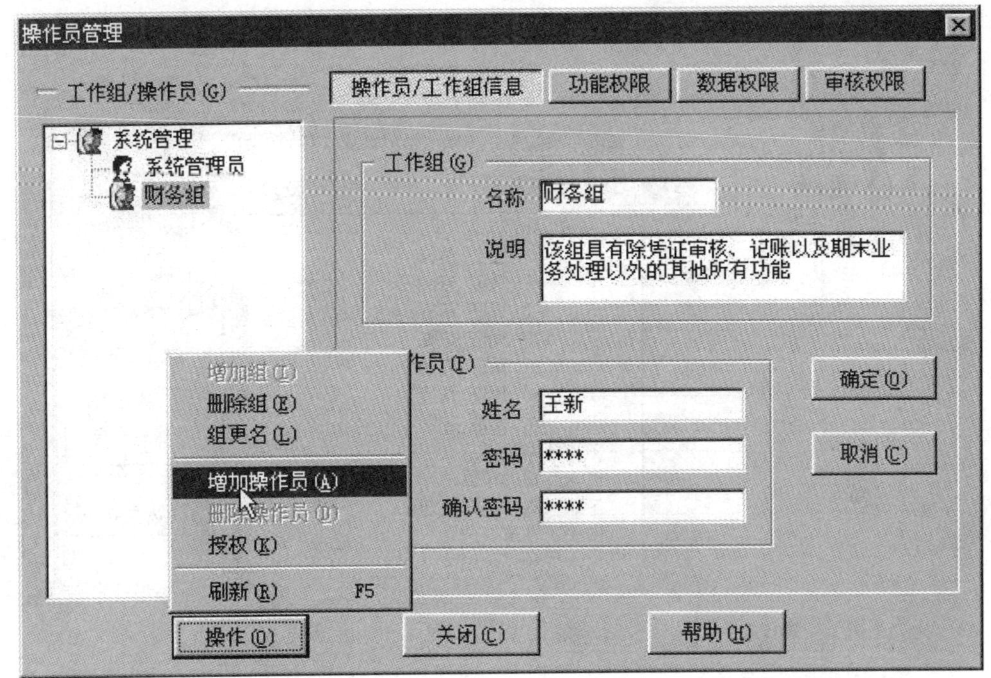

图 4—18 增加操作员操作界面图

要对该操作员进行删除或者修改其密码（姓名不能直接修改）等操作，只需在树型结构中找到该操作员并用鼠标单击此操作员项就可进行操作员的相关处理（指修改或删除），你也可以通过点击“操作”按钮或直接按鼠标右键在随后弹出的快捷菜单中选择“删除操作员”命令将当前操作员记录删除。

（二）功能权限设置技术要领

安易软件的功能权限设置只针对工作组而言，换句话说，你不能对某个操作员进行所谓的功能权限设置。先在树型结构中选择需要授权的工作组，然后点击“功能权限”页标签即可打开功能权限操作区。通过点击“授权”按钮，即可进入功能权限设置状态。下面对“财务组”进行功能权限设置。单击“凭证”功能前的“+”，展开“凭证”功能下的明细项目，将“审核”、“记账”设为“禁止”，方法是先选中凭证的明细项然后单击“禁止”钮，该明细项立即显示为红色，表示此项功能将被禁止向财务组开放。按同样的方法，可将“期末处理”设置为禁止状态。设置完毕后，单击“同意”按钮以保存当前设置状态。如图 4—19 所示。

（三）数据权限设置技术要领

数据权限是针对具体某个操作员而言的。操作时，先在树型结构中选择需进

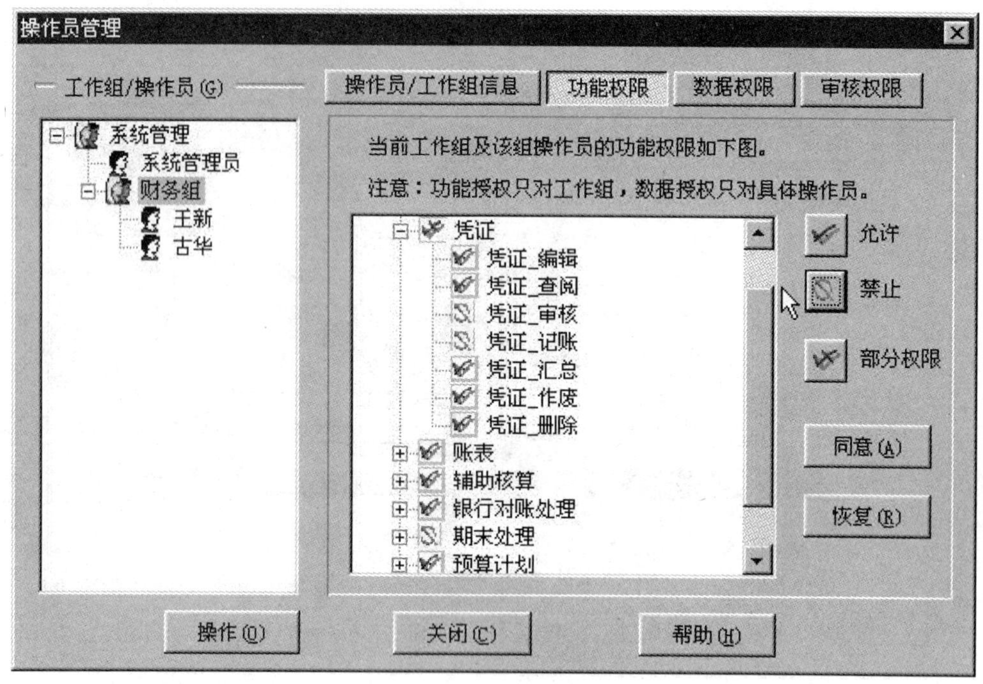

图 4—19 功能权限授权画面

行数据权限授权的操作员，然后点击“数据权限”页标签，打开数据权限操作区。下面对王新的“数据权限”设置，可以选择“数据类型”下的“科目”选项，再单击“增加”钮，系统会把所有的科目全部显示出来供用户选择（此时本账套的所有科目应该已经设置完毕），挑选“301 实收资本”科目再按“确定”钮，待返回到数据权限操作区时继续按“确定”钮便可完成对王新的“数据权限”的设置。同理，可完成对古华的“数据权限”的设置。注意要求此时部门初始化设置工作必须已经完成，并且要求选择所有的部门（方法是按住 Ctrl 键再点击鼠标左键来选择）。如图 4—20 所示。

需要注意的是，在“数据权限”操作页面，窗口右边的“方向”栏目不得随便选择“允许”或者“禁止”，因为如果当前的数据类型为“科目”，而用户把“方向”栏目设置从“禁止”改成了“允许”，却未指定具体的科目（右边的列表框中没有列表数据），则意味着当前操作员不能操作任何一个科目（此时，数据类型、方向以及数据列表框取值构成了一控制逻辑，其意为：允许当前操作员操作的“科目”没有）。当数据类型为“科目”时是这样，为其他取值，如部门、项目、个人往来、单位往来时也是如此。因此，如果不想限制某个操作员操作某种数据类型的相应数据，则一般应将“方向”栏目保持为“禁止”状态，此值也是系统默认状态值。

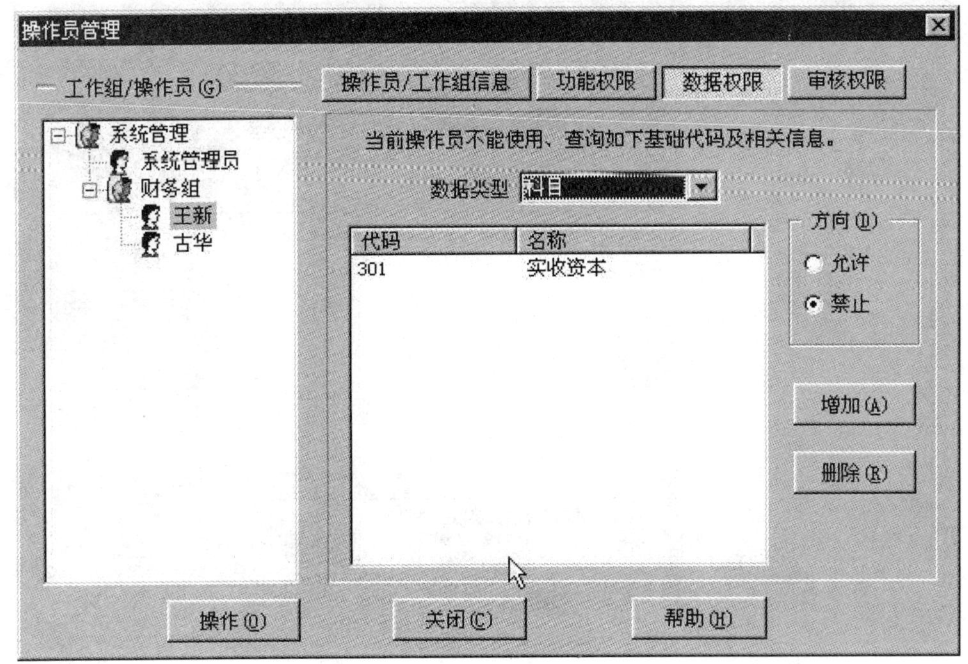

图 4—20　数据权限授权画面

（四）审核权限设置技术要领

同“数据权限”一样，“审核权限”也只针对操作员而言。对伟达能的审核权限要求，可以这样来操作：首先在树型结构中选中“伟达能”为当前操作员，然后点击“审核权限”页标签打开审核权限操作区。在“权限类型”列表框中选择“审核”项，然后再点击“增加”按钮，系统会显示当前已经设置的所有操作员供用户选择，这也表明在进行类似审核权限设置之前就应该将本账套的所有合法操作员增加完毕。从中挑选操作员项“王新”，之后单击“确定”钮即可返回到“审核权限”操作区，此时“王新”就出现在了列表框中，在窗口右边的方向选项上选择“允许”项，并且在“最大凭证金额”栏中填入“500 000”，最后单击“确定”按钮即可完成对伟能达的审核权限的设置，此设置表明伟达能能够审核王新编制的凭证，但所审核的凭证的业务发生额必须控制在 500 000 元以下，超过这个限度伟达能就无权审核了。图 4—21 所示的是对伟达能进行审核权限设置后的画面。

同理，用同样的方法可以完成对“李明”的审核权限的设置。但是对多个操作员所编制凭证的审核权进行设置时，系统只能要么全部“允许”，要么全部“禁止”，不能部分允许、部分禁止。

最后需要注意，对工作组以及操作员的任何设置只能在下次注册进入系统后

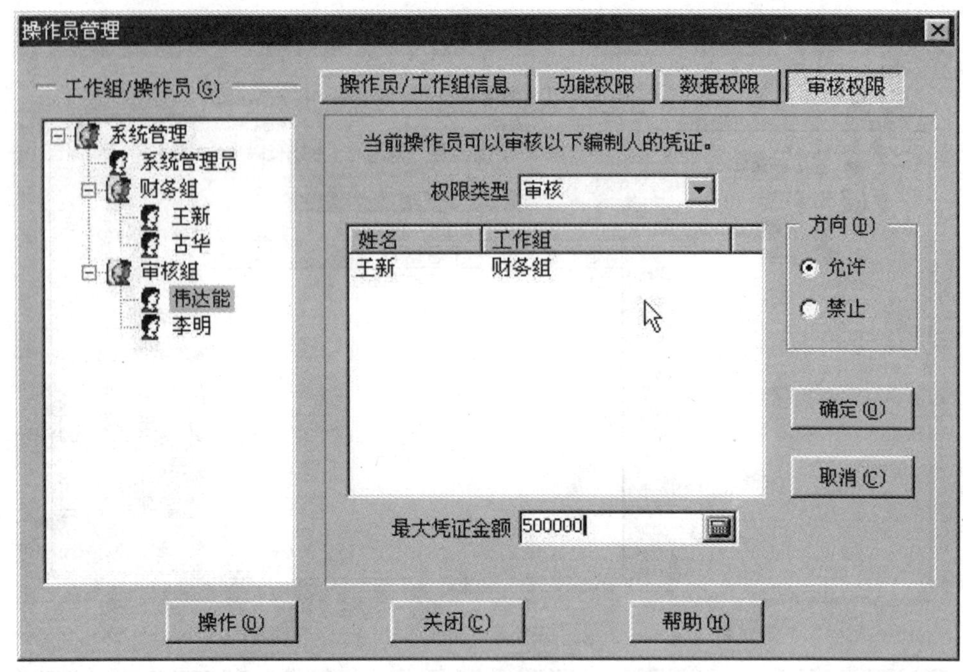

图 4—21　审核权限授权画面

才能生效。

四、外币与汇率的设置与管理

对于有外币业务的单位，由于外币的核算与汇兑损益计算等工作都要用到外币币种与汇率，因此安易 2000 账务处理系统提供了“货币与汇率”管理模块，允许用户在初始化阶段将待核算的外币币种及其汇率进行设置，这样在今后凭证输入时只要分录科目需要外币核算，系统可以自动调用事先已定义好的汇率并根据用户输入的外币金额自动折算出本位币金额，并在随后的记账时登记相应的外币账簿。

需要进行外币币种与汇率设置时可调用“基础资料设置”下的“货币与汇率”模块，有关操作界面如图 4—22 所示。

汇率既可采用固定汇率方式，也可采用浮动汇率方式，汇率的设置过程是：首先增加设置外币币种，然后选择汇率方式，再将有关记账汇率和调整汇率输入计算机系统中。其中外币币种的增加通过点击窗口右边的“增加”按钮，然后依次填入“代码”、“名称”、“币符”、“单位”以及“类型”等项目，点击“确定”一个新币种即追加成功。具体设置汇率时，可先选中窗口左上方外币列表框中的外币币种，然后选择“固定汇率”或“浮动汇率”，根据实际情况输入相应的记账

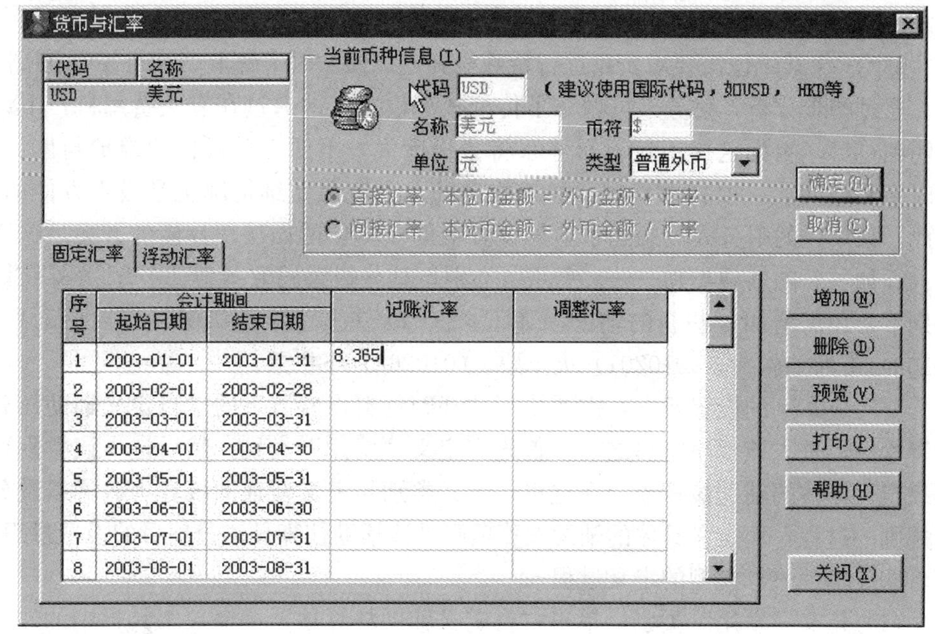

图 4—22 “货币与汇率”设置界面图

汇率和调整汇率。

需要注意的是，如果用户在定义外币时并没有输入相应的汇率，则软件有如下规定：

(1) 对于汇率方式为固定汇率的外币，在当月第一次填制某币种外币业务凭证时，输入的汇率将被自动记入此处该外币的当月固定汇率，且将以此汇率作为当月其他外币业务发生时的固定汇率参考使用；

(2) 对于汇率方式为浮动汇率的外币，在第一次填制某外币业务凭证时，输入的汇率将被自动记入此处该外币的当天浮动汇率，其将以此汇率作为当天其他外币业务发生时的浮动汇率参考使用；

(3) 不论汇率方式为何种，系统皆允许先在此处设置有关汇率，等到实际填制有关外币业务凭证，允许用户对所参照的汇率进行修改，并以修改后的汇率为实际汇率自动折算本位币金额，但所输入的实际汇率不会影响到初始化设置的汇率值。

五、自定义辅助核算项

安易 2000 账务处理软件提供了系统固有的辅助核算形式（如部门、往来、项目等），如果用户还需要采用其他的辅助核算形式，可以借助软件所提供的“自定义辅助核算项”的功能来完成有关辅助核算模型的定义。下面我们以一个实际例子来说明该功能的使用。

例 4.3　某单位需要对费用进行特殊核算，以便及时了解本单位的各项费用情况。通过初步分析，财务人员抛弃了传统核算模式，即通过在有关费用科目下设置明细科目，因为这样不仅科目体系将会很庞大，不便于对科目的维护与使用，同时想要查询某一项具体费用，如差旅费的总括以及明细情况也是极不方便的。为此，该单位的财务人员想到了追加设置辅助核算项的做法。具体的方案是这样的：添加一新的辅项类别——“费用”类别，其分级编码方案为 2-2-2；另外在该类别下，还需增加一些新的辅助项如下：（01）差旅费、（0101）市内交通费、（0102）市外差旅费、（010201）火车票、（010202）飞机票。

要完成本例的设置要求，需要执行“基础资料设置”下的“自定义辅助核算项”程序，进入该程序窗口之后，首先需定义“费用”类别，然后选中该类别再分级定义具体的辅助核算项。在这里，定义类别是定义新辅助核算项名称以及分级规则的过程，而定义具体的辅助核算项则是该辅助核算具体分项目的设置过程，两者构成辅助核算模型的定义过程。

（1）定义“费用”类别。单击“自定义辅助核算项”主窗口工具栏中的“类别”按钮，进入“类别”设置窗口之后，再点击“增加”按钮，按本例要求依次填写当前辅项类别的名称、各级编码长度等项目，输入完毕点击“确定”按钮，“费用”类别便可设置完毕，如图 4—23 所示。点击“关闭”按钮返回到主窗口。

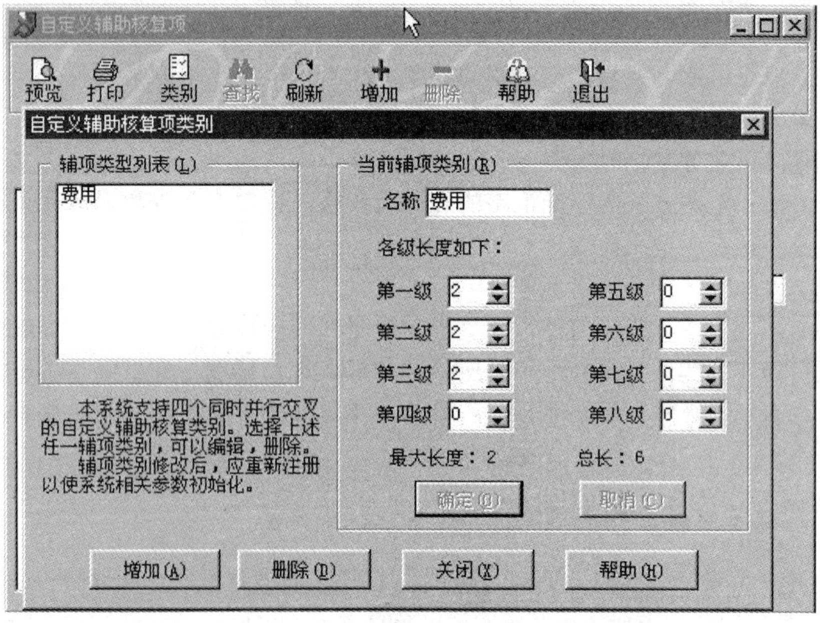

图 4—23　辅项类别自定义画面

(2) 定义具体的辅助核算项目。辅项类别设置完成之后，就可以着手定义其具体核算项目了。针对本例，可以先从主窗口的“辅项类别”列表框中选择“费用”类别，然后再点击工具栏中的“增加”按钮将本例要求的辅助核算项目一一增加设置，其操作结果如图 4—24 所示。

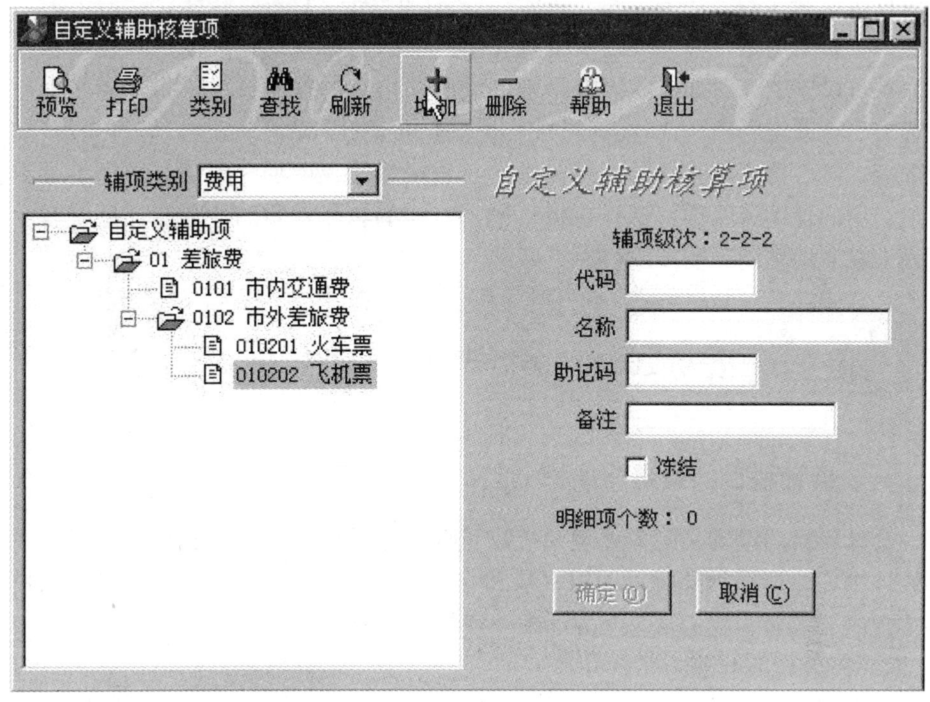

图 4—24　自定义辅助核算项画面

六、自定义辅助说明项

商品化会计软件所提供的会计数据项目一般只考虑普遍情况，而对于用户想要披露的原始凭证的有关数据，比如生产合同号、单据号等，由于这类数据繁多，且一个企业一个要求，因此不便于预设到软件中成为普遍的项目，尤其对于记账凭证数据项目而言更是如此。为了解决披露额外的一些原始数据的问题，办法之一就是通过定义设置“辅助说明项”。辅助说明项是类似于记账凭证摘要性质、用以补充说明业务内容的额外数据项目，用户可利用辅助说明项分门别类地描述更为详细的经济业务。这类辅助说明项不形成账表，仅在序时账中作为查询条件之一被使用。自由凭证格式中亦可显示自定义说明项内容。辅助说明项与辅助核算项的主要区别在于其仅仅起说明作用，没有专门的核算账，而后者则可起到归集会计业务数据形成账簿的作用。安易软件在“初始资料设置”下提供了“自定义辅助说明项”的程序，具体增加辅助说明项的方法很简单，即：进入该程序操作窗口，首次增加辅助说明项，可直接在“辅助说明项”列表框中输入相应的“代码”和“名称”，输入完毕之后点击工具栏中的“保存”按钮即完成辅助说明项的定义；如果要增加新的辅助说明项，一般需要先点击工具栏中的“增加”按钮，再填写该说明项的“代码”和“名称”，之后再点击“保存”按钮。

需要说明的是，辅助说明项设置完毕之后，要被系统识别使用，还需要在今后的科目设置中，对那些需要披露辅助说明项信息的业务科目进行设置，操作时可选中“辅助说明项”（指在编辑科目状态，可参照本章科目设置部分内容）前的复选框，然后再点击其右边的图标进入“选择辅助说明项”窗口，选择设置本科目拟启用的辅助说明项，这样在将来输入对应的科目发生的业务时，系统就会提示输入相应的辅助说明项内容。

第三节　安易2000账务处理系统的初始化步骤（之二）

一、会计科目的设置与维护

会计科目的设置是账务处理系统最重要也是最繁重的一项初始化工作。在安易软件中，此项操作是通过调用“基础资料设置/会计科目/建立会计科目”模块来实现的。下面，我们从三个方面来介绍科目设置与维护工作。

（一）增加一个会计科目

进入“建立会计科目”主窗口后，单击工具栏中的“增加”图标即可进入“编辑会计科目”子窗口，如图4—25所示，对需增加的科目各属性按系统规定进行输入。

1. 会计科目基本属性的含义以及有关科目数据项输入规定

（1）科目代码：科目的唯一识别码，其输入必须符合先前账套参数设置操作（或新建账套过程）中的有关科目编码方案的设置要求。

（2）科目名称、助记码、科目属性、余额方向都属于易理解也容易输入的项目，不作详细介绍。

（3）明细属性：细化的科目属性，为其他相关财务分析模块预留的接口选项。该项目可选值范围会随着当前科目的科目属性不同而不同，比如当科目属性为“资产类”时，明细属性可在“11资金”、“12存货”、“13应收账款”、“14其他流动资产”、“15固定资产”五个选项中选择其一，也可以不填，但科目属性为“权益类”时，明细属性可选值范围则变为：公积金、本年利润和利润分配。读者可自行选择不同科目属性来查看具体可供选择的明细属性内容。

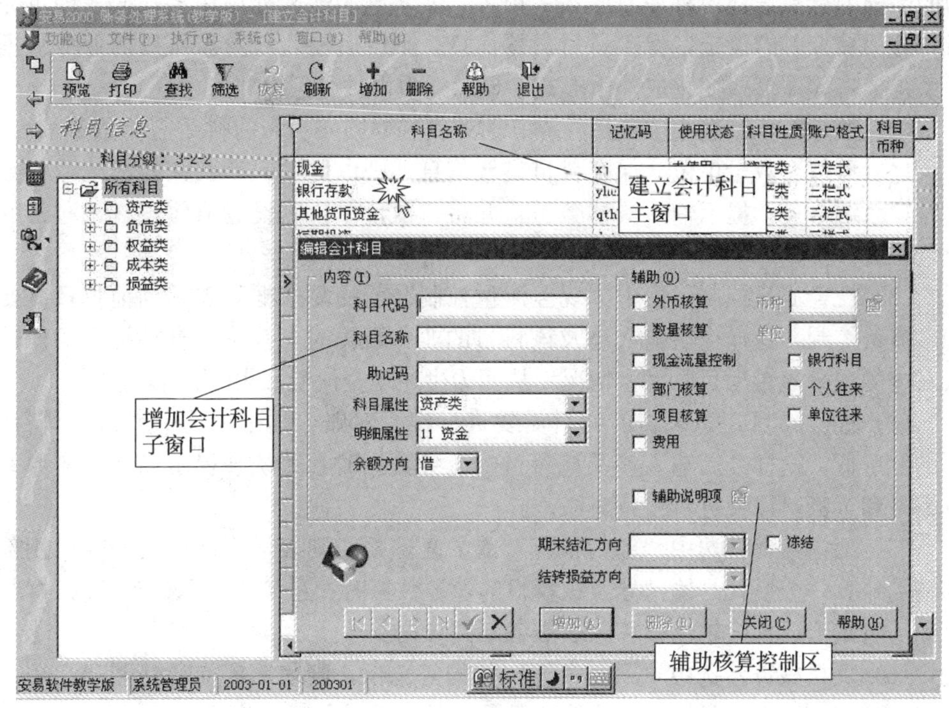

图 4—25　会计科目设置与维护界面图

(4) 期末结汇方向：此栏目仅在当前科目采用外币核算时才可用，并可在四个选项，即“不转出”、“自动转出”、“借方转出”、“贷方转出”中挑选其一。用户如果想在期末处理时对该科目对应的账户自动进行结汇处理（调用“期末结汇”功能），则必须在后三个结汇方向中选择其一。

(5) 结转损益方向：此栏目仅对损益类科目有效，其选项也有四种，即“不转出”、“自动转出”、“借方转出”、“贷方转出”。若用户在此处将某个损益类科目的结转损益方向设置为后三种结转方向中的一种，则意味着该用户希望今后通过“期末处理”下的“结转期末损益”程序来完成该损益类科目结转工作，并生成结转凭证。

2. 辅助核算控制项设置

按照安易软件的规定，系统预置的辅助核算控制项有 8 个：外币核算、数量核算、现金流量控制、银行科目、部门核算、项目核算、单位往来和个人往来，外加两个自定义类型（自定义辅项核算、辅助说明项）。对这些辅助核算控制项的说明如下：

(1) 外币核算：选中“外币核算”前的复选框则表示当前科目需要外币核算，只有事先已经定义了外币币种才能进行此项选择。选中之后，再通过“币种”右边的引导图标来选择币种或直接在“币种”文本框中输入外币币种代码，即可完成“外币核算”的设定，保存科目设置信息，则以后输入涉及该科目的业务数据时系统会将凭证形式变化成外币形式，显示外币币种和汇率。

（2）数量核算：选中“数量核算”前的复选框则表示当前科目需要数量核算，选中之后再填入数量单位。保存科目设置信息，则以后输入涉及该科目的业务数据时，系统会自动提示输入具体数量，并将“数量单位”设置值体现在该科目的数量账上。

（3）现金流量控制：选中“现金流量控制”前的复选框则表示当前科目需要现金流量控制，这样今后输入涉及该科目的业务数据时，系统会自动提示用户输入对应的现金流量项目的发生情况，从而为生成现金流量账表准备基础数据。

（4）银行科目：如果当前科目需要进行银行对账，则必须选中“银行科目”前的复选框，这样今后输入涉及该科目的业务数据时，系统会提示输入相应原始单据号和金额，以便进行银行对账。

（5）部门核算：选中“部门核算”前的复选框，则表示当前科目需要启用部门辅助核算，今后凡是输入涉及该科目的业务数据时，系统将提示选择相应部门，从而为将来形成部门辅助核算账表准备基础数据。

（6）项目核算：选中“项目核算”前的复选框，则表示当前科目需要启用项目辅助核算，今后凡是输入涉及该科目的业务数据时，系统将提示选择相应项目，从而为将来形成项目辅助核算账表准备基础数据。

（7）单位往来：选中“单位往来”前的复选框，则表示当前科目需要启用单位往来辅助核算，今后凡是输入涉及该科目的业务数据时，系统将提示选择相应往来单位，从而为将来形成单位往来辅助核算账表准备基础数据。

（8）个人往来：其设定原理同单位往来。

（9）自定义辅助核算项的选择设定：若用户在“自定义辅助核算项”模块中定义了新的辅助核算项，则此项会自动显示在辅助核算控制区中作为一个辅助核算控制项供用户选择，系统规定自定义辅助类别最多不得超过四个，其具体设定同单位往来。

（10）自定义辅助说明项的选择设定：如需在当前科目设置时启用原先已定义好的辅助说明项，可先行选中“辅助说明项”前的复选框，然后再单击其右方的“选项”图标，进入“选择辅助说明项”窗口，选择当前科目需启用的辅助说明项内容及个数（一个科目最多允许同时指定八个辅助说明项）。今后在输入涉及该科目的有关业务数据时系统会自动提示用户输入相关辅助说明项内容。在序时账中允许用户就说明项内容进行数据的选择过滤。

在现金流量、部门、项目、个人/单位往来和自定义辅项这六种辅助核算项中，一个科目最多可同时选择其中两种辅助核算项目，且不同辅助核算项目之间存在一定的制约关系，比如：个人往来核算不能和其他辅助核算项交叉使用；如现金流量控制被选中，则最多可再选择部门辅助核算。

当上述有关科目的数据都输入完毕后，可按动“增加”钮，系统会自动保存当前科目的设置数据，同时进入下一个科目的输入过程；用户也可以单击“√”确定存盘，或单击“×”取消本次科目输入操作。

（二）修改某个指定会计科目

修改的方法主要有以下两种：

（1）进入“建立会计科目”主窗口，在窗口左边树形结构中选择想要修改的科目项，然后选择“执行”菜单中的“修改科目”功能或者调用右键菜单中的“修改科目”项，即可进入科目修改窗口（也是“编辑科目”窗口）。

（2）在窗口右边科目列表中找到某个指定科目，双击该科目所在的行，或调用右键菜单中的“修改科目”项，也可进入科目修改窗口。

需要注意的是，“科目代码”在任何时候都不允许修改，其他控制项目如已被使用也不允许修改，若确实要修改只有先删除使用信息再行修改。

（三）删除某个不用的会计科目

删除具体操作方法类似于修改科目的操作，只不过此时要选择“删除”功能图标或菜单项，这里就不细说了。对于已涉及有业务发生的科目，比如其年初余额已输入或者有关该科目的凭证已录入等，系统会将该科目标志为“已使用”状态，不再允许将其删除；如某“已使用”科目所涉及的业务数据已全部清空，则系统将允许用户对该科目进行删除操作。

二、会计科目组的设置

安易软件为了增强系统的查询与汇总功能，特别提供了“建立汇总科目组”的功能模块，该模块可将具有某种内在联系的一类科目（甚至辅助核算项）归类到一个科目组，实现组内科目之间的加减和百分比汇总、查询功能，并可在账表中直接以科目组为单位加以引用或查询、显示统计结果。例如：设置“存货”为一个汇总会计科目组，它包括：物资采购、原材料、包装物、低值易耗品、材料成本差异、自制半成品、库存商品、委托加工物资、分期收款发出商品、生产成本等科目，设置“存货”这一汇总科目组后，系统可以将其作为一个整体科目进行查询、引用（比如今后在安易电子报表系统中，可通过科目组取数函数来获取指定汇总科目组的有关数据）。该模块同样适用于辅助核算的汇总科目定义。下面举例说明该功能如何使用。

例 4.4　按现金、银行存款、其他货币资金三个组成科目新增一科目汇总组“货币资金”，其科目组代码为 G01。

调用“基础资料设置/会计科目/建立汇总科目组”程序，进入“建立科目组”

窗口之后，在工具栏中点击“增加”图标，进入“科目组编辑”子窗口，在科目组代码处输入“G01”，在科目组名称处输入“货币资金”，从窗口左边的待选科目表中依次选择“现金”、“银行存款”等科目，然后点击中间的 > 按钮，这些科目就会出现在窗口右边的“公式项”列表框中，待三个科目全部挑选完毕后，点击“√”按钮保存科目汇总组的设置信息，也可以直接点击“增加”按钮，将当前设置的科目汇总组信息进行保存并且自动进入下一科目汇总组的定义环节。本例设置结果如图 4—26 所示。

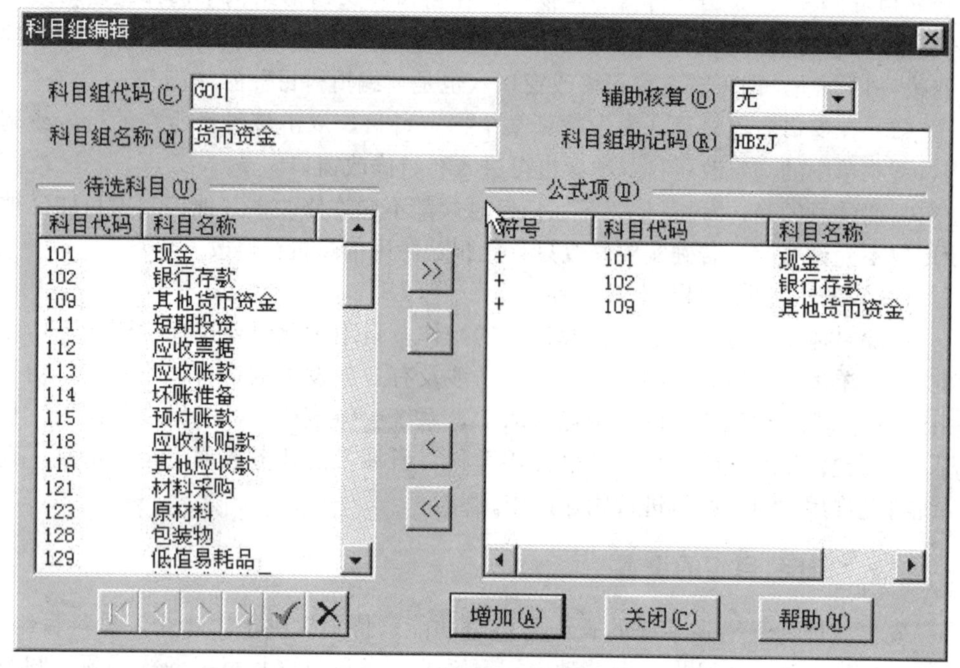

图 4—26 科目组增加画面

需要注意的是：窗口右边“公式项”列表框中的“符号”栏是可以修改的，修改方法是选中待修改科目所在行，双击该行或者按鼠标右键弹出一个快捷菜单，从菜单中选择“编辑修改”程序，进入“汇总科目公式项修改”小窗口，修改相应的符号（可在“+”和“—”中选其一）和百分比值（比如调整为 50，表示取当前科目有关余额的 50%的值作为加项或减项记入科目组中）。

如果要修改某个汇总科目组有关设置的话，可以在“建立科目组”主窗口左边列表框中选择该科目组，然后点击鼠标右键从弹出的快捷菜单中执行“修改科目组”程序，或者选择“执行”菜单中的“修改科目组”程序并执行该程序，都可进入“科目组编辑”子窗口，按有关要求对该科目组进行必要的修改，修改后点击“√”保存。

三、非法对应科目的设置

非法对应科目是指在会计分录中不应存在借贷对应关系的两个科目，也称为互斥科目，比如“借：固定资产　贷：应交税金”，这显然是一对非法对应科目。设置非法对应科目是对用户凭证的借贷方的一种约束规定，有了这样的约束规定之后，当用户编制或保存凭证时，计算机系统会自动对用户输入的凭证的借贷方科目进行检测，若发现当前凭证存在先前所设置的非法对应科目，系统会报告出现非法凭证，并拒绝接收此凭证数据。安易软件所提供的“非法对应科目”设置功能可以提供非法对应科目间的交叉查询功能，即可以任一科目的借/贷方为主，查询其对应的非法对应科目；非法对应科目可一对一，也可以一对多，而且非法对应科目很多，用户也没有必要一次全部设置完成。不设置非法对应科目不会影响安易软件的应用，但为了会计信息系统的安全性，建议用户充分、合理地使用此功能。

四、部门以及部门职员的设置

当用户在科目设置时要求对某科目启用部门辅助核算或个人往来核算时，就必须在系统初始化工作阶段建立相应的部门目录资料和职工个人档案目录，此项工作可通过“基础资料设置/部门职员资料”模块来实现。下面结合具体的例子来介绍如何设置部门以及职员目录。

例 4.5　要求根据例 4.2 中的材料内容，在系统中为财务部增加一条部门记录，其部门代码为“02”，并且为该部门中的 4 人分别增加职员记录。

在安易 2000 账务处理系统中，部门定义和职员设置都是通过同一个初始化模块（“部门职员资料”模块）来进行的，操作此模块时，要求先定义部门记录，再定义部门内的职员。

（一）增加部门记录

进入“部门设置”窗口之后，在窗口的左边部门列表框中选择“所有部门”，然后点击鼠标右键从随后弹出的快捷菜单中选择执行“增加部门”程序，或者直接调用系统“执行”菜单，选择执行其中的“增加部门”程序，都可进入增加部门的操作状态。按本例要求，分别在“部门代码”处填入“02”、在“部门名称”处填入“财务部”，“负责人”和“电话号码”属于选填项目，并且如果要填写“负责人”的实际内容时，要求该“负责人”的个人记录已经存在于系统之中（已通过增加职员的操作将该“负责人”的个人资料输入计算机系统之中），否则系统将不予承认所输的“负责人”姓名。上述几项部门项目数据输入完毕之后，点击“确定”按钮，“财务部”即增加成功，系统要求进行下一部门的记录设置，若用户不想继续设置部门目录，可点击“取消”按钮退出增加部门的状态。部门设置的有关操作界面可参见图 4—27。

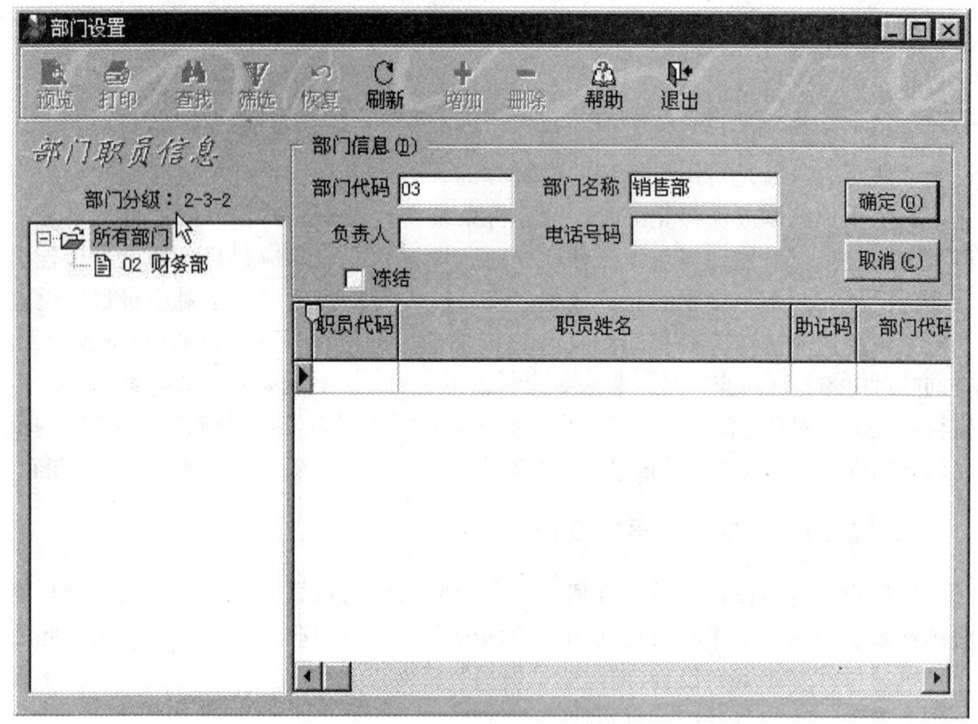

图 4—27　增加部门操作画面

这里随便提一下部门记录的修改（或删除）的方法，其要点是：先在部门设置主窗口左边的部门目录树中选中指定的部门记录，再单击鼠标右键，从快捷菜单中点选“修改部门”（或“删除部门”），也可以通过调用“执行”菜单，然后再点选“修改部门”（或“删除部门”）程序，两者都可完成“修改部门”（或“删除部门”）的操作。不过，在“删除部门”操作时务必要谨慎，因为一个部门记录被删除掉的话，其下的所有职员记录也同时会被删除。

（二）增加职员记录

部门记录追加完毕之后，就可以着手定义各部门下的职员档案记录了。方法是在部门设置主窗口的左边部门目录树中先选中该部门，然后点击工具栏中的“增加”按钮即可进入“编辑职员信息”子窗口，按给定资料依次填入各数据项，如图 4—28 所示。将某个职员的资料输入完之后，点击“增加”按钮可保存当前职员数据并进入下一个职员的数据输入状态，也可以点击“√”保存当前的职员资料，或者点击“×”放弃当前所输入的内容。如果该职员的照片图形文件存在的话，可在“编辑职员信息”窗口的右上方空白框位置点击右键，在随后弹出的快捷菜单中选择执行“添加照片”程序项，然后按照要求找到该职员的照片文件即可完成“照片数据”的“输入”。所有职员资料设置完毕之后，可点击“关闭”按钮退出，返回到部门设置主操作界面。

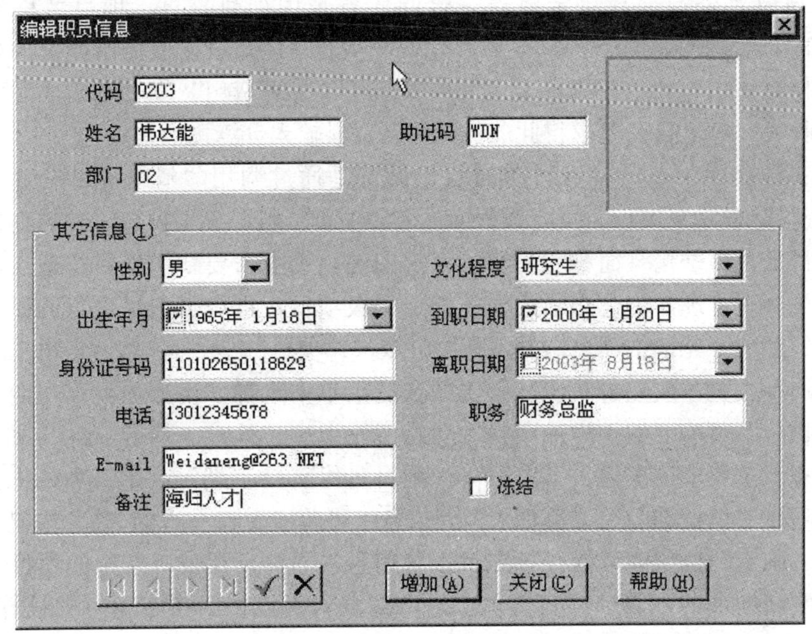

图 4—28　职员记录编辑界面图

同部门记录的修改（或删除）一样，职员记录的修改（或删除）也有两种方法，读者可参照部门记录的相应操作来进行，即先找到该职员记录，然后调用“执行”菜单或者单击鼠标右键，再从相应的菜单中点选“修改职员”（或“删除职员”）程序进行即可。

五、项目资料初始设置

项目是指企事业单位中一个专门的生产任务或一个产出对象，它可独立核算，具有时效性、多变性，核算累计发生额。在实际业务中，单位经常需要核算某些项目（比如：课题、产品、合同订单以及工程等）的成本、费用、往来情况以及收入等。传统的做法是按具体的项目开设明细账进行核算，这样势必增加明细科目的级次和数量，使科目体系变得庞大，不便于对科目进行有效的管理和使用。为了解决这一问题，安易软件提供了项目辅助核算与管理的功能模块，通过该功能模块，不仅可方便地实现对成本费用和收入按项目核算，而且为这些成本费用和收入情况的管理提供了快捷、方便的辅助手段。为了实现这种辅助核算目的，就要求在系统初始化阶段，需要对项目资料进行初始设置，也就是要建立项目辅助核算账户。下面结合具体的例子来讲解如何设置项目初始化资料。

例4.6　某玻璃制品公司接到要求为某化妆品厂研制生产化妆瓶若干，合同规定从2003年1月1日执行该研制生产任务，到2003年12月31日交货，交货期为10天。该玻璃公司会计决定将这一合同任务采用项目核算，项目名称暂定为“030101号合同研制生产任务”，项目代码008，并且知道该项目所涉及的核算科目有“材料采购”、“生产成本”、“制造费用”、“管理费用”、“自制半成品”、“产品销售收入”等科目。要求将此项目的初始资料输入计算机中。

在安易软件中，项目资料的初始化设置是通过调用“基础资料设置”下的“项目资料”程序来进行，执行该程序进入“项目资料”设置窗口，在该窗口左边的项目目录树型结构（简称项目树）示意图中，选中需要新增项目的节点，考虑到项目可分级管理，因此必须遵循先增加上级项目，再增加下级项目的原则。针对本例的要求，先选中项目树的最顶层节点（“项目”节点），然后点击工具栏中的“增加”按钮，或点击右键从弹出的快捷菜单中选择“增加项目”功能，或者选择“执行”菜单下的“增加项目”功能，使用这三种方法都可以进入项目增加编辑状态。按要求依次输入“代码”、“项目名称”、“工期”起始日和终止日，若还需填项目“负责部门”、“负责人”等信息，可单击窗口右边的“》”按钮，填完后点击“确定”按钮即可保存该项目设置信息，同时，在窗口左边的项目树中会显示刚刚新增加的项目。项目增加之后，接着可为该项目指定相应的核算科目，方法是：点击工具栏的“科目”图标，系统会弹出“编辑项目”子窗口，如图4—29所示。

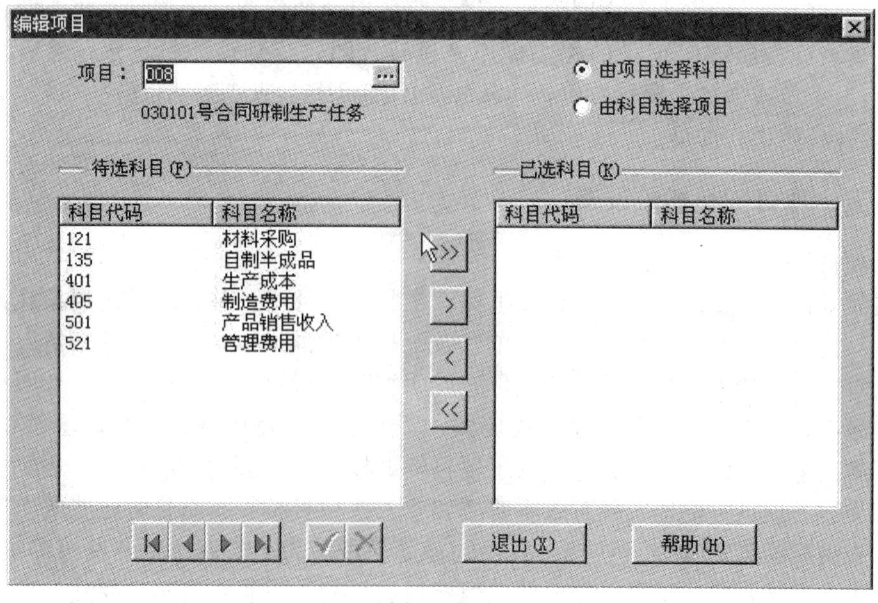

图4—29　编辑项目子窗口

在该窗口的左上角“项目”列表框中选择当前要设定的项目，再从窗口左边的待选科目列表中用中间的“>”钮来挑选科目，被选中的科目会列示在右边已选科目列表中，科目选择完毕之后点击“√”键保存，再按“退出”按钮返回到项目资料设置主窗口，到此，008 项目“030101 号合同研制生产任务”才算真正设置完毕，如图 4—30 所示。

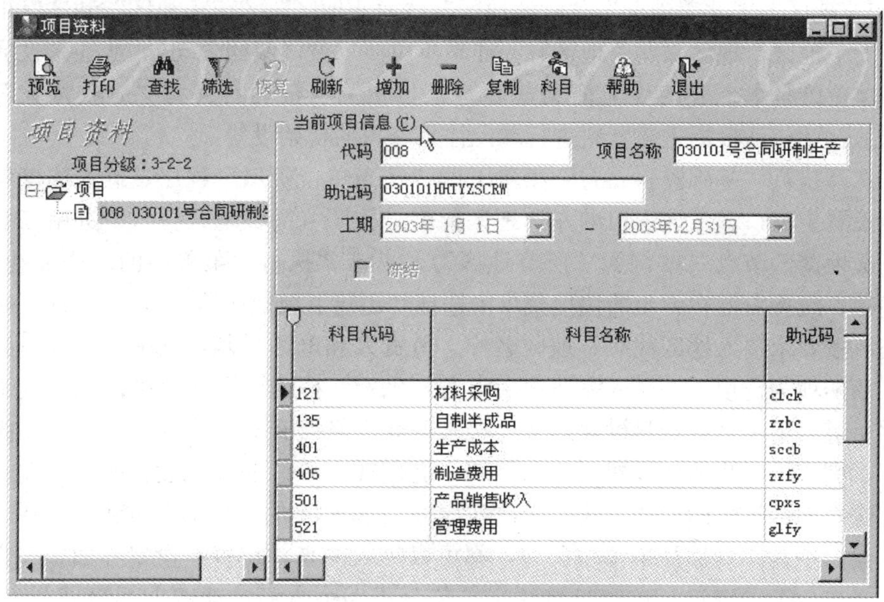

图 4—30　项目设置主操作界面图

这里需要特别提醒大家，如果在图 4—29 中的待选科目列表框中没有欲指定的核算科目，那是因为在科目设置初始化操作时并未将该科目设定为采用“项目核算”；另外，安易软件对项目也实行分级管理，到底采用几级项目管理，每级编码长度为多长，这些都是在项目设置前就应该彻底搞清楚的。

六、单位往来资料的初始设置

与前面项目资料设置的缘由一样，只要在科目初始设置中要求某科目采用“单位往来辅助核算”，就必须为往来单位设置初始的档案资料，这也可以视为设立辅助账户的过程。安易软件将往来单位分为供应商、客户和其他单位，这些单位的初始资料设置统一在“基础资料设置/往来单位资料”模块中进行。在安易软件中，往来资料的定义一般按三大步骤来操作：第一步设定地区分级资料，安易软件可将往来单位按地区分类管理，若不需按地区分级管理，可不做地区分级操作，直接使用“所有地区”项进入第二步；第二步为增加往来单位，为往来单位定义基本资料；第三步指定往来单位对应的核算科目。下面举例来说明单位往来资料设置的技术要领。

例 4.7　某企业往来的供应商与客户分散在全世界各地，且数量众多，但每年与大部分供应商或客户的往来业务都不是很多，为此，该企业会计人员决定采用“单位往来辅助核算”，并且将往来单位采用分地区管理，划分为“大中华区”、“东南亚地区”、“北美地区”、“欧洲地区”、“西非地区”、“南美地区”和“其他地区”七个地区，现已知北美地区有一往来单位叫“波飞集团公司”，从往来性质上讲该单位既是本企业的供应商又是客户，其相关的核算科目为“应收账款”和“应付账款”，请根据上述资料进行单位往来资料的初始设置。

选择执行“基础资料设置”菜单下的“往来单位资料”程序，进入往来单位资料设置主窗口。在该窗口的左边地区树型结构图（简称地区树）中选中需要新增下级地区的节点（本例为“所有地区”），点击“执行”菜单中的“增加地区”程序项，或按右键在弹出的快捷菜单中选择“创建下级地区”，都可进入地区定义状态。按要求输入地区代码、地区名称、负责人和电话号码，其中前两项为必填项，后两项为选填项，录入完毕之后点击“确定”按钮即可保存当前地区定义数据并可进入下一地区资料设置环节。按本例要求将所有七个地区的定义数据统统输入，完成第一步地区设置工作。接着，进行往来单位的增加设置操作，按本例要求选择地区树中的“北美地区”，然后点击工具栏中的“增加”按钮或选择“执行”菜单中的“增加往来单位”项，都可以进入往来单位资料设置界面，即“编辑往来单位”子窗口，该窗口将往来单位分成四个方面也即四个页面进行设置，分别为“常用信息”页、“通信”页、“银行/执照”页、“其他信息”页。在“常用信息”页中，“代码”及“简称”为必填项目，其他为选填项，按本例资料，填入：“代码”：001；“简称”：波飞集团公司；“单位全称”：波音飞机制造集团公司。“通信”页都是选填项目，可视实际情况填写，本例都不填。在“银行/执照”页，需要特别注意的数据项是“外币核算”及“币种”，如果与往来单位相关的核算科目同时又需要外币辅助核算时，则此处需将“外币核算”栏选中，并选择相应的外币币种，本页中其他数据项都为选填项目。在“其他信息”页，先确认往来关系，可在“客户”和“供应商”中选择，可两选一，也可都不选，也可都选，本例应该两者都选，但“应收科目”和“应付科目”两项都应空着不填，这两项只有在用户需要使用应收应付系统来详细管理往来业务时才需填入相应内容，以便为应收应付系统和账务处理系统建立接口关系，四个页面的数据都填写完后点击“√”键保存当前单位的基础资料，如图 4—31 所示，按“关闭”钮返回到往来单位设置主窗口，这时就可以看到在往来单位列表中已经出现了“波飞集团”的记录，选中此往来单位记录，接着点击工具栏中“科目”按钮或者单击鼠标右键在弹出的快捷菜单中选择执行“往来核算科目”程序项，进入单位往来资料设

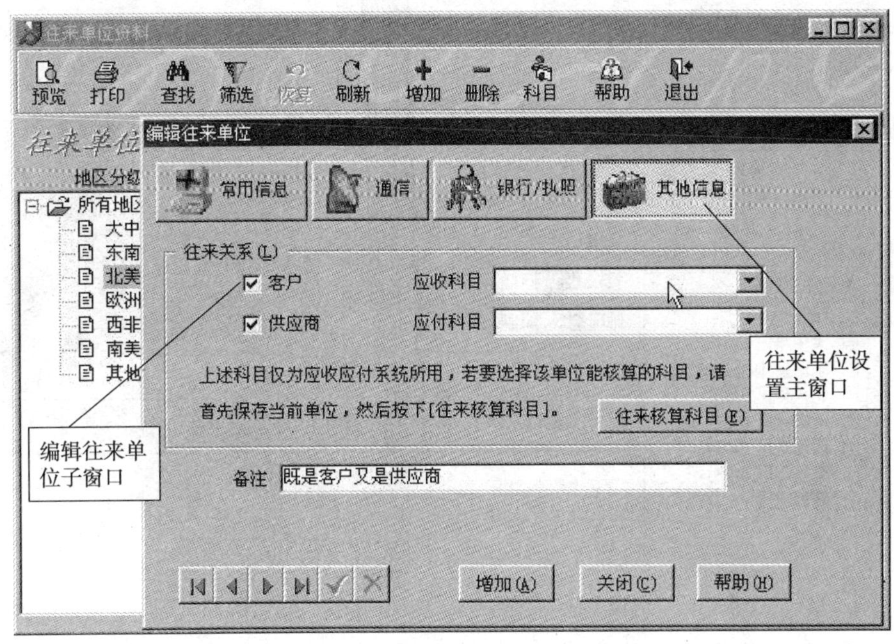

图 4—31　编辑往来单位资料画面

置的第三个步骤，即指定往来核算科目。在弹出的“往来核算科目”子窗口，窗口的左边显示待选的往来科目，根据本例要求选择“应收账款”和“应付账款”，如图 4—32 所示，点击“确定”钮将科目选择结果保存，点击“关闭”钮返回到

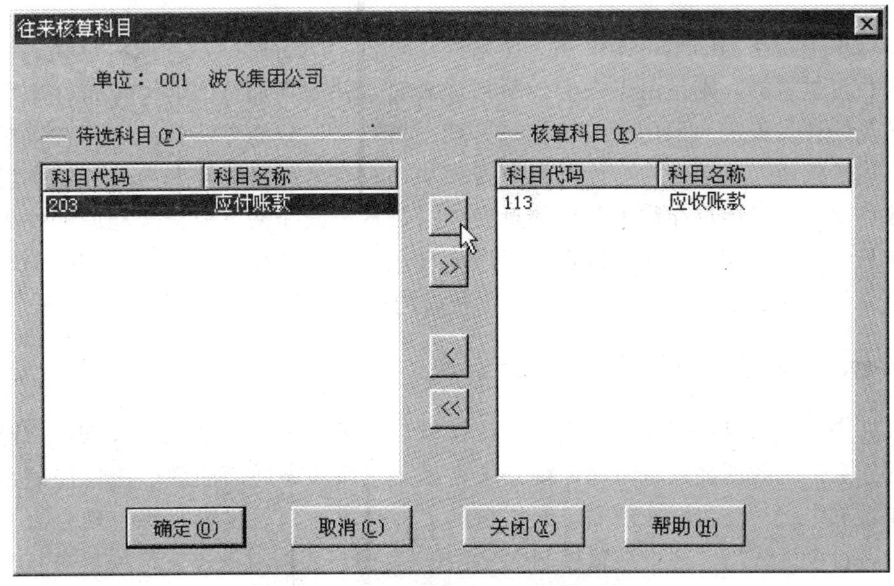

图 4—32　指定往来核算科目操作界面

“往来单位资料”主窗口。至此，按照本例要求所有的操作步骤都已经完成，如图4—33 所示。

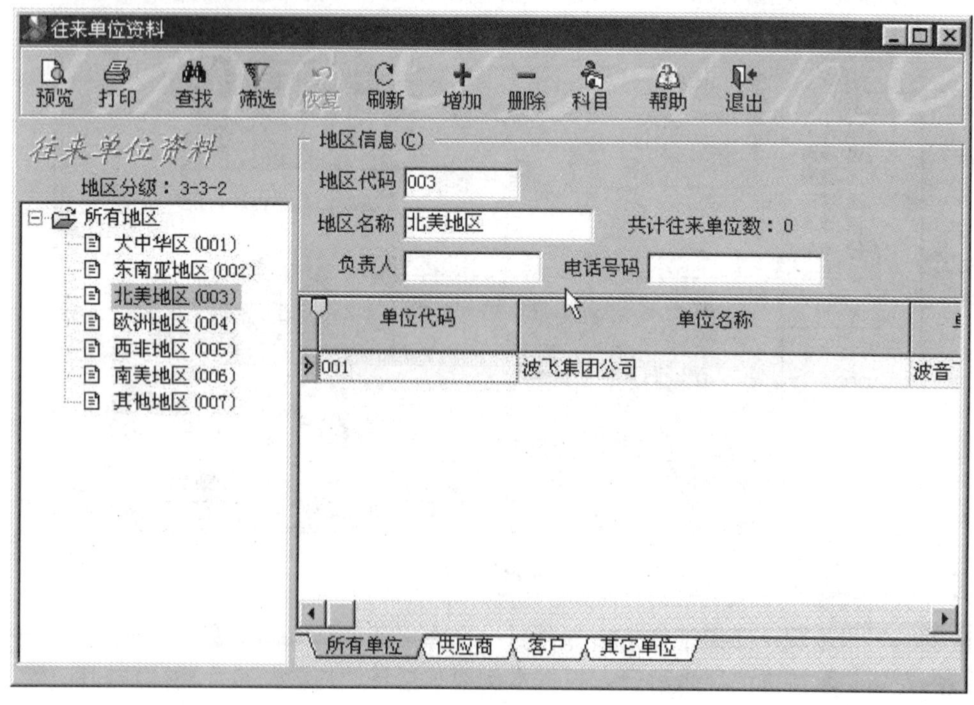

图 4—33 往来单位资料设置主窗口

这里需要指出的是，如果在“往来核算科目”子窗口中，待选科目列表框中无科目可供选择，则是由于在会计科目设置时，并未将那些需要“单位往来”辅助核算的科目设定为采用“单位往来”辅助核算。挽救的方法就是退出往来单位资料设置模块，重新进入会计科目设置模块，对有关科目的辅助核算控制项进行修改调整。如果用户在往来单位信息设置时，不为该往来单位指定相应的往来核算科目，则尽管相应的往来核算科目可能设定了启用“单位往来”控制，但在涉及该科目的业务数据输入时将无法指定相应的往来单位。

七、现金流量项目的初始定义

如果用户需要根据业务数据，由计算机自动编制形成现金流量报表，并能够分析任意区间的现金流量情况，则必须在初始化阶段做适当的现金流量控制定义工作，其中之一是我们在前面已经讲过的，即在科目初始设置时将与现金流量相关的科目设为采用“现金流量控制”。接下来，用户还需对现金流量项目进行初始设置，这可通过调用“基础资料设置”菜单下的“现金流量项目资料”功能程序来操作。由于安易软件已按照目前现金流量表编制准则要求预置了现金流量项目，因此本书对这项初始化操作不再举例。

根据现金流量辅助控制的定义，在今后输入凭证时，凡是涉及需要现金流量控制的科目，系统都会自动要求按照现金流量项目发生情况输入有关数据，为日后自动生成现金流量的余额表、总账、明细账以及分析表做好充分的基础数据准备工作。现金流量辅助核算也为月末使用安易 2000 电子报表系统编制现金流量表提供了必要的保证。

八、凭证类型设置

我们在第三章已经介绍了为什么在商品化会计软件中会提供“凭证类型”设置的功能。安易 2000 软件也允许用户自定义凭证类型，并规定在输入凭证前必须将有关的凭证类型代码设置完毕，并且凭证类型一旦定义并启用，一年之内不能变动，只可在每年年初予以调整。用户要想新增或修改凭证种类信息，可调用“凭证管理”菜单下的“凭证类型设置”模块，如果是增加凭证种类，可点击“凭证类型”管理窗口的“增加”按钮，依次输入“简称”、“名称”、“限制”等项目数据，然后按“确定”钮即可实现增加新的凭证类型；如果是修改某凭证类型则需要在“已定义凭证类型”列表中选中该类型，然后点击“修改”钮，对相应的凭证类型数据项目修改完毕后点击“确定”钮即可保存修改后的信息。需要说明的是，在凭证类型数据项中，“简称”与“名称”是必填项目，而“限制”栏中的各项目则是选填项目，且“简称”一经保存不可修改，“简称”内容在凭证输入、打印输出时会出现在凭证格式中，“限制”栏指的是对该类凭证的分录科目有没有合法性要求，比如用户要增加一个凭证类型叫“现金凭证”，则必须在“限制”栏的“凭证必有科目代码”项中指定“现金”科目代码和“银行存款”科目代码，这样将来输入现金凭证时，一旦凭证有关内容不符合此限制条件，系统将会自动识别该凭证为不合格的现金凭证。图 4—34 是设置完成三种凭证类型之后，“凭证类型”窗口所显示的画面。

九、自动会计分录设置

各类企事业单位所使用的科目尽管存在差异，实际核算时所使用的核算方法也不尽相同，但在日常或期末业务处理时，总有一些业务非常有规律性，其会计分录结构总是固定的，实际发生额也可以通过有规律性的算法计算得出，为了解决这一类业务的智能化会计处理问题，安易软件提供了“自定义会计分录”的功能，从而可以实现期末业务（也包括日常的典型业务）处理的智能化和自动化，提高日常制单的速度和质量，彻底将会计人员从期末繁重的任务中解脱出来。下面结合一些具体例子来详细讲解自动会计分录的应用场合和用法。

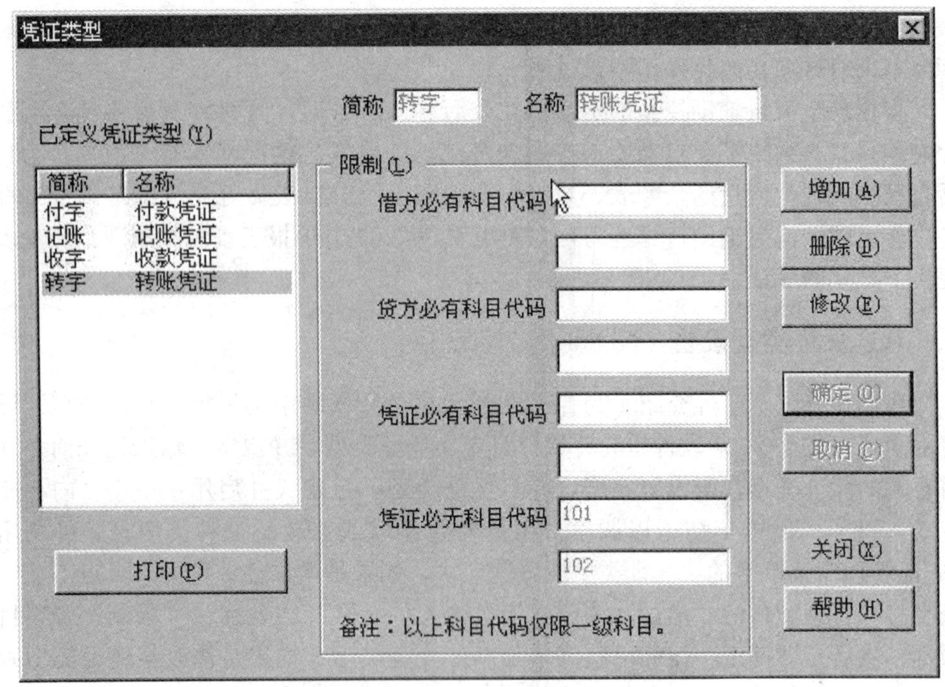

图 4—34 凭证类型设置窗口操作界面图

(一) 日常使用的自动会计分录定义

例 4.8 自定义“提现”凭证模板，以便日常快速编制提取现金业务凭证之用。

调用“基础资料设置”菜单下的“自动转账分录定义”功能模块即可进入自动会计分录设置界面，图 4—35 即为根据本例要求所设置的自动会计分录格式。

这里有必要交代一下该自动分录的定义过程：点击“工具栏”中的“增加”按钮，进入自动分录的定义过程，如图 4—35 所示，可以看到有“分录编号”、“凭证类型”、“使用时间”、“摘要”、“科目”、“借贷方向”、“本位币金额公式”等项目需要用户一一输入定义，其中核心内容是本位币金额公式的确定，这也是我们学习自动分录定义的关键点和难点，其他项目基本上比较容易确定：“分录编号”是自动会计分录的唯一识别码，最长 8 位，可由字母和数字组合而成，定义时可考虑尽量便于记忆；“凭证类型”可以在先前已设置的凭证种类中选择；“使用时间”可在“日常使用”和“月结使用”两者中选其一，所谓“日常使用”指的是该自动分录主要在日常编制凭证过程中使用，而“月结”使用则指的是此会计分录只在期末自动转账时使用，如果选择了“月结”使用，则还需输入“顺序号”，用于标识在期末自动转账过程中该自动分录在所有的“月结”分录中的处理顺序，“顺序号”越小，越优先处理，反之，越大，则越延后处理；“摘要”、“科

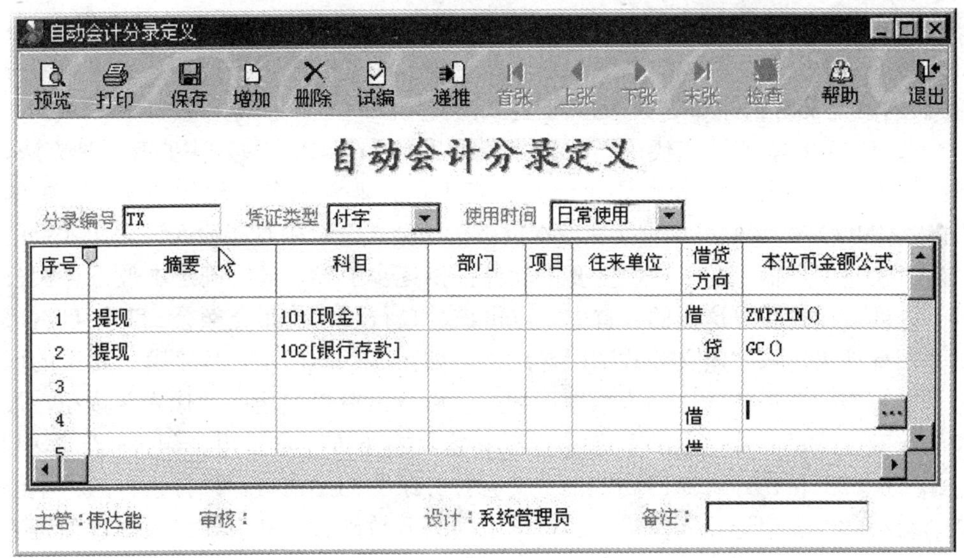

图 4—35　日常使用的自动会计分录设置画面

目”与“借贷方向”完全按照记账凭证中的概念来理解输入即可。

“本位币金额公式”（其后还有“外币金额公式”和“数量金额公式”分别用于所定义的分录科目需要外币核算和数量核算的场合，其编制方法与“本位币金额公式”的编制方法基本相似）是一个函数表达式，它又可称为发生额取数来源公式或者核算表达式，这些公式之所以能发挥神奇的作用就在于会计软件中预置了所谓的“核算描述语言”，通过这种语言可以实现人机交流会计核算规则、方法，从而将会计人员的核算意志转变成为机器的“意志”——达到智能化处理的目的。定义公式时，可以使用软件提供的公式引导功能（通过点击本栏目右侧的“引导”按钮即可调出公式定义子窗口），也可以直接输入公式表达式。本例中，第一行分录的“本位币金额公式”为 ZWPZIN ()，按安易软件的核算描述语言的规定，这个表达式“翻译”成正常的会计语言就是：由用户输入一个实际的发生额作为本行分录的发生额。在根据该自动分录编制“提现”凭证时，遇到该表达式时，系统会提示用户输入一个实际的发生额，输入完毕之后机器会自动把这个金额作为第一行会计分录的借方发生额加以确认。第二行分录的本位币金额公式为 GC ()，它的会计含义是：按照借贷平衡原理来“挤出”此发生额。借贷平衡原理可以换成另外一个概念来理解，那就是，对于一借一贷的分录，当一方发生额已知时，另一方发生额必与之相等，而对于一借多贷或多借一贷的会计分录，如果在一张凭证中只剩下一行会计分录的发生额不能确定时，那么该发生额可通过其他分录行借贷发生额相加减得到（比如，对一借多贷凭证来说，如果只有一“贷”无法确定，而其他分录行的发生额都能正确计算确认，则按借贷平衡原理，该行分录的贷方发生额即为已知的借方发生额减去其他几行已知的贷方发生额；如果是一“借”发生额无法确定，则该发生额可通过将已知的贷方发生额相加得到)。这就是安易软件 GC () 的真正含义。

这里，我们有必要交代一下，本位币金额公式的输入方法，主要有两种方法，第一种方法是直接输入，这要求对其公式表达式非常清楚，比如图 4—36 中的“ZWPZIN ()”，我们可以直接在“本位币金额公式”栏中直接输入该表达式；第二种方法是引导输入的方法，主要由软件提供逐步引导，最终确定本位币金额公式，它的使用过程是这样的：首先，点击该分录行“本位币金额公式”栏目右边的小图标即可进入“定义公式”引导画面，如图 4—36 所示，从该窗口左边的取数函数列表中选择“凭证输入数”函数，然后点击窗口左边的“代入”按钮，根据该函数生成的一个表达式，就会出现在窗口右下方“本位币金额公式”框中，点击“完成”按钮即可返回到“自定义会计分录”的主窗口，该分录行的“本位币金额公式”就引导输入完毕了。对于不同的取数函数，其引导输入的过程是不一样的，有的要求输入设置许多参数并且要求将多个函数表达式进行加、减、乘、除等运算才能完成公式的输入。

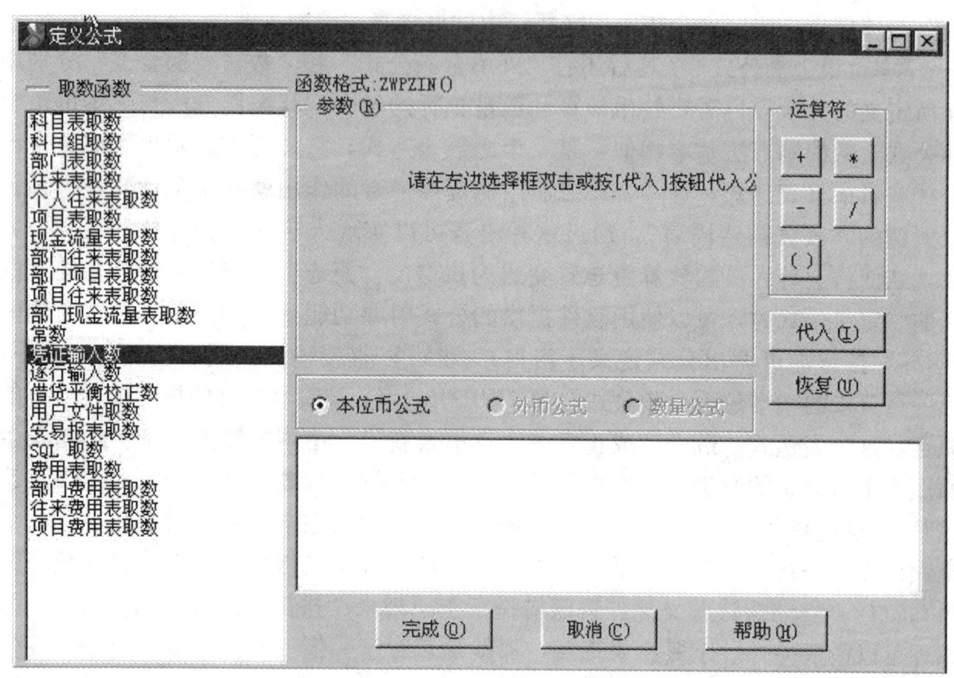

图 4—36　定义公式的引导输入画面

全部数据项目定义完后点击“保存”，系统会对所有的分录公式进行合法性检查，如顺利通过检查则可安全保存，否则将提示用户公式中出现的错误并建议予以修改。在保存完自动分录之后，用户可通过点击工具栏中的“试编”按钮来查看根据刚才定义的自动会计分录编制“机制”凭证的过程以及结果，但是对于有些“月结”自动分录，其“试编”结果不会达到预期效果。

下面我们再看一个日常使用的自动分录的定义。

例 4.9　试定义计提应缴纳城市维护建设税的会计分录。

详细操作过程略。我们将定义过程中的重要项目内容给出并作适当的解释。“分录编号”：JTCJS；“凭证类型”：转账凭证；“使用时间”：日常使用；“摘要”：计提城建税；第一行分录会计“科目”：5402 主营业务税金及附加；“借贷方向”：借；“本位币金额公式”：GC ()；第二行分录会计“科目”：217107 应交税金——应交城建税；第二行“借贷方向”：贷；第二行“本位币金额公式”：(KM('MD','217101','C')+KM('MD','217102','C'))×0.07，其中“217101”、“217102”分别是应交增值税和应交营业税的明细科目代码，此表达式的会计意义即为分别提取应交增值税的期末本位币贷方余额和应交营业税的期末本位币贷方余额，将两者相加后和与常数 0.07 相乘，并将该乘积结果作为本行发生额的来源，不过这里的“期末本位币贷方余额”应该理解为在根据此分录编制相应凭证这个时点处有关科目的当前余额（表现为贷方方向），它不一定指本会计期间的期末余额，而可能是本会计期间的任意一个时点余额，这与手工会计中的期末余额的概念有所不同。

（二）月结使用的自动会计分录定义

例 4.10　某企业采用“售价金额核算法”来计算库存商品的成本，现要求用安易 2000 软件的“自动转账分录定义”功能来设置计算本期已销库存商品应分摊的进销差价并冲转销售成本的自动会计分录结构。

根据已学过的会计知识，我们知道上述操作要求的关键是进销差价率的计算，其计算方法为：(期初库存商品进销差价＋本期购入商品进销差价)/(期初库存商品售价＋本期购入商品售价）×100%，进销差价率计算出来后，本期已销售商品应分摊的进销差价也容易计算得出，即：本期商品销售收入×进销差价率。有了上述基本会计知识，我们就不难来设计进销差价计算并结转销售成本的会计分录结构了。此自动分录的主要数据项内容确定如下：“分录编号”：JXCJJSJZ；“凭证类型”：转账凭证；“使用时间”：月结；“顺序号”：1；“摘要”：进销差价分摊并结转；第一行分录“科目”：1244 商品进销差价；“借贷方向”：借；“本位币金额公式”：(KM('CD','1244','C')+KM('DF','1244','C'))/(KM('CJ','1243','C')+KM('JF','1243','C'))×KM('DF','5101','C')，其中'1243'、'5101'分别是库存商品和主营业务收入的科目代码；第二行分录“科目”：5401 主营业务成本；“借贷方向”：贷；“本位币金额公式”：GC ()。在自动分录第一行本位币金额公式中的 KM('CD','1244','C') 表示取 1244 科目（商品进销差价）本位币期初贷方余额，KM('DF','1244','C') 则表示取本位币本期贷方发生额，KM('CJ','1243','C')

表示取1243科目（库存商品）本位币期初借方余额，KM('JF','1243','C')表示取1243科目本位币本期借方发生额，KM('DF','5101','C')表示取5101科目（主营业务收入）本位币本期贷方发生额，这一本位币金额公式恰好反映了根据进销差价率计算本期已销商品应分摊的进销差价。

例4.11　编制结转企业营业费用的自动分录。给定资料如下：本年利润（3131，括号内为科目代码，下同）；主营业务成本（5401，下设两个明细科目，即540101甲产品、540102乙产品）；营业费用（5501，下设四个明细科目，即550101广告费、550102工资、550103福利费、550104折旧费，其中后三个明细科目都要求采用部门辅助核算）；主营业务税金及附加（5402）；管理费用（5502，下设9个明细科目，分别是550201工资、550202差旅费、550203低值易耗品、550204坏账损失、550205折旧费、550206职工教育经费、550207工会经费、550208福利费、550209无形资产摊销，除"坏账损失"和"无形资产摊销"两个明细科目之外，其他都要求使用部门辅助核算）；财务费用（5503，下设一个明细科目550301汇兑损益）；营业外支出（5601）。

本例设计上的难点主要在于对于有辅助核算要求的损益类科目应该如何利用其有关账簿数据来结转有关余额（也即结转发生额的本位币金额公式如何定义）。对于有辅助核算要求的损益类科目，在期末损益结转时，不仅要结转有关损益类科目的余额，而且要求其辅助核算的有关余额同时进行结转，否则容易出现损益类科目结平了，而其辅助核算还有余额，这就出现了余额不一致的现象，这按常理是不应该出现的。另外，在本自动分录定义时，还有两个有助于加快自动分录定义速度的技巧值得向大家介绍一下。一个是"递推"功能如何使用，另一个是"展开分录行"功能如何使用。下面逐一介绍。

1."递推"功能的使用场合以及如何递推

"递推"的使用场合一般是针对同一个科目的下属明细科目，如果我们需要将这些下属明细科目的有关余额（或发生额）分别结转到另一个科目，按计算机会计记账的要求，我们有必要在编制此类结转凭证时，把每行会计分录的科目确定为最底级的下属明细科目，此时我们发现：转出这些明细科目余额（或发生额）的分录内容（指科目与本位币金额公式）非常相似，唯一的区别就是具体的科目不同。如图4—37所示，第2行与第3行分录，在"科目"与"本位币金额公式"中除了科目代码不同之外（一个为540101，另一个为540102，科目名称是由科目代码决定的，因此，代码不同，名称显然也会不同），对于这样两行分录行的定义，当然可以不厌其烦逐行定义，自定义的工作量也大不到那儿去，但如果"5401"科目的下属明细科目非常多，而它们都需要逐一结转，此时如果再逐行定义，就很麻烦，工作量也很大，而且还很容易出错，此时，"递推"功能就可以派上用场了，我们只需将第2行分录的有关内容设置好，然后在第2行分录的"本位币金额公式”栏位置点击工具栏中的“递推”按钮，系统弹出提示窗口，让用户选择“递推”的方式：是“按科目递推”还是“按部门递推”，选择之后点击“确定”，系统将自动把其他“5401”科目的下属明细科目的结转分录自动生成。结合本例来说，“主营业务成本”下的两个明细科目的转出分录以及“管理费用”下的“坏账损失”和“无形资产”的转出分录都可以运用“递推”功能。“管理费用”下的其他明细科目由于采用了部门辅助核算，所以不是特别适合运用“递推”的方法了（尽管也可以运用“递推”中的“按部门递推”，但很麻烦），而使用“展开分录行”的功能将使自定义工作更具效率。

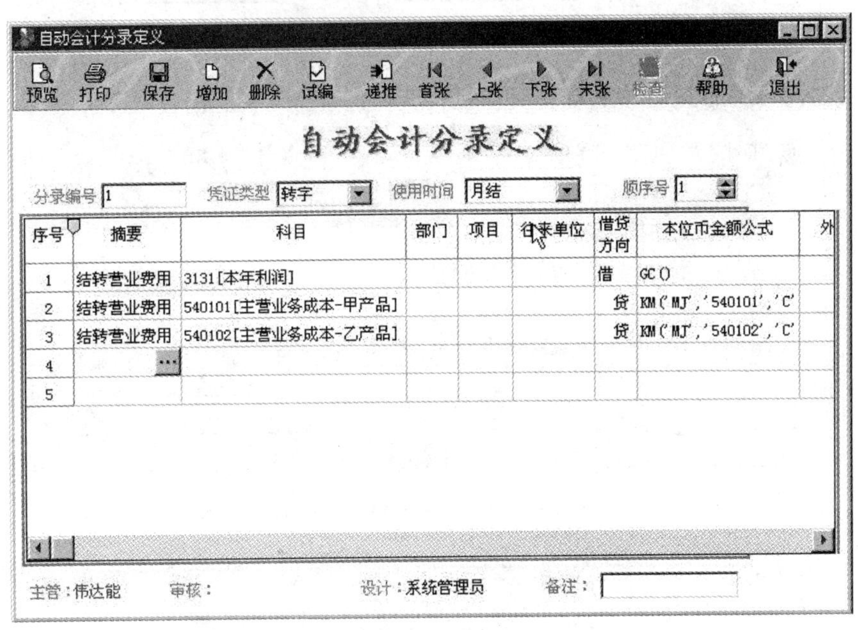

图 4—37　递推的应用场合说明图

2. 如何使用“展开分录行”的功能

本例中，“营业费用”的后三个明细科目、“管理费用”除“坏账损失”和“无形资产摊销”以外的七个明细科目，由于这些明细科目采用了部门辅助核算，其余额转出都可使用“展开分录行”的功能。这里以“管理费用”的明细科目为例来说明如何应用此项功能。首先，我们要将光标停在第一个空白行处，选择执行“编辑”菜单中的“展开分录行”功能，在“展廾分录行”窗口，“按科目”选择从“550201”到“550209”。再将“按部门”前的复选框选中，然后输入部门从“01001”（管理部门——办公室）到“03002”（生产车间——二车间），接着单击“计算”，系统自动计算满足上述要求的分录行有多少，并在窗口中显示一条信息“按此条件，将产生分录行数：7×8＝56”，在“摘要”处输入“结转营业费用”，

“展开方向”选择“贷方”，最后在“展开公式”中输入：BM('$B','MJ','$K','C')，这是部门取数函数的具体变形，其中$B是针对全部选定范围的部门，$K表示指定范围内的全部科目，至此，展开分录行要求设置的“展开条件”就已经设定完毕了，如图4—38所示。点击“展开”，系统将自动追加56行会计分录行内容，图4—39所示为系统自动生成的部分分录行内容。

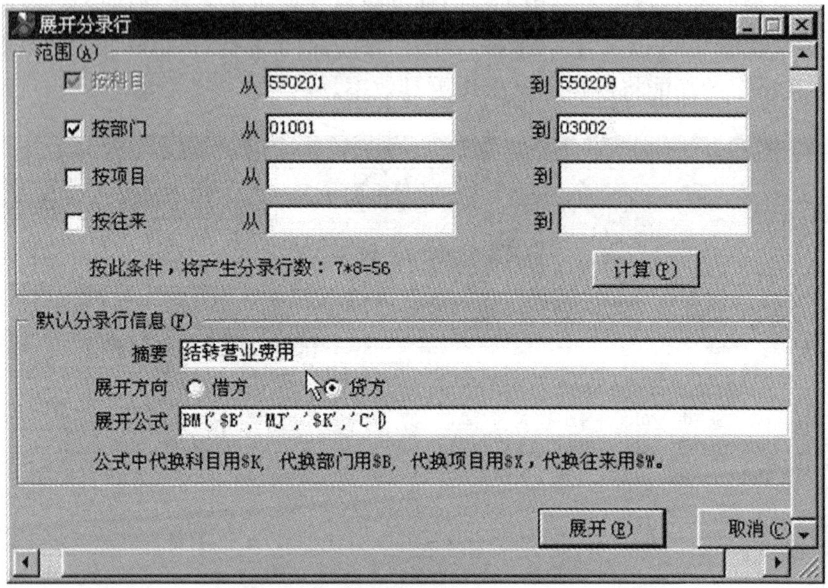
展开分录行
范围(A)
按科目 从 550201 到 550209
按部门 从 01001 到 03002
按项目 从 到
按往来 从 到
按此条件，将产生分录行数：7*8=56
计算(F)
默认分录行信息(P)
摘要 结转营业费用
展开方向 借方 贷方
展开公式 BM('$B','MJ','$K','C')
公式中代换科目用$K，代换部门用$B，代换项目用$X，代换往来用$W。
展开(E)
取消(C)

图4—38 “展开分录行”窗口

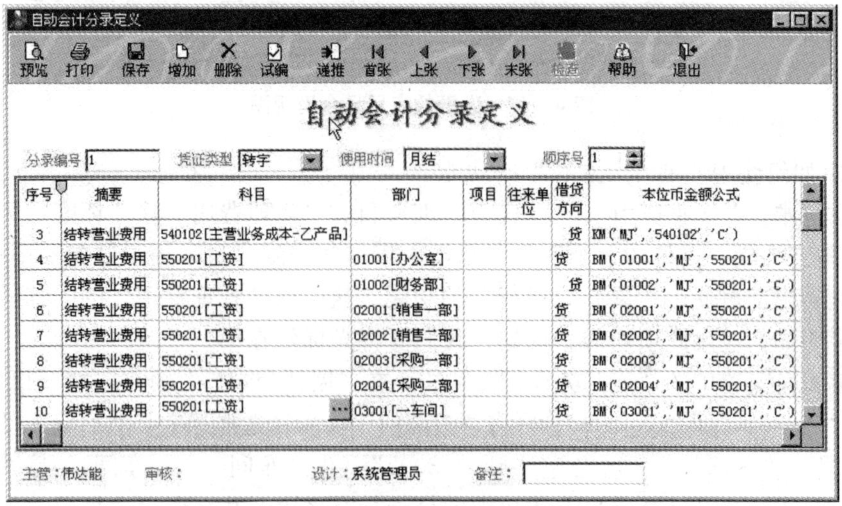
自动会计分录定义
预览 打印 保存 增加 删除 试编 递推 首张 上张 下张 末张 检查 帮助 退出
自动会计分录定义
分录编号 1
凭证类型 转字
使用时间 月结
顺序号 1
序号 摘要 科目 部门 项目 往来单位 借贷方向 本位币金额公式
3 结转营业费用 540102[主营业务成本-乙产品] 贷 KM('MJ','540102','C')
4 结转营业费用 550201[工资] 01001[办公室] 贷 BM('01001','MJ','550201','C')
5 结转营业费用 550201[工资] 01002[财务部] 贷 BM('01002','MJ','550201','C')
6 结转营业费用 550201[工资] 02001[销售一部] 贷 BM('02001','MJ','550201','C')
7 结转营业费用 550201[工资] 02002[销售二部] 贷 BM('02002','MJ','550201','C')
8 结转营业费用 550201[工资] 02003[采购一部] 贷 BM('02003','MJ','550201','C')
9 结转营业费用 550201[工资] 02004[采购二部] 贷 BM('02004','MJ','550201','C')
10 结转营业费用 550201[工资] 03001[一车间] 贷 BM('03001','MJ','550201','C')
主管：伟达能 审核： 设计：系统管理员 备注：

图4—39 运用“展开分录行”的结果图

为了方便大家学习，此处把本例中的自动会计分录的各行主要内容（包括分录的科目、借贷方向以及其本位币金额公式）通过表 4—3 列示如下。

表 4—3　　　　结转营业费用自动分录的结构及发生额表达式一览表

借贷方向	“科目”栏内容	本位币金额来源（表达式）
借	3131 本年利润	取本凭证贷方数 操作：引导选用“借贷方平衡校正数”GC ()
贷	540101 主营业务成本—甲产品	取 540101 科目期末借方余额 操作：引导选用“科目表取数”→“期末借方余额”→“540101”代入或直接输入：KM('MJ','540101','C')
贷	540102 主营业务成本—乙产品	取 540102 科目期末借方余额 操作：可按科目递推或直接输入：KM('MJ','540102','C')
贷	550101 营业费用—广告费	取 550101 科目期末借方余额 操作：引导选用“科目表取数”→“期末借方余额”→“550101”代入或直接输入：KM('MJ','550101','C')
贷	550102 营业费用—工资（所有部门）	运用展开分录行进行定义。 直接在展开分录行窗口输入“展开公式”： BM('$B','MJ','$K','C') 此处 BM 函数的第一位变量是部门代码，即表示按部门设置时所定义的部门代码，下同
贷	550103 营业费用—福利费（所有部门）	
贷	550104 营业费用—折旧费（所有部门）	
贷	5402 主营业务税金及附加	取 5402 科目期末借方余额 操作：引导选用“科目表取数”→“期末借方余额”→“5402”代入或直接输入：KM('MJ','5402','C')
贷	550201 管理费用—工资（所有部门）	运用展开分录行进行定义。 直接在展开分录行窗口输入“展开公式”： BM（'$B','MJ','$K','C'）
贷	550202 管理费用—差旅费（所有部门）	
贷	550203 管理费用—低值易耗品（所有部门）	
贷	550204 管理费用—坏账损失	取 550204 科目期末借方余额 操作：引导选用“科目表取数”→“期末借方余额”→“550404”代入或直接输入：KM('MJ','550404','C')

续前表

<table>
<tr><th>借贷方向</th><th>“科目”栏内容</th><th>本位币金额来源（表达式）</th></tr>
<tr><td>贷</td><td>550405 管理费用—折旧（所有部门）</td><td rowspan="4">运用展开分录行进行定义。
直接在展开分录行窗口输入“展开公式”：
BM(′$B′,′MJ′,′$K′,′C′)</td></tr>
<tr><td>贷</td><td>550406 管理费用—职工教育经费（所有部门）</td></tr>
<tr><td>贷</td><td>550407 管理费用—工会经费（所有部门）</td></tr>
<tr><td>贷</td><td>550408 管理费用—福利费（所有部门）</td></tr>
<tr><td>贷</td><td>550409 管理费用—无形资产摊销</td><td>取 550409 科目期末借方余额
操作：引导选用“科目表取数”→“期末借方余额”→“550409”代入或直接输入：KM(′MJ′,′550409′,′C′)</td></tr>
<tr><td>贷</td><td>550301 财务费用—汇兑损益</td><td>取 550301 科目本期净发生额
操作：引导选用“科目表取数”→“借方发生额”→“550301”代入，减号，代入，引导选用“科目表取数”→“贷方发生额”→“550301”代入或直接输入：KM(′JF′,′550301′,′C′)－KM(′DF′,′550301′,′C′)</td></tr>
<tr><td>贷</td><td>5601 营业外支出</td><td>取 5601 科目期末借方余额
操作：引导选用“科目表取数”→“期末借方余额”→“5601”代入或直接输入：KM(′MJ′,′5601′,′C′)</td></tr>
</table>

通过上述四个案例，我们已经充分认识到了安易自动转账分录的强大功能，在自动会计分录定义时关键在于本位币金额公式的表达，而表达式的熟练写出又依赖于对取数函数的掌握，为此，我们将安易自动分录设置时所规定的取数函数列表如表 4—4 所示：

表 4—4　　安易自动分录设置模块可用到的取数函数一览表

函数名称	关键字	函数格式
科目表取数	KM	KM(<′取数类别′>，<′科目′>，<′参数 2′>)
科目组取数	KMZ	KMZ(<′取数类别′>，<′汇总科目′>)
部门表取数	BM	BM(<′部门′>，<′取数类别′>，[′科目′]，[′参数 2′])
往来表取数	WL	WL(<′往来′>，<′取数类别′>，[′科目′]，[′参数 2′])

续前表

函数名称	关键字	函数格式
个人往来表取数	GW	GW(<'个人'>，<'取数类别'>，['科目']，['参数 2'])
项目表取数	XM	XM(<'项目'>，<'取数类别'>，['科目']，['参数 2'])
现金流量表取数	XJLL	XJLL(<'现金流量'>，<'取数类别'>，['科目'])
部门往来表取数	BW	BW(<'部门'>，<'往来'>，<'取数类别'>，['科目']，['参数 2'])
部门项目表取数	BX	BX(<'部门'>，<'项目'>，<'取数类别'>，['科目']，['参数 2'])
项目往来表取数	XW	XW(<'项目'>，<'往来'>，<'取数类别'>，['科目']，['参数 2'])
部门现金流量表取数	BXJLL	BXJLL(<'部门'>，<'现金流量'>，<'取数类别'>，['科目'])
常数		
凭证输入数	ZWPZIN	ZWPZIN()
逐行输入数	ZWIN	ZWIN(“提示信息”)
借贷平衡校正数	GC	GC()
用户文件取数	USR	USR(<'文件类型'>，<'文件名'>，<'表名'>，<'计算字段'>，<'条件'>)
安易报表取数	BB	BB(<'表页代码'>，<'编制时间'>，<'报表文件名'>，<'表元位置'>)
SQL 取数	ZWSQL	ZWSQL(<'科目，部门，往来，项目'>，<'备注'>，<'方向'>，<'期间'>)
费用表取数*	FX	FX (<'4'>，<'费用代码'>，['取数类别']，['科目'])
部门费用表取数*	BF	BF(<'部门'>，<'4'>，<'费用代码'>，<'取数类别'>，['科目'])
往来费用表取数*	WF	WF(<'往来'>，<'4'>，<'费用代码'>，<'取数类别'>，['科目'])
项目费用表取数*	XF	XF(<'项目'>，<'4'>，<'费用代码'>，<'取数类别'>，['科目'])

注：带*号函数视“自定义辅助核算项”的设置情况来定，此处的四个函数在用户设置了“费用”自定义辅助核算项时才有效。

第四节　安易 2000 账务处理系统的初始化步骤（之三）

一、科目期初余额的装入

此项初始化操作任务可通过“功能”菜单下的“初始建账数据/期初余额装入”模块来实现。进入此模块的界面后，用户只需输入所有最底级明细科目的年初余额和启用会计期间前各会计期间的借贷发生额，最底级科目以上的各级科目的期初余额（如果有的话，也包括启用期之前的各期借贷发生额）由输入的下级科目有关数据自动汇总形成。带辅助核算项的科目其所属辅项的年初余额以及启用月份前的各月发生额也通过此模块来输入，外币式、数量金额式科目的期初外币余额和期初数量等数值统统在此输入，如图 4—40 所示。

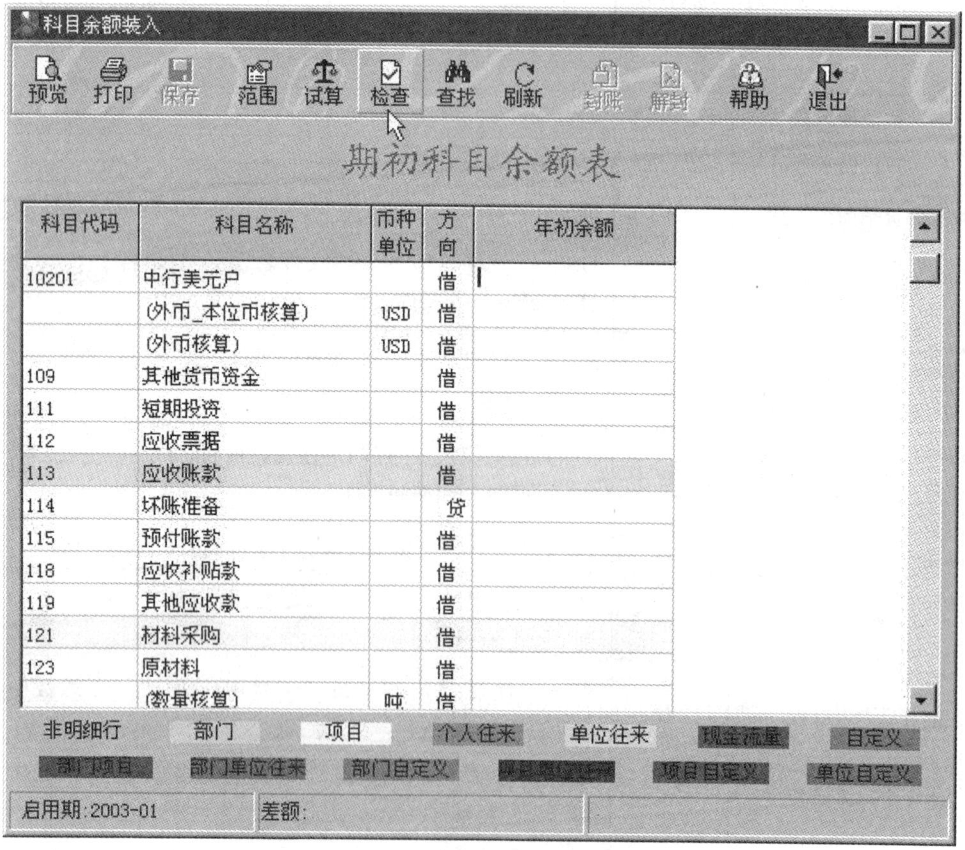

科目余额装入

预览　打印　保存　范围　试算　检查　查找　刷新　封账　解封　帮助　退出

期初科目余额表

科目代码	科目名称	币种单位	方向	年初余额
10201	中行美元户		借	
	(外币_本位币核算)	USD	借	
	(外币核算)	USD	借	
109	其他货币资金		借	
111	短期投资		借	
112	应收票据		借	
113	应收账款		借	
114	坏账准备		贷	
115	预付账款		借	
118	应收补贴款		借	
119	其他应收款		借	
121	材料采购		借	
123	原材料		借	
	(数量核算)	吨	借	

非明细行　部门　项目　个人往来　单位往来　现金流量　自定义

部门项目　部门单位往来　部门自定义　项目单位往来　项目自定义　单位自定义

启用期:2003-01　差额:

图 4—40　“期初余额”装入界面图

安易软件期初余额输入方法有以下一些规定：

(1) 如果需要装入余额的科目不是外币或数量核算的科目，也没有辅助核算的要求，则其余额可直接在“科目余额装入”窗口中的“年初余额”栏输入；

(2) 外币核算科目余额输入：分两种情况，第一种是对于单外币核算科目，系统自动将该科目按“科目名（外币__本位币核算）”和“科目名（外币核算）”两行展开，前一行填的是本位币金额，后一行填的则是外币金额；第二种是对于多外币核算科目，系统按如下格式展开，其中第一行存放该科目本位币期初余额，并非为下面多外币对应本位币余额合计：

科目名

科目名（外币 1 __本位币核算）

科目名（外币 1 核算）

科目名（外币 2 __本位币核算）

科目名（外币 2 核算）

…………

(3) 数量金额核算科目余额输入：系统会用展开两行来输入有关期初数，第一行输入的本位币期初余额，第二行表明“（数量核算）”的字样，要求用户在“年初余额”栏填入年初数量。

(4) 辅助核算科目余额输入：如当前科目为辅助核算科目，则当光标停留在该科目所在行时，会出现一个绿色提示框，显示该科目所包含的辅助核算项信息（如“部门核算”、“项目核算”、“现金核算”等字样）；双击该科目所在行，进入“余额明细装入”子窗口，当“单位往来”列表框中无空白行时，则需要点击工具栏中的“增加”按钮追加一明细余额输入行，之后，点击该行“单位往来”单元格右边“单位引导钮”（如图 4—41 所示），便可进入“选择”单位的窗口，选择往来单位，然后点击“确定”按钮，返回“余额明细装入”窗口，接着就可选择该余额方向，输入实际的明细余额值。按照同样方法继续装入下一个往来单位的明细余额，直到“应付账款”所有的往来单位明细余额装完为止，点击工具栏中的“保存”按钮，再点击“退出”按钮，则系统会自动计算出“应付账款”的年初余额。

(5) 所有的科目余额装入完毕后，可点击“科目余额装入”主窗口内的“试算”图标来检查所输入的各科目期初余额是否平衡，如不平需查明原因，如平衡则可点击“保存”钮，然后点击“退出”，即完成了全部科目的期初余额装入工作。

(6) 关于严格性检查：单击“检查”图标，系统弹出“余额装入严格性检查”窗口，将所有科目及科目涉及辅项的余额装入情况以列表形式集中显示给用户，用户可在此窗口中检查科目余额与相关的辅助余额是否一致。如果在“账套参数

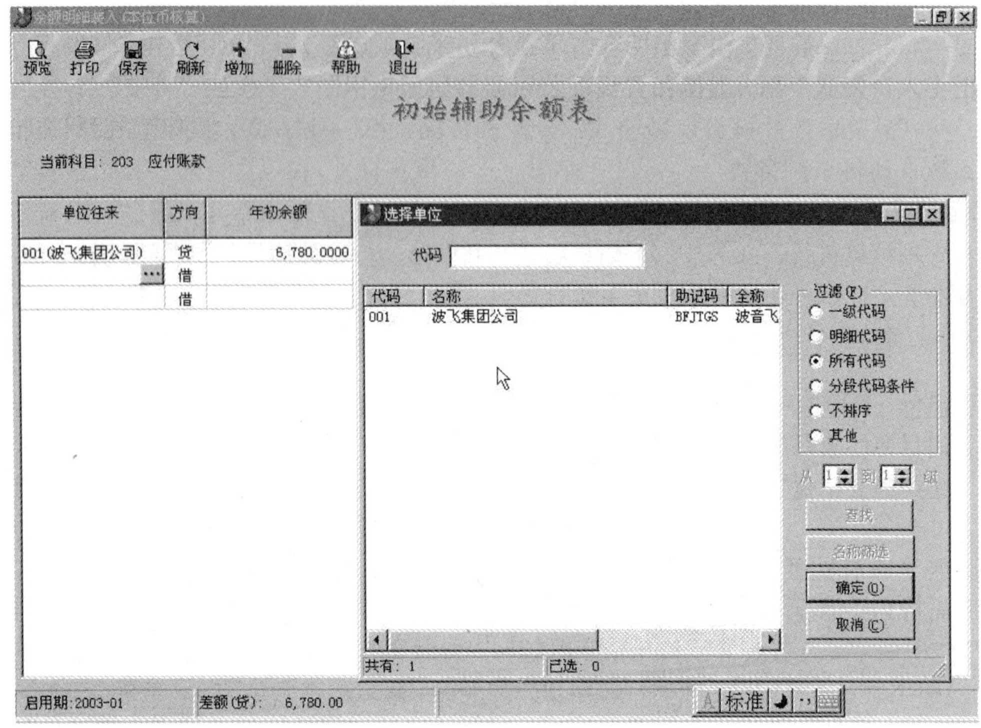

图 4—41　辅助核算明细余额装入示意图

设置”模块中设置了辅项严格核算，在检查中如果发现两者余额不一致，必须检查错误原因，否则系统将不允许保存有关数据。

（7）关于期初封账：选择系统“执行”菜单下的“期初封账”功能（该功能只有在当前账套的启用期间大于本年度第一会计期间的情况下才出现），可实现将本年度启用会计期间前所有期间一次性结账，并将科目余额（或累计发生额）正确转入启用期间期初。执行“期初封账”功能后，本账套期初数据不再允许做任何修改和变动。用户在完成科目余额装入后应及时执行本功能，否则在账表查询中，将无法正确显示“期初余额”及“期末余额”的相应值。

二、往来单位业务期初数据的装入

为便于核销每一笔往来业务账，需要将在使用计算机系统之前的每一笔尚未核销的往来单位业务记录输入计算机系统中。此项操作任务可通过“功能”菜单下的“初始建账数据/往来期初业务装入”模块来实现。其操作界面如图 4—42 所示。这里需要做两点说明：

（1）此处所输入的数据与“科目余额装入”模块所装入的往来辅助明细余额

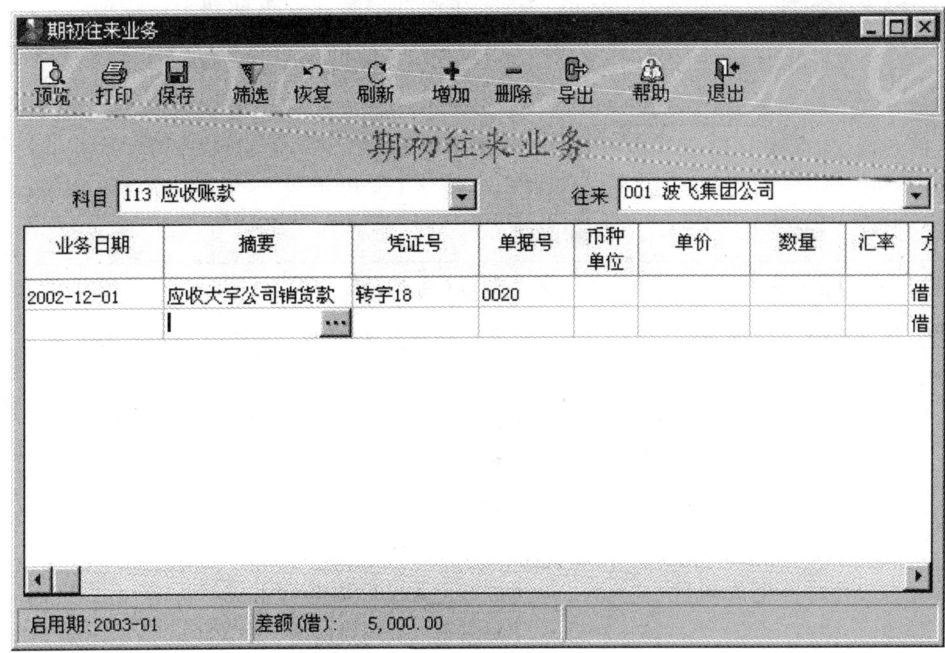

图 4—42 “期初往来业务”输入窗口

有一定的关系，两者之间的数据必须符合一致性原则，也就是某个往来科目（如应收账款或应付账款等）中某个单位的期初往来业务合计数应与往来辅助明细余额相等。在这里，期初往来业务指的是期初未核销的往来业务，这些往来业务有待计算机系统根据往来业务的执行情况（指收到应收款或支付应付款等）来进行机器核销往来账，这样可以对手工记账过程中仍未核销的往来账交由计算机统一管理，以确保往来账管理的连续性和正确性。

（2）在输入具体的“期初往来业务”的时候，系统对业务日期有严格的限制，凡是业务日期大于或等于本账套启用日期的一律视为错误的日期，必须修改，否则根本不让通过。用户应尽量按照期初往来业务输入窗口的输入要求将各项目数据输入进去，以便于将来进行往来业务核销工作。

三、银行对账期初未达账项数据的装入

与期初往来业务的输入目的有点类似，此项操作的目的就是要将手工对账的最后一期余额调节表上的有关数据（银行、企业未达账项）装入计算机系统中。一般来说，此项初始化工作可分下列三个步骤来操作。

（一）银行期初未达账装入

这项任务可通过调用“功能”菜单下的“初始建账数据/银行期初未达账装

入”模块来实现。下面结合具体的例子来讲解如何装入银行期初未达账项。

例 4.12 某企业使用计算机账务处理系统之前的最后一期手工余额调节表如表 4—5 所示。

表 4—5　　银行存款余额调节表

编制日期：2002-12-30　　对账科目：工商银行（10202）　　单位：元

项目	金额	项目	金额
银行存款日记账余额	551 000.00	银行对账单余额	117 000.00
加：银行已收而企业未收的款项		加：企业已收而银行未收的款项	
(1) 2002 年 12 月 22 日收到货款 30 000 元，原始凭证号为 2008。	30 000.00	(4) 2002 年 12 月 22 日收到销售货款 150 000 元，凭证号收字 200，原始凭证号为 20012。	150 000.00
减：银行已付而企业未付的款项		减：企业已付而银行未付的款项	
(2) 2002 年 12 月 22 日支付采购货款 40 000 元，原始凭证号为 1008。	40 000.00	(5) 2002 年 12 月 22 日预付货款 2 000 元，凭证号付 208，原始凭证号为 10128。	2 000.00
(3) 2002 年 12 月 24 日支付货款 276 000 元。	276 000.00		
调节后余额	265 000.00	调节后余额	265 000.00

输入对账单期初未达账项之前，对账单参考余额、对账单账面余额均为 403 000.00元；输入银行期初未达账项之前，日记账期初参考余额、日记账账面余额均为 403 000.00 元。

银行期初未达账指的是“企业已收而银行未收”或者“企业已付而银行未付”的账项，搞清楚这个概念，我们就知道应该如何输入“银行期初未达账”了。执行“银行期初未达账装入”程序，进入相应窗口之后，选择对账银行科目“10202 工商银行”，由于是第一次操作此模块，应该分别在“日记账期初参考余额”和“日记账账面余额”这两栏中填入 403 000.00（此处即为企业银行日记账上已经对上账的款项金额之和）。然后，点击工具栏中的“增加”按钮，将表 4—5 中的 (4)、(5) 两笔业务记录分别输入并保存，如图 4—43 所示。我们发现，日记账账面余额自动变为 551 000.00。与我们先前所装入的“银行存款—工商银行”科目的年初余额正好相等。由此，我们知道所谓日记账参考余额就是企业银行日记账上所有已达账项的累加减后的“余额”(也就是所有已达借项减去所有已达贷项的差),银行对账单参考余额也同理。大家还要注意输入期初银行未达账项时的时序控制问题。我们知道期初银行未达账项从业务发生时间上来说,一定在启用本账套时间之前,因此软件在输入“日期”时,有一个时间控制要求:所输入的日期不得大于或等于账套启用时间,否则计算机将显示出错。

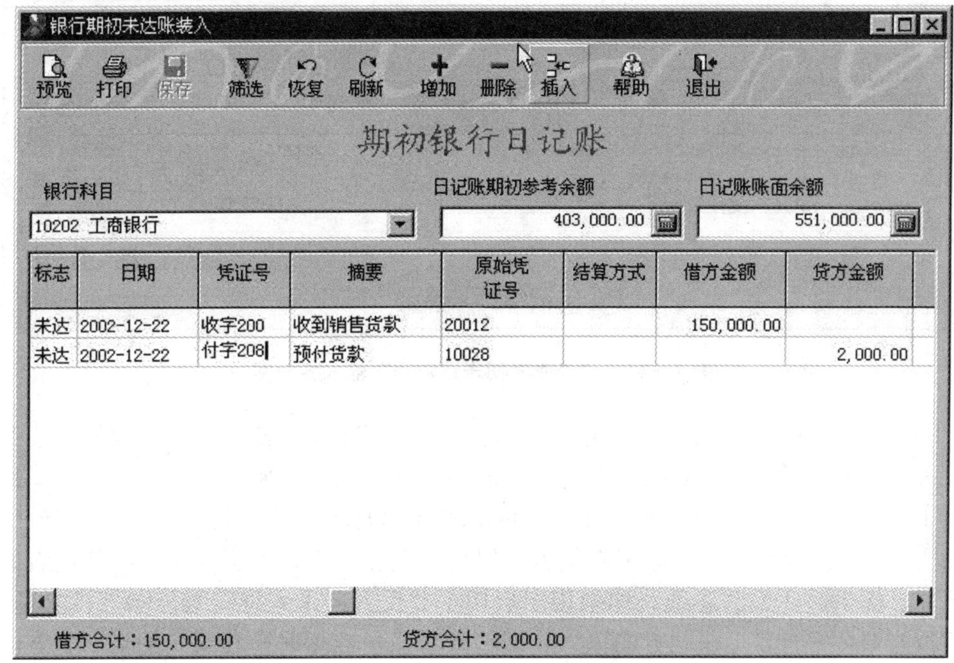

图 4—43 “银行期初未达账项”输入界面图

(二)期初企业未达账项装入

这项任务可通过“银行对账”菜单下的“银行对账单”功能模块来完成。“期初企业未达账项”指的是银行已记账而企业尚未记账的账项,包括“银行已收而企业未收”和“银行已付而企业未付”两类账项。因此,以例 4.12 来说,装入期初企业未达账项就是要把表 4—5 中的(1)、(2)、(3)三笔业务记录通过“银行对账单”模块装入。具体操作步骤如下:

首先调用“银行对账/银行对账单”程序,进入相应窗口之后,再选择银行科目“10202 工商银行”,由于是首次使用该程序,可在“对账单参考余额”和“对账单账面余额”两栏处均输入 403 000.00,如有对账单号则输入实际的对账单编号,然后点击工具栏中的“增加”按钮依次将表 4—5 中的(1)、(2)、(3)三笔业务分别输入并保存,如图 4—44 所示。我们发现,对账单账面余额已由原先的 403 000.00 自动变为 117 000.00,这与银行送来的最后一期银行对账单余额应该正好吻合。操作中，要注意几个问题：

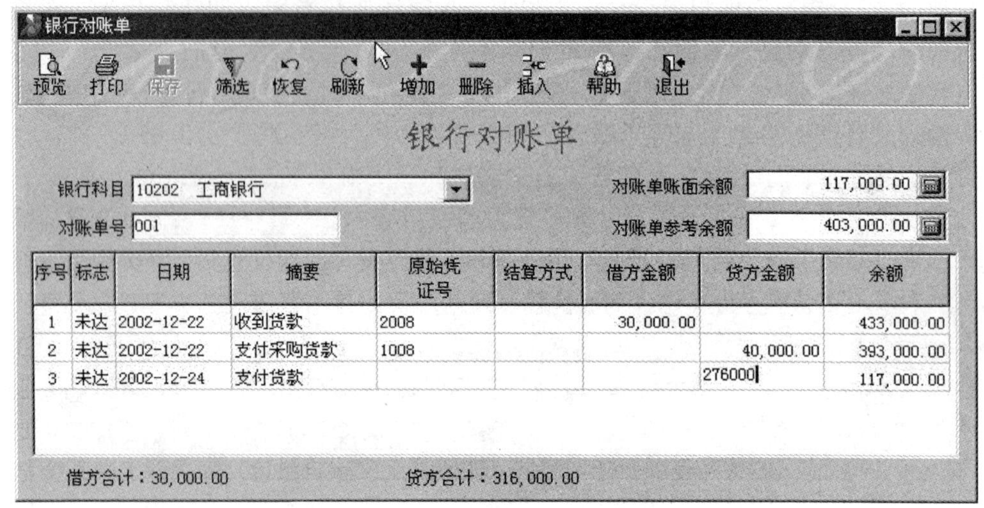

图 4—44 “企业期初未达账项”输入界面图

(1)“反方向录入银行对账单”问题。我们在前面的“账套参数”设置中已经讲过“反方向录入银行对账单”这个控制参数的作用，之所以需要这个参数，是由于在通常情况下银行送到企事业单位的对账单与单位的银行日记账正好相反，即同一笔业务，单位日记账记在借方，银行则记在贷方，为了照顾有些使用者的习惯，提供这一控制参数，如果用户启用了“反方向录入银行对账单”的功能，可以与单位银行日记账同方向输入，即输入对账单数据时，其录入的借、贷方向与银行日记账的方向相同，而与对账单本身的方向相反，或者通俗地说，就是在使用本模块输入对账单数据时，要把银行送来的实际对账单上的贷方发生业务记录放在借方输入，而把借方业务记录放在贷方输入，并且一定要记住：可以这样做的前提是，必须在“账套参数”设置中把“反方向录入银行对账单”参数设为“√”。

(2) 企业期初未达账项的时序控制问题。与银行期初未达账项一样，由于在系统初始化阶段所输入的企业期初未达账项一定是发生在启用会计软件进行计算机记账之前，也就是发生在本账套的启用时间之前，因此对账单的日期一定要比账套启用日期小，但由于安易软件将企业期初未达账项与使用计算机后银行送来的新对账单数据输入统统放在本模块完成，软件并未提供严格的时序控制，这一点是设计上的一个不足，需要引起使用者的注意。

(3) 注意本操作窗口中的“增加”、“删除”以及“插入”等工具按钮的使用。“增加”与“插入”的区别在于：“增加”时，新增的记录在最后一行，而“插入”时，可以把记录插在任意一条已输入的对账单记录之前。

（三）检查期初余额调节表是否平衡

当用户将上述两个步骤做完之后，为了检查所输入的数据是否正确，一个比较好的方法就是调用“银行对账/银行对账”试编期初余额调节表，如果先前所输入的两方未达账项以及账面余额没有错误的话，那么这张余额调节表一定是平的（经调整后的银行和企业两方余额应该是相等的）。操作步骤是这样进行的：调用“银行对账”菜单下的“银行对账”程序，进入相应窗口之后，首先选择银行科目（仍以例4.12来说，应该选择“10202工商银行”），选择确定之后，系统将自动显示该银行对账科目的有关数据，如图4—45所示，点选“执行”菜单下的“余额调节表”，或者在未达业务记录区单击鼠标右键，从弹出的快捷菜单中选择执行“余额调节表”程序，都可以进入“余额调节表”编制输出界面，如图4—46所示，如果“企业调整后”的日记账余额与“银行调整后”的对账单余额相等，则说明所输入的期初未达账项没有问题，否则肯定存在问题，需要返回检查修改。

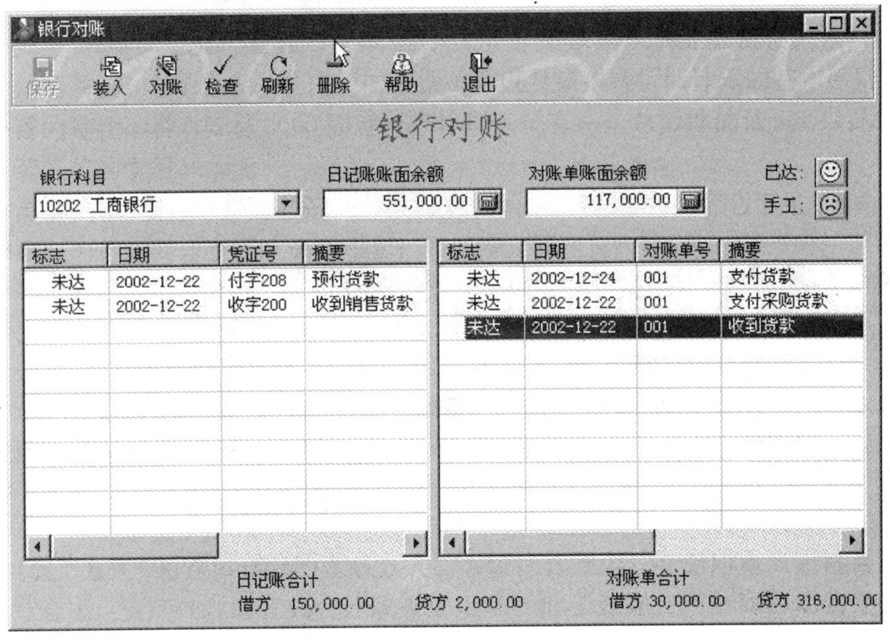

图4—45　“银行对账”主窗口界面图

至此，我们把安易2000账务处理软件所涉及的系统初始化阶段的工作业务如何开展已经学习完了。需要注意的是，在这些众多的初始化阶段中，有些是“真正”的初始化业务，即只有在初始化阶段完成，其他时间不允许再做，对于这类业务，一是要记住做初始化处理，二是务必保证设置一步到位，不留下后遗症；还有一些既可以在初始化阶段做，也允许在日常应用阶段进行小范围修改的业务，

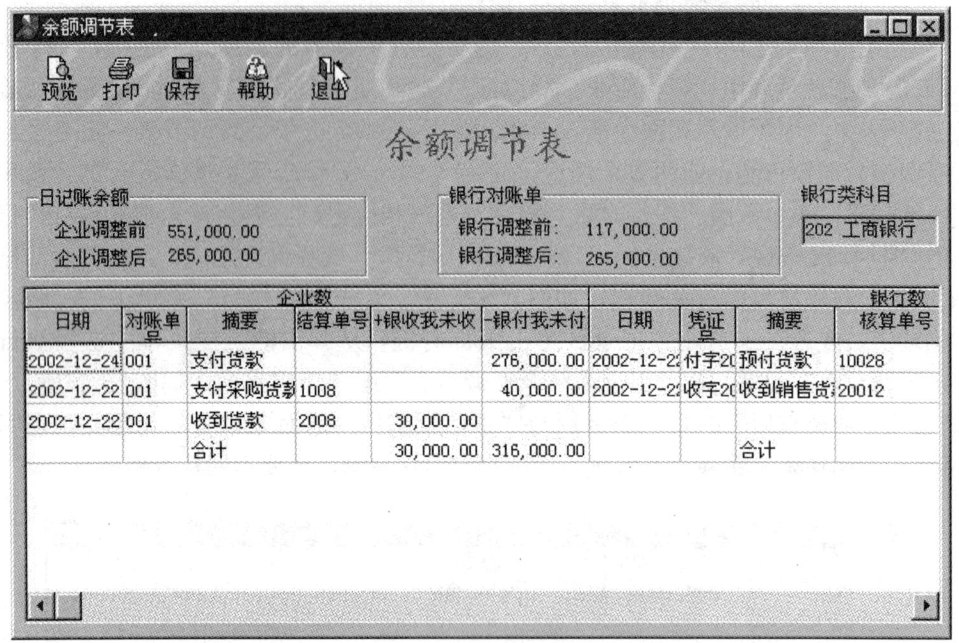

图 4—46 “余额调节表”子窗口操作界面图

尽量在初始化阶段把这些业务正确完成，并关注其小范围修改的前提条件，以免因前提条件不满足而不允许修改其设置；除此之外，还有少量的初始化业务，实际上可以在任何时间段来完成，而且在任何时候都可以对以前所做的设置进行修改，并且没有修改的限制条件，对于这类业务我们没有在初始化阶段讲解，但如果该业务的处理与其他初始化步骤有一定的关系（没有使用时序的先后关系），我们也把这部分内容放在初始化阶段来讲解，比如“日常使用”的自定义会计分录设置工作。

本章小结

通过本章的学习，读者应该掌握安易 2000 财务管理系统的总体结构，理解安易 2000 账务处理系统在其中的地位以及与其他子系统之间的关系，总体上把握安易 2000 账务处理系统所采用的业务处理流程（操作流程）和功能。在此基础上掌握以下一些初始化操作步骤及应用要领：

1. 如何安装安易 2000 账务处理软件？要特别关注其中的三层 C/S 结构的概念。

2. 如何启动安易 2000 账务处理软件？

3. 如何建立新账套以及设置合法操作员并为合法操作员进行授权?

4. 如何设置账套参数?

5. 外币币种及汇率应该怎样设置?设置的目的是什么?

6. 自定义辅助核算项以及自定义辅助说明项各自的含义、作用以及设置。

7. 会计科目、会计科目组以及非法对应科目的设置与维护。

8. 辅助核算项目的设置与维护，包括部门以及职员资料的设置、项目资料初始设置、单位往来资料的初始设置、现金流量项目的初始设置等。

9. 凭证类型的设置及作用。

10. 自动会计分录的含义、作用、使用场合以及编制要领。

11. 科目期初余额装入的基本要领。

12. 往来单位业务期初数据的装入要领。

13. 银行对账期初未达账项的装入要领。

在本章学习过程中，要求能够结合实际会计核算的要求来理解该软件初始化的具体应用技术，并且要充分结合第三章所学的通用商品化会计软件应用的一般知识来进一步加深对会计软件应用的步骤及方法的了解。

思考题

1. 请详细介绍安易 2000 财务管理系统的总体结构，并说明安易 2000 账务处理系统与其他安易子系统之间的关系。

2. 安易 2000 账务处理系统采用哪种应用框架结构?这种结构有何优点?使用时应注意哪些问题?

3. 安易 2000 后台数据管理工具的主要作用有哪些?如何使用该工具建立账套(请写出建账的基本过程)?

4. 安易 2000 账务处理系统必做的初始化业务都有哪些?主要业务处理目的是什么?

5. 在安易 2000 账务处理系统的科目设置与维护中，重要的科目控制属性有哪些?其作用表现在哪些方面?

6. 安易 2000 账务处理系统的科目组的设置以及非法对应科目的设置，其目的分别表现在哪里?你认为在实际会计业务处理中，这类功能有意义吗?

7. 请详细说明在安易 2000 账务处理系统中，往来单位资料的初始设置与科目设置之间的关系，并进一步说明，使用安易软件核算往来业务主要有几种模式。

8. 请分别举一个日常使用和月结使用的自动会计分录，详细介绍其定义要领。

9. 在安易2000账务处理系统中，科目余额与辅助核算明细余额之间的关系是怎样的？往来辅助明细余额与期初往来业务数据之间是什么关系？

10. 如何验证银行对账期初未达账项数据输入的正确性？

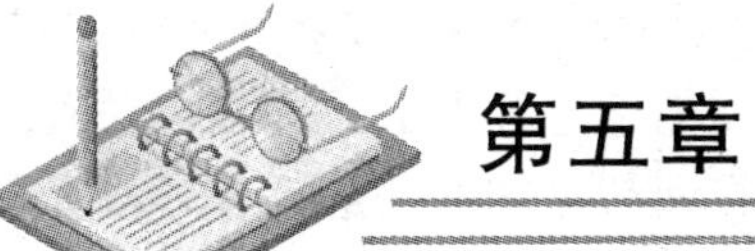

第五章

账务处理系统的日常及期末业务处理技术示例

引　言

本章主要讲解安易 2000 账务处理系统的日常应用和期末处理阶段所应遵循的基本操作步骤和技术要领，主要分六节来讲解。

第一节是“凭证管理”，主要介绍如何填制一张新凭证、如何填制冲销凭证、如何根据初始化阶段所定义的日常使用的自动会计分录编制凭证、如何作废凭证、如何对凭证进行审核签字和消审、如何对经过审核后的凭证进行记账处理、对作废凭证如何进行“物理”删除、如何使用凭证汇总功能以及常用摘要如何定制等。由于凭证在会计工作中的地位非常重要，它关系到随后账簿和报表的正确性，是形成账表数据的基础，在学习本节内容时，要从这种角度来认真领会系统所提供的凭证管理功能，能够根据日常业务处理中变化的情况来灵活、合理、正确地使用凭证管理功能，并理解凭证管理环节与前面的系统初始化阶段工作的内在关联性。

第二节是“账表输出”，这里重点介绍系统所提供的主要基本账表的查询与打印输出的基本使用要领，涉及总账余额表、总账、明细账、多栏账、序时账、日记账和日报表等账表。在学习本节时，一方面要重点理解会计软件所提供的账表的含义（有些与手工会计完全相同，有些在手工账簿概念基础上有所变通、扩展，有些则是手工基本上无法提供的），另一方面要掌握利用账表查询功能来获取会计信息的基本操作要领。

第三节是“日常银行对账”，本节内容是初始化阶段“银行对账期初各种未达账项装人”功能的进一步延续。银行对账业务是出纳工作的一个组成部分，本节内容包括：日常银行对账单的数据采集、日记账的数据采集、银行对账的两种方式（计算机自动对账和手工核销）以及如何通过对账后编制形成余额调节表来重点审查重要的未达账项。

第四节是“日常辅助核算业务”，这一节先重点介绍了单位往来和个人往来业务的核销问题以及如何进行单位往来账龄分析，之后简单介绍了安易2000账务处理系统所提供的辅助核算账表的基本种类及其主要辅助核算账表，并以单位往来明细账的查询与打印为例来说明辅助核算账表的查询与打印的一般操作步骤及操作方法。通过本节的学习，要求理解辅助核算账与基本账簿的区别，在此基础上，要求能够熟练掌握查询辅助核算账的方法。

第五节是“期末处理业务”，本节主要介绍期末结汇处理、期末结转期间损益、期末自动转账、试算平衡以及期末结账等功能模块的使用方法与技术要领，本节内容从操作上讲没有太难理解的知识，但是它所涉及的期末会计处理知识理解起来有一定的难度，因此，学习时要重点理解和掌握这些功能模块的技术要领。

第六节是“安易2000账务处理系统其他辅助性功能的使用”，这节内容主要包括：数据的引入引出、预记账处理、打开指定用户级程序以及数据的备份与恢复。本节内容完全是基于计算机处理特点设计的功能，是手工会计所没有的。学习本节内容时，要求从这样两个方面来进行：一是要问这个功能有何作用，系统提供这种功能的用意何在；二是要问如何使用，包括使用场合以及使用步骤及方法等。

第一节　凭证管理

安易2000账务处理软件将凭证管理分为五个方面的内容：凭证编制、凭证处理、凭证汇总、常用凭证摘要管理、凭证类型设置，其中“凭证类型设置”内容我们已介绍过了，本节只介绍其他四个方面的内容。

一、凭证编制操作

正如前面已经介绍过的那样，日常业务处理环节的核心内容是凭证的制作、审核和记账，而凭证的制作又是此核心中的核心，它关系到随后形成账簿信息的准确性和完整性，因此，用户在日常工作中应加强对记账凭证输入环节的管理和控制。

（一）使用常规手段编制一张新凭证

调用“凭证管理”菜单下的“编制凭证”功能即可进入图5—1所示的窗口，这就是凭证编制的窗口。通过窗口所显示的凭证样式，不难知道，安易软件可以对不同的凭证类型进行管理，但这些凭证的输入格式却是统一的，可以采用“常规凭证格式”（如图5—1所示），也可以采用“自由凭证格式”，这是在“常规凭证格式”基础上允许用户特别设置诸如“部门”、“数量”、“单价”、“原始单据号”

等辅助核算需要采集的数据项，系统会将这些项目作为凭证的“列”项目与“借方”、“贷方”栏目同等对待，但这时凭证行已不再是“摘要”、“科目”、“借方”、“贷方”四个栏目，而是取决于用户对凭证显示选项进行选择的结果，如果用户选择了三项，则凭证将有七个栏目。上述两种凭证格式的选择以及“自由凭证”的自由项目的选择设定可通过调用系统的“查询”菜单下的不同程序项来达到（分别是“常规凭证格式”、“自由凭证格式”以及“显示选项”这三个程序项，其中第三个程序项必须在用户选择执行了第二个程序项后才能被调用执行），有关这方面的具体内容可以根据实际操作来进一步了解，不再赘述。

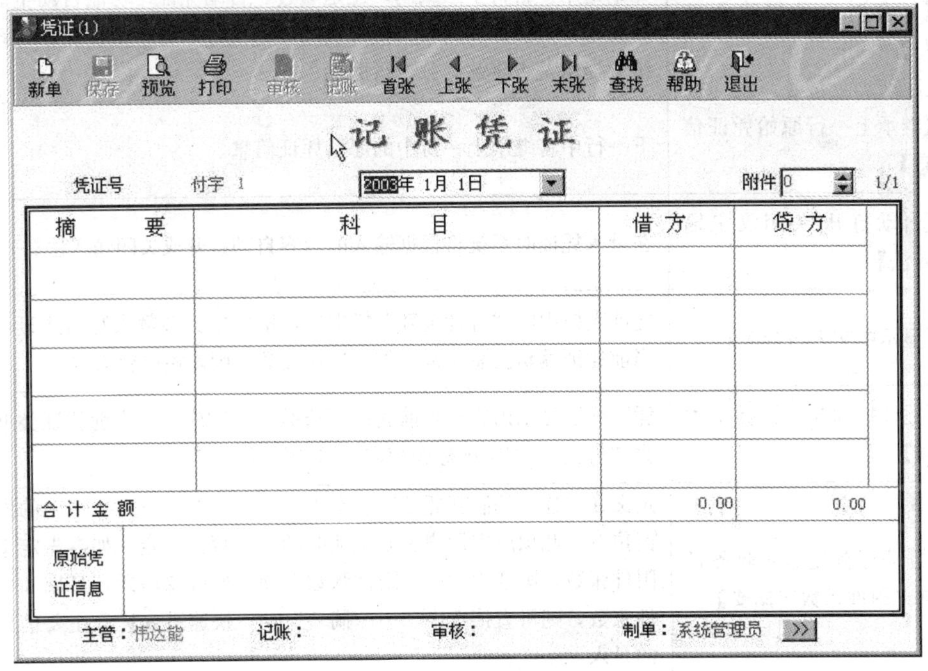

图 5—1　凭证编制画面

在正式编制一张新凭证前或在凭证编制过程中，用户可以对有关凭证编制的控制参数进行必要调整，以便于操作。系统在“编辑”菜单下的“凭证选项”功能中为用户提供了 11 个控制参数，它们是：连续编制新凭证、总处于编辑显示状态、定时保存可恢复文档、Tab 键在表格内连续移动、保存时自动删除无效行、继承上一行原始凭证信息、自动打开/关闭汉字输入法、显示中文大写金额、凭证标题与凭证类型关联、新凭证首先输入业务日期/附件张数/摘要、禁止修改凭证日期。用户只需点击某参数所在行，参数文字前面出现“√”说明已选中，并将作用于之后的凭证操作，再次点击该参数项则“√”标志消失，说明已取消，该参数将不再对后面的凭证编制起作用。主要凭证选项参数设置的意义参见表 5—1。

表 5—1　　凭证选项参数设置含义对照表

【连续编制新凭证】	当凭证保存完毕，系统自动生成一张新凭证。
【总处于编辑显示状态】	光标转入其他栏，即可编辑，无须回车或双击。
【定时保存可恢复文档】	系统每间隔一分钟自动保存编辑凭证一次。
【Tab 键在表格内连续移动】	通过 Tab 键可实现光标仅在凭证表栏内由左至右的顺序跳转，方便用户灵活改变编辑区域，如不选，则 Tab 键控制光标在凭证表头各项和表格中的当前编辑栏间进行跳转。
【保存时自动删除无效行】	无论是用户自行手工编制，还是通过“自动凭证”功能自动生成的凭证，只要存在同时无科目且无金额的分录行，则在保存时系统会提示是否将此类分录行删除。
【继承上一行原始凭证信息】	下一行中将继承上一行中的原始凭证信息。
【自动打开/关闭汉字输入法】	在录入凭证时系统将根据输入的内容自动打开或关闭输入法。
【显示中文大写金额】	凭证表格中的“合计金额”栏中用标准的中文金额大写格式显示当前凭证编辑的总金额，如不选该参数，则该栏内容为空。
【凭证标题与凭证类型关联】	凭证标题显示内容与当前凭证所选类型相对应，如当前凭证类型为“付款”，则凭证标题相应显示“付款凭证”。
【新凭证首先输入业务日期／附件张数／摘要】	定义在“连续编制新凭证”状态下，光标在新增空白凭证中的停留位置。此项应视用户编制凭证时的一般规律而定。如需先定义附件张数，则选中“……附件张数”项；如可忽略凭证日期和附件张数，则可直接选中“……摘要”项，快速进入凭证主要信息的录入。
【禁止修改凭证日期】	选择此参数，则系统不允许手工修改凭证日期，未选择此项时可手工修改凭证日期。

参数调整后可立即着手编制凭证。下面结合实例来说明凭证编制的具体步骤及使用技术要领。

例 5.1　【利用空白凭证编制新凭证】某企业为执行 030101 号合同研制生产任务，于 2003 年 1 月 22 日向波飞集团购入甲材料 400 吨，单价 1 080 元/吨，同时，企业应负担的增值税（进项税额）为 73 440 元，货款与税金共计 505 440 元，以工行存款（支票号 0688）全部付讫，材料尚未入库。已知科目设置时，“材料采购”科目启用“项目核算”和“数量核算”，“银行存款－工商银行”科目启用了“现金流量控制”和“银行科目”。

编制本例凭证可按下面几个步骤来操作：

(1) 点击工具栏中的“新单”按钮（如果是刚进入凭证编制窗口，系统会自动打开一空白凭证格式等待用户输入，此时不点击“新单”也行），即表示进入编制填写新凭证的状态。

(2) 确定所要输入的凭证类型。针对本例，可从“凭证号”右边的“凭证类型”列表框中选择当前凭证所属类型，这时可以发现出现在列表框中的凭证类型正是我们在系统初始化阶段所设置的那些凭证类型。凭证类型选定后，系统会自动显示该类型凭证当前可用的“编号”，该号码一般不允许修改，除非用户在“账套参数设置”模块设置了“使用自定义凭证号”。

(3) 接着输入“凭证日期”，通常凭证日期采用登录系统时所输入的业务日期，系统不允许修改，除非用户将凭证控制参数中的“禁止修改凭证日期”项置于无效（这一点可通过调用“编辑”菜单下的“凭证选项”功能来实现）。

(4)“附件”栏目按实际附单据数填列，本例为 2。

(5) 输入完上述项目之后，便进入凭证分录行上的每个项目的数据输入状态。首先是凭证摘要，凭证摘要有两种输入方式：一种为直接输入，即在“摘要”栏输入摘要文字即可；另一种是通过点击摘要栏右边的小图标从摘要字典中选择输入。本例摘要为“购入甲材料”。

(6) 分录科目的确定输入，可直接输入最底级科目代码，也可点击科目字典选择输入，本例科目为“121 材料采购”。由于“材料采购”科目启用了辅助核算，在科目确认后，系统会立即弹出一个原始凭证数据输入窗口，按图 5—2 所示输入有关原始数据，点击“确定”按钮之后，系统根据这些原始数据会立即形成本行分录的实际发生额数值。

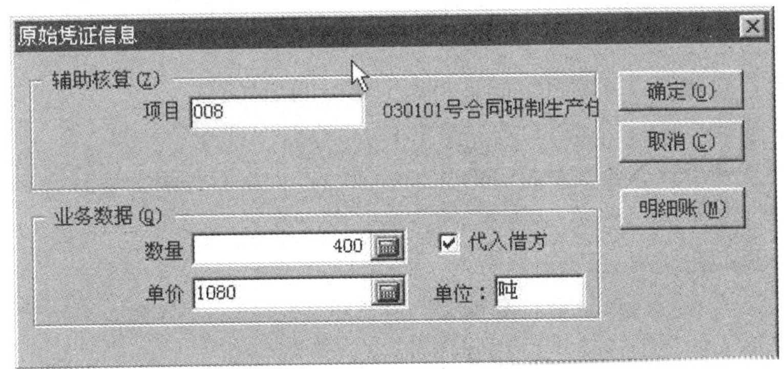

图 5—2 “数量”、“项目”辅助核算原始数据输入画面

(7) 接着进入第二个分录行的内容输入，在输入第二行摘要时，如果此摘要与上一行一致，可按 F3 快速复制（注意：在计算机会计环境下，要求每行分录都必须有摘要)，输入第二分录行的科目和发生额。然后进入第三分录行的输入。

(8) 第三个凭证分录行的摘要输入方法与第二行的输入方法一样。当输入完第三行的科目，本例为10202［银行存款一工商银行］时，由于该明细科目被设置成“银行科目”和“现金流量控制”，因此，系统会再次弹出相应的原始凭证输入窗口，提示用户输入原始单据号以及业务日期，“确定”后还会弹出“现金流量”窗口，按图5—3所示要求输入有关现金流量的分类数据。至此，本业务的记账凭证数据已经全部输入完毕，点击“保存”钮，系统会对当前编制的凭证的合法性进行检查，检查内容包括以下几个方面：

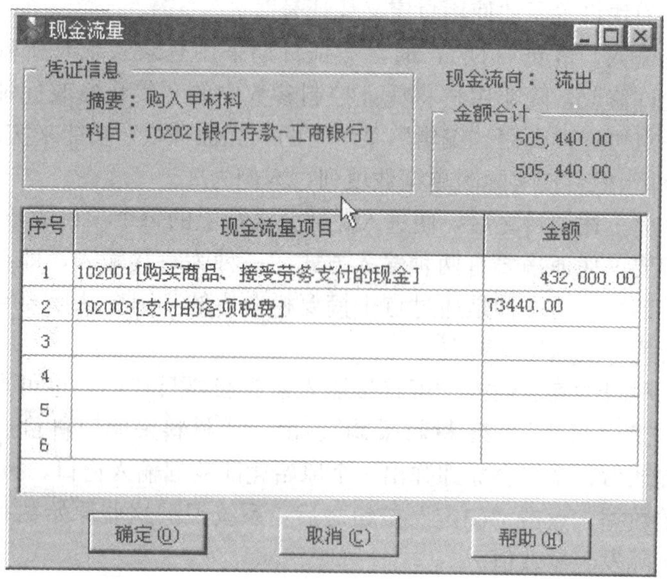

图5—3 现金流量辅助控制数据输入画面

1) 科目及辅助核算项目代码是否均为末级明细代码；

2) 凭证非空项目是否存在空现象；

3) 对于外币核算或数量核算的凭证分录行，如果其外币为零且金额与数量均为零，将被视为无效分录行；

4) 是否存在非法对应科目；

5) 凭证类型与科目是否存在冲突；

6) 必输入的辅助核算项目数据是否存在空项；

7) 是否试算平衡。

经检查，确认没有非法数据后，系统会将此凭证保存起来。

根据本例资料编制完成的记账凭证如图5—4所示。此例中已经出现了项目、数量、现金、银行对账等辅助核算原始数据的输入要素以及输入方法，其他如往来、部门等与此大同小异，在此不再一一举例说明。

凭证(1)

新单 保存 预览 打印 审核 记账 首张 上张 下张 末张 查找 帮助 退出

记账凭证

凭证号 付字 1 2003年 1月 1日 附件 2 1/1

摘要	科目	借方	贷方
购入甲材料	121[材料采购]	432,000.00	
购入甲材料	2210201[应交税金-应交增值税-进项税]	73,440.00	
购入甲材料	10202[银行存款-工商银行]		505,440.00
合计金额		505,440.00	505,440.00
原始凭证信息	项目：008[030101号合同研制生产任务] 数量：400.0000 单价：1080.00 单位		

主管：韦达能 记账： 审核： 制单：系统管理员 >>

图 5—4 按例 5.1 要求编制的记账凭证画面

这里需要补充说明的是，在凭证输入过程中，如果发现有关项目输入有误，可立即对其进行修改，对凭证常规项目的修改可直接把鼠标移到该项目然后修改；对辅助核算原始数据的修改可先将光标移到采用这种辅助核算的分录行，然后，再按功能键“F10”即可进入原始数据的修改状态。如果用户认为当前凭证的分录结构是常用的结构，为了便于今后同类业务凭证的输入，也可以以此分录结构为模板，将其保存到自动分录库中，方法是调用文件菜单下的“保存到自动分录库”，系统会对当前凭证的各分录进行检查，没有问题即将此分录结构保存到自动分录库中，作为凭证模板以供将来制作同类凭证时调用。

当保存完一张凭证内容之后，如果我们已调用“编辑”菜单下的凭证选项功能并选定“连续编制新凭证”，那么系统将立即自动弹出一张空白凭证，供用户继续输入下一张凭证的内容；对于未选定“连续编制新凭证”参数的，需要点击工具栏下的“新单”按钮，才能弹出一张新凭证供用户输入下一张凭证内容。

（二）填制冲销凭证

冲销凭证的填制是针对凭证记账后才被发现存在错误时所采取的纠正账簿记录错误的一种措施，这也就是通常所讲的“带痕迹的修改”。因此，冲销凭证的编制前提是，原先已有凭证已被记账，且该凭证存在错误。在安易 2000 账务处理系统中，提供了允许用户根据已记账的凭证来生成红字冲销凭证的功能，通过合理使用该功能，系统可允许用户就任一已记账凭证生成一张科目及借贷方向相同、金额为负（数值相同）的冲销凭证。为了说明冲销凭证的制作过程，我们结合一个具体实例来说明。

例 5.2 【快速录制冲销凭证】冲销 2003 年 1 月 1 日输入的“提现”凭证（付字 2 号凭证）。

可按照以下几个步骤来进行：

(1) 选定当前需对应编制冲销凭证的源凭证。

这里需提醒大家的是，利用安易软件提供的“冲销凭证”功能的关键在于要先找到此张已记账的凭证。在凭证编制窗口，调用“查询”菜单下的“查找”功能，在随后出现的“凭证查找”对话框中输入会计期间（本例为 2003 第 1 期）、凭证来源（本例不输为空）、凭证类型（本例为付字凭证）、凭证序号（本例为 2），按“确定”钮，系统会搜索凭证库，找出满足条件的凭证并显示在凭证编制窗口之中。

(2) 点击“编辑”菜单下的“冲销凭证”功能（若当前凭证并未记账时，此菜单项会显示为不可用状态），系统会提示是否确实想生成冲销凭证，确定之后一张冲销凭证会被自动生成。

(3) 若要对该冲销凭证要做适当修改，可到相应栏目处直接修改，否则可直接点击“保存”按钮将此冲销凭证予以保存。至此，冲销凭证录制完毕。

(4) 用户可再编制一张正确的凭证，并由审核员对冲销凭证和这张正确的凭证一并审核，然后再记账，原先的记账错误就会被带有痕迹地纠正过来。

（三）利用自动会计分录来编制凭证

刚才我们已经讲过，在凭证编制过程中，可以将某些带有固定格式的凭证分录作为凭证模板存放在自动会计分录库中，或者在系统初始化阶段利用“自动转账分录定义”功能编制一些日常使用的自动转账分录，这样在日常凭证编制当中，我们就可以调用自动会计分录（包括凭证模板和日常使用的自定义自动转账分录，但不包括月结使用的自动转账分录）来快速录制凭证。其方法是这样的：在凭证编辑状态，点击“编辑｜自动凭证”，在弹出的“选择自动分录”子窗口中选择相应的自动分录，然后按“确定”按钮，凭证分录自动代入正在编辑的凭证。此处，选择日常使用的自定义自动转账分录与调用凭证模板两种方式基本相似，不同的是：模板方式中，借贷方无公式，借贷金额一般要自己录入，而自动转账分录可以定义公式，可以自动取数。还应当注意，日常使用的自定义自动转账分录多数需要自动取数，而取数是以已记账凭证数据作为取数源，因此，在使用这一方式进行编制凭证前，与其分录科目相关的凭证一定要全部记账。

（四）作废/还原凭证的操作

对于已保存未审核的凭证，如果因为业务取消而导致相应凭证无效，只要该凭证尚未记账，均可做作废处理。对于已审核未记账的凭证，需要先消审然后再作废此凭证。作废凭证在被彻底“物理”删除之前，仍然存在，只不过系统不再将其列为数据处理范围之内。作废凭证的操作比较简单，可以按照下列步骤来进行：

(1) 在凭证编制窗口，通过调用“查找”功能搜索满足条件的凭证（方法如前所述）；

(2) 调出该凭证之后，在“文件”菜单中选择“凭证作废”功能，系统自动将该凭证加上作废标记；

(3) 如该凭证为当前最后一张凭证，则可在作废之后直接做“删除”处理（详见“凭证处理”），否则为了保证凭证号的连续，不允许删除。

已做“作废”处理的凭证可使用“还原”功能恢复正常使用状态，但有一个前提，即：该作废凭证未被彻底删除（物理删除）。还原之后继续被视为有效的凭证。还原的方法也很简单：首先是利用“查找”功能找到需还原的作废凭证记录，之后，在“文件”菜单中选择“凭证还原”项，系统自动将该凭证“作废”标记清除，恢复成正常凭证使用。

二、使用凭证箱进行凭证的综合处理

（一）凭证的审核和消审

记账凭证编制完成后，在记账之前，必须由审核员对制单员填制的记账凭证进行审核。软件要求进行凭证的审核，目的是检查记账凭证的真实性、正确性和合规性，确保登记到账簿的每一笔经济业务的准确性和可靠性。审核凭证主要包括审核签字和审核凭证两部分。按照会计制度的规定，记账凭证的填制与审核不能是同一个人，因此，在进行审核之前，需先更换操作员。以拥有审核权限的操作员身份注册登录到账务处理系统，然后调用“凭证管理”菜单下的“凭证处理”功能进入凭证箱操作界面。凭证箱可按六种状态来区分凭证，分别是：所有凭证、未审核、已审核、已记账、已作废、错误凭证。审核时，将凭证箱状态行切换到“未审核”状态，指定需审核的凭证范围（起止日期），点击“刷新”，即可调出所有在凭证范围内的未审核凭证，如图 5—5 所示。单击“审核”图标，在弹出的“凭证审核”子窗口中对凭证审核范围进行选择。

(1) 所有未审核凭证：一次性将凭证范围内所有未审核凭证做审核处理；

(2) 已选凭证：一次性选中多张凭证，进行批审核操作；

(3) 当前凭证：只审核当前一张凭证；

(4) 包含错误标志凭证：将以前未通过审核并标上“错误”标志的凭证一并

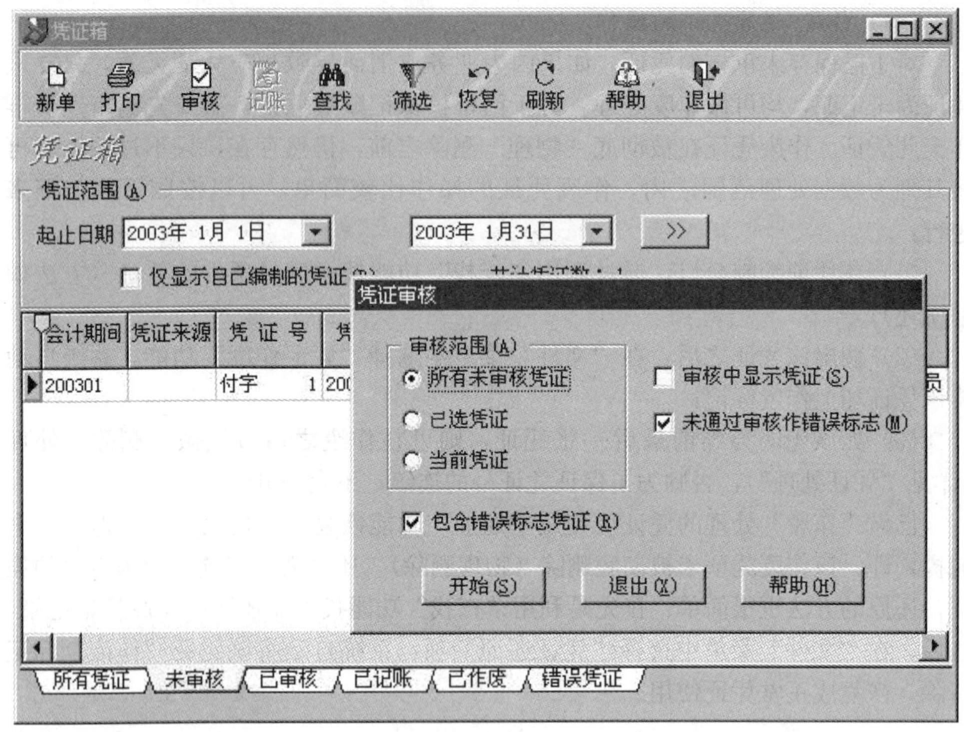

图 5—5 利用“凭证箱”进行凭证处理界面图

包含在此次审核范围之内；

(5) 审核中显示凭证：审核过程中系统自动调出当前处理凭证的凭证界面；

(6) 未通过审核作错误标志：将本次未通过审核的凭证标上“错误”标志，并在“凭证登记簿”中归入“错误凭证”页显示。

审核范围选择完毕，点击“开始”按钮执行审核操作，系统审核完毕给出审核结果报告，类似“共××张凭证通过审核”，错误信息亦在此列示；单击“打印”键可打印审核结果报告；单击“完成”键最终确认审核结果，并将通过审核的凭证标记审核人姓名，并在“凭证箱”中归入“已审核”状态页显示。

与审核动作相对的就是凭证的消审动作，系统提供了对已审核但未记账的凭证通过调用“文件”菜单下的“消审”功能进行消审操作，但此操作仅限当初为该凭证做审核的操作员。审核签字以后如果在记账前又发现了凭证上存在错误，按软件输入、处理的控制要求，已审核的凭证不能直接修改，必须先消审，然后才能再修改。需要对凭证消审时，必须把“凭证箱”状态切换到“已审核”，然后再调用“文件/消审”功能，系统弹出“凭证消审”窗口，要求对消审范围进行选择，此过程与审核的操作过程相同。凭证消审之后，变成“未审核”状态，只有切换凭证箱状态为“未审核”或“所有凭证”，才能看到这些凭证。

（二）凭证的记账处理

凭证经过审核后可调用记账功能进行凭证的记账处理，将指定范围内的凭证数据记入各类账表。当需要进行凭证记账处理时，首先需要调用“凭证处理”功能，在“凭证箱”中首先对凭证进行审核，然后将“凭证箱”状态标签切换到“已审核”状态，此时工具栏中“记账”按钮变为有效。点击“记账”按钮，在随后出现的“凭证记账”窗口中，系统要求选择记账范围，有三种可选项，即“所有已审核未记账凭证”、“已选已审核凭证”和“当前已审核凭证”，还可以直接执行“全月凭证记账”将本期所有已审核未记账的凭证进行记账。经过记账处理的凭证就会从当前“已审核”状态页中消失，用户切换到“已记账”状态就可以找到它们。经过记账处理的凭证若有错误不能直接修改，只能通过填制冲销凭证等方法做带有痕迹的修改。

（三）删除作废凭证的操作

此处的“删除”是指彻底的删除，即物理删除，经过这样的删除之后的凭证在计算机系统中不复存在。“删除”操作只针对已被作废的凭证。对于自动生成凭证序号的，只有本期间最后一张且标为“作废”的凭证可被删除；对于自定义凭证序号的，任一张被标为“作废”标志的凭证均可被删除，但在期末结账时，如本期间出现凭证号断号现象，系统不予结账。如凭证号按年编号，则所谓最后一笔凭证是指当前会计年度启用以来的最后一笔，否则凭证号按会计期间编号，最后一笔凭证指当前会计期间的最后一笔。

删除作废凭证的操作可以调用“凭证处理”功能在“凭证箱”中进行，但必须将凭证箱状态先切换到“已作废”状态，然后指定“凭证范围”，再点击“刷新”，此时指定凭证范围内已被作废的凭证会显示在当前窗口之中，通过调用“文件”菜单下的“删除作废凭证”的功能可进行删除工作。

（四）凭证汇总功能的使用

使用凭证汇总功能可以对指定范围内的凭证进行汇总，并以凭证汇总表的形式列表显示凭证涉及的所有科目汇总借贷发生额，并将外币及数量同时分栏列示。在安易软件中，调用“凭证管理”菜单下的“凭证汇总”功能或者在“凭证箱”窗口中调用“执行”菜单下的“凭证汇总”功能都可以进行凭证汇总操作，其操作界面如图 5—6 所示。

系统首先要求选择汇总凭证范围，一种是“汇总凭证箱中的凭证”，另一种是“汇总指定条件的凭证”，通过“凭证管理”菜单直接调用“凭证汇总”功能时只能按第二种进行汇总。采用“汇总指定条件的凭证”这种汇总方式时，系统可以从几个方面来设定汇总的条件：

(1)“凭证限制”条件：可指定具体的“会计期间”、“凭证来源”以及“凭证类型”。

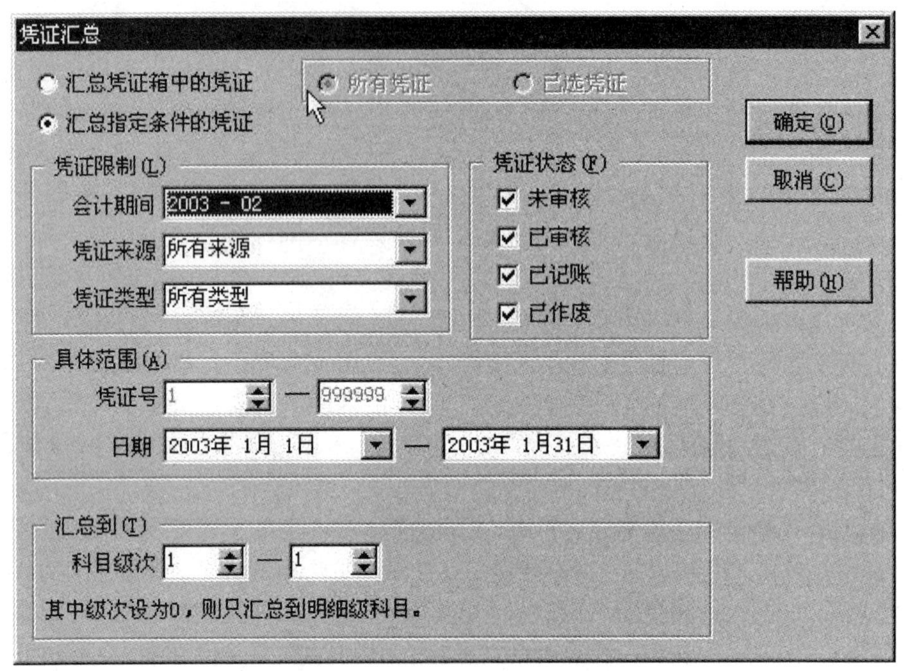

图 5—6　凭证汇总操作界面图

(2)“凭证状态”条件选择：可选择四种凭证状态中的一种或者其中几种。

(3)“具体范围”的指定：可指定“凭证号”范围或者凭证的起始日期和终止日期。

(4) 采用这种汇总方式还可以指定“汇总到”：指定当前需要汇总的科目级次范围。如指定级次范围为“1—3”，则系统自动将三级以后的明细科目发生额向上汇总到三级，且一至三级科目会得出科目汇总发生额。

当汇总条件设定后点击“确定”钮，系统会根据所设定条件查找满足条件的凭证及汇总统计，如无符合此条件的凭证存在，则出现“没有满足条件的凭证”的提示信息，且凭证汇总表内数据为空。凭证汇总表上方列示了该表的汇总方式：

(1) 按数量：如遇数量核算科目，其数量发生额将显示在列表借贷方数量栏中，否则只显示该科目本位币发生额；

(2) 按外币：如遇外币核算科目，其外币发生额将显示在列表借贷方外币金额栏中，否则只显示该科目本位币发生额。

三、凭证常用摘要的录制

在日常填制记账凭证的过程中，因为业务的重复发生，经常会有许多摘要完全相同或大部分相同，如果将这些常用摘要存储起来，在填制会计凭证时可随时调用，提高业务处理效率。

增加常用凭证摘要的方法比较简单，可按以下几个步骤进行：

(1) 调用“凭证管理”菜单下的“常用凭证摘要信息”功能，进入“常用凭证摘要信息”窗口；

(2) 在“常用凭证摘要信息”窗口中，单击“增加”图标，即进入添加新摘要信息状态（首次进入此窗口，系统自动处于增加新摘要状态）；

(3) 在凭证摘要列表的末尾新添空行中依次填写以下信息：摘要代码、摘要、助记符、科目代码，其中对应的“科目代码”可由用户决定是否输入，如果输入某科目，则以后凭证编制中如调用该摘要信息，则其对应的科目信息自动代入“科目”栏；

(4) 单击存盘按钮即可将摘要作为今后常用摘要保存起来。

第二节　账表输出

安易 2000 账务处理系统所提供的账表输出功能主要包括：总账余额表、总账、明细账、多栏账、序时账、日记账以及日报表七种账表信息的查询与输出，其强大的联查功能（比如可从总账余额表到总账、明细账，再到凭证，最后到原始单据这样一种由上而下、由后往前的查询功能）是安易软件的一大特色。下面分别对这些账表输出功能进行介绍。

一、总账余额表的查询与输出

总账余额表的主要功能是显示及打印指定会计期间内汇总统计的各会计科目（组）的本期借/贷方发生额、期末余额以及累计发生额，除此之外，它还可以提供下列功能：

(1) 除三栏式外，还可根据各科目定义的账簿格式显示及打印总账余额表；

(2) 可联查总账、明细账；

(3) 可对总账余额表数据进行图形趋势、结构及对比分析。

调用“总账余额表”程序进入“总账余额表”窗口后，系统要求选择会计期间和会计科目，选定之后再单击“打开”按钮即可显示输出相应科目的总账余额表记录，如图 5—7 所示。

用户可点击“账簿”按钮选择“科目取数”、“科目组取数”、“科目明细账”、“科目总账”等账簿格式查看明细账、总账等数据，再通过明细账等可联查到凭证；也可点击“格式”按钮选择数量式、复币式或数量外币式，在当前的窗口中

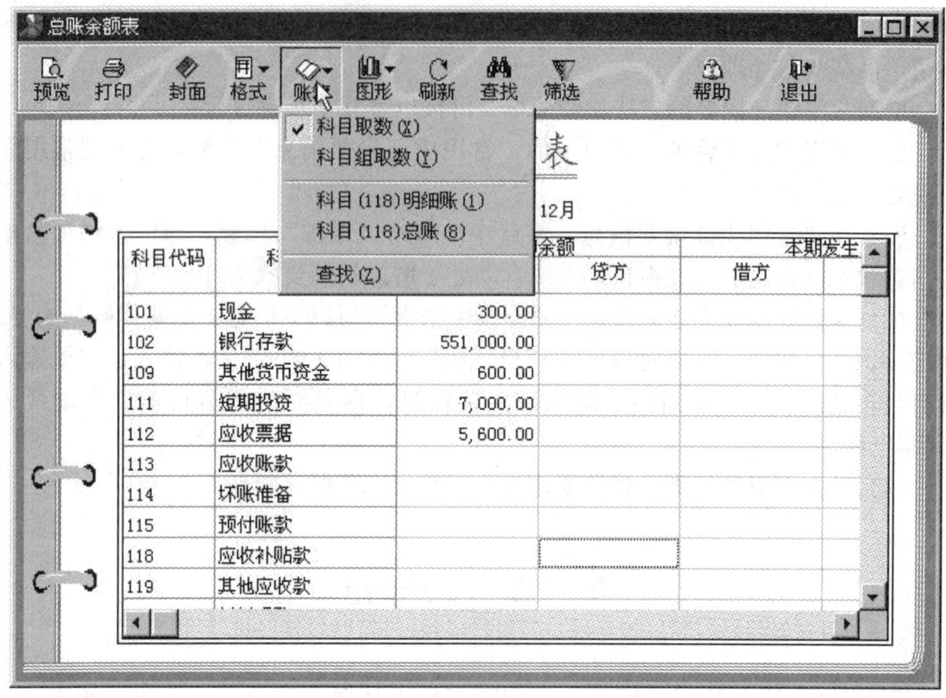

图 5—7　总账余额表主操作界面图

显示有关信息后，点击总账余额表上的“汇总到上级科目”复选框，即可实现数量式、复币式和数量外币式查询；如果想将相应的账簿数据打印输出的话，点击“打印”或者“预览”按钮，按系统提示进行即可完成打印工作。

除此之外，在总账余额表模块中还有一个非常有用的功能便是“图形”分析功能，它可以对指定的总账科目数据进行结构分析、趋势分析以及对比分析，下面以结构分析为例来说明如何使用总账余额表的图形分析功能。

例 5.3　对“银行存款”科目进行结构分析。

首先选定当前总账科目为“银行存款”，然后点击工具栏中的“图形”按钮，从弹出的菜单中选择“结构分析”，系统将自动调用“银行存款”下级明细科目的有关余额进行结构分析，如图 5—8 所示。通过点击图形分析窗口中的工具按钮可以进一步做其他图形处理，比如可点击“选择项目”按钮来选择作图项目（指选择期初借方余额、期初贷方余额、本期借方发生额、本期贷方发生额、期末借方余额、期末贷方余额或累计借方发生额和累计贷方发生额中的某一项为作图项目），也可以通过点击“直方图”按钮将图 5—8 所显示的立体饼图变成直方图形式，还可以将当前分析图点击“保存”按钮予以保存，点击“打印”按钮输出到打印机等。

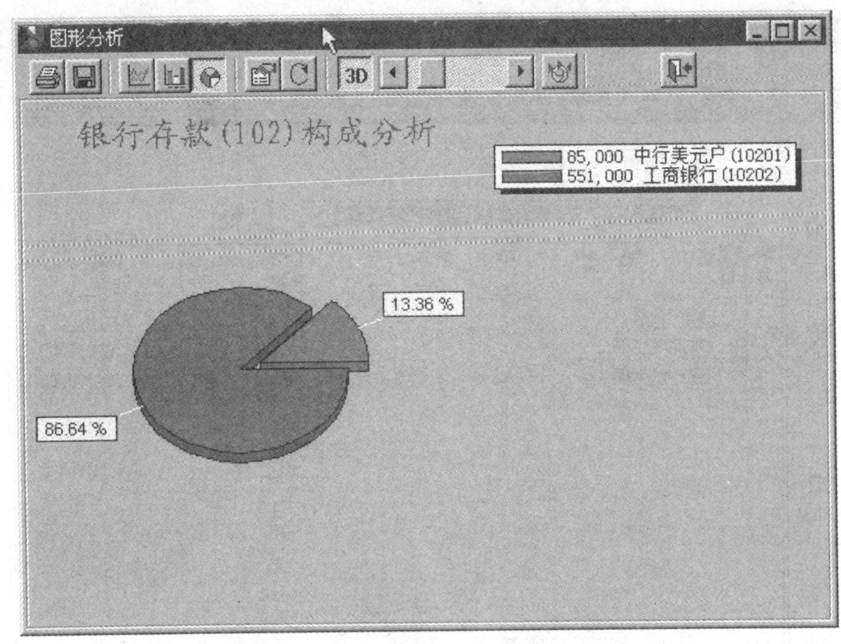

图 5—8　对总账科目的图形化结构分析界面图

二、总账的查询与输出

“总账”的查询与输出模块的基本功能表现在以下三个方面：

（1）显示及打印按会计期间汇总统计的各会计科目（组）的本期借/贷方发生额及期末余额；

（2）除三栏式外，还可根据各科目定义的账簿格式显示及打印总账；

（3）可联查明细账。

其中，联查明细账功能是该模块比较有特色的细化功能。

该模块的使用方法是：调用“账表输出”菜单下的“总账”模块，进行查询前的有关条件设置（可参照总账余额表的查询条件的设置方法来进行），设定之后点击“打开”按钮，屏幕上便会出现指定科目的总账界面，如图 5—9 所示。

进入图 5—9 所示的窗口之后，可通过“科目”列表框来选择查询不同的“总账”科目，不过这里的“总账”科目不仅指一级会计科目，也包括二级、三级等明细科目，也就是说，在计算机会计中，一个明细科目也可以“总账”账簿格式来显示有关数据，这是与手工会计有很大区别的，这也是计算机记账的优势所在。同样，我们还可以看到“总账”的基本格式为“借、贷、余”三栏式（根据所选“总账”科目所采用的具体核算形式，还有“数量式”、“复币式”以及“数量复币式”等格式，可以通过工具栏中的“格式”按钮来选择），“总账”上的记录数据

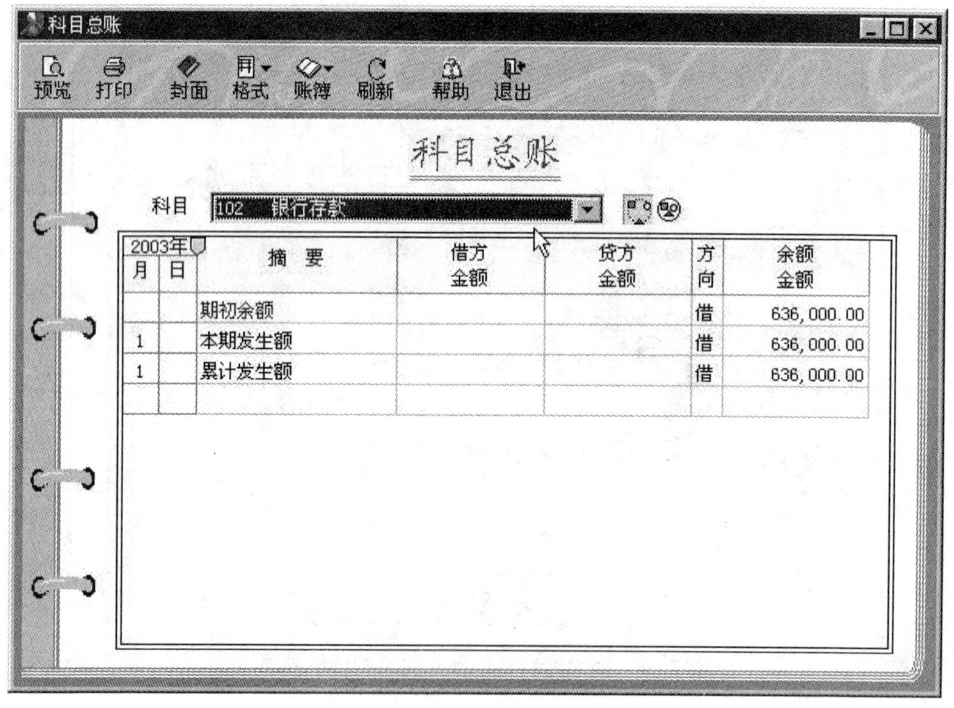

图 5—9 “总账”查询与输出主操作界面图

为期初余额、本期借贷发生额以及累计发生额。通过这里的总账数据，我们可以加深理解以下这段话：由于发挥了计算机处理、存储会计科目发生额及余额的特点，传统手工条件下的三栏式总账可用发生额及余额对照表来代替。

在“总账”查询界面下，联查明细账的操作是很简单的：先选择相应的“总账”科目，然后再点击工具栏中的“账簿”按钮，从中选择“明细账”即可联查到当前总账科目的明细账。

三、明细账的查询与输出

“明细账”的查询与输出模块的基本功能包括以下几个方面：

(1) 显示及打印一定会计期间的各会计科目（组）的明细科目本期借/贷方发生额及期末余额。在数据格式显示方面与日记账基本相同，只是明细账格式中只含本月合计，不含日小计。

(2) 除三栏式外，还可根据各科目定义的账簿格式显示打印明细账。

(3) 可联查总账及凭证。

需要查询或打印明细账时，可调用“账表输出”菜单下的“明细账”功能，执行该功能程序之后，系统将会弹出“明细账账簿”封面，此时可进行查询条件输入，如图 5—10 所示。这里我们要具体讲解一下查询条件的设定方法。

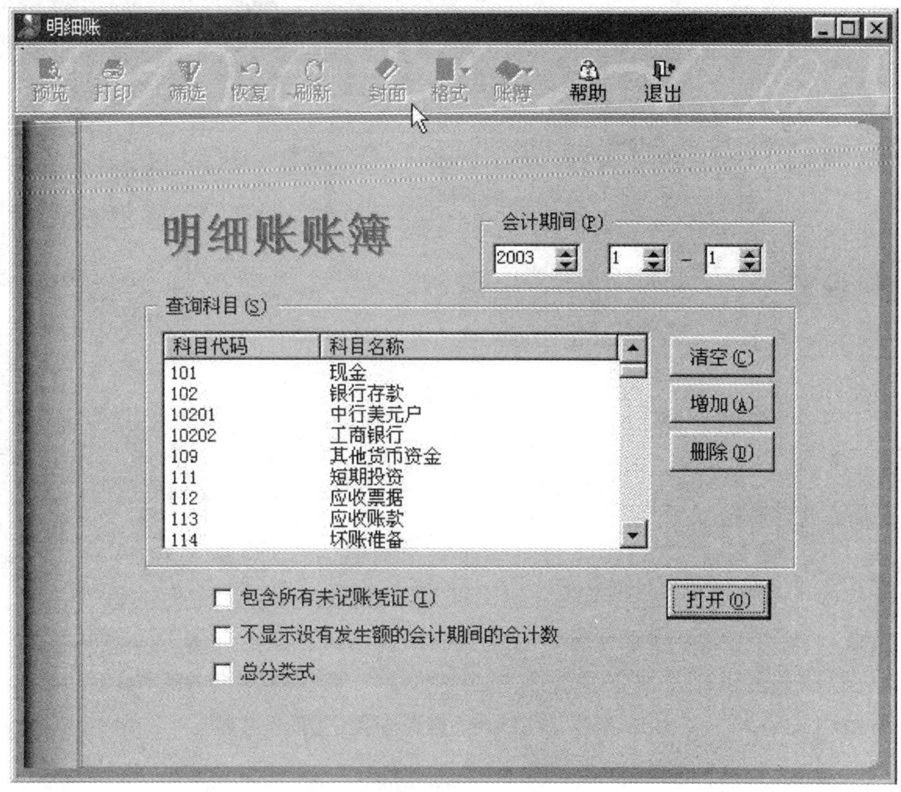

图 5—10 “明细账”查询条件设置画面

首先，需要选择当前要查询的会计期间（从某年的第几期～第几期）；其次，利用清空、增加及删除操作，自定义所需查询的科目范围；最后，可选择设置“包含所有未记账凭证”，表示是否显示未记账的凭证数据（只有在账套参数中设定了“预记账”后该项才有效）；还可以选择设置“不显示没有发生额的会计期间的合计数”，即表示当某期间没有发生额时，“本月合计”、“本年累计”两行将不被显示出来。条件输入设置完毕之后，单击“打开”，即可进入满足具体查询条件的明细账列表窗口，如图 5—11 所示。通常，在该窗口可进行以下几种典型的操作：

（1）在“科目”与“科目组”之间进行切换，以查询某个科目的明细账或某个科目组的明细账；这可以通过科目列表框右边的两个图形按钮来实现。

（2）可进行“格式”切换，查看三栏式、复币式、数量金额式、数量外币式账簿格式的明细账；这可以通过点击工具栏中的“格式”按钮来实现。

（3）可联查总账和凭证，这可以通过点击工具栏中的“账簿”按钮来实现。

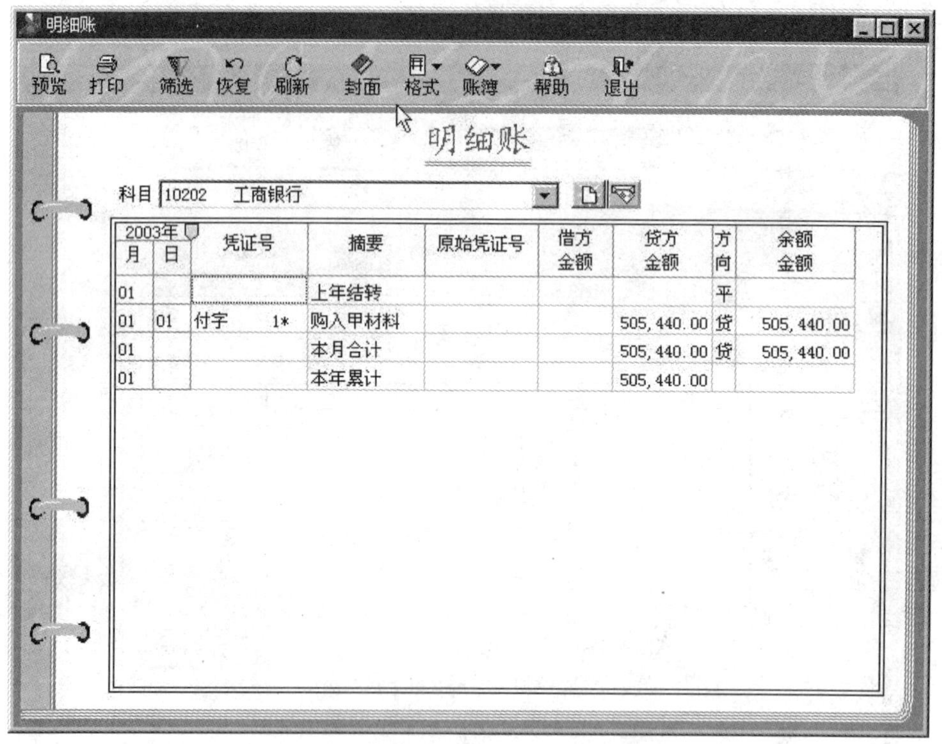

图 5—11 "明细账"查询与输出主操作画面

(4) 调用"执行"菜单中"对方科目"项，可在账表中增加"对方科目"列，用以显示当前科目在当前行业务中的对应科目信息。所显示的对方科目可以在显示代码与显示名称两者中任选其一来表示。

(5) 通过科目列表框来指定查看其他科目的明细账。从科目列表中，不难看到既有明细科目，又有一级总账科目。这充分说明，在计算机会计中，一级科目也可以有其明细账簿，与手工会计的明细账相比，在外延上有所扩展。实际上，通过"总账"、"明细账"这两个模块的功能讲解，我们已经可以得出结论：在计算机会计中，无论哪个科目，都可以同时拥有总账账簿和明细账账簿。

四、多栏账的查询与输出

多栏账的查询与输出功能模块基本的功能包括以下几个方面：

(1) 凡是带有明细科目的总账科目，均可以将明细科目作为栏目，用多栏账格式输出；

(2) 多栏账显示不受栏目限制，但打印最多 99 栏，每页打印的栏目数根据用户所选纸张及缩放比例自动排列，栏目太多自动拆成多页打印；

(3) 可按借方、贷方及借贷双方展开格式显示；

(4) 可联查总账、明细账及凭证。

用户要查询多栏账时，可调用“账表输出”菜单下的“多栏账”程序，执行该程序之后，系统首先会要求输入有关查询条件，可指定所属的会计期间范围，也可指定拥有多栏账的科目，选定之后点击“打开”按钮，屏幕上就会显示出满足指定查询条件的多栏账账页数据，如图 5　12 所示。

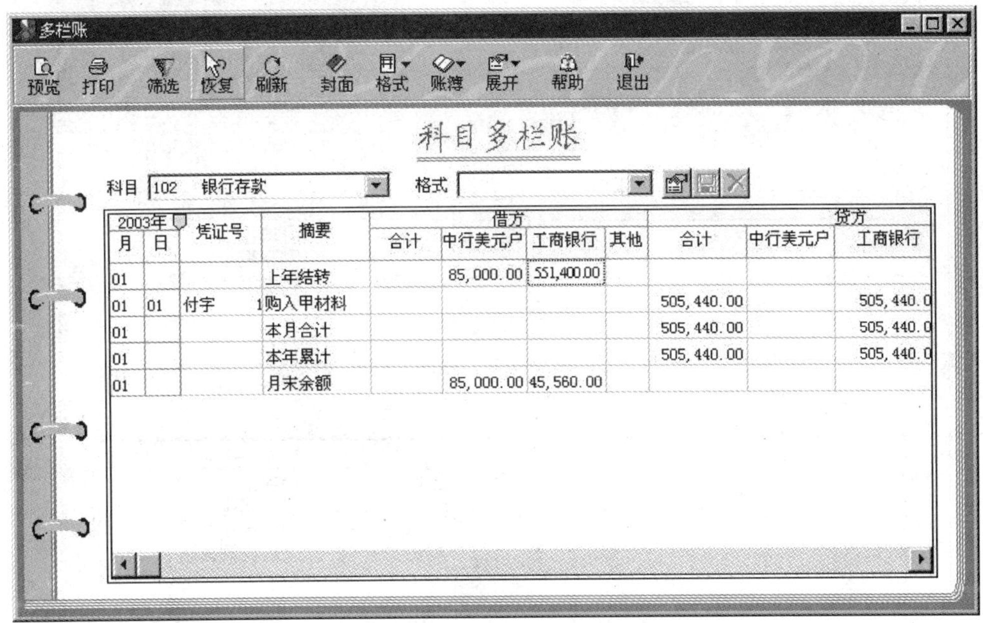

图 5—12　“多栏账”查询与输出主操作界面图

进行多栏账列表窗口之后，用户可以选择以下几种典型操作：

(1) 切换选择其他科目，查看其他科目的多栏账。注意这里只能选择看到那些带有下属明细科目的科目。

(2) 单击工具栏中的“展开”图标，可在“借方”、“贷方”和“借贷双方”展开格式中选择，变换展开格式。图 5—12 就是按照“借贷双方”展开方式所显示的银行存款多栏账。

(3) 可调用多栏账格式编辑功能。安易软件允许对不同的多栏账由用户自定义该多栏账的账页格式，这可以通过点击“格式”列表框右边的“定义格式”图形按钮来进行。这里以定义“应交增值税”多栏账格式为例来说明如何定义多栏账格式。首先在科目列表框中找到“应交增值税”科目，然后点击“定义格式”图形按钮即可进入“多栏账格式”窗口，在此窗口允许用户自己设计多栏账的格式。分别按照要求输入“多栏账名称”、“借方科目”和“贷方科目”，如图 5—13

所示。输入有关数值之后，点击“确定”按钮，系统即可按照新设定的多栏账格式来显示有关账页数据。用户可点击“定义格式”右边的“保存格式”按钮，将刚才自定义的多栏账格式予以保存，将来要使用时只需从“格式”列表框中选择相应的多栏账格式名称，即可按照特定的账页格式来显示账簿数据。

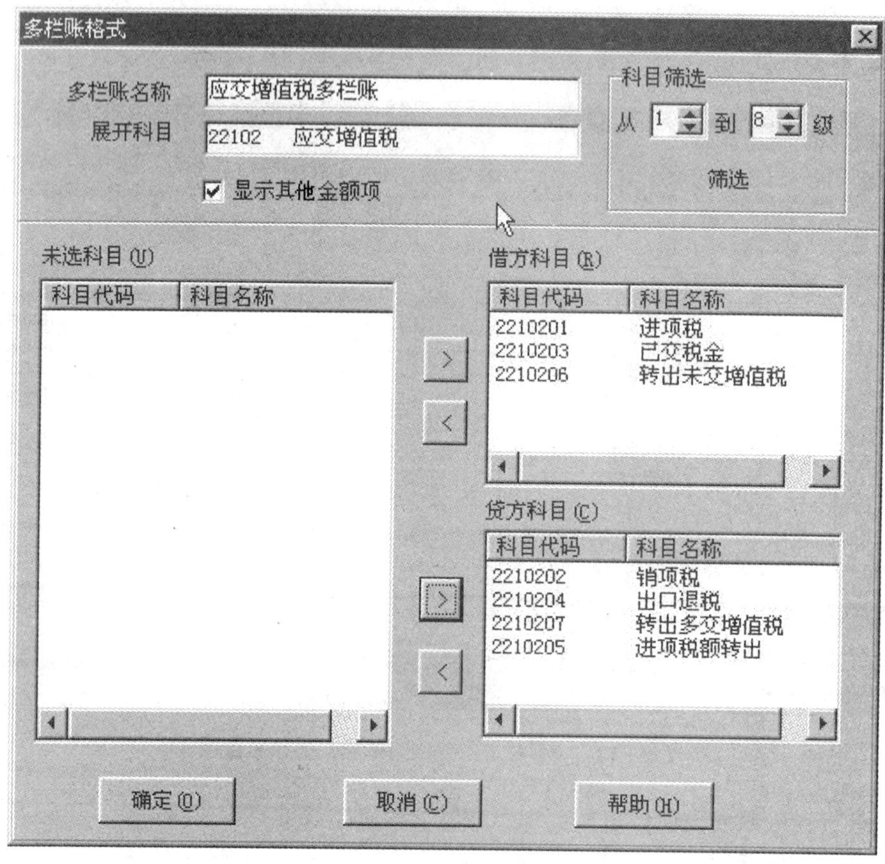

图 5—13 “多栏账格式”自定义画面

（4）单击工具栏中的“格式”图标，可在三栏式、复币式、数量金额式、数量外币式账簿格式中进行切换。

（5）单击“账簿”图标可联查总账、明细账及凭证。

五、序时账的查询与输出

序时账也叫分录登记簿，是将所有记账凭证（不分科目）按各项经济业务发生时间的先后顺序进行登记的簿籍。序时账可实现各种条件的交叉筛选、查询功能。

对序时账的查询与输出可这样来进行：首先调用“账表输出”菜单下的“序时账”功能模块，进入“设定查询范围”对话窗口，可从期间范围、凭证日期范围、凭证来源、凭证类型、凭证号范围、凭证状态等几个方面设定有关查询条件，设定之后点击“确定”，系统即会按照所设条件输出满足条件的序时账。进入序时账显示画面之后，还可以通过点击工具栏中的“账簿”按钮查有关的明细账、总账和凭证。另外，也可以通过选择执行“筛选”功能程序，对筛选条件与显示选项进行设置，以便于查询有关序时账数据，找到之后以指定的格式显示或打印输出该序时账数据。

六、日记账的查询与输出

“日记账”的查询与输出功能模块的基本功能包括以下几个方面：

（1）显示及打印一定会计期间的各会计科目的明细科目本期借/贷方发生额及期末余额。包括日小记和本月合计。与手工账不同，安易账务系统中任何科目均可输出日记账。

（2）除三栏式外，还可根据各科目定义的账簿格式显示及打印日记账。

（3）可联查明细账、总账及凭证。

用户如想查询某个科目的日记账数据的话，可调用“账表输出”菜单下的“日记账”模块，执行该模块程序之后，系统弹出一个对话窗口要求用户输入有关查询的条件，这可从以下几个方面来进行：

（1）可选择当前要查询的会计期间；

（2）可利用清空、增加及删除操作，自定义所需查询的科目范围；

（3）可选择设置“包含所有未记账凭证”，即是否显示未记账的凭证数据（在账套参数中设定“预记账”后该项才有效）；

（4）可选择设置“不显示没有发生额的会计期间的合计数”，即当某期间没有发生额时，“本月合计”、“本年累计”两行将不被显示出来。

上述条件设置完毕之后，可点击“打开”按钮，即可进入日记账列表。进入之后，用户还可以有针对性地进行以下几个方面的典型操作：

（1）通过科目列表框切换有关科目，查看其他科目有关日记账数据。

（2）点击工具栏中的“格式”图标，可切换账簿格式。可在三栏式、复币式、数量金额式、数量外币式账簿格式中进行切换。

（3）单击工具栏中的“账簿”按钮来联查总账、明细账和凭证。

（4）调用“执行”菜单中的“对方科目”项，账表中将增加“对方科目”列，用以显示当前科目在当前行业务中的对应科目信息。

（5）调用工具栏中的“筛选”图标，可对日记账的筛选条件和显示选项进行设置。

七、日报表的查询与输出

“日报表”的查询与输出功能模块的基本功能包括以下几个方面：

(1) 显示及打印会计科目在某几日内的经济业务，格式与日记账相同。

(2) 主要用于“现金”或“银行存款”等需要每天检查余额的账簿。如不需要每天检查余额，则可用日记账输出。

(3) 除三栏式外，还可根据各科目定义的账簿格式显示及打印日报单。与手工账不同，安易账务系统中任何科目均可输出日报单。

(4) 可联查明细账、总账及凭证。

调用“账表输出”菜单下的“日报表”模块，系统会弹出一个窗口，要求输入有关日报单的查询条件，这些条件包括：

(1) 选择当前要查询的时间段，具体到某一天；

(2) 可利用清空、增加及删除操作，自定义所需查询的科目范围；

(3) 选择设置“包含所有未记账凭证”，即是否显示未记账的凭证数据（在账套参数中设定“预记账”后该项才有效）。

上述条件输入完毕之后点击“打开”按钮即可进入日报单列表。

进入日报单列表之后，用户可以进行以下几个方面的典型操作：

(1) 在科目列表框中切换科目，以查看其他科目的日报单；

(2) 单击“格式”图标，可在三栏式、复币式、数量金额式、数量外币式账簿格式中进行切换；

(3) 单击“账簿”图标，可联查总账、明细账及凭证。

第三节　日常银行对账

日常银行对账业务包括四个方面的工作：第一，手工输入或远程接收银行对账单数据；第二，准备银行日记账数据；第三，进行对账；第四，编制并输出余额调节表。下面分别对这几项工作做简要的介绍。

一、输入日常银行对账单数据

在日常银行对账工作中，准备银行对账单数据是一项必做的工作。用计算机进行银行对账，银行对账单数据可以通过两种方法进入本单位的会计信息系统：一种方法是手工输入；另一种方法是远程接收。第一种方法可通过“功能”菜单下的“银行对账/银行对账单”模块来实现，其操作步骤及方法可参照系统初始化阶段输入期初企业未达账项的步骤及方法，这里就不再重复了。第二种方法是基于开户银行已经实行计算机管理，银行对账单的电子格式数据在银行计算机系统有现成的，问题的关键是如何通过远程通信方式传送给企业。目前，有些银行已有此项业务，即可向在本银行开户的单位远程传送该单位的银行对账单数据，此项服务一般都要按年度收费。不过通过远程通信传送过来的银行对账单文件格式也可能与本企业所使用的会计软件中的银行对账单文件格式不一致，为此，要利用接口文件来完成数据格式的转换。有关这部分内容可参考本章第六节中的“银行对账单数据的引入”。

二、装入日常银行日记账数据

由于使用计算机系统之后，银行日记账由计算机自动记账，因此，可从计算机已登账的账簿中筛选需对账的银行日记账记录，这样就避免了手工输入此项数据。在安易软件中，“装入日常银行日记账数据”可通过“功能”菜单下的“银行对账/银行对账”模块来实现。进入该模块界面后，点击工具栏中的“装入”图标，系统会弹出一个窗口要求进行装入银行日记账的选择，如图 5—14 所示。按

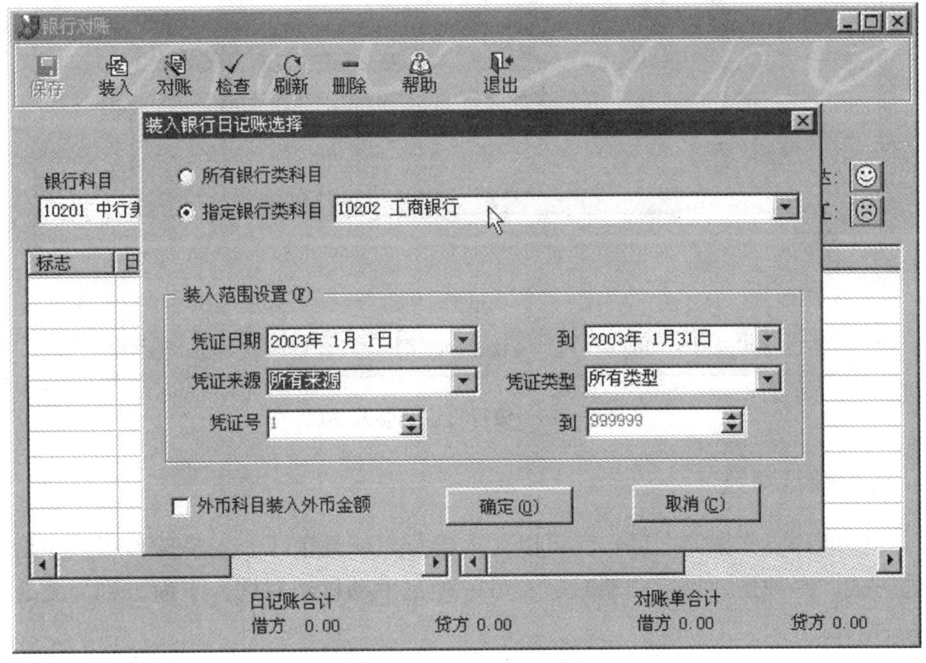

图 5—14　装入银行日记账数据操作画面

要求指定银行科目、输入凭证日期范围之后点击“确定”钮，系统会按照选择条件从已记账的银行日记账中筛选出满足条件的日记账记录，并将这些记录显示在另一新窗口“银行日记账装入”窗口之中，用户可视情况选择“重装”、“装入”、

“取消”、“打印”等操作按钮。这里，“重装”是指需要返回到“装入银行日记账的选择”窗口重新输入新的筛选条件；“装入”是指对当前窗口中的银行日记账记录予以确认准备装入银行对账有关文件中，系统会自动根据有关日期等数据识别本次是否属于重复装入，如果是重复装入，系统会弹出提示窗口，提示用户“选定的范围内有未达的日记账项，装入前将删除原有记录，继续吗?”，点击“确定”继续装入，但与本次装入重复那部分未达日记账项记录将被删除；点击“取消”则回到“银行日记账装入”窗口，如图 5—15 所示。经过上述操作就完成了本次需要对账的银行日记账数据的准备工作。

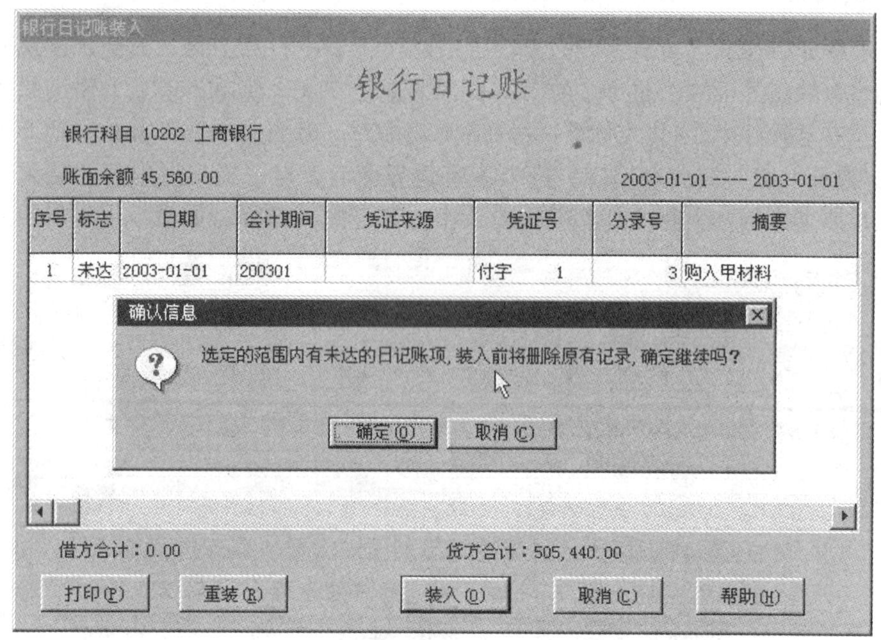

图 5—15 银行日记账装入画面

三、银行对账

上述两项工作做完之后，就可以转入银行对账环节了。安易软件提供了两种对账方式，一种是计算机自动对账，另一种是手动核销对账。下面分别简要介绍这两种对账方式。

（一）计算机自动对账

在装入银行日记账记录后返回到“银行对账”主窗口中，如果需对账的银行科目有多个，则首先必须从“银行科目”列表框中指定需对账的银行科目，并查看“日记账账面余额”与“对账单账面余额”是否与实际相符，若不相符可查明原因，并对其进行修改。接着就可点击工具栏中的“对账”图标进行对账了。此时系统会弹出“对账方式选择”窗口，要求从“原始凭证号＋金额”和“金额”两种对账依据中选择其一作为对账匹配条件。所谓“原始凭证号＋金额”对账依据指的是对账时要求对账单上的记录和日记账上的记录必须与原始凭证号一致且发生额相等（当然包括借贷方向一致）才能算做已达账项，否则只能作为未达账项记录，要想采用这种对账依据，在日常凭证编制时就必须输入“原始单据号”；而所谓“金额”对账依据则只要求双方的发生额相等就可以了。选择对账依据后点击“确定”钮，系统会进入自动对账过程，该过程结束之后返回到“银行对账”主窗口，此时，对于已经对上账的银行日记账记录和对账单记录，系统会在“标志”栏上显示“自动”字样，同时在其前面会出现黄色“笑脸”图标，表示当前已达账项是通过机器核对成功的已达记录。

（二）手动核销对账

手动核销对账是指使用人工干预方式逐笔核销日记账和对账单未达账项，之所以软件要提供此项功能是由于同一笔经济业务可能在“银行日记账”和“对账单”上作了不同的记录处理，因此，通过“机器自动对账”可能永远也无法核销这些业务，此时就要考虑使用手动核销对账的方法，操作方法很简单，就是找到相应的“未达账项”记录，如果确认该记录应该是已达账项记录，就双击该记录行，系统会在该行的“标志”栏显示“手工”并在其前缀有一绿色的“笑脸”图标。这里要注意一个问题，即手工核销完毕之后，需要点击“检查”按钮，系统将自动显示本次手工对账数据的借贷方是否平衡，如不平衡，则不做保存，需进一步检查。

四、查看并输出余额调节表

对完账后，点击“检查”按钮，如果有关平衡关系满足，则可进入制作形成本次对账的“余额调节表”环节，方法是在“银行对账”主窗口中选择“执行”菜单下的“余额调节表”程序项，即可查询本次对账之后的最新余额调节表，用户需重点检查该表上的日记账和对账单经过调整后的余额数是否一致，如两者不等则表明对账不成功，需要检查其中的问题。银行对账工作的一个重要任务，就是要查找重大未达账项以及长期未达账项的发生原因，因此对余额调节表上的未达账项，一是要重点关注银行已付企业未付的款项，尤其对于数额较大的款项一定要认真检查未达的原因何在；二是要重点关注企业已收、银行未收；三是要关注未达账项的发生日期，对于较早发生的未达账项，要积极与银行联系找到具体的原因。总之，经过上述检查就是为了确保余额调节表上的未达账项是属于正常原因导致的未达。用户如果认为本次编制的余额调节表没有问题的话，就可以点击“保存”按钮将此表保存，并随后点击“打印”按钮将此表打印输出。日常银行对账业务的最后一项操作是删除已达账，方法是点击“执行”菜单下的“删除已达账”功能项，系统会出现警告提示信息，如确认要彻底删除已达账则点击“是”。

第四节　日常辅助核算业务

日常辅助核算业务包括以下几个方面：首先是辅助核算业务原始记录数据的收集和输入，这一点通过凭证编制就能实现，我们已经在前面介绍过了。其次是辅助账的登账工作，这一点通过“记账”功能可以完成。再次是某些往来业务的核销工作和往来账龄分析，比如个人往来业务核销和单位往来业务核销，个人往来账龄分析和单位往来账龄分析。有关这方面的内容，我们在下面将给予适当的介绍。最后是各种辅助账表的查询和打印输出，有关这方面的内容我们只介绍安易软件辅助核算账表的内容构成。

一、单位往来业务核销

点击“功能”菜单下的“辅助核算/单位往来/单位往来业务核销”程序项，即可进入“单位往来业务核销”主窗口，软件提供了两种核销往来账的方法：自动核销往来账和手动核销往来账。

（一）自动核销往来账

自动核销往来账是通过计算机按照一定方式自动核销往来账的一种方法，这种核销方法的操作步骤是这样的：先选择往来科目和往来单位，然后，点击工具栏中的“自动”图标，即表示要按自动方式来核销单位往来业务，系统随后会弹出一个窗口，要求从系统所给定的三种核销方式中选择具体的核销方式，这三种核销方式分别是按原始单据号核销、逐笔核销和总额核销。按原始单据号核销是指在一组原始单据号相同的往来业务记录中，如果借方金额总额等于贷方金额总额，就可将该组数据做核销处理。逐笔核销方式是指只要两笔记录的借贷方金额相同，就可将其做核销处理。总额核销是指在当前所有记录的借方总额等于贷方总额的情况下，全部往来数据一起做核销处理，否则一笔都不处理。核销方式选好之后再选择适当的核销币种（本位币和外币），然后点击“确定”钮，系统便会进行自动核销处理，并在已核销记录的标志栏加上“自动”字样表示该业务是通过机器自动核销的。

（二）手动核销往来账

在实际工作中，有些业务不能通过自动方式加以核销，那就只能通过手动方式来核销了，顾名思义，手动核销就是借助于人工干预，将某些应核销的往来业务进行核销。其操作方法很简单：找到相应待核销的往来业务记录，点击“执行”菜单下的“手工核销已选项”或在该业务记录行双击鼠标左键，都可将当前业务记录做上核销标志。核销成功后，在该行的标志栏处会显示“手工”字样，表示该业务记录是通过人工干预的方式来核销的。

不管是采用哪种核销方法，在完成核销之后都需要点击“保存”按钮，此时系统会对所核销的业务记录的借贷方进行汇总，若汇总的借方数与贷方数不等，则不能保存当前的核销结果，需要重新检查有关业务记录的数据或是否做了适当的核销处理。

这里还需注意的是，当我们再次进入单位往来核销模块，会发现原先的往来业务记录不见了，这主要是因为这些往来业务记录已经属于已核销的往来业务记录，而系统当前的“显示选项”设置有可能是“显示未核业务”，因此，如果还需要让那些已经过核销的往来业务出现在“单位往来业务核销”窗口，则可以通过调用“执行”菜单下的“显示选项”菜单项，从中选择“显示自动已核业务”、“显示手工已核业务”以及“显示外币已核业务”等选项，选完之后，已核业务记录又会出现在“单位往来业务核销”窗口中了。

二、个人往来业务核销

通过点击“功能”菜单下的“辅助核算/个人往来/个人往来业务核销”程序项就可进入个人往来业务核销窗口，其操作步骤及方法与单位往来业务核销基本相同，这里就不赘述了。

三、单位往来账龄分析

点击“功能”菜单下的“辅助核算/单位往来/单位往来账龄分析”程序项，即可进入单位往来账龄分析的选择窗口，如图 5—16 所示。从该图可看出，系统先要求选择往来科目及往来单位，然后选择“账龄分析表类型”：明细分析表或汇总分析表，若用户选择的是“汇总分析表”类型，则选项“计提坏账”将被激活，允许用户在下面的输入框中输入与分析期间相对应的坏账计提比率，否则，选项“计提坏账”将不可用。接着再选择“分析日期”以及账龄分析时间段（它以“业务发生日期/到期日期”与当前分析日期之间的时间间隔作为账龄分析对象，系统缺省配置为“1—30 天”、“31—60 天”、“61—90 天”、“91—180 天”、“181—360 天”、“360 天以上”六段式分析方法，用户可以据本单位实际分析的需要，直接输入或通过调整微调钮改变每一账龄段的天数），最后点击“确定”钮便可进入“单位往来账龄分析表”窗口。如果想继续了解其他往来单位的情况，可点击该窗口的工具栏中的“选项”按钮进行重新选择设定。

在该窗口中，还可以单击鼠标右键在弹出的快捷菜单中选择“往来账龄明细

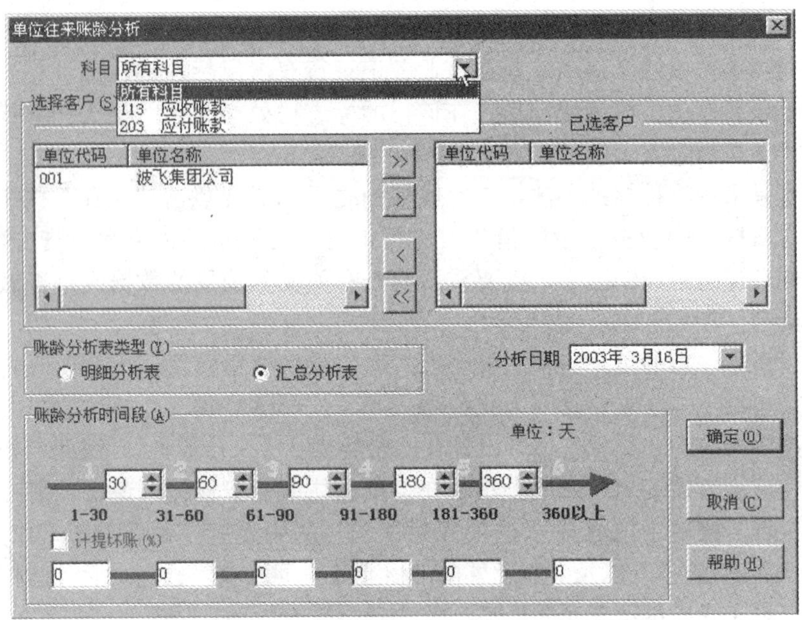

图 5—16　单位往来账龄分析选择窗口界面图

分析表”、“往来账龄汇总分析表”、“坏账计提表”以及“凭证查阅”等功能项来查看不同的信息。对于单位往来账龄汇总分析表来说，还可以调用图形分析的功能对有关数据进行图形分析，如图 5—17 所示。

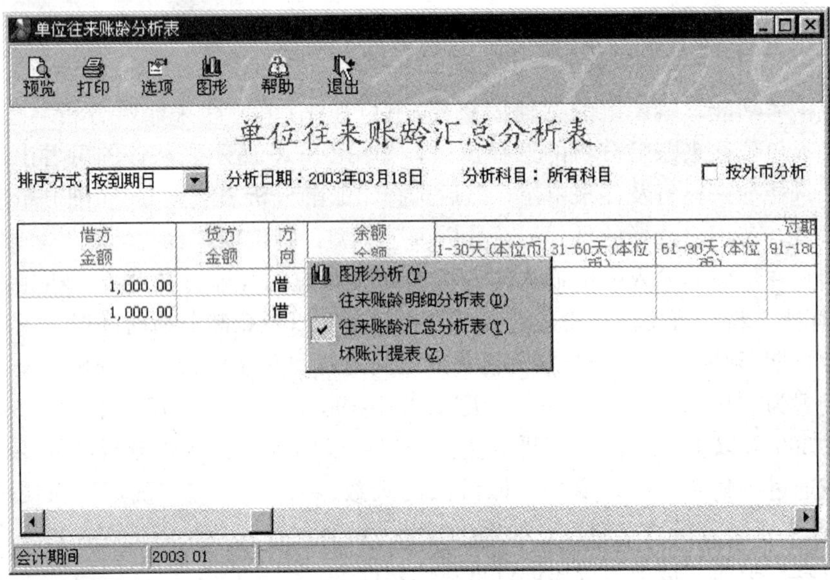

图 5—17　单位往来账龄分析主操作画面

四、辅助核算账表的查询与输出

安易 2000 账务处理系统所提供的辅助核算账表的基本种类及其主要辅助核算账表可参见表 5—2。

表 5—2　　安易软件所提供的各种辅助核算账表一览表

辅助核算项	交叉核算方式	功　能
部门核算	部门＋科目，包括部门科目余额表、部门科目总账、部门科目明细账、部门科目多栏账	通过选择部门和科目，完成某会计期间部门核算科目的借/贷方发生额、累计发生额、期末余额等的交叉查询、显示、打印（既可分科目展开部门，汇总统计到科目，亦可分部门展开科目，汇总统计到部门）。
	科目＋部门＋项目	通过选择部门和项目，完成某会计期间部门核算科目的借/贷方发生额、累计发生额、期末余额等的交叉查询、显示、打印（既可分科目展开所有部门＋项目，汇总统计到科目，亦可分部门展开所有项目＋科目，汇总统计到部门，还可分项目展开所有部门＋科目，汇总统计到项目，等等）。
	科目＋部门＋往来	通过选择部门、往来、科目，完成对核算业务的本期借/贷方发生额、期末余额及累计发生额查询。
	科目＋部门＋自定义辅助项	通过选择部门和自定义辅助核算项，完成部门、自定义辅项核算业务的本期借/贷方发生额、期末余额及累计发生额查询。
项目核算	科目＋项目	统计按项目核算的所有或某个科目的有关核算项目的本期借/贷方发生额、期末余额及累计发生额。
	科目＋项目＋部门	同部门核算中的“科目＋部门＋项目”情况。
	部目＋项目＋往来	统计同时按科目、项目、往来核算业务的本期借/贷方发生额、期末余额及累计发生额。
	科目＋项目＋自定义辅助项	统计同时按科目、项目、自定义辅项核算业务的本期借/贷方发生额、期末余额及累计发生额。
个人往来	科目＋个人往来	统计所有或某个人往来核算科目的本期相关借/贷方发生额、期末余额及累计发生额。

续前表

辅助核算项	交叉核算方式	功　能
单位往来	科目＋单位往来	统计按单位往来（包括地区）核算科目的相关本期借/贷方发生额、期末余额及累计发生额。
	科目＋单位往来＋部门	同部门核算中的部门往来情况。
	科目＋单位往来＋项目	同项目核算中的项目往来情况。
	科目＋单位往来＋自定义辅助项	汇总统计同时按往来单位、自定义辅项核算业务的本期借/贷方发生额、期末余额及累计发生额。
自定义的辅助项报表	科目＋自定义辅助项	汇总统计按自定义辅项核算科目的相关本期借/贷方发生额、期末余额及累计发生额。
	科目＋自定义辅助项＋部门	同部门核算中的“科目＋部门＋自定义辅助项”情况。
	科目＋自定义辅助项＋项目	同项目核算中的“科目＋项目＋自定义辅助项”情况。
	科目＋自定义辅助项＋往来	同单位往来核算中的“科目＋单位往来＋自定义辅助项”情况。
现金流量报表	现金流量项目	汇总统计现金流量，控制科目所涉及的现金流量项目的本期借/贷发生额和累计借/贷发生额。

为了更好地说明问题，这里以单位往来明细账的查询与打印为例来说明辅助核算账表的查询与打印的一般操作步骤及操作方法：

调用“功能”菜单下的“辅助核算/单位往来/单位往来明细账”程序，系统会弹出一个窗口让用户选择具体的明细账账簿类型，共有四种单位往来明细账账簿供用户选择，分别是：单位往来科目明细账、部门往来明细账、项目往来明细账以及往来费用明细账，其中往来费用明细账为单位往来核算与自定义辅项核算（“费用”辅项核算为用户自定义的辅助核算项，与项目辅助核算、部门辅助核算不同）。我们选择第一种账簿类型，之后，系统弹出“单位往来明细账”查询条件设定窗口，这个窗口与我们以前看到的“明细账”查询条件设定窗口非常相似，用户可以指定查询的会计期间范围、单位范围和科目范围，也可以选择是否“包含所有未记账凭证”（若选中，则意味着查询的明细账数据会包含“未记账”凭证的数据，这实际上体现了安易软件的“预记账”的概念）、是否“不显示没有发生额的会计期间的合计数”。上述各项查询条件设定之后，便可以点击“打开”按钮，满足指定条件的单位往来科目明细账就会显示在屏幕上，如图5—18所示。

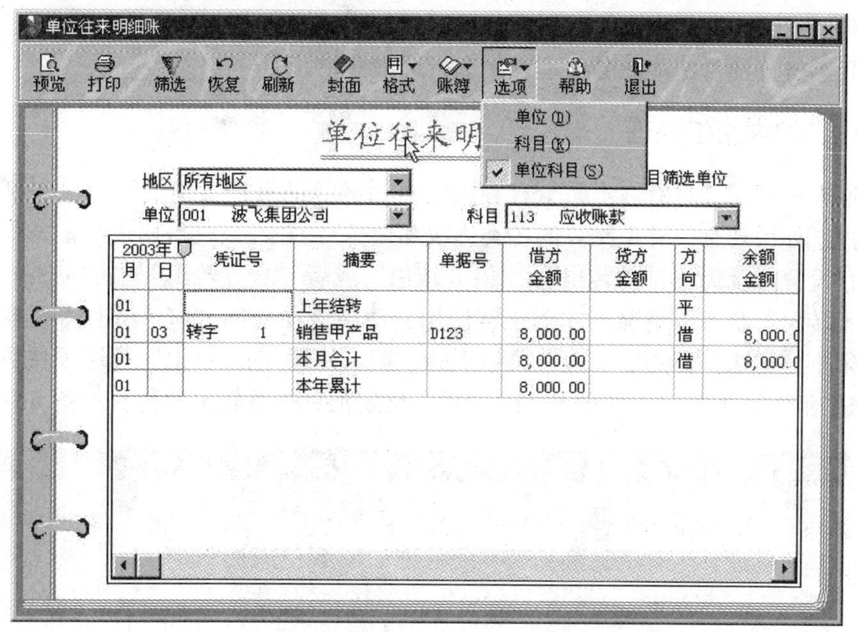

图 5—18　单位往来明细账操作主窗口

我们需要特别关注单位往来明细账的组合方式，图 5—18 便是按单位和科目双重关键字组合的往来明细账格式，在这种方式下，如果要查看其他单位的“应收账款”情况，只需从窗口左边的“单位”列表框中选择往来单位即可，而如果要查询与“波飞集团公司”的“预付账款”情况，则只需从窗口右边的“科目”列表框中选择“预付账款”科目即可，当然其前提必须是“预付账款”采用了单位往来辅助核算，并且“波飞集团公司”的往来核算科目中有“预付账款”科目。假如我们想查看“波飞集团公司”与本单位的全部往来情况，则必须通过工具栏中的“选项”功能来设置单位往来明细账的组合方式，把原来为“单位科目”的组合方式改为“单位”单一模式，选项设置完毕之后，屏幕上显示的单位往来明细账数据便是该往来单位的全部往来业务数据（右边的“科目”列表框消失）。同理，如果把“选项”设置为“科目”，则屏幕上显示的单位往来明细账数据将会是某往来核算科目下的全部往来业务数据。另外，通过点击工具栏中的“账簿”按钮也可以从单位往来明细账数据联查到总账和凭证的相关数据。

第五节　期末处理业务

前面我们已经讲过，安易 2000 账务处理系统期末处理业务主要包括“期末结汇处理”、“结转期间损益”、“期末自动转账”、“试算平衡”以及“期末结账”等。下面我们将分别对这些业务处理程序进行详细介绍。

一、期末结汇处理

期末处理功能只有在本账套存在需要外币核算的资产负债类科目（包括外汇存款户、外币现金、外币结算的各类债权和债务），并且该科目期末结汇方向已经在科目设置时设为“自动转出”、“借方转出”或者“贷方转出”中的一种，而不是“不转出”状态等情况下才能正常使用。使用该项功能之前，所有未记账凭证都必须审核记账。调用“功能”菜单下的“期末处理/期末结汇”程序项便可进入“期末结汇”处理窗口，如图 5—19 所示，确定汇兑损益转出的科目（图 5—19 中

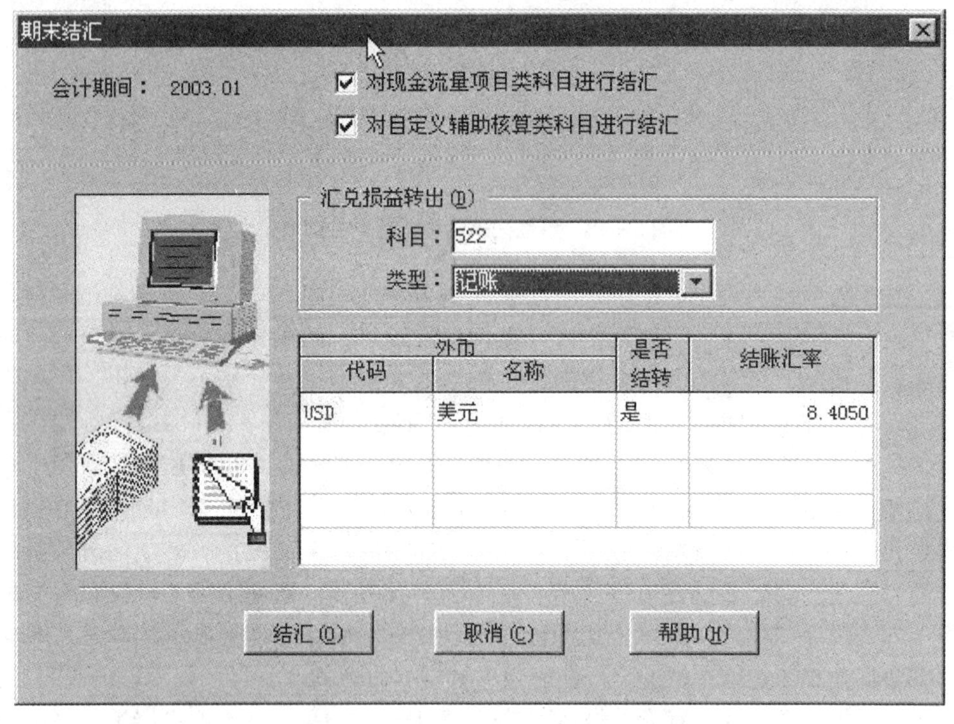

图 5—19 “期末结汇”操作窗口

522 是“财务费用”科目代码）、类型（指生成的汇兑损益记账凭证的类型，图 5—19 中“记账”是指记账凭证类型，可从先前凭证类型设置时所定义的凭证类型中选择），并确认需结转的外币币种及结账汇率，图 5—19 中“美元”账户需要进行汇兑损益处理，因此，在“是否结转”栏要设为“是”，“结账汇率”可由系统自动提供（实际上就是初始化阶段用户所输入的调整汇率），用户也可对所提供的汇率值进行修改，对于在设置外币核算的科目的同时又启用了现金流量项目核

算或自定义辅助核算的情形，应该将“对现金流量类科目进行结汇”或“对自定义辅助核算类科目进行结汇”两选项置为“√”。以上为结汇之前的参数设置工作，此项工作完成之后就可以点击“结汇”钮进入自动结汇处理阶段，系统显示“计算机正在进行结汇处理，请稍候……”处理完毕之后会显示一份结汇报告，如图 5—20 所示，这份报告是形成自动结汇凭证的依据，点击“确定”钮，结汇工作便告一段落，用户需要进入“凭证处理”模块对系统自动生成的结汇凭证进行审核、记账，期末结汇工作才真正宣告结束。用户如果发现自动生成的结汇凭证有问题，需要认真查明原因，如果是某些外币账户记账有误，还需对错误进行调整，此时可将结汇凭证作废并删除，然后再重新调用期末结汇模块。

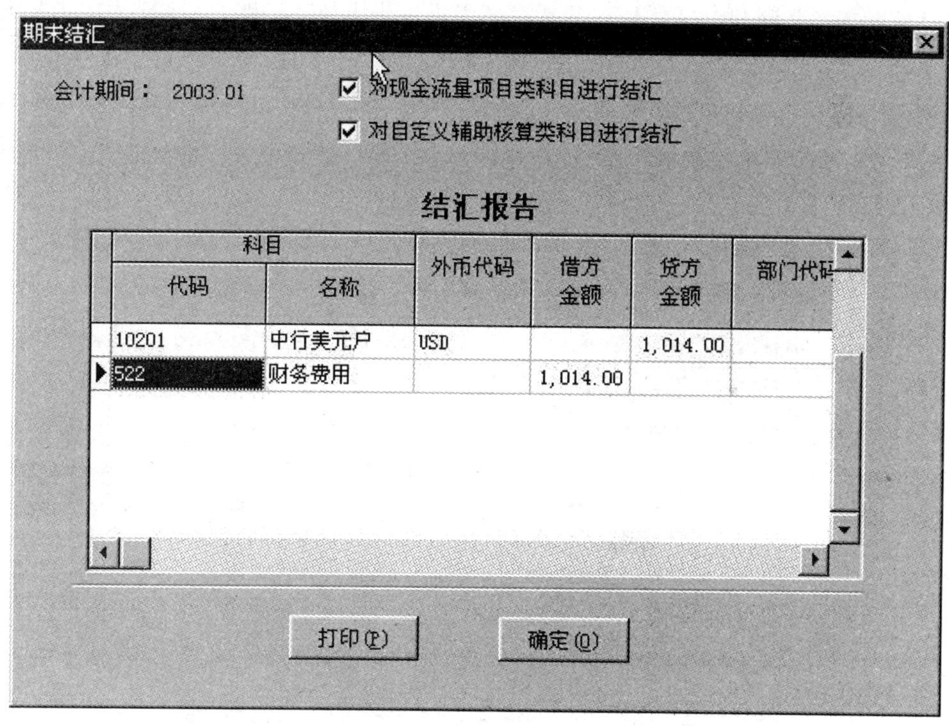

图 5—20　“期末结汇”报告示意图

二、结转期间损益

在安易软件中，结转期间损益实际上可以有三种方式完成：第一种方式完全采用手工结转，即按照传统的做法，手工编制有关期间损益的结转凭证，再由输入人员将这些凭证输入计算机系统，然后由审核员审核、记账，完成期间损益的结转工作。作为会计软件，当然支持这种工作方式，但这样做却违背了使用计算机可以提高期末业务处理效率的初衷，因此，在实际工作中，我们并不主张采用这种方式。第二种是通过初始化阶段自定义月结使用的自动转账分录，这样每到月末再通过调用“期末自动转账”模块来实现结转凭证的自动编制，关于自定义月结使用的自动转账分录，我们已在前面的系统初始化部分对此作了介绍，至于如何进行“期末自动转账”处理，我们将在后面再作重点介绍。第三种方式是通过执行“结转期间损益”模块来完成，这是我们要讲述的重点。

要想通过“结转期间损益”模块来完成结转损益类科目的余额，需要在科目初始化设置时将这些损益类科目的“结转损益方向”属性设为“自动转出”、“借方转出”或“贷方转出”中的一种，只有这样才可以调用“结转期间损益”模块来自动结转这些损益类科目的余额到指定的科目中去（注意执行本模块也仅仅是自动编制损益类科目结转凭证，此凭证还需进一步审核、记账）。执行“功能”菜单下的“期末处理/结转期间损益”程序项就可进入“结转期间损益”操作界面，如图 5—21 所示。按图 5—21 中的要求，分别“选择科目”（指定损益类科目余额

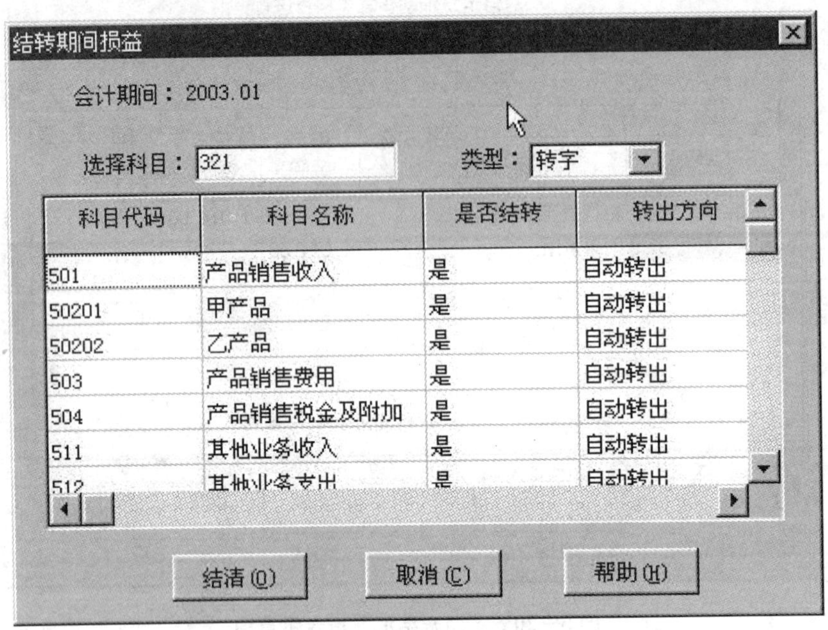

图 5—21 “结转期间损益”操作窗口

转出的对应科目，图 5—21 中 321 即为“本年利润”科目代码）、指定凭证“类型”（生成的期间损益结转凭证属于哪类凭证，可从“类型”列表框中进行选择）、设置“是否结转”标志（在该窗口的中部是所有待结转的损益类科目一览表，其中的“是否结转”栏可允许用户在“是”与“否”两值中选择修改，以此决定本科目是否参与自动结转）。上述选择设置工作做好后，可点击“结清”按钮正式开始自动结转处理，此时屏幕显示“正在进行计算机‘期间损益’结转处理，请稍

候……”字样，处理结束后将显示“期间损益”结转报告，如图5—22所示，此报告是编制形成相应转账凭证的依据，用户点击“确定”钮，期间损益结转工作便告一段落，用户需要进入“凭证处理”模块对系统自动生成的损益结转凭证进行审核、记账，那时期间损益结转工作才真正宣告结束。在审核、记账前，用户如果发现自动生成的结转凭证有问题，可参照“期末结汇”部分介绍的有关方法进行处理。

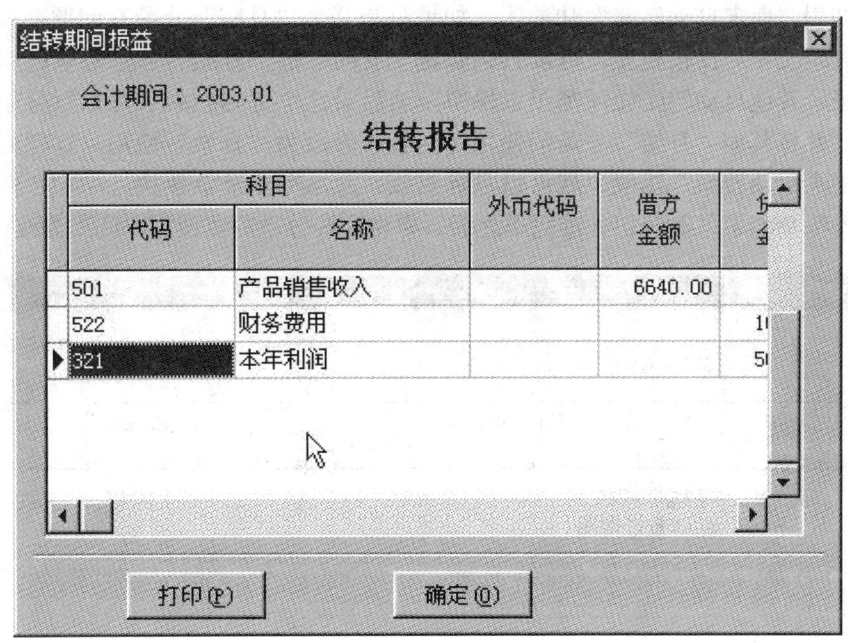

图5—22 “期间损益”结转报告

三、期末自动转账

安易软件的“期末自动转账”实际上指的是，每到期末根据初始化所定义的月结使用的自动分录结构及其取数方法，通过执行相应的计算机程序自动编制转账凭证的过程，如同前两个期末处理功能一样，此处自动形成的凭证也是未记账凭证，必须通过审核、记账才能真正完成所谓的期末自动转账。

通过执行“功能”菜单下的“期末处理/期末自动转账模块”即可进入“期末自动转账”的操作界面，如图5—23所示。本次待处理的所有“月结”使用的自动分录的简略信息会显示在如图5—23所示的列表中。注意观察列表中的“编号”及“顺序号”栏目，重点检查待处理的业务顺序是否正确，如果没问题的话就可点击“结转”按钮，系统会将列表中的所有自动分录进行处理，自动编制形成对应的转账凭证，这些凭证都会以“未审核”的状态追加到凭证箱中，用户可通过

"凭证处理"功能对其进行审核、记账处理。如果在审核、记账前，发现自动转账的凭证有错，而造成这种错误的原因可能是定义"自动转账分录"时出错，则可以先将错误的凭证作废删除，再重新修改有关的"月结"使用的"自动转账分录"。通常情况下，"期末自动转账"在一个会计期间内只允许执行一次，因此要再次使用"期末自动转账"功能，就必须通过调用"系统"菜单中的"系统选项"程序，在其中的"杂项"页面选择"允许用户再次编制月结型凭证"，这样就可以再次调用"期末自动转账"功能了。如果只是某个"月结"分录有问题，该"月结"分录又相对比较独立，可以只删除这个有问题的"月结"分录对应的自动转账凭证，其他自动转账凭证都予以保留，然后对这个有问题的"月结"分录进行修改，并将其他"月结"分录的使用时间暂时修改为"日常"使用，这样再次调用"期末自动转账"功能，就可以只针对该"月结"分录单独执行一次"期末自动转账"功能了。等一切处理完毕之后，再将那些分录的"使用时间"修改回去。

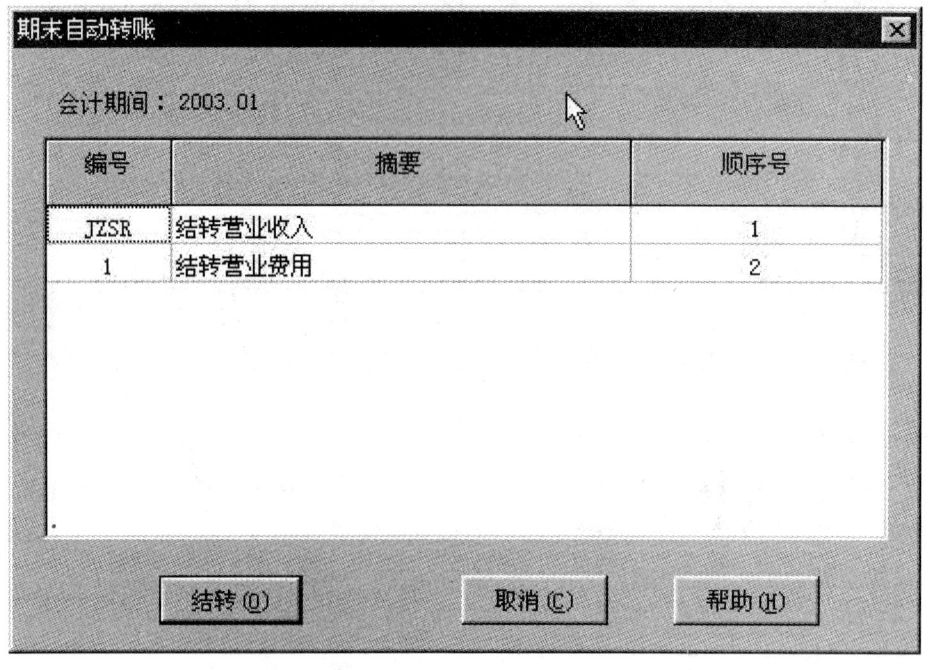

图 5—23 "期末自动转账"操作窗口

四、试算平衡

在结账前，我们需要对系统进行试算平衡检查，如不平，不得转入后面的"期末结账处理"。安易软件所提供的月末"试算平衡"主要检查"资产负债平衡"和"借贷平衡"两种平衡关系是否成立，只有这两种关系都成立，试算平衡才算通过，否则就是试算不平，在用户未能调平差额之前，本期将无法进行“期末结账”。通过执行“功能”菜单下的“期末处理/试算平衡”程序项就可以检查期末平衡关系了，如图5—24所示。当本期还有未记账凭证时，系统也将不允许调用“试算平衡”程序，特别是当我们执行完“期末结汇”或者“结转期间损益”和“期末自动转账”时，会产生未记账的凭证，这时如果我们不把这些凭证进行审核、记账，那么即使所有的日常业务凭证都已记账，执行“试算平衡”系统仍会提示“当前会计期间还有未记账凭证，请先记账”，要想解决这一问题，就必须把这些月末结汇、期末自动转账等过程产生的所谓期末业务凭证统统审核，然后全部记账，再进行试算平衡就可以了。

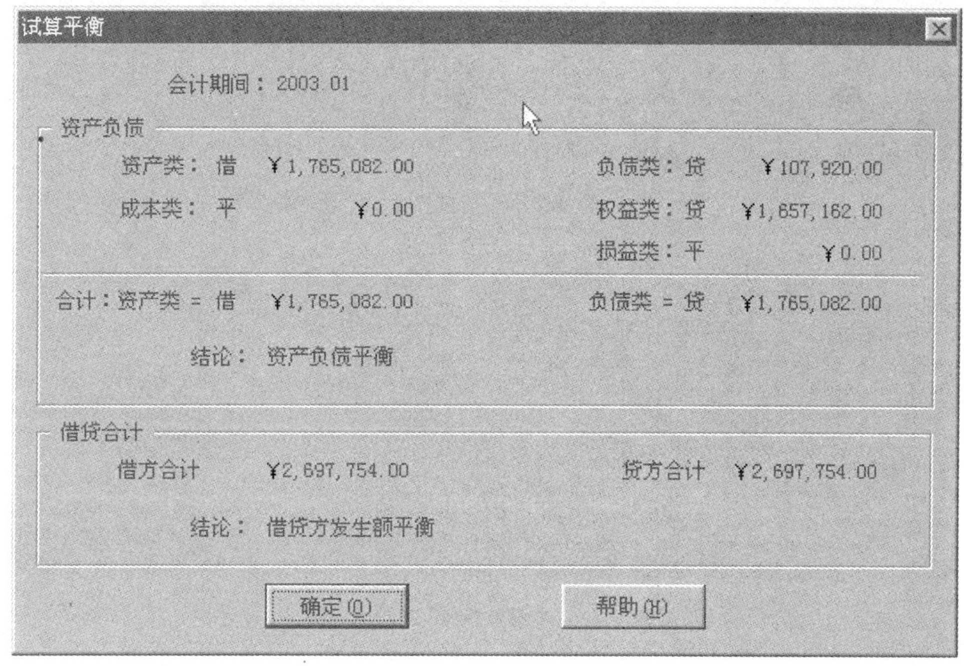

图5—24 “试算平衡”画面

五、期末结账

指定会计期间的所有业务对应的记账凭证都已输入并且被审核和记账，上述其他期末处理工作完成之后，就可以对本期进行结账了。安易软件规定，结账必须逐期进行，上期未结账则不允许结本期的账，结账后本期期末余额将转入下期期初，本期结账之后将不再允许输入本期业务凭证。如果是本会计年度的第12期结账，系统将自动产生新年度的账，并将本年期末余额结转到下年度账，系统将自动产生新年度的账，并将本年期末余额结转到下年度账的期初。若有第13期作为调整期，结账时会自动将该期业务数据添加到新年度有关期初账中。通过执行"功能"菜单下的"期末处理/结账"程序项就可进入期末结账画面，如图 5—25 所示，图 5—25 表明期末结账需要经过六个分步骤，如图 5—25 左边所示的那样。用户可以先单击"会计期间"钮查看各会计期间的状态，已结账的会计期间将在"结账标志"栏显示"结账"字样，而未结账期间则显示为"活动"，已冻结期间为"冻结"。如果想正式结本期的账，可按照结账引导（通过点击"下一步"按钮逐步操作），按如下步骤来执行。

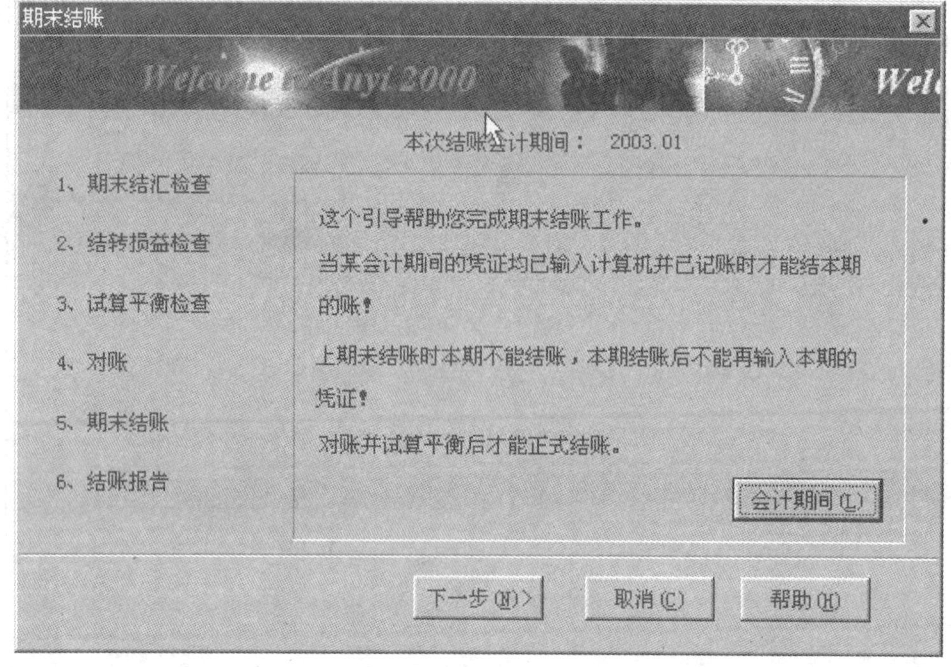

图 5—25 "期末结账"主操作画面

（1）期末结汇检查：本步骤主要检查本期是否已经做过结汇处理（如果存在需要期末结汇业务的话），如果已经完成期末结汇工作，系统会显示"期末结汇检查已经通过"，否则会提示用户是否需要结汇，选择"需要"，则会自动转入结汇处理，若不需要则可进行"下一步"。

（2）结转损益检查：本步骤主要检查那些定义为需结转损益的科目的本期余额是否为零，若为零，系统会显示"期末结转损益检查通过"，否则会提示是否需要进行结转损益（当然，前提必须是存在相应的损益类科目，需要通过"结转期间损益"模块来完成其科目余额结转），用户如果选择"需要"，则自动进入结转损益的处理，若不需要可以进行下一步。

（3）试算平衡检查：本步骤主要检查"资产负债平衡"和"借贷平衡"这两

个平衡关系是否满足，如满足，则可转入下一步，否则要求调平差额后才能进行下一步。

(4) 对账：本步骤主要进行账账核对，以保证账簿记录与会计报表真实可靠、正确、完整。核对的账簿平衡关系主要包括：总账与明细账、总账与部门账、总账与项目账、总账与单位往来账、总账与个人往来账、总账与其他辅项账以及辅助总账与辅助明细账。根据计算机记账的原理与特点，在正常情况下，上述账簿之间的平衡关系应该是满足的，因此，提供此项功能的目的是为了防止从系统外非法修改账簿数据或者是病毒感染账簿数据文件并造成破坏等这些异常情况的发生。

(5) 期末结账：本步骤完成本期的实质性结账工作。结账开始后，系统首先会保护结账前的数据，这样即使出现结账程序意外中断（比如突然停电），也能够由计算机自动恢复至结账前状态。成功结账后，系统将本会计期间设置做上“结账”标志，用户只能对这期数据进行数据查询的操作。

(6) 结账报告：本步骤会根据结账结果给出一份结账报告，点击“结账报告”按钮之后，便可以查看报告内容，并可以将其打印输出。检查结账报告之后，如果没有问题，可以点击“完成”表示认可本期结账，否则可以通过点击“取消”按钮，确定本次结账无效（也就是先不结账），这样本期就还可以再进行期末结账操作。

第六节　安易2000账务处理系统其他辅助性功能的使用

安易2000账务处理系统除了上述所介绍的主要功能之外，还有大量的辅助性的功能，这里我们只介绍其中几个有代表性的辅助性功能。

一、数据引入引出

（一）数据引入引出的作用

数据引入引出到底有什么作用呢？我们不妨从下面两个方面来认识：

(1) 站在基础账套用户的角度来认识：对于基础账套用户，数据的引入引出可实现系统外数据与系统内数据的自由转换，用户既可将本系统数据经类型转换后引出，也可将系统外多种类型的数据（需满足本系统相关表数据结构）转换成本系统标准格式后引入，成为系统数据的一种新来源。用户还可以将满足中国财务软件数据接口标准的数据引入账务系统中，或者将账务系统中的数据引出为满足中国财务软件数据接口标准的数据，以供其他系统使用。因此，本功能实际上是财务系统与审计系统的一个接口程序。

(2) 站在集团公司用户的角度来认识：对于集团公司用户来说，除了标准的数据引入引出，该软件还专设了集团公司的数据引入引出，这样可以便于集团总公司与下级分公司间的数据传递与汇总，从而有利于集团总公司对下属分公司或者分支结构实行及时、有效的财务监督，也有利于及时掌握集团的财务总体情况。

（二）数据引入操作

在安易2000账务处理系统中，数据引入操作是通过调用“系统”菜单下的“数据引入引出”程序来进行的，进入“数据引入引出”操作主窗口，如图5—26所示，该窗口的默认页面便是“数据引入”页面，我们可以按照以下步骤进行数据的引入操作：

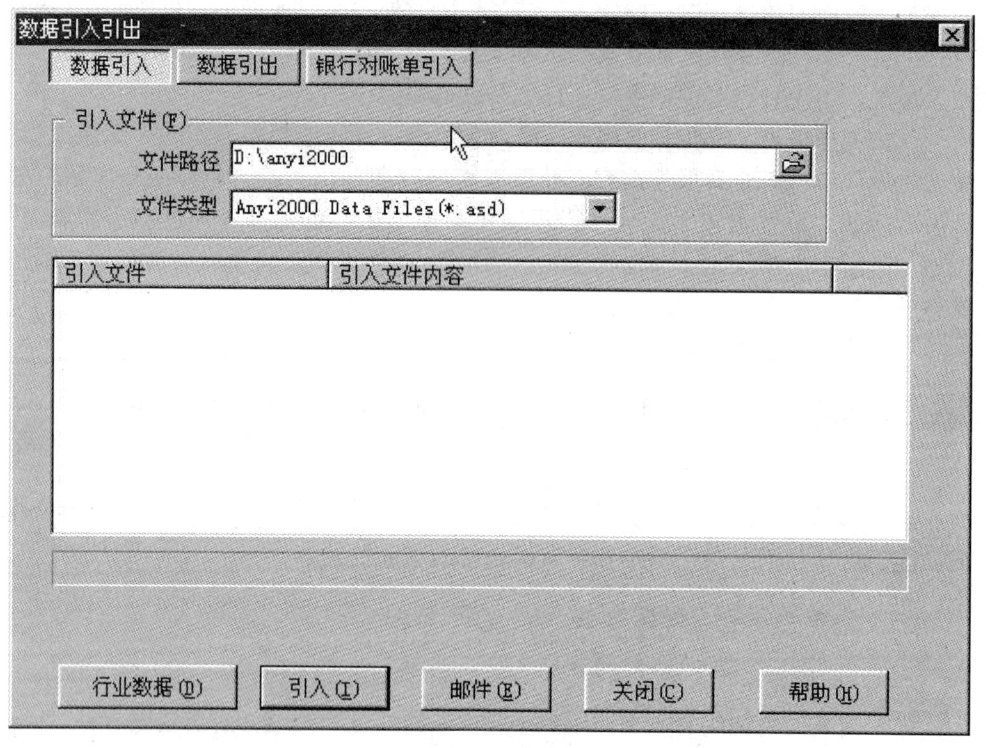

图5—26 “数据引入引出”操作主窗口

单击图5—26中的“文件路径”栏右端展开钮，进入“浏览文件夹”窗口，指明要引入外部文件的当前所在位置；选择后，在数据“引入文件”框中将显示在指定路径下存在的所有可引入文件名（如图5—27所示），用户可点击每个文件左端的标志，以确定当前需要引入的文件，“√”为选中要引入，置空为不参加本次引入。参数选定后，单击“引入”，系统自动按定义的路径将指定文件引入本账套中，引入过程中数据“引入文件”框中将显示当前引入的文件名称及主要内容；

单击“邮件”，系统将自动调用本地标准邮件管理工具，辅佐用户以邮件方式进行数据传递。

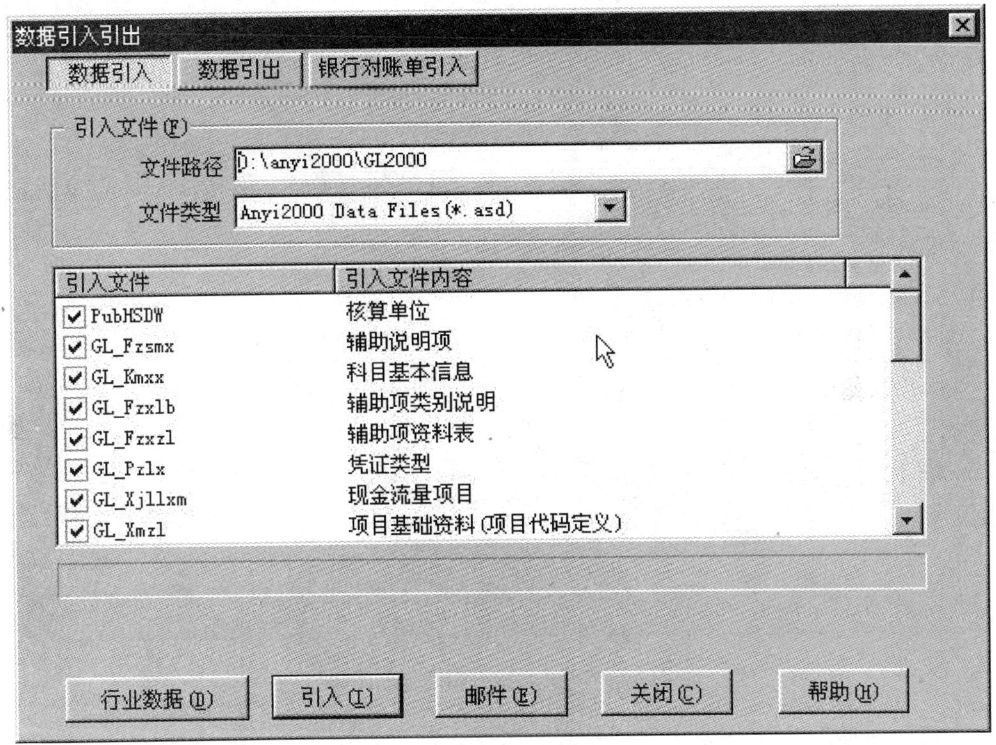

图 5—27　“数据引入文件选择”画面

(三) 数据引出操作

数据引出操作是通过调出“数据引入引出”操作窗口之后，再点击“数据引出”页签来进行的，如图 5—28 所示。

从图 5—28 可以看出，可以引出的数据类型分成三种类型，分别是：基础资料、汇总数据以及业务数据。所以，引出数据时，首先需要在上述三种数据类型中选择一种，选择之后，在图 5—28 中间的“引出内容”列表框内就会显示被选类型的全部可引出的文件，图 5—28 所示的就是选择“基础资料”这种“数据类型”时的情况。接下来，可单击“引出内容”栏目前的复选框来指定需要具体引出哪些文件，复选框出现“√”表示选中，为空代表未选，然后单击“文件路径”栏右端展开钮，进入“浏览文件夹”窗口，选择输出文件所存放路径。如果用户对引出的数据文件格式有特别要求，比如要求引出为“Excel 电子表文件”或者“DBF 数据库文件”等格式，可以通过窗口右上角的“文件类型”列表框来选择指定。上述引出前的准备工作完成后，就可以单击“引出”键，系统自动将选定数

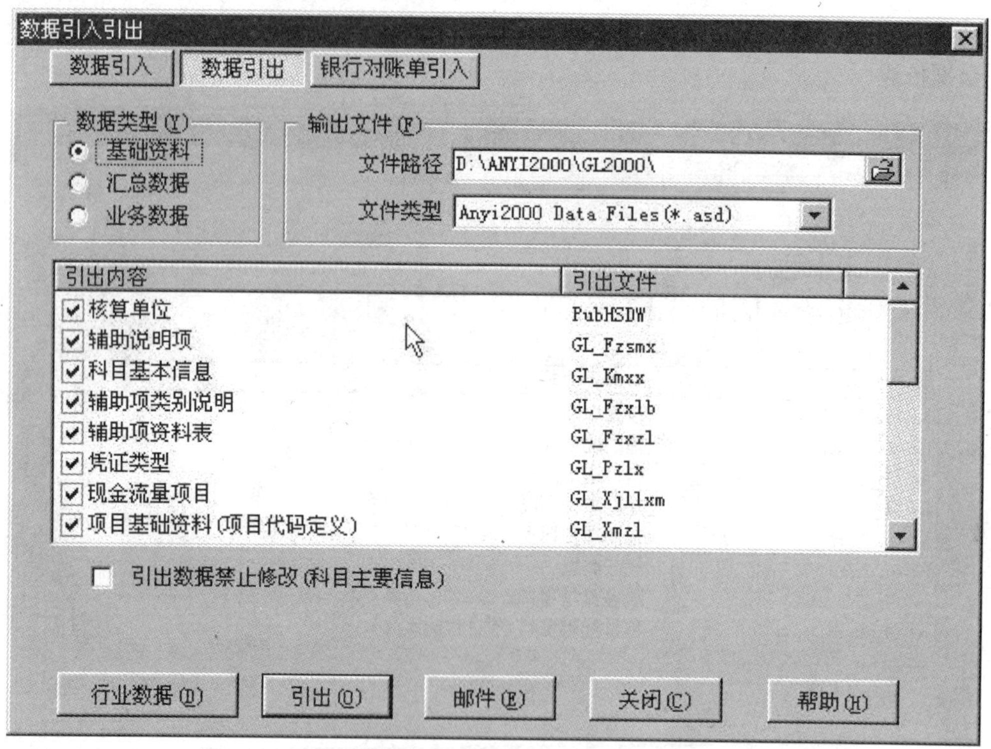

图 5—28 "数据引出"操作画面

据内容以用户需要的文件类型引出到指定的路径。

（四）行业数据的引入引出

在调出"数据引入引出"窗口之后，再点击"行业数据"按钮，系统便会弹出"行业数据引入引出"子窗口，如图 5—29 所示，在该窗口中便可按照中国财务软件行业数据格式要求进行数据的引入引出操作。具体的操作步骤如下：点击"文件夹"右端展开钮，进入"浏览文件夹"窗口，确定引入或引出文件的具体存放位置，确定之后再点击"数据引入"或"数据引出"按钮，即可自动完成数据引入、引出的操作。

这里顺便提一下，中国软件行业协会财务及企业管理软件分会于 1998 年发布了《财务软件数据接口标准 98—001 号》，该文件根据数据交换以计算机文件作为媒介的原则，对格式定义文件和数据文件分别制定了各自的标准，而所谓中国财务软件行业数据指的就是按照该标准存放的有关格式数据和会计数据。

（五）银行对账单数据的引入

此项操作可实现将银行传送来的对账单文件数据自动引入本账套之中，这样就可以省去对账单数据的日常输入工作。此项操作也是通过调出"数据引入引出"

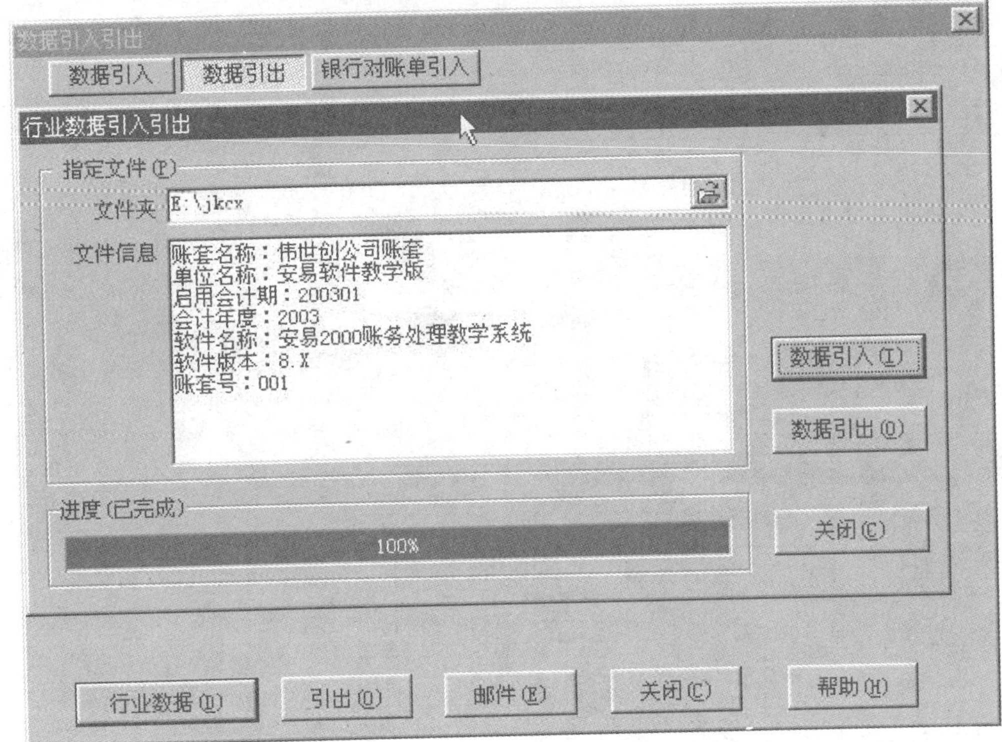

图 5—29　按行业标准引入引出有关数据的操作画面

窗口来完成的。在“数据引入引出”窗口中点击“银行对账单引入”页标签，就可切换到银行对账单数据的引入界面。

银行对账单数据的引入需要按下列几个步骤来操作：

(1) 选择银行对账单引入的数据源。该步骤可通过“输入银行对账单文件名”来完成，不过要注意，该文件必须在指定的路径中是客观存在的，而且存放的是银行发送过来的银行对账单数据，通常，该文件的格式为标准文本格式（TXT）。

(2) 选择将当前文件的数据引入哪个银行科目，可以通过图 5—30 中的“写入银行账号”来完成。

(3) 调整“导入起始行”栏的微调钮，确定导入数据的起始行位置。

(4) 确定“日期”、“对账单编号”、“摘要”、“原始结算票据号”各字段起始和终止位置，每个字段的起始位置为上一字段的终止位置加 1，每个字段的终止位置为本字段的起始位置加上本字段的最大长度减 1。

(5) 选择是“按借贷方向”还是“按照借贷金额”引入银行对账单。当银行对账单中存在字段“借贷方向”，而金额只有一列，不分借方金额和贷方金额时，必须选择“按借贷方向引入”。当银行对账单中不存在字段“借贷方向”，金额分

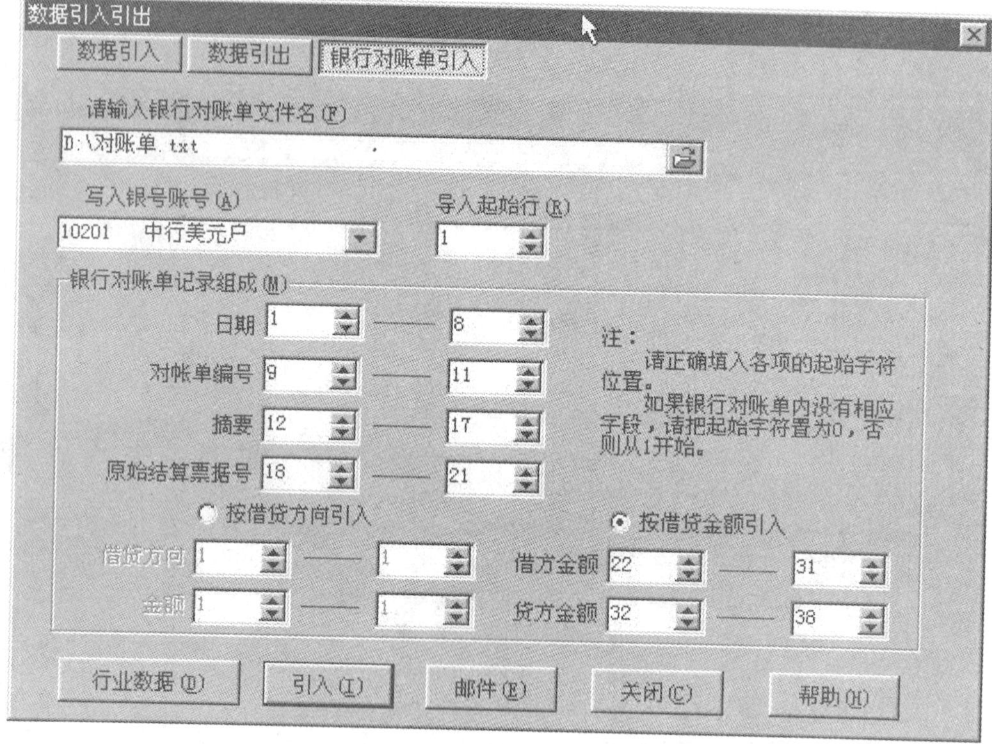

图 5—30 "银行对账单引入"操作画面

别由"借方金额"和"贷方金额"组成时，则必须选择"按借贷金额引入"。

（6）确定"借贷方向"和"金额"或"借方金额"和"贷方金额"的起始和终止位置。

上述各项设置完毕之后，点击"引入"即可自动将指定银行对账单文件中的数据引入本账套中，退出数据引入引出窗口，调用"银行对账/银行对账单"功能便可检查有关数据是否引入以及引入是否正确。图 5—30 便是引入银行对账单的操作示意图。

这个被引入的银行对账单文件是由银行提供的，既可通过远程通信传送，也可以通过软盘传送，甚至还可以用电子邮件的方式进行传送。

二、预记账处理

"预记账"是安易软件特有的一个概念，但其实际的功能却是许多商品化会计软件都具有的，那么什么是"预记账"呢？顾名思义，就是对未记账凭证模拟记账，以预先了解这些凭证可能对账簿造成的影响，这种功能在手工与计算机并行阶段作用是非常明显的，但转入完全启用电子账之后，它的作用就不是很明显了。

安易软件所提供的预记账处理具有以下几方面功能：首先是能够批生成预记账数据；其次，在本年度尚未结账的前提下，可以自动生成下年年初预记账数据；最后，可以将账套启用初始化时的期初余额导入预记账表中。

通过调用“系统”菜单下的“预记账处理”程序，便可进入“预记账处理”窗口，详细的操作步骤及方法可细分为以下三方面来介绍。

（一）日常使用预记账处理实现凭证预记账功能

预记账处理功能大多都是在日常工作中使用，在具体使用此功能时要注意以下几点：

首先，要区分在“预记账处理”模块中的凭证预记账功能与凭证箱中的凭证预记账功能的区别。两者的具体区别在于：要想在凭证箱中执行多个会计期间的预记账功能必须分多次进行，而在“预记账处理”模块可以一次执行多个会计期间的预记账功能。

其次，在“预记账处理”窗口，要对日常凭证进行预记账处理，其步骤是：先指定要进行预记账的会计期间范围，再单击“凭证预记账”按钮，系统将对选定的会计期间范围内的凭证进行预记账处理。

最后，在“预记账处理”窗口中的选项“第 12 或 13 期间预记账时自动生成下年度期初预记账数据”的作用为：若该选项被选中，并且用户所指定的会计期间又是第 12 或 13 会计期间时，则在执行“凭证预记账处理”功能时系统将自动生成下年年初的预记账数据。

（二）账套初始化时使用预记账实现期初数据的导出

若用户在系统初始化阶段输入期初余额之后没有将其导入预记账表中，则可在“预记账处理”窗口单击“期初数据导出”按钮，重新执行将期初余额导至预记账表中的操作。这样，再进行日常使用预记账处理，就会在正常的预记账期初余额基础上进行预记账处理，以保证预记账数据的正确性。

（三）用于下年度数据初始化

在“预记账处理”窗口单击“年初数据生成”钮，可在没有进行本年年结时，根据本年全部预记账数据自动生成下年的预记账年初余额。

三、打开指定用户级程序

安易软件提供此项功能的主要目的是为了方便调用用户二次开发的应用程序，实现不同程序（二次开发程序与安易软件程序）间的同步运行，以便程序间的数据交流。首次使用此项功能时，需要新增用户级程序，其操作步骤如下：

(1) 调用“系统”菜单下的“打开指定用户级程序”。

(2) 进入相应窗口之后，单击“新增”键，在弹出窗口中输入或选择新增用户级程序的程序名称（自定义）、文件名（确定文件存放路径及具体执行程序文件名）及备注（非必输项）。

（3）单击“存盘”保存退出，单击“放弃”取消此次定义操作，回到上级窗口。

（4）定义好用户级程序后，可通过名称列表框选定该用户级程序项，然后单击“执行”钮，系统会在不退出的状态下同时自动运行此用户级程序。

用户也可以对已经定义的用户级程序进行有关“修改”，这里以“安易后台数据管理工具”为例来说明如何通过适当的“修改”，以便能够在安易 2000 账务处理系统内部直接调用“安易后台数据管理”（我们知道，通常情况下，“安易后台数据管理工具”程序只能在安易 2000 账务处理系统外部调用执行）。由于“安易后台数据管理工具”已经是系统“预置”的一个用户级程序，只不过没有指定其具体执行程序的文件名，因此我们可以通过修改指定其相应的执行程序文件名，从而可以实现直接在安易 2000 账务处理系统内部调用安易后台数据管理工具。其简要操作步骤如下：首先，选择“安易后台数据管理工具”为当前用户级程序；其次，点击“修改”按钮，进入修改状态，输入其“文件名”或从其右边的文件浏览器进行浏览查找，如图 5—31 所示。修改之后，点击“存盘”，以后就可以直接在账务系统内部调用执行安易后台数据管理工具了（选定具体的用户级程序，然后点击“执行”便可）。

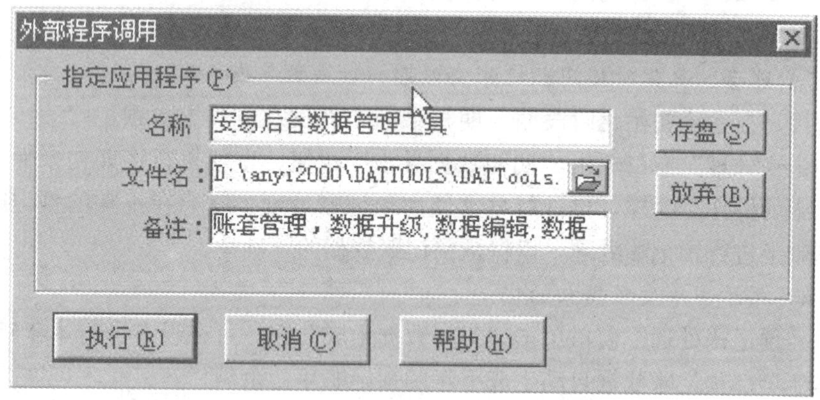

图 5—31 “指定用户级程序”修改画面

四、数据的备份与恢复

我们知道，按照会计软件有关功能规范要求，软件必须提供数据的备份与恢复功能以防不测事件发生，安易软件也不例外。安易 2000 财务管理软件的数据备份与恢复工作是通过调用“后台数据管理工具”来实现的。用法如下：

进入“后台数据管理工具”之后，在“账套管理”页面选定一个需要进行备份或恢复的账套，然后切换到“备份与恢复”页面，如图 5—32 所示，就可着手进行数据的备份或恢复操作。

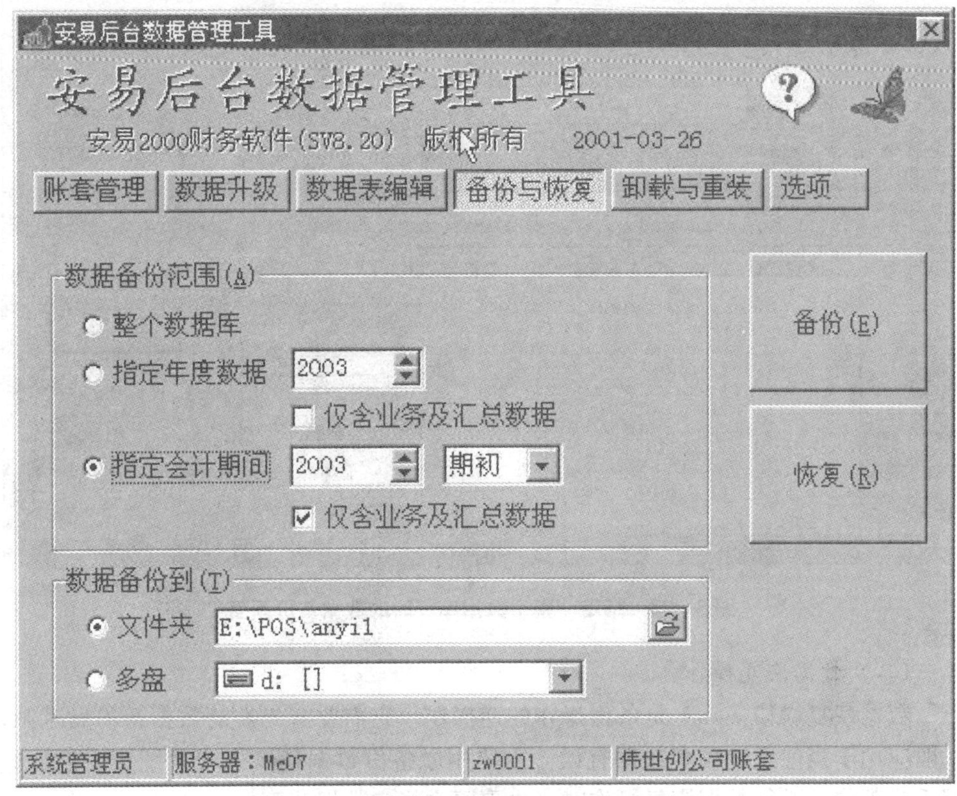

图 5—32　数据“备份与恢复”操作界面图

(一) 备份数据操作

如果在“备份与恢复”页面，要想进行数据备份操作，首先需要选择“数据备份范围”，系统提供了三种范围供用户选择，分别是：“整个数据库”、“指定年度数据”以及“指定会计期间”。如果选择的备份范围是整个数据库，只需直接点击“备份”按钮，系统会弹出另一个窗口，如图 5—33 所示，要求用户进一步选择具体的备份方式：是采用文件备份方式还是采用设备备份方式。用户可按照图 5—33 显示的内容进行选择，选择完毕可点击“备份”按钮进入实际的备份过程。

如果用户选择的数据范围为后两种，系统会要求指定数据备份的目标文件夹或盘符，选定后单击“备份”钮，系统出现备份对话框，可点击“开始”按钮正式备份数据。

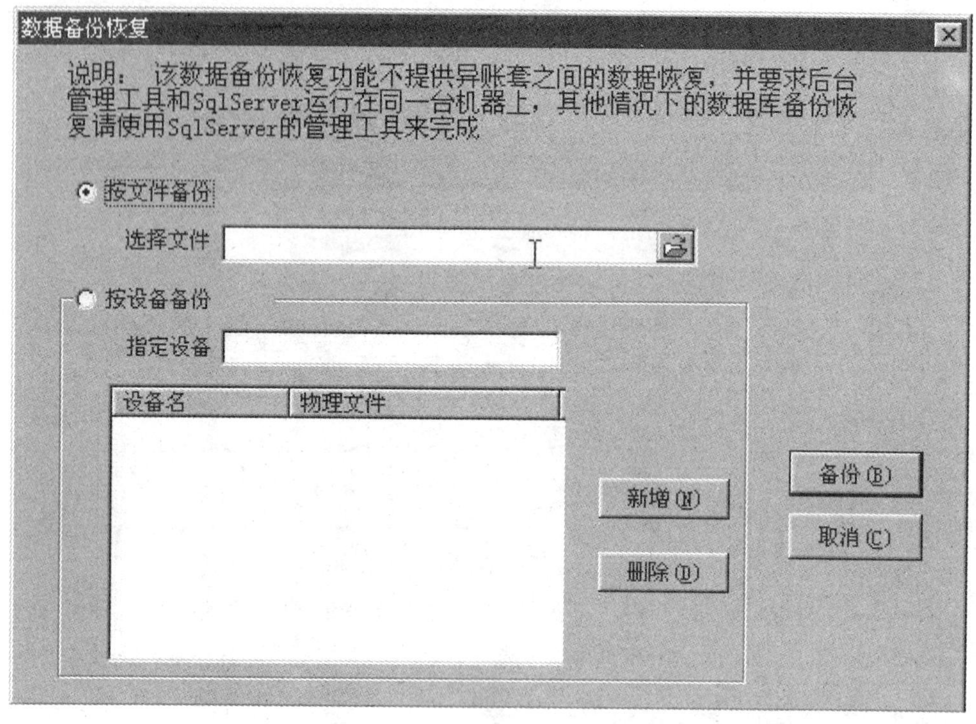

图 5—33　指定“整个数据库”时的数据备份画面

（二）数据恢复操作

数据恢复操作实际上是备份操作的逆操作，它需要有先期的数据备份做基础，一般应用于当前系统账套数据有误，需要用原备份数据替换或者系统崩溃后的数据重建工作。进行数据恢复操作时，也需要先指定数据范围（与备份时一样），当用户选择了整个数据库恢复时，系统也会弹出一个数据恢复窗口，要求用户指定恢复源所采用的备份方式，选定之后，点击“恢复”按钮便可自动执行数据恢复操作。

如果选择的数据范围为后两种的话，系统也会要求指定恢复的来源文件夹或盘符，选定后再单击“恢复”钮出现恢复对话窗，点击“开始”钮便可正式进行数据恢复。

需要注意的是，数据恢复是一种覆盖式的操作，它会置换当前所选账套的部分或者全部文件数据，因此，带有一定的破坏性，用户在执行这种操作时，务必谨慎从事，避免造成重大损失。

本章小结

本章主要讲解安易 2000 账务处理系统的日常应用和期末处理阶段所遵循的基本操作步骤和技术要领，在此基础上，简要介绍了其他一些辅助性功能的用途及用法。通过本章的学习，要求掌握安易账务处理软件中的凭证管理（包括记账）、账表输出、日常银行对账、日常辅助核算、期末业务处理等功能模块的适用场合、使用技能以及操作要领，并了解其他重要的辅助性管理等功能模块的用途及具体应用技术。学习本章内容时，一方面，要能够结合通用商品化会计软件的一般步骤及要求来体会、理解安易账务处理软件在日常业务和期末业务处理等阶段的作业特色；另一方面，要求通过对安易软件的日常业务和期末处理业务的学习，加深对通用商品化会计软件在日常应用和期末处理上所遵循的基本步骤和方法的理解。

思考题

1. 凭证编制时，初始化阶段所定义的凭证类型、摘要有何作用？如何使用？

2. 在安易软件中，作废凭证对会计核算（记账）有影响吗？作废凭证在哪种情况下可以被彻底删除掉？你认为软件提供彻底删除的功能是否妥当？请说明理由。

3. 试说明安易 2000 账务处理系统中的凭证箱的六种状态的具体作用。

4. 在安易软件中，若发现已记账的凭证存在错误，可以直接修改吗？请写出在该软件中，纠正账簿错误的详细过程。

5. 在安易软件中，总账余额表与总账有何不同？如何理解软件中的“联查”功能？

6. 在安易软件中，对于任意一个科目都可以输出多栏账吗？如何查询输出多栏账？

7. 以单位往来明细账为例，说明其数据采集过程以及查询输出的步骤及方法。

8. 如何利用安易 2000 账务处理系统所提供的“单位往来账龄分析”功能进行坏账损失的计提？

9. 使用安易软件如何进行日常银行对账业务？假如本次编制的余额调节表不平，又该如何来查找原因？

10. 期末结汇处理所针对的外币核算科目有限制吗？假如通过期末结汇编制出的结汇凭证存在错误（但尚未记账），应该如何处理？请写出处理的详细过程。

11. 在哪些场合下，期末结账将不能被执行？

12. 请你谈谈在计算机环境下，“对账”还有意义吗？为什么？

13. 在安易软件中所提供的数据引入引出的作用表现在哪些方面？

14. 你对安易软件所提供的“预记账”处理功能持何态度？说明你持这种态度的理由。

15. 如何认识会计软件中所提供的数据备份与恢复功能？使用这些功能时，应该注意哪些问题？

第六章 会计报表系统应用技术示例

引 言

本章主要介绍安易 2000 电子报表系统综合应用技术，共分七节。

第一节是“安易 2000 电子报表系统概述”，主要介绍安易 2000 电子报表系统的功能构成、应用范围、功能特点以及运行原理。本节的目的是让读者对安易 2000 电子报表系统有一个总括性的认识，以此来指导后续各节的学习。

第二节是“制作报表的具体步骤及方法”，主要介绍利用安易报表系统如何制作一张新报表特别是财务报表，其过程包括：新表登记、新表格式设计、登录连接数据库、新表计算公式（核算公式）设计、审核公式设计、编制制作本期报表。在本节，顺便介绍了安易 2000 电子报表的操作界面及表系统构成要素。这一节是对第一节中的运行原理的进一步细化介绍，通过举例的形式让读者对制作新财务报表的过程有一个直观的认识。

第三节是“报表核算公式及审核公式的编制方法”。由于该系统可与安易 2000 账务处理系统、工资系统等其他系统集成应用，因此，如何编制财务报表核算公式和审核公式是利用电子报表系统编制财务报表以及内部管理报表的关键。本节是本章中最难的一部分，也是本章最重要的一个组成部分。同学们学习的时候一定要搞清楚报表系统的核算公式和审核公式的具体作用，并学会编制几张主流财务报表的有关公式。编制财务报表公式时，主要使用安易 2000 账务取数函数和单元函数，因此，读者应该重点学习掌握这两类函数的具体用法。

第四节是“报表生成及输出”，这一节主要介绍每期期末报表的编制步骤及方法。同学们学习的时候，要把它与之前的一些工作环节联系起来考虑。

第五节是“报表汇总”，简要介绍如何利用安易 2000 电子报表系统进行报表立体式汇总，本节主要要搞清楚：何为立体式汇总？报表汇总的应用场合有哪些？如何进行报表汇总？

第六节是“利用报表系统进行数据加工及分析”，主要介绍数据透视、数据排序、报表图形化分析以及如何将安易电子报表数据转换成Excel数据格式，这些功能体现了对报表系统数据的二次开发利用的重视。

第七节是“报表系统的维护管理”，这一节主要讲述在安易电子报表系统中如何定义报表单位代码，如何对报表进行有效的、针对性很强的组织管理，如何定义设置报表系统用户，以及如何对报表系统用户实行授权与分工。报表单位代码主要涉及集团公司对其下属分公司或下属单位的报表管理问题，也可能涉及本单位需要按下属部门来管理和组织报表的问题；报表管理主要是运用树形结构对报表文件进行组织和管理，同时对树形结构中的报表组以及报表文件的维护管理（比如增加、修改、删除等等）；用户管理主要是定义合法的报表系统用户并为之授权，这部分内容涉及报表系统的安全性问题。

第一节　安易2000电子报表系统概述

安易2000电子报表系统（下称安易报表系统）不仅具有一般电子报表系统的功能，而且能够与安易2000账务处理系统、工资系统、固定资产系统等集成应用，编制形成相应的财务报表以及管理会计报表，应该说，后者是其成为会计报表软件的关键。可以说，对该系统功能认识的逐步深化，将非常有助于提升用户对企业各种数据的综合分析、管理的能力。

一、安易2000电子报表系统功能概述

（一）安易2000电子报表系统主要功能构成

安易报表系统的主要功能可以归纳为以下四个方面：报表定义、报表操作、数据处理、报表管理。

其中“报表定义”主要包括以下几个功能：

(1) 格式设计（或设置）；

(2) 表项目数据录入与编辑；

(3) 报表公式定义，主要包括报表计算公式、审核公式以及舍位平衡公式的定义；

(4) 预览打印，可以将所设计的格式、公式打印输出。

“报表操作”主要由以下几个功能组成：

(1) 报表行列操作；

(2) 报表函数引导操作，这方面功能可以与报表公式定义结合起来理解；

(3) 自动运算，即指连接上指定数据源之后，可以启动自动运算功能，这样随着报表计算公式的编制完成，报表栏目的数据可以自动计算形成；

(4) 图形分析，对指定报表特定部位的数据用图形方式来表达。

“数据处理”主要包括以下几个功能：

(1) 报表编制/审核/保护；

(2) 报表汇总以及外部公式的运用；

(3) 数据库查询；

(4) 数据透视和数据排序；

(5) 批处理和舍位平衡处理；

(6) 报表期间定义。

“报表管理”主要包括以下几个功能：

(1) 用户管理；

(2) 报表树管理；

(3) 代码管理；

(4) 数据装入与卸出。

在上述这些功能当中，报表的格式设计、公式定义以及报表编制与审核是贯穿报表系统的核心功能，认识到这一点是快速掌握安易报表系统软件使用方法的关键所在。

我们可以用图6—1来表示安易报表系统的功能构成。

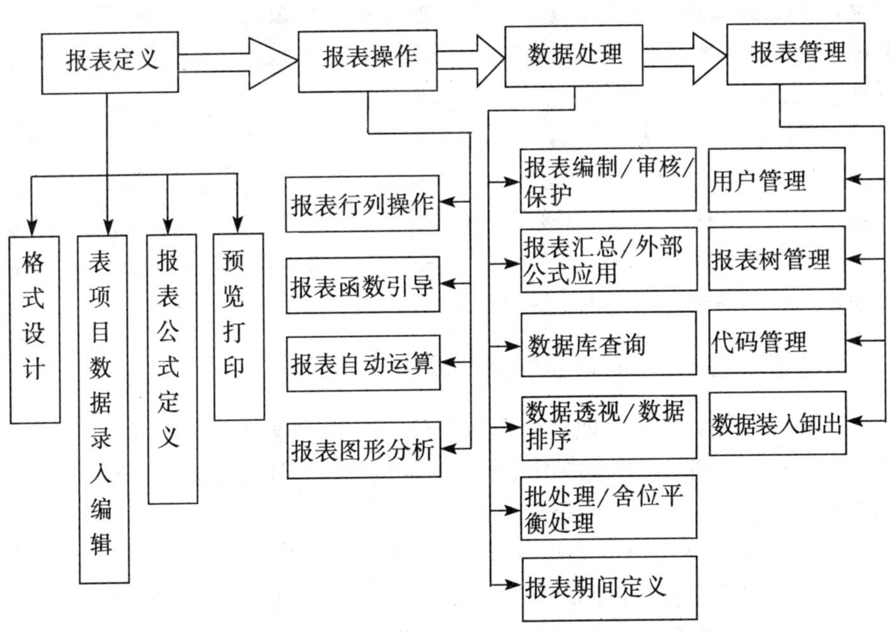

图6—1　安易报表系统功能构成图

（二）安易 2000 电子报表系统的应用范围

安易报表系统除了具有类似 Excel 电子报表软件的功能，还有其特殊的功能，那就是可以与安易 2000 财务管理系统的其他子系统集成应用，并从这些子系统获取编制各种报表的基础数据，所以，该报表系统的应用范围自然也就清楚了，即：可以用于财务报表，如资产负债表、损益表、现金流量表等；也可以用于编制业务管理报表，如进销分析表、存货分析表等；还可以用于编制综合分析与管理报表，如财务业务综合分析报表、各种财务指标对比表等。当然，一些事务性的电子报表的编制，比如财务预算表、工程进度表、集资人员名单等，也可以使用安易报表系统。

（三）安易 2000 电子报表系统的功能特点

主要体现在三个方面：

(1) 通过定制模版、与账务业务等其他模块之间的数据连接、审核公式的设置、报表保护等手段可以确保数据的真实性、一致性和安全性，确保期末报表编制准确、及时、无误，使企业内部和外部的管理者、关系人能够及时、全面、系统地了解企业的经营成果和财务状况。

(2) 既可以编制面向外部信息需要的财务会计报表，又可以编制满足内部要求的管理报表；既可以进行报表汇总，又能够用于报表合并。特别是对于大中型企事业单位，通过报表模板的定制，结合 IT 传输技术与模板的保护设置控制，使报表的上传、下发快速、及时，会计核算信息的真实性、一致性、相关性和可比性也都能得到保证。

(3) 不仅可从总账系统，而且还可从安易其他子系统如工资系统、固定资产系统、资金管理系统、购销链管理系统等提取数据，甚至还可以从与安易软件无关的其他数据源取数。这样，便于有关部门从各个方面（物流、资金流、信息流等）获取管理所需的信息，并且可以进一步对这些信息数据进行综合分析、处理，全方位、系统地反映企事业单位管理的实际情况。

二、安易 2000 电子报表系统运行原理

安易报表系统的运行原理也就是该系统所遵循的业务流程规则，可以分成两种情况来讲解，分别是：首次应用安易报表系统编制会计报表的处理流程和非首次应用安易报表系统编制报表的处理流程。

（一）首次应用安易报表系统编制会计报表的处理流程

所谓首次应用是指下面两种场合：一是安装完安易报表系统软件之后，刚刚开始使用；二是使用安易报表系统设计制作一张新报表。第一种场合，实际上要设计当前企业所需要核算的各种报表（财务报表以及内部管理报表），但操作时，需要逐张报表进行设计编制，而每张报表的设计编制流程则与第二种场合完全一样。因

此，我们只要说明第二种场合所应采用的业务处理流程就可以，第一种场合实际上就是把第二种场合下的业务流程进行循环处理，直至全部报表设计编制完毕。我们可以用图 6—2 来说明第二种场合下的处理流程（或操作流程）。

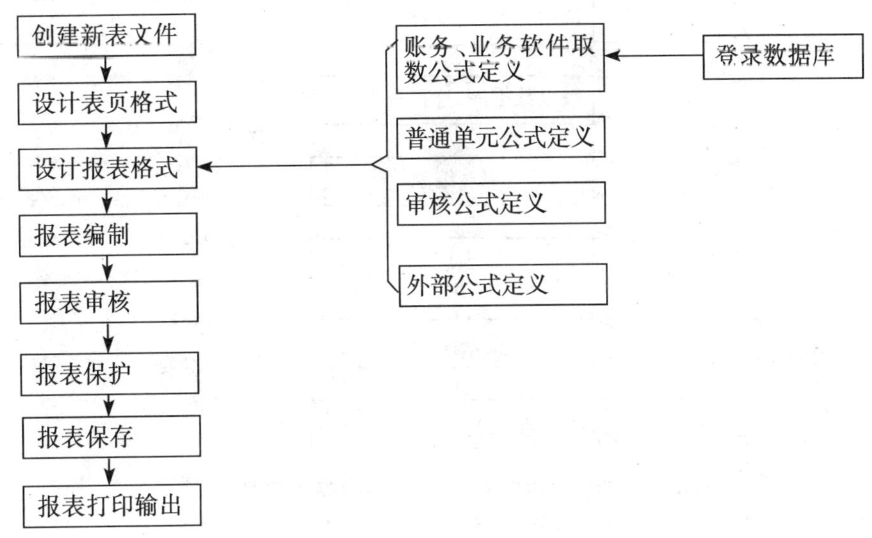

图 6—2　首次应用安易报表系统处理流程图

（二）非首次应用安易报表系统编制会计报表的处理流程

非首次应用是指以后各会计期间编制同种会计报表，由于此时所要编制的会计报表格式、公式都已经设计完毕，而且经历了某期实质性的报表编制过程，报表格式是否满足企业会计制度的要求、公式是否能够准确提取账簿数据、是否可以准确检查出报表应有的稽核关系等，都已经得到了实践的检验，因此，在这种情况下，编制某期某种报表的关键就是如何继承以前的报表格式和公式，并且让系统能够知道所要编制的报表所属会计期间已经发生了变化。所以，非首次应用实际上要解决的就是“旧”报表连续各期编制的问题。根据以上分析，非首次应用的处理流程可以用图 6—3 来说明。

这里，需要说明的是，“旧”报表在以后各期编制时所用的格式和公式都是相同的，这就要求报表的公式必须针对各会计期间都适用，而不能是只针对某会计期间适用的公式。有些企业在应用安易报表系统的时候，往往不注意报表各期公式的连续性和一致性，随意地调整报表的计算公式，甚至有时候有点“挤”报表数据的意思，这是在会计报表编制过程中不严肃的行为，也有悖于计算机会计处理的初衷（实行计算机会计处理，本意是为了追求效率、会计信息质量以及内控的严密性）。

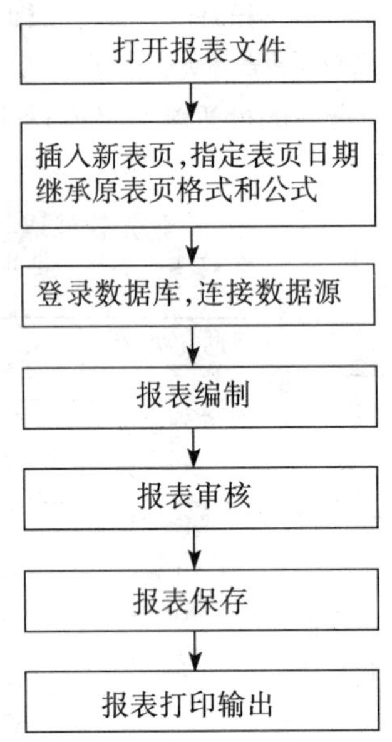

图 6—3　非首次应用安易报表系统处理流程图

第二节　制作报表的具体步骤及方法

一、安易报表系统的启动登录过程

进入安易 2000 电子报表系统的方式有两种：一种是通过用户登录的方式，另一种是非用户登录的方式。其中前者需要输入合法的操作员姓名及口令，符合要求之后才能注册登录到系统之中。后者则直接可进入报表系统。通过用户登录进入报表系统，随后所建立的报表自动被纳入报表树管理中，并且受到用户级保护，他人未经授权不能使用；而通过非用户注册登录方式进入报表系统，所建立的文件不会被纳入报表树管理，要保护自己所建立的报表文件只能通过对报表加上口令才能达到，而且在新建报表文件过程中没有新表登记的过程。图 6—4 所示的便是安易报表系统的注册登录画面。

首次调用安易报表系统，如果准备通过用户登录的方式注册进入系统，则可以输入用户名为“管理员”，用户口令为“1”，点击“确认”便可进入安易报表系统的主操作界面，如图 6—5 所示。进入报表系统后，可将“管理员”的口令进行修改，但其用户名禁止修改（由于“管理员”是安易报表认可的最高级别的报表系统管理人员，因此，它的身份是唯一的，系统禁止修改其名字）。有关如何修改用户口令的操作，我们将在以后“用户管理”部分再做介绍。

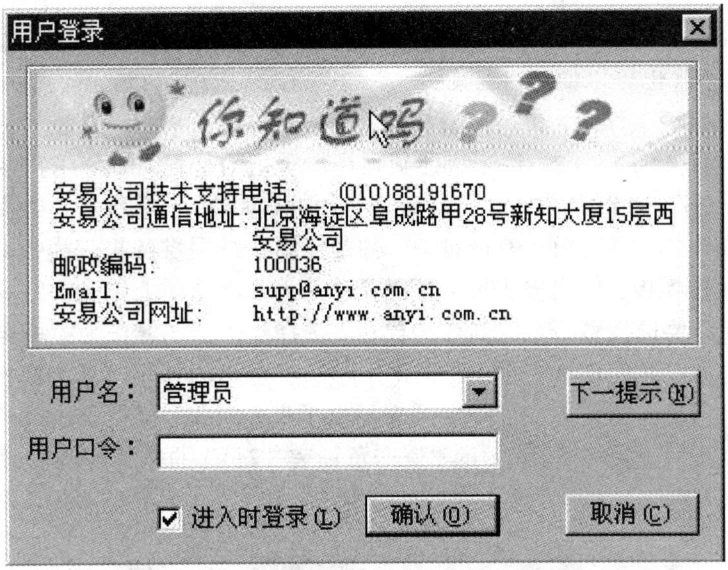

图 6—4　安易报表系统注册登录画面

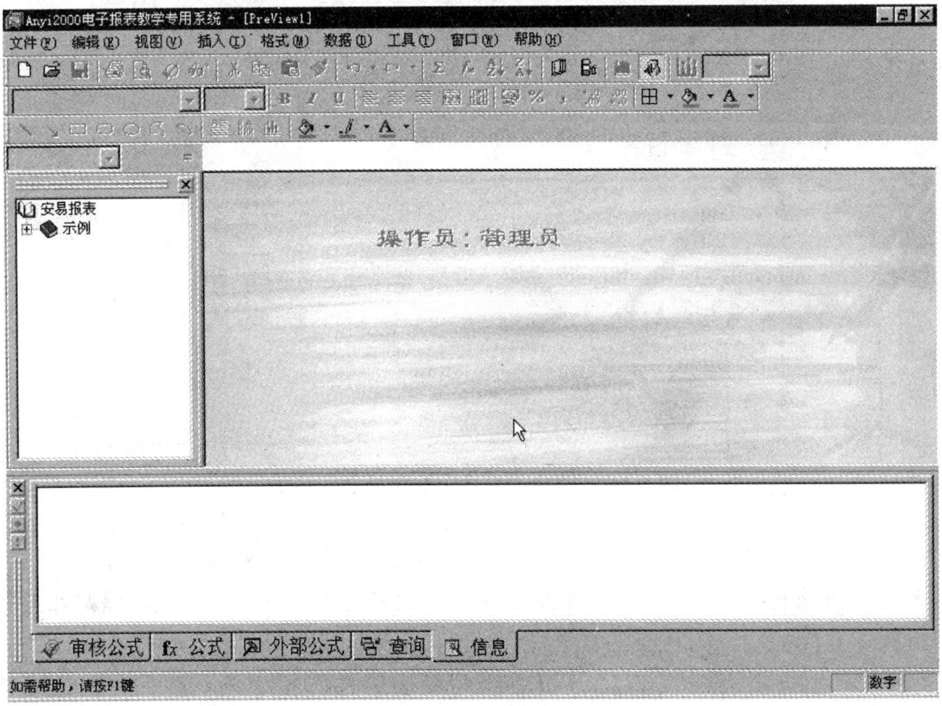

图 6—5　安易报表系统主操作界面图

二、新表注册登记

新表注册登记就是建立报表工作簿的过程，通常可使用安易报表系统的“文件”菜单命令，也可以使用“工具栏”中的“新建”图标按钮，前者既可以选择报表模板新建报表工作簿，也可以直接建立空白表，而后者只能建立空白表。这里以“资产负债表”的制作为例来讲述新表注册登记的过程。首先，打开“文件”菜单中的“新建”，此时系统弹出“新建”对话框，如图 6—6 所示，要求用户选择具体的制表模式，制表模式有两种：一种是使用系统提供的报表模板；另一种是使用自定义的模板。使用报表模板新建工作簿时，应选择工作簿中的一个表页作为模板，而不要选择整个工作簿作为模板，选择整个工作簿作为模板相当于文件拷贝。使用自定义的模板，通常要求将用户已经定义的报表设置为模板，其方法很简单：将定义好的报表文件复制到安易电子报表对应目录的 model 子目录下就可以了。如我们选择图 6—6 中的“资产负债表（新)”的格式作为新建工作簿的模板，点击“确认”之后，进入新表登记窗口，如图 6—7 所示，可以先选择新表

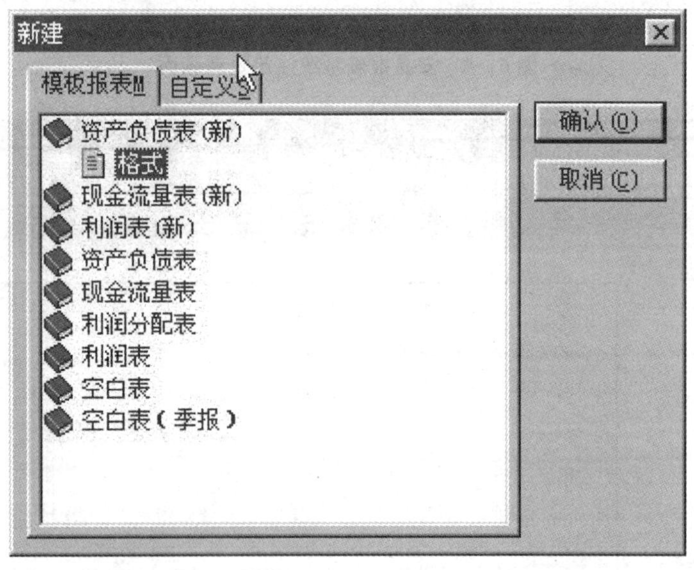

图 6—6　选择“新建”报表的制作模式

所在的报表组，这可以在图 6—7 左上角的“选择报表组”列表框中选择，当然实际上我们应该建立起本单位的报表组以便于将本单位的报表归口管理，有关报表组的建立问题，我们将在后面第七节介绍。这里，我们假定已经建好了一个报表组——“财务报表组”，选择该报表组为新表所在的报表组，然后输入报表代码（本例为“ZCFZB”，注意报表代码保持唯一）和报表名称（本例为“资产负债

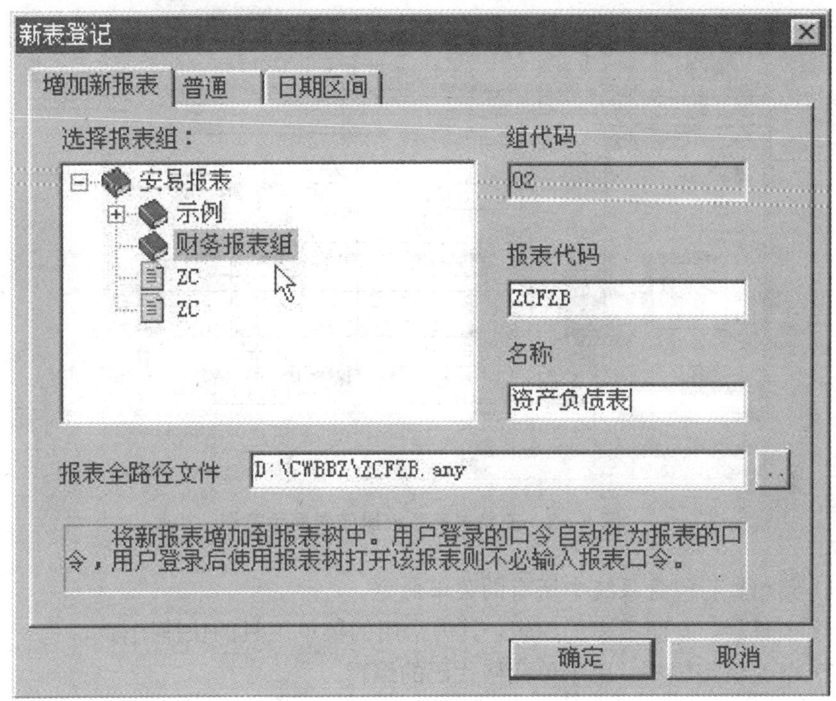

图 6—7 “新表登记”窗口

表”)，我们看到，随着报表组的选定以及报表代码的输入，“报表全路径文件”输入框的内容自然形成了，此处显示的正是新建的工作簿文件名（用户可通过资源管理器按此处显示的路径与文件名便可找到该报表文件)。此页面主要项目填写完毕之后，应该切换到“日期区间”页，选择新建报表的“期间类型”。“期间类型”有五个选项可供选择，分别为：年、月、周、日、自定义。如果要制作“年度资产负债表”，则必须选择“年”为“期间类型”，而要制作每月资产负债表，则应该选择“月”为期间类型。“期间类型”选定之后，可点击“确定”按钮，报表登记宣告结束，一个新的报表文件或叫报表工作簿创建成功，接下来，就可以编辑报表的格式、公式等内容了。

三、安易报表系统操作界面及表系统构成要素介绍

我们在介绍报表表页的格式设计之前，有必要先对安易报表系统的操作界面以及表系统构成要素进行介绍。

(一) 安易报表系统操作界面

安易报表系统的操作界面如图 6—8 所示，下面对构成操作界面的组成部分予以简要介绍。

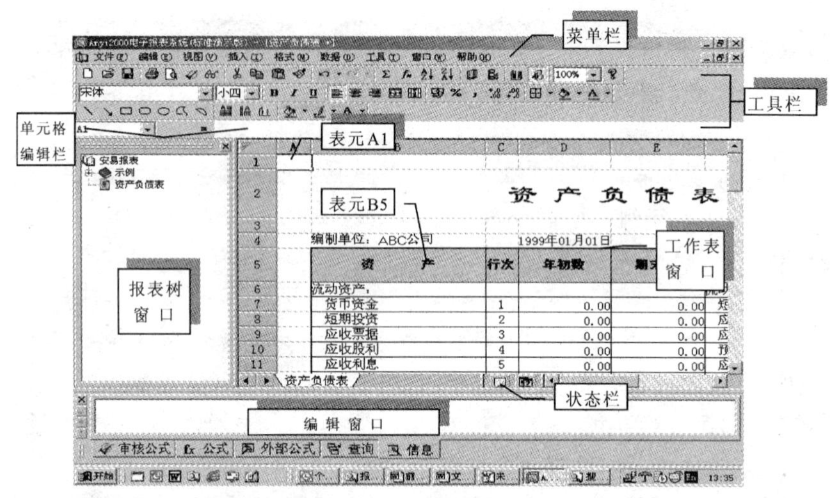

图 6—8　安易报表系统操作界面示意图

（1）菜单栏：包含系统中所有的菜单命令。

（2）工具栏：方便报表的编辑，其为常用的菜单工具的快捷图标。

（3）单元格编辑栏：用于单元格代码的编辑。

（4）报表窗口：报表内容的录入、编辑界面。见工作表窗口。

（5）报表树窗口：通过报表树可以快速打开工作簿。

（6）编辑窗口：包括"审核公式"页、"公式"页、"外部公式"页、"查询"页、"信息"页，在编辑窗口中可以显示当前工作表内的单元公式，可以显示和编辑工作表内的审核公式、外部公式和查询，还可以显示编制信息、审核报告等信息。编辑窗口中的按钮包括："隐藏" 、"保存" 、"列表" 、"执行" ，单击"隐藏"按钮，可以隐藏编辑窗口。"保存"按钮在页签为"审核公式"、"外部公式"和"查询"时有效，单击"保存"按钮，可以保存对审核公式、外部公式或查询进行的编辑。"列表"按钮在页签为"外部公式"和"查询"时有效，单击"列表"按钮，可以将所有的外部公式和查询在名称列表框中显示出来，上下移动光标，对应的外部公式和查询的内容在编辑窗口中显示出来，可以查询和编辑。"执行"按钮在页签为"审核公式"、"外部公式"和"查询"时有效，单击"执行"按钮，可以执行外部公式和查询，也可对当前工作表进行审核。

（7）电子报表工作表的表元（单元格）：工作表是工作簿的一部分，也是组成工作簿的基本要素。每张工作表都是一个相对独立的报表。工作表由排列成行和列的单元格组成，也被称为电子表格，网格线起坐标的作用，可以辅助您设计和制作报表。网格线将整个工作表分成行和列的交叉单元格，一个单元格称为一个表元。横向网格线之间的区域称为行，行从上到下用 1～9 999 之间的数字表示。纵向网格线之间的区域称为列，列从左至右用 A，B，…，Z，AA，AB，…，IU 之间的英文字母表示。表元用列号加行号表示。例如：A1 表示第 A 列、第 1 行交叉形成的表元，AB100 表示第 AB 列、第 100 行的表元。

用户可通过“视图”菜单下的相关选项，进行窗体显示/隐藏的选择。

（二）安易报表系统的构成要素

在安易报表系统中，为了方便地组织和管理报表文件，引进了报表树的概念。所谓报表树就是将系统中的报表文件按某种方式进行分类，然后按照树形结构对各种类别的报表文件进行组织。图 6—9 为报表树的示例。由于报表类别是可以分级的，每个大类下面可以划分若干个小类，层层递推直至最明细的类别。在每个最明细类别下可以对应一个或多个报表。如此即形成一个树形结构。在报表树中，每个非叶子结点对应一个报表组（报表类别），而每个叶子结点对应的是一个报表文件（工作簿）。

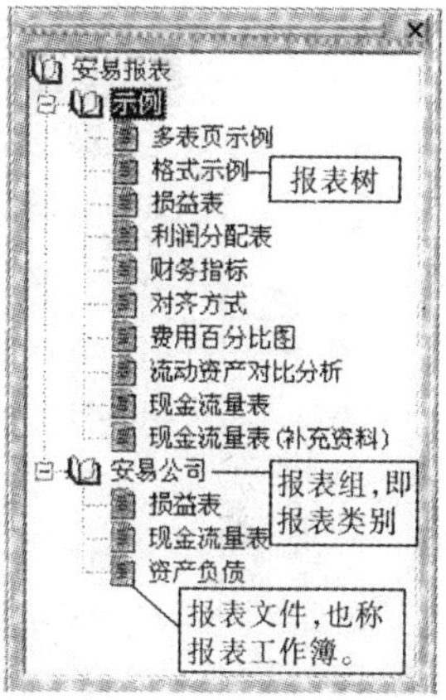

图 6—9　报表树

下面解释报表系统中的几个重要概念：

(1) 工作簿与报表文件：在安易报表系统中是采用文件方式来存放报表的，报表文件的扩展名为 ANY，而每个扩展名为 ANY 的报表文件都是一个工作簿。工作簿是储存报表信息的文件，又称报表文件。

(2) 报表表页与工作表：工作表是组成工作簿的基本要素，工作表又称表页。工作簿可以由一张或多张工作表组成，每张工作表都是一个相对独立的报表。工作表由排列成行和列的单元格组成，也被称为电子表格。

(3) 工作簿与工作表的关系：一个工作簿中可以包含多张工作表。工作簿中的多张工作表可以相互独立，也可以相互关联。这样，安易报表系统就可以采用单个文件来管理各种类型工作表的相关信息。工作簿中的多张表页通过表页代码和表页日期这两个关键字共同标识。

四、新表的格式设计

无论是利用报表模板还是自定义报表格式，都需要用到一些格式设计命令，特别是后一种情况，能否编辑设计出比较理想的报表格式，关键就是要用好格式设计命令。因此，下面对这一内容做简单介绍。

（一）表元（单元格）的格式编辑

可以通过点击鼠标右键选择“表元格式”或调用“格式”菜单下的“表元”程序进行，如图 6—10 所示，可以对字体大小、对齐方式、表元内容的类型、边框、图案等进行设置。

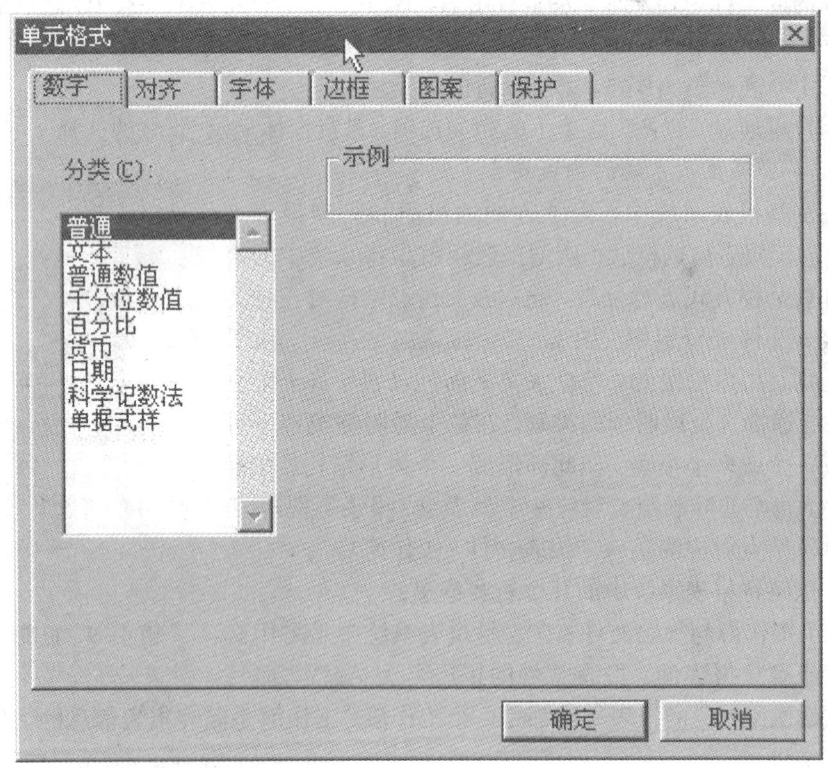

图 6—10 “单元格式”定义窗口

(二) 行列变动

通过选择“格式”菜单下的“列宽”命令可以改变列宽，也可以使用鼠标来改变列宽，还可以自动调整列宽。基本类似的方法也适用于改变行高的操作。要插入新行或新列可通过执行菜单命令“插入｜行”或“插入｜列”。使用菜单命令“编辑｜删除”可以进行删除行或列等的操作。另外，还可以通过调用“格式”菜单中的“隐藏行”或“隐藏列”等命令将当前行或列进行隐藏，隐藏后的行和列不再显示和打印。选择“取消隐藏行”命令或“取消隐藏列”命令，则可以重新显示被隐藏的行或列。

(三) 元表转换

通过安易报表系统所提供的“元表变换”功能（在“数据”菜单下）可以将当前报表数据在“元表”、“千元表”和“万元表”三种状态下进行自由切换。

(四) 舍位平衡

工作中经常使用设置数据格式功能改变报表数据保留的小数位数，比如编制汇总表、千元表、万元表，小数位数减少时，就要使用四舍五入截断小数部分，这时数据间原有的平衡关系可能会遭到破坏。使用舍位平衡功能可以保持原有的平衡关系。舍位平衡所依据的平衡关系是：报表中本表页的计算公式和只涉及本表页运算的审核公式。舍位平衡的原则是：优先考虑合计数，优先考虑舍位值较大的数。

（五）自动求和

通过自动求和功能可以对选取的表元数值进行求和运算，操作时，选取需要求和的表元块，然后按下常用工具栏中的“自动求和”按钮“Σ”即可对选取的表元数值进行求和运算。自动求和的基本原则是：

(1) 若需对一列连续数值求和，则选取连续数值下边的表元，按下“Σ”按钮，自动在选取表元位置求和；

(2) 若需对一行连续数值求和，则选取连续数值右边的表元，按下“Σ”按钮，自动在选取表元位置求和；

(3) 若需对多列连续数值求和，则选取包含连续数值的表元块，按下“Σ”按钮，自动在连续数值下的表元中按列求和；

(4) 若需对多行连续数值求和，则选取包含连续数值并且向右边多一空列的表元块，按下“Σ”按钮，则自动在空列的表元中按行求和。

五、登录连接数据库

当我们在安易报表系统中需要使用安易其他处理系统中的数据的时候，需要先连接数据源即报表取数的来源，然后再编制相应从该系统取数的公式，系统就能自动到所连接的数据源获取有关数据以此生成报表各个项目的数据。连接数据源通过调用“数据”菜单下的“登录数据库”命令来进行，如图 6—11 所示。在弹出的“连接数据源”窗口中双击连接源前面的红绿灯图标，按照该系统要求进行必要的用户登录以识别是否有权使用该数据源，登录成功后在该数据源左侧的红绿灯中绿灯将闪烁，表明报表系统现在已连通该数据源。如果要断开与该数据源的连接，可以再次双击该数据源前的红绿灯图标，此时，绿灯将停止闪烁，表明报表系统已与该数据源断开连接，此时进行报表的有关计算将不能从该数据源中获取数据。

六、新表的核算公式设计

核算公式又称计算公式，其输入方法有两种：一种是调用工具栏中的“$f(x)$”函数引导输入命令来编辑输入有关公式，另一种是直接在当前单元格处输入以“=”开始的公式表达式。

公式的修改方法基本也可以参照上述输入的过程来进行，还可以先选中指定单元格，此时该单元格公式会显示在单元格编辑栏中，直接在此栏修改公式即可。

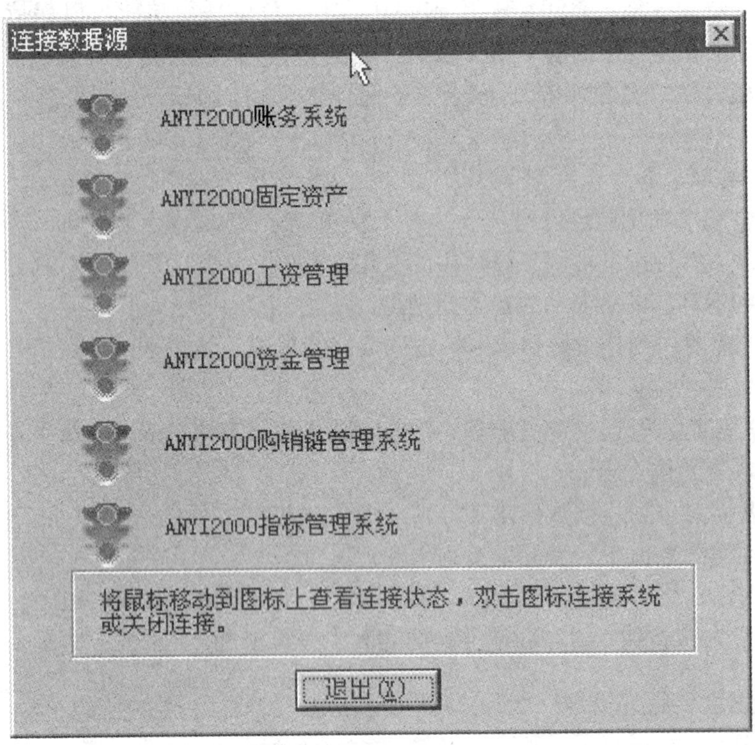

图 6—11　连接数据源操作界面

公式的查询可以通过“编辑窗口”来查询，单击“编辑窗口”中的“$f(x)$ 公式”页标签就可以查看到本表的所有单元公式。

公式的执行方法也有两种：第一种方法是通过事先调用“工具”菜单下的“设置”命令，把“计算方式”设置为“自动计算”，这样每当输入完单元公式之后，系统会立即执行该公式，计算出相应的结果；另一种方法是通过调用“数据”菜单下的“编制”程序来执行所设计的报表公式。

有关核算公式的更详细内容，我们会在第三节介绍。

七、新表的审核公式设计

通过审核公式的设计，可以实现报表数据钩稽关系的检查校验。在安易报表系统中，审核公式的输入在“编辑窗口”中完成，将“编辑窗口”当前页标签切换到“审核公式”页标签状态，就可以在编辑窗口中输入具体的审核公式。审核公式通常由逻辑表达式构成，可以是简单的逻辑表达式，也可以是包含 AND、OR 和 NOT 函数的复杂逻辑表达式。每条审核公式必须以分号“；”结尾。

审核公式都输入完毕之后，点击“编辑窗口”左边的“√”按钮，即可将所输入的审核公式予以存盘。需要查看某张报表的审核公式时，也必须通过“编辑窗口”来查看，只要将“编辑窗口”切换到“审核公式”标签页就可以查询到该报表的全部审核公式了。

审核公式的执行通常可以直接点击“编辑窗口”左边的“!”按钮来进行；也可以通过调用“数据”菜单下的“审核”命令来完成。有关审核公式的进一步介绍，我们会在本章第三节再作补充。

执行上述几个步骤之后，围绕某张报表所要做的初始化设置工作基本上告一段落，可以点击“保存”按钮将初始化设置内容予以保存，然后再去做其他报表的初始化设置工作。我们刚才所做的初始化设置工作是如何被以后各期编制相应报表所利用的呢？要回答这个问题，我们就应该接下来继续探讨报表制作的过程，这已经转入日常（或者是期末）编制报表的阶段。

八、插入新表页形成本期报表页

在以后各期需要编制某种报表，比如资产负债表时，我们首先需要打开相应报表文件（报表工作簿），然后调用“插入｜表页”命令在当前工作簿中插入与指定报表编制期间相对应的报表表页，如图 6—12 所示，在“插入新表页”窗口，系统要求输入“日期”（新表页日期，也就是制作当期报表的业务日期）、“表页名称”、“表页代码”，其中：“日期”指的就是报表编制日期，也就是制作当期报表的业务“日期”，它能够表示出当前表页所归属的会计期间，也就是报表公式中的“当前会

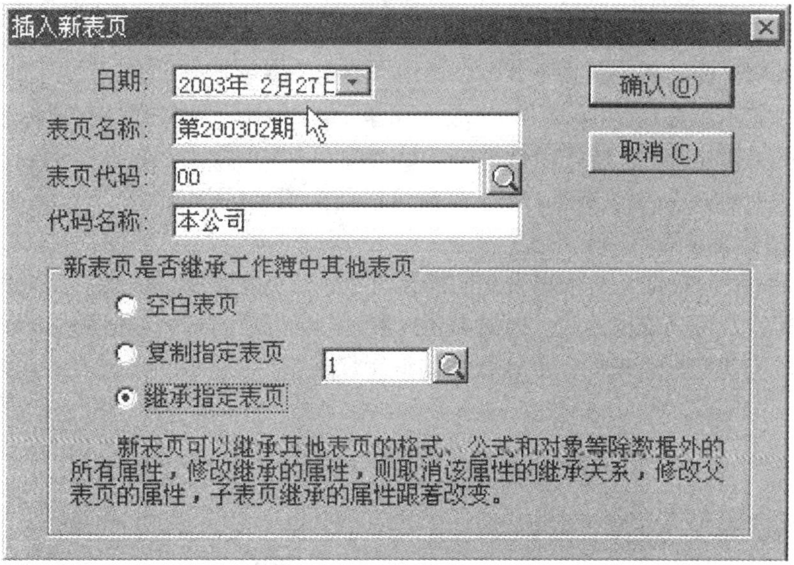

图 6—12　“插入新表页”操作画面

计期间”的意思，举例来说，如果在“日期”中填入“2003年2月27日”，则表示准备编制2003年第二会计期某种报表；“表页代码”标识当前所插入的新表页归属的单位，在集团公司报表管理中，此概念非常重要，在基层单位使用时，表页代码一般取其缺省值“00”表示本单位。我们已经讲过，在工作簿中，不同表页是通过表页日期与表页代码双重关键字来唯一表示的，因此，在同一工作簿中，系统不允许存在两个表页日期与表页代码完全相同的表页。指定了新表页的日期、名称和代码之后，我们还需要指定“新表页是否继承工作簿中其他表页”，系统提供了三种选择：空白表页、复制指定表页、继承指定表页。如果新表页的格式需要重新编辑设计，不便在原来表页格式基础上进行修改，则应该选择“空白表页”，这样所生成的表页比较有利于自定义设计，如果所插入的新表页，其格式以及公式与以前已经存在的表页完全相同，则可以选择“复制指定表页”或者“继承指定表页”，两者的区别在于：“复制指定表页”可以获得指定表页的格式与公式，但当指定表页即源表页有关属性变化时，新表页的属性不会跟着变动，而“继承指定表页”则可以随着源表页（也就是父表页）的属性变动而变动，对于财务报表来说，建议选择“继承指定表页”，并且在右边指定源表页的页码。点击“确认”按钮即可在当前工作簿中追加一张新表页，这张新表页就是本期某张报表的工作表。

九、编制本期报表

本期对应的表页在报表文件中插入成功之后，就可以编制本期报表了。在正式进行编制之前，还需要检查一下是否已经连接报表取数来源，如果未连接的话，还要按照先前所介绍的“登录连接数据源”的方法连接取数来源以方便报表的取数。在确保本期已经结账的前提下，可以调用“数据”菜单下的“编制”程序来编制本期报表。编制完成之后，再调用“数据”菜单下的“审核”程序对所生成的报表数据进行平衡关系检查，以便发现钩稽关系是否成立。如果报表审核没有问题，可点击“保存”按钮将本期报表数据存盘，然后可以点击工具栏中的“打印预览”图标或者“打印”图标将本表打印输出。

以上，我们根据安易报表系统的操作流程，完整地介绍了编制一张报表所需经历的步骤以及可采取的方法。根据上述内容，同学们应该知道如何调用安易报表系统中的对应功能模块来完成上述报表的编制任务。

第三节　报表核算公式及审核公式的编制方法

通过前面内容的介绍，我们已经认识到通用报表软件核算公式的重要性，而且，我们已经掌握了安易报表系统有关核算公式和审核公式一般意义上的编制方法。事实上能否提供准确、恰当、便于理解的核算公式从而完成报表自动取数是一个会计报表软件使用成功的关键。如何编制报表公式是学习会计报表软件的一个重点，也是一个难点。在本节，我们将重点介绍安易报表系统的核算公式及审核公式的具体编制方法。

一、安易报表系统的主要公式类型

安易报表系统提供了两类公式：一类是核算公式（又称计算公式），主要用于表示报表编制方法；另一类是审核公式，主要用于解决报表平衡钩稽关系。

核算公式又可分成两种，一种是单元公式，另一种是外部公式。

单元公式，顾名思义就是单元中的核算公式，它以“＝”开头，并且只针对某个报表单元，只需在“＝”右边定义源操作数，而无须在公式中指定目的操作数，单元公式具体又可细分为：函数取数公式、一般计算公式以及表间取数公式等。比如在单元 C6 处填上“＝ZWKM（′CJ，B′,′101′，′C′）＋ZWKM（′CJ，B′,′102′，′C′）”，“＝”右边的表达式就是一个函数取数公式，它表示取指定账套的现金年初借方余额与银行存款年初借方余额之和，而在单元 C19 处输入“ ＝C6：C18”，“＝”右边的表达式就是一个一般计算公式，它表示将本表页从单元格 C6 到 C18 之间的连续单元格进行相加，在单元 E20 处输入“ ＝BJ（C，02－ZC，C6)”，“＝”右边的表达式就是一个表间取数公式，它表示从其他报表文件（该报表文件代码为 ZC，归属于组代码为 02 的报表组）获取当前会计期间表页的 C6 单元格的数值。

外部公式则是指不包含在单元中的核算公式，例如 K(A11：B15) ＝K(A1：B5）就是一个外部公式，它表示将表元块 A1：B5 中每个单元的数值赋值给表元块 A11：B15 中的对应单元，外部公式的特征是公式中“＝”左边表示目的操作数，而其右边则是源操作数，通过外部公式可以实现行列运算、报表汇总合并和报表的分析等。外部公式的编制可以调用“数据”菜单下的“外部公式”命令来进行，对外部公式的修改、查询则可通过单击“编辑窗口”中的“外部公式”页标签进入相应的编辑修改窗口来实现。

我们已经知道，安易报表所提供的审核公式实际上是一个逻辑表达式，编制审核公式可以在编辑窗口中完成。具体方法是：通过切换到编辑窗口中的“审核公式”页，在该页面把本表的审核公式一一输入其中，每个审核公式要求以“；”结束。比如，针对为资产负债表编制有关审核公式的要求，根据会计知识，我们知道：资产＝负债＋所有者权益。这就是资产负债表内在的平衡关系。现在假定该表“资产总计”年初数栏对应单元格为 C40，期末数栏对应单元格为 D40，“负债及所有者权益总计”年初数栏对应单元格为 G40，期末数栏对应单元格为 H40，则该报表年初数的稽核公式（审核公式）为：“C40＝G40；”，期末数的审核公式为：“D40＝H40；”。对于通用会计报表软件来说，哪怕是最常见的财务报表，即使其内在稽核关系是客观存在的，都必须通过事先定义审核公式，然后在每次报表编制完成之后再通过“审核”功能来检查该表是否满足内在稽核关系要求，如果用户不这样做，计算机将无从判断稽核关系是否满足。这是通用会计报表软件最普遍的做法。

二、安易报表系统的主要函数介绍

我们已经在上文见识了几个函数，一个是 ZWKM 科目表取数函数，一个是 BJ 表间取数函数，还有 K 函数（块函数），通过这些，我们不难知道，大量的核算公式和审核公式都需要通过函数来表达，函数是组成报表公式的要素。安易报表系统共提供了三种基本函数类型，第一种是单元函数，如表 6—1 所示，单元函数既可用于核算公式的表达，也可用于审核公式之中；第二种是外部公式函数，包括行函数、列函数和块函数，外部公式函数只能用于外部公式的表达；第三种是安易 2000 函数，可以用于从安易账务系统以及其他业务系统中提取数据，其中使用最为普遍的是安易账务取数函数。表 6—2 是安易账务取数函数一览表，表 6—3 是账务取数函数的主要参数取值规定一览表。

表 6—1　　　　安易报表系统单元函数一览表

<table>
<tr><th>函数名称</th><th>函数格式</th><th>功能</th><th>参数说明</th></tr>
<tr><td>本表取数</td><td>BB（dwdm，time，bcode）</td><td>在当前报表文件中，取由 dwdm 和 time 所确定的表页中 bcode 的数据，或所确定的多个表页中 bcode 的总和。返回值为数值型。</td><td rowspan="3">dwdm 指表页代码；time 指表页日期，占 8 位，其中年占 4 位，月和日各占两位。月和日中小于 10 的数用前置“0”补足；time 还可按表 6—3 中的会计期间取值规定来取值；bcode 是单元引用，返回值为数值。dwdm 和 time 可以使用通配符 * 来代替任意一串字符。
time 和 bcode 同本表取数函数；name 指报表文件名，它有两种形式：（1）组代码—表代码；（2）路径文件名。
如果采用形式（1），对应的报表文件必须已经纳入系统的报表树中进行管理，在报表树中组代码和表代码联合可以唯一地确定一个报表文件。
如果采用形式（2），文件名必须带有扩展名 .any。文件名中可以带路径也可以不带路径。如果文件名不带路径，则表示与调用表在同一路径。如果不在同一路径下，文件名中必须带路径，路径可以使用绝对路径，也可以使用相对路径。</td></tr>
<tr><td>相同表页代码表间取数</td><td>BJ（time，name，bcode）</td><td>在文件名为 name 的报表文件中，取表页代码与当前表相同、表页日期为 time 的表中 bcode 的数据，如果确定的是多个表页，则取多个表页中 bcode 的总和。返回值为数值型。</td></tr>
<tr><td>不同表页代码表间取数</td><td>ZT（dwdm，time，name，bcode）</td><td>在文件名为 name 的报表文件中，取表页代码为 dwdm、表页日期为 time 的表中 bcode 的数据，如果确定的是多个表页，则取多个表页中 bcode 的总和。返回值为数值型。</td></tr>
</table>

续前表

函数名称	函数格式	功能	参数说明
表页与日期函数	CODE（No.）	表页代码函数，取表页的表页代码关键字，返回值为字符串。	No. 是表页序号，从 1 开始，为空表示本页。
	SHEET（No.）	表页名称函数，取表页名称，返回值为字符串。	
	NAME(code)	表页代码名称（单位名称）函数，取代码名称关键字。返回值为字符串。	Code 是表页代码，为空表示本页，同时它可以是 CODE 函数，即函数中套函数。
	UNIT(logexp)	表页筛选函数，返回逻辑条件 logexp 为真的表页数。返回值为数值型。	Logexp 是逻辑条件。
	DATE(type)	即日期函数，返回用数值表示的会计日期或系统日期。返回值为数值型。	Type 只能是 C 和 S。C 表示取会计日期，即对应表页在建立时输入的日期；S 表示系统日期，即当前计算机系统的日期。
	YEAR(type) MONTH(type) DAY(type)	即年、月、日函数，分别返回用数值表示的会计日期或系统日期的年份、月份和日。	
数学函数	共有八个函数	分别是求绝对值函数 ABS(number)、取整函数 INT(number)、小数截断函数 TRUNC(number，num_digits)、舍位函数 ROUND(number，num_digits)、向下舍位函数 ROUNDDOWN(number，num_digits)、向上舍位函数 ROUNDUP(number，num-digits)、取正负函数 SIGN(number)、输入数函数 IN（提示信息）。	
文本函数	共有八个函数	分别是提取公式函数 GET(code)、数值转字符函数 STR(value，digit)、取字符串长度函数 LEN(text)、去空格函数 TRIM(text)、字符串比较函数 EXACT(text 1，text 2)、取子串函数 SUB(text，start，count)、取元或千元或万元函数 MONEY(no)。	
统计函数	共有六个函数	分别是取平均值函数 AVG(code)、取最大值函数 MAX(code)、取最小值函数 MIN(code)、数值单元计数函数 COUNT(code)、标准偏差函数 STDEV(code)、样本方差函数 VAR(code)。	
逻辑函数	共有四个函数	包括一个逻辑判断函数和三个逻辑运算函数。	

表 6—2　　　　　　　　　　　　　**安易账务取数函数一览表**

函数名称	关键字	函数格式
科目表取数	ZWKM	ZWKM(<‘取数类别，会计期间’>，<‘科目’>，<‘参数 2’>)
科目组取数	ZWKMZ	ZWKMZ(<‘取数类别，会计期间’>，<‘汇总科目’>)
部门表取数	ZWBM	ZWBM(<‘部门’>，<‘取数类别，会计期间’>，[‘科目’]，[‘参数 2’])
往来表取数	ZWWL	ZWWL(<‘往来’>，<‘取数类别，会计期间’>，[‘科目’]，[‘参数 2’])
项目表取数	ZWXM	ZWXM(<‘项目’>，<‘取数类别，会计期间’>，[‘科目’]，[‘参数 2’])
现金流量表取数	ZWXJLL	ZWXJLL(<‘现金流量’>，<‘取数类别，会计期间’>，[‘科目’])
部门往来表取数	ZWBW	ZWBW(<‘部门’>，<‘往来’>，<‘取数类别，会计期间’>，[‘科目’]，[‘参数 2’])
部门项目表取数	ZWBX	ZWBX(<‘部门’>，<‘项目’>，<‘取数类别，会计期间’>，[‘科目’]，[‘参数 2’])
项目往来表取数	ZWXW	ZWXW(<‘项目’>，<‘往来’>，<‘取数类别，会计期间’>，[‘科目’]，[‘参数 2’])
部门现金流量表取数	ZWBXJLL	ZWBXJLL(<‘部门’>，<‘现金流量’>，<‘取数类别，会计期间’>，[‘科目’])
公司表取数	ZWGS	ZWGS(<‘公司代码’>，<‘取数类别，会计期间’>，<‘科目’>，<参数 2>)
预算表取数	ZWYS	ZWYS(<‘取数类别’>，<‘科目’>，<‘time1’>，<‘time 2’>)
部门预算表取数	ZWBMYS	ZWBMYS(<‘部门’>，<‘取数类别’>，<‘科目’>，<‘time 1’>，<‘time 2’>)
项目预算表取数	ZWXMYS	ZWXMYS(<‘项目’>，<‘取数类别’>，<‘科目’>，<‘time 1’>，<‘time 2’>)
现金预算表取数	ZWXJLLYS	ZWXJLLYS(<‘现金’>，<‘取数类别’>，<‘科目’>，<‘time 1’>，<‘time 2’>)
凭证取数	ZWPZ	ZWPZ(<‘借方科目’>，<‘贷方科目’>，<‘time 1’>，<‘time 2’>)
异账套取数	ZWZT	ZWZT(<‘账套代码’>，<‘取数类别，会计期间’>，<‘科目’>，<‘参数 2’>)
SQL 取数	ZWSL ZWL	ZWSL(<‘科目’，‘部门’，‘往来’，‘项目’，‘备注’，‘方向’，‘开始期间’，‘结束期间’>) ZWL(<‘科目’，‘部门’，‘往来’，‘项目’，‘备注’，‘方向’，‘开始期间’，‘结束期间’>)
个人往来表取数	ZWZY	ZWZY(<‘职员’>，<‘取数类别，会计期间’>，<‘科目’>，<参数 2>)
成本取数	ZWCB	ZWCB(<‘方式’>，<‘会计期间’>，<‘产品代码’>，<‘行代码’>，<‘列代码’>)

表 6—3　　　　　　　　账务取数函数的主要参数取值规定一览表

取数类别	含义	会计期间	含义
CJ	取期初借方余额	C	当前会计期
CD	取期初贷方余额	M	上一会计期
MJ	取期末借方余额	Y	去年同期
MD	取期末贷方余额	B	年初
JF	取本期借方发生额	E	上年年末
DF	取本期贷方发生额	1，…，12	当年某个期间
JL	取借方年初至今累计发生额	×××01，…，××××12	××××年某个期间
DL	取贷方年初至今累计发生额		
XJ	取下级明细科目借方余额合计数		
XD	取下级明细科目贷方余额合计数	参数 2	含义
JQ	取借方季度累计发生额	C	本位币
DQ	取贷方季度累计发生额	W＋外币代码	某种外币
JY	取本年 1 月～12 月借方累计发生额	S	数量
DY	取本年 1 月～12 月贷方累计发生额		

三、安易报表系统核算公式的编辑方法与表达

（一）核算公式的编辑方法

1. 单元公式的编辑方法

单元公式的编辑方法有两种：一种是在单元格中直接输入“＝函数表达式”，另一种则是通过公式输入引导方法。单元公式编辑之后，点击屏幕底部编辑窗口的“f_x 公式”页即可查询看到已经编辑好的单元公式，但无法直接在编辑窗口中对单元公式进行修改。要想修改，最好的方法是先选中待修改单元公式的单元格，然后直接在编辑栏中对单元公式进行修改。使用重新引导输入公式的方法也可以完成对单元公式的修改，不过那样太费事。

2. 外部公式的编辑方法

首先将编辑窗口切换到“外部公式”页，然后再点击“数据”菜单下的“外部公式…”项进入外部公式的定义窗口，在“外部公式名”项中输入所要编辑的外部公式名，点击“创建”钮，系统会出现公式输入框如图 6—13 所示，可将外部公式输入公式框中，一个外部公式名可以对应多条外部公式，公式定义完毕之后，点击“保存”钮即可将此外部公式保存。外部公式保存之后，点击“执行”按钮便可立即执行该外部公式，当然，也可以在编辑时将“自动执行”选项钮置为“√”，这样当

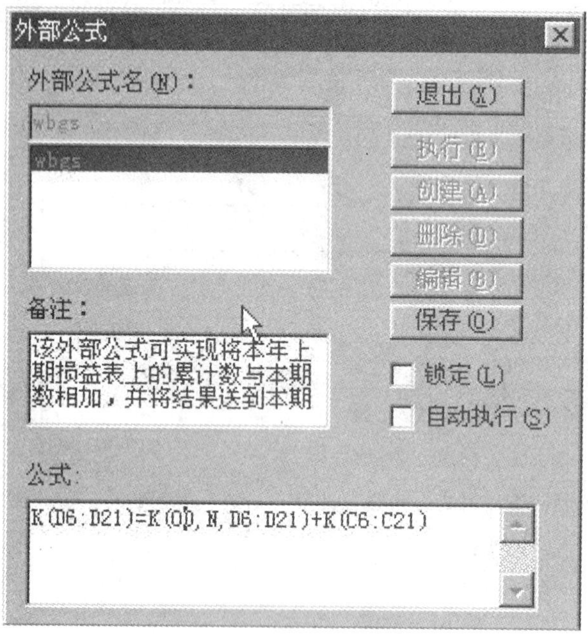

图 6—13　外部公式输入窗口

该外部公式被保存之后便会自动被执行。点击“退出”按钮，刚才所编辑的外部公式会出现在编辑窗口中。

（二）核算公式的表达

1. 单元公式的表达

我们已经知道单元公式的含义及其所包括的公式类型，下面我们将根据具体情况来介绍单元公式的表达方法。

(1) 用安易 2000 取数函数来表达单元公式：它通常适合于那些可从账务系统或其他业务系统获取数据的单元，支持用安易 2000 取数函数组成的四则运算（加、减、乘、除）。比如，资产负债表“货币资金”年初数的单元公式可用下列科目表函数组成的表达式来表达：ZWKM（′CJ，B′,′101′,′C′）＋ZWKM（′CJ，B′,′102′,′C′）＋ZWKM（′CJ，B′,′109′,′C′），也可以用科目组函数组成的表达式来表达（不过，必须预先在账务处理系统中建立相应的科目汇总组）：ZWKMZ（′CJ，B′,′G01′）。财务报表大部分单元格的核算公式都需要通过这种方式来表达，因此，用这种方式表达单元格公式应该是我们学习的重点。

(2) 用单元格引用来表达单元公式：这种表达方法主要针对报表中的小计和合计项，这种方法表达出的表达式，我们通常将其称为一般计算公式，比如，资产负债表上的“流动资产合计”项的年初数表达，因为我们根据会计报表编制规则知道，该项目的年初数是将本表上的“货币资金”、“短期投资”、“应收票据”、“应收账款净额”、“存货”、“预付账款”、“其他应收款”、“待摊费用”、“待处理流动资产损益”、“一年内到期的长期债券”、“其他流动资产”等项目的年初数相加，因此，“流动资产合计”的年初数表达式就可以书写为“ ＝C6＋C7＋C8＋C11＋C12＋C13＋C14＋C15＋C16＋C17＋C18”，其中C6、C7... 分别代表“货币资金”、“短期投资”等报表项目的年初数所在单元格，进一步，我们还可以将该表达式简写为“＝C6：C8＋C11：C18”。

(3) 用单元函数来表达单元公式：通常适用于需要从表间获取数据或者从本表其他表页获取有关数据的报表项目，此类报表项目的取数公式描述一般要用到像本表取数函数、表间取数函数等这样一些单元函数，有关单元函数的格式可参见表6—1。这里，我们以“净利润”这个报表项目为例，说明如何用单元函数来表达这个项目的取数公式。利润分配表中的这个项目的有关数据可从损益表中获取。假定损益表的报表代码为SYB，归属于02财务报表组，“净利润”这个项目的本期数在损益表中的单元格为C25，因此，在利润分配表中的“净利润”项目的本期数可用下列公式表达：BJ(C，02－SYB，C25)。有的同学会问，公式中引用的报表组代码以及报表代码是如何知道的，这实际上是由用户在增加报表组和新建报表时设定的，如果忘记的话，可通过“工具”菜单下的“报表管理”模块查看。

2. 外部公式的表达

外部公式的表达通常要借助于行函数、列函数和块函数，此类函数统称为外部公式函数。

行函数的常用格式为：H(Hcode)。比如，要表达“将第3行、第5行、第7行中的对应单元中的数值进行相加把结果赋值给第9行”这样的报表运算关系，可用下列外部公式来表达，即：H(9) ＝H(3) ＋H(5) ＋H(7)。

列函数的常用格式为：L(Lcode)。比如，要表达“将第3列、第4列、第5列中的对应单元中的数值进行相加把结果赋值给第7列”这样的报表运算关系，可用下列外部公式来表达，即：L(G) ＝L(C) ＋L(D) ＋L(E)。注意其中的列号表达方式，如果我们把L函数内的列号书写错了，则所表达的意思完全不同，也就是说，L(1) 与 L(A) 所起的作用是完全不同的。

块函数的常用格式为：K(Bcode)，Bcode为表元块代码，为*时表示全表。比如，要表达“将表元块C1：D6中每个单元中的数值赋值给表元块A5：B10中的对应单元”这样的报表运算关系，可用下列外部公式来表达，即：K(A5：B10) ＝K(C1：D6)。

在外部公式中还可以使用条件语句，其语法格式为：

IF (条件表达式) {外部公式块1} ELSE{外部公式块2}，这个条件语句表明当条件表达式成立时，执行外部公式块1，否则，执行外部公式块2。

比如，如果我们要表达“当本期报表为一月份报表时，将第 3 列赋值给第 4 列，如果为其他月份报表时，则将第 3 列与第 4 列相加再赋值给第 4 列”这样的报表运算关系时，可使用下列外部公式：

IF(MONTH(C) =1) {L(D) =L(C) }
ELSE{L(D) =L(C) +L(D) }。

四、公式编制示例

为了加深同学们对安易报表公式编制方法的理解，掌握重要财务报表的取数公式的表达，下面我们将分别以资产负债表、损益表和现金流量表为例，来说明如何运用安易报表取数函数来表达每个报表核算项目的核算公式。

（一）资产负债表核算项目的取数公式

例 6.1　伟世创有限公司所属行业为工业企业，其资产负债表格式如表 6—4 所示，请写出该报表核算项目的取数公式。

表 6—4　　伟世创有限公司资产负债表

资　　产	行次	年初数	期末数	负债及所有者权益	行次	年初数	期末数
流动资产：				流动负债：			
货币资金	1	<C6>	<D6>	短期借款	46	<G6>	<H6>
短期投资	2	<C7>	<D7>	应付票据	47	<G7>	<H7>
应收票据	3	<C8>	<D8>	应付账款	48	<G8>	<H8>
应收账款	4	<C9>	<D9>	预收账款	49	<G9>	<H9>
减：坏账准备	5	<C10>	<D10>	其他应付款	50	<G10>	<H10>
应收账款净额	6	<C11>	<D11>	应付工资	51	<G11>	<H11>
预付账款	7	<C12>	<D12>	应付福利费	52	<G12>	<H12>
其他应收款	8	<C13>	<D13>	应交税金	53	<G13>	<H13>
存货	9	<C14>	<D14>	应付利润	54	<G14>	<H14>
待摊费用	10	<C15>	<D15>	其他应交款	55	<G15>	<H15>
待处理流动资产净损失	11	<C16>	<D16>	预提费用	56	<G16>	<H16>
一年内到期的长期债券	12	<C17>	<D17>	一年内到期的长期负债	58	<G18>	<H18>
其他流动资产	13	<C18>	<D18>	其他流动负债	59	<G19>	<H19>
流动资产合计	20	<C19>	<D19>	流动负债合计	65	<G20>	<H20>

续前表

资　　产	行次	年初数	期末数	负债及所有者权益	行次	年初数	期末数
长期资产：	21			长期负债：			
长期投资		<C21>	<D21>	长期借款	66	<G23>	<H23>
固定资产：				应付债券	67	<G24>	<H24>
固定资产原价	24	<C23>	<D23>	长期应付款	68	<G25>	<H25>
减：累计折旧	25	<C24>	<D24>	其他长期负债	75	<G26>	<H26>
固定资产净值	26	<C25>	<D25>	长期负债合计	76	<G27>	<H27>
固定资产清理	27	<C26>	<D26>	所有者权益：			
在建工程	28	<C27>	<D27>	实收资本	77	<G29>	<H29>
待处理固定资产净损失	29	<C28>	<D28>	资本公积	78	<G30>	<H30>
固定资产合计	35	<C29>	<D29>	盈余公积	79	<G31>	<H31>
无形及递延资产				未分配利润	80	<G32>	<H32>
无形资产	36	<C31>		所有者权益合计	85	<G33>	<H33>
递延资产	37	<C32>	<D32>				
无形及递延资产合计	40	<C33>	<D33>				
资产合计	45	<C34>	<D34>	负债及所有者权益合计	90	<G34>	<H34>

注：表中各报表核算项目的“年初数”、“期末数”对应单元格中的内容为表元代码。

我们用列表的方式列出例 6.1 的答案，如表 6—5 所示。

表 6—5　　　　资产负债表报表项目核算公式一览表

报表项目名称	年初数公式	期末数公式	备注
货币资金	ZWKMZ(′CJ，B′,′G01′) 或者 ZWKM(′CJ，B′,′101′,′C′) + ZWKM(′CJ，B′,′102′,′C′) + ZWKM(′CJ，B′,′109′,′C′)	ZWKMZ(′MJ，C′,′G01′) 或 ZWKM(′MJ，C′,′101′,′C′) + ZWKM(′MJ，C′,′102′,′C′) + ZWKM(′MJ，C′,′109′,′C′)	G01 为货币资金科目汇总组代码
短期投资	ZWKM(′CJ，B′,′111′,′C′)	ZWKM(′MJ，C′,′111′,′C′)	取总账余额
应收票据	ZWKM(′CJ，B′,′112′,′C′)	ZWKM(′MJ，C′,′112′,′C′)	取总账余额
应收账款	ZWKM(′XJ，B′,′113′,′C′) + ZWKM(′XJ，B′,′204′,′C′)	ZWKM(′XJ，C′,′113′,′C′) +ZWKM(′XJ，C′,′204′,′C′)	根据下属明细账分析填列

续前表

报表项目名称	年初数公式	期末数公式	备注
坏账准备	ZWKM（'CD，B','114','C'）	ZWKM（'MD，C','114','C'）	取总账余额
应收账净额	C9－C10	D9－D10	单元格引用
预付账款	ZWKM('XJ，B','115','C')＋ZWKM('XJ，B','203','C')	ZWKM（'XJ，C','115','C')＋ZWKM('XJ，C','203','C')	根据下属明细账分析填列
其他应收款	ZWKM('CJ，B','119','C')	ZWKM('MJ，C','119','C')	取总账余额
存货	ZWKMZ('CJ，B','G02')，也可以用科目表取数函数来表达，这里从略。	ZWKMZ('MJ，C','G02')，也可以用科目表取数函数来表达，这里从略。	科目组取数，G02为存货科目汇总组代码
待摊费用	ZWKM('CJ，B','139','C')	ZWKM('MJ，C','139','C')	取总账余额
待处理流动资产净损失	ZWKM('CJ，B','19101','C')	ZWKM('MJ，C','19101','C')	取明细账余额
流动资产合计	C6：C8＋C11：C16	D6：D8＋D11：D16	表元块引用
长期投资	ZWKM('CJ，B','151','C')	ZWKM('MJ，C','151','C')	取总账余额
固定资产原价	ZWKM('CJ，B','161','C')	ZWKM('MJ，C','161','C')	取总账余额
累计折旧	ZWKM('CD，B','165','C')	ZWKM('MD，C','165','C')	取总账余额
固定资产净值	C23－C24	D23－D24	单元格引用
固定资产清理	ZWKM('CJ，B','166','C')	ZWKM('MJ，C','166','C')	取总账余额
在建工程	ZWKM('CJ，B','169','C')	ZWKM('MJ，C','169','C')	取总账余额
待处理固定资产净损失	ZWKM('CJ，B','19102','C')	ZWKM('MJ，C','19102','C')	取明细账余额
固定资产合计	C25：C28	D25：D28	表元块引用
无形资产	ZWKM('CJ，B','171','C')	ZWKM('MJ，C','171','C')	取总账余额
递延资产	ZWKM('CJ，B','181','C')	ZWKM('MJ，C','181','C')	取总账余额
无形及递延资产合计	C31＋C32	D31＋D32	单元格引用
资产合计	C19＋C21＋C29＋C33	D19＋D21＋D29＋D33	单元格引用
短期借款	ZWKM('CD，B','201','C')	ZWKM('MD，C','201','C')	取总账余额

续前表

报表项目名称	年初数公式	期末数公式	备注
应付票据	ZWKM('CD，B','202','C')	ZWKM('MD，C','202','C')	取总账余额
应付账款	ZWKM('XD，B','203','C')＋ZWKM('XD，B','115','C')	ZWKM('XD，C','203','C')＋ZWKM('XD，C','115','C')	根据下属明细账分析填列
预收账款	ZWKM('XD，B','204','C')＋ZWKM('XD，B','113','C')	ZWKM('XD，C','204','C')＋ZWKM('XD，C','113','C')	根据下属明细账分析填列
其他应付款	ZWKM('CD，B','209','C')	ZWKM('MD，C','209','C')	取总账余额
应付工资	ZWKM('CD，B','211','C')	ZWKM('MD，C','211','C')	取总账余额
应付福利费	ZWKM('CD，B','214','C')	ZWKM('MD，C','214','C')	取总账余额
应交税金	ZWKM('CD，B','221','C')	ZWKM('MD，C','221','C')	取总账余额
应付利润	ZWKM('CD，B','223','C')	ZWKM('MD，C','223','C')	取总账余额
其他应交款	ZWKM('CD，B','229','C')	ZWKM('MD，C','229','C')	取总账余额
预提费用	ZWKM('CD，B','231','C')	ZWKM('MD，C','231','C')	取总账余额
流动负债合计	G6：G16	H6：H16	表元块引用
长期借款	ZWKM('CD，B','241','C')	ZWKM('MD，C','241','C')	取总账余额
应付债券	ZWKM('CD，B','251','C')	ZWKM('MD，C','251','C')	取总账余额
长期应付款	ZWKM('CD，B','261','C')	ZWKM('MD，C','261','C')	取总账余额
长期负债合计	G23：G25	H23：H25	表元块引用
实收资本	ZWKM('CD，B','301','C')	ZWKM('MD，C','301','C')	取总账余额
资本公积	ZWKM('CD，B','311','C')	ZWKM('MD，C','311','C')	取总账余额
盈余公积	ZWKM('CD，B','313','C')	ZWKM('MD，C','313','C')	取总账余额
未分配利润	ZWKM('CD，B','32201','C')	ZWKM('MD'，C','32201','C')	取明细账余额
所有者权益合计	G29：G32	H29：H32	表元块引用
负债及所有者权益合计	G20＋G27＋G33	H20＋H27＋H33	单元格引用

（二）损益表核算项目的取数公式

例 6.2　伟世创有限公司所属行业为工业企业，其损益表格式如表 6—6 所示，请写出该报表核算项目的取数公式。

表 6—6　　　　伟世创有限公司损益表

项　　目	行　次	本月数	本年累计数
一、产品销售收入	1	＜C6＞	＜D6＞
减：产品销售成本	2	＜C7＞	＜D7＞
产品销售费用	3	＜C8＞	＜D8＞
产品销售税金及附加	4	＜C9＞	＜D9＞
二、产品销售利润	7	＜C11＞	＜D11＞
加：其他业务利润	9	＜C12＞	＜D12＞
减：管理费用	10	＜C13＞	＜D13＞
财务费用	11	＜C14＞	＜D14＞
三、营业利润	14	＜C16＞	＜D16＞
加：投资收益	15	＜C17＞	＜D17＞
营业外收入	16	＜C18＞	＜D18＞
减：营业外支出	17	＜C19＞	＜D19＞
四、利润总额	20	＜C22＞	＜D22＞
减：所得税	21	＜C23＞	＜D23＞
五、净利润	22	＜C25＞	＜D25＞

注：表中各报表核算项目的“年初数”、“期末数”对应单元格中的内容为表元代码。

我们也用列表的方式给本例的答案，如表 6—7 所示。

表 6—7　　　　损益表报表项目核算公式一览表

报表项目名称	本期数公式	本年累计数公式	备注
产品销售收入	ZWKM('DF，C','501','C')	ZWKM('DL，C','501','C')	注 1
产品销售成本	ZWKM('JF，C','502','C')	ZWKM('JL，C','502','C')	注 2
产品销售费用	ZWKM('JF，C','503','C')	ZWKM('JL，C','503','C')	
产品销售税金及附加	ZWKM('JF，C','504','C')	ZWKM('JL，C','504','C')	
产品销售利润	C6－C7－C8－C9	D6－D7－D8－D9	
其他业务利润	ZWKM('DF，C','511','C') －ZWKM('JL，C','512','C')	ZWKM('DL，C','511','C') －ZWKM('JF，C','512','C')	
管理费用	ZWKM('JF，C','521','C')	ZWKM('JL，C','521','C')	
财务费用	ZWKM('JF，C','522','C')	ZWKM('JL，C','522','C')	注 3
营业利润	C11＋C12－C13－C14	D11＋D12－D13－D14	

续前表

报表项目名称	本期数公式	本年累计数公式	备注
投资收益	ZWKM('DF，C','531','C')	ZWKM('DL，C','531','C')	注 4
营业外收入	ZWKM('DF，C','541','C')	ZWKM('DL，C','541','C')	
营业外支出	ZWKM('JF，C','542','C')	ZWKM('JL，C','542','C')	
利润总额	C16＋C17＋C18－C19	D16＋D17＋D18－D19	
所得税	ZWKM('JF，C','550','C')	ZWKM('JL，C','550','C')	
净利润	C22－C23	D22－D23	

注 1：当有销售退回业务并且企业已经确认收入时，本月数公式以及本年累计数公式需要调整，除非对此退货业务在产品销售收入的贷方用红字（负数）反映；

注 2：遇有销售退回且需要计算反映退回产品的成本时，也要求在产品销售成本的借方用红字（负数）反映，否则取出的产品销售成本不全面；

注 3：当遇有汇兑收益以及利息收入发生时，此行的两个公式失效，需要对公式进行调整；

注 4：当遇有投资损失时，此行的两个公式可能失效，需要对公式进行调整，或者要求投资损失在贷方用红字反映。

（三）现金流量表核算项目的取数公式

现金流量表的编制方法通常以财政部 1998 年颁布的《企业会计准则——现金流量表》为主要依据。一方面，该准则所介绍的整个编制方法基本上是以手工会计工作方式为基础的，没有充分考虑到计算机处理的特点；另一方面，现金流量表的编制基础是收付实现制，其主表以及补充资料中的一些项目难以直接从以权责发生制为基本原则的账簿资料中提取数据。因此，现金流量表的编制方法与资产负债表和损益表等其他财务报表的编制方法存在较大的区别，在使用安易报表系统时，需要对现金流量表的编制采取特殊处理。特殊处理的基本思路为：尽量在记账凭证数据采集的同时，能够采集到按现金流量类别分类的经济业务发生数据，这样既不影响按权责发生制来确认经济业务，同时又可以以收付实现制来收集现金流量发生数据。按照计算机处理特点，只要事先收集了充足的数据，并且明确了数据进一步加工的程序，就不愁得不到所要的信息。根据上述处理的基本思路，使用安易报表系统编制现金流量表可以有以下两种方法。

1. 启用现金流量辅助控制的方法

具体是指：在账务处理系统中对有关现金科目启用现金流量控制辅助核算功能，这样在日常凭证制作时，对涉及有现金流量发生的业务，系统会自动提醒用户另行按照现金流量类别将当前业务发生数进行分类输入，这样到期末编制现金流量表时，只要通过现金流量表取数函数以及科目表取数函数，就能够表达出现金流量表各项目的核算公式，也就是能够由计算机自动编制出现金流量表。下面，我们以现金流量表主表的部分项目举例说明如何编制其取数公式。

例6.3　以现金流量表的主表格式为例，分别定义如表6—8第一列所示的各项目的本位币金额的核算公式，并将表达式填入该表的本位币金额公式栏中。

表6—8　现金流量表主表部分项目核算公式一览表

项目名称	本位币金额公式
销售商品、提供劳务收到的现金	ZWXJLL('101001','JL, C','')
收到的税费返还	ZWXJLL('101002','JL, C','')
购买商品、接受劳务支付的现金	ZWXJLL('102001','DL, C','')
支付给职工以及为职工支付的现金	ZWXJLL('102002','DL, C','')
收回投资所收到的现金	ZWXJLL('201001','JL, C','')
购建固定资产、无形资产和其他长期资产所支付的现金	ZWXJLL('202001','DL, C','')
吸收投资所收到的现金	ZWXJLL('301001','JL, C','')

关于现金流量表的补充资料（简称附表）的编制问题，按照准则规定，附表采用间接法编制，以本期净利润为起算点，调整不涉及现金的收入、费用、营业外收支等有关项目的增减变动，据此计算出经营活动的现金流量，因此，该表中的大部分项目的数据可以从目前的账簿中直接获取，比如："固定资产折旧"、"无形资产摊销"、"固定资产报废损失"、"财务费用"等，就可以通过科目表取数函数来表达其取数公式；有的也可以从损益表和资产负债表中获取数据，比如"净利润"、"投资损失"等项目可通过表间取数函数从损益表中得到，"待摊费用减少（减：增加）"、"预提费用的增加（减：减少）"、"递延税款贷项（减：借项）"、"存货的减少（减：增加）"等项目可通过表间取数函数从资产负债表中得到；少部分项目仍然要通过现金流量表取数函数来获取，比如"经营性应收项目的减少（减：增加）"、"经营性应付项目的增加（减：减少）"等项目必须通过现金流量表取数函数来提取有关数值。

2. 巧妙设置现金流量相关科目的明细科目的方法

由于与现金流量相关的科目中所记录的发生业务既有与现金流量变动相关的部分，又有与现金流量变动无关的部分，因此，在传统会计科目体系下，无法根据现金流量相关科目的借方数或贷方数直接计算得出现金流量，还需要进一步对其发生业务进行分析，而如果发生业务数据中没有明确的判断依据可以区分本业务是否与现金流量变动有关的话，则不利于使用报表处理软件来编制现金流量表（因为目前的报表处理软件还没有具备模糊识别的能力，必须根据严密的逻辑判断来处理有关数据）。基于上述分析，如果能够在现金流量相关科目下面，按与现金流量变化有关和无关的项目来设置明细科目，问题便迎刃而解。比如，在"银行存款”科目下设置销售价款、销售税金、购货价款、支付税金、提现等明细科目，则在输入记账凭证时可按这些明细科目来收集有关业务发生数，这样，在月末编制现金流量表时就可直接通过科目表取数函数来获取相关明细科目的发生额，从而在安易报表系统中实现编制现金流量表的目的。

总之，现金流量表的编制是会计报表编制工作中比较困难但却很重要的一件工作，目前，有些商品化会计软件甚至还单独为此开发专门模块用于解决现金流量表的计算机自动编制问题。实际上，只要我们搞清楚现金流量表的编制规则，充分挖掘商品化会计软件中的功能，开拓思想、勇于创新，那么类似现金流量表的编制问题并不是不能实现的，我们学习计算机会计的理论与实务知识的目的之一就是要提高同学们对此类问题的解决能力。

第四节　报表生成及输出

通过对上述几节内容的介绍，我们已经了解并掌握了报表定制化的方法，这实际就是报表系统初始化的工作。经过初始化设置之后，报表的编制就是一项自动化水平较高的工作。

一、期末报表的编制步骤及方法

在安易报表系统中，期末报表的数据生成方法主要有两种：一种是单表页的数据编制方法；另外一种则是成批处理的方法。下面分别对这两种方法加以介绍。

（一）单表页的数据编制

使用单表页的数据编制方法来实现期末报表的编制，准确地说，应该是首先找到期末报表中的任意一张报表都通行的编制方法，再把这种方法反复运用到每一张报表的编制过程，最后就可以完成全部会计报表的编制。所以，单表页的数据编制过程只是期末会计报表编制过程的一个最基本的过程，它主要包括以下几个步骤：

(1) 打开指定报表的报表文件（报表工作簿），检查当前工作簿中有没有本期报表的工作表页；如果有就直接进入第三步，否则进入第二步。这一步操作使用的是“文件”菜单下的“打开”命令，或者直接点击工具栏中的“打开”图标。

(2) 在工作簿中插入本期报表表页，可采用从指定表页复制的方式插入新的工作表。这一步可通过“插入”菜单下的“表页”命令来进行，务必输入正确的表页日期与表页代码，并选择适当的表页继承方式。

(3) 登录连接指定的数据源，为报表系统取数据提供源头保障。这一步操作可通过“数据”菜单下的“登录数据库”命令来实现。

(4) 本表编制工作。这一步可调用“数据”菜单下的“编制”命令来实现。

(5) 本表审核工作。如果本表存在一定的钩稽关系，并且事先已经定义了报表的审核公式，则在本期报表编制完成之后，还需要对该表进行审核。这一步可调用“数据”菜单下的“审核”命令或者在编辑窗口处于“审核公式”页面时点击“!”图标（表示执行），对本表进行审核。

(6) 保存并输出本表。审核无误后，可点击工具栏中的“保存”图标或者调用“文件”菜单下的“保存”命令，将本表数据予以保存。保存之后，可点击工具栏中的“打印”图标或者调用“文件”菜单下的“打印”命令，将本表打印输出。

然后，运用同样方法去编制其他报表。

使用这种方法编制期末报表，需要注意各报表编制的先后顺序，比如现金流量表应该在资产负债表和损益表编制完成之后再行编制，利润分配表应该在损益表（或利润表）编制之后编制。

(二) 使用成批处理功能集中编制期末会计报表

使用第一种方法编制期末会计报表时，如果需要编制的报表较多，逐张编制显然比较麻烦，也比较费时间，那么，有没有比较省力的做法？有，那就是使用安易报表软件所提供的成批处理功能。使用该功能可以在不打开报表文件的情况下从多个工作簿中筛选出符合条件的表页，对它们进行成批编制、审核、打印、清除和保护，如果在对应的工作簿中指定日期范围内的表页不齐全，通过成批处理中的编制功能还可以快速地将报表补齐（在安易报表系统教学版中，第一期的表页必须由用户手动插入，以后各期则可以不用先插入该期的表页，系统可自动插入新表页并以此为工作表自动进行报表数据的提取）。下面我们结合操作例子来说明批处理的用法。

例 6.4　使用批处理功能编制 2003 年第 12 期的资产负债表、损益表、利润分配表和现金流量表。

调用安易报表系统的“数据”菜单下的“批处理”命令，即可进入批处理编制会计报表的界面，如图 6—14 所示。

其操作过程是这样的：

(1) 选择制作报表的日期范围，本例为 2003/12/1～2003/12/31。

(2) 选择本批需集中编制的报表，这可在该图左边的报表树中进行选择，将报表组或报表文件名之前的复选框置为“√”，即表示本报表组或者本报表需要集中成批编制，如图 6—14 所示，选中财务报表组下的四个报表（也就是本例所要求的四个报表）。

(3) 选中“直接从模板复制表页”项，此举表明将从相应工作簿的格式页复制生成新表页。不选中此项的话，则意味着从序号最大的表页复制生成新表页。

(4) 选中“使用（单位名称＋日期）命名新建工作表名称”项，此举意味着当指定日期范围内的表页在相应工作簿中不存在时，系统会自动追加新表页，并将其名称命名为“YYYY 第 XXXXXX 期”（其中 YYYY 为单位名称，如果是本单位，则为“本公司”，XXXXXX 通常为年和月，本例所生成的新表页名称一律为“本公司

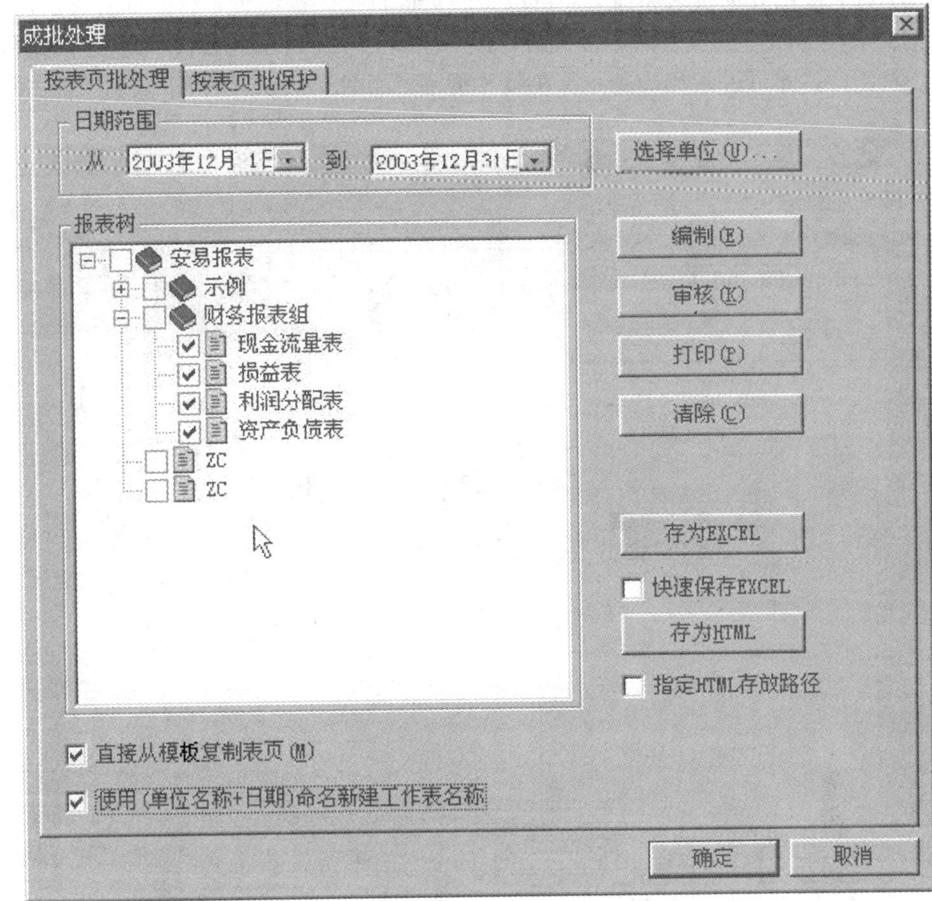

图 6—14 期末批处理编制会计报表操作画面

第 200312 期”。如果不选中此项的话，则所插入的新表页名称采用默认值“第 XXXXXX 期”。

(5) 点击“编制”按钮，系统会自动编制 2003 年第 12 期的资产负债表、损益表、利润分配表和现金流量表。

(三) 使用成批处理功能集中审核与保护会计报表

我们已经学习了如何使用成批处理功能集中编制期末会计报表，下面我们继续完成集中审核与保护会计报表的工作。利用成批处理功能集中审核报表可以在集中编制完期末会计报表之后，在同样的操作窗口中完成。可以参照集中编制报表的做法，先选择需集中审核的报表、日期范围、进行批处理的单位等，选择设置完毕后点击“审核”按钮即可自动对指定的所有报表进行审核，也就是集中审核。有关操作界面如图 6—14 所示。

另外，使用安易报表系统，还可以按表页进行批保护设置，对表页的保护可以避免由于误操作造成报表内容被成批修改。在图 6—14 所示的窗口中点击“按表页批保护”页签即可进入相应的批保护操作界面，如图 6—15 所示。

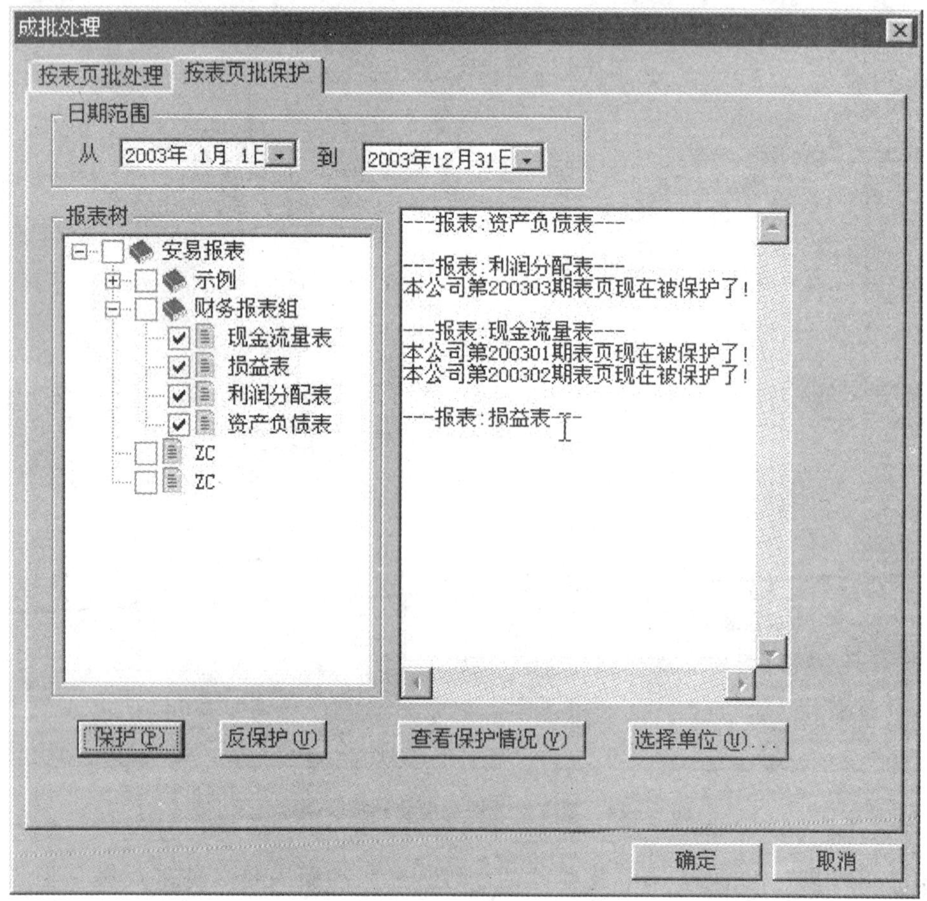

图 6—15　按表页批保护设置画面

其操作步骤如下：

(1) 在报表树中选择需要保护的报表文件；

(2) 在日期范围栏内选择起止日期，系统自动从选中的报表文件中筛选出日期区间在指定日期范围内的表页作为待保护表页；

(3) 选择进行批保护的单位；

(4) 单击“保护”按钮可以对选中的报表进行成批保护；

(5) 单击“反保护”按钮可以取消选中的报表的保护；

(6) 单击“查看保护情况”按钮可以查看选中的报表的保护情况。

对于已经被保护的表页，今后如果想对该表页做修改，系统会自动弹出一提示框，如图 6—16 所示。

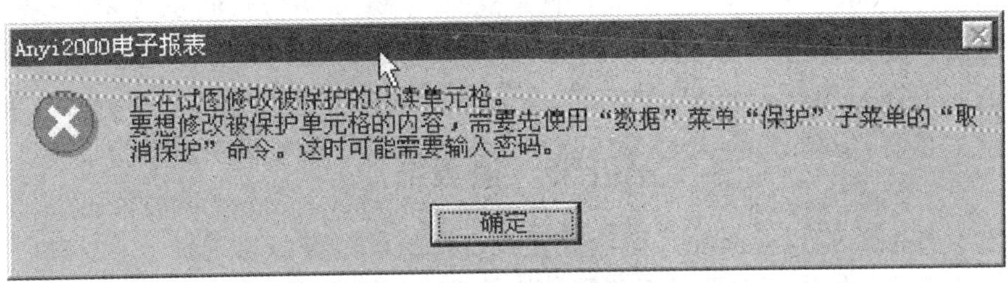

图 6—16　系统警告信息

二、报表的输出

(一) 报表的查询显示输出

这项操作相对来说比较简单，通过报表树找到相应的报表文件，打开该文件，然后切换报表表页直到查询得到所要的报表表页为止。进入报表工作簿之后，如果想找到让计算机自动检索是否存在满足条件的表页，可调用“工具”菜单下的“表页检索”命令，按要求输入“表页代码”、“会计年度”范围、“期间”范围之后，点击“检索”按钮，系统即可根据检索条件找到满足要求的表页，此时，不满足检索要求的表页将不会出现。

(二) 报表的打印输出

狭义的报表打印输出指的是表页打印。在打印输出一张表页内容之前，应注意对所要输出的报表进行有关的审核校验，保证只有通过审核检查的报表才能打印输出，若不符合有关平衡关系不得将其打印输出。另外，打印输出时还要注意先通过“打印预览”查看可能的打印效果，效果满意后再打印输出到打印机。有时候由于报表比较宽，或者比较长，这时候原来可能由一张纸反映的报表就会分散到两张纸上，尤其是有时候还会把报表项目一分为二，非常不便于阅读，这时候，就应该考虑将其缩小或者通过设置打印参数以尽量得到满意的打印输出效果。表页打印有两种方式：一种是单表页打印，方法是打开相应工作簿并切换到指定表页，然后按上述要求进行打印前的检查工作，认为没有问题后点击工具栏中的“打印”图标或者执行“文件”菜单下的“打印”命令都可完成对指定表页的打印输出；另一种方式是成批打印，具体方法可参照之前所介绍的“成批处理”功能。

在表页打印基础上加上表页公式的打印就是广义的报表打印输出，公式打印可调用“工具”菜单下的“公式打印”命令，当然，要激活公式所在的表页。

(三) 将报表输出到其他指定位置

如果报表数据需要输出到其他指定位置，也有两种方法：一种是通过打开相应工作簿，使用“文件”菜单下的“另存”命令；另一种是通过调用“工具”菜单下的“卸出数据”命令，进入“卸出”操作窗口之后，选择卸出的目标路径、在报表树中指定需要卸出的报表文件、指定起止日期范围、指定本单位代码及名称，选择设置完毕之后，点击“卸出”按钮即可将指定的报表数据卸出到目标路径中。

第五节　报表汇总

一般来说，报表汇总即是对相同结构的各表页同类项相加得到一张新表页，此新表页即为汇总表页，这种方式的汇总也可称为“立体汇总”，这些结构相同的参与汇总的表页可以来自集团公司下属的各分公司，也可以是本公司的不同期别的会计报表，比如费用表、损益表等。

使用安易报表系统进行报表汇总时，首先需要打开相应的报表文件（报表工作簿），然后点击执行“数据”菜单下的“汇总”命令即可对当前工作簿中的表页进行汇总。下面结合具体例子来介绍报表汇总的操作步骤。

例 6.5　某集团总公司有五个下属分公司，分别为：昆明分公司、上饶分公司、广州分公司、无锡分公司、香港分公司。现假定五个分公司 2003 年第 3 期资产负债表都已经装入集团总部的计算机中，报表文件名为 ZCB. ANY。试对五个分公司的第 3 期资产负债表进行汇总，形成集团总部汇总资产负债表（假定五个分公司间没有关联方交易）。

(1) 打开报表文件名为 ZCB. ANY 的工作簿。由于五个下属分公司的第 3 期资产负债表已经装入该工作簿中，因此，在该工作簿中，分别有五个不同的表页存放这五个下属分公司的第 3 期资产负债表，这是进行数据汇总的基础。

(2) 点击执行“数据”菜单下的“汇总”命令，此时，系统会弹出“插入汇总表页”窗口，要求汇总表页的日期（表页日期）、表页名称、表页代码、代码名称。按本例要求输入，如图 6—17 所示。点击“确认”按钮进入“选择单位”画面。

(3) 按如图 6—18 所示指定参加本次汇总的下属单位，由于所有的下属单位都参与汇总，因此，直接点击“全选”按钮。如果只需将部分下属单位的资产负债表汇总，则可以只选择这些指定的下属单位。选择完毕之后，点击“下一步”。

(4) 选择汇总日期范围，由于本例要求汇总 2003 年第 3 期下属单位的资产负债表，我们在“插入汇总表页”步骤也指定了汇总表页的表页日期为 2003 年第 3 期，因此，此处日期选择都是“本期”，如图 6—19 所示。点击“完成”，一张按照上述条件汇总的新表页即可生成，可以调出该表页进行查看。至此，汇总工作结束。

我们把当前页切换到汇总表页时，可以看到编辑窗口有一个名为“汇总”的外部公式：K(＊)＝K(00，C：C，＊)＋K(01，C：C，＊)＋K(02，C：C，＊)＋K

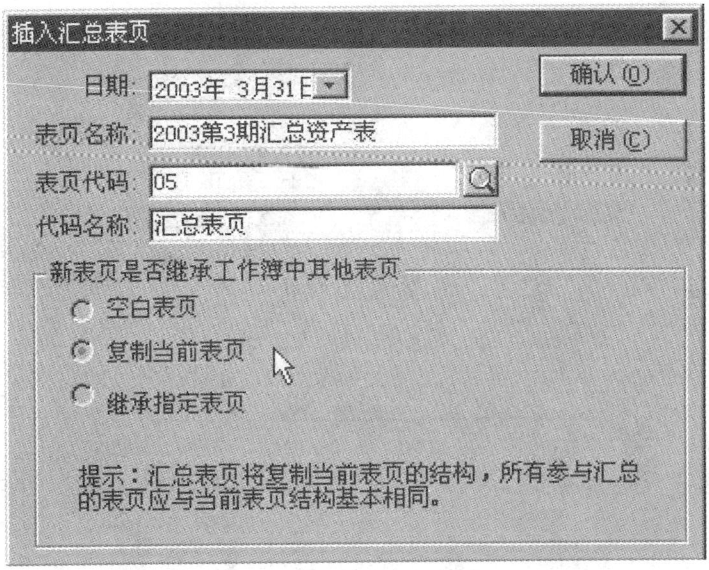

图 6—17　汇总画面之一（插入汇总表项）

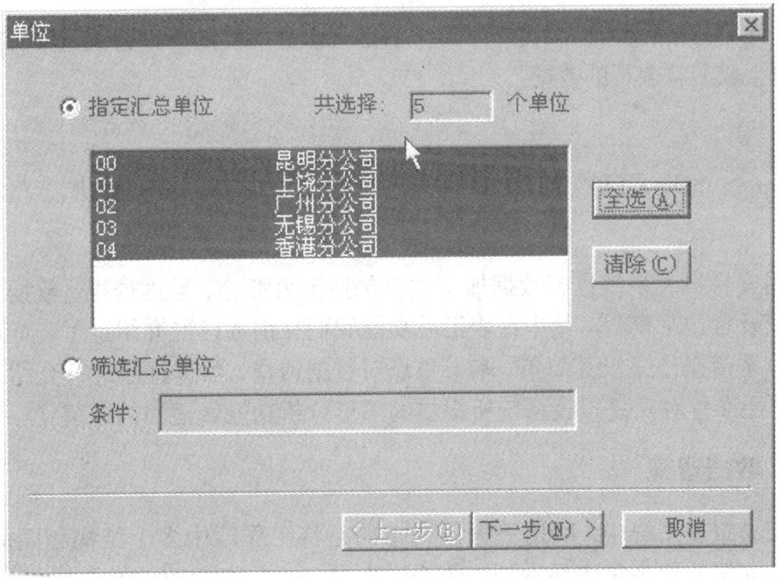

图 6—18　汇总画面之二（指定参加汇总单位）

(03，C：C，＊）＋K(04，C：C，＊)，该外部公式反映了先前所选择的汇总条件。这个外部公式是进行报表汇总的根据，因此，如果参与汇总的报表结构不完全相同，而我们仍然想进行报表汇总（如果这样的汇总是有意义的），就可以利用外部公式进

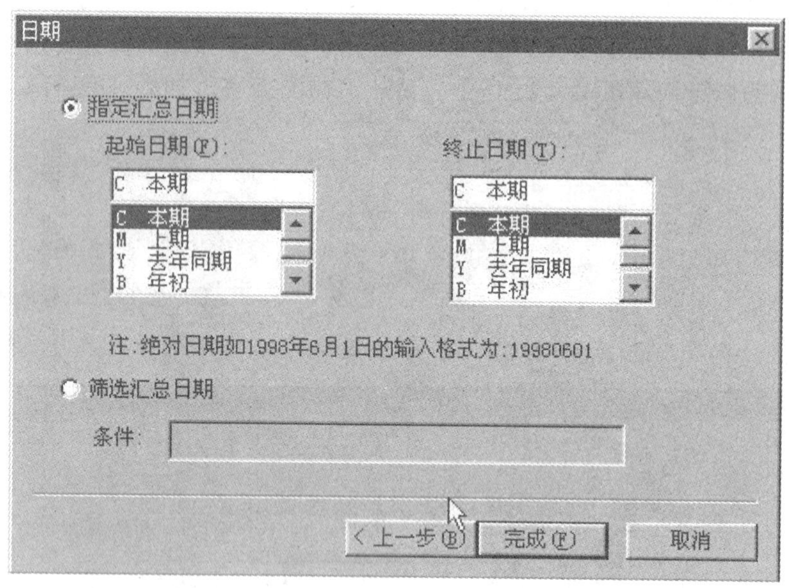

图 6—19 汇总画面之三（选择汇总日期）

行汇总。此时，需手动插入汇总表页，然后定义汇总所需的外部公式，再执行外部公式，就可生成汇总表页的数据。

第六节 利用报表系统进行数据加工及分析

利用安易报表系统进行数据加工主要包括报表汇总、数据透视、数据排序、元表变换以及舍位平衡等，其中报表汇总功能我们在前面已经介绍过了，而元表变换以及舍位平衡操作又极其简单。本节重点对数据透视、数据排序进行介绍，除此之外，本节还准备对安易报表系统所提供的图形分析功能做适当的介绍。

一、数据透视

在安易报表系统中，所谓数据透视指的是将工作簿中多个结构相同的表页中的某一表元块的数字集中显示到一个临时表中，以便对其中的数据进行查询、分析和比较。数据透视的基本操作步骤是这样的：

(1) 在一个已打开的工作簿中，选择相应的表元块，这个表元块就是数据透视的对象；

(2) 选定之后，再选择执行“工具”菜单下的“数据透视”命令，就可以对多个表页指定表元块范围内的报表数据进行数据透视了，系统自动生成一个新工作簿，在其中有一表页，如图 6—20 所示，该表页名称为“格式”，上面依次列出被透视的表页名称、表页代码（单位代码）、代码名称（单位名称）、表页日期、数据块（表元块）中各个数据项，数据项的名称根据表元块上方或左边的文字项自动生成，用户可根据实际情况来调整数据透视表的格式，并进行排序、打印等操作。如果希望将透视结果保存起来，可以点击“保存”按钮进行存盘。

	A	B	C	D	E	F	G	H
1	表页名称	单位代码	单位名称	日期	_1(C6)	_1(D6)	_2(C7)	_2(D7)
2	第200303期	04	香港分公司	20030329	5,000.00	23,333.00	4,000.00	5,000.0
3	第200303期	03	无锡分公司	20030329	4,000.00	34,567.00	3,456.00	6,789.0
4	第200303期	02	广州分公司	20030329	2,000.00	12,000.00	1,000.00	1,233.0
5	第200303期	01	上饶分公司	20030329	3,900.00	45,678.00	2,400.00	12,000.0
6								
7								
8								
9								
10								

格式

图 6—20　数据透视结果画面

图 6—18 中的“_1（C6）”、“_1（D6）”、“_2（C7）”、“_2（D7）”就是所选取的表元块中的表元代码，此处我们是以资产负债表中的“货币资金”、“短期投资”这两个报表项目的年初数和期末数作为表元块所做的数据透视。

二、数据排序

通过数据排序可以对当前表页中指定区域内的报表数据按照指定的关键字进行排序，排序方式可选择升序和降序两种。升序排序对于字母是按从前到后、对于数字是按从小到大、对于日期是按从早到晚的顺序来排序的；降序排序则相反。数据排序的基本操作步骤是这样的：

（1）在一打开的工作簿中的某个表页选择需要排序的数据区域，以上述数据透视结果表为例，如果我们希望该表页上的数据能够按照单位代码升序排列，则可以选中“A2：H5”区域。

（2）选定区域之后再选择执行“工具”菜单的“排序”命令，系统会弹出“排序”对话框，要求用户指定排序关键字、关键字按升序还是降序排列、排序方向为“按行排序”还是“按列排序”。针对本例，我们可选择“主要关键字”为“按列 B”（单位代码所在列），选择“递增”排序方式，选择排序方向为“按列排序”，第二、第三关键字均不填，单击“确定”按钮，系统将根据设定的条件对所选区域报表数据进行排序。此时，我们就可以看到数据透视结果表按照“单位代码”从小到大重新排列了。

三、图形分析

使用图表功能可以使报表数据更加直观，可以通过图表对报表中的数据进行对比分析、构成分析、变化趋势分析等，为你的计划、预测、评估和调整提供依据。安易报表系统把图表作为报表的一个组成部分，在报表定义中可定义图表，也可以对已有的报表图表进行编辑。系统为用户共提供了六种图表类型，分别是：柱形图、条形图、折线图、饼图、面积图和点图。每种类型的图表在使用领域各有所侧重。对于分析类财务报表来说，可用这些图表形象地表示分析的结果。下面结合实际例子来讲解如何进行图形分析。

例 6.6　对图 6—18 所示的表页数据做图分析，要求以“ _ 1 (C6)”即货币资金年初数这一列为分析依据。

(1) 在当前工作表中，选定数据源。本例中，选定“E2：E5”作为图形分析源。此处所做的选定可以在以后随时修改（比如改为“F2：F5”）。

(2) 选择单击“插入”菜单下的“图表”命令，系统会弹出如图 6—21 所示的窗口。

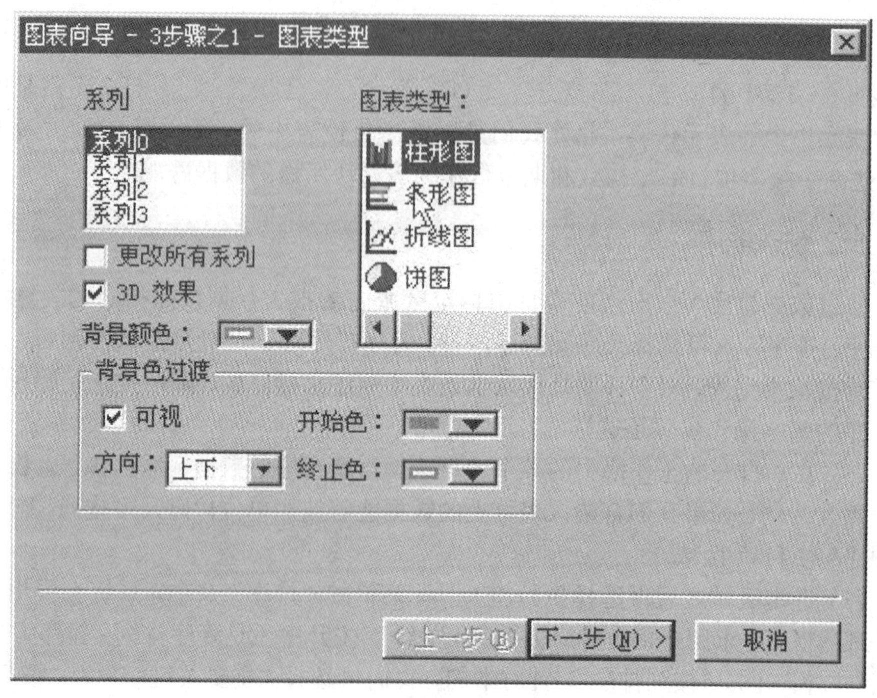

图 6—21　图表分析操作步骤之一

根据被分析数据的性质来选择最合适的“图表类型”（本例选择“柱形图”），启用“3D效果”（为立体柱形图），设置背景色过渡功能，通过选择过渡色的“可视”

项可以添加或去除背景色过渡功能。如果设置了背景色过渡功能，还需要选择开始颜色、终止颜色和颜色过渡的方向。颜色过渡方向有七种，分别是：上下、下上、左右、右左、从中央、从上左、从下左，本例选择“上下”。开始颜色、终止颜色如图6—21所示。点击“下一步”。

(3) 设置数据源的有关属性。在系统弹出的“图表向导—3步骤之2—数据源”窗口中，可以修改“数据区域”，选择系列数据产生于行或列，本例由于选择的区域为列向区域，因此，我们选择系列数据产生于行。如果所选区域为行向区域，则应该选择系列数据产生于列。按原表区域数据的归属，修改系列名称，系列0修改为“香港分公司”、系列1修改为“无锡分公司”…… 如图6—22所示。点击“下一步”。

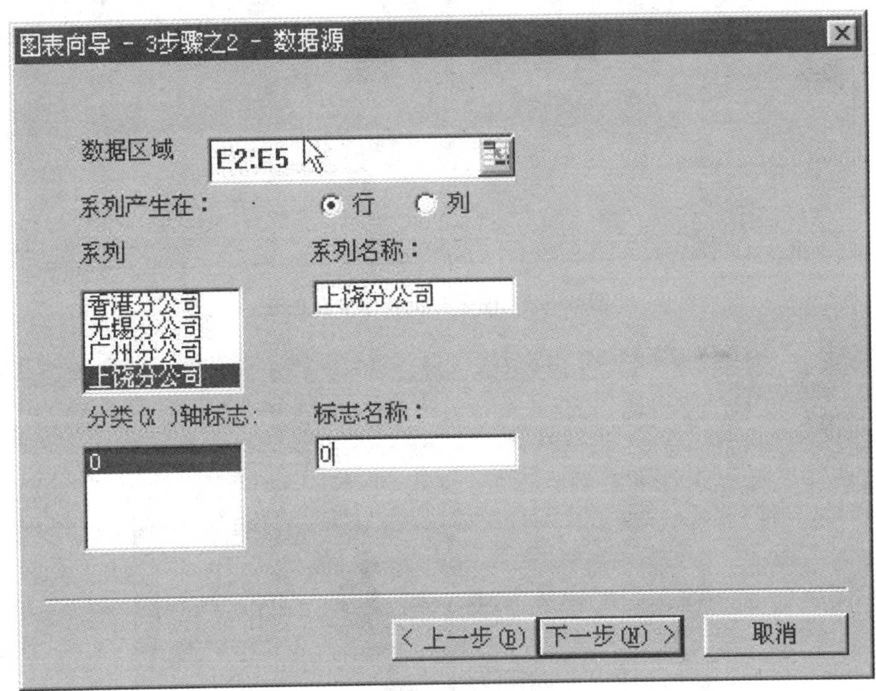

图6—22　图表分析操作步骤之二

(4) 进入设置图表标题步骤，按图6—23所示设置有关数据项。点击“完成”，则一个分析图就“嵌入”了原工作表中，修改此图表的有关属性，比如可对图表的位置和大小进行修改(可先用鼠标单击此图表，然后用鼠标进行拖动、缩放，可按照Windows窗口的一般拖、放操作方法来进行)。经过修饰后的图表如图6—24所示。

双击图表后，系统会弹出“图表对象属性”对话框，将图表属性分成五个部分：

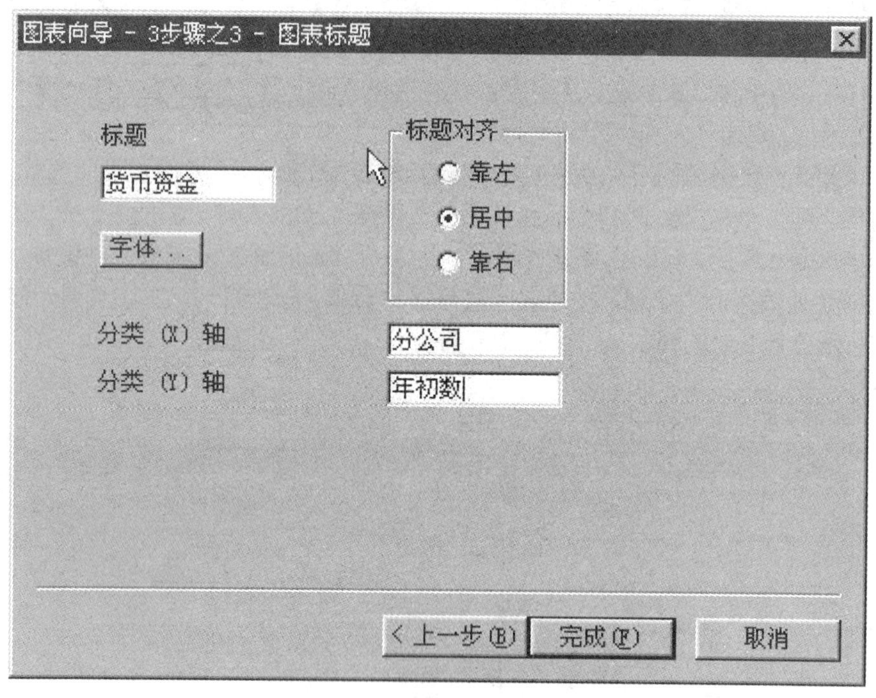

图 6—23　图表分析操作步骤之三

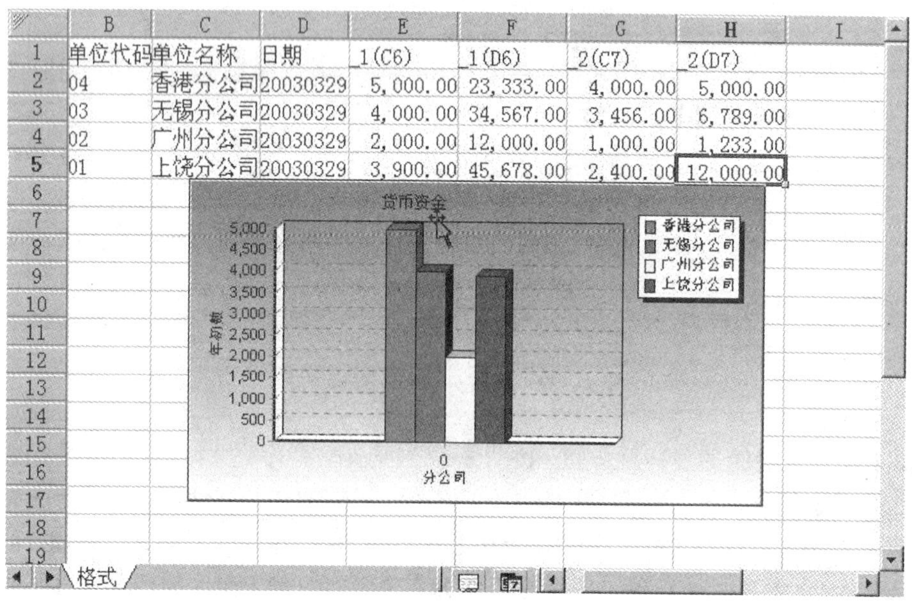

	B	C	D	E	F	G	H
1	单位代码	单位名称	日期	_1(C6)	_1(D6)	_2(C7)	_2(D7)
2	04	香港分公司	20030329	5,000.00	23,333.00	4,000.00	5,000.00
3	03	无锡分公司	20030329	4,000.00	34,567.00	3,456.00	6,789.00
4	02	广州分公司	20030329	2,000.00	12,000.00	1,000.00	1,233.00
5	01	上饶分公司	20030329	3,900.00	45,678.00	2,400.00	12,000.00

图 6—24　图表分析结果画面

图表类型、数据源、图表标题、属性以及保护，可视需要进一步修改有关图表对象属性，比如，修改数据源为“F2：F5”，把图表标题页面的“分类（Y）轴”修改为“期末数”，点击“确定”后，即可形成对四个分公司的期末数的分析图。

图表是直接建立在工作表中的，它不是独立存放的，因此，对图表的保护要看工作表是否被保护，只有在保护工作表时，对图表的锁定保护才有效。图表锁定保护后，将无法进入图表属性对话框修改图表有关属性。对图表的删除操作非常简单，只要图表未处于锁定保护状态，先用鼠标选中该图表，然后按动“Del”键或者通过按键 Ctrl+X 都可以将此图表清除。如果我们要将图表保存，只需按照工作簿的保存方法进行就可以了。

四、将安易报表数据转换成 Excel 数据格式

假如用户感觉安易报表系统所提供的数据加工功能还不够用的话，可以将这些报表数据转换成 Excel 软件可以接受的数据格式，然后再用 Excel 电子报表软件进行进一步的数据加工处理。转换的方法是这样的：先打开待转换的工作表文件，然后通过“文件”菜单下的“另存为”功能，在随后弹出的窗口中输入新的文件名、选择文件“保存类型”为“Excel files5.0（*.XLS)”或者“Excel files8.0（*.XLS)”，点击“保存”按钮，如果当前工作簿有多个表页，系统会提示“是否仅把当前表页另存为 Excel 格式”，选择“是”，则生成的 Excel 文件只有当前一个表页的数据，选择“否”则会将本工作簿所有的表页都存放在指定的 Excel 文件中。随后通过 Excel 程序便可打开刚生成的 Excel 文件。

安易报表系统还提供了从其他数据格式接收有关数据的功能，这也是通过“文件”菜单来实现的，选择执行“文件”菜单下的“打开”命令，在随后弹出的窗口中选择“文件类型”[比如“DBF Files（*.DBF)”或者“Excel Files（*.XLS)”或者“TXT Files（*.TXT)”等]，打开之后，再通过“文件”菜单下的“保存”命令将数据以安易报表数据格式存放。

第七节 报表系统的维护管理

在本节，我们将重点对代码定义、报表管理、用户管理等几个系统维护管理模块进行讲解。

一、代码定义

我们在前面已经用到了单位代码（表页代码）的概念，安易报表软件支持用户自定义单位代码。单位代码定义通常适用于以下两种情形：

(1) 集团公司使用。由于集团公司需要对下属单位的报表进行汇总，所以需要提前对参与汇总的基层单位进行代码定义。

(2) 本单位需按部门来管理和组织报表时使用。在这种情形下，一般需要对下属各部门进行代码定义。

把经常要用到的表页代码（单位代码）预先定义，有利于今后的使用。凡是遇到要求指定表页代码的地方就可以直接从已设置好的代码列表中选择而不用每次输入，这样可以大大提高建立报表和编辑报表的速度。下面结合具体的操作案例来介绍代码定义的操作步骤及内容。

例 6.7　某集团总公司有五个下属分公司，分别为：昆明分公司（00)、上饶分公司（01)、广州分公司（02)、无锡分公司（03)、香港分公司（04)。集团总部代码为 05。现该集团公司购置了安易报表软件准备做集团报表汇总工作，已知这五个分公司都需参与集团报表汇总。请用安易报表软件进行代码定义，要求建立“集团公司”代码组。

可以按照以下步骤进行操作：

(1) 调用“工具”菜单下的“代码定义”功能，进入“代码定义”主窗口。

(2) 为该集团公司准备一个代码组，名称为“集团公司”，操作方法是在“代码定义”窗口中，点击“编辑组”按钮进入“代码组定义”子窗口，在该窗口的顶部输入框中输入“集团公司”，然后点击“增加”按钮即可增加一新的代码组。点击“退出”钮返回到“代码定义”主窗口，此时，你可以发现在主窗口中增加了一个页签，其名称为“集团公司”。

(3) 单击新增的代码组页签（本例为“集团公司”页签），在编辑框中直接输入新增下属单位的代码和名称，然后点击“增加”按钮即可将下属单位的代码记录增加到代码列表中。以相同方法将其他下属单位的代码一一“增加”设置。

如果在代码定义过程中想修改某个代码信息，必须先在列表中选中该代码，然后直接在编辑框中进行修改，修改之后再单击“修改”按钮。每次增加或修改代码记录都需按动“保存”钮进行保存，否则本次操作将无效。经过上述操作步骤，就可完成例题的设置要求，如图 6—25 所示。

二、报表管理

我们在前面已经接触到了报表树的概念，知道报表树的作用——可以使报表的归属情况一目了然，同时报表树中的每个报表标签又是对应该报表文件的快捷方式，双击该标签即可方便地打开对应报表工作簿。那么，报表树是如何建立的？又是如何进行维护的呢？它们是通过执行“工具”菜单下的“报表管理”功能模块来完成的。通过该模块，我们可以方便地进行报表组的增加、修改和删除，也可以对报表组下的报表文件进行名称修改、删除等操作。下面结合操作案例来讲解报表

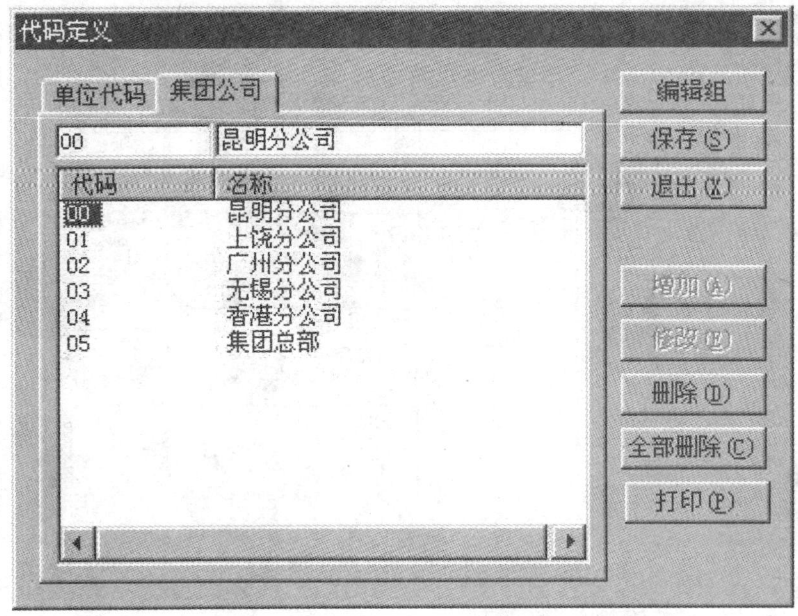

图 6—25 "代码定义"主操作画面

的详细管理。

例 6.8 使用安易报表系统的报表管理功能分别增加两个报表组：一为财务报表组，组代码为 001，绝对路径为 D：/CWBBZ；另一个为管理报表组，组代码为 002，相对路径为 GLBBZ。

我们可以按照如下的操作步骤及方法来做：

(1) 调用"工具"菜单下的"报表管理"功能，系统会弹出一个"报表管理"窗口。

(2) 在该窗口左边的报表树上选择"安易报表"(顶层报表组)，然后点击"增加表组"按钮，在随后弹出的"增加表组"子窗口中输入第一个需定义的报表组代码"001"，组名称"财务报表组"，组路径"D：\ CWBBZ"，之后单击"确认"按钮即可完成第一个报表组的增加操作，按同样的方法增加第二个报表组。所有的表组增加操作完成后的界面如图 6—26 所示。

在报表管理窗口中，也可以完成对某个报表组、组下的某个报表文件的删除以及修改工作，操作方法是：先选中需删除或修改的报表组或报表文件，然后再做相应操作（注意删除报表组将连同组下的报表文件一并删除，但系统会给出提示信息让用户确认是否真执行删除功能；删除报表文件没有提示，如果选中"删除实际文件"复选框，则更要谨慎，因为一旦执行此时的删除是"物理"删除）。操作完所有操作之后务必点击"保存"按钮将变动后的报表树结构予以保存。

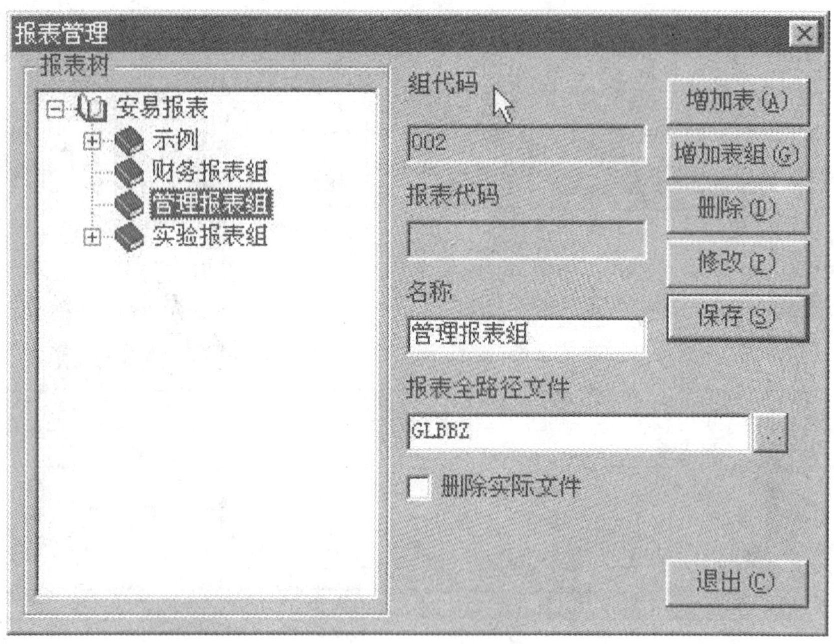

图 6—26　报表管理主操作画面

三、用户管理

安易报表系统将用户分成两大类：管理员和操作员。管理员是最高级别的系统使用人员，具有唯一性，“管理员”的用户名是固定不能修改的，但其口令可以修改。管理员可以操作有权限的报表，可以对拥有管理权的报表进行授权和移交，并且还具有用户管理权限，可以新增和删除系统用户。操作员可以操作拥有操作权限的报表，也可以对拥有管理权的报表进行授权和移交，但操作员不能进行用户管理（指不能新增和删除系统用户等）。

系统规定，只有通过用户登录方式进入报表系统，才能进入用户管理模块进行操作。用户首次登录必须使用“管理员”登录，其口令为1，进入后可通过调用“工具”菜单下的“用户管理”功能将其口令进行修改，这样再次注册登录报表系统时，管理员的口令就必须按修改后的口令输入了。下面结合操作案例来介绍用户管理的详细使用方法。

例 6.9　增加新用户，其用户名为“报表王”，密码为“WANG”，其操作权限设置如下：对财务报表组下的各报表只有“只读权”，对管理报表组下的各报表有“全操作权”。

有关操作步骤及内容如下：

（1）进入“用户管理”主操作界面。可以通过调用“工具”菜单下的“用户管理”模块实现。

（2）“用户管理”窗口分成两个操作页面，一个是“用户管理”页面，另一个是“用户授权”页面。我们需要先增加新用户，因此，需要选择“用户管理”页。可以直接在“用户名”项输入新的用户名“ 报表王”，口令“ WANG”（输入口令时，系统以＊显示起到保密作用），确认口令“ WANG”。然后点击“增加用户”按钮即可将“报表王”追加到报表用户名列表中，如图6—27所示。此时，也可以设置登录账务系统的缺省登录信息，内容包括：登录账套、登录用户名以及口令。设置这些项目的作用在于：以后每次若以“报表王”登录报表系统时，系统会自动使用刚才所设置的账务登录信息登录连接相应账套数据库。

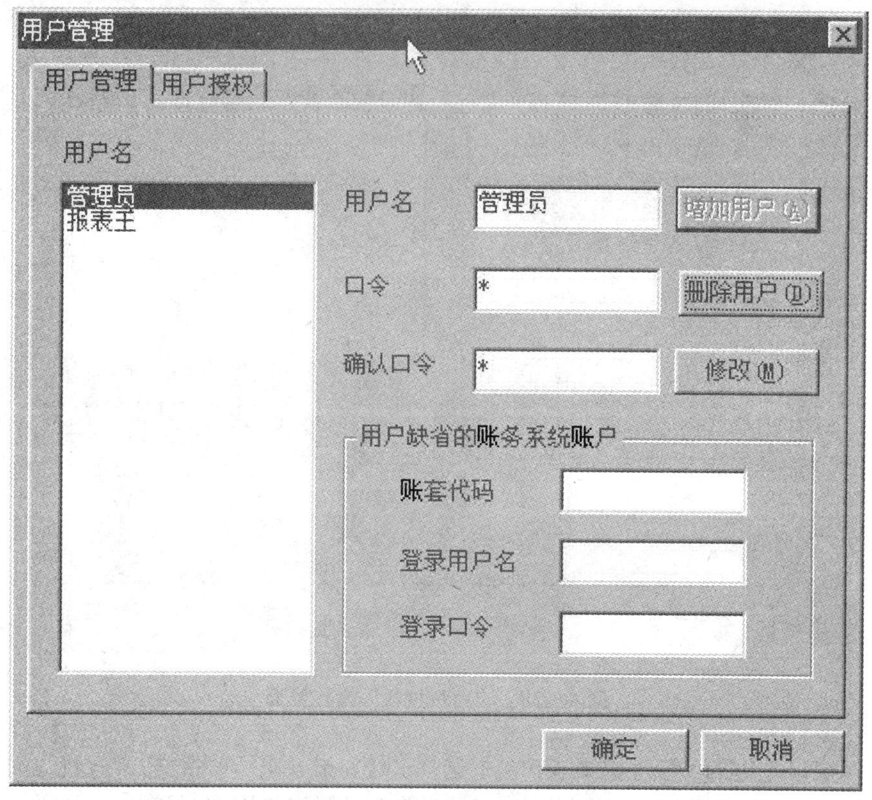

图6—27　“用户管理”操作界面

（3）进行“用户授权”。新用户增加完之后，点击“用户授权”页签，进入授权界面，如图6—28所示。安易报表系统把用户对报表文件的权限分为管理权和操作权。管理权是对报表文件的最高权限，用户对自己建立的报表文件拥有管理权。拥有管理权不仅可以全权操作该报表文件，还可以将操作权授予其他用户，也可以将自己对报表文件的管理权移交给其他用户。操作权又可细分为：全操作权、只读权和无权三种。全操作权是指对报表文件拥有查询和编辑的各项权限；只读权是指对报表文件只拥有查询权限，不可对其进行编辑修改；无权则指对报表文件没有任何权限，不能通过权限访问此报表，在这种情况下，只有获取了该报表文件的口令，通过文件方式打开此报表方可进行报表的查询、编辑和打印。下面按本例要求对操作员“报表王”进行授权操作：

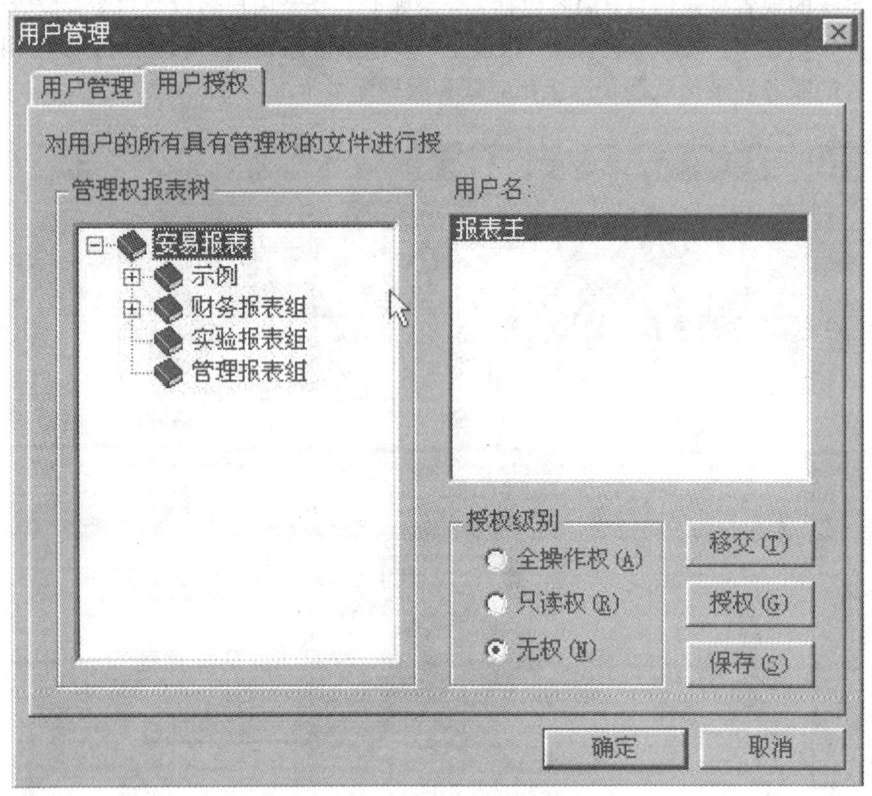

图 6—28　“用户授权”操作界面

在窗口左边的“管理权报表树”中选择“财务报表组”，然后在窗口右边的用户名列表中选择需授权的用户“报表王”，接着选择授权级别“只读权”，再单击“授权”按钮进行授权，保存本次授权操作。按同样的方法对“管理报表组”进行授权设置，只不过授权级别改为“全操作权”。授权设置完毕，点击“保存”按钮。退出“用户管理”模块，调用“数据”菜单下的“用户登录”程序，以“报表王”身份登录到报表系统，可以发现刚才所做的权限设置起作用了。

本章小结

本章主要讲述以下几方面内容：

1. 安易 2000 电子报表处理系统的应用流程。

2. 使用安易报表软件制作报表的详细过程及技术要领。

3. 安易报表软件中的核算公式和审核公式的编制方法：

(1) 公式种类；

(2) 账务取数函数介绍；

(3) 核算公式的编制方法；

(4) 审核公式的编制方法；

(5) 详细介绍资产负债表、损益表以及现金流量表的编制方法。

4. 月末制作报表的详细操作流程，包括单表页编制期末报表、成批集中编制与审核报表以及按表页批保护报表。

5. 安易 2000 电子报表处理软件中的报表汇总、数据透视、数据排序、图表分析等功能模块的使用介绍。

6. 安易报表系统的系统管理功能介绍，主要包括代码定义、报表管理、用户管理。

通过本章学习，要求学生能熟练使用安易 2000 电子报表系统完成月末财务报表（包括资产负债表、损益表和现金流量表）的编制，掌握该系统常用的系统管理功能的基本用法，并结合对安易报表取数函数的了解来认识安易 2000 报表系统与安易其他业务系统之间的数据关系，并进而了解内部管理用报表数据生成的方法和机理。

思考题

1. 请说明安易报表系统中的工作簿与工作表之间的关系。工作表是通过哪些关键字来标识的？一个工作簿中可以存放不同格式的报表吗？为什么？

2. 在安易报表系统中，系统初始化阶段所定义的格式与公式是如何被以后各期编制报表时使用的？要求写出详细的过程。

3. 如果进行存货项目的取数，可以通过几种方法来获取？请写出所用方法的步骤（包括所用的核算公式）。

4. 使用安易报表系统可以直接编制现金流量表吗？如果可以的话，请说明如何编制；如果不可以的话，请指出应该怎么办。

5. 某同学设计好损益表的格式及公式并调用报表编制功能，结果发现损益表上并没有数据。试分析造成此现象的原因可能有哪些。

6. 在安易报表系统中，管理员与操作员有何区别？管理权与操作权又有何区别？

7. 数据透视与报表汇总有何区别？

8. 举例说明安易报表系统各类公式的应用场合及基本用法。

9. 用户登录与非用户登录有何区别？使用“报表管理”功能需要使用何种登录方式？使用“用户管理”功能又需要使用何种方式呢？

10. 使用安易报表系统如何进行图形分析？如何对生成的图表进行保护？图表与工作表有关系吗？

第七章

工资管理系统应用技术示例

引　言

本章主要介绍安易 2000 工资管理系统综合应用技术，共分四节。

第一节是“安易 2000 工资管理系统概述”，主要介绍安易 2000 工资管理系统的适用范围、功能特点、业务处理流程以及与账务、报表等系统之间的数据传递关系。本节的目的是让读者对安易 2000 工资管理系统有一个总括性的认识，并以此来指导后续各节的学习。

第二节介绍“安易 2000 工资管理系统的初始化设置”，与其他系统一样，安易 2000 工资管理系统在投入正常使用之前，也需要经历初始化设置阶段，但工资管理系统有其特有的初始化操作流程、操作任务以及操作方法，掌握这些知识是工资管理系统的应用关键，基于这种考虑，我们用了比较大的篇幅来详细介绍这方面的知识，主要包括以下一些内容：如何建立工资账套；如何根据具体情况设置账套参数；为什么要建工资类别以及如何建立工资类别；怎样设置职员类型；如何进行部门资料的增加、修改和删除等操作，如何进行职员个人档案记录的添加、修改和删除等操作；工资固定项和自定义项的含义、增加固定工资项的操作方法、增加自定义项的操作方法、如何对工资项目进行修改或删除等操作；银行信息设置的作用以及如何设置银行基本信息；如何设置工资项计算公式；个人所得税税率设置方法；介绍哪些基础设置工作在各工资类别间可以共享使用，哪些又是只能独自使用的；操作员管理的主要操作方法（包括工作组、操作员的维护管理方法）、如何进行功能权限的设置与管理、如何进行数据权限的设置与管理。在学习上述知识内容时，我们要求同学们根据第三章所学的知识来分析本节的内容，搞清楚哪些是普遍性知识、哪些是安易工资管理系统特有的知识，并重点关注初始化各项设置之间的业务顺序。

第三节是“安易 2000 工资管理系统的日常业务处理技术”，主要介绍以下几方面知识：工资款项数据的输入方法与注意事项；工资款项数据的批量修改方法；如何利用安易工资管理系统落实个人所得税的计算与申报工作；如何生成银行代发工资数据；某些重要工资账表输出的格式、内容与方法；如何使用自定义工资账表功能来定制工资账表输出格式；工资系统数据的引入引出操作技术。本节所介绍的知识内容，操作性很强，与工资管理的实践联系得非常紧密，因此，要求同学们学习时要多联系实际，增强对工资管理日常工作的感性认识。

第四节是"安易2000工资管理系统期末处理技术"，这一节主要介绍期末工资费用的分摊以及期末结账处理。在本节，我们会讲解工资分摊或计提类型的具体设置方法、介绍制作形成工资费用分摊一览表的操作技术、介绍工资费用分摊与计提业务所对应的转账分录的设置方法、介绍如何在安易2000工资管理系统中制作生成工资费用分摊与计提的机制转账凭证。本节所讲解的内容涉及工资核算中的会计处理知识，因此，要求同学们对这些相关的会计处理知识要积极复习、认真领会，这样再学本节内容时，就没有太大困难了。

第一节　安易2000工资管理系统概述

一、安易2000工资管理系统的适用范围及功能特点

（一）安易2000工资管理系统的适用范围

安易2000工资管理系统（以下简称安易工资系统）主要适用于以下几类企业：

(1) 所有人员统一工资核算的企业；

(2) 分别对在职人员、退休人员、离休人员进行单独核算的企业；

(3) 分别对正式工、临时工进行核算的企业；

(4) 每月进行多次工资发放，月末统一核算的企业；

(5) 在不同地区有分支机构，而由总管机构统一进行工资核算的企业；

(6) 工资计算既有按计件工资制又有按计时工资制的企业。

（二）安易2000工资管理系统的功能特点

从业务功能来看，安易工资系统具有以下一些特点：

(1) 多类别数据汇总操作。实现一个账套同时核算多个单位的工资数据，数据间彼此独立，互不干扰。

(2) 支持灵活的工资发放形式。用户可选工资的发放形式，即按月发放还是按次发放，以适应更多用户的更高要求。

(3) 工资类别汇总计算。在一个账套中设置多个工资类别，相当于为一个核算

单位同时设立多个工资二级账。用户可自定义工资类别的设定标准（如职员类别、工资种类、部门等），每个类别单独核算，数据间不发生影响，通过执行“工资类别汇总计算”功能，使整个工资账数据得到最终的统一。

（4）工资数据可以带有继承性。根据实际业务规律，对于每次工资发放中数据不发生变化的工资项，在设定工资项的属性时，可以指定其是否为“继承项”，如果设为“继承项”，则在每月结账时，继承项的数据可被下月继承；如果指定为非继承项，则该工资项的数据将被清零，在下月由用户重新编辑输入。

（5）具有强大的工资项目公式自定义功能。

（6）可生成银行代发工资数据。用户可根据不同的银行要求同时自定义多个银行代发工资的表格格式，且在每月工资数据录入后便可生成银行代发工资文件到指定存储路径。

（7）可设定工资尾数扣除处理的方式。

（8）凭证的即时生成。根据部门对应的工资科目，在凭证编制时可按部门将工资费用自动分摊到不同的科目，从而取代了靠自定义自动转账分录间接生成凭证，实现了凭证的即时生成。

（9）详细的工资报表查询功能。除普通的工资发放单、工资条、职员工资台账、工资统计表、个人调节税（简称个调税）申报表外，还包括可按部门、类别、期间段查询的月度分析表、工资构成分析表、工资增长分析表、项目工资对比分析表等众多新型分析报表。

（10）支持自定义工资账表格式。自定义工资账表定义成功之后，即可作为一般系统报表，与系统预置报表一起供用户随时查阅。

（11）便于集团公司的工资数据传递与汇总。集团公司的汇总账套与数据引入引出功能的联合使用可方便实现总部与分公司间的数据传递与汇总。

（12）可对操作员进行适当的授权操作。操作员权限的设置更增加了系统使用的安全性与保密性。

二、安易 2000 工资管理系统的业务处理流程

安易工资系统的业务处理流程如图 7—1 所示。

三、安易 2000 工资系统与安易其他系统的数据关系

安易工资系统与安易 2000 账务处理系统、安易 2000 电子报表系统之间存在数据传递的关系。

在安易工资系统中，可以自动生成工资费用分摊以及工资费用计提的转账凭证，并可将其传递到账务处理系统进行账务处理。而在安易工资系统中，转账凭证生成时所使用的科目则是采用账务处理系统中所设置的有关科目。这说明安易工

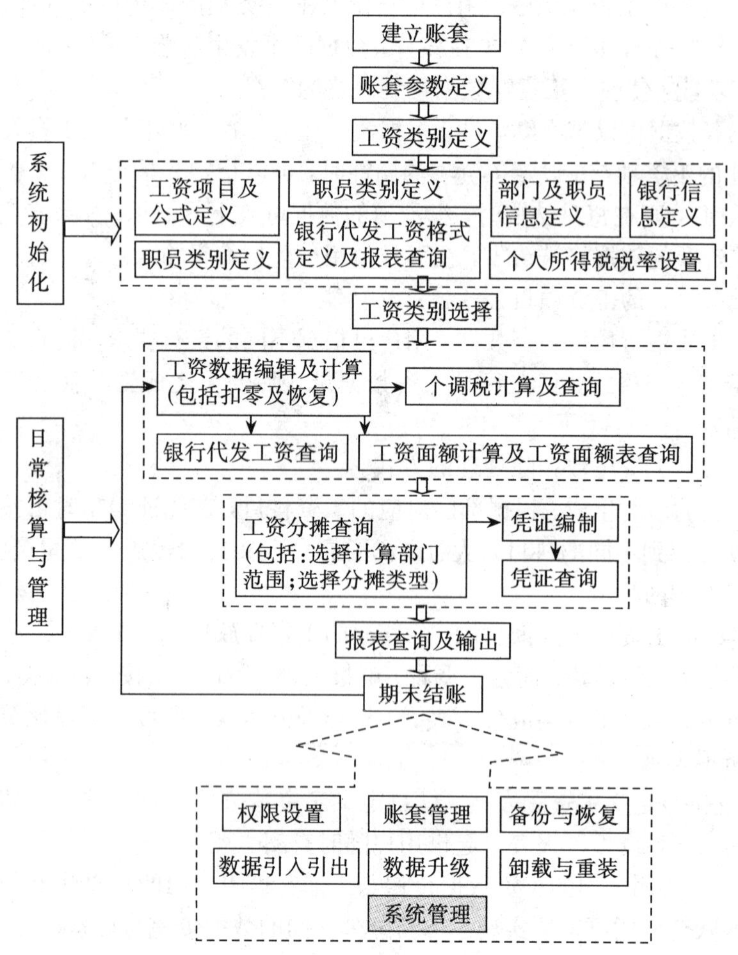

图 7—1　安易工资系统业务处理流程图

资系统可方便地从账务处理系统提取重要的信息。除此之外，工资系统与账务处理系统可以共享部门设置信息，但无法共享职员设置信息。

通过定制的内部接口函数，安易 2000 电子报表系统可调用工资系统中各工资项目的分类汇总数据。内部接口函数主要包括：职员工资取数函数、部门工资取数函数、职员类别工资取数函数、工资类别工资取数函数、部门工资类别工资取数函数、部门职员类别工资取数函数、职员类别工资类别的工资取数函数、部门职员类别工资类别的工资取数函数。

比如，通过职员工资取数函数可以读取某个职员在指定期间的工资表中某个工资项目的数据。假设 JBGZ 为工资项目中“基本工资”的代码，那么，GZ（JB-GZ，1，0008）就表示取代码为 0008 的职员本年第一次所发工资中“基本工资”项目的数据。再比如，工资类别的工资取数函数可以用于读取某个工资类别在指定期间的工资表中某个工资项目的数据。假设 YFHJ 为工资项目中“应发合计”的代码，那么，GZGZ（YFHJ，1，01）就表示取代码为 01 的工资类别所对应的本年第一次所发工资中“应发合计”项目的数据。

我们也必须认识到，安易工资系统与安易 2000 电子报表系统之间的数据传递关系是单向的传递，即由工资系统向报表系统传递数据，而工资系统不能获得报表系统的有关数据。但安易工资系统与安易账务处理系统之间可以实现局部数据的双向传递。

第二节　安易 2000 工资管理系统的初始化设置

安易工资系统是一个通用商品化会计软件系统，因此，本单位在刚使用这套系统时，单位工资核算的基础资料在系统中是不存在的，这就需要经过初始化设置，将这个通用系统变成适合本单位工资核算和管理的专用系统。

一、建立工资账套

建账工作是整个工资管理正确运行的基础。建立一个完整的账套，是系统正常运行的根本保证。

由于安易工资系统也采用了三层 C/S 结构，所以新建“工资账套”也是通过调用“安易后台数据管理工具”这个后台程序来完成的。在使用安易工资系统之前应先通过后台数据管理工具建立账务账套，然后再选定该账务账套，在此基础上建立工资系统的账套。也就是说，不能直接通过“账套管理”页面中的“新建账套”来新建工资账套。当工资系统与账务系统合用时，只需在原有账务系统账套上建立工资账套；而如果单独使用安易工资系统，必须先建立账务账套，然后建立工资账套。

“新建工资账套”时系统要求设置下列两个基本数据项：“工资账套启用日期”和“职员类型编码”。用户可以根据实际情况来确定工资系统具体的启用日期。但必须注意：如果工资系统需要向同一账套中的账务系统传递凭证，应保持与账务系统的会计期间相一致。职员类型是指按某种特定分类方式将职员分成若干类型。不同类型的人员工资水平可能不同，这样将有助于实现工资的多级化管理。职员类型的代码可以设置为 1～8 级，每级最长可以设定为 9 位，职员类型编码总长不得超过 12 位。有关新建工资账套的画面如图 7—2 所示。

上述两项工资账套参数设置完毕之后，点击“下一步”，再点击“完成”，系统会自动创建与选定的账务账套相对应的工资账套。需要提醒注意的是，上述两项参数一旦设置完成，在本工资账套启用之后就不再允许修改了。

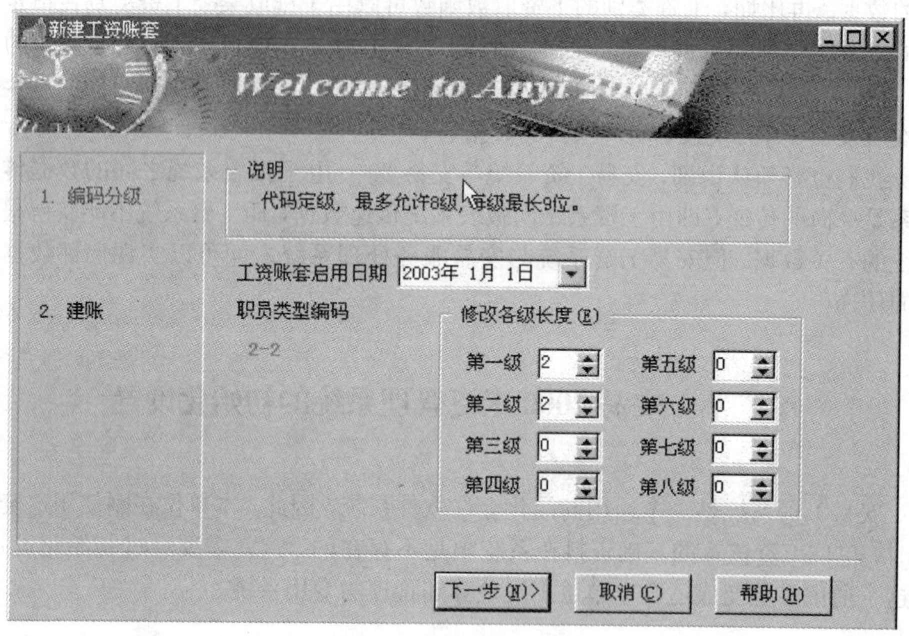

图 7—2　工资建账操作界面图

工资账套建好之后，便可以调用工资管理前台程序——安易 2000 工资管理系统了，不过在正式调用该前台程序之前，要检查“Socket Server”与“MSSQLserver”是否已经启动，有关这方面的内容可参照安易 2000 账务处理系统的调用。选择“程序/安易 2000 财务管理系统/安易 2000 工资管理系统”程序项并执行该程序，系统首先会弹出一个注册登录对话框，如图 7—3 所示，按要求选择账套、

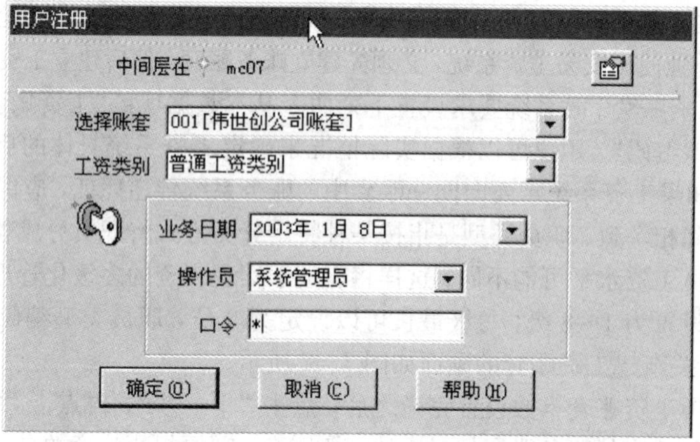

图 7—3　安易工资系统注册画面

工资类别（第一次只能选择系统预置的“普通工资类别”）、业务日期、操作员姓名以及口令。在安易2000账务处理系统中所设置的合法操作员，在此处都可以使用。点击“确定”即可进入工资系统主操作窗口。

二、账套参数设置

账套参数是指对整个工资账都具有约束作用的参数。一旦设定，不应随便改动。如所选择账套为首次使用，用户需先进行账套参数的定义，可通过调用“基础资料”菜单下的“账套参数”功能来设置，如图7—4所示。

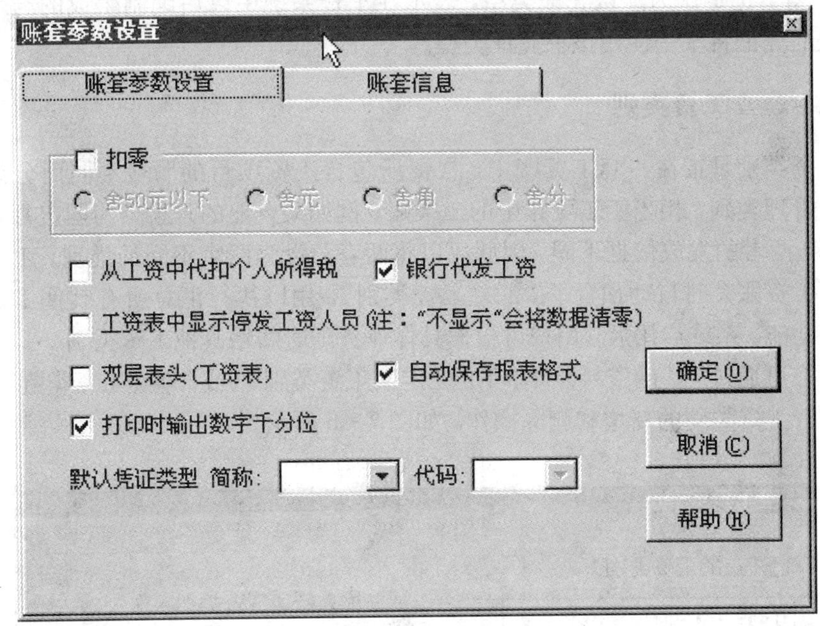

图7—4 账套参数设置画面

下面对主要参数设置的作用做些说明：

(1)“从工资中代扣个人所得税”项：此参数选择与否是指在工资计算时是否按个人所得税率表直接将每个员工的个人所得税计算出来。用户如选定此参数项，则以后在工资项目中的“个人所得税”项不允许删除；工资数据编辑时系统也会自动按指定计税项计算出税额，并存入个人所得税调节申报表中；用户如未选定此参数项，则工资项目中的“个人所得税”项允许删除且工资计算时将省略个人所得税的计算。

(2)“工资表中显示停发工资人员”项：如选定此项，则停发工资人员仍然会出现在工资表中，否则，被停发工资的职员不仅不会出现在工资表中，其工资款项数据也将被清零。

(3)“银行代发工资”项：该参数为有银行代发工资业务的单位所设。如选定此参数项，则需要定义银行资料，并且在“职员信息编辑”时，应该输入“银行代发”与“个人账号”的信息，同时在“银行代发”模块中需要定义代发工资表格式；如未选定该参数项，则银行资料定义、银行代发工资表格式均可不输。

(4)“扣零”项：即每次工资发放时是否将本次工资数据按一定的扣零方式进行尾数扣除处理。如选定此参数项，则还需指定一个具体计算扣零的工资项，在工资计算时，自动按扣零数额存入相关工资项中；如未选定该项，则无需指定扣零工资项和“扣零方式”，并且在工资计算中忽略“扣零”项的计算。

(5)“默认凭证类型”项：取自账务系统中已定义的凭证类型信息，如“转账”、“记账”等，选定作为默认凭证类型，表示在工资系统中以后编制生成的与工资核算相关的凭证将统一使用该种凭证类型。

三、建立工资类别

工资类别是指在一套工资账中，根据所包含工资项目的明显不同而分设的工资数据管理类别，相当于工资账中的二级账，例如某企业的月薪分为固定月薪与浮动月薪，两者的发放依据不同，因此可以将两者分设为两个不同的类别。工资系统在新建工资账套时自动预置了“汇总工资类别”，用以执行汇总所有其他工资类别数据的功能。系统启用后，用户可根据具体业务随时新增其他工资类别。

用户可通过“基础资料”菜单下的“定义工资类别”(或“新建工资类别”)功能模块进行工资类别的新增和删除操作，如图 7—5 所示。

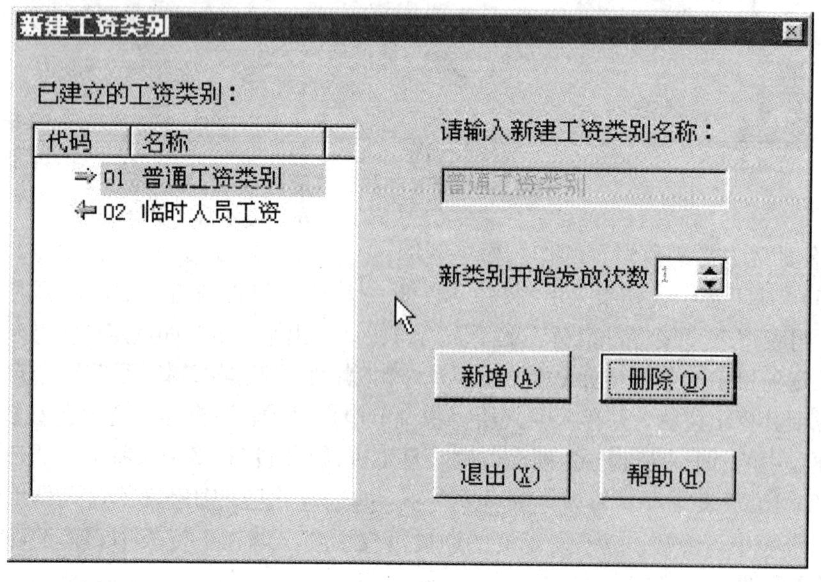

图 7—5 “新建工资类别”操作界面图

在“新建工资类别”操作窗口中，点击“新增”按钮可进入新增工资类别的对话框，系统只要求输入新工资类别的名称，不要求输入工资类别代码，工资类别代码由系统自动给定。系统还会要求指定“新类别开始发放次数”，该项目表示使用工资系统后新建工资类别工资发放从哪次开始算起，例如用户在使用本系统前，已经对“临时人员工资”类别的工资发放了 25 次，那么，在启用本系统时，就应该将“临时人员工资”的开始发放次数定为“26”，这样做的目的主要是为便于将来的统计核算以及查询。在保存新建工资类别之后，系统就直接转入切换工资类别的操作窗口。要删除某个工资类别，也只需在“新建工资类别”窗口中，先选定待删除的工资类别，然后点击“删除”按钮，系统弹出对话框让用户确认“删除”操作，点击“是”便可将选定的工资类别删除。如果该工资类别的有关数据已经输入（比如在职员档案中已指定了此工资类别）或者该工资类别正在使用（比如，你已经切换到该工资类别工作状态），则系统将拒绝删除此工资类别。需要注意，由于工资类别的操作相对比较简单，因此，系统并未提供修改的功能，修改工资类别的方法只能是删除该类别之后再重新定义，不过要注意删除工资类别的条件是否成立。

四、职员类型设置

以前，我们讲过职员类型的作用主要是为了便于工资多极化管理。职员类型设置可以通过“基础资料”菜单下的“职员类型设置”功能模块来进行，其操作画面如图 7—6 所示，用户在新增一种职员类型时，务必注意职员类型分级及代码应该

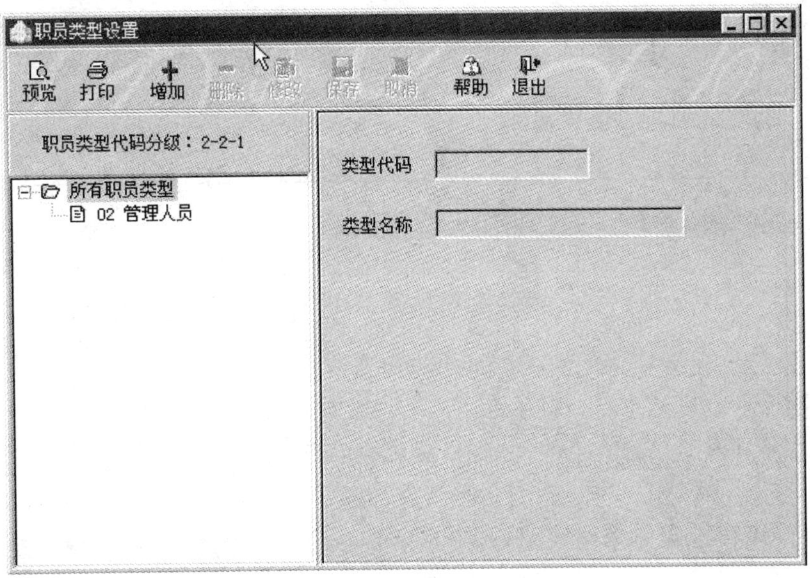

职员类型设置
预览 打印 增加 删除 修改 保存 取消 帮助 退出
职员类型代码分级：2-2-1
所有职员类型
02 管理人员
类型代码
类型名称

图 7—6　“职员类型设置”操作界面图

符合先前所做的设置，如图 7—6 所示，当前职员类型按三级管理，每级代码长度分别为 2、2、1，也就是说，如果用户定义的职员类型是一级，那么职员类型代码长度必须为 2，而如果用户所定义的职员类型属于二级，那么该职员类型代码长度必须为 4（2+2），并且前两位代码为其上级职员类型的代码，言下之意就是，如果上一级职员类型没有定义则不得直接增加下一级职员类型，以上为使用职员类型设置模块要注意的事项。至于具体的“增加”、“删除”、“修改”等操作相对比较简单，这里就不赘述了。

五、银行信息设置

如果用户单位有银行按期代发企业职工的工资这样的业务的话，就需要在工资系统中设置代发工资的银行信息。

可调用“基础资料”菜单下的“银行信息”功能模块进行有关代发银行信息的设置。此处银行主要指的是可代发职员工资的银行，而非一般办理存、贷款的银行。对于为企业代发工资的银行，用户可在此进行银行名称、账号等信息定义，其定义结果将自动在“职员档案”的“银行”字段中显示，同时，在银行代发管理模块中将作为银行信息的选项。

调用“银行信息”模块，可对代发银行进行增加、修改、删除等各项操作，如图 7—7 所示，其操作都比较简单，只要注意银行信息代码的设置可以是数字、字母、符号以及汉字的随意组合，但最多不得超过 6 个字符，如果有多个银行信息需

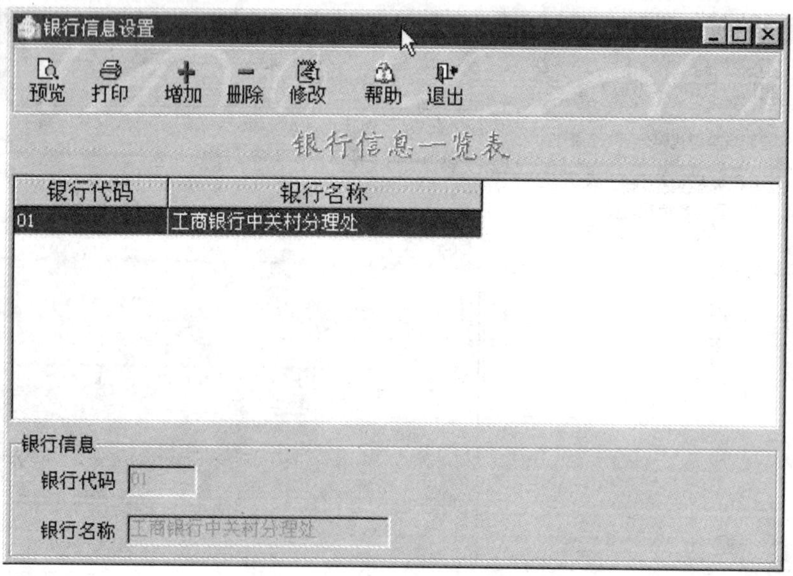

图 7—7 “银行信息设置”画面

要设置的话，只要保证银行代码唯一就行。

六、部门职员信息设置

我们在前面已经提到，安易工资系统与账务处理系统可以共享部门设置信息，因此，在账务处理系统中如何设置部门以及设置好的部门同样适用于工资系统。关于部门的设置，请参考第四章的有关内容。这里，我们只重点谈谈如何设置职员信息。

由于每个职员都可以归属于某一个部门，因此，系统规定：在新增职员信息时，应该首先设置该职员所归属的部门，这个前提条件是我们设置职员信息时应该首先明白的。职员信息的设置，主要包括三种操作，即职员增加、职员信息修改和职员记录删除。

进入部门职员设置窗口之后，当需要增加职员时，可以先在窗口左边部门目录树中选定该职员所属的具体部门，然后单击工具栏中的“增加”图标，在弹出的“编辑职员信息”子窗口中输入职员的详细信息，如图 7—8 所示，输入完毕之后单

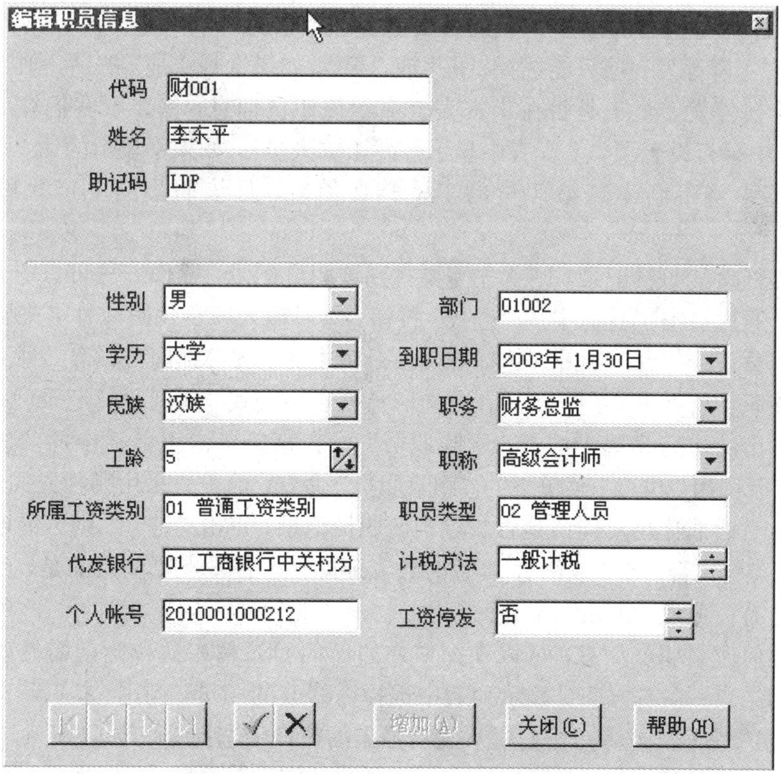

编辑职员信息

代码 财001
姓名 李东平
助记码 LDP

性别	男	部门	01002
学历	大学	到职日期	2003年 1月30日
民族	汉族	职务	财务总监
工龄	5	职称	高级会计师
所属工资类别	01 普通工资类别	职员类型	02 管理人员
代发银行	01 工商银行中关村分	计税方法	一般计税
个人帐号	2010001000212	工资停发	否

增加(A) 关闭(C) 帮助(H)

图 7—8 “职员信息设置”工作画面

击窗口下方"√"键确认存盘，存盘之后可以点击"增加"按钮继续下一个职员的信息追加设置。需要注意的是，对于职员信息里的学历、职称以及职务这些职员信息选项框，如果职员没有具体的信息，那么在这些信息框中要输入"无"，否则在工资项目设置公式条件中，如有涉及以上这些选项的条件设定时，对于没有具体信息的职员，系统将无法判断处理。并且，用户在上一次职员信息追加时，手工输入的"学历"、"职务"、"职称"等项目，在本次输入时，会出现在这三个项目的列表框中供用户参照选用。除此之外，还应该注意如下系统规定：

(1) 职员"代码"可由用户随意编码，只要保证每位职员代码不重复，且长度不超过6个字符即可。

(2) "到职日期"不能大于或者等于当前业务日期。

(3) "个人账号"不得重复。

(4) "所属工资类别"项必须填写，且只能从之前已经定义设置的工资类别中挑选。

(5) "职员类型"项必须填写，且只能从之前已经定义设置的职员类型中选择。

(6) "计税方法"可从以下三种取值中任选一种："一般计税"、"外方人员计税"、"不计税"。取值不同，计税的方法也会有所区别。

(7) "工资停发"项只能选择"是"或"否"，如果选择"是"的话，则当前职员的工资将被停发，至于是否在工资表上显示该职员信息，则要看我们在"账套参数"设置中是否设置了"工资表中显示停发工资人员"，如果不显示的话，则在日常工资计算中将不会出现该职员的工资档案信息，且该职员的工资款项将被自动清零。

若要删除某职员记录，则首先需要找到该职员记录，操作方法可以有多种：一种方法是通过点击工具栏中的"查找"按钮，然后输入职员代码或姓名来找到满足条件的职员记录（此时，最好选择部门目录树中的"所有部门"）；第二种方法则是先选择该职员所在的部门，然后在右边职员列表中查找。找到职员记录后，可点击右键从弹出的快捷菜单中选择"删除职员"或者直接单击工具栏中的"删除"图标，还可以调用"执行"菜单下的"删除职员"命令，但不管采用哪种方式，系统都会弹出一对话框让用户确认是否删除当前职员记录，点击"是"，则当前职员就会被删除，点击"否"或"取消"，则暂时放弃删除。还有一点要注意的是，已使用的职员（已有业务发生）系统不允许删除。

若要修改某职员信息，可以在窗口左边部门目录树中选择当前需修改职员的所在部门结点；在右方职员显示列表中选择需修改的职员，调用"执行"菜单中的"修改职员"命令，或者点击右键从随后弹出的窗口中选择"修改职员"程序项，或者双击当前职员记录行，都可以进入"编辑职员信息"子窗口，对当前职员信息进行修改编辑（职员代码不得修改）。修改完毕之后点击"√"保存修改信息。

七、工资项目设置

工资项目是职工工资的具体组成项，各单位可根据本单位工资管理的具体情况来定义相应的工资项目。在安易工资系统中，通过调用“基础资料”菜单下的“工资项目设置”程序即可进入设置工资项目的窗口，如图 7—9 所示。我们现在是以刚刚自定义的工资类别——“临时工资类别”作为当前活动工资类别进来的，因此，在系统预置的工资项目中，属于工资款项（数值型的工资项目）的除了“应付合计”、“扣款合计”、“实发合计”、“存零”、“补零”和“个人所得税”之外，再无其他的工资款项。而如果我们以系统预置的“普通工资类别”作为当前活动工资类别进来的话，则除了上述六项工资款项之外，还有其他一些工资款项，比如“基本工资”、“岗位工资”、“工龄工资”、“交补”等。上述这些工资款项，有的可以删除，也可以修改，有的则不行。那么到底哪些可以删除或者修改，哪些又不行呢？这取决于“项目性质”的具体取值。通常，项目性质分为固定项和自定义项。固定项就是系统预置的工资项目，系统预置的工资项亦包括两部分：

一部分在系统初始进入时已添加在工资项表中，且不允许用户对其进行修改和删除，如“部门代码”、“职员代码”、“应发合计”、“实发合计”等，另一部分是系

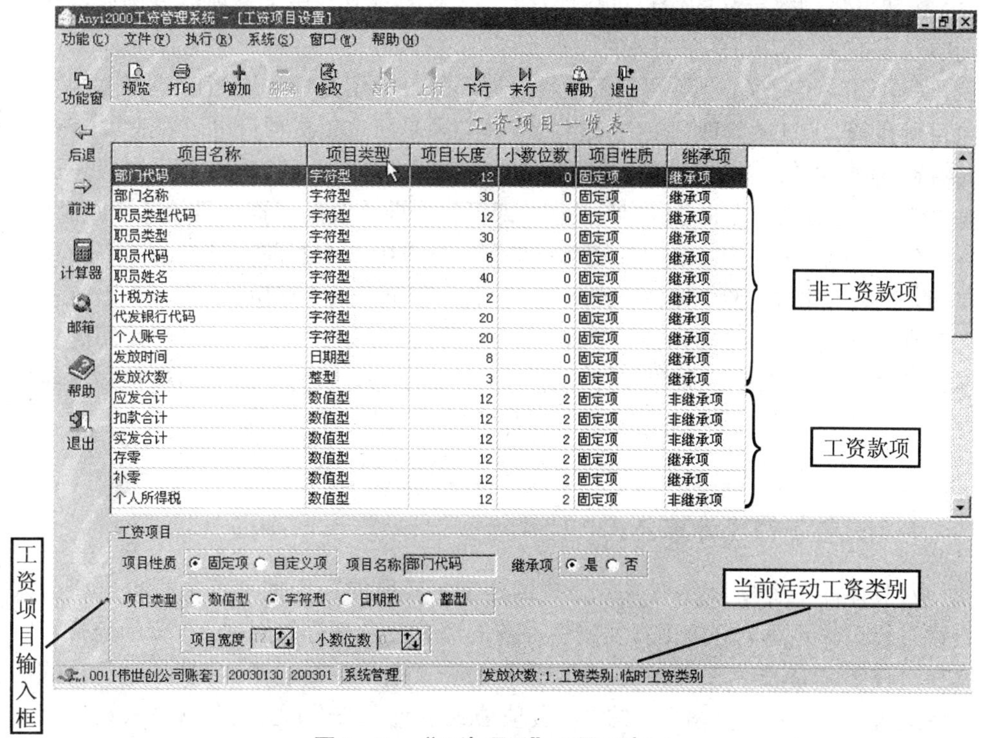

项目名称	项目类型	项目长度	小数位数	项目性质	继承项
部门代码	字符型	12	0	固定项	继承项
部门名称	字符型	30	0	固定项	继承项
职员类型代码	字符型	12	0	固定项	继承项
职员类型	字符型	30	0	固定项	继承项
职员代码	字符型	6	0	固定项	继承项
职员姓名	字符型	40	0	固定项	继承项
计税方法	字符型	2	0	固定项	继承项
代发银行代码	字符型	20	0	固定项	继承项
个人账号	字符型	20	0	固定项	继承项
发放时间	日期型	8	0	固定项	继承项
发放次数	整型	3	0	固定项	继承项
应发合计	数值型	12	2	固定项	非继承项
扣款合计	数值型	12	2	固定项	非继承项
实发合计	数值型	12	2	固定项	非继承项
存零	数值型	12	2	固定项	继承项
补零	数值型	12	2	固定项	继承项
个人所得税	数值型	12	2	固定项	非继承项

图 7—9 “工资项目”设置示意图

统预置供用户随时选取使用的工资项，该部分用户只可决定是否选用，但不可修改，具体包括：基本工资、岗位工资、工龄工资、奖金等。自定义项就是指用户自己定义的工资项目，这些项目在未被正式使用之前，都可以删除和修改，如“存零”、“补零”项。如果在“账套参数”设置时指定要“扣零”，则此两项不得删除，否则可以删除。还有像“个人所得税”项目也是如此，如果在“账套参数”设置时指定了要从工资中代扣个人所得税的话，则工资项目中的“个人所得税”项目就不得删除。下面，我们来学习如何增加、修改或删除工资项目。

(1) 增加工资项目：在“工资项目设置”窗口，移动鼠标点击窗口上方的“增加”键（见图 7—9），或调用“执行”菜单（见图 7—9）下的“增加项目”程序项，此时窗口下方“工资项目输入框”可用，允许指定或输入所需定义的工资项目的“项目性质”、“项目类型”、“项目宽度”、“项目名称”、“小数位数”、是否“继承项”等数据项。当“项目性质”指定为“固定项”时，“项目名称”只能从系统预置项目列表框中选择，其“项目类型”和“项目宽度”等数据项也由系统自动规定，用户可根据具体情况选择该项目是否为“继承项”，该数据项的取值决定了该工资项数据在本期结账后是否自动带入下期，若当前工资项目被选定为“继承项”，则该项工资数据在本期结账后会被自动带入下期，否则会被清空。输入完毕之后点击“保存”按钮可将刚才定义的信息进行保存，一旦保存成功，该工资项将直接显示在工资项列表中。

(2) 修改工资项目：在“工资项目设置”窗口中用光标选取当前待修改的工资项目所在行，点击“修改”按钮（当然前提必须是所选工资项目可以修改），或调用“执行”菜单中“修改项目”项，系统将自动激活“工资项目编辑”框，一般只可修改“继承项”设置。点击“保存”按钮，即可将当前修改的工资项目信息予以保存。

(3) 删除工资项目：在“工资项目设置”窗口中选中当前待删除的工资项目所在行，然后点击“删除”按钮，或调用“执行”菜单下的“删除项目”项，系统提示是否真正删除，点击“是”键，当前工资项目即被删除（当然，对于已使用的工资项目是不允许删除的）。删除工资项目时一定要小心，因为被删除的项目很可能包含在其他的公式中，这样势必导致计算错误。

工资项目设置完毕之后，即可着手进行工资项目计算公式的设置。

八、设置工资项计算公式

对具体的工资项目分别进行公式的定义，其目的在于使系统能根据这些公式自动进行逻辑运算，解决工资发放中存在的部分复杂核算的问题。工资项公式在定义后允许随时修改，工资计算自动按最新的公式进行数据运算。工资项计算公式的设置通过调用“基础资料”下的“工资项公式设置”来进行。工资项公式设置就是要设置指定工资项目的计算规则，安易工资系统规定，允许一个工资项目定义多个工资计算规则，每个规则可指定具体的适用条件。将来，系统可根据公式设置时所定义的不同条件自动地调用相应的计算规则，计算出对应工资项目的具体数值。下面结合实际例子来讲解如何设置工资项计算公式。

例 7.1　某单位工资制度要求，对职工请事假要区别对待：当请事假天数在 3 天以内时，每请 1 天扣款 50 元；当请事假天数超过 3 天但少于 10 天时，超过 3 天的部分，将按照一天 60 元的标准来扣款；而当请事假天数超过 10 天以后，则本月基本工资全额扣除。请设置事假扣款的计算公式。

通过审题，我们发现，这就是一个工资项目对应多个工资计算规则的典型例子，我们可以按照以下步骤来进行：

(1) 调用“基础资料”菜单下的“工资项公式设置”功能模块，进入公式设置操作窗口。

(2) 选择指定的工资项目（要新增工资计算规则的工资项目），本例为“事假扣款”。

(3) 定义计算规则。在工资项计算规则列表框中，单击“增加”按钮，系统自动切换到计算规则窗口，现在可以定义设置第一条规则。

(4) 进行条件定义，对该工资项目当前计算规则的执行条件进行定义。具体操作方法为：从项目列表框中选择“事假天数”，在“条件”栏选择“＜＝”（表示小于等于），在“值”栏输入“3”。

(5) 定义项目金额与工资基本项之间的关系。表达这种关系可以有两种方式：一种方式是在“等于”框中输入合适的表达式；另一种则是选择“在本工资项基数上（如果已设定）”以“增加”、“减少”或“乘系数”的方式来表达。用哪种方式要根据该工资项目的计算要求来决定，拿本例来说，我们选择第一种方式，在“等于”框中输入或引导输入：[事假天数] ×50。

(6) 显示最终表达式，如果认为最终表达式没有问题，则可点击“确定”键保存当前计算规则，并返回工资项公式设置主操作界面，点击“取消”键则直接退出当前的操作。

以上各步构成一条计算规则的设置步骤。针对本例，我们还需继续设置。

(7) 再点击“增加”按钮，又进入“计算规则”窗口，分别定义条件、计算关系表达式等，有关第二条计算规则设置内容可参见图 7—10 所示的内容。

(8) 第二条计算规则定义完毕之后，点击“确定”按钮返回到工资项计算公式设置主操作界面。再次点击“增加”按钮，设置第三条计算规则，然后返回到主操作界面，此时，我们可以看到“事假扣款”有三条计算规则，图 7—11 所示。

在公式定义时，因为数据间存在继承性，故一定要注意公式定义的顺序，先定义的公式中不要包括还没有定义公式的项目。例如：定义公式的顺序为 L01＝L02＋L03，L02＝L04＋L05，这种顺序会导致计算错误，正确的顺序应该是 L02＝L04＋

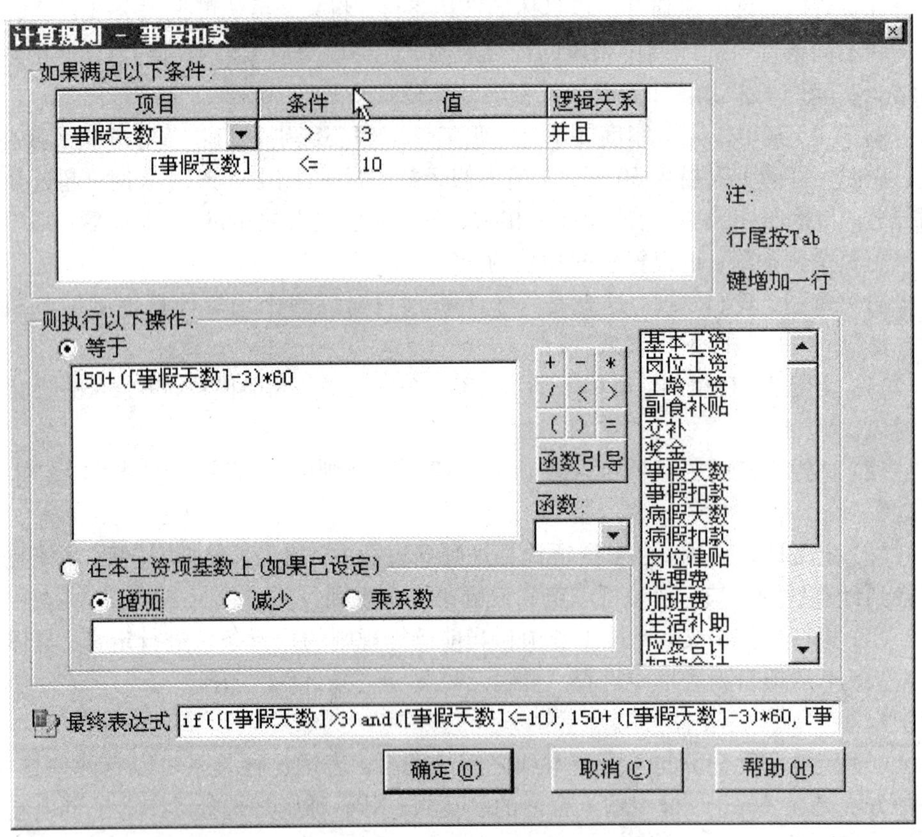

图 7—10 “计算规则”设置画面

L05，L01＝L02＋L03。

如果要删除当前工资项公式，可以在图 7—11 所示窗口的左边选择该工资项目，此时窗口的右边应该显示该工资项目的计算规则，选择待删除的计算规则，然后点击“删除”按钮即可删除该条计算规则。如果只是要修改当前工资项公式，可以参照刚才“删除”的操作方法，只不过把最后一步点击“删除”按钮换成点击“编辑”按钮，系统会自动切换到计算规则窗口，用户可重新对该计算规则进行修改定义。

安易工资系统对“应发合计”、“扣款合计”、“实发合计”等固定工资项目也没有预置计算公式，因此，用户需要将这些固定工资项目的计算公式自行定义设置，否则进行工资计算时，将不能自动生成应发、扣款与实发的工资数据。即：凡是可以通过计算得到的工资项目，如果不设置计算公式的话，只能手工输入，否则这些项目不可能有实际数，“个人所得税”项目例外，只要用户在账套参数中设定了“从工资中代扣个人所得税”，则个人所得税的计算由计算机自动算出。

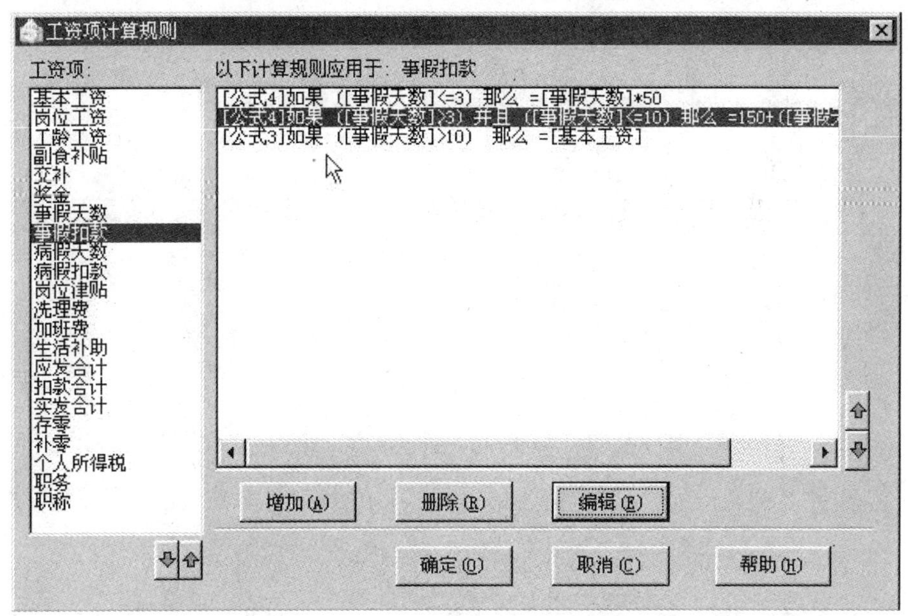

图 7—11 “工资计算公式”设置主操作界面图

另外，每一个工资类别都必须单独定义其工资项计算公式，哪怕是同一个工资项，只要切换了工资类别，原工资类别下所设置的计算规则一律失效，系统会按照当前工资类别下所设置的工资项计算公式来计算有关工资项目。关于切换工资类别需要重新再做的初始设置，我们会在后面继续介绍。

九、个人所得税税率设置

安易工资系统已按个人所得税的标准九级超额累进制计税方法的要求预置了有关级次设置信息，用户可调用“基础资料”菜单下的“个人所得税税率设置”功能模块，进入“个人所得税设置”窗口，如图 7—12 所示，在系统默认的九级超额累进制计税方法的基础上，可自由增加或减少级数，也可改变应纳税基数、附加费数目、税率和速算扣除数等参数。

（1）增加个人所得税税率信息：进入“个人所得税税率设置”窗口，移动鼠标点击窗口上方的“增加”按钮，或者点击“执行”菜单项中的“增加信息”程序项，或按鼠标右键从弹出的菜单中点选“增加信息”，系统都会自动在“个人所得税税率一览表”表尾增加一条记录，记录中的下限值直接取自上一级的上限值（如原上级次中无上限值，则系统自动将值定义为上级次的下限值+1），税率及速算扣除数为零。这里，“应纳税所得额下限”是指某级次的最低金额，它等于其上一级次的上限额；“应纳税所得额上限”则是指某级次的最高金额，不得小于等于本级次的下

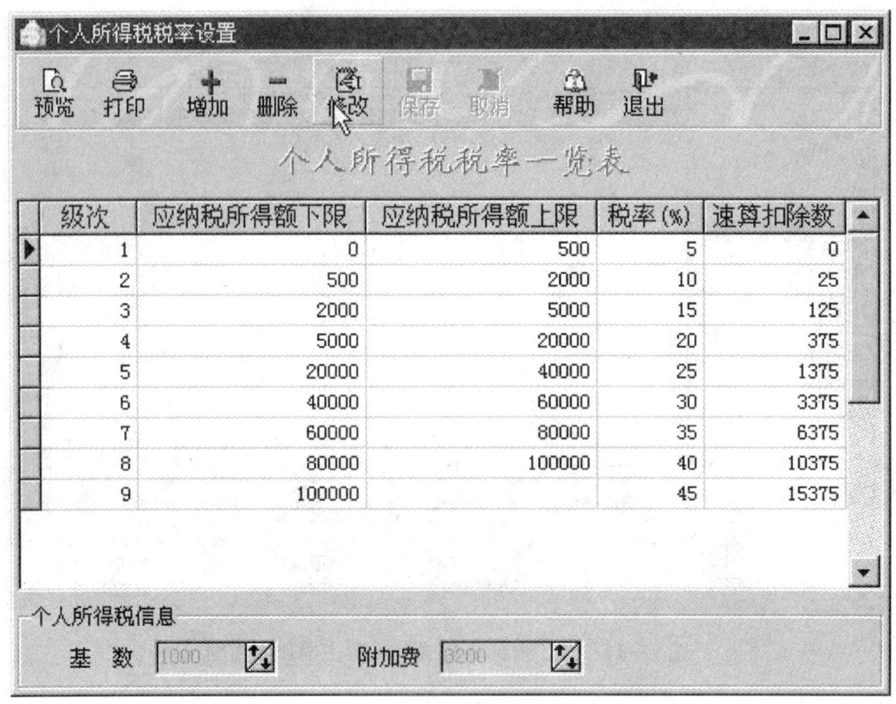

级次	应纳税所得额下限	应纳税所得额上限	税率(%)	速算扣除数
1	0	500	5	0
2	500	2000	10	25
3	2000	5000	15	125
4	5000	20000	20	375
5	20000	40000	25	1375
6	40000	60000	30	3375
7	60000	80000	35	6375
8	80000	100000	40	10375
9	100000		45	15375

图 7—12　“个人所得税税率设置”操作窗口

限额。用户可按税率具体要求做进一步的修改调整。填写完毕后单击“保存”键存盘生效。但要注意，税率与速算扣除数必须逐级递增，否则系统不允许保存。

此处，与增加的个人所得税税率相联系的模块有“工资计算/工资数据编辑”以及“工资计算/个人所得税计算”，这两个模块今后执行“扣税”程序所使用的个人所得税税率便是此处已经设置定义好的个人所得税税率信息。

(2) 删除个人所得税税率信息：系统规定执行“删除”操作，只能从最末一级税率记录开始删除，不允许跨级删除。其操作方法很简单：点击窗口上方的“删除”键，或调用“执行”菜单中的“删除信息”程序项，或单击鼠标右键从弹出的快捷菜单点选“删除信息”，系统都会弹出一对话框让用户确认是否要删除最末一级税率信息，点击“确定”即可删除。点击“取消”则退出当前操作。系统规定，税率表只剩一级时将不允许再删除。

(3) 修改个人所得税税率信息：点击窗口上方的“修改”按钮，或者调用“执行”菜单中的“修改信息”程序项，或者单击鼠标右键从弹出的快捷菜单中点选“修改信息”，都可以进入修改税率信息状态，用户可对表中的应纳税所得额的上限、税率、速算扣除数三项内容以及窗口下方的“基数”和“附加费”进行修改，其中：“基数”指计税前的扣减部分，即不需归入纳税范围内的费用扣除额；“附加费”

则是指外资企业的外方工作人员工资应纳税的总基数与国内员工基数的差额，该两项内容原则上不需改动。如果进入修改状态，想要放弃当前修改的内容（在未存盘之前），可点击“取消”按钮退出修改编辑状态。如果要确认当前所做的修改，则点击“保存”按钮即可。

十、切换到其他工资类别仍需要重新做的基础设置工作

通过调用“基础资料”菜单下的“切换工资类别”程序就可进入“切换工资类别”窗口，在窗口上方选择要切换到的工资类别，然后输入业务日期，确认无误后点击“切换”按钮便可进入另外一个工资类别的工作状态。工资类别相当于工资账的二级账，因此，当我们完成一个工资类别的初始化内容设置之后，切换到其他工资类别，还需要再重新做一些相同的初始化设置工作，主要包括：账套参数设置、工资项目设置以及工资项计算公式设置。这三项初始化设置与当前工资类别的具体核算紧密相关，绝对不要以为先前已经做了这三项初始化设置，就不用再做了，因为，先前所做的这三项初始化工作内容只是针对上一个工资类别而言，而与当前的工资类别无关，针对当前的工资类别，还需要调用这三个初始化设置模块做一些参数设置（毕竟不同的工资类别在上述三个初始化设置中所设置的参数应该有所不同，否则就没必要分为不同的工资类别了）。

十一、工资系统操作员及权限管理设置

前面已经提到，在安易账务处理系统中所设置的工作组和操作员的基本信息会自动带到安易工资系统中来，因此，在安易工资系统中，我们只需对“功能权限”和“数据权限”进行具体的设置即可。当然，系统也允许对工作组和操作员做进一步的调整设置。

（一）功能权限的设置

此处的“功能权限”只针对工作组，这与安易账务处理系统中的“功能权限”的授权对象是一样的。可以授权的具体功能权项包括：工资类别、工资基础资料、工资计算、账表管理、费用分摊、凭证处理、系统七大功能权项，用户可把这其中的某些功能权项赋给某个工作组，而其他一些功能权项不允许该工作组拥有。基本的操作方法可参照账务处理系统中的“功能权限”的设置方法。

（二）数据权限的设置

此处的“数据权限”授权对象只针对具体的操作员，而不针对工作组。授权的数据类型包括“部门”、“职员”、“职员类别”、“工资项目”四种，用户可对某个操作员设置上述四种数据类型的操作权限。举例来说，可以如图 7—13 所示允许操作员“伟能达”使用“事假扣款”、“病假天数”等这样一些工资项目，而其他工资项目的数据操作权不给他，那么以后“伟能达”注册进入安易工资系统进行工资数据编

辑时，只能对上述许可的工资项目有关数据进行编辑，而对其他工资项目则无权编辑数据。这就是数据权限授权的作用。同理，我们也可以对“伟能达”这个操作员限制部门使用权，只允许他操作某几个部门，比如财务部、销售部，而不允许他操作其他部门，这也可以通过数据权限的设置来实现。因此，合理地运用“数据权限”设置功能，可以起到很好的内部分工牵制的作用。

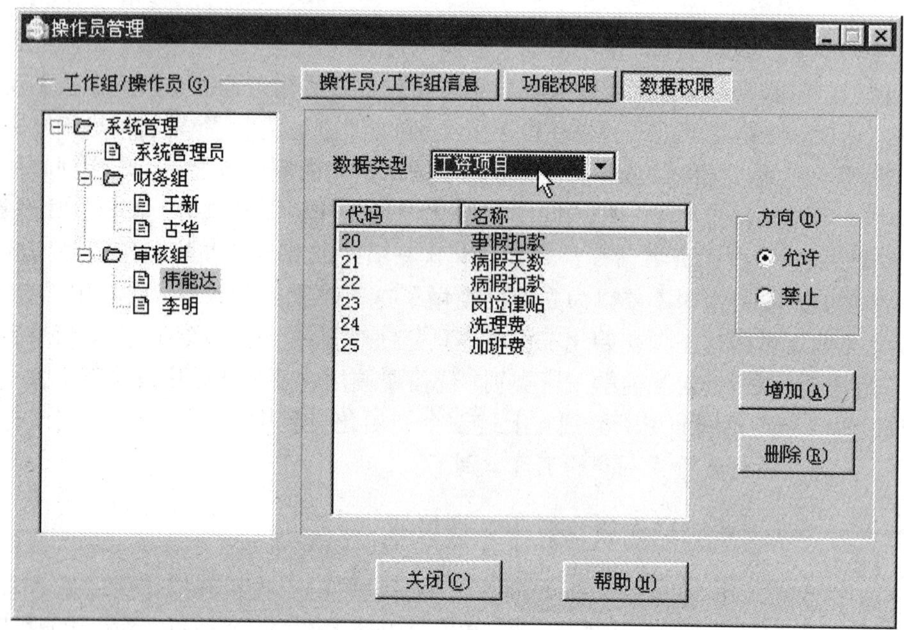

图 7—13 “操作员管理”之“数据权限”设置画面

对操作员管理所做的有关设置必须重新注册进入系统才能发挥作用。

上述初始化设置完成之后，就可以转入日常工资业务处理阶段了。

第三节 安易 2000 工资管理系统的日常业务处理技术

一、工资数据编辑与计算

(一) 工资款项数据的编辑技术

可通过调用“工资计算/工资数据编辑”功能模块来完成本次工资数据的输入、计算、排序、查找、替换、打印等处理工作（工资历史数据在报表中查询）。调用该模块还能进行日常职工工资数据的局部录入、调整和计算。例如，平常水电费扣发、事病假扣发、奖金等变动项都可调用该模块进行录入。

当我们执行“工资数据编辑”模块程序时，会看到“条件——工资编辑”对话框，可以指定具体的部门以及职员类型，系统会根据所指定的部门及职员类型锁定职员工资记录，这样未指定的部门及职员类型的职员工资记录就不会出现在编辑窗口，这实际上是分门别类输入职工工资数据的一种有效做法。当然，我们也可以什么都不用指定，直接点击“确定”按钮进入“职员工资编辑表”窗口，此时属于当前工资类别核算范围的职员工资记录会全部显示在窗口之中，超过一页的话，可通过移动窗口右边的控制条来翻页，或者通过“PageDown”、“PageUp”来实现翻页。进入“职员工资编辑表”窗口，里边的项目非常多，但有的项目比如“部门代码”、“部门名称”、“职员类型代码”等仅起着提示作用，不能在该窗口对这些项目进行修改，因此，我们有必要调整压缩工资项目，把起提示作用的项目保留最关键的几个（以能辨别出当前职员的身份为主），保留需要直接通过此窗口编辑输入的全部工资项目，而能够通过计算公式计算得出的工资项目暂时也不显示在编辑窗口之中，为此我们可以点击“职员工资编辑表”窗口中的“筛选”按钮，设置显示项，并把所做的设置保存在指定的格式名文件中，有关内容如图 7—14 所示。这样每次需要按特定“显示格式”显示工资项目数据时，就可以通过调用“筛选”功能，选择格式名，再点击“确定”按钮，“职员工资编辑表”窗口就可以按照存放在该格式中的

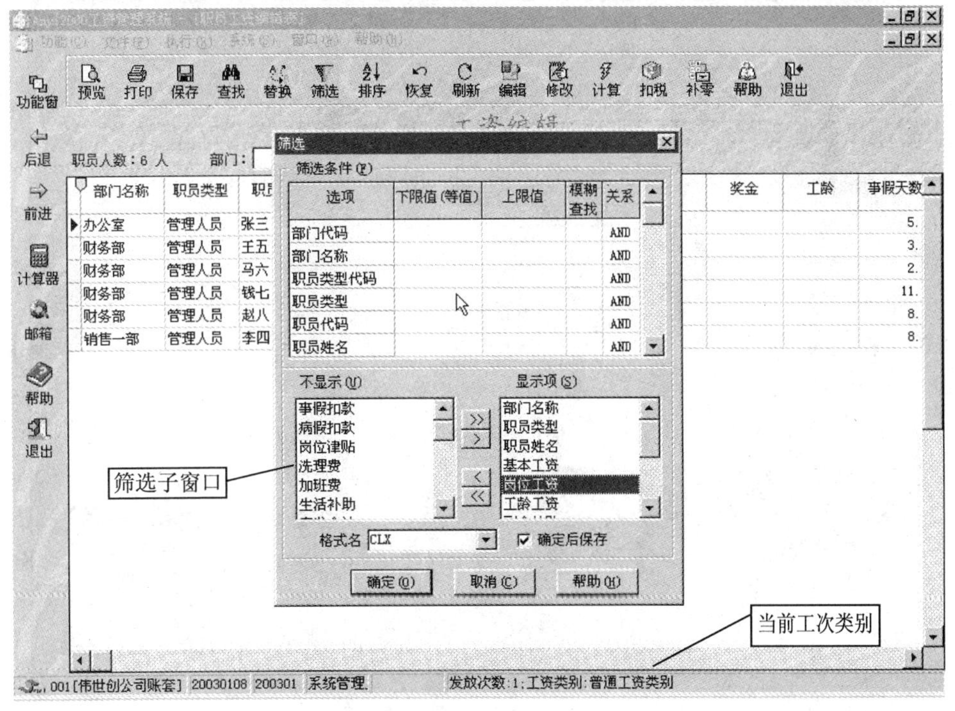

图 7—14　“职员工资编辑表”窗口及筛选子窗口界面图

显示项目来显示。我们建议使用“工资数据编辑”功能时，设定两个显示格式，一个就是刚才所提到的格式，另外一个，则可以把所有的工资项目都显示出来（包括输入的工资项目和计算得出的工资项目），根据具体的工作程度来分别调用不同的显示格式。

为方便用户进行数据修改，该模块可以对工资数据编辑框中的逐条信息进行单独的数据页编辑，每页显示一个员工的完整工资项编辑信息，页中可进行上一职员或下一职员的自由切换。这可以通过在工资数据编辑框中选择要编辑的某一职员的工资数据记录，然后移动鼠标点击窗口上方的“编辑”图标来实现，其工作画面如图 7—15 所示。“工资项目数据页编辑”窗口的左方是当前记录的职员信息及工资信息的具体情况，窗口右方是该职员工资项目的详细列表，用户如要对该职员的工资项目进行修改，可以直接在窗口右方的“内容”栏中改写。当前职员工资项目编辑完毕后点击“保存”按钮保存，点击“取消”按钮则表示放弃当前所做的修改；如要对前后职员工资信息继续编辑，则可点击“上一职员”或“下一职员”键进行前后查询；操作完毕后点击“退出”键即可退出当前操作，所编辑的内容自动进入工资数据编辑列表中。

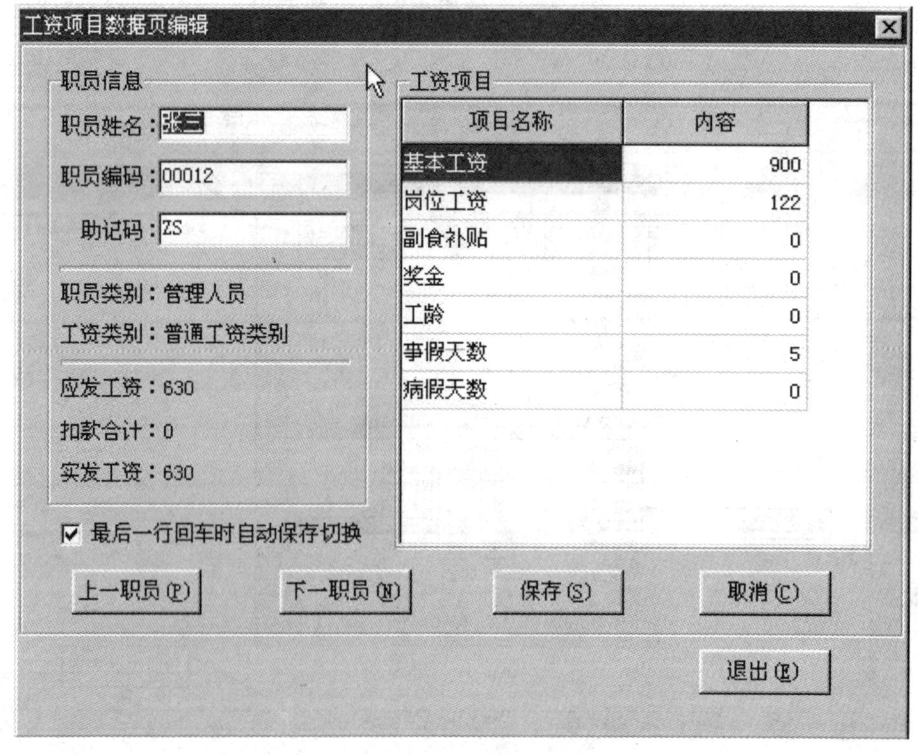

图 7—15　“工资项目数据页编辑”画面

该模块还提供了便于对少量工资项数据进行修改的操作，也就是我们所说的全屏幕状态下的修改操作，方法是：移动鼠标点击窗口上方的“修改”图标，此时便可以在工资编辑列表中对所要修改的数据项进行修改，修改完毕后，点击“保存”图标进行存盘。

在“职员工资编辑表”窗口，我们还可以通过指定部门或职员类型来锁定职员工资记录，操作方法是：需要按部门锁定时，从部门下拉列表框中指定部门，在所需指定的部门名称之前打对勾，然后单击其中一个部门名称，再移动鼠标点击窗口上方的“刷新”就可以完成部门锁定（或部门过滤）；需要按职员类别锁定职员工资记录时，先从职员类别下拉列表框中指定某个职员类别，然后点击“刷新”，不过此时，部门锁定情况最好为空或“所有部门”。

当要快速定位某一职员工资记录时，可以移动鼠标点击窗口上方的“查找”键，出现一个查找职员的输入框，用户可以用部门名称、职员姓名、职员编码、助记码来查找。

(1) 如已知职员所属部门，则在部门名称下拉框中选择该部门，右边列表框中会自动显示所选部门的所有职员姓名和编码（因为职员姓名有可能重复，编码则不可能重复，所以两项同时显示），鼠标单击要查找的职员，点击“确定”键，即可在工资编辑表中定位要查找的职员工资数据记录。

(2) 如已知姓名，可在职员姓名输入框中输入具体姓名，在右边的列表框中选择职员，确定后即可查找到该职员工资记录。

(3) 如已知职员编码，可在职员编码中输入具体职员编码值进行查找，每输入一位代码，右边列表自动列示出符合已输入代码的所有职员。

(4) 助记码是职员姓名每个字拼音的第一个字母组合，用助记符也可快速查找到要查的职员。

所有工资项目数据编辑完毕之后，可点击窗口上方的“计算”图标，系统会根据之前所定义的工资项计算公式算出那些待计算的工资项目具体值。如果在工资账套参数中设置了“从工资中代扣个人所得税”，并且在部门职员信息设置时指定了职员的计税方法为“一般计税”或者“外方人员计税”，那么，系统会根据个人所得税税率设置的情况自动算出这些职员的个人所得税。不过，扣税计算所依据的工资项目要通过点击窗口上方的“扣税”图标来设置，在随后弹出的对话框中指定扣税工资项目名称和需要代扣税的工资发放，经过这样设置之后，在工资计算过程中自动算出的职员个人所得税就准确无误了。点击“保存”图标将本次工资数据予以存盘。

(二) 工资款项数据的批量修改

批量修改适合对满足条件的职工工资项目的成批修改，比如通过批量修改可将管理人员的交通补助集体上调到某个数值。下面结合具体的操作实例来讲解如何进行批量修改。

例 7.2　将职员类型为“管理人员”或者“经理人员”的职员的副食补贴统一调整到 200 元。

操作要点：进入“工资数据编辑”窗口，点击窗口上方的“替换”图标，系统弹出“替换工资项目”输入框。点击窗口上方的工资项目栏的下拉式菜单，从中选择要替换的工资项目名称（本例为“副食补贴”），在其后的替换值输入框中手工输入替换后的工资项目的金额（本例为 200）。然后，在窗口下方的替换条件输入框中定义进行替换处理的工资项目范围（本例先选择工资项目为“职员类型”，在关系符号处选择“=”，在项目值处选择“管理人员”，选择“或者”定义第二个条件，在第二行条件输入时，选择工资项目为“职员类型”，在关系符号处选择“=”，在项目值处选择“经理人员”），选择完毕后点击“确定”按钮，则系统自动将符合替换条件的工资项目替换为新值，返回到已刷新的工资数据编辑窗口；点击“取消”按钮则退出当前操作。有关操作画面如图 7—16 所示。

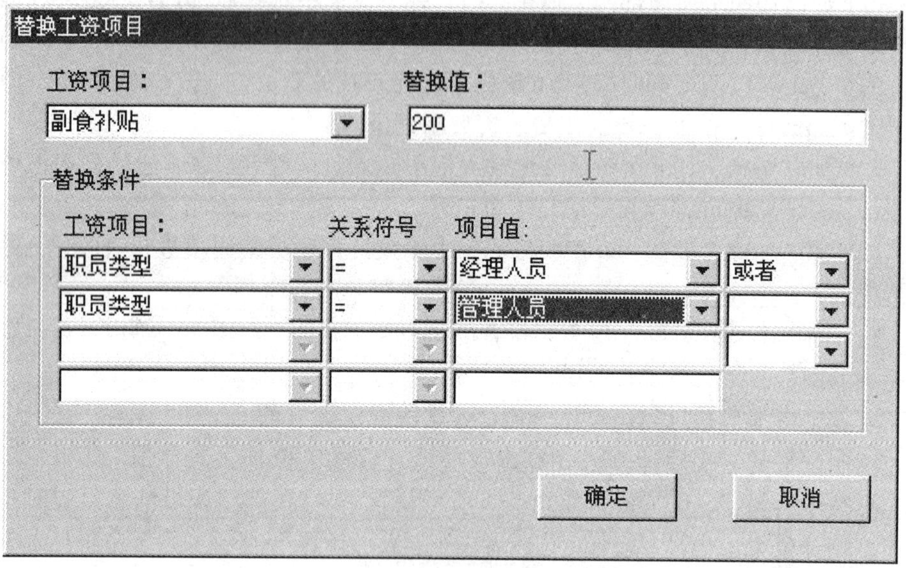

图 7—16　“替换工资项目”操作画面

需要注意的是，替换工资项目是将满足条件的指定工资项目成批修改，因此，替换条件的设置非常重要，替换条件如果设置得不对，就会出现张冠李戴，不该替换的替换了，而该替换的却没有替换，造成工资系统数据的紊乱，因此，除非工资普遍调整具有一定的逻辑条件（比如本例副食补贴的调整），否则一般不使用替换工资项目来批量修改工资项目数据。

二、个人所得税的计算与申报

针对许多企事业单位计算职工工资薪金所得税的工作量较大的情况，安易工资系统特别提供个人所得税自动计算功能，用户只需自定义所得税税率及本次扣税的范围，系统自动计算个人所得税。对于一个月内多次发放工资的情况，允许用户选择其中的部分工资发放数据进行单独的扣税计算并显示，此处的扣税期间选择不影响工资发放的扣税计算。

我们在前面已经提到个人所得税的计算，关键要设置好扣税工资项目名称，这可以通过“工资数据编辑”窗口中的“扣税”设置功能来完成，也可调用“执行”菜单下的“设置代扣个人收入调节税期间”功能来设置，完成设置后再执行一次“计算”功能即可计算出全部职工的个人所得税。有些工资项目的增项，比如独生子女费、补贴等，不作为计税工资项目，如果我们选择“应付工资”或者“实发工资”作为扣税工资项目名称的话，则不免会将这些非个人所得税计税工资项目也包括在计税工资项目内，这样个人所得税的计算就与实际不符。为了避免此类问题的出现，我们可以在工资项目设置时，增加一个工资项目“计税工资”，然后在“工资项计算公式”设置模块为“计税工资”项目定义计算公式，这样再执行“设置代扣个人收入调节税期间”功能时，就可以指定扣税工资项目为“计税工资”，再计算所得税就不会出现刚才的问题了。

个人所得税计算完毕之后，可以使用安易工资系统形成个人所得税申报表，这可以通过调用“功能/工资计算/个人收入所得税申报”模块来实现。进入“个人所得税申报”窗口后，系统自动把当月所有的工资发放，除去个人调节税不为零的工资发放之后，按“扣税工资项目”进行合计，根据已经定义完毕的个调税级次设置，依照个人所得税税率表自动计算扣缴所得税税额，并生成申报表，如图 7—17 所示。

点击窗口上方的“税率”按钮，系统弹出“个人所得税税率表”窗口，可以查看各级税率。在个人所得税申报窗口也可以定义扣税期间，点击窗口上方的“扣税”按钮，系统自动弹出“选择本次代扣所得税范围”窗口，按之前所讲解的方法选择“扣税工资项目名称”和代扣个人所得税范围，选择完毕后点击“确定”按钮，系统会根据已选代扣税期间重新计算显示个调税申报表。

三、生成银行代发工资数据

目前，社会上许多单位的工资发放采用信用卡或存折的形式来替代现金发放的形式，生成“银行代发”工资数据就是针对以上工资发放形式来生成企业向银行

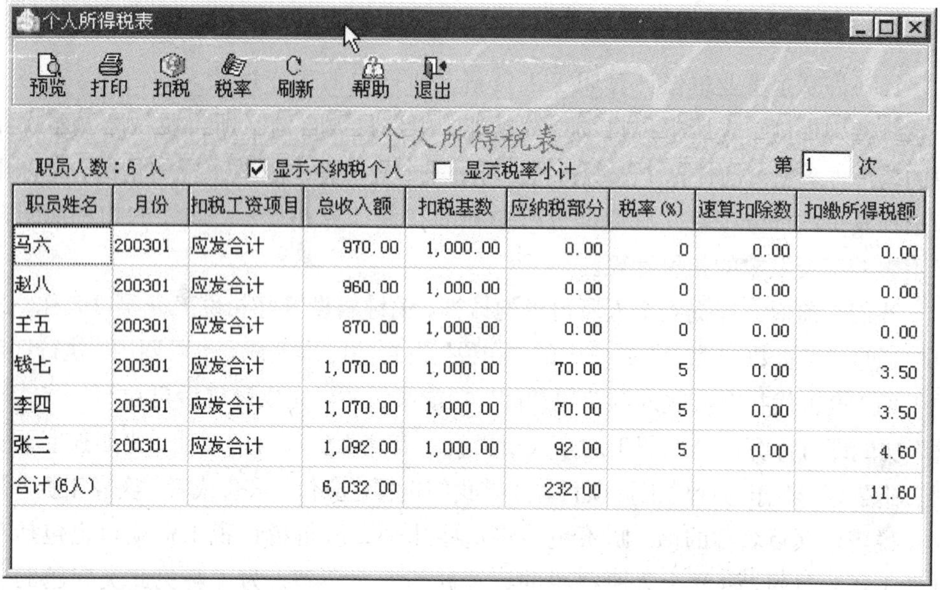

个人所得税表

预览 打印 扣税 税率 刷新 帮助 退出

个人所得税表

职员人数：6 人　☑ 显示不纳税个人　☐ 显示税率小计　第 1 次

职员姓名	月份	扣税工资项目	总收入额	扣税基数	应纳税部分	税率(%)	速算扣除数	扣缴所得税额
马六	200301	应发合计	970.00	1,000.00	0.00	0	0.00	0.00
赵八	200301	应发合计	960.00	1,000.00	0.00	0	0.00	0.00
王五	200301	应发合计	870.00	1,000.00	0.00	0	0.00	0.00
钱七	200301	应发合计	1,070.00	1,000.00	70.00	5	0.00	3.50
李四	200301	应发合计	1,070.00	1,000.00	70.00	5	0.00	3.50
张三	200301	应发合计	1,092.00	1,000.00	92.00	5	0.00	4.60
合计(6人)			6,032.00		232.00			11.60

图 7—17　“个人所得税申报”操作界面

传输的实际的代发工资文件，通过将该文件传递给银行，最终由银行完成代发工资功能（把企业在代发银行账上的款项划拨到每个职工个人工资账户中）。此项工作可通过调用“工资计算/银行代发”功能模块来完成，该模块可满足用户按不同银行的具体要求分别定义银行代发工资文件模式的需要，主要包括文件类型与文件格式两部分信息。设计完毕后直接导入相应数据，以供浏览查阅，并可打印或以一定的文件类型输出到系统外部（如软盘等）。

具体操作步骤如下：

(1) 进入银行代发格式设置窗口，如图 7—18 所示，点击窗口上方银行名称列表框，从中选择代发银行名称。

(2) 再定义文件类型：文件类型可从“定长文件”、“不定长文件”和“数据库文件”三种类型中选择其一。当选择文件类型为“定长文件”，可以对补位符进行选择，补位符可以是空格、0 或者逗号中的一种；而如果所选文件类型为“不定长文件”，则需要定义“分割符”和“括项目符号”。所谓“分割符”，它是两个字段内容之间的区别符号。“括项目符号”指的是字段内容的标引符号，可在单引号或双引号之间选择。对于前两种文件类型，都可以选择“清除数字中小数点”项，该项被选中的话，意味着金额数字将被去掉小数点。如果用户选择的文件类型为数据库(.DBF)，则不用选择补位符、分割符和括项目符号。

(3) 单击“文件格式设置”页标签进入定义文件格式的操作步骤，此步操作

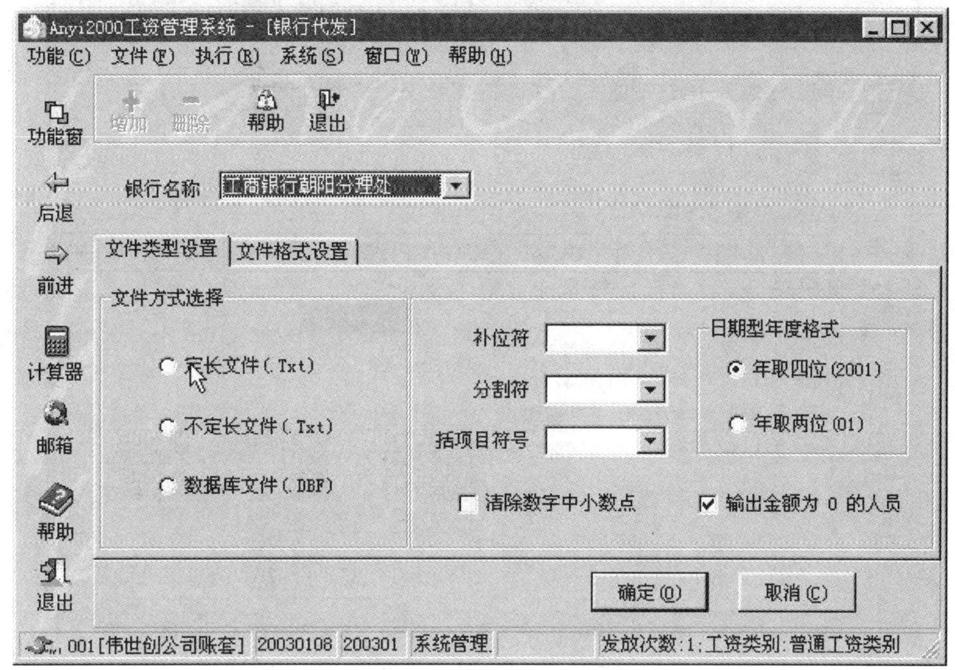

图 7—18 “文件类型设置”画面

为最复杂的一步，主要要完成代发文件的具体项目字段的设置，比如通常银行代发文件会包含“个人账号”、“职员姓名”、“实发合计”等项目字段，可以单击“增加”按钮来添加一个项目字段空白行，然后从项目名称列表框中选择具体某个项目作为工资文件字段。另外，如果银行要求输出的文件中带有合计项目数据，比如输出的文件（.TXT）需要提供实发工资的总计数，并且在首行显示，那么我们还需在文件格式设置窗口的下方“合计项目输出”编辑栏定义需要输出的合计项目，并选择是在首行输出，还是在末行输出。本步骤操作画面如图 7—19 所示。

(4) 全部设置完毕后，点击“确定”按钮键，则自动显示银行代发一览表格式，并将当期工资发放数据带入显示。如图 7—20 所示。

(5) 在银行代发一览表窗口中，单击“输出”图标，弹出“另存为”窗口，录入文件名并选择保存路径，完成后点击“保存”键即可生成银行代发的工资文件。将此文件通过电子邮件、磁盘或者远程通信等方式传给开户银行，即可完成“工资代发报盘工作”。

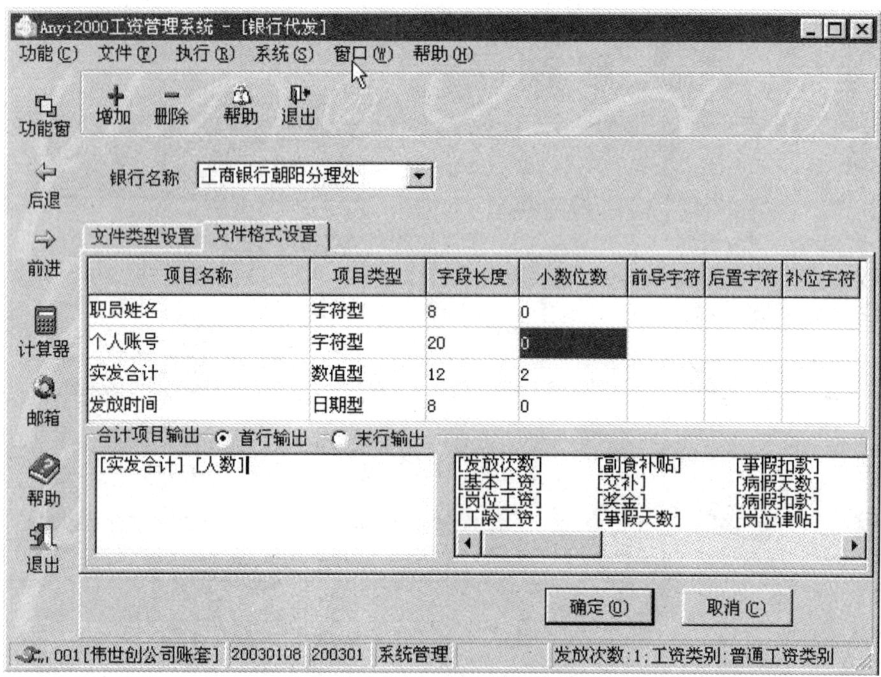

图 7—19 “文件格式设置”画面

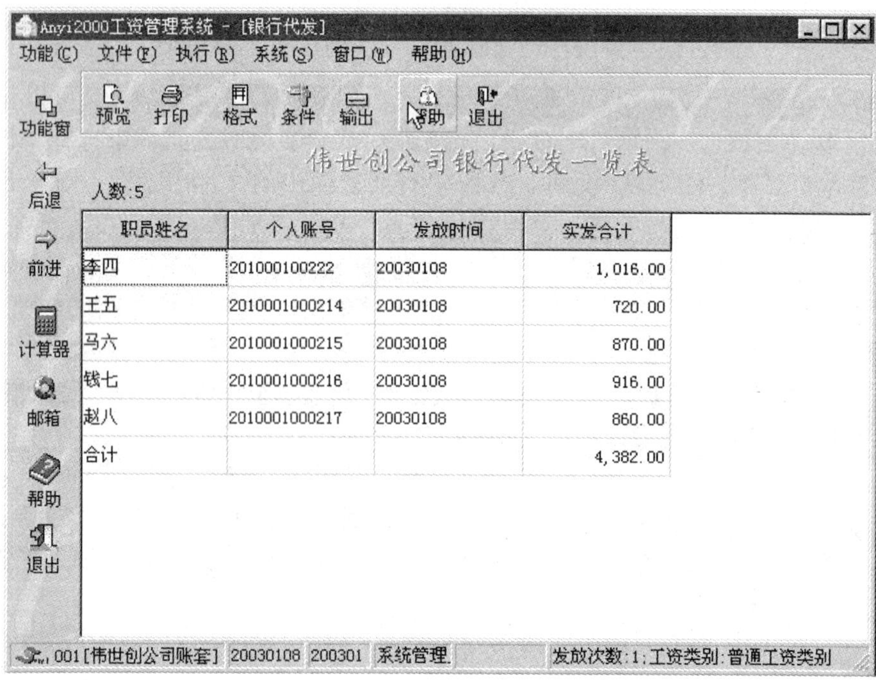

图 7—20 “银行代发工资”操作画面

四、工资账表输出

（一）输出的工资账表类型及作用

现把安易工资系统能够输出的账表作个简要说明：

(1) 工资发放表：列出当次工资发放所有工资项目及发放人员的统计清单，系统默认为当次，也可以定义其他各期间段的工资发放。

(2) 工资条：列示当次工资发放所有工资项目及发放人员的统计清单，可以按照职员姓名逐一分段打印，便于分发。

(3) 职工工资面额表：针对某工资项金额计算得出的该单位工资发放票面额的分配清单，用于出纳按票面取款，以便发放。

(4) 职员工资台账：将某个年度内某个职员所有定义的工资项的数据按照发放次数逐一统计并求出总额与平均值的列表。

(5) 项目工资统计表：将当次所发放工资的所有工资项目的数据按照同一类别逐一累加，并按照累加的职员人数计算平均工资项数据的统计报表。

(6) 部门类别工资统计表：将工资项内容按照两种方式统计，即按部门类别统计和按职员类别统计。

(7) 部门工资构成分析表：按照各个工资项实际数额与占合计额的百分比作为分析数据，统计产生部门工资构成分析报表。

(8) 职员项目工资统计表：按照不同的条件统计单个工资项目单次发放的金额及汇总发放的金额的统计报表。

(9) 项目部门工资统计表：即按部门统计各个工资项目的总额及平均值；按工资项目统计各部门该工资项目的发放情况。

(10) 项目类别工资统计表：即按员工类别统计各个工资项目的总额及平均值；按工资项目统计各部门该工资项目的发放情况。

(11) 部门工资增长分析表：是用于分析工资增长比例情况的分析报表，是本年度和上年度的对比情况。

(12) 工资项目汇总表：可以汇总查询集团公司在一定期间内各个工资项目的发放情况。

(13) 工资发放汇总表：可以汇总查询集团公司所属的各个公司在一定期间内单个工资项目的发放情况。

(14) 汇总类别工资统计表：可以汇总查询集团公司所属的各个公司在一定期间内单个工资项目的发放情况。

（二）工资条

调用“账表”菜单下的“工资条”模块即可进行工资条的查询工作。系统要求输入查询条件（比如部门、类别等），也可以不输入具体的查询条件直接点击“确定”进入“工资条”的全屏幕浏览界面。

单击“工资条”窗口上方的“预览”按钮可查看具体输出的工资条样子，若不满足要求的话可再点击“筛选”按钮把不需要的显示项目挑选出来，使其不在工资条中显示，并且还可将当前所显示的具体格式保存起来。下次要用到该格式时，可直接再单击“筛选”按钮选择以前已设置的格式文件，即可把工资条按照先前所设定的格式进行输出。本处所介绍的“筛选”功能的用法与之前在工资数据编辑窗口所讲过的“筛选”功能的用法基本相同，读者可参考本章前面有关内容。为了获得较好的打印工资条的效果，还可以进行其他一些格式设置工作，包括调整每个栏目的宽度、设置缩放比例值等。

我们可以按照部门或类别或部门类别组合分别来输出满足条件的工资条，这意味着工资条的打印输出可分部门或类别或部门类别组合来分别打印输出。操作方法是：在部门列表框中指定具体某个部门，再在类别列表框中选择具体某个类别，然后点击窗口上方的“刷新”按钮即可按照指定的部门和类别搜索满足条件的职工工资条记录，可把这些工资条单独打印输出。这就是部门类别组合的操作方法，在上述过程中，如果光指定部门不指定类别，那就是采用按部门来搜索满足条件的职工工资条记录；反之，如果光指定类别而不指定部门，则就是采用按类别来搜索有关工资条记录。

（三）工资发放汇总统计表

调用“账表”菜单下的“工资发放汇总统计表”程序，进入“工资汇总统计表”的操作窗口，再点击工具栏中的“方式”按钮选择所采用的汇总方式，在定义该方式时，可在弹出的界面中选择统计分类项目和汇总数据项目，如图 7—21 所示，图中挑选的统计分类项目为“部门代码”，表示系统将按照部门代码来汇总统计工资数据，在汇总数据项目中所指定的具体工资项目，则是需要汇总的工资项目，也就是需要对这些工资项目按照部门代码来汇总统计其合计数，点击“确定”按钮即可自动进行汇总统计，并在随后将汇总统计结果显示在当前的窗口之中。用户也可单击“筛选”按钮把某些需要隐藏的无关的信息栏设置为“不显示项”，并把相应的显示格式予以保存。

当需要把满足条件的汇总统计表打印输出时，可先点击“预览”按钮，然后根据预览情况再来决定是否要将此表打印输出。

（四）部门工资增长分析表

前面我们已经介绍过，此表是用于分析工资增长比例情况的分析报表，针对本年度和上年度的对比情况。调用“账表”菜单下的“部门工资增长分析表”功能模块，系统首先自动弹出一个对话框要求指定所要分析的部门和工资发放的期次，如果没有满足条件的工资数据的话，系统会给出提示信息，并允许用户重新输入条件。进入“部门工资增长分析表”操作窗口之后，系统会列示出指定条件下的“人

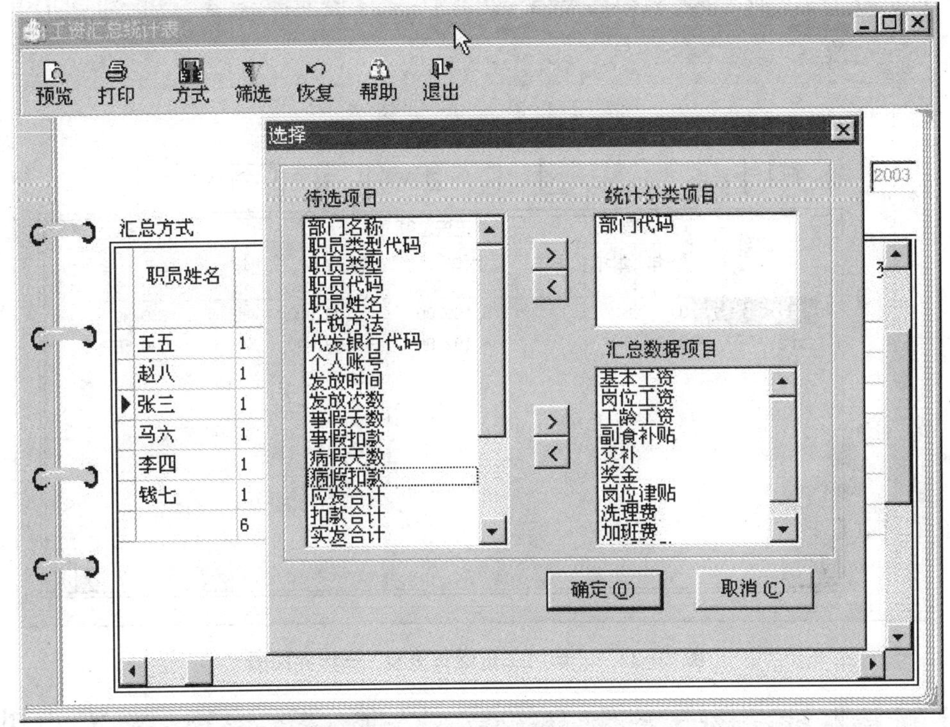

图 7—21 “工资汇总统计”操作画面

数”、“工资总额”以及“平均工资”三项数据指标的上年和今年的对比情况和具体的增长率，如图 7—22 所示。可以通过单击窗口上方的“项目”图标来选择分析具体的工资项目，比如选择“实发工资”或者“应发合计”等工资项目作为部门工资增长所要分析的项目，点击“确定”按钮，系统会根据所选定的工资项目来计算分析不同部门的工资增长情况，并把结果显示在本窗口之中。用户可以通过“预览”或“打印”按钮将此分析表打印输出。

（五）汇总类别工资统计表

调用“账表”菜单下的“汇总类别工资统计表”程序可以汇总查询集团公司所属的各个公司在一定期间内单个工资项目的发放情况。其操作过程是这样的：

执行“汇总类别工资统计表”功能程序，系统要求输入查询条件（此处为工资发放期次范围），点击“确定”按钮，系统可将所设定的发放范围的各工资类别的数据按工资项目进行汇总统计，形成汇总类别工资统计表，如图 7—23 所示。用户可单击该窗口上方的“项目”按钮选择需重点统计分析的工资项目。如果统计表的项目较多的话，还可以单击“筛选”按钮将某些不需要显示的项目进行隐藏处理。可单击“预览”或“打印”按钮将当前的统计表打印输出。

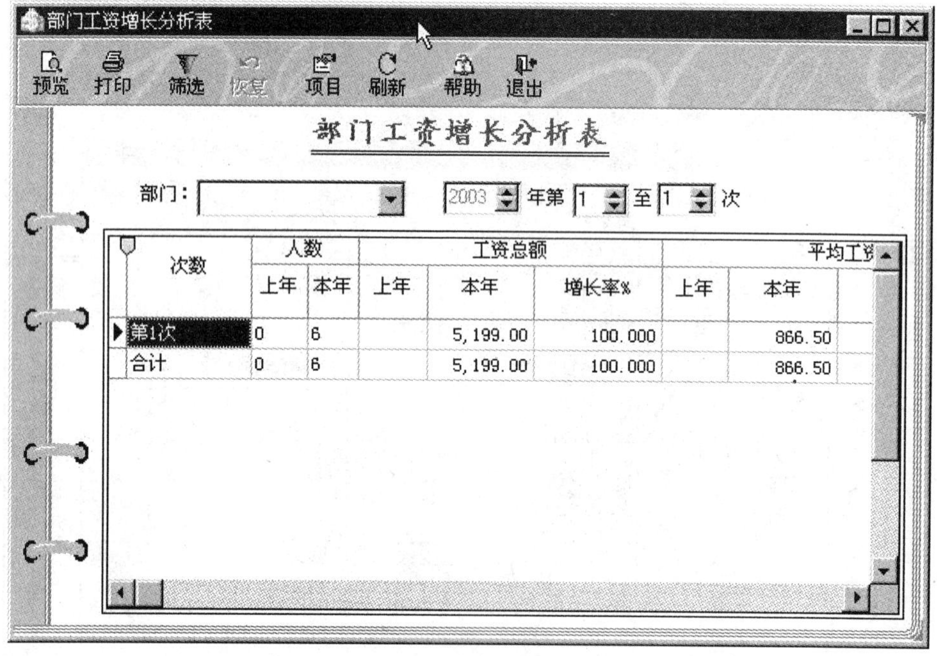

图 7—22 “部门工资增长分析”操作界面图

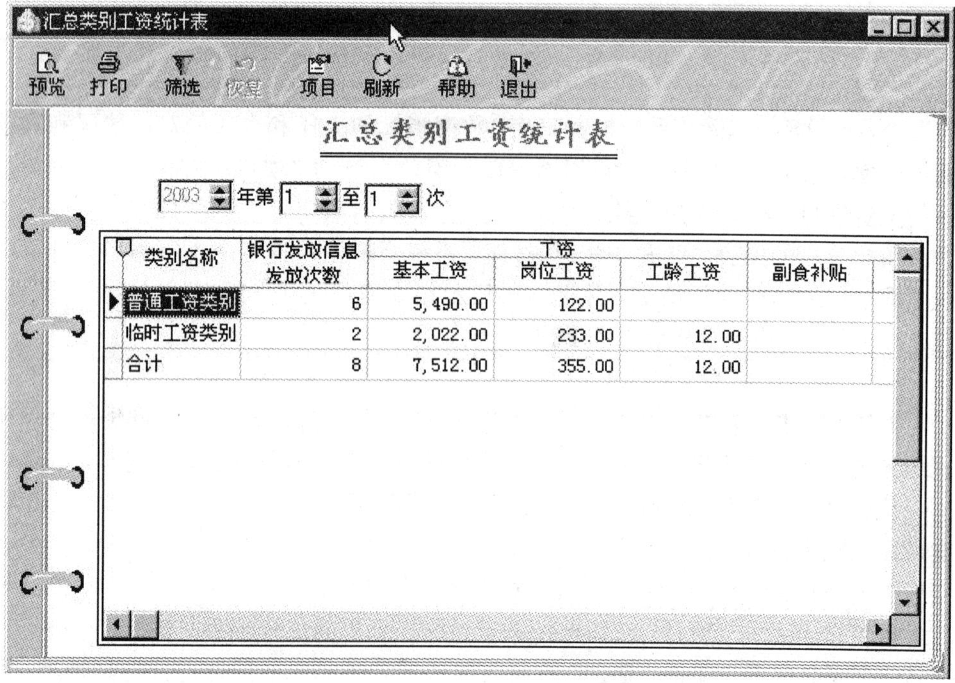

图 7—23 “汇总类别工资统计表”操作画面

五、自定义工资账表

安易工资系统除了提供上述各种基础报表的输出外，还允许用户根据特定的需要制定自己的报表，此项操作可通过调用“账表”菜单下的“自定义账表”功能模块来实现。我们需要认识一下自定义工资账表的界面组成，如图 7—24 所示。

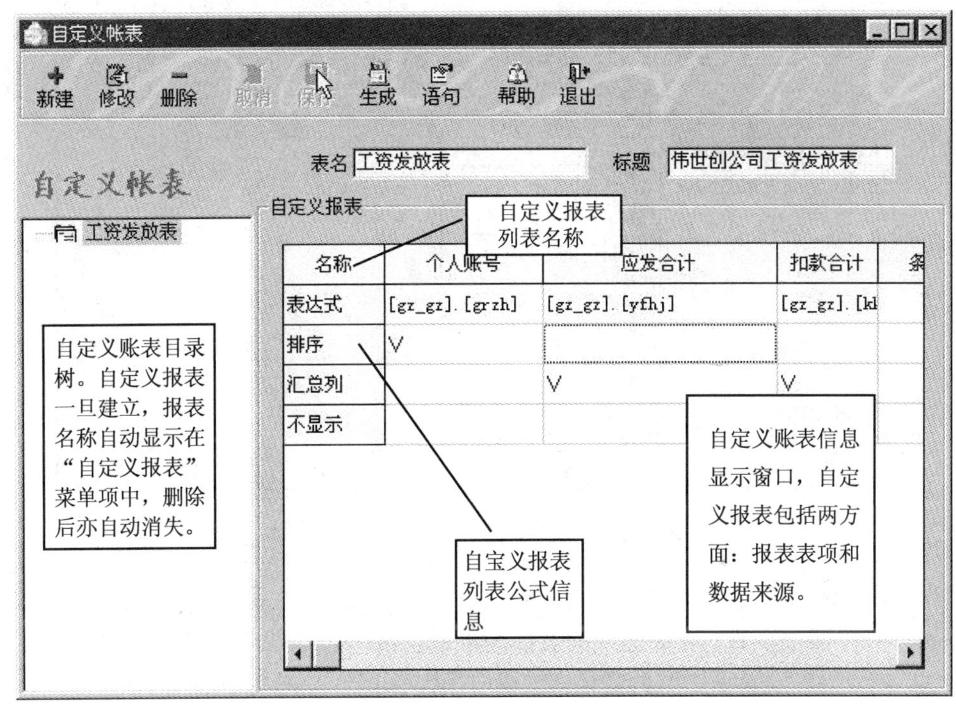

图 7—24　自定义账表的界面构成图

下面，我们以自定义“工资发放表”为例来讲解如何使用“自定义账表”功能。

(1) 定义报表表名和标题。进入“自定义账表”工作模块，点击窗口上方的“新建”按钮，或调用“执行”菜单中的“新建”程序项，输入自定义账表的表名（本例为“工资发放表”）与标题（本例为“伟世创公司发放表”）。

(2) 定义列表名称公式。此操作比较复杂，操作要点为：通过单击表达式单元格可调出表达式生成器界面，如图 7—25 所示，先选择“数据源表”，然后根据需要再选择工资项目。选择工资项目名称后，该工资项目的表达式自动列示在窗口中间表达式输入框，该工资项目名称也同时出现在名称输入框的后面，可以对该名称进行修改。如果此列为需要汇总计算的列，则必须选中“定义为汇总列”项，而如果此列为排序列（就是根据该列数据可以对职工工资数据进行排序），则必须选中“定义为排序列”项。

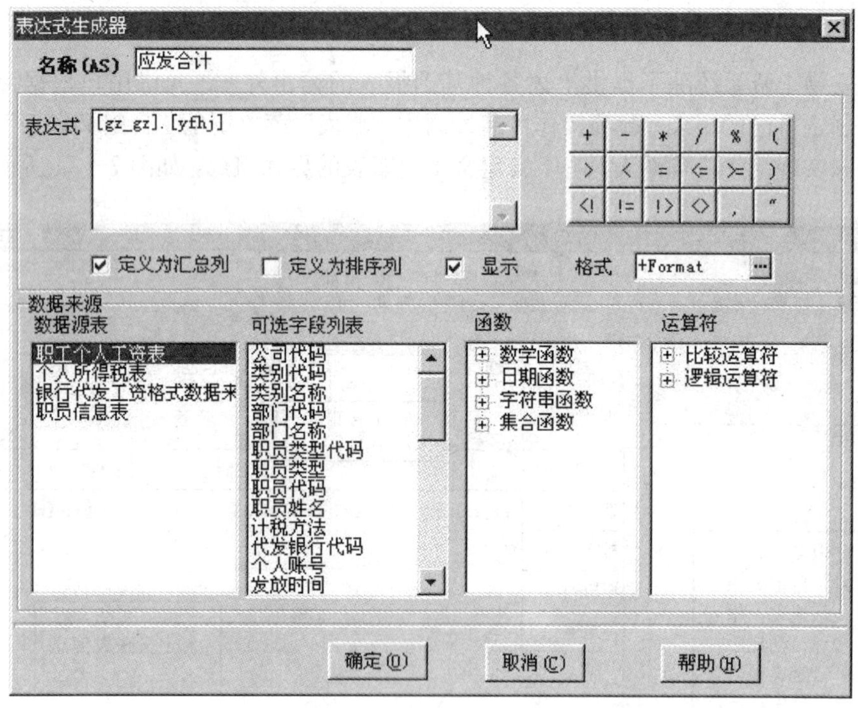

图 7—25　“表达式生成器”操作界面图

(3) 定义双层表头。如果自定义账表采用了双层表头，则在此需要定义双层表头的上、下两层项目。在表达式的名称编辑栏中输入上层栏目名称，比如为“应发项目”，然后再输入下层栏目名称，比如为“基本工资”，两者中间用“·”隔开。

(4) 定义完毕后可点击“确定”按钮存盘退出，如点击“取消”键，则取消当前操作，退出回到自定义账表主操作界面。

(5) 回到自定义界面后，点击鼠标右键，在弹出菜单中选择“增加一列”，然后双击此新增列对应的表达式单元格，重复 (2) 到 (5) 的操作，将其他工资项目名称作为当前列表的名称。

(6) 以此类推，将其他格式定义完毕。

(7) 全部定义完毕之后，回到“自定义账表界面”，点击“保存”图标，表名项存盘后会自动列示在窗口左方自定义账表目录树上。点击“生成”图标，系统根据表达式生成器中编辑定义的数据生成自定义账表，报表具有打印和筛选的功能，便于用户在生成分析报表后还可以做简单的改动。

如果要删除当前自定义报表，可以在窗口左方的自定义账表目录树中选择要删除的账表名称，点击窗口上方的“删除”按钮，此时系统提示是否确认删除，点击“是”则执行删除操作，点击“否”则退出当前操作。

如果修改刚刚生成的自定义报表格式，可以在窗口左方的自定义账表目录树中选择要修改的账表名称，点击窗口上方的“修改”按钮，将自定义账表激活后，可在表达式生成器和条件表达式生成器中重新进行自定义账表的编辑操作。

六、工资系统数据的引入引出

对于基础账套用户，数据的引入引出可实现系统外数据与系统内数据的自由转换，用户既可将本系统数据经类型转换后引出，也可将系统外多种类型的数据（需满足本系统相关表数据结构）转换成本系统标准格式后引入，成为系统数据的一种新来源。对于集团公司用户，除了标准的数据引入引出，还专设了集团公司的数据引入引出，可方便实现集团总公司与下级分公司间的数据传递与汇总。调用“系统”菜单下的“数据引入引出”功能模块即可进行数据的引入引出操作。

（一）数据的引入操作

引入操作可按照下列几个步骤来进行：

（1）单击“文件路径”栏右端展开钮，进入“浏览文件夹”窗口，指明要引入外部文件的当前所在位置；

（2）单击“文件类型”栏右端下拉钮，在列出的允许文件类型中选择要引入的外部文件所属类型，如该文件类型不在其中，本系统不予接收；

（3）“数据引入文件”框中显示在指定路径下存在的所有可引入文件名，用户可点击每个文件左端标志，以确定当前需要引入的文件，“√”为选中要引入，置空为不参加此次引入；

（4）单击“引入”，系统自动按定义的路径将指定文件引入，引入过程中“数据引入文件”框中将显示当前引入的文件名称及主要内容；

（5）单击“邮件”，系统亦可将数据以邮件的方式接收引入。

（二）数据的引出操作

引出操作也可按照下列几个步骤来进行：

（1）用户在数据类型的“基础资料”、“汇总数据”和“业务数据”中选择一项作为当前待引出的数据类型；

（2）“数据引出文件”框中列出每种数据类型包括的具体数据内容，单击需要的内容，前端出现“√”为选中，为空代表未选；

（3）单击“文件路径”栏右端展开钮，进入“浏览文件夹”窗口，定义输出文件所存放路径；

（4）单击“文件类型”栏右端下拉钮，在列示的文件类型中选择一项作为引出文件的存在类型；

（5）如选中“引出数据禁止修改”项，则引出数据中的科目主要信息部分将无法改动，此功能多在汇总账套引出数据到下级子公司时使用，此时下级子公司不可改动该部分数据；

(6) 单击“引出”键，系统自动将选定数据内容引出至指定路径；

(7)“邮件”是为了方便用户远程数据传送而设置的功能，用于发送引入引出的文件到指定的地点。

第四节　安易2000工资管理系统期末处理技术

一、工资费用分摊

在进行工资分摊核算中，我们应该首先知道需要分摊核算的一些项目，然后再分别进行具体的费用分摊。在本节，我们将介绍如何定义这些分摊核算的项目以及预置或自定义分摊类型的公式设置，也就是安易工资系统所称的“费用分摊类型”。

(一) 分摊或计提类型设置

安易工资系统可以定义工资费用分摊类型，并就所有分摊类型具体的分摊额取向及提取比例进行设定。系统预设四种分摊类型设置：工资总额、计提应付福利费、计提工会经费和计提职工教育经费，同时允许用户自定义分摊类型。调用“费用分摊”菜单下的“分摊类型设置”功能模块可增加、修改和删除费用分摊类型。

要增加一个费用分摊类型可按照如下操作步骤来进行：

(1) 进入“分摊类型设置”窗口，如图7—26所示，点击窗口上方的“增加”图标，在“类型”栏中输入新的分摊类型名称（比如计提养老保险金）。

(2) 在窗口左方设定新增分摊类型的金额取向，点击“选择相加项”，进入“选择项目”窗口，将需要的工资项选入“已选项目”框，将不需要的工资项移回“工资项目”框。点击“确定”退回到主窗口，被选的工资项名称自动显示在“以下项目相加”框中以供用户再次核对。同理可定义“以下项目相减”框中的工资项范围。

(3) 在“提取比例”栏中输入具体的提取比例，有效值范围在0～100之间。

(4) 点击“保存”进行存盘，点击“取消”将忽略此次定义的操作。

若要删除某个不用的费用分摊类型，可这样来操作：在类型框中选择待删除的类型名称，点击“删除”图标，此时，系统提示是否确定要删除所选择的分摊类型，点击“是”则系统执行当前操作，点击“否”则退出当前操作。

若要修改某个费用分摊类型，可按照以下步骤来进行：点击窗口上方的“修改”图标，系统默认修改公式内容，类型名称不被修改，点击窗口右方的“选择相加项”和“选择扣除项”中任意一键，系统出现选择项目的对话框，用户可在此进行修改。修改后点击“保存”按钮将修改的结果予以保存。

(二) 费用分摊

安易工资系统可根据用户定义的信息产生工资费用分摊一览表，实现查询、修

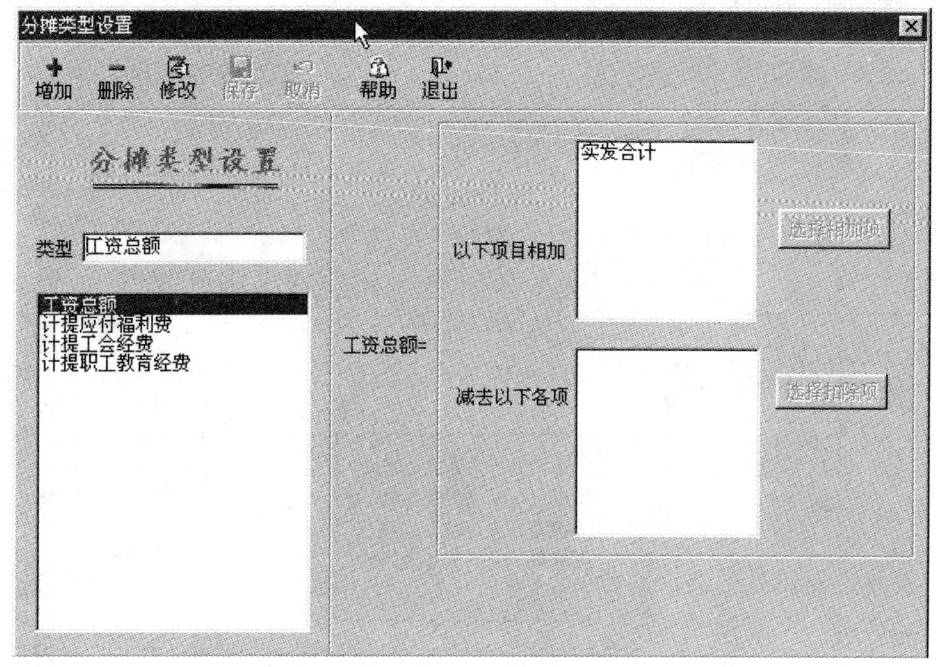

图 7—26 费用分摊类型设置画面

改及打印费用分摊情况表。费用分摊采用“部门+类别”的分摊方式，且可随时进行部门范围及分摊类型的设定，分摊科目默认由下月继承。我们先来认识一下费用分摊的界面，费用分摊界面如图 7—27 所示。

可以通过单击工具栏中“参数”图标选择其中的“核算部门选择”功能，指定哪些部门的工资费用需要参与分摊工作，也可以通过选择其中的“工资总额及计提基数”功能重新设置工资总额及计提基数。

（三）工资分摊与计提对应科目设置

在“工资费用分摊”窗口中，首先选择分摊类型，然后根据该分摊类型的“工资费用分摊一览表”的列表内容设置对应的会计科目，方法是用鼠标点击窗口下方的借（贷）方科目列，可直接输入会计科目，或点击科目引导输入键，在弹出的“选择科目”列表窗口中根据部门和类别选择相应的分摊科目。该表上每一行对应的分摊科目设置完毕之后，再选择其他分摊类型，也按照上述操作方法再重复设置一遍。单击“根据贷方科目汇总生成凭证”项，启用此项意味着各部门类别所对应的贷方发生数将汇总合计用一笔贷方业务记录来反映，而如果未启用此项则意味着每部门类别所对应的工资费用分摊或计提数都将作为一笔独立的贷方业务记录在凭证中反映出来，显然，这种情况编制出来的工资费用分摊或计提的转账凭证一定是多借多贷的凭证。

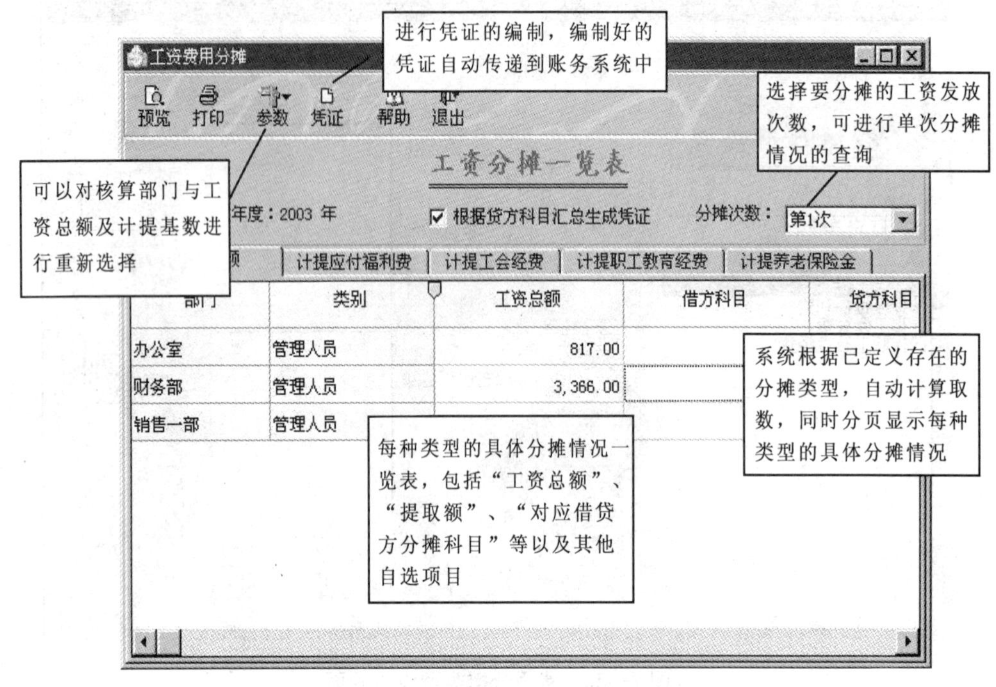

图 7—27　工资费用分摊操作界面

（四）自动制作工资分摊与计提的会计凭证

在“工资费用分摊”窗口中，点击窗口上方的“凭证”图标，系统会根据当前费用分摊定义情况自动进行凭证的编制。如有借贷方未定义科目的情况，则系统给出提示。编制完毕后，系统提示是否需要修改本次编制的凭证，点击“是”，弹出凭证界面，可进行重新编辑、修改和试审核；点击“否”，回到费用分摊界面。系统允许用户稍后由凭证箱中调看仍需在账务处理系统中完成登记的凭证。依次对每一种工资费用分摊或计提类型编制出相应的转账凭证，费用分摊或计提的工作才真正宣告结束。

二、期末处理

在前面各节中，我们对工资数据进行了计算并生成各种报表，下面将本次这些经过处理的工资数据结转至下次，也就是我们通常所说的期末结账，每次工资数据处理完毕后均可进行期末结账。

（一）月末结账

调用“费用分摊”菜单下的“结账”可以完成月末结账任务，有关操作界面如图 7—28 所示，其操作步骤及内容如下：

(1) 检查本次工资分摊的部门。检查所有部门是否已参加本次发放的费用分

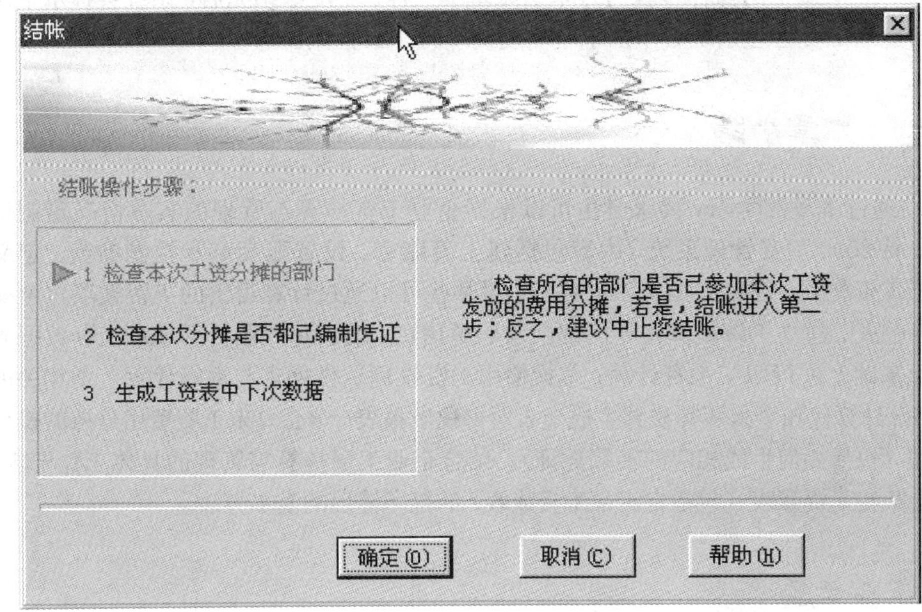

图 7—28　结账操作界面图

摊，这是结账的第一步，点击“确定”键，系统自动进行检查，如通过检查，系统自动进入下一步。

(2) 检查本次分摊是否都已编制凭证。点击“下一步”，系统将会检查本期业务是否均已编制凭证，如没有，提示先将凭证编制完全，且自动终止此结账操作，如此反复，直到凭证编制完全，转入下一步。

(3) 生成工资表中下次的数据。本次结账后所有定义为继承项的数据自动转入下期，点击“完成”则完成此次结账操作。

如当月为 12 月份，则将出现“结年度账”选择框，如要进行年度结账，转入下一年度，则点击选择框，当出现“√”时代表已经选中。点击“下一步”键，如未选择“结年度账”，系统提示下次登账日期为结账的次日；如选择了“年度结账”，则系统提示下次登账日期为次年的首日。

结账过程中，系统自动将本次继承项的工资项数据直接带入下次，非继承项的工资项数据清零后带入下次。

结账后，系统默认下次登录日期为本次操作日期的下一天，本次数据不再允许做任何变动。

(二) 年度结账

在安易工资系统中，如当月为 12 月份，则在调用“结账”模块时，在随后弹出的窗口中将出现“结年度账”选择框，如果要结该年度工资账则必须将该选择框设置为“√”，剩下的操作步骤与月末结账基本一样。年度账结完后，系统会提示下次注册进入工资管理系统必须从下一年度的1月1日开始。

本章小结

通过本章的学习，要求学生可以根据企业工资核算与管理的实际情况定制使用安易2000工资管理系统，内容包括建工资账套、设置账套基本控制参数、定义职工工资类别、设置必要的工资项目、对某些可以通过计算得出的工资款项自定义运算公式、建立工资核算需要的部门及职员信息、输入每个职员的基本工资数据并在此基础上进行职工工资计算；掌握使用工资管理软件处理与银行代发工资相关的业务、计算代扣个人所得税并生成个人所得税申报表；学会月末工资费用分摊的操作要领（包括如何生成相应的转账凭证）；结合企业工资核算与管理的具体工作要求，学会某些工资账表（包括自定义工资账表）的打印输出的基本方法。

思考题

1. 安易2000工资管理系统与账务处理系统、电子报表系统之间存在什么关系？请具体阐述这种关系。

2. 从业务功能方面来看，你能列举出安易2000工资管理系统的几个特点吗？要求至少举出五个特点，并加以解释。

3. 安易2000工资管理系统的初始化工作包括哪些内容？

4. 工资类别定义与职员类型定义分别指什么？每种工资类别有必要重新定义职员类型吗？

5. 为了能够使用安易2000工资管理系统来计算个人所得税，需要做哪些必要的工作？请按照工作先后顺序来介绍。

6. 某用户使用安易2000工资管理系统后，又自定义了两个工资类别，请问现在系统中一共有几个工资类别？当从一个普通工资类别切换到另一个普通工资类别以后，哪些初始化设置工作必须重新执行一遍？

7. 请详细介绍使用安易2000工资管理系统如何生成银行代发工资文件。

8. 使用安易2000工资管理系统进行工资费用分摊时，应该经历哪些过程？在这些过程中，都要注意哪些问题？

9. 在工资项目设置时，经常看到“固定项”和“继承项”的概念，你能解释这些概念的具体含义吗？

10. 使用安易2000工资管理系统进行月末结账，系统一般要做哪些工作？

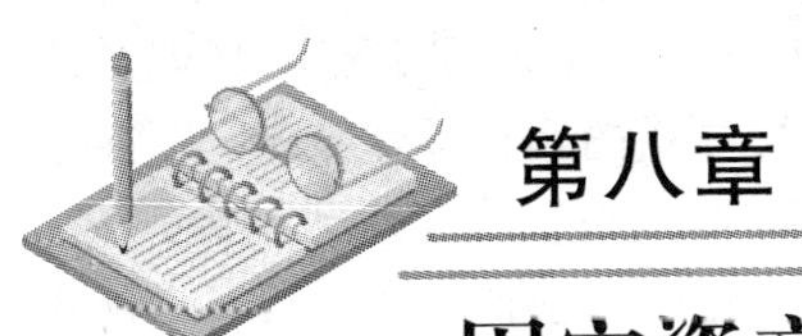

第八章

固定资产管理系统应用技术示例

引　言

本章主要介绍安易 2000 固定资产管理系统综合应用技术，共分四节。第一节是“安易 2000 固定资产管理系统概述”，主要介绍该系统的业务流程，该系统与账务处理系统、电子报表系统之间的数据关系以及该系统折旧计算的基本原则。本节的目的是让读者对安易 2000 固定资产管理系统有一个总括性的认识，以此来指导后续各节的学习。

第二节是“安易 2000 固定资产管理系统的初始化设置”，主要介绍以下几方面内容：

（1）为什么要建立固定资产账套？如何建立固定资产账套？

（2）账套参数设置的意义、重要的账套控制参数设置的方法及其具体的控制作用。

（3）如何进行部门设置？如何设置部门对应折旧科目？

（4）资产类别设置的目的（资产类别设置对今后固定资产卡片数据输入的影响以及对固定资产数据汇总统计的影响等），结合实际操作例子来演示资产类别设置的方法。

（5）介绍系统预置的 6 种固定资产增加（或取得）方式和 7 种固定资产的减少（或处置）方式，对这些预置的增减方式的系统操作规定；介绍对应入账科目的所指，结合固定资产处理的有关会计政策规定来谈此项设置在当前商品化软件中的局限性，我们在使用此项功能应该注意哪些问题；介绍如何增加新的增减方式。

（6）简单介绍使用状况设置的主要目的以及如何进行使用状况的增加设置。

（7）介绍折旧方法设置的主要目的，结合定义一个新的折旧方法的要求来详细讲解折旧方法设置的主要过程与操作技术要领，简单介绍折旧方法的修改、删除的操作方法。

（8）简单介绍三种固定资产代码输入方式的相应编码方案以及此项设置对今后卡片输入操作的影响，并结合实际管理要求来演示固定资产代码输入的方法。

（9）固定资产卡片项目是组成固定资产卡片的主要内容，简单介绍卡片项目设置的作用，重点介绍自定义卡片项目的操作方法以及应注意的事项。

(10) 卡片样式设置关系到企业当前在用的卡片样式在安易固定资产管理系统能否被继续沿用。为此，一方面介绍了系统预置卡片样式的调整操作技术，即在已有卡片样式基础上如何进行适当调整（通过添项目、移动位置等来达到）以使系统预置的卡片样式能够为企业所用的技术。另一方面，还介绍了重新增加新卡片样式的主要操作步骤以及操作要领。

(11) 原始卡片数据的输入与修改问题。原始卡片指的是系统启用前已存在的资产卡片，该卡片的增加不产生购制凭证，而只需编制折旧凭证。

(12) 原始卡片的审核、消审和删除的操作要领。

第三节是“安易 2000 固定资产管理系统的日常使用技术”，主要介绍以下几方面内容：

(1) 新增卡片所包括的卡片范围，新增卡片的操作方法，对单张新增加的卡片的审核以及凭证编制工作。

(2) 借助卡片登记簿的管理功能来审核卡片（新增业务卡片）。

(3) 对固定资产的增加业务都有相应的会计处理，因此，如何利用固定资产系统编制形成有关固定资产增加业务（取得业务）的会计凭证就是一项非常重要的工作。举实例说明如何借助于软件提供的此项功能来编制有关的转账凭证。

(4) 固定资产的变动都需要填制相应的资产变动单，这是安易固定资产管理系统的要求。此处主要结合实际的变动业务（尤其是变动业务需要作会计处理的例子）来介绍变动单的输入方法、输入时应该注意的事项等。

(5) 通过卡片变动登记簿的管理功能可以对资产变动单进行审核、消审以及删除等操作。结合实例来介绍这些操作的步骤、方法和注意事项。

(6) 在固定资产变动业务中有一些变动业务需要编制凭证（需要进行会计处理），在安易固定资产管理系统中可以通过卡片变动登记簿中的有关功能来实现。此处介绍在变动卡片登记簿中如何进行编制变动业务的记账凭证以及通过该项功能编制后的凭证如何进行查询、修改、删除等操作。

(7) 简单介绍安易固定资产管理系统所提供的固定资产账表种类，并重点介绍固定资产业务明细账与固定资产分类明细账的查询输出的操作方法以及注意事项。

第四节是“安易 2000 固定资产管理系统的期末处理技术”，主要介绍以下几方面内容：

(1) 如果系统中有些固定资产采用工作量法计算折旧，还需要输入这些固定资产当期的实际工作量，介绍当期工作量的输入方法以及工作量输入模块中的其他实用功能。

(2) 折旧计算是使用计算机管理固定资产最具效率的一项工作，本处首先讲解折旧计算的前提条件，然后结合实际的折旧计算过程来讲解折旧计算功能的使用。

(3) 介绍折旧分配表的编制方法，并以折旧分配表上的数据为依据介绍如何编制相应的折旧费用分配的转账凭证。

(4) 简单介绍折旧预测的含义，并结合实际的操作演示来介绍折旧预测功能的使用方法。

(5) 介绍安易 2000 固定资产管理系统月末结账的操作步骤，每个步骤所做的主要工作，如果某个中间环节被系统检查出仍存在一定问题而无法完成本月固定资产结账时应该如何处理，月末结账对本账套的操作影响体现在哪里。

第一节　安易 2000 固定资产管理系统概述

一、安易 2000 固定资产管理系统的业务处理流程

安易 2000 固定资产管理系统（以下简称安易固定资产系统）所采用的业务处理流程可用图 8—1 来表示。

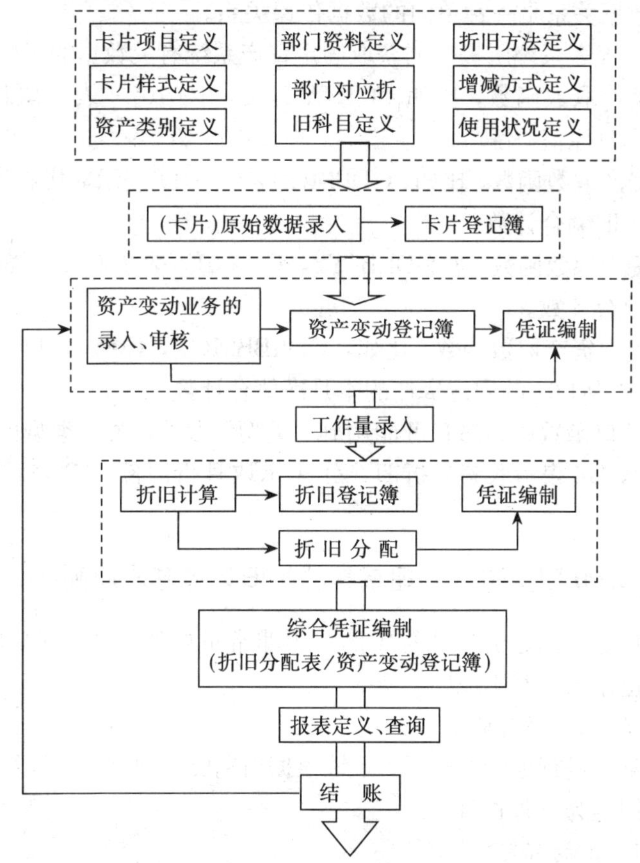

图 8—1　安易 2000 固定资产管理系统业务流程图

二、安易 2000 固定资产管理系统与账务、报表系统的数据关系

（一）安易 2000 固定资产管理系统与账务处理系统的数据关系

安易固定资产系统与安易账务处理系统存在着数据的自动共享关系，这种共享关系一方面表现在：与固定资产处理业务相关的凭证可在固定资产系统中制作完成再传送到账务处理系统；另一方面，固定资产系统同时也可直接共享账务系统的科目代码、部门代码、项目代码、往来代码等公共基础数据，不必重复定义，同时也保证了基础数据的严格一致。这说明安易固定资产系统与账务处理系统之间的数据关系是一种双向的数据传递关系。

（二）安易 2000 固定资产管理系统与安易电子报表系统的数据关系

这主要通过在安易电子报表系统中的有关接口函数来实现，通过这些专门设计的接口函数使固定资产原值、本月折旧、累计折旧等数据由安易电子报表系统直接读取，为财务报表数据的编制提供数据来源，参与各种分析报表的数据组成，方便快捷。这种数据关系是一种单向的数据传递关系。

由安易电子报表系统所提供的获取固定资产系统有关数据的函数有下列几种：

(1) 单个资产取数函数，比如，GD(YZ，C，100101）表示取代码为 100101 的固定资产的本月原值。

(2) 部门资产取数函数，比如，GDBM(ZJ，C，01) 表示取代码为 01 的部门本月固定资产的折旧额合计数。

(3) 类别资产取数函数，如 GDLB(YZ，C，L01）表示取 L01 类的固定资产本月所对应的原值合计数。

(4) 部门类别资产取数函数，比如，GDLBBM(JZ，C，01，L01）表示取部门 01 所对应的类别为 L01 的固定资产的本月净值合计数。

在上述各接口函数中，都有可能用到“类型”参数，关于类型的取值规定为：YZ 表示取原值，LZ 表示取累计折旧，ZJ 表示取月折旧额，JC 表示取净残值，JZ 表示取净值。

三、安易 2000 固定资产管理系统的折旧计算基本原则

折旧计算功能是固定资产系统中的一项非常重要的功能，安易固定资产系统在折旧计算上遵循以下基本原则。

（一）该系统采用序时管理

也就是当某月进行编辑结账后，系统根据当期资产数据自动计算下月折旧，并将下次登录日期定为下月首日。

（二）折旧范围的确定

(1) 对于录入的原始卡片（使用本系统前企业原有资产），因这类资产已经计

提折旧，为保证折旧计提的连续性，录入的本月即开始折旧计提；

(2) 对于新增加的资产（包括调拨资产录入），增加当月不提折旧，从增加的下月开始计提折旧；

(3) 对于注销的资产（也就是当月减少的资产），在注销本月仍需计提折旧。

(三) 变动业务对折旧的影响

(1) 只有已审核的变动业务为有效变动，才不会在折旧计算时被考虑在内。

(2) 使用年限、使用状况和折旧方法的变动直接影响变动当月的折旧计提。

(3) 原值变动、累计折旧变动、工作总量变动、净残值变动、净残值率变动等影响折旧计提的变动业务下月有效，变动当月仍沿用原折旧方法和相关数据计提折旧。

(4) 所属部门变动、使用部门变动和资产类别变动影响下月的折旧分配，变动当月仍按期初所属部门和类别进行折旧分配。

(5) 当资产在使用年限中提前报废，折旧没有计提完时，剩余折旧不允许再提，作为营业外支出处理。

(6) 当资产超过使用年限，折旧已经提完，仍在使用时，不再对其继续计提折旧。

(四) 特殊业务的折旧处理

(1) 如果已选择账套参数中的“已使用月份＝预计使用年限×12 时，是否将折旧提足”选项，则在折旧计提的最后一个月中除工作量法外，本月折旧额＝净值－净残值，需要在折旧登记簿里修改；如果未选择此项，则在折旧计提的最后一个月中按实际发生额计提，并允许手工修改，但修改后的折旧额小于等于“原值－月初累计折旧－净残值”，在以后某月如果发生折旧不足的情况时，系统默认月折旧率＝0，月折旧额＝原值－月初累计折旧－净残值。

(2) 对于已提满折旧的资产，其卡片右上角显示“已提完”(但在对历史记录查询时，只要查询期间折旧未提满，该标志就不显示)，且以后将不再就该资产计提折旧。

(3) 对于使用双倍余额递减法计提折旧的资产，在其到达折旧计提倒数第二年时，按照行业惯例，系统将默认把折旧方法改为直线法重新计提折旧，进入最后一年后再计算一次，两年中将不再允许用户进行任何业务的变动，但折旧额可改，且逐月继承，直到全部摊销完为止。

第二节 安易 2000 固定资产管理系统的初始化设置

一、建立固定资产账套

安易固定资产系统与账务、工资等系统一样，也是采用的三层 C/S 结构，而且该系统规定，每个独立的核算主体，为了核算固定资产业务，也需要单独建立固定资产账套，该账套与账务处理系统阶段所建立的总账账套是配套的，即固定资产账套以总账账套为基础。因此，在安装完安易固定资产系统之后，先要做的一件事便是新建固定资产账套。新建账套也是通过调用“后台数据管理工具”程序来完成的。进入安易后台数据管理工具（进入的方法请参照第四章所介绍的相关内容），在“账套管理”页面选定一账务账套，该账套与所要建的固定资产账套都是针对同一个会计核算主体的，选定之后，点击“新建账套”按钮从弹出的快捷菜单中选择“新建固定资产账套”或者“新建固定资产账套（三资版）”，都可进入固定资产系统建账引导操作过程，如图 8—2 所示。

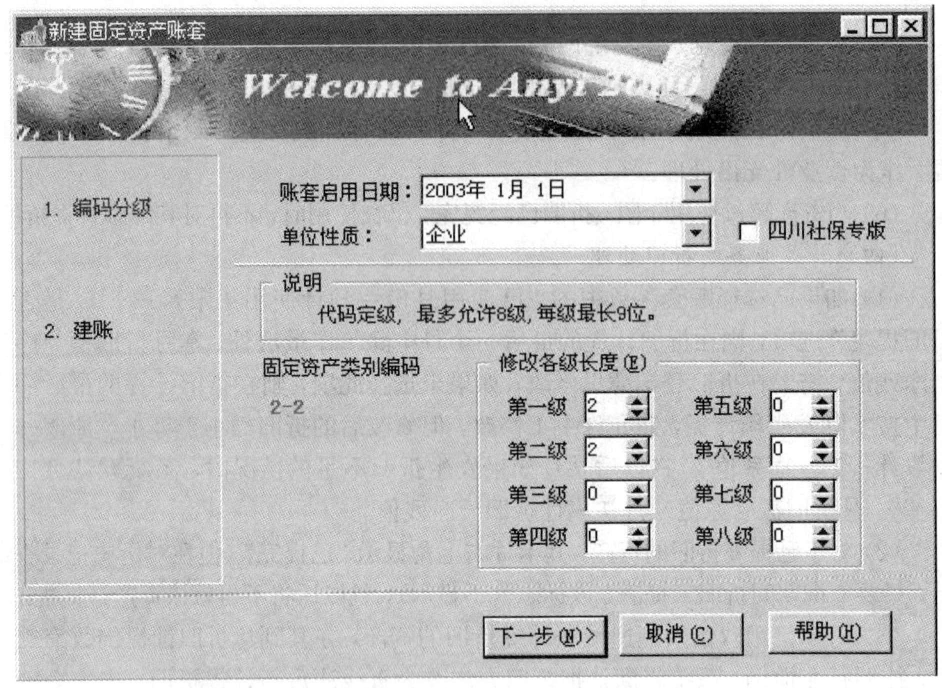

图 8—2 固定资产建账引导操作界面图

在弹出的新建账套界面中，要定义账套启用日期和单位性质，设置固定资产类别编码，在设置这些账套基本参数时，需要注意下列几点：

(1) 账套启用日期原则上应该与账务处理系统的启用日期保持一致。

(2) 单位性质具体可选择“企业”或“行政事业”，选择前者，需要对资产计提折旧，选择后者，一般无需对固定资产计提折旧。

(3) 固定资产类别可设置到八级类别。对每级编码长度进行设置时，可在右下方的“修改各级长度”组中按固定资产类别编码方案依次定义各级代码长度。每级长度定义范围在0～8之间，不超过9位。此处编码定义为可修改项，可以进入固定资产系统后通过“账套参数设置”模块进一步修改。但假如当前级次已处于使用状态中，则该级次自动置灰，系统将不允许对资产类别编码方案再作改动，以免破坏现有数据。

设置完成上述三个基本参数之后，可点击“下一步”进入建账阶段，系统提示用户将要开始内部建账操作，用户点击“完成”，系统将自动根据用户所定义的账套信息进行建账操作，这期间用户应避免其他操作，以免影响建账，导致失败。成功完成固定资产建账工作之后，系统会弹出一对话框，提示用户账套已经成功建立，点击“确定”按钮结束固定资产账套建立工作，你也可以继续退出安易后台数据管理工具操作界面。

现在，我们可以调用前台客户端程序“安易2000固定资产”，在正式执行该程序之前，确保MSSQL Server以及Socket Server等程序都处于正常运行状态。点击“程序/安易2000财务管理系统/安易2000固定资产”程序项，进入安易固定资产的注册登录画面，依次选择账套，输入业务日期、操作员姓名及口令。注意，此处的操作员与安易2000账务处理系统中的一致，也就是说在安易2000账务处理系统中通过操作员管理模块所设置的合法操作员同样在安易固定资产系统注册登录时有效，点击“确定”，即可进入安易固定资产管理主操作界面。

二、账套参数设置

在进行固定资产业务处理之前，需对固定资产的运行环境进行设置，即进行账套参数设置，它对整个固定资产系统具有约束作用，一旦设定，不需经常改动，其中部分信息在账套建立时已定义且不得改动。账套参数设置通常在所选择账套首次使用时进行。调用“基础信息设置”菜单下的“账套参数”功能模块即可进入账套参数操作界面，如图8—3所示，该窗口有三个页标签可供选择：账务接口、其他设置、账套信息。我们先来看第一个页标签，在该页有以下几个重要的参数说明如下：

(1) 对账科目：即与账务系统对账时，账务系统所对应使用的记账科目。分别需要明确“固定资产”和“累计折旧”对应的科目代码。

(2) 缺省入账科目：为本系统（固定资产系统）制作凭证时所使用的对应折旧科目，也需要分别明确“固定资产”和“累计折旧”对应的科目代码。

(3) 对账不平允许结账：若选中此项，则即使固定资产系统与账务处理系统对账不平，系统也可以继续结账（指在固定资产系统中执行“月末结账”）；若未选中此项，则出现对账不平时，系统将不允许继续执行“月末结账”。

(4) 结账前一定要完成编制凭证业务：若选中此项，则表示在结账前，如果不把资产增加、资产变动、折旧费用分配等业务编制机制凭证的话，则系统不允许继续结账；若未选中此项，则固定资产上述相关业务即使未制单也允许继续结账。

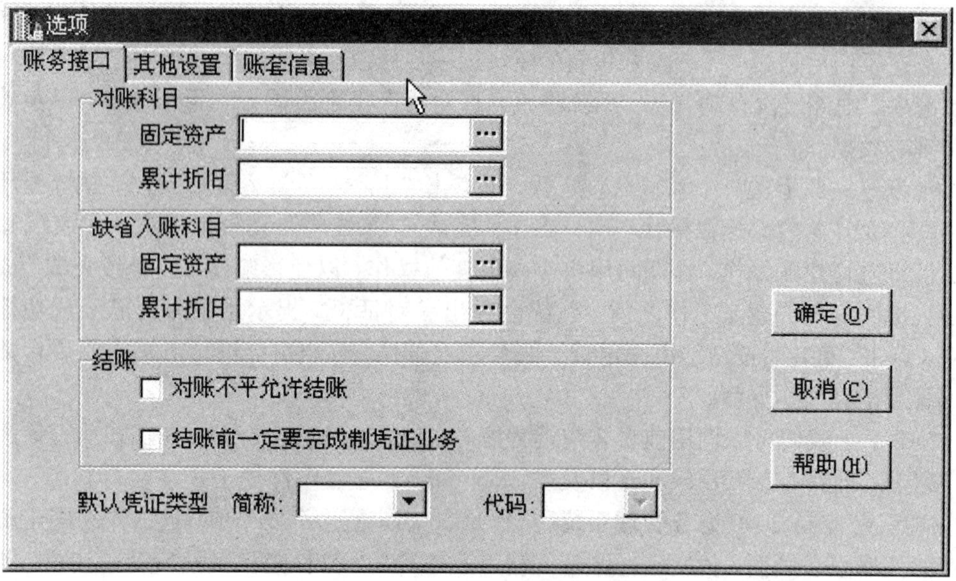

图 8—3 账套参数设置画面之一

(5) 选择默认凭证类型：指对固定资产增加、变动以及折旧费用分配等业务编制凭证时所使用的凭证类型，可点击凭证输入框后的下拉钮，在下拉式菜单中，选择合适的凭证类型即可。凭证类型的选择要根据账务处理系统的相关设置而定。若账务处理系统设置的凭证类型为收、付、转，则此处可选择“转账凭证”类型；若设置为统一的记账凭证，则此处应该选择“记账凭证”类型。

接下来，再来看“其他设置”页，点击窗口中的“其他设置”页签，就可切换到该页，如图 8—4 所示，本页中的重要参数说明如下：

(1) 发生资产减少的卡片删除年限：通过该项目可以定义已注销资产的删除年限。

(2) 当“预计使用年限×12－已计提折旧月份＝1”时将剩余折旧全部提完：这实际上就是最后一个月的资产折旧的计提方法，如果用户希望最后一个月将剩余折旧全部提完，则可以选中此项，这样如果某项资产到其使用的最后一月，系统将不继续按折旧公式计算其折旧额，而按照原值、累计折旧、预计净残值等来推算出本月该项资产应计提的折旧费用。

(3) 业务发生时即时制作凭证：选择该项，则每发生一笔固定资产业务，系统会立即编制相应的凭证。

(4) 可以审核自己做的业务：在操作员管理中已经定义了审核的权限，未定义该功能的操作员没有审核的权利，但在账套参数中如果选择可以审核自己做的业务，则可以对自己做的凭证进行审核。

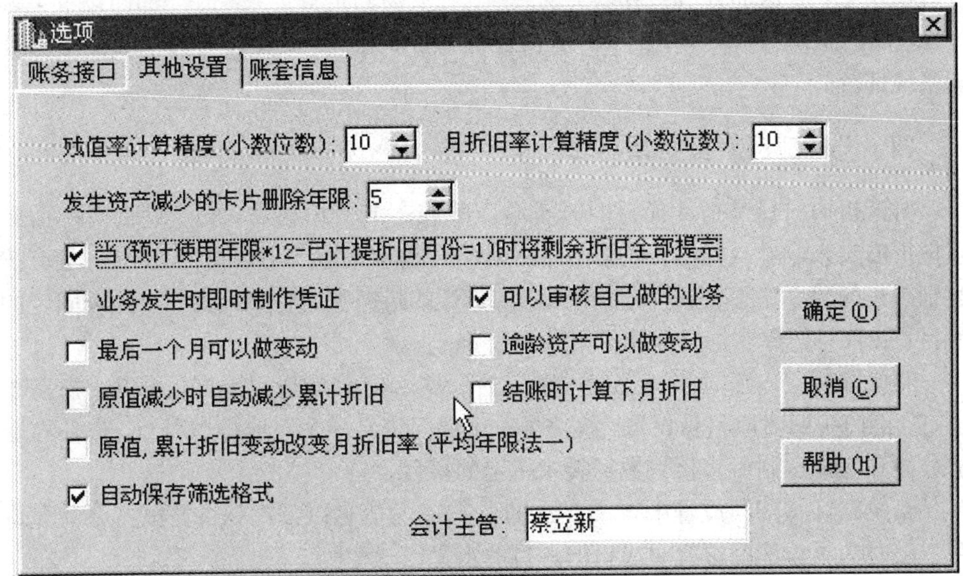

图 8—4　账套参数设置画面之二

(5) 可以通过设置“残值率计算精度”和“月折旧率计算精度”两个参数项来定义折旧率、残值率的计算精度。

(6) 最后一个月可以做变动：选择该项，则在资产预计使用的最后一个月允许做变动。

(7) 结账时计算下月折旧：选择该项，则在月末结账时自动计提下个月的折旧；否则只更新卡片。

“账套信息”页主要显示当前已经设好的一些重要参数，其中包括核算单位名称、账套名称、启用日期、编码分级信息（编码分级又包括资产类别分级、增减方式分级、部门代码分级、使用状况分级四种，其中固定资产类别分级由用户在新建账套中定义，其他三种分级方式系统已经定义完毕）。这些参数通常不允许再修改。

三、部门设置

部门设置是固定资产所属部门和使用部门选择的基础，其中包括其他系统已有的共享部分信息和用户在本系统中的自定义部分，以期最大限度地减少信息的重复录入。

当用户使用了安易账务处理系统或工资管理系统，并且调用了其中的部门设置功能建立了部门目录，这些部门目录信息会被自动带到固定资产系统中的部门设置模块中，对这部分信息可以实现共享。在安易固定资产系统中，部门设置可调用“基础信息设置”菜单下的“部门设置”功能来进行，具体设置方法参见账务处理系统部分。

四、设置部门对应折旧科目

对应折旧科目是指计提折旧时所对应的成本或费用科目。资产计提折旧后必须把折旧归入成本或费用，根据不同使用者的具体情况，有按部门归集的，也有按类别归集的。一般情况下，某一部门内的资产的折旧费用将归集到一个比较固定的科目，并且只选择明细科目才有意义。

系统默认在入账时统一按照固定资产所属部门分摊折旧数据，所以用户需要通过“部门折旧对应科目设置”模块为每个部门定义一个对应折旧科目，以便在数据分摊和凭证编制时直接将数据转入指定的科目。

系统默认将部门设置中定义存在的所有部门信息以部门树的形式显示，允许用户随时为具体部门进行对应折旧科目的定义。

部门对应折旧科目的选择范围为同一账套账务处理系统中已定义存在的所有科目信息。

部门对应折旧科目设置界面如图 8—5 所示。

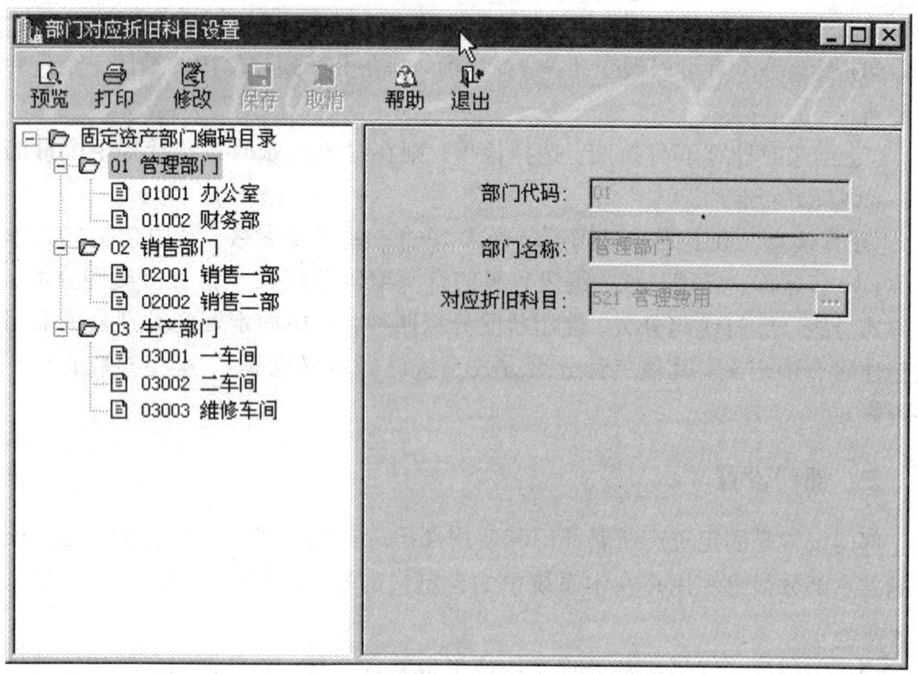

图 8—5　部门对应折旧科目设置界面图

具体设置步骤按下面几个步骤进行：

(1) 在“部门对应折旧科目设置”窗口，先在左边部门目录树选定某个部门，然后点击工具栏中的“修改”图标，则右边的对应折旧科目栏会显示，点击对应折旧科目框下拉钮，进入“选择科目”窗口。

(2) 在“选择科目”窗口选择某个指定科目，点击“确定”，返回“部门对应折旧科目设置”窗口，点击工具栏“保存”，以此类推，定义其他对应折旧科目。

如果科目表中没有所要的科目，则必须在账务处理系统中增加此科目。

五、资产类别设置

固定资产种类繁多，规格不一，如果要强化固定资产管理，及时、准确地做好固定资产核算，必须科学地对固定资产进行分类，为核算和统计管理提供依据。用户可根据自身的特点和管理要求，确定一个较为合理的资产分类方法。

调用“基础信息设置”菜单下的“资产类别设置”模块可实现固定资产的科学分类，进行类别的增加、删除、修改。已使用的类别不再允许修改删除，类别对应的卡片样式仅限于已存在的部分。

进入“固定资产类别设置”窗口，如图 8—6 所示，当需要增加一种资产类别时，可在工具栏中点击“增加”按钮，随后依次录入类别代码、类别名称、使用年

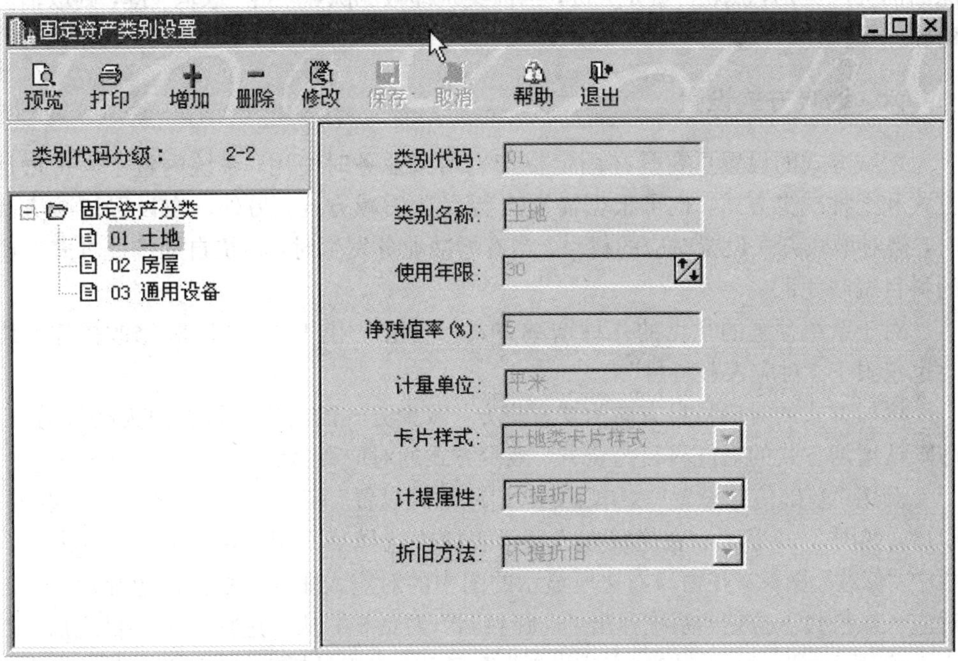

图 8—6　“固定资产类别设置”界面图

限、净残值率、计量单位、卡片样式、计提属性、折旧方法等，录入完毕后，点击工具栏中的“保存”按钮，系统自动把该类别增加到固定资产分类树上。

需要提请注意的是，在输入“类别代码”时，要注意实际编码与类别代码分级规定相符（比如，图 8—6 中的类别代码分级规定为 2—2，表示按两级类别管理，其中一级类别代码长度为 2 位，二级类别代码长度为 2 位），并且保持类别代码唯一；卡片样式可从系统预置或用户自定义的卡片样式中选择，但必须事先已经准备好卡片样式；计提属性为“提折旧”或“不提折旧”，此项目将决定所有归属此类别的固定资产是否要计提折旧，若选择该类别的计提属性为“不提折旧”，则意味着属于当前固定资产类别的具体资产不用计提折旧；折旧方法也需从系统预置的折旧方法以及用户自定义的折旧方法中选择一种，该项目也关系到该类别下的固定资产具体适用的折旧方法。

若要修改某个资产类别，可以在窗口左方的类别信息树中用光标选取待修改的资产类别，然后点击“修改”图标；在窗口右方“固定资产信息编辑”框中对类别名称、使用年限等信息进行修改，修改完毕点击“保存”图标，对所修改的内容进行确认保存，也可点击“取消”图标，表示放弃本次修改。

若要删除某个资产类别，则可以在窗口左方的类别信息树中用光标选取待删除的资产类别，然后点击“删除”图标，系统弹出一个提示框，确认是否真的要删除当前资产类别，点击“确定”键，当前类别即被删除，点击“取消”键，则取消当前删除操作。

六、增减方式设置

增减方式的设置主要是在固定资产有增减业务时使用，系统内置了六种增加方式和七种减少方式，也可根据需要自行设置增减方式。另外，在设置增减方式时，需对增减方式设置对应的科目，当有增减业务发生时，系统自动按此方式对应的科目编制凭证。

对于系统预置的常见的几种增减方式，不允许用户进行删除和修改操作（修改也仅限于“对应入账科目”）。

增加方式的对应科目方向为缺省贷方，减少方式的对应科目方向为缺省借方，即默认增加方式的对应科目为贷方，减少方式的对应科目为借方。

调用“基础信息设置”菜单下的“增减方式设置”模块，进入“增减方式设置”窗口，如图 8—7 所示，在增减方式目录表树中选择某个明细增减方式，点击工具栏中“修改”图标，在窗口右边所显示的图中的对应入账科目栏会反色显示，点击对应入账科目下拉钮，系统弹出“选择科目”对话框，从中选择指定科目之后，点击“确定”按钮，返回“增减方式设置”窗口，点击工具栏中的“保存”图标将增减方式设置信息予以存盘；依次设置其他增减方式对应入账科目。

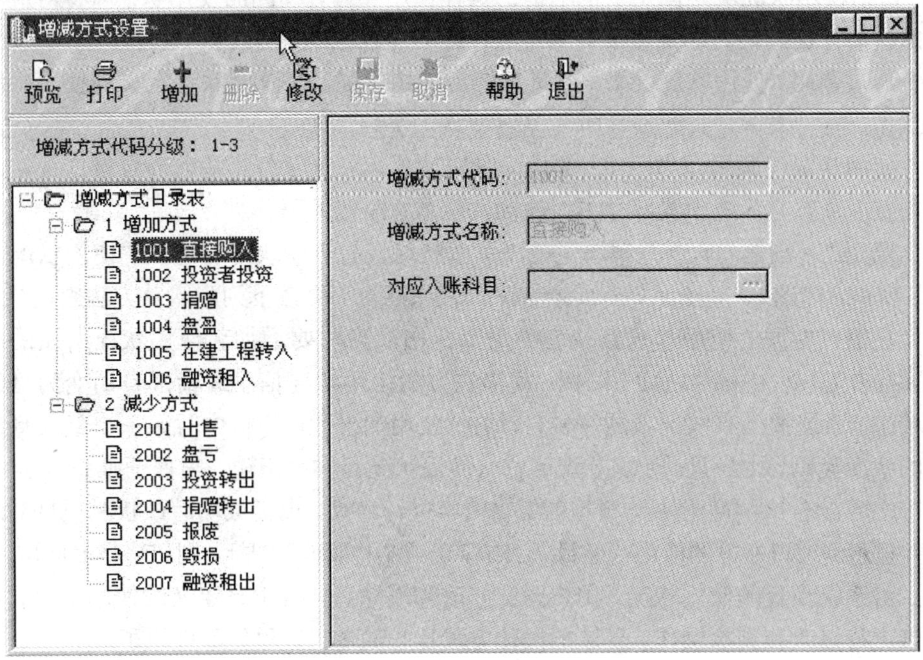

图 8—7 “增减方式设置”窗口

若对应入账科目表中无所要的科目，则必须在账务处理系统中增加此科目。

若要新增一种“增加”或“减少”方式，操作步骤及方法是这样的：

先在窗口左方的增减方式信息树中用鼠标选取“增加方式”或“减少方式”结点，然后点击工具栏中的“增加”图标，此时，窗口右方的增减方式编辑区自动转为编辑状态（增减方式中不允许定义第三种增减方式，亦不得定义多级明细方式）。“增减方式代码”由系统自动生成，以保证其连续性，用户只需定义“增减方式名称”和“对应入账科目”，科目定义时可手工直接在“对应入账科目”栏中输入科目代码，亦可进行引导式录入。定义完毕后点击工具栏中的“保存”图标，即可保存；或点击“取消”图标，忽略本次增加操作。

系统规定，可以对自定义的明细增减方式予以删除，删除的方法很简单：先在窗口左方的增减方式信息树中用鼠标选取当前要删除增减方式，点击工具栏中的“删除”图标，系统提示是否确认删除，点击“取消”键，则忽略本次操作；点击“是”键，则删除当前所选择的增减方式。

七、使用状况设置

从固定资产的使用情况来看，需要明确资产的使用状况，这样一方面可以正确地计算和计提折旧，另一方面便于统计固定资产的使用情况，提高资产的利用效率。所谓使用状况就是固定资产当前的具体使用状态，不同的使用状态，将对应不同的折旧计提属性，这将直接影响折旧计提的业务范围。

通过调用“使用状况设置”可进行增加使用状况、修改删除自定义的使用状况等操作。

使用状况代码采用“1－3”的代码分级方式，用户可在此基础上自行定义新的使用状况项，但系统预置部分不得改动，亦无法改变代码分级方式。

调用“基础信息设置”菜单下的“使用状况设置”模块即可进入“使用状况设置”窗口，如图 8—8 所示，若要增加一种使用状况，可按下列步骤及方法来进行：

在窗口左方的使用状况目录表中用鼠标选取当前要增加新使用状况所属的结点，点击工具栏中的“增加”图标，窗口右方的使用状况信息编辑区自动变为可编辑状态。系统按已有状况项的序号自动在“使用状况代码”栏中写入一个最大且连续的状况代码，用户只需定义状况名称（使用状况名称手工输入需保证唯一），定义完毕之后点击“保存”图标，对当前编辑内容进行存盘，存盘成功后该状况项自动添加并显示到窗口左方的使用状况目录表中；若点击“取消”图标，则忽略当前操作。

对系统预置的使用状况，用户无法修改和删除，但对于自定义的使用状况，则可以进行修改和删除操作，具体的操作方法比较简单，这里就不细说了。

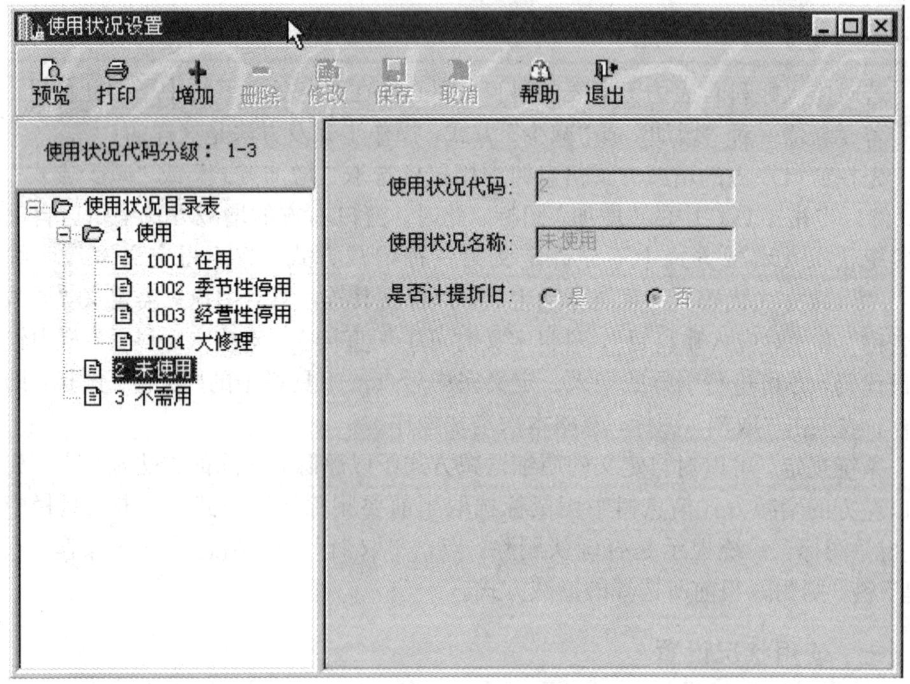

图 8—8 “使用状况设置”操作窗口

八、折旧方法设置

折旧方法是固定资产系统自动计算折旧的基础。安易固定资产系统预置了六种常用的折旧方法，并且还提供了自定义新的折旧方法的功能，用户可根据需要定义自己合适的折旧方法。

系统预置的六种常见折旧方法是：不提折旧、平均年限法（一和二）、工作量法、年数总和法、双倍余额递减法，并分别带有不同的折旧计算公式，用户对这些预置的折旧方法只可选用，不能删除和修改。

系统允许用户自定义新的折旧方法，操作步骤及内容如下：

调用“基础信息设置”菜单下的“折旧方法设置”模块，进入“折旧方法设置”窗口，如图 8—9 所示，单击工具栏中的“增加”图标，进入“折旧方法编辑”窗口。

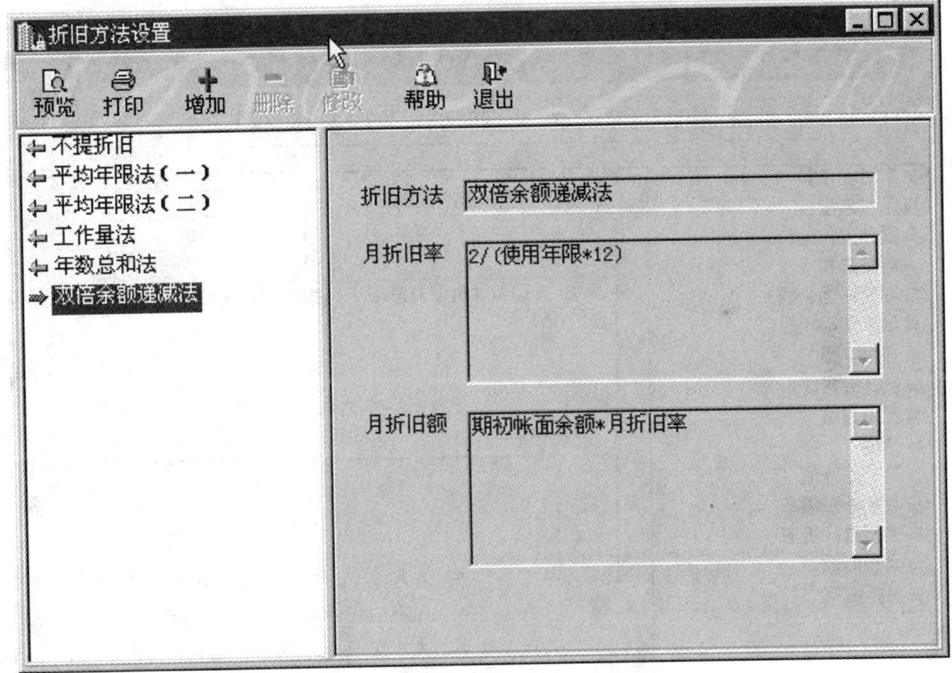

图 8—9 “折旧方法设置”操作窗口

在“折旧方法编辑”窗口中定义新方法的“名称”，在“月折旧率”和“月折旧额”框中分别输入各自的计算公式。也可以在“折旧方法编辑”中将月折旧率直接输入一定的数值（不支持百分比方式输入），表示按照固定的计提比例计提折旧。举例来说：我们想在系统中新增加一种折旧方法，其名称为：固定资产成新率。月折旧率为：（原值－月初累计折旧）/原值/（使用年限×12－已计提月份），月折旧额为：月折旧率×原值，将这些内容分别填入“名称”、“月折旧率”以及“月折旧额”栏目中，如图8—10所示，点击“确定”按钮，返回到主窗口后，可发现新增加的折旧方法名称“固定资产成新率”出现在了窗口左方的折旧方法列表框中。需要注意的是，在新折旧方法的定义过程中，“月折旧率”和“月折旧额”所用到的计算公式，不能出现图8—10左边所没有的固定资产相关项目，否则系统将认为计算公式有问题。

对自定义的折旧方法，系统允许用户对其进行修改甚至删除操作，操作方法很简单：先在“折旧方法设置”窗口左边的折旧方法列表框中选定待修改或删除的折旧方法，然后点击工具栏中的“修改”图标（修改折旧方法时使用）或“删除”图标（删除折旧方法时使用），根据系统提示就可以进行具体的修改或删除操作了。

如果自定义的折旧方法已经被使用了，那么就不允许对其进行修改或删除操作了。

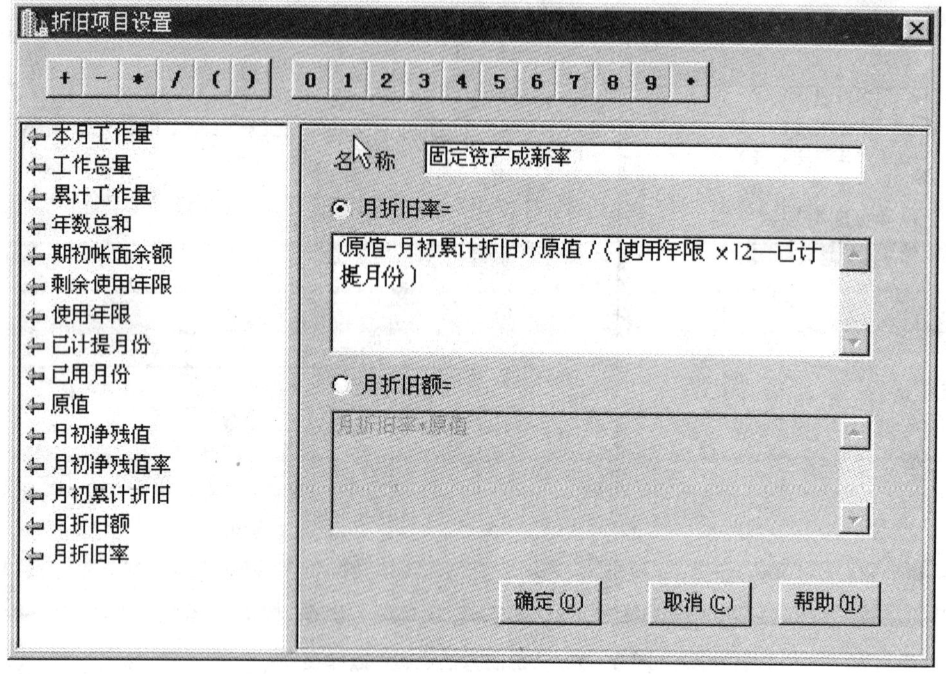

图8—10 新增“折旧方法”的定义界面

九、固定资产代码输入设置

通过对固定资产代码的设置来实现对固定资产代码的管理，固定资产代码的设置将影响卡片上资产的编号。

为了便于对固定资产的管理和核算，对固定资产进行编码，可参照国家标准分类，也可根据自己的需要分类。安易固定资产系统设置了三种编码方式供用户选择，它们分别是：自定义录入、按类别自动编码、按部门自动编码。此项设置可通过调用“基础信息设置”菜单下的“固定资产代码输入设置”模块来进行。

当用户选择“自定义录入”方式时，系统会提示固定资产代码长度最大值为20，代码不分级，可允许用户进一步选择固定资产代码是使用定长代码还是不定长代码，若选择定长代码，还可以设置代码的长度。

当用户选择“按类别自动编码”方式时，系统也会提示固定资产代码长度最大值为20，并且显示类别代码的分级信息，允许用户设置资产代码的末级长度值。将来在填制固定资产卡片时，固定资产代码实际上由“类别代码＋资产序号”组成。

当用户选择“按部门自动编码”方式时，固定资产代码长度最大值仍为20，系统显示当前部门代码的分级信息，并且允许用户设置资产代码的末级长度值。实际上，这种编码方式下的资产代码由“部门代码＋资产序号”组成。

选择设置固定资产代码方式以及代码长度值之后，点击“确定”按钮，所做的设置即可在后续的卡片填制过程中起作用。

十、卡片项目设置

卡片项目是资产卡片上用来记录资产资料的栏目，如原值、资产名称、使用年限等，它是卡片最基本的项目。不同行业或单位，固定资产卡片项目可能不同，可以通过增加、删除、修改得到自己所需要的卡片项目，并且系统提供了自定义项目功能，这样可以得到真正属于自己的卡片样式。

卡片项目按来源分为两部分：一部分是系统预置的系统项目，用户不得修改或删除；另一部分是用户自定义项目，当预置的系统固定项目不能完全满足用户需要时，便可利用“功能/卡片/卡片项目设置”功能自定义新的卡片项目，且一旦定义成功便可应用在卡片样式中。这两部分项目共同构成系统的卡片项目内容。

调用“卡片”菜单下的“卡片项目设置”模块进入如图8—11所示的窗口之中，点击“自定义项”，再点击工具栏中的“增加”图标，依次录入：项目名、数据类型、长度（可通过上下箭头按钮输入）和小数位数（如果所选数据类型为数字型和整型要求输入小数位数）。

点击工具栏中的“保存”图标，将自定义卡片项目信息存盘。

系统规定，对于“固定项”卡片项目，用户不得修改或删除，但对于“自定义”卡片项目，则可视具体情况决定是否允许用户修改或删除，一般原则是：当所定义的卡片项目还未输入实际数据（该卡片项目还没有相应资产数据）时，用户可以修改或删除，但只能修改项目长度或小数位数，而不能修改“项目名”和“数据类型”；而一旦输入了实际数据，若要将该卡片项目删除，系统就会提示“该卡片项目

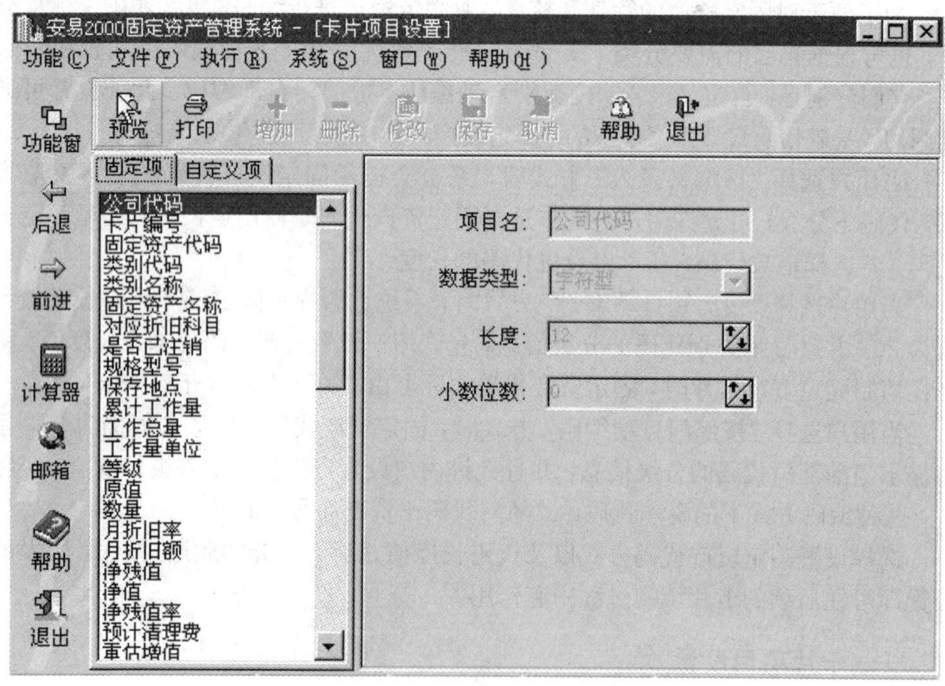

图 8—11 “卡片项目设置”窗口

已有数据，是否删除该卡片项目”。如果要删除的话，可点击“确定”按钮，将此卡片项目删除，但资产卡片上该项目的数据也会一同被删除。

卡片项目设置完成后，可在随后的卡片样式设计时被启用，从而在今后的资产卡片上就能够记载该卡片项目的数据了（当然，要求所填制的资产卡片选用包含该卡片项目的卡片样式）。

十一、卡片样式设置

卡片样式指卡片的整个外观，它包括格式、所包含的项目以及项目的位置。不同的企业或不同的资产类别，由于管理的内容和侧重点不同，固定资产卡片项目组成可能不同，为此，安易固定资产管理系统提供了卡片样式定义功能。

系统预置了几种常用卡片样式，它们是：通用卡片样式、房屋类卡片样式、运输设备类卡片样式、机械设备类卡片样式和土地类卡片样式。我们可以对这些卡片样式进行有针对性的修改，也可以增加新的卡片样式。

调用“卡片”菜单下的“卡片样式设置”功能模块，可增加新的卡片样式、对已有的卡片样式进行修改设置、对自定义尚未使用的卡片样式进行删除等。

（一）增加新的卡片样式

进入“卡片样式设置”窗口之后，若要增加新的卡片样式，可用鼠标先在窗口左部的卡片样式名称列表中选中某个已设置的卡片样式，以此作为当前新增卡片样式的模板。然后点击工具栏中的“增加”图标，系统弹出如图 8—12 所示的“卡片样式定义”窗口，在“样式名”处录入新卡片样式的名称。窗口右方为样式设计界面，初始进入时显示当前所选模板的样式；窗口左方列示所有的卡片项目，其中高亮显示的是未在当前卡片样式中使用的卡片项目。

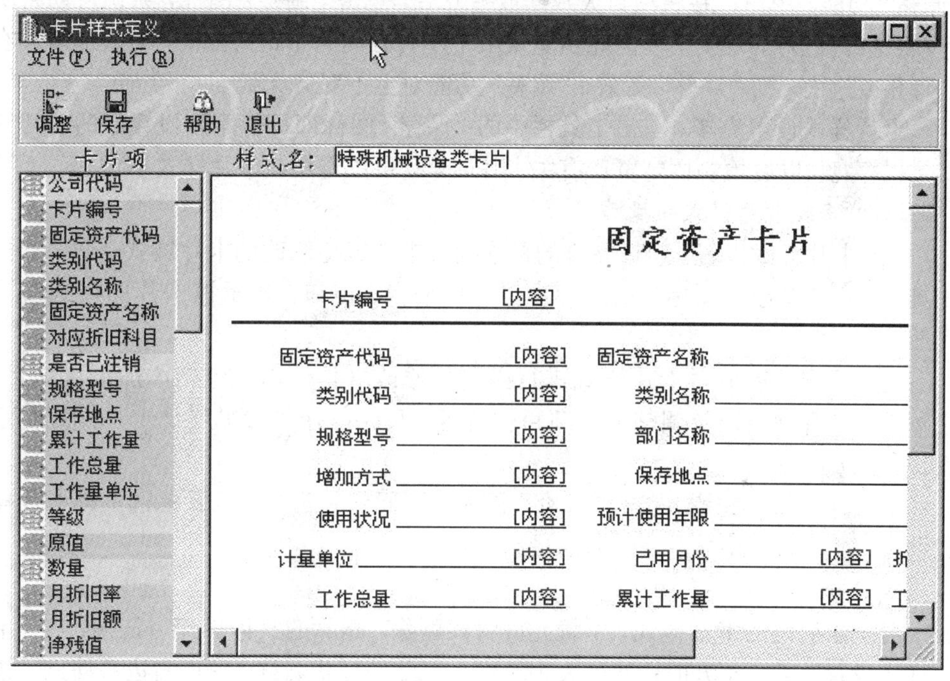

图 8—12 “卡片样式定义”窗口

往自定义卡片样式中添加一个卡片项目的操作方法：使用鼠标在窗口左方的项目列表中选中当前要往卡片样式中添加的卡片项目（注意该项目必须为该卡片样式目前尚未使用，即高亮显示的项目），按住鼠标左键不放，将该项目拖拽至右边卡片样式设计区中满意的位置后松开鼠标左键，该项目将自动停留在所放位置。如位置不够理想则使用鼠标点击窗口上方的“调整”图标，可自动调整位置。另外，窗口左方的项目列表的最下方还提供了“粗线”等三个特殊项目，用户可利用它们进行卡片界面的细化，使其效果更接近于手工制作的固定资产卡片。

从当前卡片样式中去掉某个卡片项目的操作方法：当样式中某卡片项目不再需要时，可在卡片样式设计区中用鼠标选定该项目后，再点击鼠标右键，从弹出的快捷菜单中选择“删除”项，即可将该项目从卡片样式中删除，此时，窗口左方的项目列表中该项目自动恢复为高亮显示，以供随时再被选用。需要注意，有些卡片项目，像“原值”、“预计使用年限”、“已用月份”等是卡片必须有的项目，不允许从卡片样式中删除。

调整卡片项目的显示位置的操作方法：可用鼠标选中某卡片项目，在按住左键不放的情况下拖动该项目，直至调整放置到满意的位置。

考虑到用户手工调整的卡片项目位置不可能完全对齐，系统在工具栏中提供“调整”功能，用户可在将项目大致摆放整齐后，点击“调整”图标，系统自动将所有项目按列进行右端对齐，但此功能仅限于左右方向的小距离微调，如项目间左右位置相差过大，则“调整”无效，“调整”功能对上下对齐无效。

卡片样式设置完毕，点击工具栏中的“保存”图标即可将刚刚设置好的卡片样式予以存盘。以后填制固定资产有关卡片时，就可以选用该卡片样式了。

（二）修改卡片样式的操作

在“卡片样式设置”窗口左方的样式列表中选定待修改的卡片样式名称，点击工具栏中的“修改”图标，系统弹出“卡片编辑”窗口，显示该卡片的样式设计界面。

用户可根据需要对卡片样式进行必要的修改（具体内容包括添加卡片项目、去掉某个卡片项目以及调整卡片项目位置等，具体操作可参见增加卡片样式时的操作方法）。

卡片样式修改完毕，点击“保存”图标，返回到主窗口后，鼠标选定该卡片样式名称，窗口右方将显示修改后的最新样式效果。

（三）删除卡片样式的操作

对于未启用的卡片样式，系统允许将其删除。删除的具体操作方法是：在“卡片样式设置”窗口左方的样式列表中选中待删除的样式名称，窗口右边自动显示该卡片样式，以供用户浏览核对。如果确认需删除该卡片样式，点击工具栏中的“删除”图标，系统提示“是否确定删除该卡片样式”，选择“是”，系统自动做删除处理；否则取消删除操作。对于已使用的卡片样式不允许用户删除（如某卡片样式一旦在资产类别定义中被选用，就属“已使用”类样式）。

十二、原始卡片数据的输入

原始卡片指的是系统启用前已存在的资产卡片，该卡片的增加不产生购制凭证，而只需编制折旧凭证，对于新增的固定资产（本月购进的或以其他方式增加的资产）需在卡片增加或调拨资产录入中录入。

用户在使用固定资产系统进行核算前，需将已有的手工原始卡片资料录入系统，以保持历史资料的连续性，并为今后每月的计提折旧及可能有的后续业务变动做准备。原始卡片的录入不限制必须在第一个期间结账前，任何时候都可以录入原始卡片。调用“卡片”菜单下的“原始资产卡片录入”模块可将原始卡片数据输入到计算机系统之中。因资产类别决定了固定资产卡片的具体样式，用户需在卡片录入之初先行选定某具体资产类别。原值、累计折旧、工作总量、累计工作量等卡片项目数据的录入，必须是卡片录入月月初的数值，否则将会出现计算错误。已计提月份指该资产实际已计提折旧的月份数，不包括使用期间因停用等未进行折旧计提的月份，否则不能正确计算折旧。

在“原始资产卡片录入”窗口中，增加一张原始卡片的操作方法如下：

(1) 在窗口左方固定资产类别目录树上点击要增加卡片的卡片类别，窗口右方自动显示该资产类别对应的一张新增空白卡片（其卡片样式由选择的类别决定），卡片号由系统自动生成，同时将该类别的相关信息填入卡片中。

(2) 在卡片中输入固定资产信息，其中固定资产代码、固定资产名称、部门名称、增加方式、使用状况、折旧方法、开始使用日期、已计提月份、使用部门、已用月份、原值、累计折旧、净残值率等项目为卡片必输项。

(3) 在输入增减方式、使用状况、部门名称、使用部门和项目这五项数据时，编辑栏中会出现“…”图标，点击该图标，可在弹出的选择框窗中选择相应的方式或名称，点击“确定”键即可将所选信息带入卡片项。

(4) 卡片输入完毕后，点击工具栏中的“保存”图标，对当前录入数据进行保存；或点击“退出”图标，不存盘退出当前操作。图 8—13 所示就是原始资产卡片录入界面图。

原始资产卡片如果还有附属设备信息也需要录入，可点击工具栏中的“附属”图标，窗口下方出现一个附属设备表，鼠标移至该表区域，点击鼠标右键，从弹出的快捷菜单中选择“增加附属设备”，此时就可以往附属设备表中输入当前卡片资产的附属设备信息，如果有多个附属设备的话，每输入完一个附属设备之后，都要调用“增加附属设备”功能，系统才能允许继续输入下一个附属设备基本信息。附属设备数据输入完毕之后，点击“保存”按钮，即可连同卡片资料一起保存。

已经存盘的原始资产卡片未被审核之前，系统还允许进行修改。可直接在原始卡片录入界面中或调用“卡片/卡片修改”模块对该卡片进行修改操作。找到待修改的原始资产卡片记录，然后点击相应操作界面中的“修改”图标，当前卡片自动变为编辑状态，找到需要修改的卡片项目，录入新的数据，修改完毕点击“保存”图标将修改的结果予以保存。如果原始资产卡片已经审核，则需要通过调用“卡片/卡片登记簿”先对该原始资产卡片进行消审，然后再修改。有关操作细节，我们在后面介绍。

如想查看以往录入的卡片信息，可在左方类别目录树上点击要查询的资产类

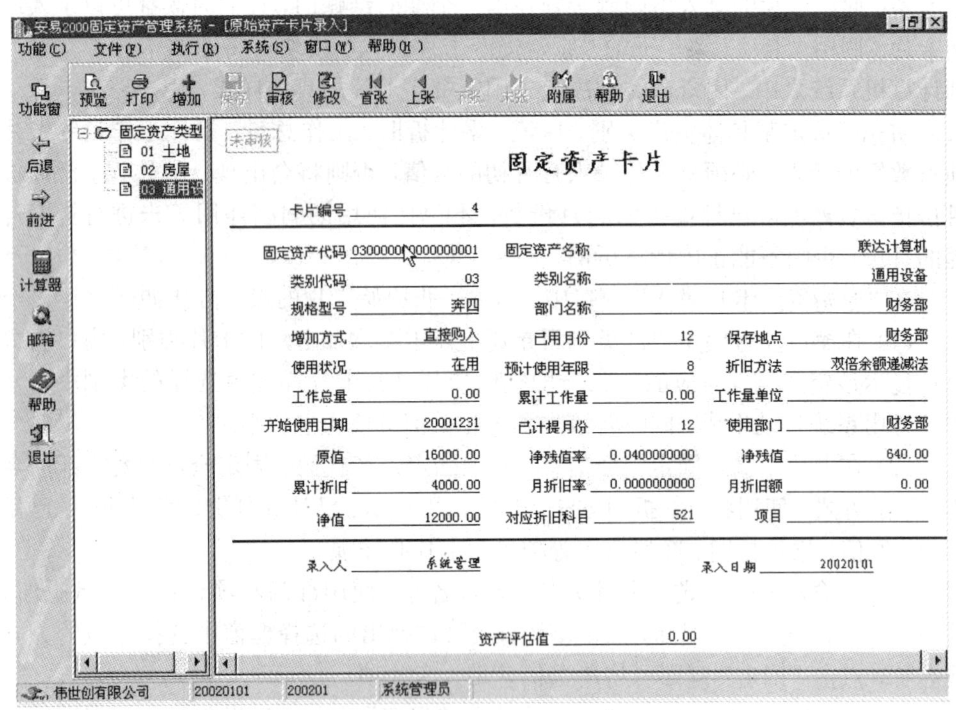

图 8—13　“原始资产卡片录入”界面图

别，在取消当前卡片编辑状态后，即可点击“首张”、“上张”、“下张”、“末张”等图标，自由翻看该类别下所有卡片信息。

十三、原始卡片的审核、消审和删除

原始卡片必须被审核，才能计算提取折旧。如果在账套参数设置中的其他设置中启用了“可以审核自己做的业务”，对于已经录入但尚未审核的固定资产，如要进行审核操作，可直接在原始卡片录入界面点击工具栏中的“审核”图标，即可完成审核签字工作，也可在卡片登记簿中进行审核；如果在账套参数设置中未设置此项，则需以审核员的身份进入系统，然后在原始卡片录入或卡片登记簿中进行审核，通过审核的卡片，其左上角将显示“已审核”的字样。此处主要介绍在卡片登记簿中如何进行审核操作。

以审核员的身份进入系统，调用“卡片/卡片登记簿”功能模块进入卡片登记簿窗口，如图 8—14 所示。卡片登记簿分为两种状态：一种是“已审核卡片”状态，另一种是“未审核卡片”状态。通常刚刚进入卡片登记簿，其状态为“已审核状态”，点击“未审核卡片”标签，然后通过下拉“部门”列表框指定待审核资产所属部门，或者通过下拉“类别”列表框指定待审核资产所属类别，指定完毕点击“刷

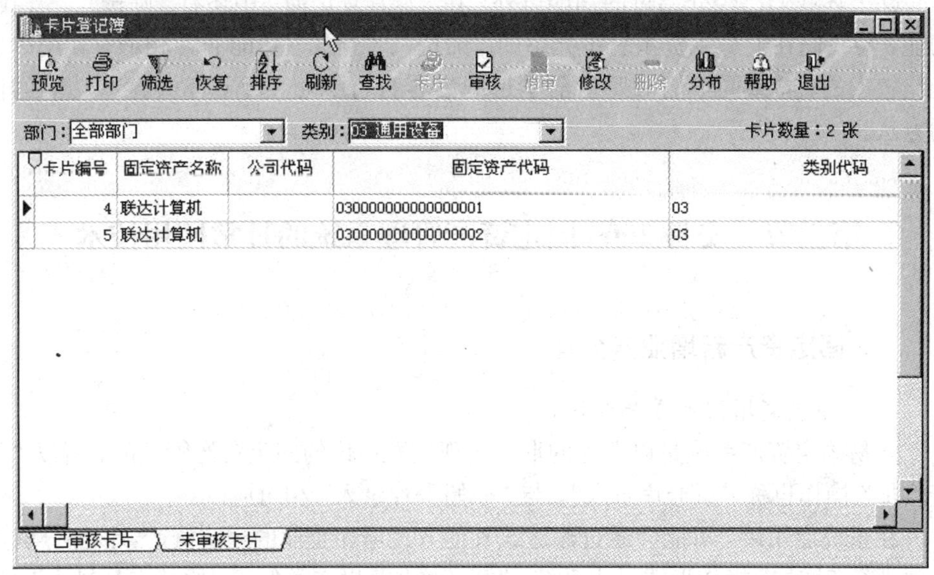

图 8—14 "卡片登记簿"操作窗口

新"，满足条件的卡片记录便会出现在卡片列表中，如图 8—14 所示，有两张卡片满足指定条件。点击"审核"图标，系统会立即弹出一个对话框，要求选择审核范围。可从以下三种方式中选择其中一种：审核显示的未审核卡片、审核选定的未审核卡片和审核所有未审核卡片。选择完毕，点击"开始"，系统会自动根据审核范围的要求将有关卡片审核签字。审核结束之后，可以点击"已审核卡片"标签进行查看。

原始卡片被审核后，如发现错误欲将其删除，必须先取消审核（消审）才能删除。对原始卡片的消审和删除操作只能通过调用"卡片/卡片登记簿"模块来进行。在卡片登记簿中选择"已审核卡片"标签页。按上面介绍的方法选择指定某个具体的部门或类别，然后点击工具栏中的"刷新"图标，系统会把该部门或类别的已审核卡片全部显示出来。点击工具栏中的"消审"图标，在系统随后弹出的界面中选择消审范围（系统提供了三种消审范围供选择），点击"开始"按钮，系统会给出消审结果报告，点击"返回"按钮回到主界面。然后再点击"未审核卡片"页标签，根据要求找到指定的卡片记录（单击鼠标选定），此时，我们发现该卡片又可以被修改或者删除了，需要修改时，点击工具栏中的"修改"图标，此时会弹出一个"固定资产卡片修改"窗口，点击该窗口中的"修改"按钮可进入卡片编辑修改状态，修改结束后再点击"保存"按钮将修改的数据存盘。要删除该卡片记录，操作更简单：只需单击工具栏中的"删除"图标，在弹出的界面中选择"是"，即可将选定的卡片记录予以删除。

除上述我们已经介绍过的功能以外，在“卡片登记簿”中还有“筛选”、“查找”功能，与我们在安易工资系统中介绍的“筛选”、“查找”功能非常相似，其用途也是比较大的，希望同学们对照以前学过的内容自行练习一下，体会这些功能的使用方法。

第三节　安易2000固定资产管理系统的日常使用技术

一、固定资产新增业务处理

（一）填制新增固定资产卡片

安易固定资产系统是以卡片的形式实现核算单位的固定资产管理的，所以“资产增加”操作也称“新卡片录入”，与“原始卡片录入”相对应。

在系统启用后，可能会通过购进或其他方式增加企业的固定资产，该部分资产通过“资产增加”操作形式录入系统，“资产增加”操作类似于“原始卡片录入”，只是在部分信息的处理上存在不同。

资产通过原始卡片录入还是通过“资产增加”录入，在于资产的开始使用日期，只有当开始使用日期所在期间与录入日期所在期间相等，并且无累计折旧额时才符合“资产增加”的录入条件。执行“卡片增加”操作，系统要求用户先确定新增资产所属类别，随后弹出一张新空白卡片（其样式由资产类别决定），卡片编号由系统自动编号，其余信息由用户填入。

调用“卡片/卡片增加”功能模块，在随后弹出的界面中，系统会直接追加一张空白的资产卡片等待用户输入数据，如图8—15所示。可在窗口左边的固定资产类型中选择当前增加资产所属的类别，选定后窗口右方将自动显示该类别对应的卡片样式，同时该类别对应的部分资产信息被写入卡片中，卡片编号、录入人及录入日期由系统自动生成写入。

资产增加的卡片数据输入与原始卡片的数据输入基本相似，不同之处在于：新增卡片的数据中，不用填“已用月份”、“已计提月份”、“累计折旧”等数据。

卡片中的固定资产代码、固定资产名称、部门名称、对应折旧科目、增加方式、使用状况、使用部门、原值、开始使用日期等为卡片必输项；对于增加方式、使用状况、部门名称、使用部门和项目这五项，可通过点击栏中右端的“…”图标，在弹出的引导式信息窗中选择需要输入的项目，双击或点击“确认”键即可选入该栏中；点击窗口上方的“附属设备”图标，卡片下方将出现附属设备列表，将鼠标移到该表区域，单击鼠标右键从弹出的快捷菜单中选择“增加附属设备”即可录入附属设备有关数据项内容。

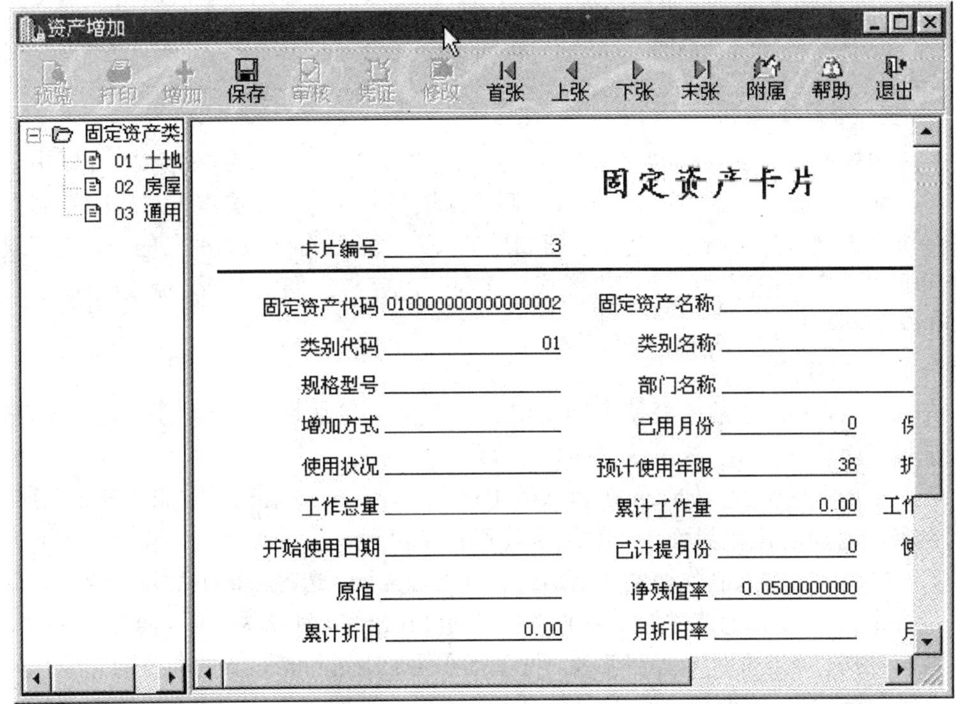

图 8—15 "资产增加"操作界面图

卡片信息输入完毕后，点击"保存"键进行存盘操作，在录入过程中点选卡片编辑区以外的区域，系统将提示是否放弃当前编辑的数据，如选择"否"则继续录入，选择"是"则退出当前的录入操作。

对于已录入保存但尚未审核的新增加的固定资产卡片，可在"资产增加"的操作窗口中直接对其修改操作，方法是：找到该卡片记录后，点击工具栏中的"修改"图标，当前卡片自动变为编辑状态，用户便可对其进行修改，修改之后，再点击"保存"图标即可将修改的结果存盘。

如果在之前的账套参数设置时，设置了"可以审核自已做的业务"选项，则随着资产增加的卡片被存盘保留之后，也可以随即由用户本人对该卡片进行"审核"，这可以点击工具栏中的"审核"图标，审核通过后，会在当前资产卡片上做上"已审核"的标记。如果用户在账套参数设置时，还设置了"业务发生时即时制作凭证"选项，则随着本张新增资产卡片被审核签字，系统会弹出"凭证类型"对话框，要求用户指定刚才所增加的固定资产业务凭证所归属的凭证类型，点击"确定"按钮，如果针对当前资产增加方式，我们在固定资产增减方式中指定了"对应入账科目"，则计算机将自动编制出当前资产增加业务的会计处理凭证，而如果未指定

“对应入账科目”，则在“资产增加”窗口中，将不可能立即制作本次新增加的资产业务所对应的会计凭证，而需要以后通过“计算结账”菜单下的“凭证编制”模块来实现。

（二）审核卡片

固定资产新增卡片填制完毕之后，也需要审核签字，如果在账套参数设置中已经将“可以审核自己做的业务”选定，则可由填制卡片的操作员本人对刚刚填制完成的资产增加卡片进行审核签字，而如果本人不能审核自己做的业务的话，则必须通过调用卡片登记簿中的功能来完成，这部分内容与我们之前所讲解的原始卡片的审核完全一样。

（三）制作凭证

实际上，我们之前已经就个别新增加的固定资产业务如何由计算机自动编制凭证做了简单的介绍。这里做更详细的介绍。

对于增加的卡片，如果在账套参数中设置了“业务发生时即时制作凭证”项，则在资产增加的操作界面中，对该卡片审核结束后，系统就会立即弹出“凭证类型”窗口表示将进入制作该资产增加的会计处理凭证。选择正确的凭证类型后，点击“确定”，系统会把该增加业务的凭证自动制作出来，如认为无误，点击“退出”，系统自动保存凭证信息，如需修改，可直接在凭证中进行修改。保存后的凭证存放在“凭证箱”中，可调用“计算结账/凭证箱”模块进行有关凭证操作，比如凭证编辑修改、凭证作废等操作。

如果在账套参数设置中未选择“业务发生时即时制作凭证”选项，则已审核的卡片增加业务需要制作凭证时，需调用“卡片/卡片变动登记簿”模块，进入有关操作界面（见图 8—16）后，点击“已审核 _ 待制作凭证”页，如果变动卡片显示框中无变动卡片，则需设置变动类型为：所有类型、指定固定资产类型、使用部门以及卡片编号等；然后点击工具栏中的“凭证”图标，系统弹出“凭证制作”窗口，在待制凭证变动记录框中选择变动单编号，把要做会计处理的变动单转入凭证分录框中，选择凭证类型，如图 8—17 所示，点击“确定”按钮。系统会自动把该业务的凭证制作出来，如认为无误则保存，也可直接修改。保存后的凭证存放在“凭证箱”中。

二、固定资产变动管理

（一）填制变动单

资产在使用过程中，可能会发生如使用部门、资产减少变更等调整业务，此类变动必须留下原始凭证。

在安易固定资产系统中，将资产变动分成以下十三项业务：资产减少、原值增加/减少、所属部门转移、使用部门转移、使用状况变动、折旧方法调整、使用年限

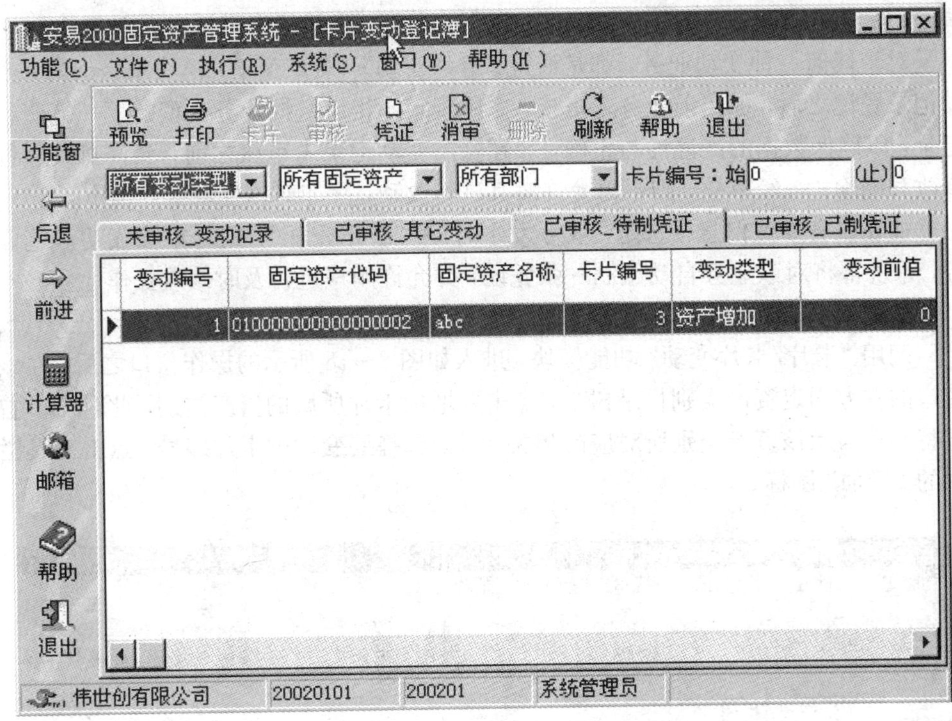

图 8—16 “卡片变动登记簿”操作画面

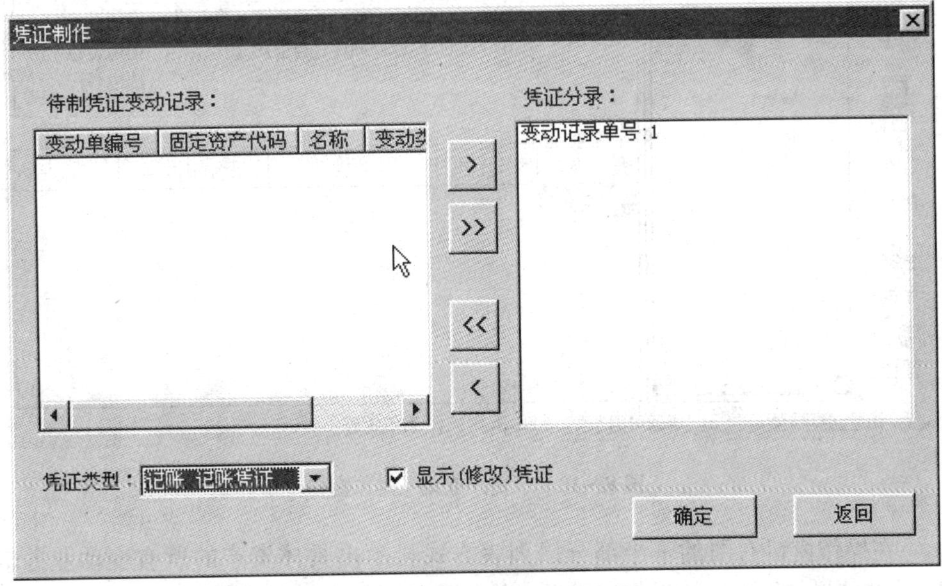

图 8—17 “凭证制作”操作窗口

调整、累计折旧调整、工作总量调整、净残值调整、净残值率调整和类别调整。

对于任何一种变动业务，都是通过"卡片变动"（资产变动）模块来登记的，变动记录登记之后，如当前业务未审核，系统规定不得继续同业务类型的下一笔变动记录，以确保数据的严谨性与正确性。在资产变动记录未审核之前，允许对其进行修改和删除；一经审核，则不再允许对其进行改动，除非对该变动卡片消审。

如在账套参数信息中选定"业务发生时即时制作凭证"，则每审核成功一笔业务，系统都将对该业务自动编制一张凭证，并允许用户进行及时修改操作。

增加变动卡片的具体操作步骤及内容如下：

调用"卡片/卡片变动"功能模块，进入如图 8—18 所示的操作窗口之后，在该窗口的左方固定资产类别目录树中，点击要增加卡片所属的资产类别，此时窗口右方将自动显示该资产类别所对应的相关卡片，选择要变动的卡片编号，点击工具栏中的"增加"图标。

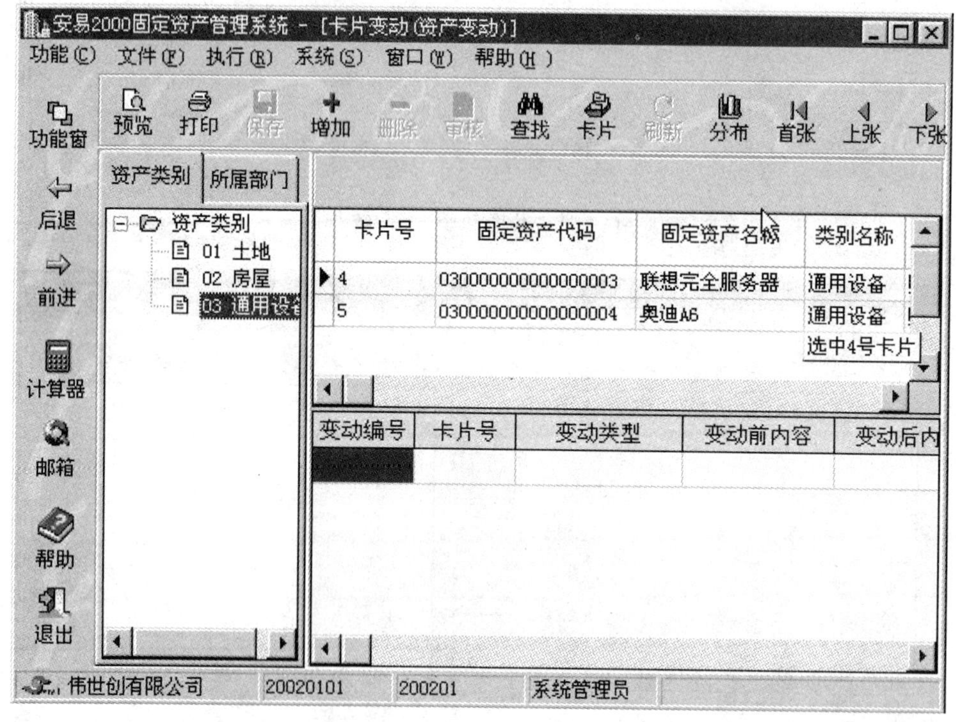

图 8—18 "资产变动"操作窗口

在操作窗口右图的下半部分以列表方式显示出具体资产的所有变动业务信息；点击"增加"图标的操作完成后，在右下窗口变动业务列表的表尾将出现一空记录行，变动编号、变动日期和录入人等数据项内容由系统自动生成且不允许用户修改，用户只需录入变动类型、变动原因等数据。

点击“变动类型”下拉框，从中选择具体的变动类型，系统将根据具体的变动项，将卡片当前该项的对应值自动带入“变动前内容”单元格中，用户需在“变动后内容”单元格中根据具体变动类型选择或手工输入具体数值，注意输入内容的类型（字符型或数字型等）应与当前变动类型相对应。变动原因为必填项，可直接在“变动原因”单元格中输入具体值。当前变动数据确认完毕之后，点击工具栏中的“保存”图标，将当前变动业务存盘；如数据有误，会出现数据错误的提示框，在用户对数据做出正确更新之前，存盘无效；也可以点击“退出”键，不存盘退出当前操作。

资产变动时需注意的操作规则如下：

(1) 资产减少变动的当月仍需计提折旧，该资产经审核后，将被归为“注销资产”，系统不允许对注销资产做任何操作。

(2) 原值增加或减少变动业务经审核后，会影响当月卡片中的原值、净值、净残值项数据更新，消审后，卡片相关数据恢复到变动前的状态。

(3) 使用年限调整的当月就按调整后的使用年限计提折旧，但在折旧凭证编制后不再允许变动操作。

(4) 工作总量调整对调整的下月产生影响，调整当月仍按原工作总量计算折旧。

(5) 折旧方法变动的当月就按调整后的折旧方法计提折旧。折旧凭证编制后不再允许变动操作。

(6) 资产类别、所属部门和使用部门变动下月生效。

(二) 对变动单的审核

变动卡片的审核可以在“卡片变动”或“卡片变动登记簿”中进行审核，审核时以审核人的身份，进入“卡片变动”或“卡片变动登记簿”有关的操作窗口中进行审核。这里以卡片变动登记簿为例，其操作窗口如图 8—19 所示，在变动业务列表中，鼠标选中尚未审核的变动卡片（变动记录中的“审核人”单元格内容为“未审核”，即是尚未审核的变动卡片）；单击“审核”图标，在弹出的图中通过鼠标选择审核范围（系统提供三种审核范围供选择），点击“开始”按钮。如审核成功，可通过点击图中的“已审核 _ 待制凭证”页（使用卡片变动登记簿时）将审核后的变动业务记录显示出来。

对变动卡片的消审可采取如下方法：调用“卡片/卡片变动登记簿”模块，进入该模块操作窗口（如图 8—19 所示）之后，点击“已审核 _ 待制凭证”页选中指定的变动卡片，再点击工具栏中的“消审”按钮即可。变动卡片消审之后，可通过点击“卡片变动登记簿”窗口中的“未审核 _ 变动记录”页查询，选定刚被消审的变动卡片的记录，然后点击工具栏中的“删除”图标即可完成删除操作。如果要对

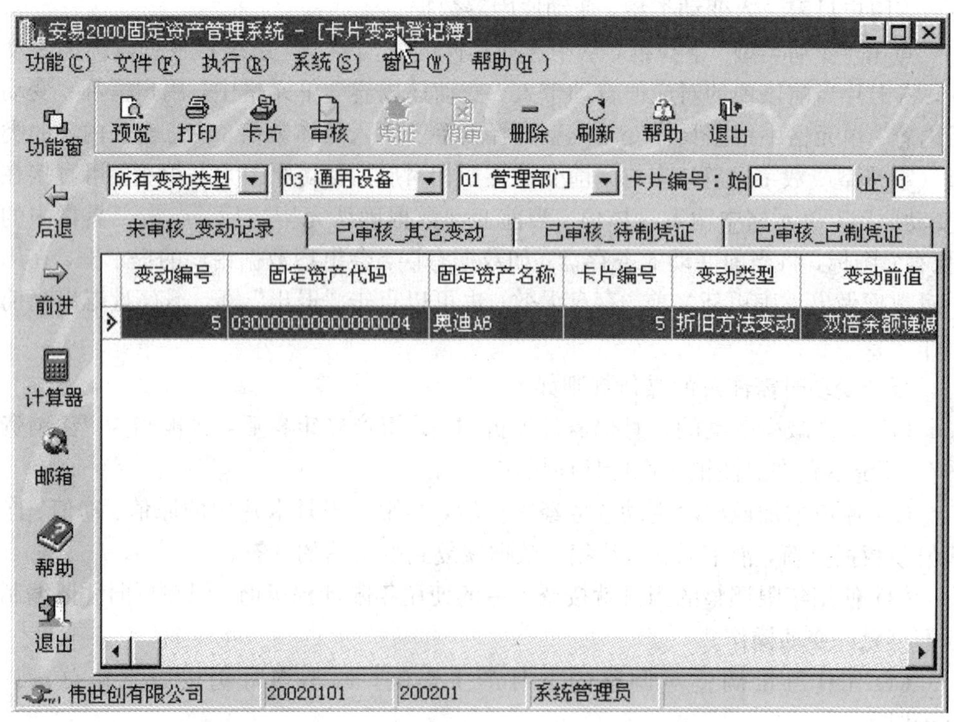

图 8—19 利用“卡片变动登记簿”审核变动业务

系统自动增加的累计折旧变动卡片进行消审，只要对与其相对应的卡片进行消审操作，该张卡片将自动消审。

（三）编制变动业务的记账凭证

有些资产变动业务要做相应的会计处理，即要编制对应的记账凭证。通过调用“卡片/卡片变动登记簿”功能模块对资产变动业务审核之后，凡是在“已审核_待制凭证”页出现的那些变动业务都是要编制相应的记账凭证的变动业务，而那些出现在“已审核_其他变动”页中的变动业务记录则均为不涉及凭证编制的变动业务。

如图 8—19 所示，在“卡片变动登记簿”操作窗口中，选择“已审核_待制凭证”页，点击对应的变动业务记录后，单击工具栏中的“凭证”图标，在待制凭证变动记录框中选择目标变动记录将其移到凭证分录框中，选择凭证类型，然后点击“确定”按钮，系统会自动弹出制作形成的凭证，对该凭证用户需做适当的修改，操作完毕之后点击“保存”按钮可将变动业务的记账凭证存盘，按“退出”按钮退出。

此处编制完成的记账凭证可通过“凭证箱”进行查询、修改直至凭证作废删除等操作。

三、固定资产账表查询输出

安易固定资产系统可提供的固定资产账表种类主要有：固定资产总账、固定资产业务明细账、固定资产分类明细账、固定资产分析表（包括 6 种分析表）、固定资产折旧表（包括 3 种细分的折旧表）、固定资产统计表（包括 13 种统计表）和自定义账表等。下面，我们将着重介绍固定资产业务明细账和固定资产分类明细账的查询输出的操作方法以及注意事项。

（一）固定资产业务明细账的查询输出

通过调用“账表管理/固定资产业务明细账”功能模块可实现对固定资产业务明细账的查询输出。该模块可查询某期间段内某一固定资产业务发生明细情况（可包括未审核业务），分析原值的借贷余额、累计折旧的借贷余额及净值；在业务明细账中可以体现该明细资产名称、所属部门、启用日期、使用状况、折旧方法、原值、预计残值和累计折旧的卡片信息。

具体的查询操作步骤及内容如下：先选择要查询的资产。可点击“资产代码”下拉框，在弹出的参考界面中选择指定的资产记录，点击“确定”按钮，返回固定资产业务明细账条件设定界面，然后再设置期间，可通过点击“微调”按钮，实现年月的设置。设置好查询条件之后，点击“确定”按钮，进入固定资产业务明细账查询界面，如图 8—20 所示。

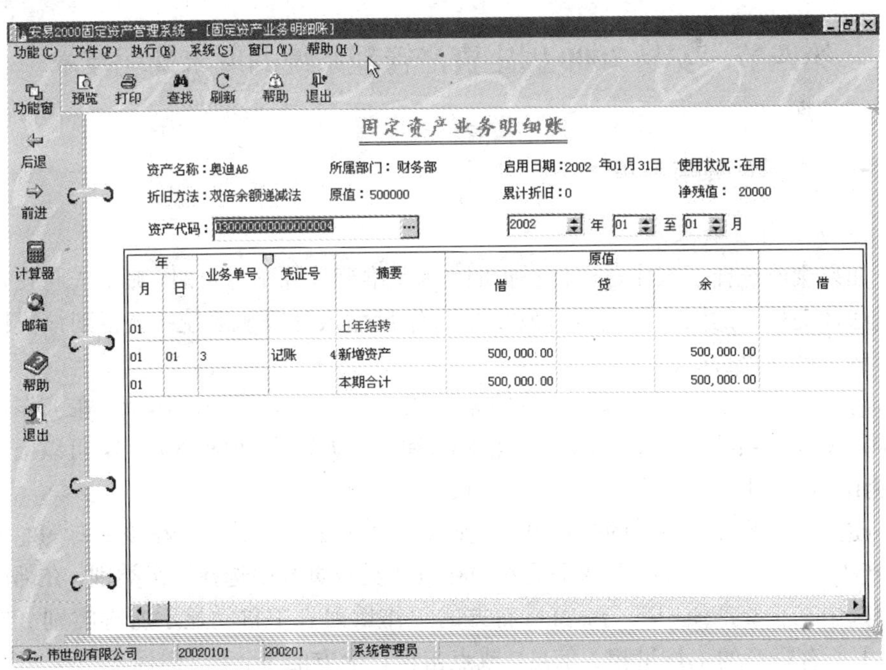

图 8—20 固定资产业务明细账操作界面

在固定资产业务明细账查询界面，还可对其他资产进行查询，而不必退出该界面。如在资产代码栏中选择新的资产代号，设置新的期间范围，然后点击工具栏中的“刷新”按钮即可查询其他固定资产业务明细账数据。

可通过调用工具栏中的“预览”或“打印”图标将该固定资产业务明细账打印输出。

（二）固定资产分类明细账的查询输出

通过调用“账表管理/固定资产分类明细账”功能模块可实现对固定资产分类明细账的查询输出。该模块可以查询某期间段内按月份汇总的所有固定资产分类业务发生情况，分析原值的借贷余额、累计折旧的借贷余额及净值，还可以联查固定资产业务明细账。

具体的查询操作步骤如下：执行“账表管理/固定资产分类明细账”程序，系统首先要求设置查询期间，可通过点击“微调”按钮，实现年月的设置，查询条件设置完毕可点击“确定”按钮，进入固定资产分类明细账查询窗口，在该窗口中可以看出新增资产合计和注销资产等分类明细情况。选定固定资产分类明细账中的一条发生记录，点击“联查”图标，还可以联查到当前选定的固定资产业务明细账。

通过调用工具栏中的“预览”或“打印”图标也能将该固定资产分类明细账打印输出。

第四节　安易2000固定资产管理系统的期末处理技术

一、折旧计算与制单

（一）工作量输入

如果企业选择了工作量法计提折旧，为了准确计算本月折旧，则应先将使用工作量法计提折旧的固定资产当月发生的工作量输入计算机系统中，否则该类固定资产将不被计提折旧。

可调用“卡片/工作量输入”模块来输入每月实际完成的工作量。在工作量实际录入模块中系统提供了“全部”、“清除”和“自动”等几项特殊操作，可以极大地方便用户的使用。

进入“工作量输入”的操作窗口（如图8—21所示）之后，在该窗口的左方有“资产类别”和“所属部门”两个页签中在资产类别页签中选择某个类别，在部门页签中选中某个资产使用部门，窗口右方的工作量列表中自动显示所选类别（或部门）下所有资产的工作量相关信息，或点击窗口上方的“全部”图标。

在工作量列表中的“本期工作量”项下输入相应的本月工作量数据，输入完毕

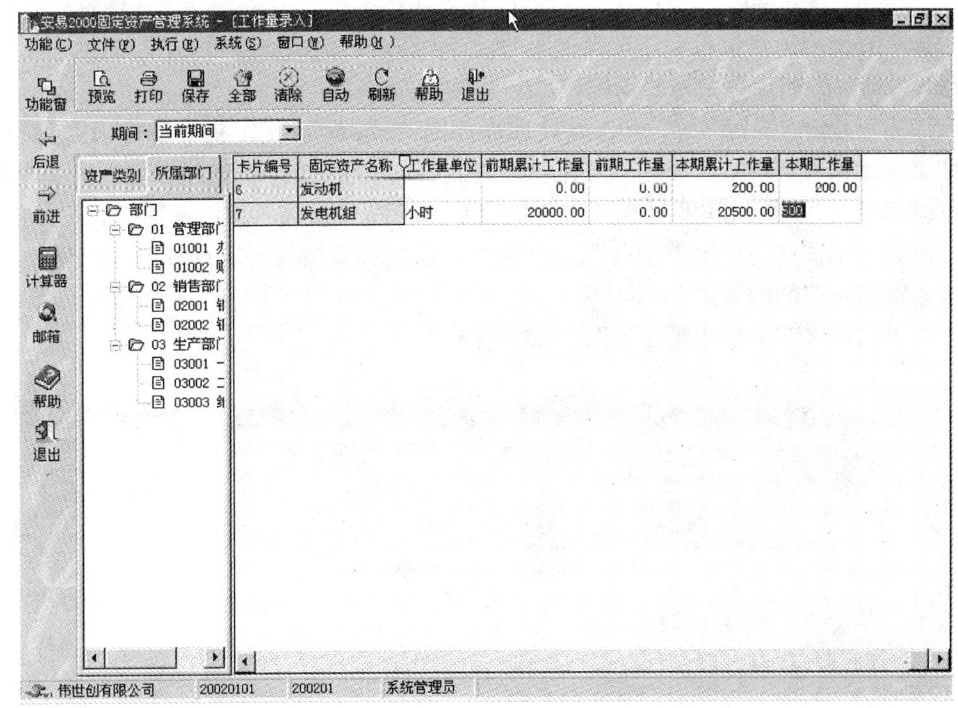

图 8—21　工作量录入窗口界面图

点击“保存”键，则系统自动重新计算本期累计工作量。所输入的本期工作量必须保证使累计工作量不大于工作总量。当用户选择复制上月工作量时，如果上期期末累计工作量加上本期继承值大于工作总量，则系统不是继承上月工作量，而是采用下列公式自动计算：本月工作量＝工作总量－上期期末累计工作量，如果对自动计算的值不满意，用户可手工修改。

“自动”、“清除”、“全部”三种功能除可以在工具条按钮执行外，也可以在鼠标右键弹出菜单中或系统菜单“执行”中选择执行。

“自动”按钮的作用：如本期工作量数据与上月工作量数据一致，则系统提供快捷的复制功能，使用鼠标单击工具栏中的“自动”图标，则在本月本期工作量输入框中自动填入上期工作量。

“清除”按钮的作用：单击工具栏中的“清除”图标，则所有的卡片本期工作量自动清零。

（二）折旧计算

折旧计算功能是使用固定资产管理系统最具效率的一个功能。安易固定资产系统提供的折旧计算功能既可以对指定范围的固定资产自动计算折旧，又可以一次对所有的资产计算折旧。

调用“计算结账/折旧计算”功能模块可执行折旧计算的功能，软件首先会提示如果有使用工作量折旧法计提折旧的资产，在进行折旧计算时，必须先输入工作量，否则会影响计算结果的正确性。

用户点击“确定”后，进入设置选择范围的步骤，可指定具体的部门或类别，如果在此部门下设了二级部门或在此类别下设了二级类别，则需用鼠标选择“包含下级部门或类别的卡片”选项，点击“开始”按钮，系统进入自动计算折旧的过程，计算完毕系统自动弹出折旧分配表。有关本系统所遵循的折旧计算基本原则请参考本章第一节的内容。

折旧计算有关操作画面如图 8—22 所示。

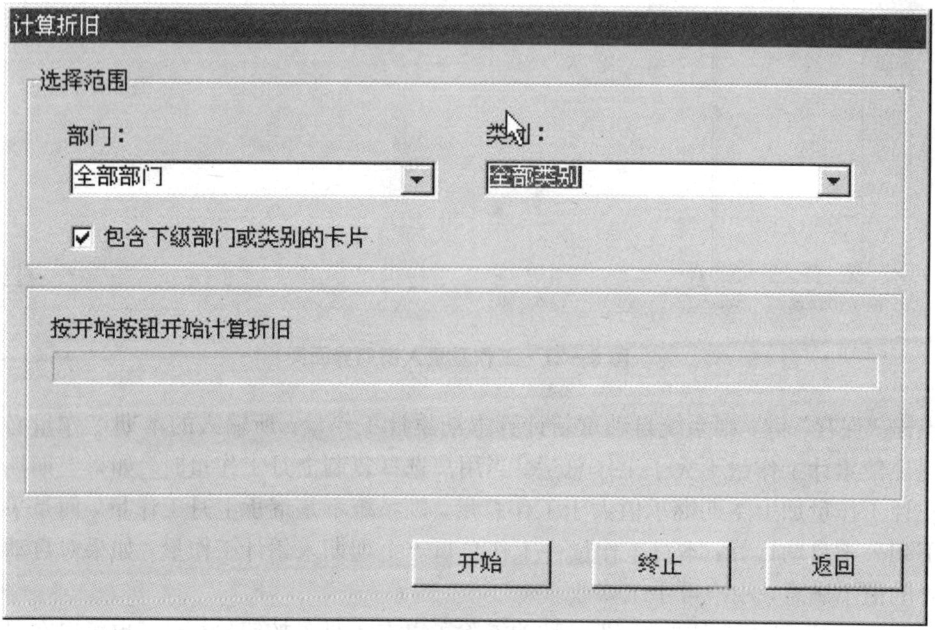

图 8—22 “计算折旧”操作界面

（三）根据折旧分配表编制凭证

调用“计算结账/折旧分配表”功能模块进入“折旧分配表”的操作窗口（如图 8—23 所示）之后，点击工具栏中的“凭证”图标或在调用“计算结账/凭证编制”模块进入相应操作界面后再点击“执行”菜单中的“凭证”项，在随后弹出的凭证类型选择对话框中选择指定的凭证类型，点击“确定”按钮，系统会自动给出提示：“是否需要立即修改凭证?”，如果选择“是”，会弹出有关凭证操作界面，如果选择“否”，系统会把此折旧凭证放在“凭证箱”中。

本系统的凭证审核，是在账务处理系统中进行。即在凭证形成后，系统会把此

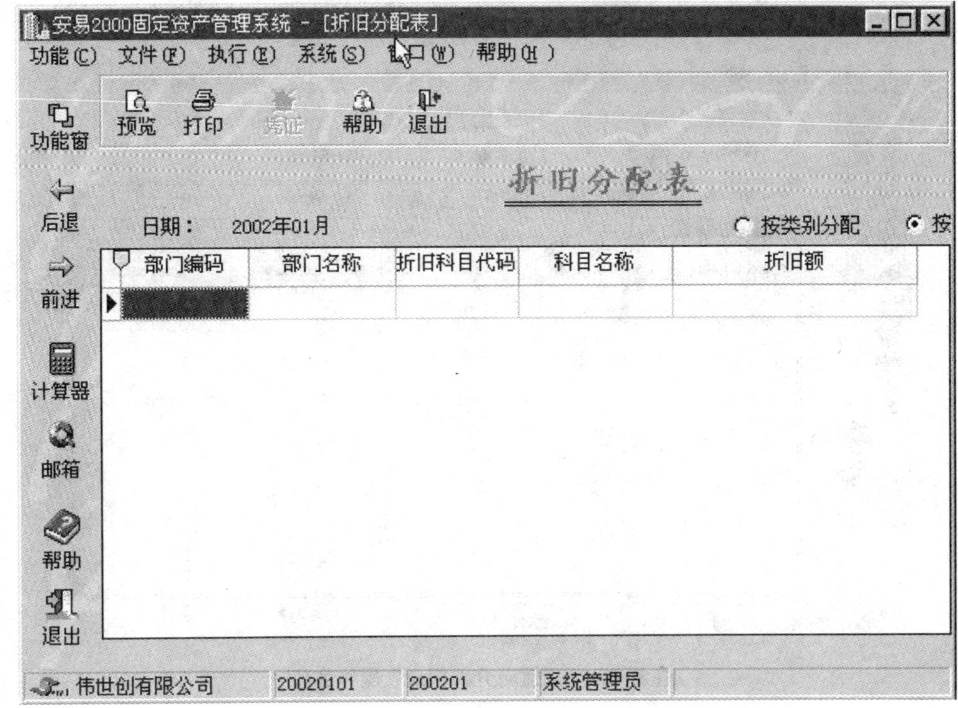

图 8—23 “折旧分配明细表”窗口示意图

凭证传给账务处理系统，以审核人员的身份进入账务处理系统后，可对固定资产折旧凭证进行正式审核。

二、折旧预测

使用折旧预测的功能可实现从当前业务月份的下月开始到用户自定义截止月份（允许跨年度定义）的期间段内折旧计提的预测计算，以大大提高用户对本单位固定资产折旧情况的预知能力。

调用“计算结账/折旧预测”功能模块可进入折旧预测的操作窗口。系统要求输入预测的截止日期，点击“确定”，系统自动进行折旧预测处理，处理完毕显示出相应的“预测分析报表”，如图 8—24 所示，表中默认可按类别或部门显示汇总资产的折旧计提数据，同时提供按资产展开的明细资产折旧计提情况和是否包括未审核资产。

如列表当前为按部门显示，点击“类别”图标，列表自动切换到按类别显示汇总预测折旧数据的方式。

如列表当前为按类别显示，点击“部门”图标，列表自动切换到按部门显示汇

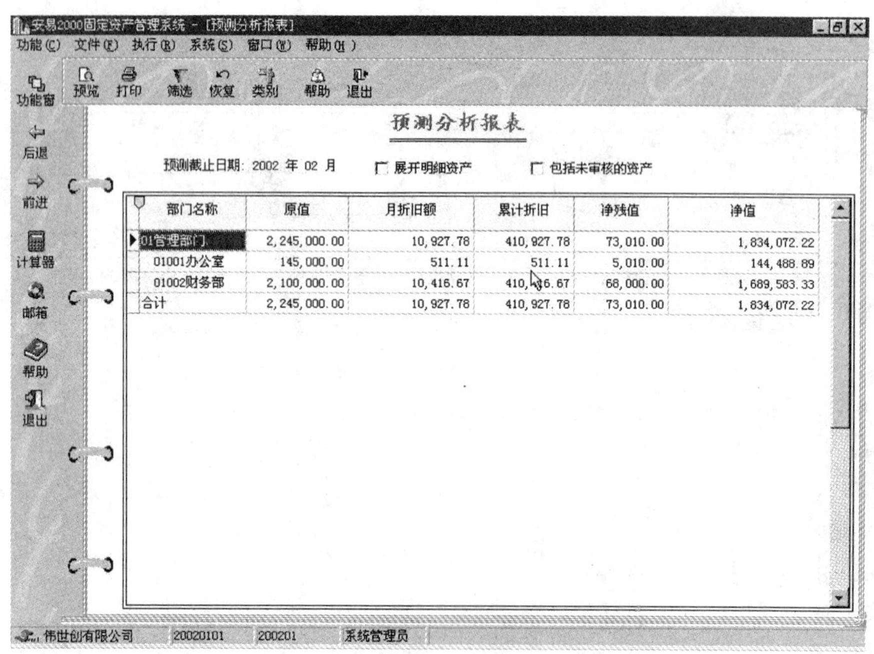

图 8—24 “预测分析报表”操作窗口

总预测折旧数据的方式。

系统默认进入之初显示的是汇总预测折旧计提数据，用户可通过选择表头的“展开明细资产”项以切换到明细资产显示方式，当出现“√”时代表已选中。

在“明细资产”显示方式下，列表中自动添加“资产名称”列，将每个类别/部门下的所有资产均分行显示，用户可清楚查询到在预测的截止月份中，每个资产预测的折旧计提情况。

再次点选“展开明细资产”项，当“√”消失时，说明此时已切换到汇总数据显示方式下，列表中将不再出现“资产名称”列，仅显示按类别/部门汇总的预测折旧计提数据。

如想将当前的汇总预测折旧计提数据或每项资产预测的折旧计提情况打印输出的话，可单击工具栏中的“预览”或“打印”图标。

三、月末结账

固定资产系统每月月末结账一次。结账后当期所有数据都将只可查询，并且下次在进入系统时只能以下月首日登录。

结账过程包括：检查本月折旧计算是否正确→是否所有业务均已审核→根据账套参数判断是否所有业务均已编制凭证→如与账务系统相连，还需与账务系统对账→写入结账标志并选择计算下月折旧或更新卡片，其中任何一步出现错误，都将自动中止结账，在错误更改之前系统无法完成结账操作。

如果在账套参数中设定了“对账不平允许结账”的选项，则可以在对账不平的情况下继续结账。

调用“计算结账”菜单下的“月末结账”模块可对固定资产系统进行结账，有关画面如图 8—25 所示。

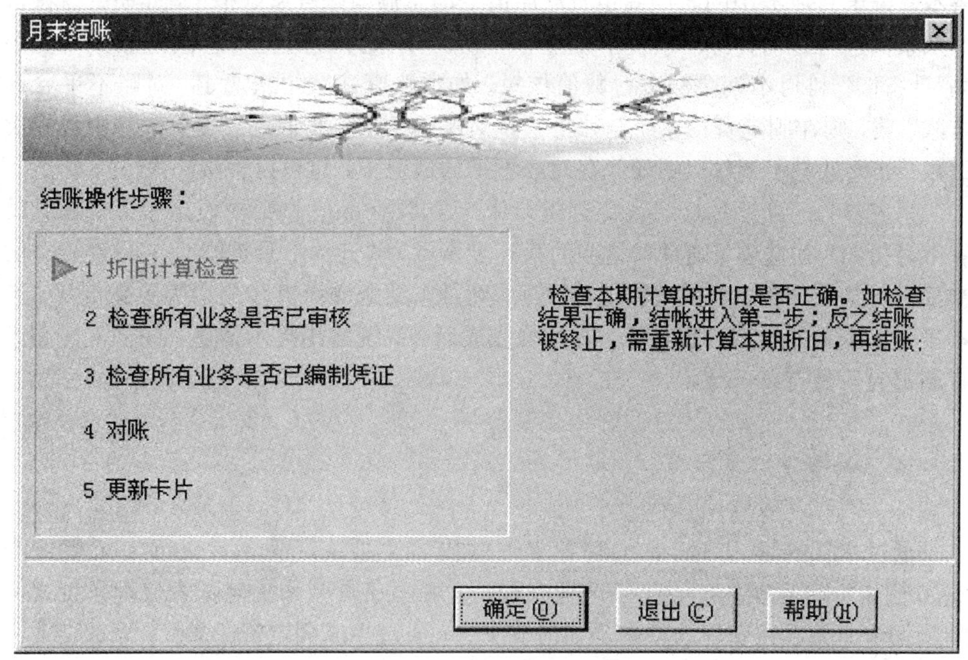

图 8—25　安易固定资产系统月末结账主界面

通过图 8—25 所示的内容，我们很容易知道，安易固定资产系统月末结账要经历以下步骤：

第一步：折旧计算检查。点击“确定”键，系统将自动进行检查，计算结果与折旧分配表中数据对照检查后，如有不一致的，要求用户重新计算（如已编制凭证，应先删除折旧凭证)，并中止此次的结账操作；如此反复，直到折旧数据正确，才能转入下一步。

第二步：检查所有业务是否已审核。点击“下一步”键，系统进行检查，如有未审核业务，则系统出现错误提示，需退出结账操作，重新进行当月的卡片审核，反之则可进行下一步的操作。

第三步：检查所有业务是否已编制凭证。如在账套参数中选定了“结账前一定要完成制凭证业务”项，则系统将会检查本期业务（需编制凭证）是否均已编制凭证，如没有，会提示先将凭证编制完全，且自动中止此项结账操作，如此反复直到凭证编制齐全，才能转入下一步；如账套参数中未选定“结账前一定要完成制凭证业务”，则不做检查，可直接转入下一步。

第四步：对账。对账功能是为了保证固定资产系统在运行过程中管理的固定资产价值和账务处理系统中固定资产科目的数值相等，对账操作不限制执行的时间，任何时候均可以进行对账。系统在执行月末结账时自动对账一次，给出对账结果。将本系统卡片业务中的当期固定资产原值变动总额与账务系统中“固定资产”科目本期余额进行核对；将本系统卡片业务中的当期累计折旧变动总额与账务系统中“累计折旧”科目本期余额进行数值核对。如在账套参数中未选定“对账不平允许结账”项，则在固定资产系统与账务系统对账的结果不平时，系统会自动中止此次结账；如果选定了该项，则即使在对账不平的情况下，也可以直接转入下一步。

第五步：计算下月折旧（或更新卡片）。如果在账套参数中设定了“结账时计算下月折旧”的选项，则月末结账的第五步显示为“计算下月折旧”，并且对现有的卡片进行折旧计算。如果没有选择该项，则月末结账的第五步显示为更新卡片，且不进行下个月的折旧计提计算。在结账完成后，系统给出提示信息，并将下次登录日期定为下月首日。

本章小结

通过本章的学习，需要了解和掌握的内容主要有下列几个方面：了解安易2000固定资产管理系统的业务处理流程，了解固定资产系统与账表处理系统之间的数据传递关系在安易软件中是如何解决的；通过生成固定资产卡片，完成企业固定资产日常业务的核算和管理；按月反映固定资产的增加、减少、原值变化及其他变动，并输出相应的增减变动明细账；提供固定资产的多种自定义功能，可自定义折旧方法、增减方式、卡片项目等；对多种账簿和报表进行核算分析和管理；将固定资产系统日常发生增减、清理及折旧的凭证提供、传递到账务处理系统的功能。

思考题

1. 试解释在安易2000固定资产管理系统中，账套参数设置与月末结账两者之间存在哪些关系。

2. 安易2000固定资产管理系统的初始化设置包括哪些工作内容？

3. 安易2000固定资产管理系统与安易账务处理系统、电子报表系统之间存在哪些关系？你认为这三者的集成应用效果如何？

4. 安易 2000 固定资产管理系统主要采取的折旧计算规则包括哪些核心内容?

5. 在安易 2000 固定资产管理系统中，资产增加卡片与原始资产卡片在卡片输入上存在哪些区别?

6. 安易 2000 固定资产管理系统的变动业务包括哪些? 其中需要做会计处理的变动业务有哪些?

7. 通过对安易 2000 固定资产管理系统的学习，你认为对固定资产各种增减业务编制机制凭证的处理模式有没有需要进一步改进的地方? 怎么改?

8. 在安易 2000 固定资产管理系统中，月末结账需要经过哪些步骤? 其中每个步骤出现问题时，应该如何处理?

第九章 信息系统安全、风险与控制

引　言

本章主要介绍信息系统的安全、风险与控制问题。通过第一章的学习，我们已经知道会计信息系统的风险与控制属于计算机会计学特有知识体系的一个主要构成部分，也是企事业单位构建信息系统时必须考虑的重要问题之一。通过本章的学习，要求学生能够了解信息系统安全与信息安全的内在含义，理解影响信息系统安全的主要因素，领会信息系统五大安全特性的内在要求，掌握信息系统安全等级划分标准的实质性内容，能够识别并分析信息系统所面临的主要风险，并进而真正理解基于风险分析的信息系统控制目标模型（包括 COBIT 控制模型和基于 IPO 结构的信息系统内部控制模型），学会区分信息系统的一般控制与应用控制，并进而掌握一般控制的常用控制措施与应用控制的基本控制手段。本章共分两节。

第一节是“信息系统安全概述”，介绍信息系统安全与信息安全的内在含义以及两者的本质区别、影响信息系统安全的主要因素、信息安全系统的目标以及组织中的信息安全系统、信息系统安全特性、信息系统安全等级划分。这一节的学习要点是充分认识信息系统安全的内在含义及其重要性，并能够从影响信息系统安全的主要因素出发来认识可能导致安全隐患的相关因素，对信息系统安全特性以及信息系统安全等级划分标准也要重点学习。

第二节是“信息系统的风险及其控制”，介绍信息系统风险的主要表现形式、信息系统舞弊、信息系统控制模型（包括 COBIT 控制模型和基于 IPO 结构的信息系统内部控制模型）、控制目标与控制类型、信息系统的一般控制、信息系统的应用控制。这一节的学习重点是信息系统风险的主要表现形式、基于 IPO 结构的信息系统内部控制模型、一般控制与应用控制的具体控制类型及控制目标。

第一节　信息系统安全概述

一、信息系统安全与信息安全

信息系统安全（Information Systems Security）与信息安全（Information Security）是一对不完全相同的概念。一般来说，信息安全与信息系统安全是安全集与安全子集的关系，具有包含与被包含的关系。因为信息安全有着更广泛、更普遍的意义，它涵盖了人工和自动信息处理的安全，网络化与非网络化的信息安全，泛指一切以声、光、电信号、磁信号、语音及约定形式等为媒体的信息的安全，一般也包含以纸介质、磁介质、胶片、有线信道及无线信道为媒体的信息，在获取（包括信息转换）、分类、排序、检索、传递和共享中的安全。

而信息系统安全可理解为：与人、网络、环境有关的技术安全、结构安全和管理安全的总和，旨在确保在计算机网络系统中进行自动通信、处理和利用的，以电磁信号为主要形式的信息内容，在各个物理位置、逻辑区域、存储和传输介质中，始终具有可信性、机密性、完整性、可用性和抗抵赖性等安全特质。这里的人，指信息系统的主体，包括各类用户、技术支持与管理人员以及相关的行政管理人员；网络指计算机、网络互连设备、传输介质、信息内容及其操作系统、通信协议和应用程序所构成的物理的和逻辑的完整体系；环境则是系统稳定和可靠运行所需要的保障体系，包括建筑物、机房、动力保障与备份以及应急与恢复体系等。

从系统过程与控制的角度看，信息系统安全就是信息在存取、处理、集散和传输中保持其可信性、机密性、完整性、可用性和抗抵赖性的系统识别、控制、策略和过程。其中：

系统识别主要研究如何建立系统的数学模型，内容包括模型类型的确定、参数估计方法和达到高精度估计的试验设计方法。

控制指信息系统根据变化进行调控，使其始终保持动态平衡状态。因此，调控的方向和目标就是使信息系统始终处于风险可接受的幅度内，并逐步收敛至风险趋于最小的状态。

策略就是针对信息系统安全面临的系统脆弱性和各种威胁，进行安全风险分析，确定安全目标，建立安全模型和安全等级，提出控制对策，并对信息系统安全进行评估、制定安全保障和安全仲裁等对策。

过程指信息系统的变化在时间上的持续和空间上的延伸。过程和状态不可分割，二者相互依存、相互作用和制约。信息系统的状态决定和影响着过程，而过程又决定和影响着新的状态。

信息系统安全是一个多维、多层次、多因素、多目标的体系，虽然信息系统安全的唯一和最终目标是保障信息内容在系统内的任何地方、任何时间和任何状态下的机密性、完整性、可用性、可审查性以及抗抵赖性，但是离开了信息系统安全的体系，孤立、单纯地寻求直接保护信息内容的方法，显然是舍本逐末。信息系统依附于国家、组织机构或者个人，它是国家、组织机构或者个人应用业务与管理体系的网络化映射。为此，需要将信息系统安全的完整内涵与信息安全方法论匹配起来，从方法论的角度去理解和构造信息系统安全体系或模式。

二、信息系统安全的影响因素分析

信息系统本身由于系统主体和客体的原因可能存在不同程度的脆弱性，这就为各种动机的攻击提供了入侵、骚扰和破坏信息系统的途径和方法。影响信息系统安全的因素主要有以下几个方面：

第一，硬件组织。信息系统硬件组织的安全隐患多来源于设计，主要表现为物理安全方面的问题。各种计算机或网络设备，除难以抗拒的自然灾害外，温度、尘埃、电磁场等也可以造成信息的失效或泄露。信息系统在运行时，向外辐射电磁波，易造成敏感信息的泄漏。由于这些问题是系统自身固有的，除在管理上强化人工弥补措施以外，采用软件程序的方法见效不大。因此，在设计硬件或者选购硬件时，应尽可能减少或消除这类安全隐患。

第二，软件组织。软件组织的安全隐患来源于设计和软件工程中的问题。软件设计中的疏忽可能留下安全漏洞；软件设计中的不必要的功能冗余及软件过长、过大，不可避免地存在安全脆弱性；软件设计不按信息系统安全等级要求进行模块化设计，导致软件的安全等级不能达到所声称的安全级别；软件工程师编程过程中造成的软件系统内部逻辑混乱，导致垃圾软件，这种软件从安全角度看是绝对不可用的。

第三，网络和通信协议。由于局域网和专用网络的通信协议不能直接与异构网络连接通信，也就是说，它具有相对封闭性，因此比开放式的 Internet 的安全特性要好些，但信息的泄露和基于协议分析的搭线截获等问题客观上仍然存在。安全问题最多的是基于 TCP/IP 协议栈的 Internet 及其通信协议。Internet 存在着以下几种致命的安全隐患：

(1) 由于 TCP/IP 使用 IP 地址作为网络节点的唯一标识，使用标准 IP 地址的网络拓扑对 Internet 来说是暴露的，容易受到攻击，而且 IP 地址很容易被伪造和更改，故缺乏对用户真实身份的鉴别。

(2) 缺乏对路由协议的鉴别认证。TCP/IP 协议在 IP 层上缺乏对路由协议的安全认证机制，对路由信息缺乏鉴别与保护。因此可以通过 Internet 利用路由信息修改网络传输路径，误导网络分组传输。

（3）TCP/UDP 的缺陷：建立一个完整的 TCP 连接，需要“三次握手”的过程，在这个过程中若 IP 地址是假的，是不可达的，那么就会使 TCP 处于“半开”状态，易遭受攻击；TCP 提供可靠连接是通过初始序列号和鉴别机制来实现的，但这些初始序列号并非随机产生，若攻击者猜出了序列号，就会遭受攻击；UDP（User Datagram Protocol）是一个无连接控制协议，极易受 IP 源路由和拒绝服务型攻击；TCP/IP 协议层结构中，应用层位于最顶部，下层的安全缺陷必然导致应用层的安全出现漏洞甚至崩溃，且各种应用服务协议本身也存在安全隐患，极易引起针对基于 TCP/IP 应用服务协议和程序方面安全缺陷的攻击并获得成功。

第四，管理者。信息系统的运行主要依靠系统的管理者来具体实施的，他们既是信息系统安全的主体，也是信息系统安全管理的对象。管理者包括系统管理员、信息安全管理员、网络管理员、存储介质保管员、操作人员、软硬件维修人员等。

三、信息安全系统的目标与组织中的信息安全系统

（一）信息安全系统的目标

为了控制与计算机信息系统有关的特别风险，一个特殊的系统——信息安全系统诞生了，这个系统具有任何一个信息系统的基本物理要素，它也是一种信息系统，因此，开发这样的信息系统同样可以遵循生命周期法，因为该系统的总体目标就是确保其他信息系统的安全，所以信息安全系统的总体目标显然就可以分解到生命周期的各阶段中去，表 9—1 所示便是信息安全系统生命周期各阶段的目标。

表 9—1 中的四个阶段合起来被称为信息系统风险管理，其目标就是为了评估和控制信息系统的风险，确保信息系统安全。

表 9—1　　　　信息安全系统生命周期各阶段的目标

生命周期阶段	该阶段目标
系统分析	分析信息系统的脆弱性和面临的威胁及其连带的风险
系统设计	针对风险设计安全控制措施并制订偶然事件计划
系统实施	按照设计实施安全控制措施
系统运行、评价和控制	运行该系统并评估其效果和效率，对其存在的问题可做纠偏调整

（二）组织中的信息安全系统

在一个已经实施信息系统的组织中，为了确保信息安全系统的有效性，必须安排一个专门负责人——首席安全官（CSO）来管理，并且为了保持 CSO 的完全独立性，应当规定由他或她直接向董事会报告。CSO 的主要责任之一便是将涉及

信息系统安全的报告呈交董事会以求后者审批通过，报告的内容可参见表 9—2。

表 9—2　　CSO 向董事会提交的有关报告一览表

生命周期阶段	该阶段应向董事会提交的报告
系统分析	有关所有损失风险的总结报告
系统设计	控制损失风险的详细计划，包括信息安全系统的整体预算
系统实施，系统运行、评价和控制	信息安全系统的实施细节，包括损失和破坏的分条细目、符合性分析以及信息安全系统的运行成本

四、信息系统安全特性

信息系统安全特性通常可从以下五个方面来认识。

（一）可信性

可信性是指要求信息系统对信息输入、处理和输出的全过程必须进行必要的识别和验证，以确保信息的真实可靠。可信性是信息系统安全的最基本也是最为重要的一项要求。如果信息系统缺失可信性，那它反映的就有可能是不真实、不可靠的信息，信息系统的安全也就无从谈起。

（二）可用性

可用性是信息系统能够在规定条件下和规定的时间内完成规定的功能的特性，它是信息系统安全的最基本要求之一。可用性可通过抗毁性、生存性以及有效性来衡量测度。所谓抗毁性是指信息系统即使在灾害或人为破坏下还能保持可用的程度，比如，部分线路或者网络节点失效后，系统能否继续提供一定程度的服务；所谓生存性是指在随机破坏下系统的可用程度，这里的随机破坏是指信息系统部件因为自然老化等原因所造成的自然失效；所谓有效性则是指一种基于业务性能的可用程度，主要反映在信息系统的部件失效的情况下满足业务性能要求的程度。

（三）机密性

机密性也叫保密性，是指信息系统能够保证信息不被泄露给任何非授权的用户、实体或过程，或者供后者利用的特性，即保证信息只给授权用户合理使用的特性。机密性是在可用性基础上，保障信息系统安全的重要特性。

（四）完整性

完整性是指信息在未经授权之下不能擅自变更的特性，即网络信息在存储或传输过程中保持不被偶然或故意删除、修改、伪造、插入、重置等行为破坏和丢失的特性。完整性要求信息系统必须保持信息的原样，即信息在信息系统中始终能够正确生成、正确存储和正确传输。

（五）抗抵赖性

抗抵赖性是指要求信息系统在信息的传输、处理和存储等过程中要有据可查，使得相应的操作主体或者交易主体无法否认过去真实发生的，对信息所做的记录、处理、查询或者其他操作性行为。

五、信息系统安全等级划分

信息系统的安全问题事关重大，通过等级划分对信息系统安全程度进行分析和评估是非常必要的，也是很有意义的。目前，各国颁布的信息系统安全等级标准不尽相同。美国国防部于 1985 公布的《可信计算机系统评估准则（Trusted Computer System Evaluation Criteria，TCSEC)》使用了 TCB（Trusted Computing Base）概念，将安全问题分成四个方面：安全策略、可说明性、安全保障和文档。其中，安全策略包括自主式接入控制（DAC，是指由文件的持有者来决定拒绝或允许用户对信息的访问)、受控式接入控制（MAC，是指由系统来决定对文件的访问权)、敏感标记和对象重用等。该标准根据所采用的安全策略及系统所具备的安全功能将系统分为四类七个安全级别，如表 9—3 所示。

表 9—3　　TCSEC 安全等级划分

类别	名称	安全级别	安全作用	可信程度
一	可证实保护	A	保护性能极高，目前的技术条件难以达到	最高
二	受控式保护	B3	安全域保护	现实最高
		B2	结构式保护	高
		B1	带有标示的保护	次高
三	自主式保护	C2	受控式访问保护	中
		C1	自主式访问保护	低
四	最小保护	D	不具备安全特性	最低

值得注意的是，TCSEC 原来主要针对的是操作系统的安全评估，后来有关方面为了使 TCSEC 能够适用于网络等系统，于 1987 年出版了一系列有关可信计算机数据库、可信计算机网络等方面的指南，较好地解释了网络环境下的软件产品如何进行安全性评估的问题。

我国于 1999 年由公安部主持、国家质量技术监督局发布的 GB7895—1999《计算机信息系统安全保护等级划分准则》将信息系统安全分为五个等级，分别是：

第一级，用户自主保护级。它的安全保护机制可使用户具备自主安全保护的能力，以使用户的信息免受非法的读写破坏。

第二级，系统审计保护级。除具备第一级所有的安全保护功能外，要求创建和维护访问的审计跟踪记录，使所有的用户对自己行为的合法性负责。

第三级，安全标记保护级。除继承上一级别的安全保护功能外，还要求以访问对象标记的安全级别限制访问者的访问权限，实现对访问对象的强制功能。

第四级，结构化保护级。在继承前述安全级别的安全功能的基础上，将安全保护机制划分为关键部分和非关键部分，对关键部分直接控制访问者对访问对象的存取，从而加强系统的抗渗透能力。

第五级，访问验证保护级。该级别特别增设了访问验证功能，负责仲裁访问者对访问对象的所有访问活动。

第二节　信息系统的风险及其控制

一、信息系统风险的概要分析

信息系统的应用给企业带来了巨大的变化，原来手工环境下需要由人工完成的操作改由计算机来完成，改变了企业的业务流程。信息系统的应用一方面可以防范手工环境下的一些风险；另一方面，又给企业带来了与手工环境不同来源、不同性质的风险，而且随着应用的逐渐深入，潜在的风险也在不断变化。这些风险主要表现为以下几个方面。

（一）信息安全风险

在信息系统中，大部分交易几乎没有直接的纸质痕迹，因此形成了与手工环境不同性质的信息安全风险，具体表现如下：

（1）信息系统环境下，信息大都以电子数据的形式存储，容易被非法修改、删除、转移和伪造且不留任何痕迹。

（2）信息系统中信息的传递往往通过网络，而在网络系统下信息往往很容易被非法地拦截、窃取和篡改。

（3）信息系统环境下，数据档案往往被保存在磁、光介质中，如软盘、硬盘、U 盘、光盘中，这些硬件设备对环境要求高，往往容易损坏，如果数据没有注意经常备份，会遭受丢失的风险。

（4）信息系统环境下，计算机是数据处理的核心设备，而计算机容易遭受计算机病毒的干扰，最终导致数据破坏，从而产生风险。

（二）信息处理差错反复发生风险

信息系统环境下，系统的内部控制采取了人工控制与计算机控制相结合的方式，在实践中，人们往往依赖于计算机控制。计算机控制主要的方式是程序控制，也就是用软件实现控制功能。如果软件中这些实现内部控制功能的程序编制错误或不起作用，由于人们对计算机控制的依赖性以及程序运行的重复性，使得失效控制长期没有被发现，从而使系统在特定方面发生错误或违规行为的可能性较大，最终导致差错反复发生而扩大损失的风险。例如，商业银行信息系统中，对大额款项的支付需要进行授权控制，如果系统中计算机程序实现的授权控制失效，那么，越权大额支付的案件就会反复发生，造成大额支付风险。

（三）计算机交易授权风险

在手工系统中，对于一项经济业务的每个环节都要经过某些具有相应权限人员的签章，而在IT环境下的信息系统中，很多原来手工系统下由不同的人完成的业务处理环节集中由计算机统一处理，这样就不能像手工方式那样相互牵制、相互制约，操作人员只要获得授权文件或注册系统的密码就可获得某种权利或运行特定程序进行业务处理，如果密码被他人掌握或一人掌握多个级别操作员的密码，权限就会失控，从而造成损失。

（四）传统职责分离失效引致的风险

在手工系统下，为了防止在正常工作中发生人为的错误或舞弊，往往将业务的授权、记录、保管职责分开，但是在应用信息系统之后，业务人员可能一人身兼多个职能。例如，在超市，当顾客购买商品时，收银员（同时可视为销售人员）扫描商品的条形码，由计算机系统自动读取商品价格，计算已销售商品数量，并自动更新销售收入余额和存货余额。如果发现存货余额低于最低数量，计算机系统还可以自动打印采购清单，甚至可向合作供应商直接发出订单。这样，一个收银员就可以完成授权、记录和保管工作，手工会计中的职责分离控制功能失效，如果不设计补充控制则比较容易产生风险（比如收银员可能会有意或无意漏掉个别商品的扫描从而导致应收货款没有足额收取）。又如，众所周知，在手工会计中，账簿体系相互牵制的控制作用有助于发现记账错误，但在计算机会计信息系统中，记账都是由计算机按照固定的程序从同一个数据源同时完成的，例如总账、日记账和明细账都是根据同一个凭证文件的数据，由计算机自动生成，因此账簿体系相互牵制的控制作用被削弱了，假如记账凭证的错误未被发现，则会带来连锁反应，但系统本身却发现不了，因为此时各种平衡关系都满足。

（五）信息系统脆弱性与威胁引致的风险

信息系统的运行依赖于计算机软硬件技术、通信技术、网络技术等信息技术，信息技术无论多么先进，都难免会有缺陷，这会导致信息系统有可能被非法入侵者或者企业内部的舞弊者所利用，从而形成风险。此处涉及信息系统脆弱性与威胁这一对概念。脆弱性是指一个系统的薄弱环节，而威胁则是指利用这种脆弱性对信息资源造成破坏或者损失的可能性。脆弱性是客观存在的，本身并没有实际的伤害，但往往会被威胁利用，从而对信息系统产生破坏作用。威胁一般包括主动威胁和被动威胁，诸如信息系统舞弊和计算机破坏行为等就属于主动威胁，而系统故障和自然灾害等则属于被动威胁。

信息系统所面临的上述新风险，需要人们运用更新的内部控制手段来控制并将风险水平降低到企业可以接受的程度。

二、信息系统舞弊

舞弊（Fraud）是指向另一方做出的、对重要事实的虚假陈述，意在欺骗或诱导对方有理由相信有损于他或她的事实。根据惯例，一项舞弊行为必须满足以下五个条件：虚假陈述、重要事实、主观故意、有理由的信赖、已造成损失或者损害。商业环境下的舞弊有其特殊的含义，通常指一种故意的伪造、滥用公司财产以及操作财务数据以谋取不当利益。舞弊的方式多种多样，在企业日益重视信息系统应用的今天，信息系统舞弊（也可笼统视为计算机舞弊）已经成为一种新型舞弊形式，它对企业所造成的损失占企业各项损失总和的比例正呈上升势头。信息系统舞弊主要包括以下内容：

（1）通过修改信息系统可读取的记录和文件来偷窃、滥用和侵吞资产；

（2）通过修改信息系统软件的处理逻辑来偷窃、滥用和侵吞资产；

（3）对信息系统可读取信息的偷窃和非法使用以谋取不当利益；

（4）对信息系统软件的偷窃、贪污、非法拷贝和故意破坏；

（5）对信息系统硬件的偷窃、滥用和侵吞。

事实上，通过对会计信息系统通用模型（如图 9—1 所示）的分析，我们不难知道，该模型的每一个阶段——数据采集、数据处理、数据库管理和信息生成——都是信息系统舞弊可能发生的“高危”领域。下面分别做简要分析。

第一，数据采集阶段。数据采集属于信息系统的第一个运行阶段，其目的是保证进入系统的交易事件数据有效、完整并且没有重大错误。而最简单的信息系统舞弊就可能发生在数据采集阶段或数据输入阶段。在这个阶段实施舞弊行为仅仅需要一点点或者根本不需要计算机技能，舞弊者只需了解系统如何输入将要处

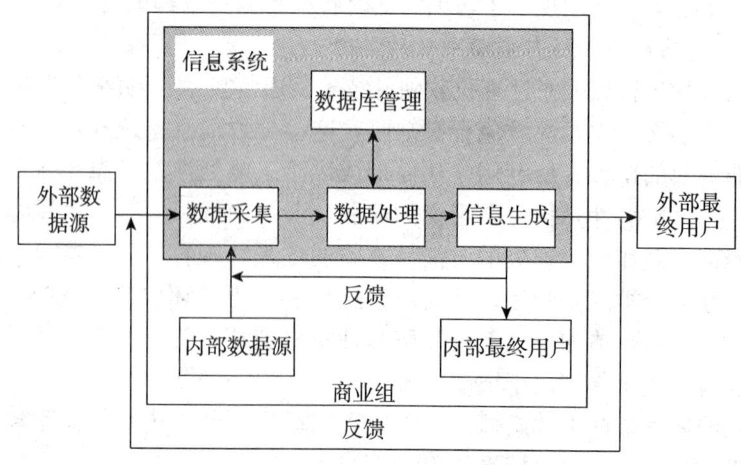

图 9—1 会计信息系统的通用模型

理的数据就可以了。这可以是删除、修改或者增加一项交易。例如，要进行工资舞弊，舞弊者只需通过改变其他合法的工资记录上的工时字段的数值来增加工资转账的金额（现在大部分企业已通过银行代发工资），当然，这项改动行为有可能被企业内部控制发现而无效，但仍有存在逃过内部控制检查的可能性。这种舞弊的一个变种是清偿一项假的应付项目。通过在应付项目的数据采集阶段输入虚假的应付凭单（订单、收货报告单和供应商发票），舞弊者可以欺骗系统为不存在的交易创建应付账款记录，一旦记录被成功创建，系统将认为它是合法的并且到期就应偿付的负债，而背后的得利者是伪造单据的舞弊者。

第二，数据处理阶段。数据处理阶段的舞弊可归为两类：一类是程序舞弊；另一类是操作舞弊。

程序舞弊包括使用创建的非法程序、用计算机病毒破坏正常程序的逻辑、改变程序的逻辑使数据处理不正常。这方面最为典型的例子就是萨拉米舞弊，它通过修改银行计算客户存款利息的程序的处理逻辑，将利息计算的四舍五入的一分钱不再随机加入原账户，而是加到了舞弊者指定的账户上，这可以为舞弊者收集到为数不少的现金，但在银行的会计记录上却始终能够保持平衡而不被发现。操作舞弊是指滥用或偷窃公司的计算机资源。

第三，数据库管理。公司的数据库是其财务和非财务数据的物理集散地，利用数据库管理的机会进行的舞弊称为数据库管理舞弊，它包括更改、删除、乱序、毁坏或偷窃公司的数据，这种舞弊常常与交易舞弊和程序舞弊相关联。

第四，信息生成阶段。信息生成是为用户编译、安排、格式化和表达信息的过程。在这一阶段的舞弊常见的形式是偷窃、误导或滥用信息系统的输出信息。

今天，信息系统舞弊已经非常严重，很多国家为此制定了计算机安全的法律，美国于 1986 年颁布的计算机舞弊与滥用法案将以下行为称为联邦犯罪：有意地、欺诈性地、未经授权地接近存储于金融机构、联邦政府或洲际商业计算机中的数据。非法尝试接近计算机系统的密码行为也是被法律禁止的。我国在新修订的《刑法》中也明确了计算机犯罪的主要形式和相应的刑罚规定。

三、信息系统控制模型、控制目标与控制类型

信息系统控制目标的设定有多种模式，如 COBIT 就是一套十分有效的控制模型。为了让大家对 COBIT 有一个具体的了解，下面我们对其做一些简单的介绍。

（一）COBIT 控制模型及其简要内容

COBIT 的全称是 Control Objectives for Information and Related Technology，它是由信息系统审计与控制协会（Information System Audit and Control Association，ISACA）在 1996 年公布的业界标准，2002 年 7 月，该协会又发布了 COBIT 第三版，这是迄今为止国际上公认的最先进、最具权威性的安全与信息技术

管理和控制的标准。COBIT 将 IT 过程、IT 资源及信息与企业的策略和目标联系起来，形成一个三维的体系结构，如图 9—2 所示。

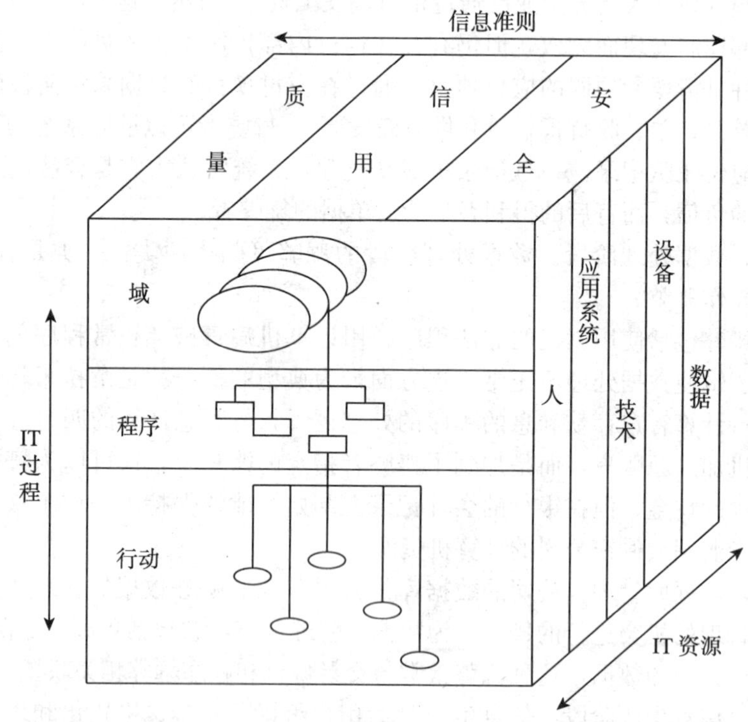

图 9—2　COBIT 三维体系模型

这个模型为企业管理的成功提供了集成的 IT 管理，通过保证有关企业处理过程的高效的改进措施，可以更快、更安全、更好地响应企业需求。它在商业风险、控制需要和技术问题之间架起了一座桥梁，以满足管理的多方面需要。其中，IT 准则维集中反映了企业的战略目标，从质量、成本、时间、资源利用率、系统效率、保密性、完整性、可用性等方面来保证信息的安全性、可靠性和有效性；IT 资源维主要包括人、应用系统、技术、设备及数据等与信息相关的资源，这是 IT 治理过程的主要对象；IT 过程维则是在 IT 准则的指导下，对信息及相关资源进行规划与处理，从信息技术的规划与组织、获得与实施、传递与支持、监控四个方面确定了 34 个信息技术处理过程（见表 9—4），每个阶段又细分为多个关键控制点，总共有 34 个控制程序，每个控制程序又明确了相应的控制目标，所有 34 个 IT 过程共包含了 302 个控制目标，这些控制目标为 IT 控制提供了一个用来明晰策略和良好的实施指导的关键方针。对信息系统的评价就是针对这 34 个关键控制点和 302 个控制目标的达成情况来进行的。经过这样的评价，公司管理高层便可以直截了当识别出当前企业信息系统存在的主要风险，并运用 COBIT 提出的信息系统控制目标，防范和规避潜在的风险，从而强化对企业信息系统的监管力度，真正确保企业信息系统的安全。

表 9—4　　COBIT 的 34 个信息技术处理过程

1. 规划与组织 (Planning and Organization)	3. 传递与支持 (Delivery and Support)
PO1　定义 IT 战略规划	DS1　定义服务水平
PO2　定义信息系统体系结构	DS2　第三方服务管理
PO3　确定技术方向	DS3　业绩与性能的管理
PO4　定义 IT 结构和关系	DS4　确保持续服务
PO5　IT 投资管理	DS5　确保系统安全
PO6　管理目标与方针的关系	DS6　区分和归属成本
PO7　人力资源管理	DS7　终端用户的教育与培训
PO8　确保与外部需求的一致性	DS8　对 IT 顾客的协助和建议
PO9　风险评估	DS9　配置管理
PO10　项目管理	DS10　问题和意外事件管理
PO11　质量管理	DS11　数据管理
2. 获得与实施 (Acquisition and Implementation)	DS12　设施管理
AI1　确定解决方案	DS13　运行管理
AI2　购买和维护应用软件	4. 监控 (Monitoring)
AI3　购买和维护硬件	M1　过程的监控
AI4　规划和维护 IT 程序	M2　评估内部控制的充分性
AI5　安装系统及授权	M3　获取外部的独立保证
AI6　相关变动的管理	M4　为独立审计提供条件

（二）基于 IPO 结构的信息系统内部控制模型

除了按照 COBIT 对 IT 过程控制目标进行规范设定之外，我们还可以按照信息系统的 IPO 结构来分析设定信息系统的控制目标，如图 9—3 所示。

信息系统内部控制按照“如何执行控制”的观点，可分为人工控制（或使用者控制）和程序控制（或自动控制）；而按照“控制执行的范围”的要求，可分为一般控制和应用控制。

一般控制（General Control）泛指各个应用系统均适用的控制，也叫基础控制或环境控制，它的种类很多，比较重要者有：组织控制、系统开发与维护控制、整体安全或存取控制、硬件和系统软件控制等。其中：组织控制是用以规划信息中心和信息作业，将不兼容的功能加以区分，或将职责予以划分，其基本目标是通过合理的职责分离和控制，尽量减少发生错误和舞弊的可能性；系统开发及维护控制是用以确保信息系统软件的开发、取得及其变更均经过适当的授权、测试和许可的控制程序，其基本目标是提供安全可靠、处理正确的应用程序；整体安全或存取控制是用以确保只有经过授权的使用者和程序才能存取应用程序及其数据文件的控制程序，其基本目标是实现分层控制目标，有关内容可参考本章第三节；硬件和系统软件控制是用以确保计算机设备处理数据完整的硬件控制及系统软件控制（如操作系统及网络管理控制）。

应用控制（Application Control）专指那些专门为某个应用系统设计且执行的控制，根据应用系统的数据处理阶段可划分成三种类型：输入控制、处理控制和输出控制。其中：输入控制的基本控制目标是确保输入合法、正确和完整；处理控制的基本控制目标是要保证信息系统的处理按照各个模块所预先设定的程序进行，这些处理活动必须经过授权，所有经过授权的处理都被系统进行过而没有遗

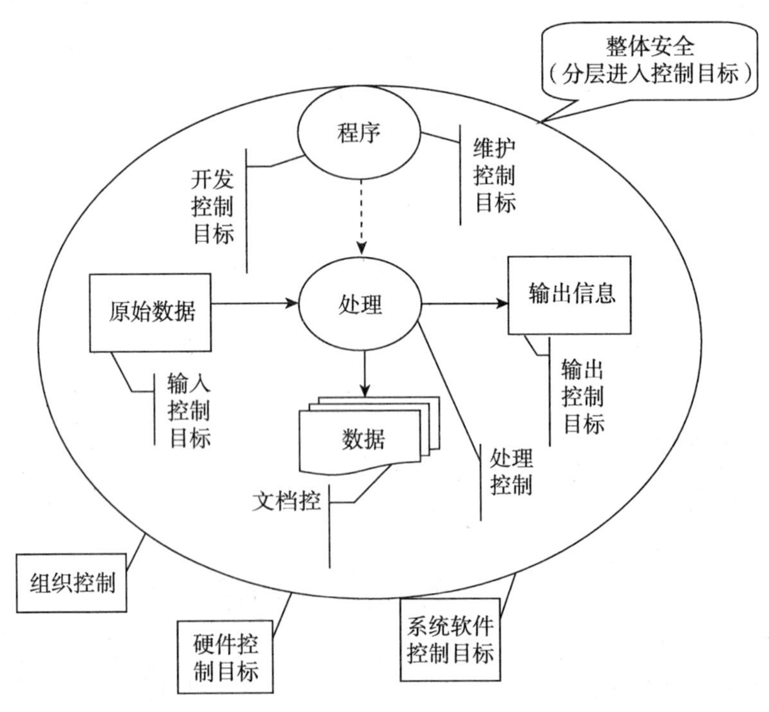

图 9—3　信息系统控制目标模型

漏，任何未经授权的处理都没有进行过，整个处理的过程是正确的、及时的和有效的；输出控制的基本控制目标是保证信息系统所处理的资料完整、正确，所处理的结果正确，并且保证只有经过授权的部门和人员才能获得这些输出资料。

四、信息系统的一般控制

（一）组织控制

在信息化环境下，组织控制着重可就以下两个方面来设计：第一方面，信息部门（或电算处理部门）和用户部门（或业务部门）功能的划分；第二方面，信息部门内部不相兼容职能的划分。

组织控制的主要内容包括以下几个方面。

1. 信息部门与用户部门的职责分离

信息部门主要负责业务记录及对数据进行处理和控制，而用户部门主要负责批准执行各种业务交易。两者之间应尽可能保持不相容职责（业务授权、执行、保管和记录）的分离。具体职责分离如下：

（1）信息部门不能负责业务的批准和执行，所有业务均应由用户部门发起或授权。信息部门负责控制该部门内进行的数据处理，检查处理中发生的错误并纠正本部门产生的错误，在更正错误后重新输入并处理数据；用户部门负责更正产生于信息部门以外的错误，并将更正后的数据重新传递到信息部门进行处理。

（2）信息部门不能保管除计算机系统以外的任何资产。

（3）所有业务记录与主文件记录的改变均需用户部门授权，信息部门无权私自改动业务记录和有关文件。

（4）所有业务过程中产生的错误数据均应由用户部门负责或授权改正，信息部门只允许改正数据在输入、处理、输出过程中由于操作疏忽而引起的错误。

（5）所有现有系统的改进、新系统的应用都由用户部门授权，信息部门无权私自修改系统程序。

2. 信息部门内部的职责分离

计算机会计信息系统的建立导致新的职能工作的产生，由于计算机信息处理的特点是将数据集中起来统一处理，会使得本应分离的某些职责集中化。为保证系统可靠运行，防止错误和舞弊发生，信息部门内部职责也应分离。

（1）系统开发职能与数据处理职能分离。

系统开发人员负责系统的分析、设计、编程并为应用提供文档资料，负责新旧系统转换、现有系统的改进及数据库的设计与控制；数据处理人员负责业务数据的处理与控制，所有参与系统分析、设计、编程和数据库管理的人员都不能参与日常业务数据处理操作，操作人员也不能参与程序的编制与修改。独立的档案保管职能有助于防止任何未经批准而使用程序、数据文件和系统资料的行为；独立的控制职能有利于单独检查系统的输出，监督和保证数据处理的准确性。

(2) 对数据处理职能进行分离。

一般在数据处理小组可设置凭证输入员、审核员、记账员和会计档案保管员，这些职责一般应予以分离。例如，凭证输入与审核工作由不同的人员完成，可以保证对输入错误数据的检测，也减少了输入人员利用工作之便弄虚作假的可能。

3. 人事控制

计算机会计信息系统是人机系统，内部控制的好坏还取决于有关人员的素质，高素质的人员才可能建立高质量的系统。要建立人员招聘、在职教育、定期评价、轮换任职、奖惩制度等控制措施，对工作人员的知识、技能、职业道德提出更高的要求。

组织控制一方面可以规章制度的形式明确每个部门及人员的职责，另一方面可通过会计软件中用户身份控制和授权管理防止越权行为的发生。

(二) 系统开发与维护控制

信息系统的开发一般要分成若干个前后有序的阶段来开展，因此系统开发与维护控制应当贯穿整个系统开发的全过程。

(1) 应坚持最终使用单位与审计人员参与系统需求分析。

这体现了预先控制的思想，也便于将控制嵌入信息系统之中，从而实现程序化控制，这样做有下列两点好处：

第一，有助于用户部门与信息部门之间的人员沟通，系统使用者的参与可使信息部门人员真正了解用户的需求，并可由审计人员提出控制需求以便开发人员能将部分控制设计在系统之中。

第二，内部审计人员和外部审计人员的参与对内部控制预先嵌入信息系统及保留充分的审计线索均有好处，因为审计人员如果想要执行同步审计，就需预先设计嵌入信息系统的在线审计程序，而且审计人员的参与也有助于了解系统开发控制是否被执行。

(2) 对系统设计阶段的工作验收进行控制。

(3) 系统编程的质量控制。

(4) 系统测试控制。

系统测试可由技术人员、使用者及内部审计人员共同参加，由技术人员负责执行测试及撰写测试程序，只有通过完整测试的应用系统程序才能投入使用。在系统完成及实际运行之前，需由管理人员、使用者及信息部门人员联合做最后的验收工作。

(5) 系统转换控制。

将主文件及交易文件从旧系统转换移植到新系统时必须有适当的控制，常见的控制程序为：

1）进行档案转换前须经适当的审批，以确保档案的转换是在控制的情况下进行的；

2）转换档案时采用控制总数与杂项总数等控制程序；

3）选取转换前后的部分档案数据加以比较；

4）确保转换后的档案能给相关用户使用，并要求后者验证相关档案数据；

5）编制使用系统转换问题报告，确保经检查发现的差异均已得到更正。

（6）系统维护控制。

系统维护控制重点在程序变动控制，其目的在于确保所有程序变更都经过适当的审批与授权、测试及验收，通常包括程序变动的规划、执行与完成三个阶段。

（7）系统文档控制。

系统文档包括计算机会计信息系统中的证、账、表以及所有系统开发中产生的数据文档，如系统说明书、数据流程图、源程序、系统使用手册及编程说明等。系统文档控制就是指要建立文档管理制度及安全保密制度，其主要规则有：

第一，文档应由专人保管，会计数据在纳入系统之前，必先经系统主管审批。

第二，计算机打印输出书面资料，应由输出和审核人员共同签字后才是合法的会计档案，使用时必须经过批准，而且借调资料必须如实登记。

第三，存储在磁性介质上的文件应加密保护。

第四，系统数据文件应定期复制备份，以防数据丢失或数据毁损后无法恢复。

各单位应根据会计档案的规定制定文档的保管数量、保管时间、定期备份的间隔期等。

（三）整体安全或存取控制

整体安全或存取控制包括站点进入控制、系统进入控制（身份识别控制）、文件存取控制以及数据加密控制等。

（四）硬件和系统软件控制

（1）硬件控制（内容略）。

（2）系统软件控制。系统软件控制是利用系统软件如操作系统、数据库管理系统实现控制，是计算机会计信息系统内部控制机制的一个显著特色。控制功能主要包括：

1）错误处理。操作系统能侦测和纠正因硬件和软件问题引起的错误，如计算机在工作中发生读写困难，或读写的字符过长等，操作系统会指出发生的错误并作相应处理，或重新读写，或作为特例记入某一文件，或停止计算机的操作。

2）程序保护。用于防止处理过程中受到其他程序干扰、防止模块调用的错误和防止未授权改动应用程序。

3）文件保护。即对存储的文件加以控制，以防止未经授权的使用和修改。采取的主要控制手段是内部标签的设置与核对。文件内部标签包括头签和尾签。头签通常包括文件号、文件名、建立日期、密码口令等。通过检查此签，可保证只有掌握密码的人才能打开文件。尾签包括数据块数、记录数、文件结束标志等。通过检查尾签，可防止数据丢失，保证数据处理的完整性。

4）安全保护。防止未经许可使用系统，采用分级可变式口令控制对系统的接触，同时通过操作系统自动建立使用系统的人员和活动的记录等。

5）自我保护。系统软件是一种控制工具，它也可以被用来破坏系统的内部控制，因此，要对系统软件本身加以保护。

五、信息系统的应用控制

对单独的应用而言，应用控制是明确的，它通常被分成输入、处理和输出控制，这种分类与信息系统的处理步骤是相符合的。

（一）输入控制

输入控制用来防止或发现在数据的采集和输入阶段的数据错误，并保证输入数据的完整性和经过授权。完整性是指所有有待输入的数据均已被输入；经过授权是指输入的数据经过批准。根据之前所学的内容可知，输入阶段对于整个信息系统的信息安全来说至关重要，在这一阶段未被发现的输入数据将影响到后续的数据处理和信息输出，因此，对输入环节安排再多的控制手段也不为过。输入控制措施非常多，典型的控制措施有以下几种。

1. 输入授权控制

通过该控制可确保输入员是经过系统授权的。

2. 业务审批控制

一切业务在进入系统处理之前，必须经过主管领导的审批。操作员无权审批业务，也不能擅自修改业务记录。

3. 输入校验控制

输入校验控制主要包括逻辑关系控制、总量控制、校验码控制、二次输入控制等，本书对此不做介绍。特别介绍以下几种输入校验控制：

（1）试算平衡控制。

利用借贷记账法的“有借必有贷，借贷必相等”的恒等式，可在程序中设置试算平衡控制。例如，一张凭证输入完毕，程序就要按“借方科目金额＝贷方科目金额”的公式进行检查，若不符合公式则认为是错误数据，凭证不能保存。

（2）凭证连续编号控制。

例如，在凭证输入设计中设计一种措施，凭证可以自动连续编号，并记忆最后一张已输入记账凭证的编号。当用户输入出现重号或漏号时，电算化系统根据记忆数据，拒绝接受输入的数据。

(3) 时序控制。

例如，在凭证输入设计中可设计：凭证日期随凭证号的递增而递增的逻辑控制关系。这样，当输入已经入机凭证日期之前的凭证时，信息将不被接受，以保证序时登账。

(4) 科目合法或非法对应关系控制。

在凭证输入设计中，可设计一个非法对应关系数据表，可由用户事先设置非法对应科目，例如：将“借：产成品　贷：累计折旧”存入此表中，这样当一张凭证输入之后系统自动检查这种关系表，若存在非法对应关系记录，则输入无效，提示用户重新输入。

4. 数据审核控制

包括原始单据审核控制和记账凭证审核控制。任何合法输入信息系统中的数据都必须经过第二人审核才能做进一步处理，这是对输入数据合法性和正确性的再确认（正式确认）。

5. 输入项目完整性检查控制

其主要目的在于保证关键数据项目必须输入有效数据而不能留有空白。比如输入销售发票时，要求必须输入日期、产品编号等数据。

6. 合理性检查控制

可用于测试输入的内容是否在原先预设的数据合理范围之内，若超出此范围则视为无效数据。

7. 存在性检查控制

可用来测试所输入的项目是否与文件或程序中的项目相符，若不相符则意味着出错。比如，在输入凭证时，当用户所录入的科目代码在科目表中没有对应的科目记录时，系统提示科目输入有误。

(二) 处理控制

数据输入计算机后，按照预定的程序进行加工处理，在数据处理过程中极少进行人工干预，一般控制和输入控制对保证数据处理的正确和可靠起着非常重要的作用。但是针对计算错误、用错文件、用错记录、用错程序、输入数据错误在输入过程中没检查出来等情况，还必须在处理过程中设置处理控制。这些处理控制措施大都为纠正性和检查性控制。处理控制主要包括以下几种控制措施。

1. 业务时序控制

业务数据处理一般具有时序性，某一处理过程的运行结果取决于若干相关条件过程处理的完成，所以可以在程序中增加业务时序控制。例如凭证输入计算机后不经审核直接记账，系统程序不予以处理。

2. 数据有效性检验

要保证所处理的数据来自正确的文件和记录，可采用的控制措施主要有：

（1）文件标签校验。在处理数据文件之前，要认真检查文件的外部标签，确认所要处理的文件。计算机在对数据文件处理前，应检查文件的内部标签。外部标签的设置是手工控制，内部标签属于程序化控制。

（2）业务编码校验。业务数据文件包含各种类型的业务数据，业务类型可由业务编码识别。在应用程序中，先读出业务编码，以决定由相应的程序处理，业务编码校验控制可提高程序处理不同业务的准确性。

（3）顺序校验。应用程序通过比较每一项业务或记录的主关键字与前一项业务或记录的主关键字来检查文件记录是否有错误，防止因使用了错误的文件或出现排序与合并错误而导致业务记录丢失。

3. 程序化处理有效性检验

硬件、系统软件或应用软件的错误可能导致数据处理的错误，发现数据处理错误的有效性检验方法是：

（1）计算正确性测试。可以采用重复运算的方法，即重复进行同一计算，比较计算结果是否一致；也可以采用逆向运算、溢出测试（如检测计算结果是否超过确定的数据项长度）等方法来发现运算中的逻辑错误。

（2）数据合理性检验。数据处理前，先预测处理结果，随后将处理结果和预测结果做比较，通过比较结果来分析数据处理是否正确。

4. 错误更正控制

根据错误处理的方式建立相应的控制。对于数据有效性检验发现的错误，将错误数据先写入待处理文件，更正后与同批或其他批次业务数据一起再输入、处理；对于处理过程结束后发现的错误，不能采用直接删除原有错误记录的方式，要输入两次数据更正错误，一次输入冲销原有的错误，另一次输入正确的数据。应设置专门的控制日志，记录错误的传递、更正与再输入情况。

5. 审计轨迹控制

在数据处理过程中，应产生必要的审计线索，以便对各项交易进行追踪审查。

6. 数据合理性检查

可以将余额合理性标准编入程序，一般来说，在借贷记账法下，资产类账户余额在借方，负债及所有者权益类账户余额在贷方，通过这些标准，可以检测数据处理是否合理。此外，还可根据试算平衡原理编制程序，对全部账户的期末余额和本期发生额进行检查，一旦发现不平衡，即说明处理有误，应进行查找和更正。

7. 平衡及钩稽关系校验

在会计信息系统的账和表中存在着多种平衡及钩稽关系。

在总分类账或者明细分类账中，存在着一个基本的关系：期初余额＋本期借方发生额－本期贷方发生额＝期末余额。

关于存货类项目，其基本关系为：期初库存＋本月增加库存－本月减少库存＝期末库存。

有些报表项目之间存在着钩稽关系，这些关系可能是等于、大于或者小于关系。例如，资产负债表中“未分配利润”项目与利润分配表中“未分配利润”项目有对应关系，数额应一致；利润分配表中“净利润”项目与损益表中“净利润”项目“本年累计数”有对应关系，数额应一致。

在登账和报表填制完成以后，可以利用上述这些平衡和钩稽关系进行检查。如果这些关系不成立，则表明处理中存在着错误。

（三）输出控制

前面已经提到，输出控制的基本控制目标是保证信息系统所处理的资料完整、正确，所处理的结果正确，并且保证只有经过授权的部门和人员才能获得这些输出资料。为此，可采取以下一些控制手段。

1. 输出授权控制

信息系统的输出方式主要有：打印输出、屏幕查询输出、磁盘输出以及网络传送等。每一种输出方式都应有相应的权限控制，只有经过授权的人方可执行权限内的输出操作。在会计软件中的查账权便是这种输出控制手段的体现。

2. 总数核对控制

采用这种控制手段能够对某一经济业务的输入总数、处理总数以及输出总数进行核对，以避免漏记、重记或误记等错误发生。这在一定程度上可以验证输出数据的完整性。

3. 静态目测检查控制

也可称为输出数据验证控制，它是以人工方式审校输出结果，以检查其正确性、完整性。

4. 输出信息的分发控制

信息系统的输出信息只能分发给有权利用的人使用，为此可采用系统发送留迹和设置输出报告发送登记簿的方式，详细记录报告发送份数、时间、接受人等事项。

5. 平衡关系控制

利用各财务报表项目之间存在的钩稽或平衡关系，由计算机检查这种关系是否满足，一旦发现这种关系不满足，系统提示出错信息，并禁止将信息打印输出。

输入、处理、输出控制是信息系统运行过程中有着内在联系的三个重要环节。从控制的角度看，一个环节上的控制会涉及其他两个环节。应用控制的有效性必须从整体掌控，从具体控制手段入手，不论是应用控制的设计还是评价都是如此。从审计的角度看，要保证应用控制的质量，就必须在应用控制过程中保留足够的审计线索。

本章小结

本章主要介绍了信息系统安全与信息安全、影响信息系统安全的四因素、组织中的信息安全系统的概念、信息系统五大安全特性、信息系统安全等级划分标准、信息系统风险的主要表现形式、信息系统舞弊、信息系统控制模型（包括COBIT控制模型和基于IPO结构的信息系统内部控制模型）、控制目标与控制类型、信息系统的一般控制、信息系统的应用控制。

信息系统安全与信息安全是一对既有关系又有区别的概念，两者是子集和全集的关系；影响信息系统安全的主要因素有四方面：硬件组织、软件组织、网络和通信协议、管理者；组织中的信息安全系统是一种特殊的信息系统，是组织结构的子系统，控制与信息系统相关的具体风险，是从系统分析、设计、实施、运行、评价和控制的传统的生命周期方法发展而来的；信息系统安全特性主要有五个：可信性、可用性、机密性、完整性、抗抵赖性；美国国防部于1985公布的TCSEC将信息系统安全等级划分为四类七个安全等级，其中A为最高级别，D为最低级别。我国的《计算机信息系统安全保护等级划分准则》将信息系统安全分为五个等级，其中最低为用户自主保护级，最高为访问验证保护级。

信息系统所面临的主要新风险包括：信息安全风险、信息处理差错反复发生风险、计算机交易授权风险、传统职责分离失效引致的风险、信息系统脆弱性与威胁引致的风险以及信息系统舞弊。以风险分析为基础，本章介绍两种主要的信息系统控制模型：COBIT控制模型和基于IPO结构的信息系统控制模型，前者属于当前比较前沿的知识，后者属于比较经典的知识，也是本章学习的一大重点。信息系统内部控制按照“控制执行的范围”的要求，可分为一般控制和应用控制。一般控制泛指各个应用系统均适用的控制，也叫基础控制或环境控制，它的种类很多，比较重要的有：组织控制、系统开发与维护控制、整体安全或存取控制、硬件和系统软件控制等。应用控制专指那些专门为某个应用系统设计且执行的控制，根据应用系统的数据处理阶段可划分成三种类型：输入控制、处理控制和输出控制。

本章的学习难点在于：信息系统所面临的主要新风险、组织中的信息安全系统、COBIT控制模型、应用控制的基本类型及其控制目标。

思考题

1. 某单位电算化会计部门内单设一个控制员，通过调查发现该控制员可以单独批准、执行一些业务并对业务数据进行修改。这种做法是否妥当？可能造成哪些后果？

2. 如何理解信息系统安全与信息系统风险两者之间的关系？

3. 组织中信息安全系统的构建需要经过哪些阶段？作为CSO来说，在上述各阶段应提交哪些报告？

4. 如何理解信息系统五大安全特性？

5. 输入控制可以采取的具体控制措施有哪些？如何运用这些控制措施？

6. 输出控制常用的控制措施有哪些？如何运用这些控制措施？

7. 请你举例说明在网络环境下会计信息系统具有哪些特殊的安全风险问题。

8. 系统的脆弱性与威胁有何区别？请举实例加以说明。

9. 职责分离原则在计算机会计信息系统环境之下还有效吗？实践中应如何运用该原则？

10. 如何理解“IT可能给会计信息系统带来新的风险，同时IT又是控制风险的有效工具”？

11. 何谓信息系统舞弊？如何结合会计信息系统的通用模型来进一步区分信息系统舞弊的具体表现形式及其危害程度？

12. 应用控制与一般控制有何区别？请结合实例进行说明。

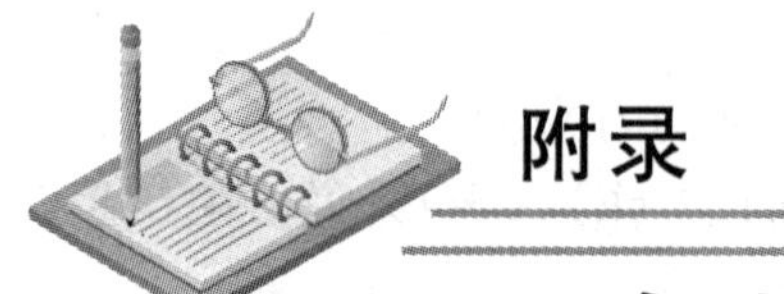

附录

会计软件综合应用案例

伟世创玻璃制品有限责任公司是一家工业制造企业，主要生产玻璃制品，为提高企业财务管理水平，该企业购置了安易 2000 软件的账务处理工资、固定资产以及报表管理四个模块。

一、账务处理系统实习所需资料及实习要求

（一）企业财务制度及有关规定

1. 流动资金部分

（1）库存现金限额为 2 000 元。

（2）材料按实际成本计价核算，发出材料根据月终编制的“材料耗用汇总表”计算产品材料成本。产成品按月末一次加权平均法计算其发出成本。

2. 固定资产部分

固定资产的折旧采用年限平均法，固定资产的中小修理费用直接计入当月有关费用。

3. 产成品成本核算部分

（1）产品成本项目分为直接材料、直接人工、直接动力、制造费用。车间以 A、B 产品为成本计算对象。

（2）制造费用按生产工时由 A、B 产品分摊。各种费用分配率精确到 0.01，尾差由后面的费用负担。

4. 税金及附加费部分

（1）增值税：该企业为一般纳税人，增值税税率为 17%。

（2）营业税：以其他业务收入为计税依据，营业税税率为 5%。

（3）城建税：以应交增值税和应交营业税为计征依据，城建税税率为 7%。

（4）教育费附加：以应交增值税和应交营业税为计征依据，教育费附加的计征比率为 3%。

（5）所得税：所得税税率为 33%。

5. 利润分配部分

（1）盈余公积金提取比例为：法定盈余公积金为 10%，公益金为 2%。

(2) 应付给投资者的利润按可供投资者分配利润的100%计算。

6. 工资管理部分

企业应付福利费按工资总额的14%计提，工会经费按工资总额的2%计提，职工教育经费按1.5%计提。

个人所得税计算时扣税基数为1 000元。

(二) 建立会计核算体系

1. 新建账套

(1) 账套类别：基础核算账套。

(2) 账套基本信息：

1) 账套号：001。

2) 账套名称：伟世创公司。

3) 单位代码：WIC。

4) 单位名称：伟世创玻璃制品。

5) 财务主管：王安易。

(3) 企业所属行业：工业企业。选择“预置科目”。

(4) 本位币信息：采用系统默认值。

(5) 会计期间定义：会计期数12。

会计年度起始日期：2008年1月1日。

启用会计期间：2008年度1月。

(6) 科目编码方案：科目编码为3-2-2-2。

(7) 选择新建数据库。

2. 账套参数设置

以用户名“系统管理员”、密码“1”的用户身份登录“001”账套，选择“基础资料设置”下的“账套参数设置”功能。

(1) 编辑核算单位信息。

单位全称：中国南昌伟世创玻璃制品有限责任公司。

单位联系地址：中国江西南昌市幸福大街181号。

邮政编码：334000。

企业识别码：123456789012。

企业网址：www.wic.com。

企管办联系人：王管办。

联系电话：0791－1234567。

联系人电子信箱：WANG_GB@263.NET。

传真号：0791－7654321。

开户银行：中国工商银行南昌市分行新建分理处。

银行账号：12345678902－2。

法人代表：刘法人。

营业税号：340188822204288。

(2) 编码方案。

科目编码方案：3-2-2-2（已定义）。

科目组编码方案：3-2。

部门机构编码方案：2-2-2。

项目编码方案：3。

地区编码方案：3。

往来单位编码方案：3。

现金流量编码方案：2-2-2-2。

(3)“普通参数”设置采用系统默认值。

(4)“凭证与辅助核算控制”参数设置要求按附图1进行。

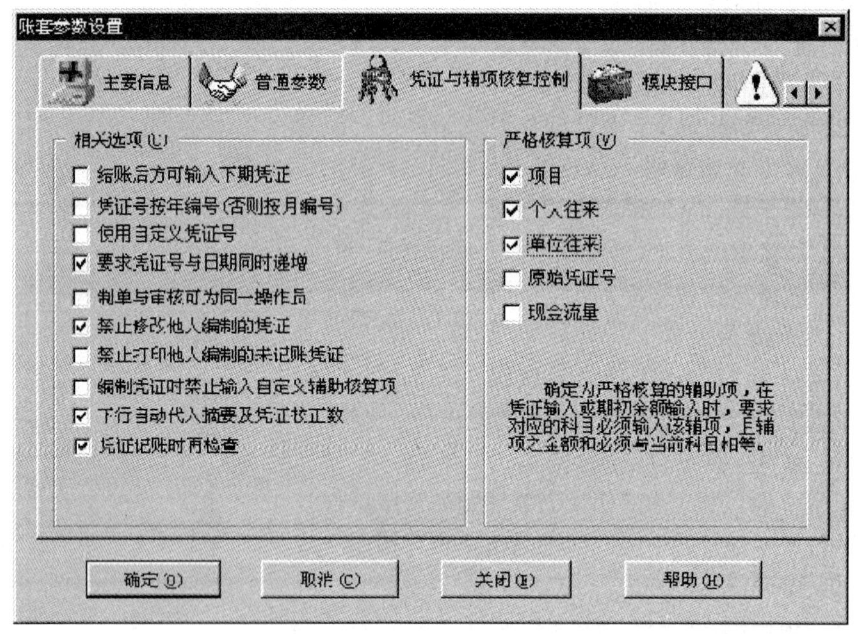

附图1

3. 操作员设置与授权

(1) 将“系统管理员”的密码进行修改，并记住修改后的密码。

(2) 增加“工作组”以及“操作员”，并进行“功能权限”、“数据权限”和“审核权限”的设置，见附表1。

附表 1

<table>
<tr><th>工作组名称</th><th>功能授权</th><th>本组操作员</th><th>操作员密码</th><th>财务分工</th></tr>
<tr><td rowspan="2">财务组</td><td rowspan="2">财务组除“凭证审核”、“记账”、“期末处理”外的所有权限。</td><td>张三</td><td>777</td><td>负责账套会计软件运行环境的基础资料建立，除科目“301 实收资本”禁止操作外，其余功能都可进行操作。</td></tr>
<tr><td>李四</td><td>444</td><td>财务组下的所有工作。</td></tr>
<tr><td rowspan="2">审核组</td><td rowspan="2">审核组除“基础资料”外，拥有账套的所有权限。</td><td>王安易</td><td>001</td><td>审核组下的所有工作。</td></tr>
<tr><td>马六</td><td>666</td><td>只能对操作员“张三”编制的凭证进行审核。</td></tr>
</table>

4.“货币与汇率”设置

(1) 外币代码：USD；外币名称：美元；货币符号：$；单位：元；采用“直接汇率”计算方法，1 月的记账汇率为 8.5，调整汇率为 8.6，月末结账汇率为 8.7。

(2) 外币代码：HKD；外币名称：港币；货币符号：￥；单位：元；采用“直接汇率”计算方法，1 月的记账汇率为 1.4，调整汇率为 1.5，月末结账汇率为 1.6。

5. 自定义辅助核算项

(1) 增加类别名称：产品核算，一级辅助核算；代码长度：3。

(2) 定义“产品核算”类别的具体项目：

代码	名称
01	A 产品
02	B 产品

6. 自定义科目辅助说明项（见附表 2）

附表 2

代码	名称
01	票据签发日
02	票据到期日
03	票面利率
04	批号
05	开工日期
06	批量
07	完工日期

7. 会计科目设置

(1) 资产类科目（共 40 个，包括明细科目），见附表 3。

附表 3

科目代码	科目名称	辅助核算项	余额方向	计量单位
101	现金	现金流量控制	借	
102	银行存款	银行科目，现金流量控制	借	
10201	工行存款	银行科目，现金流量控制	借	
10202	中行存款一美元	银行科目，外币核算，期末结汇方向为：自动转出，现金流量控制	借	币种 USD
109	其他货币资金	现金流量控制		
10902	银行汇票	现金流量控制	借	
112	应收票据	启用辅助说明 01、02、03	借	
11201	商业承兑汇票	启用辅助说明 01、02、03	借	
113	应收账款	单位往来	借	
114	坏账准备		贷	
119	其他应收款	个人往来	借	
121	材料采购		借	
12101	邯郸钢铁厂		借	
12102	抚顺硅矿厂		借	
12103	开滦煤矿		借	
123	原材料	数量核算	借	吨
12301	甲材料	数量核算	借	吨
12302	乙材料	数量核算	借	吨
12303	焦炭	数量核算	借	吨
12304	煤炭	数量核算	借	吨
137	产成品	自定义产品核算，数量核算	借	吨
139	待摊费用		借	
13901	财产保险费		借	
13902	报纸杂志费		借	
161	固定资产	部门辅助核算	借	
16101	生产用固定资产	部门辅助核算	借	
16102	非生产用固定资产	部门辅助核算	借	
165	累计折旧		贷	

续前表

科目代码	科目名称	辅助核算项	余额方向	计量单位
169	在建工程	项目辅助核算	借	
16901	工程物资	项目辅助核算	借	
16902	工程运输费	项目辅助核算	借	
16903	预付工程款	项目辅助核算	借	
16904	其他支出	项目辅助核算	借	
171	无形资产		借	
17101	土地使用权		借	
191	待处理财产损溢		借	
19101	待处理流动资产损溢		借	
19102	待处理固定资产损溢		借	
193	长期待摊费用		借	
19301	开办费		借	

(2) 负债类科目（共 29 个，包括明细科目），见附表 4。

附表 4

科目代码	科目名称	辅助核算项	余额方向	计量单位
201	短期借款		贷	
20101	流动资金借款		贷	
202	应付票据	启用辅项说明 01、02、03	贷	
203	应付账款	单位往来	贷	
209	其他应付款		贷	
20901	工会经费		贷	
20902	职工教育经费		贷	
211	应付工资		贷	
214	应付福利费		贷	
221	应交税金		贷	
22101	应交增值税		贷	
2210101	进项税额		借	
2210102	已交税金		借	
2210105	销项税额		贷	

续前表

科目代码	科目名称	辅助核算项	余额方向	计量单位
2210110	未交增值税		贷	
22102	应交营业税		贷	
22103	应交消费税		贷	
22105	应交所得税		贷	
22107	应交城市维护建设税		贷	
223	应付利润		贷	
22301	应上交利润		贷	
22302	应付法人股红利		贷	
22303	应付职工个人股红利		贷	
229	其他应交款		贷	
22901	教育费附加		贷	
231	预提费用		贷	
23101	预提利息		贷	
241	长期借款		贷	
24101	长期基建借款		贷	

(3) 权益类科目（共 15 个，包括明细科目），见附表 5。

附表 5

科目代码	科目名称	辅助核算项	余额方向	计量单位
301	实收资本		贷	
30101	国家资本金		贷	
30102	法人资本金		贷	
30103	个人资本金		贷	
311	资本公积		贷	
31107	其他资本公积		贷	
313	盈余公积		贷	
31301	法定盈余公积		贷	
31302	法定公益金		贷	
321	本年利润		贷	
322	利润分配		贷	
32202	提取法定盈余公积		贷	
32203	提取法定公益金		贷	
32204	应付利润		贷	
32215	未分配利润		贷	

(4) 成本类科目（共12个，包括明细科目），见附表6。

附表6

科目代码	科目名称	辅助核算项	余额方向	计量单位
401	生产成本		借	
40101	直接材料	自定义产品核算，启用辅助说明04、05、06、07	借	
40102	直接人工	自定义产品核算，启用辅助说明04、05、06、07	借	
40103	燃料动力	自定义产品核算，启用辅助说明04、05、06、07	借	
40104	制造费用	自定义产品核算，启用辅助说明04、05、06、07	借	
405	制造费用		借	
40501	工资		借	
40502	福利费		借	
40503	办公费		借	
40504	修理费		借	
40505	水电费		借	
40506	折旧费		借	

(5) 损益类科目（共31个，包括明细科目），见附表7。

附表7

科目代码	科目名称	辅助核算项	余额方向	计量单位
501	产品销售收入	自定义产品辅助核算	贷	
502	产品销售成本	自定义产品辅助核算	借	
503	产品销售费用		借	
50301	广告费		借	
50302	其他销售费用		借	
504	产品销售税金及附加		借	
50401	城建税		借	
50402	教育费附加		借	
511	其他业务收入		贷	
51101	材料销售收入		贷	

续前表

科目代码	科目名称	辅助核算项	余额方向	计量单位
512	其他业务支出		借	
51201	材料销售支出		借	
521	管理费用		借	
52101	工资		借	
52102	福利费		借	
52103	办公费		借	
52104	修理费		借	
52105	水电费		借	
52106	差旅费		借	
52107	财产保险费		借	
52108	报纸杂志费		借	
52109	折旧费		借	
52110	长期待摊费用摊销		借	
52111	无形资产摊销		借	
522	财务费用		借	
52201	利息		借	
52202	汇兑损益		借	
52203	其他		借	
531	投资收益		贷	
53101	债券利息		贷	
541	营业外收入		贷	
542	营业外支出		借	
550	所得税		借	

8. 凭证类型设置

定义收款、付款、转账三种凭证类型，见附表8。

附表8

简　　称	名　　称	限制条件
收字	收款凭证	借方必有科目101，102
付字	付款凭证	贷方必有科目101，102
转字	转账凭证	借贷必无科目101，102

9. 结算方式设置

(1) 银行汇票：201。

(2) 商业汇票：202。

(3) 银行本票：401。

(4) 支票：402。

(5) 信用卡：501。

(6) 银行汇兑：601。

(7) 委托收款：701。

(8) 托收承付：801。

10. 往来单位目录设置

(1) 地区设置，见附表 9。

附表 9

地区代码	地区名称
001	华东地区
002	华北地区
003	东北地区
004	华南地区
005	西北地区
006	港澳台地区
007	海外地区

(2) 往来单位设置，见附表 10。

附表 10

单位代码	单位名称	所属地区	备注	往来核算科目
101	东风汽车制造厂	003	客户	113
102	耀华玻璃厂	001	客户	113
201	电力公司	001	供应商	203
202	供暖站	001	供应商	203
203	抚顺硅矿厂	003	供应商	203
204	邯郸钢铁厂	002	供应商	203
205	开滦煤矿	002	供应商	203

11. 部门职员设置

(1) 部门设置，见附表11。

附表11

部门代码	部门名称
10	公司管理部门
1001	公司领导
1002	总办
1003	财务科
1004	人事科
1005	质检科
20	生产车间
2001	车间管理部
2002	一工段
2003	二工段

(2) 个人往来目录设置，见附表12。

附表12

职员代码	职员姓名	所属部门代码	职务
200104	李小东	2001	采购员

注：此处所设置的部门职员资料与工资处理系统所用的资料完全相同。

12. 项目设置(见附表13)

附表13

项目代码	项目名称	科目代码
001	主办公楼	16901，16902，16903，16904
002	纯净水供应工程	16901，16902，16903，16904

13. 科目组设置(见附表14)

附表14

科目组代码	科目组名称	组内科目
001	货币资金	101，102，109
002	存货	121，123，137，401

14. 自动转账分录设置

参见日常经济业务记录中的要求进行设置。

（三）装入期初余额与各种期初未达账项

1. 科目年初余额装入（见附表15）

附表15

科目	年初余额	年初数量或外币	备注
现金 101	借 2 000		输入
银行存款 102	借 284 400		自动计算
工行存款 10201	借 199 400		输入
中行存款一美元 10202	借 85 000	10 000USD	输入
其他货币资金 109	0		
银行汇票 10902	0		
应收票据 112	0		
商业承兑汇票 11201	0		
应收账款 113	借 175 500		自动计算
坏账准备 114	贷 8 775		输入
其他应收款 119	借 500		自动计算
材料采购 121	0		
邯郸钢铁厂 12101	0		
抚顺硅矿厂 12102	0		
开滦煤矿 12103	0		
原材料 123	借 57 500		自动计算
甲材料 12301	借 10 000	1 000 元/吨，共 10 吨	输入
乙材料 12302	借 2 500	500 元/吨，共 5 吨	输入
焦炭 12303	借 15 000	300 元/吨，共 50 吨	输入
煤炭 12304	借 30 000	150 元/吨，共 200 吨	输入
产成品 137	借 849 000	930 吨	输入
待摊费用 139	借 6 400		自动计算
财产保险费 13901	借 4 000		输入
报纸杂志费 13902	借 2 400		输入
固定资产 161	借 479 700		自动计算
生产用固定资产 16101	借 450 000		输入

续前表

科目	年初余额	年初数量或外币	备注
非生产用固定资产 16102	借 29 700		输入
累计折旧 165	贷 21 465.30		输入
在建工程 169	0		
工程物资 16901	0		
工程运输费 16902	0		
预付工程款 16903	0		
其他支出 16904	0		
无形资产 171	借 72 000		自动计算
土地使用权 17101	借 72 000		输入
待处理财产损溢 191	0		
待处理流动资产损溢 19101	0		
待处理固定资产损溢 19102	0		
长期待摊费用 193	借 90 000		自动计算
开办费 19301	借 90 000		输入
短期借款 201	贷 200 000		自动计算
流动资金借款 20101	贷 200 000		输入
应付票据 202	0		
应付账款 203	贷 85 000		自动计算
其他应付款 209	贷 30 000		自动计算
工会经费 20901	贷 20 000		输入
职工教育经费 20902	贷 10 000		输入
应付工资 211	借 465.30		输入
应付福利费 214	贷 42 225		输入
应交税金 221	0		
应交增值税 22101	0		
进项税额 2210101	0		
已交税金 2210102	0		
销项税额 2210105	0		
未交增值税 2210110	0		
应交营业税 22102	0		
应交消费税 22103	0		
应交所得税 22105	0		

关于存货类项目，其基本关系为：期初库存＋本月增加库存－本月减少库存＝期末库存。

有些报表项目之间存在着钩稽关系，这些关系可能是等于、大于或者小于关系。例如，资产负债表中“未分配利润”项目与利润分配表中“未分配利润”项目有对应关系，数额应一致；利润分配表中“净利润”项目与损益表中“净利润”项目“本年累计数”有对应关系，数额应一致。

在登账和报表填制完成以后，可以利用上述这些平衡和钩稽关系进行检查。如果这些关系不成立，则表明处理中存在着错误。

（三）输出控制

前面已经提到，输出控制的基本控制目标是保证信息系统所处理的资料完整、正确，所处理的结果正确，并且保证只有经过授权的部门和人员才能获得这些输出资料。为此，可采取以下一些控制手段。

1. 输出授权控制

信息系统的输出方式主要有：打印输出、屏幕查询输出、磁盘输出以及网络传送等。每一种输出方式都应有相应的权限控制，只有经过授权的人方可执行权限内的输出操作。在会计软件中的查账权便是这种输出控制手段的体现。

2. 总数核对控制

采用这种控制手段能够对某一经济业务的输入总数、处理总数以及输出总数进行核对，以避免漏记、重记或误记等错误发生。这在一定程度上可以验证输出数据的完整性。

3. 静态目测检查控制

也可称为输出数据验证控制，它是以人工方式审校输出结果，以检查其正确性、完整性。

4. 输出信息的分发控制

信息系统的输出信息只能分发给有权利用的人使用，为此可采用系统发送留迹和设置输出报告发送登记簿的方式，详细记录报告发送份数、时间、接受人等事项。

5. 平衡关系控制

利用各财务报表项目之间存在的钩稽或平衡关系，由计算机检查这种关系是否满足，一旦发现这种关系不满足，系统提示出错信息，并禁止将信息打印输出。

输入、处理、输出控制是信息系统运行过程中有着内在联系的三个重要环节。从控制的角度看，一个环节上的控制会涉及其他两个环节。应用控制的有效性必须从整体掌控，从具体控制手段入手，不论是应用控制的设计还是评价都是如此。从审计的角度看，要保证应用控制的质量，就必须在应用控制过程中保留足够的审计线索。

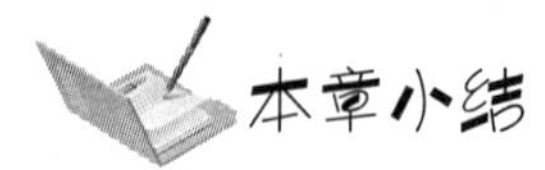

本章小结

本章主要介绍了信息系统安全与信息安全、影响信息系统安全的四因素、组织中的信息安全系统的概念、信息系统五大安全特性、信息系统安全等级划分标准、信息系统风险的主要表现形式、信息系统舞弊、信息系统控制模型（包括COBIT控制模型和基于IPO结构的信息系统内部控制模型）、控制目标与控制类型、信息系统的一般控制、信息系统的应用控制。

信息系统安全与信息安全是一对既有关系又有区别的概念，两者是子集和全集的关系；影响信息系统安全的主要因素有四方面：硬件组织、软件组织、网络和通信协议、管理者；组织中的信息安全系统是一种特殊的信息系统，是组织结构的子系统，控制与信息系统相关的具体风险，是从系统分析、设计、实施、运行、评价和控制的传统的生命周期方法发展而来的；信息系统安全特性主要有五个：可信性、可用性、机密性、完整性、抗抵赖性；美国国防部于1985公布的TCSEC将信息系统安全等级划分为四类七个安全等级，其中A为最高级别，D为最低级别。我国的《计算机信息系统安全保护等级划分准则》将信息系统安全分为五个等级，其中最低为用户自主保护级，最高为访问验证保护级。

信息系统所面临的主要新风险包括：信息安全风险、信息处理差错反复发生风险、计算机交易授权风险、传统职责分离失效引致的风险、信息系统脆弱性与威胁引致的风险以及信息系统舞弊。以风险分析为基础，本章介绍两种主要的信息系统控制模型：COBIT控制模型和基于IPO结构的信息系统控制模型，前者属于当前比较前沿的知识，后者属于比较经典的知识，也是本章学习的一大重点。信息系统内部控制按照“控制执行的范围”的要求，可分为一般控制和应用控制。一般控制泛指各个应用系统均适用的控制，也叫基础控制或环境控制，它的种类很多，比较重要的有：组织控制、系统开发与维护控制、整体安全或存取控制、硬件和系统软件控制等。应用控制专指那些专门为某个应用系统设计且执行的控制，根据应用系统的数据处理阶段可划分成三种类型：输入控制、处理控制和输出控制。

本章的学习难点在于：信息系统所面临的主要新风险、组织中的信息安全系统、COBIT控制模型、应用控制的基本类型及其控制目标。

思考题

1. 某单位电算化会计部门内单设一个控制员，通过调查发现该控制员可以单

续前表

科目	年初余额	年初数量或外币	备注
应交城市维护建设税 22107	0		
应付利润 223	0		
应上交利润 22301	0		
应付法人股红利 22302	0		
应付职工个人股红利 22303	0		
其他应交款 229	0		
教育费附加 22901	0		
预提费用 231	贷 20 000		自动计算
预提利息 23101	贷 20 000		输入
长期借款 241	0		
长期基建借款 24101	0		
实收资本 301	贷 1 250 000		自动计算
国家资本金 30101	贷 1 000 000		输入
法人资本金 30102	0		输入
个人资本金 30103	贷 250 000		输入
资本公积 311	贷 100 000		自动计算
其他资本公积 31107	贷 100 000		输入
盈余公积 313	贷 100 000		自动计算
法定盈余公积 31301	贷 80 000		输入
法定公益金 31302	贷 20 000		输入
本年利润 321	贷 170 000		输入
利润分配 322	贷－10 000		自动计算
提取法定盈余公积 32202	0		输入
提取法定公益金 32203	0		输入
应付普通股股利 32204	0		输入
未分配利润 32215	贷－10 000		输入

资产合计：1 986 759.70；负债合计：376 759.70；权益合计：1 610 00。

2. 往来核算辅助科目年初余额装入（见附表 16）

附表 16

往来科目（科目代码）	往来性质	辅助科目（编号）	年初余额
应收账款（113）	客户往来	东风汽车制造厂（101）	借 100 000
应收账款（113）	客户往来	耀华玻璃厂（102）	借 75 500
应付账款（203）	供应商往来	电力公司（201）	贷 20 000
应付账款（203）	供应商往来	供暖站（202）	贷 5 000
应付账款（203）	供应商往来	抚顺硅矿厂（203）	贷 10 000
应付账款（203）	供应商往来	邯郸钢铁厂（204）	贷 40 000
应付账款（203）	供应商往来	开滦煤矿（205）	贷 10 000
其他应收款（119）	个人往来	李小东（200104）	借 500

3. 自定义产品辅助核算账年初余额装入（见附表 17）

附表 17

科目（科目代码）	辅助科目（编号）	年初数量	年初余额
产成品（137）	A 产品（01）	330 吨	借 429 000
产成品（137）	B 产品（02）	600 吨	借 420 000

4. 年初银行存款余额调节表（见附表 18）

注：此表为使用计算机进行账务处理之前最后一期手工对账后所编制的余额调节表。

附表 18 **银行存款余额调节表**

编制日期：2007—12—30 对账科目：工商银行（10201） 单位：元

项目	金额	项目	金额
银行存款日记账金额	199 400.00	银行对账单余额	482 750.00
加：银行已收而企业未收的款项 （1）2007 年 12 月 25 日收到货款 351 000 元，原始凭证号为 3168。 减：银行已付而企业未付的款项 （2）2007 年 12 月 1 日支付采购货款 52 650 元，原始凭证号为 2177。	351 000.00 52 650.00	加：企业已收而银行未收的款项 （1）2007 年 12 月 23 日收到销售货款 35 000 元，凭证号收 1223，原始凭证号为 2188。 减：企业已付而银行未付的款项 （2）2007 年 12 月 20 日支付修理费 20 000 元，凭证号付 1220，原始凭证号为 1177。	35 000.00 20 000.00
调节后余额	497 750.00	调节后余额	497 750.00

输入对账单期初未达账项时，对账单参考余额为 184 400.00 元，对账单账面余额为 482 750.00 元；

输入银行期初未达账项时，日记账期初参考余额为 184 400.00 元，日记账账面余额为 199 400.00 元。

5. 部门辅助核算年初余额装入（见附表 19）

附表 19

科目（科目代码）	辅助科目（编号）	年初余额
生产用固定资产（16101）	一工段（2002）	借 170 000
生产用固定资产（16101）	二工段（2003）	借 280 000
非生产用固定资产（16102）	财务科（1003）	借 29 700

（四）日常经济业务

（1）该公司 2008 年 1 月份发生的经济业务：

1）1 日，国家以财政款新建厂房建筑物两座，评估确认价值为 2 000 000 元，交本公司验收使用。

摘要：收到国家投资建厂房款

分录：

借：固定资产（161）—生产用固定资产（01）　　2 000 000.00

　贷：实收资本（301）—国家资本金（01）　　2 000 000.00

2）同日，国家以土地使用权作为投资，评估确认价值为 500 000 元，另以财政拨款 500 000 元作为资本金投入企业，款项存入工商银行。

分录：

（国家投入土地）　借：无形资产（171）—土地使用权（01）　　500 000.00

（国家财政拨款）　　银行存款（102）—工行存款（01）　　500 000.00

　　原始单据号：4101　　500 000.00

（国家投入资本金）　贷：实收资本（301）—国家资本金（01）　　1 000 000.00

3）2 日，向邯郸钢铁厂购入甲材料 300 吨，单位 980 元/吨，同时，企业应负担的增值税（进项税额）为 49 980 元，货款与税金共计 343 980 元，以银行存款全部付讫，材料尚未入库。

摘要：购甲材料

分录：

借：材料采购（121）—邯郸钢铁厂（01）　　294 000.00

　应交税金（221）—应交增值税（01）—进项税额（01）　　49 980.00

贷：银行存款（102）—工行存款（01）（原始单据号：5203） 343 980.00

4）2 日，与耀华玻璃厂签订联营协议，耀华玻璃厂以材料一批作为联营投资，评估确认值为 500 000 元（其中甲材料 300 吨，评估价为 1 000 元/吨，乙材料 400 吨，评估价为 500 元/吨）。

摘要：联营方以原材料投资

分录：

借：原材料（123）—甲材料（01） 300 000.00

原材料（123）—乙材料（02） 200 000.00

应交税金（221）—应交增值税（01）—进项税额（01） 85 000.00

贷：实收资本（301）—法人资本金（02） 585 000.00

5）3 日，用银行存款购买一批办公用卫生清洁用品，金额 250 元，其中：厂部领用 150 元，生产车间领用 100 元。

摘要：购买办公用品

分录：

借：制造费用（405）—办公费（03） 100.00

管理费用（521）—办公费（03） 150.00

贷：银行存款（102）—工行存款（01）（原始单据号 5204） 250.00

6）3 日，采购员李小东赴徐州采购原材料，预借差旅费用 1 000 元，现金付讫。

摘要：预借差旅费

分录：

借：其他应收款（119）（个人往来：200104，原始单据号 23056） 1 000.00

贷：现金（101） 1 000.00

7）4 日，经有关部门批准，企业向内部职工集资 500 000 元，所收现金送存工商银行。

摘要：收到职工集资款

分录：

借：银行存款（102）—工行存款（01）（原始单据号 7505） 500 000.00

贷：实收资本（301）—个人资本金（03） 500 000.00

8）4 日，与洛玻厂签订联营协议，洛玻厂以新设备一批作为联营投资（无需安装），评估确认价值为 500 000 元，交本厂验收使用。

摘要：联营方投入固定资产

分录：

借：固定资产（161）—生产用固定资产（01） 500 000.00

贷：实收资本（301）—法人资本金（02） 500 000.00

9）5 日，用银行存款支付上述甲材料的运费 6 600 元，包括买方应负担的增值

税 660 元。(注：运费依 10%的扣除率计算进项税额，下同)

摘要：支付运费和税金

分录：

借：材料采购（121）—邯郸钢铁厂（01） 5 940.00

应交税金（221）—应交增值税（01）—进项税额（01） 660.00

贷：银行存款（102）—工行存款（01）(原始单据号 5205) 6 600.00

10) 5 日，因采购原材料，向开户银行工行申请短期借款 300 000 元，期限为三个月。经银行批准，款已划入企业银行存款账户。

摘要：从工行借入三个月短期借款

分录：

借：银行存款（102）—工行存款（01）(原始单据号 8009) 300 000.00

贷：短期借款（201）—流动资金借款（01） 300 000.00

11) 5 日，企业准备续建仓库一座，向建设银行申请长期借款 200 000 元，期限为两年，已获批准，款项划入企业存款账户。

摘要：从建行借入两年期长期借款

分录：

借：银行存款（102）—工行存款（01）(原始单据号 6516) 200 000.00

贷：长期借款（241）—长期基建借款（01） 200 000.00

12) 6 日，接受洛玻厂捐赠新机器一台，按现行市场价格 100 000 元估价入账。

摘要：接受捐赠设备一台

分录：

借：固定资产（161）—生产用固定资产（01） 100 000.00

贷：资本公积（311）—其他资本公积（07） 100 000.00

13) 6 日，从邯郸钢铁厂购入的甲材料到达并已验收入库，按实际采购成本入账。

摘要：甲材料验收入库

分录：

借：原材料（123）—甲材料（01） 300 000.00

贷：材料采购（121）—邯郸钢铁厂（01） 300 000.00

14) 6 日，生产车间维修电气设备，由电力公司负责修理，支付修理费 1 000 元，负担增值税 170 元，以银行存款支付。

摘要：支付车间维修电气设备费

分录：

借：制造费用（405）—修理费（04） 1 000.00

应交税金（221）—应交增值税（01）—进项税额（01） 170.00

贷：银行存款（102）—工行存款（01）（原始单据号 5206）　　1 170.00

15）7 日，用银行存款预付明年全年度报刊费 3 600 元和财产保险费 5 000 元。

摘要：支付待摊费用

分录：

借：待摊费用（139）—财产保险费（01）　　5 000.00

待摊费用（139）—报刊费（02）　　3 600.00

贷：银行存款（102）—工行存款（01）（原始单据号 5207）　　8 600.00

16）7 日，用银行存款支付本月电费 20 000 元，应由用电方负担的增值税（进项税额）3 400 元，电费和税金共计 23 400 元。

摘要：支付电费

分录：

借：应付账款（203）（往来供应商：电力公司 201）　　20 000.00

应交税金（221）—应交增值税（01）—进项税额（01）　　3 400.00

贷：银行存款（102）—工行存款（01）（原始单据号：5208）　　23 400.00

17）8 日，向抚顺硅矿厂购入乙材料 100 吨，单价 450 元/吨，计货款 45 000 元，企业应向销货方支付增值税（进项税额）7 650 元，货款和增值税共计 52 650 元。当即以银行存款支付。

摘要：采购乙材料

分录：

借：材料采购（121）—抚顺硅矿厂（02）　　45 000.00

应交税金（221）—应交增值税（01）—进项税额（01）　　7 650.00

贷：银行存款（102）—工行存款（01）（原始单据号：2177）　　52 650.00

18）11 日，向抚顺硅矿厂采购的乙材料已运达，本公司应负担材料运费 5 500 元，因货币资金不足未支付。

摘要：采购乙材料应支付的运费及税金

分录：

借：材料采购（121）—抚顺硅矿厂（02）　　4 950.00

应交税金（221）—应交增值税（01）—进项税额（01）　　550.00

贷：应付账款（203）（往来供应商：抚顺硅矿厂 203）　　5 500.00

19）11 日，向抚顺硅矿厂采购的乙材料验收入库。

摘要：乙材料验收入库

分录：

借：原材料（123）—乙材料（02）　　50 000.00

贷：材料采购（121）—抚顺硅矿厂（02）　　50 000.00

20）13 日，签发现金支票，从工商银行存款账户提取现金 82 000 元，备发工资。

摘要：提现备发工资

分录：

借：现金（101） 82 000.00

贷：银行存款（102）—工行存款（01）（原始单据号 3007） 82 000.00

21）13 日，用现金支付职工工资 81 895 元。

摘要：发放工资

分录：

借：应付工资（211） 81 895.00

贷：现金（101） 81 895.00

22）15 日，以银行存款向江玻厂支付生产车间设备修理费 500 元，应负担的增值税（进项税额）为 85 元，修理费及税金共计 585 元。

摘要：支付设备修理费及税金

分录：

借：制造费用（405）—修理费（04） 500.00

应交税金（221）—应交增值税（01）—进项税额（01） 85.00

贷：银行存款（102）—工行存款（01）（原始单据号 5209） 585.00

23）16 日，向上海家化厂销售 A 产品 200 吨，单价为 1 500 元/吨（不含税价）；增值税销项税额为 51 000 元，贷款与税金共计 351 000 元。货自提，货款已划入银行存款账户。

摘要：销售 200 吨 A 产品

分录：

借：银行存款（102）—工行存款（01）（原始单据号 3168） 351 000.00

贷：产品销售收入（501）（产品辅助核算 A 产品） 300 000.00

应交税金（221）—应交增值税（01）—销项税额（05） 51 000.00

24）17 日，以银行存款支付市供暖站提供的蒸汽 1 000 立方米，单价 5 元/立方米，应负担增值税（进项税额）850 元，价款、税金共计 5 850 元。

摘要：向市供暖站支付采暖费

分录：

借：应付账款（203）（往来供应商：市供暖站 202） 5 000.00

应交税金（221）—应交增值税（01）—进项税额（01） 850.00

贷：银行存款（102）—工行存款（01）（原始单据号 5210） 5 850.00

25）17 日，销售给江铃汽车制造厂 A 产品 50 吨，单价 1 500 元/吨，计 75 000 元，销项增值税 12 750 元；B 产品 100 吨，单价 800 元/吨，计 80 000 元，销项增值税 13 600 元。已向购货方开出增值税发票，货款尚未收到。

摘要：销售 A 产品 50 吨，B 产品 100 吨

分录：

借：应收账款（113）（往来客户：江铃汽车制造厂 103） 181 350.00

贷：产品销售收入（501）（产品辅助核算 A 产品） 75 000.00

产品销售收入（501）（产品辅助核算 B 产品） 80 000.00

应交税金（221）—应交增值税（01）—销项税额（05） 26 350.00

注：客户江铃汽车制造厂地处华东地区。

26）18 日，用银行存款偿还抚顺硅矿厂代垫运费 5 500 元。

摘要：支付代垫运费及增值税款

分录：

借：应付账款（203）（往来供应商：抚顺硅矿厂 203） 5 500.00

贷：银行存款（102）—工行存款（01）（原始单据号 5211） 5 500.00

27）20 日，采购员李小东完成采购任务回厂，报销差旅费 950 元，现金剩余 50 元交回。

摘要：报销差旅费

分录：

借：管理费用（521）—差旅费（06） 950.00

现金（101） 50.00

贷：其他应收款（119）（个人往来：李小东 200104） 1 000.00

28）20 日，销售给江玻厂 A 产品 25 吨，单价 1 500 元/吨，计 37 500 元，增值税（销项税额）6 375 元，价税共计 43 875 元，收到对方签发并承兑的为期三个月的商业承兑汇票一张。

摘要：销售给江玻厂 A 产品 25 吨

分录：

借：应收票据（112）—商业承兑汇票（01） 43 875.00

贷：产品销售收入（501）（产品辅助核算 A 产品） 37 500.00

应交税金（221）—应交增值税（01）—销项税额（05） 6 375.00

29）21 日，收到江铃汽车制造厂前欠货款 181 350 元，款项已收妥存入工商银行。

摘要：收到客户前欠货款

分录：

借：银行存款（102）—工行存款（01）（原始单据号 9188） 181 350.00

贷：应收账款（113）（往来客户：江铃汽车制造厂 103） 181 350.00

30）25 日，向开滦煤矿购入煤炭 100 吨，单价为 150 元/吨，计买价 15 000 元；焦炭 50 吨，单价为 300 元/吨，计买价 15 000 元。同时企业应负担运杂费 7 500 元（其中煤炭应分摊 5 000 元，焦炭应分摊 2 500 元），增值税 5 850 元。

摘要：从开滦煤矿采购煤炭和焦炭

分录：

借：材料采购（121）—开滦煤矿（03） 37 500.00

应交税金（221）—应交增值税（01）—进项税额（01） 5 850.00

贷：银行存款（102）—工行存款（01）（原始单据号 5213） 43 350.00

31）25 日，市印刷厂为本厂印刷产品广告台历 200 本，单价 10 元/本，对方开出普通商业发票，经审核后以银行存款付讫。

摘要：支付广告印刷费

分录：

借：产品销售费用（503）—广告费（01） 2 000.00

贷：银行存款（102）—工行存款（01）（原始单据号 5214） 2 000.00

32）25 日，销售 B 产品 150 吨给耀华玻璃厂，单价为 800 元/吨，货款共计 120 000 元，销项税额为 20 400 元，价税共计 140 400 元，货款尚未收到。

摘要：销售 B 产品

分录：

借：应收账款（113）（往来客户：耀华玻璃厂 102） 140 400.00

贷：产品销售收入（501）（产品辅助核算 B 产品） 120 000.00

应交税金（221）—应交增值税（01）—销项税额（05） 20 400.00

33）26 日，开滦煤矿发来的煤炭、焦炭已全部运达并验收入库，按实际采购成本入账。

摘要：从开滦煤矿采购的煤炭、焦炭验收入库

分录：

借：原材料（123）—焦炭（03） 17 500.00

原材料（123）—煤炭（04） 20 000.00

贷：材料采购（121）—开滦煤矿（03） 37 500.00

34）26 日，向丽源化妆品公司出售甲材料 50 吨，售价为 1 300 元/吨，计 65 000元，乙材料 10 吨，售价为 650 元/吨，计 6 500 元，销项税为 12 155 元，价税款共计 83 655 元。银行存款收讫。

摘要：向丽源化妆品公司销售甲材料 50 吨和乙材料 10 吨

分录：

借：银行存款（102）—工行存款（01）（原始单据号 9344） 83 655.00

贷：其他业务收入（511）—材料销售收入（01） 71 500.00

应交税金（221）—应交增值税（01）—销项税额（05） 12 155.00

35）28 日，用银行存款支付驻省会销售经营部经费 30 000 元。

摘要：支付驻省会经营部经费

分录：

借：产品销售费用（503）—其他销售费用（02）　30 000.00

贷：银行存款（102）—工行存款（01）（原始单据号 5215）　30 000.00

36）29 日，本月预提短期借款利息 3 000 元。

摘要：预提利息

分录：

借：财务费用（522）—利息（01）　3 000.00

贷：预提费用（231）—预提利息（01）　3 000.00

37）31 日结转应由本期负担的待摊费用 700 元、长期待摊费用（企业开办费）2 500 元和无形资产摊销费 2 300 元。

摘要：摊销各种待摊费用

分录：

借：管理费用（521）—财产保险费（07）　500.00

管理费用（521）—报纸杂志费（08）　200.00

管理费用（521）—长期待摊费用摊销（10）　2 500.00

管理费用（521）—无形资产摊销（11）　2 300.00

贷：待摊费用（139）—财产保险费（01）　500.00

待摊费用（139）—报纸杂志费（02）　200.00

长期待摊费用（193）—开办费（01）　2 500.00

无形资产（171）—土地使用权（01）　2 300.00

38）31 日，材料仓库本月发出以下材料，根据领料单编制月末汇总表见附表 20。

附表 20　**耗用材料汇总表**

用途	材料名称	计量单位	数量	单价	金额
A 产品耗用	甲材料	吨	300	1 000	300 000
B 产品耗用	乙材料	吨	400	500	200 000
车间领用	甲材料	吨	0.5	1 000	500
厂部领用	甲材料	吨	0.5	1 000	500
合计					501 000

摘要：分配本月材料费用

分录：

借：生产成本（401）—直接材料（01）（产品辅助核算 A 产品）

300 000.00

生产成本（401）—直接材料（01）（产品辅助核算 B 产品）

200 000.00

制造费用（405）—修理费（04） 500.00

管理费用（521）—修理费（04） 500.00

贷：原材料（123）—甲材料（01） 301 000.00

原材料（123）—乙材料（02） 200 000.00

39）31 日，材料仓库本月发出以下燃料，根据领料单编制月末汇总表见附表 21。

附表 21 **耗用材料汇总表**

用途	材料名称	计量单位	数量	单价	金额
A 产品耗用	焦炭	吨	50	325.00	16 250
B 产品耗用	煤炭	吨	100	166.66	16 666
合计					32 916

摘要：分配本月燃料费用

分录：

借：生产成本（401）—燃料动力（03）（产品辅助核算 A 产品）

16 250.00

生产成本（401）—燃料动力（03）（产品辅助核算 B 产品）

16 666.00

贷：原材料（123）—焦炭（03） 16 250.00

原材料（123）—煤炭（04） 16 666.00

40）31 日，将本月发生的应付工资按车间、部门和用途进行分配。其中：

制造 A 产品应分配应付工资为二工段所分摊的工资 35 910 元

制造 B 产品应分配应付工资为一工段所分摊的工资 29 990 元

生产车间管理人员应付工资为 5 800 元

厂部行政管理人员应付工资为 10 195 元

要求：此凭证必须由工资系统自动生成，不能手工输入。

41）31 日，月末按规定按应付工资额的 14%提取本月职工福利费，按车间、部门和用途进行分配。其中：

A 产品负担职工福利费为根据二工段工资总额计提的职工福利费

B 产品负担职工福利费为根据一工段工资总额计提的职工福利费

车间管理人员福利费为根据车间管理人员工资总额计提的职工福利费

行政管理人员福利费为根据公司管理人员工资总额计提的职工福利费

要求：此凭证必须由工资系统自动生成，不能手工输入。

42）31 日，月末按规定按应付工资额的 2%提取本月工会经费。

要求：此凭证必须由工资系统自动生成，不能手工输入。

43）31 日，月末按规定按应付工资额的 1.5%提取职工教育经费。

要求：此凭证必须由工资系统自动生成，不能手工输入。

44）31 日，将本月发生的电费 20 000 元，按受益的车间、部门和用途进行分配。其中：

制造 A 产品直接耗用的电费	8 800 元
制造 B 产品直接耗用的电费	7 600 元
生产车间办公用电费	2 000 元
行政管理部门办公用电费	1 600 元
合计	20 000 元

摘要：分配本月电费

分录：

借：生产成本（401）—燃料动力（03）（产品辅助核算 A 产品） 8 800.00

生产成本（401）—燃料动力（03）（产品辅助核算 B 产品） 7 600.00

制造费用（405）—水电费（05） 2 000.00

管理费用（521）—水电费（05） 1 600.00

贷：应付账款（203）（往来供应商：电力公司 201） 20 000.00

要求：本凭证输入完毕后，要求将其设置为日常使用的自动转账分录。

45）31 日，按照规定提取本月固定资产折旧。

要求：此凭证必须由固定资产系统自动生成，不能手工输入。

46）31 日，将本月发生的蒸汽取暖费用 5 000 元，按受益车间和部门进行分配，其中：

车间生产耗用蒸汽费用	4 000 元
厂部管理部门耗用蒸汽费用	1 000 元
合计	5 000 元

摘要：分配本月供暖费

分录：

借：制造费用（405）—水电费（05） 4 000.00

管理费用（521）—水电费（05） 1 000.00

贷：应付账款（203）（往来供应商：供暖站 202） 5 000.00

47）31 日，分配并结转本月制造费用，其中分配给 A 产品 60%，分配给 B 产品 40%。

要求：此凭证必须先编制日常使用的自动分录，然后由该自动分录生成，不能手工输入。

48）31 日，结转本月份完工入库产品的实际成本。月初 A 产品、B 产品均无在产品；本月 A 产品完工 300 吨，已验收入库，实际成本为生产 A 产品所耗用的全部生产成本数；B产品完工400吨，已验收入库，实际成本为生产B产品所耗用的全部生产成本数；两种产品月末均无在产品。

要求：此凭证必须先编制日常使用的自动分录，然后由该自动分录生成，不能手工输入。

49）31日，月末结转本月产品销售成本。其中A产品共销售275吨，每吨生产成本按月末一次加权平均法计算；B产品共销售250吨，每吨生产成本也按一次加权平均法计算。

要求：此凭证必须先编制日常使用的自动分录，然后由该自动分录生成，不能手工输入。

50）31日，结转本月材料的销售成本。本月销售甲材料50吨，每吨成本为1 000元，计50 000元；销售乙材料为10吨，每吨成本为500元，计5 000元，同时计算应交营业税。

摘要：结转材料销售成本

分录：

借：其他业务支出（512）—材料销售支出（01）　58 575.00

　贷：原材料（123）—甲材料（01）　50 000.00

　　原材料（123）—乙材料（02）　5 000.00

　　应交税金（221）—应交营业税（02）　3 575.00

51）31日，计算应交增值税额，并填制增值税缴款单上交国库。

要求：此凭证必须先编制日常使用的自动分录，然后由该自动分录生成，不能手工输入。分录格式如下：

摘要：缴纳增值税

分录：

借：应交税金（221）—应交增值税（01）—已交税金（02）

　贷：银行存款（102）—工行存款（01）

52）31日，计算应交城市维护建设税及教育费附加。

要求：此凭证必须事先设置“日常使用”的自动分录，然后调用此自动分录来编制该凭证，不能手工输入。

53）31日，用银行存款支付污水排放罚款3 247.5元。

摘要：支付污水排放罚款

分录：

借：营业外支出（542）　3 247.5

　贷：银行存款（102）—工行存款（01）（原始单据号5217）　3 247.5

54）31日，本月盘盈生产设备一台，评估价为5 000元。

摘要：固定资产盘盈

分录：

借：固定资产（161）—生产用固定资产（01）　　5 000.00

贷：待处理财产损溢（191）—待处理固定资产损溢（02）　　5 000.00

55）经报上级批准，本月所盘盈生产设备，转作本期营业外收入处理。

摘要：处理盘盈的固定资产

分录：

借：待处理财产损溢（191）—待处理固定资产损溢（02）　　5 000.00

贷：营业外收入（541）　　5 000.00

56）31 日，企业因购买国库券，收到本年债券利息 1 165 元，存入银行。

摘要：收到本年国库券利息

分录：

借：银行存款（102）—工行存款（01）（原始单据号 9255）　　1 165.00

贷：投资收益（531）—债券利息（01）　　1 165.00

57）31 日，编制期末结汇机制凭证。

58）31 日，计算并结转 1 月份经营成果。

要求：此凭证必须事先设置“月结使用”的自动分录，然后通过“期末自动转账”来自动形成此凭证，不能手工输入。

59）31 日，根据 1 月份实现的利润，按国家规定的所得税税率 33%计征并结转本月应交所得税额。

要求：此凭证必须事先设置“月结使用”的自动分录，然后通过“期末自动转账”来自动形成此凭证，不能手工输入。

60）31 日，填写缴税单，用银行存款缴纳本月所得税额。

要求：此凭证必须事先设置“日常使用”的自动分录，然后调用此自动分录来编制该凭证，不能手工输入（原始单据号 5218）。

61）31 日，按规定提取法定盈余公积金和公益金。

要求：此凭证必须事先设置“月结使用”的自动分录，然后通过“期末自动转账”来自动形成此凭证，不能手工输入。

62）31 日，董事会决定向出资者分红，金额为 26 117.16 元，其中国家股占 80%，职工股占 20%。

摘要：计算应付利润

分录：

借：利润分配（322）—应付普通股股利（04）　　26 117.16

贷：应付利润（223）—应上交利润（01）　　20 893.73

应付利润（223）—应付职工个人股红利（03）　　5 223.43

63）31 日，用银行存款支付出资人红利 26 117.16 元。

摘要：支付股利

分录：

借：应付利润（223）—应上交利润（01） 20 893.73

应付利润（223）—应付职工个人股红利（03） 5 223.43

贷：银行存款（102）—工行存款（01）（原始单据号 5220） 26 117.16

64）31 日，将“所得税”账户余额转入“本年利润”账户。

要求：此凭证必须事先设置“月结使用”的自动分录，然后通过“期末自动转账”来自动形成此凭证，不能手工输入。

65）31 日，结转本年利润。

要求：此凭证必须事先设置“月结使用”的自动分录，然后通过“期末自动转账”来自动形成此凭证，不能手工输入。

（2）对以上经济业务要求以“李四”的 操作身份进入系统，编制相应的记账凭证。

（3）以操作员“王安易”的身份进入，对所有记账凭证进行审核并记账。

（4）本月 31 日，从工商银行转来 1 月份该公司的银行对账单。对账单编号为 114，主要记录见附表 22。

附表 22

日期	摘要	原始凭证号	借方金额	贷方金额
2008—01—01	收到销货款	2188		35 000.00
2008—01—02	支付修理费	1177	20 000.00	
2008—01—03	收到财政拨款	4101		500 000.00
2008—01—03	支付购材料款	5203	343 980.00	
2008—01—04	支付购办公用品费	5204	250.00	
2008—01—05	职工集资入股	7505		500 000.00
2008—01—06	支付运费及税金	5205	6 600.00	
2008—01—06	短期借款	8009		300 000.00
2008—01—07	长期基建借款	6516		200 000.00
2008—01—07	支付设备维修费	5206	1 170.00	
2008—01—08	支付保险费和报刊费	5207	8 600.00	
2008—01—08	支付电费	5208	23 400.00	

续前表

日期	摘要	原始凭证号	借方金额	贷方金额
2008—01—13	提现发工资	3007	82 000.00	
2008—01—15	支付车间修理费	5209	585.00	
2008—01—17	支付采暖费	5210	5 850.00	
2008—01—23	收到应收账款	9183		181 350.00
2008—01—25	支付采购款	5213	43 350.00	
2008—01—27	支付广告印刷费	5214	2 000.00	
2008—01—31	收到预付货款	8888		45 000.00

银行对账单账面余额为 1 707 065.00 元。

(5) 进行本月银行对账。

装入“银行日记账”记录，执行“原始凭证号＋金额”的自动对账方式，编制余额调节表，检查对账结果是否正确。经对未达账项的认真查实，发现对账单上记录的 2008 年 1 月 23 日收到应收账款 181 350 元，企业已经记账，由于银行方面的原因将该笔收款业务的原始凭证号输错（正确为 9188），导致该笔业务未达。采用“手工对账”方法将此笔业务与银行日记账上的对应业务记录进行处理。

(五) 期末结账

(1) 试算平衡。

(2) 结账。

二、工资管理系统实习所需资料及实习要求

(一) 工资系统初始化

1. 通过安易后台数据管理工具建立伟世创公司的工资套

有关账套参数设置要求如下：

(1) 工资账套启用时间：2008 年 1 月 1 日。

(2) 职员类型编码方案：3 级，3—2—2。

(3) 进入工资系统后，进行账套参数设置，要求选择“从工资中代扣个人所得税”；选择“银行代发工资”，默认凭证类型设置为“转字”即转账凭证类型；选择“自动保存报表格式”。

2. 设置工资类别

01 普通工资类别；02 离退休人员工资。

3. 职员类型设置（见附表 23）

附表 23

类型代码	类型名称
001	公司管理人员
002	车间管理人员
003	车间生产工人

4. 银行信息设置

银行代码：001；银行名称：中国工商银行南昌市分行。

5. 工资项目设置

所设置的工资项目（包括工资款项及非工资款项）按附表 24 提供的内容进行设置。

附表 24

项目名称	项目类型	项目长度	小数位数	项目性质	继承项
部门代码	字符型	6	0	固定项	继承项
部门名称	字符型	20	0	固定项	继承项
职员类型代码	字符型	7	0	固定项	继承项
职员类型	字符型	20	0	固定项	继承项
职员代码	字符型	6	0	固定项	继承项
姓名	字符型	10	0	固定项	继承项
计税方法	字符型	2	0	固定项	继承项
代发银行代码	字符型	20	0	固定项	继承项
个人账号	字符型	12	0	固定项	继承项
发放时间	日期型	8	0	固定项	非继承项
发放次数	整型	3	0	固定项	继承项
基本工资	数值型	10	2	固定项	继承项
岗位工资	数值型	10	2	固定项	继承项
工龄工资	数值型	3	0	固定项	继承项
技能工资	数值型	10	2	固定项	继承项
副食补贴	数值型	10	2	固定项	继承项
交通补贴	数值型	3	0	固定项	继承项
水电补贴	数值型	6	2	固定项	继承项
事假天数	数值型	4	1	固定项	非继承项
事假扣款	数值型	8	2	固定项	非继承项
病假天数	数值型	4	1	固定项	非继承项

续前表

项目名称	项目类型	项目长度	小数位数	项目性质	继承项
病假扣款	数值型	8	2	固定项	非继承项
技术津贴	数值型	8	2	固定项	继承项
洗理费	数值型	6	2	固定项	非继承项
独子费	数值型	4	0	固定项	继承项
岗位津贴	数值型	5	1	固定项	继承项
应发合计	数值型	10	2	固定项	非继承项
扣款合计	数值型	10	2	固定项	非继承项
实发合计	数值型	10	2	固定项	非继承项
个人所得税	数值型	8	2	固定项	非继承项
职务	字符型	10	0	固定项	继承项
职称	字符型	12	0	固定项	继承项
工龄	数值型	3	0	变动项	继承项
个人养老储蓄	数值型	3	0	变动项	继承项
个人养老保险	数值型	6	2	变动项	继承项
个人失业保险	数值型	5	2	变动项	继承项
个人医疗保险	数值型	3	0	变动项	继承项
住房公积金	数值型	6	2	变动项	继承项

6. 工资项公式设置

(1) 基本工资＝岗位工资＋技能工资。

(2) 工龄工资＝工龄×2 元。

(3) 每位员工的副食补贴每月 52 元，即副食补贴＝52。

(4) 事假扣款按请事假天数计算，公式为：事假扣款＝（基本工资/22）×2×事假天数。

(5) 病假扣款按请病假天数计算，公式为：病假扣款＝（基本工资/22）×病假天数。

(6) 应发合计＝基本工资＋工龄工资＋技术津贴＋交通补贴＋副食补贴＋水电补贴＋洗理费＋独子费＋岗位津贴。

(7) 扣款合计＝个人养老储蓄＋个人养老保险＋个人失业保险＋个人医疗保险＋住房公积金＋事假扣款＋病假扣款＋个人所得税。

(8) 实发合计＝应发合计－扣款合计。

(9) 个人养老储蓄＝工龄×1 元。

(10) 个人养老保险＝基本工资×4%。

(11) 个人失业保险＝基本工资×1%。

(12) 个人医疗保险＝工龄×1元。

(13) 住房公积金＝基本工资×5%。

7. 部门职员信息设置

所需信息按下表提供的资料进行设置。

(1) 部门设置表见附表25。

附表25

部门代码	部门名称
10	公司管理部门
1001	公司领导
1002	总办
1003	财务科
1004	人事科
1005	质检科
20	生产车间
2001	车间管理部
2002	一工段
2003	二工段

(2) 职员设置表（共70人）（注：每位职员代发银行代码为001，个人账号假设为部门代码＋职员代码，不足12位补零，所属工资类别都为01普通工资类别），见附表26。

附表26

部门代码	类别代码	职员代码	职员姓名	性别	职务	职称	学历	民族	工龄	到职日期	计税方法
1001	001	100101	刘法人	男	总经理	高级工程师	大学	汉族	30	19990611	一般计税
1001	001	100102	丁伟国	男	副总	高级经济师	大学	汉族	25	19990611	一般计税
1002	001	100201	钱办	男		经济师	大学	汉族	15	19990611	一般计税
1002	001	100202	孙办	男		政工师	大学	汉族	5	19990611	一般计税
1003	001	100301	王安易	男		高级会计师	大学	汉族	30	19990611	一般计税
1003	001	100302	马六	男		会计师	大学	汉族	15	20000611	一般计税
1003	001	100303	张三	男		助理会计师	大学	汉族	15	20000611	一般计税
1003	001	100304	李四	男		会计员	大学	汉族	5	20010611	一般计税
1004	001	100401	王人丽	女		政工师	大学	汉族	10	19990611	一般计税

续前表

部门代码	类别代码	职员代码	职员姓名	性别	职务	职称	学历	民族	工龄	到职日期	计税方法
1005	001	100501	王质检	男		工程师	大学	汉族	15	19990611	一般计税
2001	002	200101	刘小光	男		高级工程师	大学	汉族	30	19990611	一般计税
2001	002	200102	司马燕	女		工程师	大学	汉族	20	20000611	一般计税
2001	002	200103	诸葛春	女		统计师	大专	汉族	10	19990611	一般计税
2001	002	200104	李小东	男	采购员	高级工程师	大学	汉族	30	19990611	一般计税
2001	002	200105	劳子平	女		高级经济师	大学	汉族	35	19990611	一般计税
2002	003	200201	万家春	男		工程师	大专	汉族	20	19990611	一般计税
2002	003	200202	丁儒南	男		助理工程师	中专	汉族	10	20000611	一般计税
2002	003	200203	崔东妹	女		技术员	中专	汉族	10	20000101	一般计税
2002	003	200204	万平	女		高级技师	大学	汉族	30	19990611	一般计税
2002	003	200205	崔亮	男		高级技师	大学	汉族	35	19990611	一般计税
2002	003	200206	周浩东	男		技师	高中	汉族	20	19990611	一般计税
2002	003	200207	王亚洲	男		技师	高中	汉族	10	20000611	一般计税
2002	003	200208	李铁	男		技师	中专	汉族	10	20000101	一般计税
2002	003	200209	扬民	男		技师	高中	汉族	15	20000611	一般计税
2002	003	200210	许向东	男		技师	高中	汉族	15	19990611	一般计税
2002	003	200211	张佳一	男		工程师	中专	汉族	20	19990611	一般计税
2002	003	200212	钱伟	男		助理工程师	大专	汉族	20	19990611	一般计税
2002	003	200213	李华军	女		经济师	大专	汉族	10	19990611	一般计税
2002	003	200214	赵丽	女		技术员	大专	汉族	10	19990611	一般计税
2002	003	200215	张德才	男		技师	大专	汉族	15	19990611	一般计税
2002	003	200216	耿亮	男		技师	中专	汉族	20	19990611	一般计税
2002	003	200217	王家明	男		技师	大专	汉族	10	19990611	一般计税
2002	003	200218	郑小云	女		技师	大专	汉族	10	19990611	一般计税
2002	003	200219	孟欣	女		技术员	大专	汉族	20	19990611	一般计税
2002	003	200220	李卫平	男		技术员	中专	汉族	10	19990611	一般计税
2002	003	200221	李万通	男		技师	中专	汉族	20	19990611	一般计税
2002	003	200222	陈雅丽	女		技师	大专	汉族	10	19990611	一般计税
2002	003	200223	崔佳丽	女		技师	大学	汉族	10	20000611	一般计税
2002	003	200224	崔蓉蓉	女			大学	汉族	10	20010611	一般计税
2002	003	200225	陈江北	男			初中	汉族	15	19990611	一般计税

续前表

部门代码	类别代码	职员代码	职员姓名	性别	职务	职称	学历	民族	工龄	到职日期	计税方法
2003	003	200301	梁振邦	男		工程师	初中	汉族	20	19990611	一般计税
2003	003	200302	米永有	男		经济师	初中	汉族	10	19990611	一般计税
2003	003	200303	孙凤英	女		政工师	中专	汉族	10	20010611	一般计税
2003	003	200304	张有男	女		统计师	大专	汉族	30	19990611	一般计税
2003	003	200305	李明	男		高级工程师	大专	汉族	35	19990611	一般计税
2003	003	200306	隋东亮	男		工程师	大学	汉族	20	19990611	一般计税
2003	003	200307	钱永亮	男		工程师	大学	汉族	10	20000611	一般计税
2003	003	200308	韩淑凤	女			中专	汉族	10	19990611	一般计税
2003	003	200309	杜丽	女			中专	汉族	15	19990611	一般计税
2003	003	200310	胡建平	男		技师	大专	汉族	15	19990611	一般计税
2003	003	200311	宋道理	男		技师	大专	汉族	20	19990611	一般计税
2003	003	200312	史春丽	女		技术员	大专	汉族	10	19990611	一般计税
2003	003	200313	刘新	男		技术员	大学	汉族	10	20000611	一般计税
2003	003	200314	刘婷婷	女		技术员	大专	汉族	10	19990611	一般计税
2003	003	200315	赵钢	男		技术员	大专	汉族	15	20000611	一般计税
2003	003	200316	王振北	男		技术员	大专	汉族	20	20000611	一般计税
2003	003	200317	付本强	男		助理工程师	大专	汉族	10	19990611	一般计税
2003	003	200318	杨丽萍	女		技师	大专	汉族	10	20000611	一般计税
2003	003	200319	宋丹	女		技师	大专	汉族	20	19990611	一般计税
2003	003	200320	郝强	男			大学	汉族	10	19990611	一般计税
2003	003	200321	江平	男		工程师	大学	汉族	20	19990611	一般计税
2003	003	200322	吴三强	男		工程师	大学	汉族	15	19990611	一般计税
2003	003	200323	吴天明	男		工程师	大学	汉族	10	20000611	一般计税
2003	003	200324	田小英	女		技术员	大学	汉族	10	19990611	一般计税
2003	003	200325	孙淑娜	女		技术员	大学	汉族	15	19990611	一般计税
2003	003	200326	王雅平	女		技术员	大学	汉族	20	19990611	一般计税
2003	003	200327	万家红	女		技术员	大学	汉族	10	19990611	一般计税
2003	003	200328	石丽芬	女		技术员	大学	汉族	10	19990611	一般计税
2003	003	200329	孙娟娟	女		技术员	大学	汉族	10	20000611	一般计税
2003	003	200330	郝春芳	女		高级工程师	大学	汉族	25	20000611	一般计税

（二）工资款项数据输入（见附表 27）

附表 27

职员代码	姓名	岗位工资	工龄工资	技能工资	副食补贴	交通补贴	水电补贴	事假天数	病假天数	技术津贴	洗理费	独子费	岗位津贴
100101	刘法人	475.00	60.00	450.00	52.00	62.00	10.00	0.00	0.00	60.00	10. 00	0. 00	0. 00
100102	丁伟国	475.00	50.00	425.00	52.00	62.00	15.00	0.00	0.00	50.00	10.00	0.00	0.00
100201	钱办	400.00	30.00	390.00	52.00	62.00	10.00	0.00	0.00	30.00	15.00	50.00	0.00
100202	孙办	300.00	10.00	350.00	52.00	62.00	10.00	0.00	0.00	0.00	10.00	0.00	0.00
100301	王安易	450.00	60.00	450.00	52.00	62.00	15.00	0.00	0.00	60.00	10.00	0.00	0.00
100302	马六	400.00	30.00	390.00	52.00	62.00	10.00	0.00	0.00	30.00	15.00	50.00	0.00
100303	张三	400.00	30.00	380.00	52.00	62.00	10.00	0.00	0.00	30.00	15.00	50.00	0.00
100304	李四	400.00	30.00	390.00	52.00	62.00	15.00	0.00	0.00	30.00	10.00	50.00	0.00
100401	王小丽	350.00	20.00	370.00	52.00	62.00	10.00	0.00	0.00	20.00	15.00	50.00	0.00
100501	王质检	325.00	10.00	350.00	52.00	62.00	10.00	0.00	0.00	10.00	10.00	0.00	0.00
200101	刘小光	450.00	60.00	450.00	52.00	62.00	10.00	0.00	0.00	60.00	10.00	50.00	0.00
200102	司马燕	400.00	40.00	430.00	52.00	62.00	10.00	0.00	0.00	40.00	15.00	50.00	0.00
200103	诸葛春	400.00	20.00	415.00	52.00	62.00	10.00	0.00	0.00	20.00	15.00	50.00	0.00
200104	李小东	445.00	60.00	450.00	52.00	62.00	15.00	0.00	0.00	60.00	10.00	50.00	0.00
200105	劳子平	475.00	70.00	450.00	52.00	62.00	10.00	0.00	0.00	70.00	10.00	50.00	0.00
200201	万家春	450.00	40.00	390.00	52.00	62.00	10.00	0.00	0.00	40.00	10.00	50.00	200.00
200202	丁儒南	400.00	20.00	370.00	52.00	62.00	10.00	0.00	0.00	20.00	15.00	50.00	200.00
200203	崔东妹	400.00	20.00	390.00	52.00	62.00	10.00	0.00	0.00	20.00	15.00	50.00	200.00
200204	万平	445.00	60.00	450.00	52.00	62.00	15.00	0.00	0.00	60.00	10.00	50.00	200.00
200205	崔亮	475.00	70.00	450.00	52.00	62.00	10.00	0.00	0.00	70.00	10.00	50.00	200.00
200206	周浩东	350.00	40.00	390.00	52.00	62.00	10.00	0.00	0.00	40.00	10.00	50.00	200.00
200207	王亚洲	400.00	20.00	370.00	52.00	62.00	10.00	0.00	0.00	20.00	10.00	50.00	200.00
200208	李铁	375.00	20.00	390.00	52.00	62.00	10.00	0.00	0.00	20.00	10.00	50.00	200.00
200209	杨民	345.00	30.00	350.00	52.00	62.00	15.00	0.00	0.00	30.00	15.00	50.00	200.00
200210	许向东	375.00	30.00	350.00	52.00	62.00	10.00	0.00	0.00	30.00	10.00	50.00	200.00
200211	张佳一	400.00	40.00	390.00	52.00	62.00	10.00	0.00	0.00	40.00	10.00	50.00	200.00
200212	钱伟	400.00	20.00	370.00	52.00	62.00	10.00	0.00	0.00	20.00	15.00	50.00	200.00
200213	李华军	400.00	20.00	390.00	52.00	62.00	10.00	0.00	0.00	20.00	15.00	50.00	200.00

续前表

职员代码	姓名	岗位工资	工龄工资	技能工资	副食补贴	交通补贴	水电补贴	事假天数	病假天数	技术津贴	洗理费	独子费	岗位津贴
200214	赵丽	345.00	20.00	350.00	52.00	62.00	15.00	0.00	0.00	20.00	15.00	50.00	200.00
200215	张德才	375.00	30.00	350.00	52.00	62.00	10.00	0.00	0.00	30.00	10.00	50.00	200.00
200216	耿亮	350.00	40.00	390.00	52.00	62.00	10.00	0.00	0.00	40.00	10.00	50.00	200.00
200217	王家明	400.00	20.00	370.00	52.00	62.00	10.00	0.00	0.00	20.00	10.00	50.00	200.00
200218	郑小云	400.00	20.00	390.00	52.00	52.00	10.00	0.00	5.00	20.00	15.00	50.00	200.00
200219	孟欣	345.00	40.00	350.00	52.00	62.00	15.00	0.00	0.00	40.00	15.00	50.00	200.00
200220	李卫平	375.00	20.00	350.00	52.00	56.00	10.00	3.00	0.00	20.00	10.00	50.00	200.00
200221	李万通	350.00	40.00	360.00	52.00	52.00	10.00	5.00	0.00	40.00	15.00	50.00	200.00
200222	陈雅丽	300.00	20.00	370.00	52.00	62.00	10.00	0.00	0.00	20.00	15.00	50.00	200.00
200223	崔佳丽	325.00	20.00	390.00	52.00	62.00	10.00	0.00	0.00	20.00	15.00	50.00	200.00
200224	崔蓉蓉	345.00	20.00	350.00	52.00	62.00	15.00	0.00	0.00	20.00	15.00	50.00	200.00
200225	陈江南	336.00	30.00	350.00	52.00	62.00	10.00	0.00	0.00	30.00	10.00	0.00	200.00
200301	梁振邦	450.00	40.00	440.00	52.00	62.00	10.00	0.00	0.00	40.00	10.00	0.00	200.00
200302	米永有	400.00	20.00	370.00	52.00	62.00	15.00	0.00	0.00	20.00	10.00	50.00	200.00
200303	孙凤英	450.00	20.00	390.00	52.00	62.00	10.00	0.00	0.00	20.00	15.00	0.00	200.00
200304	张有男	445.00	60.00	450.00	52.00	62.00	10.00	0.00	0.00	60.00	15.00	50.00	200.00
200305	李明	475.00	70.00	400.00	52.00	62.00	10.00	0.00	0.00	70.00	10.00	0.00	200.00
200306	隋东亮	350.00	40.00	390.00	52.00	62.00	10.00	0.00	0.00	40.00	10.00	50.00	200.00
200307	钱永亮	450.00	20.00	370.00	52.00	62.00	10.00	0.00	0.00	20.00	10.00	0.00	200.00
200308	韩淑凤	375.00	20.00	380.00	52.00	62.00	15.00	0.00	0.00	20.00	15.00	50.00	200.00
200309	杜丽	345.00	30.00	350.00	52.00	62.00	15.00	0.00	4.00	30.00	15.00	50.00	200.00
200310	胡建平	375.00	30.00	350.00	52.00	62.00	10.00	0.00	0.00	30.00	10.00	50.00	200.00
200311	宋道理	400.00	40.00	390.00	52.00	62.00	10.00	0.00	0.00	40.00	10.00	50.00	200.00
200312	史春丽	400.00	20.00	370.00	52.00	62.00	10.00	2.00	0.00	20.00	15.00	50.00	200.00
200313	刘新	400.00	20.00	390.00	52.00	62.00	15.00	0.00	0.00	20.00	10.00	50.00	200.00
200314	刘婷婷	345.00	20.00	350.00	52.00	62.00	15.00	0.00	0.00	20.00	15.00	50.00	200.00
200315	赵钢	375.00	30.00	350.00	52.00	62.00	10.00	0.00	0.00	30.00	10.00	50.00	200.00
200316	王振北	350.00	40.00	390.00	52.00	62.00	10.00	0.00	0.00	40.00	10.00	50.00	200.00
200317	付本强	400.00	20.00	370.00	52.00	52.00	15.00	5.00	0.00	20.00	15.00	50.00	200.00

续前表

职员代码	姓名	岗位工资	工龄工资	技能工资	副食补贴	交通补贴	水电补贴	事假天数	病假天数	技术津贴	洗理费	独子费	岗位津贴
200318	杨丽萍	400.00	20.00	390.00	52.00	52.00	10.00	0.00	0.00	20.00	15.00	50.00	200.00
200319	宋丹	345.00	40.00	350.00	52.00	62.00	15.00	0.00	0.00	40.00	15.00	50.00	200.00
200320	郝强	375.00	20.00	350.00	52.00	56.00	10.00	3.00	0.00	20.00	10.00	50.00	200.00
200321	江平	400.00	40.00	360.00	52.00	62.00	10.00	5.00	0.00	40.00	15.00	0.00	200.00
200322	吴三强	300.00	30.00	370.00	52.00	42.00	10.00	0.00	10.00	30.00	15.00	50.00	200.00
200323	吴天明	325.00	20.00	390.00	52.00	62.00	15.00	0.00	0.00	20.00	10.00	50.00	200.00
200324	田小英	345.00	20.00	350.00	52.00	62.00	15.00	0.00	0.00	20.00	15.00	50.00	200.00
200325	孙淑娜	336.00	30.00	350.00	52.00	62.00	15.00	0.00	0.00	30.00	15.00	0.00	200.00
200326	王雅平	350.00	40.00	360.00	52.00	62.00	10.00	5.00	0.00	40.00	15.00	50.00	200.00
200327	万家红	379.00	20.00	370.00	52.00	62.00	10.00	0.00	0.00	20.00	15.00	50.00	200.00
200328	石丽芬	325.00	20.00	390.00	52.00	62.00	10.00	0.00	0.00	20.00	15.00	50.00	200.00
200329	孙娟娟	345.00	20.00	350.00	52.00	62.00	15.00	0.00	0.00	20.00	15.00	50.00	200.00
200330	郝春芳	436.00	50.00	450.00	52.00	62.00	10.00	0.00	0.00	50.00	10.00	50.00	200.00

（三）工资计算

（四）生成个人收入所得税申报表

注：设置扣税工资项目为“应发合计”，对所得税税率进行必要的修改设置，主要是将扣税基数设置为 1 000 元。

（五）生成代发银行工资所需文件

有关要求如下：

文件类型设置为“数据库文件”；

文件格式设置，见附表 28。

附表 28

项目名称	项目类型	字段长度	小数位数	前导字符	后置字符	补位字符
职员代码	字符型	6	0			空格在前
姓名	字符型	10	0			空格在前
实发合计	数值型	10	2			空格在前
个人所得税	数值型	8	2			空格在前
个人账号	字符型	12	0			空格在前

合计项目输出：选择“末行输出”及“实发合计”、“个人所得税”两项。

(六) 费用分摊

1. 分摊类型设置

(1)“工资总额”类型：工资总额=应发合计。

(2)“计提应付福利费”类型：计提基数=应发合计，提取比例=14%。

(3)“计提工会经费”类型：计提基数=应发合计，提取比例=2%。

(4)“计提职工教育经费”类型：计提基数=应发合计，提取比例=1.5%。

2. 定义有关费用分摊会计分录

(1) 工资总额分摊分录：

借：52101 管理费用—工资（金额来源：管理部门全部职工工资汇总数）

40501 制造费用—工资（金额来源：车间管理部门全部职工工资汇总数）

40102 生产成本—直接人工（金额来源：车间生产工人工资汇总数）

贷：211 应付工资（金额来源：借贷方平衡校正数）

(2) 计提应付福利费的分录：

借：52102 管理费用—福利费（金额来源：公司管理部门全部职工工资汇总数×提取比例）

40502 制造费用—福利费（金额来源：车间管理部门全部职工工资汇总数×提取比例）

40102 生产成本—直接人工（金额来源：车间生产工人工资汇总数×提取比例）

贷：214 应付福利费（金额来源：借贷方平衡校正数）

(3) 计提工会经费的分录：

借：52107 管理费用—办公费（金额来源：各部门全部职工工资汇总数×提取比例）

贷：20901 其他应付款—工会经费（金额来源：借贷方平衡校正数）

(4) 计提职工教育经费的分录：

借：52107 管理费用—办公费（金额来源：各部门全部职工工资汇总数×提取比例）

贷：20901 其他应付款—职工教育经费（金额来源：借贷方平衡校正数）

3. 根据上述会计分录编制有关工资费用分摊转账机制凭证

4. 进入账务处理系统对所编制的工资费用分摊凭证进行审核并记账

(七) 将本月工资结账

三、固定资产系统实习所需资料及实习要求

(一) 固定资产系统初始化

1. 通过安易后台数据管理工具建立伟世创公司的固定资产账套

有关账套参数设置要求如下：

(1) 账套启用时间：2008 年 1 月 1 日。

(2) 固定资产类别编码方案：4 级，2—1—1—2。

(3) 进入固定资产系统，调用“账套参数”功能进行有关参数设置。

账务接口：对账科目：“固定资产”设置科目为 161，“累计折旧”设置科目为 165。

入账科目：“固定资产”设置科目为 161，“累计折旧”设置科目为 165。

结账：两个复选框选择“√”。

默认凭证类型：转字即转账凭证。

其他设置：除了“可以审核自己做的业务”复选框清空外，其他参数项设置采用系统默认值。

2. 部门设置采用前面工资系统中的有关设置（现成使用即可）

3. 部门对应折旧科目设置（见附表 29）

附表 29

部门代码	部门名称	对应折旧科目
10	公司管理部门	52109 管理费用—折旧费
2001	车间管理部	40506 制造费用—折旧费
2002	一工段	40506 制造费用—折旧费
2003	二工段	40506 制造费用—折旧费

4. 固定资产类别设置（见附表 30）

附表 30

类别代码	类别名称	使用年限	净残值率(%)	计量单位	卡片样式	计提属性	折旧方法
01	机械	20	3	台	机械设备	提折旧	平均年限法一
02	房屋	30	4	间	房屋类	提折旧	平均年限法一
03	办公设备	10	1	套	普通类	提折旧	平均年限法一

5. 增减方式设置（见附表 31）

附表 31

增减方式代码	增减方式名称	对应入账科目
增加方式默认对应入账科目为贷方		
1001	直接购入	10201 工行存款
1002	投资者投入	30102 实收资本—法人资本金
1003	捐赠	31107 资本公积—其他资本公积

续前表

增减方式代码	增减方式名称	对应入账科目
1004	盘盈	19102 待处理财产损溢—待处理固定资产损溢
1005	在建工程转入	16901 在建工程—工程物资
1006	融资租入	
减少方式默认对应入账科目为借方		
2001	出售	
2002	盘亏	19102 待处理财产损溢—待处理固定资产损溢
2003	投资转出	
2004	捐赠转出	
2005	报废	
2006	毁损	
2007	融资租出	

6. 使用状况设置

采用系统默认设置。

7. 固定资产代码输入设置

采用“自定义录入”方式，固定资产代码不定长。

8. 折旧方法设置

采用系统默认设置。

9. 卡片项目设置

在自定义项中增加一项目，项目名为“主管”，数据类型为字符型，长度为 8。

10. 卡片样式设计

(1) 在“通用卡片样式”中，增加“主管”一项，位置放在“录入人”与“录入日期”之间；

(2) 在“机械设备类卡片样式”中，去掉“工作总量”、“累计工作量”以及“工作量单位”三项，并调整卡片位置。

11. 原始资产卡片录入

原始卡片输入资料可参照伟世创公司 2007 年 12 月末固定资产清单内容，见附表 32。

附表 32

	卡片 1	卡片 2	卡片 3	卡片 4	卡片 5
资产类别	01	02	01	01	03
资产代码	100101	100201	100102	100103	200101
资产名称	铸造设备	车间厂房	机械设备	机械设备	办公设备
部门名称	生产车间	生产车间	生产车间	生产车间	公司管理部

续前表

	卡片 1	卡片 2	卡片 3	卡片 4	卡片 5
增加方式	直接购入	直接购入	直接购入	直接购入	直接购入
保存地点	一工段	生产车间	二工段	二工段	财务科
使用状况	在用	在用	在用	在用	在用
预计使用年限	20	30	20	20	10
折旧方法	平均年限法一	平均年限法一	平均年限法一	平均年限法一	平均年限法一
规格型号	Z160	砖混	C640	T135	IBM9000
开始使用日期	2006—12—01	2006—12—01	2006—12—01	2006—12—01	2006—12—01
已计提月份	12	12	12	12	12
已用月份	13	13	13	13	13
使用部门	一工段	生产车间	二工段	二工段	财务科
资产原值	70 000	200 000	100 000	80 000	29 700
净残值率%	3	4	3	3	1
累计折旧	3 395	6 400	4 850	3 880	2 940.3

(二) 日常固定资产业务

伟世创公司于2008年1月通过各种渠道添置了3种“新”固定资产，有关资料见附表33。

附表 33

	卡片 6	卡片 7	卡片 8
资产类别	02	01	01
资产代码	100202	100104	100105
资产名称	车间厂房	铸造设备	机械设备
部门名称	生产车间	生产车间	生产车间
增加方式	国家投资	联营投资	企业捐赠
保存地点	一工段	生产车间	二工段
使用状况	在用	在用	在用
预计使用年限	50	20	20
折旧方法	平均年限法一	平均年限法一	平均年限法一
规格型号	大棚式	Z180	C660
开始使用日期	2008—01—01	2008—01—01	2008—01—01
已计提月份	0	0	0
已用月份	0	0	0
使用部门	生产车间	一工段	二工段

续前表

	卡片 6	卡片 7	卡片 8
资产原值	2 000 000	500 000	100 000
净残值率%	3	4	3
累计折旧	0	0	0

（三）计算结账

1. 折旧计算
2. 编制折旧分配表
3. 编制折旧分配机制凭证
4. 固定资产月末结账

四、报表处理系统实习所需资料及实习要求

（一）报表使用单位代码定义

增加一个报表单位，见附表 34。

附表 34

单位代码	单位名称
01	伟世创公司

（二）调用“报表管理”功能建立一报表组

在“安易报表”下建立一个新的报表组，该组代码为 001，组名称为“财务报表组”，报表全路径文件为 CWBBZ。

（三）调用“用户管理”功能添加一新用户

用户名：王安易，口令：001。

用户缺省的账务系统账户设置：账套代码：001；登录用户名：王安易；登录口令：001。

（四）新建报表

1. 选择“空白表”模板

在“财务报表组”下依次增加资产负债表、损益表，有关参数按附表 35 进行设置。

附表 35

报表代码	报表名称	报表全路径	普通	日期区间
00101	资产负债表	CWBBZ \ 00101. any	作者：王安易口令：001	月
00102	损益表	CWBBZ \ 00102. any	作者：王安易口令：001	月

2. 按下面提供的资产负债表、损益表的表样，依次对此两表进行格式设计

(1) 资产负债表表样，见附表 36。

附表 36 **资产负债表**

会企 01 表

编制单位：伟世创公司 年 月 日 金额单位：元

资产	行次	年初数	期末数	负债及所有者权益	行次	年初数	期末数
流动资产：	01			流动负债：	46		
货币资金	02			短期借款	47		
短期投资	03			应付票据	48		
应收票据	04			应付账款	49		
应收账款	05			预收账款	50		
减：坏账准备	06			其他应收款	51		
应收账款净额	07			应付工资	52		
预付账款	08			应付福利费	53		
其他应收款	09			未交税金	54		
存货	10			未付利润	55		
待摊费用	12			预提费用	57		
待处理流动资产净损失	13			一年内到期的长期负债	58		
一年内到期的长期债券投资	14			其他长期负债	59		
其他流动资产	15			流动负债合计	60		
流动资产合计	17			长期负债：	62		
长期投资：	18			长期借款	63		
长期股权投资	19			应付债券	64		
固定资产：	20			长期应付款	65		
固定资产原价	21			其他长期负债	66		
减：累计折旧	22			长期负债合计	67		
固定资产净值	23			负债合计	68		
固定资产清理	24			所有者权益：	69		
在建工程	25			实收资本	70		
固定资产合计	26			资本公积	71		
无形资产及其他资产：	27			盈余公积	72		
无形资产	30			未分配利润	75		
长期待摊费用	31			所有者权益合计	76		
其他长期资产	32				77		
无形资产及其他资产合计	33				78		
资产总计	34			负债及权益合计	79		

单位负责人：　　财务负责人：　　复核：　　制表：

补充资料：1）已贴现的商业承兑汇票　　元；

2）融资租入的固定资产原值　　元。

（2）损益表表样，见附表37。

附表37

损益表

会企02表

编制单位：伟世创公司　　　　年　月　　　　金额单位：元

项目	行次	本月数	本年累计数
一、主营业务收入	01		
减：主营业务成本	02		
主营业务税金及附加	03		
二、主营业务利润	04		
加：其他业务利润	05		
减：营业费用	06		
管理费用	07		
财务费用	08		
三、营业利润	09		
加：投资收益	10		
营业外收入	11		
减：营业外支出	12		
四、利润总额	13		
减：所得税	14		
五、税后净利润	15		

单位负责人：　　财务负责人：　　复核：　　制表：

（五）报表核算公式定义

分别按有关规定对资产负债表、损益表的各核算项定义核算公式。

（六）编辑上述资产负债表的必要的审核公式

（七）生成2008年1月31日的资产负债表及2008年1月的损益表的表页，并分别编制该期报表

（八）对编制完成的资产负债表进行审核

参考文献

1. 蔡立新，王海林. 计算机会计学. 北京：首都经济贸易大学出版社，2007

2. 张瑞君. 会计信息系统. 北京：高等教育出版社，2008

3. 王凡林，蔡立新. 信息化会计管理研究. 北京：经济科学出版社，2007

4. 孙强. 信息系统审计：安全、风险管理与控制. 北京：机械工业出版社，2003

5. 蔡立新. 会计软件应用. 北京：首都经济贸易大学出版社，2003

6. 杨周南，张瑞君. 会计信息系统. 北京：经济科学出版社，2000

7. 财政部会计司. 会计电算化中级知识. 北京：经济科学出版社，1999

8. 财政部会计司. 基层单位会计电算化. 北京：经济科学出版社，1997

9. 庄明来. 会计电算化研究. 北京：中国金融出版社，2001

10. 北京安易软件有限责任公司. 安易 2000 财务管理系统（财务报表篇）. 2002

11. 葛世伦等. 会计信息系统开发方法. 北京：科学出版社，1998

12. 薛华成. 管理信息系统. 北京：清华大学出版社，1999

13. 付得一. 会计信息系统. 北京：清华大学出版社，2002

图书在版编目（CIP）数据

计算机会计理论与实务（第二版）/蔡立新主编
北京：中国人民大学出版社，2010
21世纪远程教育精品教材·经济与管理系列
ISBN 978-7-300-12748-4

Ⅰ.①计…
Ⅱ.①蔡…
Ⅲ.①计算机应用—会计—远距离教育—教材
Ⅳ.①F232

中国版本图书馆CIP数据核字（2010）第184226号

21世纪远程教育精品教材·经济与管理系列
计算机会计理论与实务（第二版）
蔡立新　主编

出版发行	中国人民大学出版社		
社　　址	北京中关村大街31号	**邮政编码**	100080
电　　话	010－62511242（总编室）		010－62511398（质管部）
	010－82501766（邮购部）		010－62514148（门市部）
	010－62515195（发行公司）		010－62515275（盗版举报）
网　　址	http://www.crup.com.cn		
	http://www.ttrnet.com（人大教研网）		
经　　销	新华书店		
印　　刷	北京民族印务有限责任公司	**版　　次**	2004年1月第1版
规　　格	170mm×228mm　16开本		2010年10月第2版
印　　张	29.75	**印　　次**	2014年6月第2次印刷
字　　数	571 000	**定　　价**	48.00元

教师信息反馈表

为了更好地为您服务，提高教学质量，中国人民大学出版社愿意为您提供全面的教学支持，期望与您建立更广泛的合作关系。请您填好下表后以电子邮件或信件的形式反馈给我们。

您使用过或正在使用的我社教材名称		版次	
您希望获得哪些相关教学资料			
您对本书的建议（可附页）			
您的姓名			
您所在的学校、院系			
您所讲授课程的名称			
学生人数			
您的联系地址			
邮政编码		联系电话	
电子邮件（必填）			
您是否为人大社教研网会员	□ 是 会员卡号：________ □ 不是，现在申请		
您在相关专业是否有主编或参编教材意向	□ 是 □ 否 □ 不一定		
您所希望参编或主编的教材的基本情况（包括内容、框架结构、特色等，可附页）			

我们的联系方式： 北京市海淀区中关村大街 31 号

人大出版社教育分社

邮政编码：100080

电话：010-62515912

网址：http：//www.crup.com.cn/jiaoyu/

E-mail：jyfs _ 2007@126.com